Norwin Dwinger · Beschleunigtes Leben

für Frauke

Norwin Dwinger

Beschleunigtes Leben

Über die Zeit, ihre Menschen
und deren liebste Maschinen

Erinnerungen

Lindemanns Bibliothek

Gewidmet den „Weißen Jahrgängen“ 1928–1937,
deren Leben so von dem Chaos des Krieges geprägt war,
dass man in der neuen Bundeswehr auf sie verzichtete.

Norwin Dwinger verbrachte seine Kindheit auf einem Gut, das sich sein Vater Edwin Erich Dwinger von den Tantiemen seiner ersten Bücher im Allgäu gekauft hatte. Mit kritischer Distanziertheit beobachtete der Elfjährige 1945 den Zusammenbruch und das Verhalten der Erwachsenen in dieser Situation. Seine Jugend verbrachte er im Nachkriegs-München. Sein Studium in Psychologie, Rechts- und Wirtschaftswissenschaften führte zu einer Anstellung als politischer Redakteur beim Südwestfunk. 1977 wurde er Vorsitzender des Personalrats der Zentrale in Baden-Baden. Immer wieder gewählt, erlebte er in dieser Position seine Pensionierung. Dwinger hat einen Sohn und lebt mit seiner Frau in Karlsruhe und in seinem Haus im Elsass. 1985 erschien von ihm das Jugendbuch „Schatten im Frühling“.

Inhalt

Vorwort

Altes und Neues aus einer Anstalt

Biografien und Autobiografien von Zeitgenossen und Zeitzeugen haben Konjunktur. Wie immer man ihren historischen, ihren lebensgeschichtlichen und gesellschaftlichen Stellenwert auch bewerten mag: Sie legen auf je unterschiedliche unterhaltsame, gelehrte oder sachbuchartige Weise Zeugnis ab für ein im mehrfachen Wortsinne merkwürdiges Menschenleben und dessen ein- oder vielfältige, jedenfalls gleichermaßen bemerkenswerte Umwelt in ihrer Zeit oder auf höherem Niveau sogar von Sein und Zeit. Erklärte Gegner von Biografien, Autobiografien und Selbstzeugnissen haben gewiss pro domo gravierende Vorbehalte geäußert oder gar vor Denunziationen nicht zurückgeschreckt. Der große Sigmund Freud schrieb im Jahre 1936 an Arnold Zweig: „Wer Biograph wird, verpflichtet sich zur Luge, zur Verheimlichung, Heuchelei, Schönfärberei und selbst zur Verhehlung seines Unverständnisses, denn die biographische Wahrheit ist nicht zu haben, und wenn man sie hätte, wäre sie nicht zu gebrauchen."

Die autobiografischen Aufzeichnungen des langjährigen SWF-Rundfunkredakteurs und Schriftstellers Norwin Dwinger, Sohn des Schriftstellers Edwin Erwin Dwinger, lassen sich nicht mit der Sentenz Freuds abwerten. Ihre dokumentarische Wahrheit und ihr aktueller Gebrauchswert liegen auf der Hand. Dwinger, nach Studium der Volkswirtschaft und Psychologie ausgebildet als politischer Rundfunkjournalist, hat mehr als nur Fragmente seiner eigenen Vita reflektiert. Seine Erzählung mit dem sprechenden und treffenden Titel „Beschleunigtes Leben", die für manche als wenig glaubhafter Roman erscheinen könnte, knüpft an frühere, biografisch geprägte Publikationen an. Wie schon in seinen früheren Veröffentlichungen wird nicht ohne ausgeprägten Sinn für

Scherz, Satire, Ironie und tiefere Bedeutung eine auf glänzend ausgewählte Aspekte konzentrierte Bildungsgeschichte vorgelegt. Wer immer über den zunächst nicht untypischen Werdegang eines Rundfunkjournalisten in goldeneren, liberaleren Frühzeiten aus erster Hand informiert werden möchte, sollte dieses Buch lesen. Die distanzierte Deskription von Binnenstrukturen der Radiosender in München, Berlin, Mainz und Baden-Baden gewinnt ihren besonderen Reiz nicht nur durch die Reflexion der eigenen Rolle und spezifischen Anfechtungen in einer im allmählichen politischen Umbruch befindlichen Medienwelt.

Die stilistisch fein ziselierte und mit hervorragendem Sinn für Politik und Gesellschaft, auch jenseits der beruflichen Funktion eines landespolitischen Beobachters und Kommentators, in wechselnden Szenen, entworfene und dokumentierte Landschaft im Süden und Südwesten Deutschlands wird, von wenigen Ausnahmen der notwendigen oder nützlichen Namensnennung abgesehen, gerade nicht durch irgendein Namedropping personalisiert. Das Buch spekuliert nicht auf sensationelle oder prominente Namen. Voyeure kommen nicht auf ihre Kosten. Die mehr oder weniger eingeweihten Leser kennen und erkennen die schwarzrotgelben Figuren ohnehin, die hier für den journalistischen Beobachter inner- und außerhalb der öffentlich-rechtlichen Anstalten eine wesentliche Rolle als agierende Subjekte und observierte Objekte spielten. Dwinger, mit beeindruckender Fähigkeit zur Introspektion, zur treffenden Erfassung der Vorgänge und ihrer Hintergründe begabt, schont sich selbst in dieser mit Blitzlicht, Witz und elegantem Florett geschriebenen Analyse nicht, wenn er ausmalt, auf welche subtile Art und Weise krasse Korruption versucht, dauerhafte Selbstzensur und gehorsame Anpassung gefordert und die Scheren in den Köpfen scharf geschliffen wurden.

Nicht nur dadurch gewinnt diese Binnenansicht der Anstalten ihre Authentizität und Glaubwürdigkeit. Und die der Charaktere und Charaktermasken. Wer, wie der Autor dieser Zeilen, Täter und Taten, Tatorte und die instrumenta sceleris und die corpus delicti aus eigener Anschauung und aus den Akten kennt, wird sich für Wahrheit und Redlichkeit der Darstellung verbürgen.

Die Autobiografie strebt in einer gekonnten Dramaturgie in einem als „Nachtrag“ unter Wert betitelten Kapitel einem veritablen Skandal zu: der blitzartigen Entlassung des anerkannten, beliebten und erfolgreich arbeitenden Ressortchefs und Abteilungsleiters im Mainzer Südwestfunk durch den damaligen politisch wie journalistisch allmächtig handelnden Intendanten des Senders. Die Epoche dieses zweiten Intendanten nach dem Zweiten Weltkrieg ist in die Rundfunkgeschichte der jungen Bundesrepublik, deren wesentlichen Teilaspekte hier zu besichtigen sind, als uncharmante Duodezherrschaft eines sich unangreifbar dünkenden Medienfürsten eingegangen. Sie war gekennzeichnet von finanzieller Opulenz, unerhörter Verschwendung, politisch, eigenmächtig und eigensüchtig geprägter Personalpolitik, die aufs Programm durchschlagen sollte, und durch erotische Eskapaden als Signaturen einer lange unangefochtenen, rund elfjährigen Alleinherrschaft, um die ihn ostelbische Gutsherren und badische Großherzöge gewiss beneidet hätten.

Der nicht nur arbeitsrechtlich, sondern vor allem rundfunkgeschichtlich bis auf den heutigen Tag lehrreiche und nachwirkende Skandal um die von heute auf morgen ohne Vorankündigung gänzlich unbegründet erfolgte Entlassung Dwingers ist also der Höhepunkt, auf den diese oftmals nüchtern wirkende Erzählung hinstrebt. Sie ist weit mehr als nur eine kleine ephemere Episode in der an Skandalen keineswegs armen Nachkriegsgeschichte der Kulturbeamten-Reiche Rundfunk und Fernsehen: „Dies ist nicht nur ein Bericht über den Kampf für die innere Rundfunkfreiheit. Es ist auch eine Geschichte, in der es um den Missbrauch von Macht und Vertrauen geht und darum, wie dieser Missbrauch einem Berufsweg eine neue Richtung gibt und einen anderen beendet." Hinzukommt, dass dabei auch eine „manipulierte Justiz" versuchte, zum „Schutz der Mitarbeiter bestehende Rechtsnormen auszuhebeln". Dwinger schildert die juristische Auseinandersetzung anhand der Spuren in den Printmedien.

An dieser Stelle halte ich es für angebracht, meine eigene Nebenrolle anzudeuten.

Norwin Dwinger und seine Prozessgeschichte lernte ich kennen, als ich als junger Rechtsanwalt begann, mit einigen sich dann zu zahlreichen Musterverfahren des Medien- und Medienarbeitsrechts mutierenden Verfahren bis hinauf zum Bundesarbeitsgericht für bedrohte Mitarbeiter des SWF und alsbald auch des SDR und anderer Medien bis hin zum SWR tätig zu werden. Gemeinsame Interessen und gegenseitige Sympathie kamen zusammen, dass sich unsere Wege schnell kreuzten. Der Verfasser dieses Vorworts schreibt hier aus seiner Sicht, als teilnehmender Beobachter und beobachtender Teilnehmer, gewissermaßen aus der Außenperspektive. Dwinger erzählt seine Geschichte als weitaus besser informierter, betroffener Insider, so anschaulich und einprägsam, dass jeder Leser die generelle Botschaft versteht: Es sind die Personen, welche die Strukturen für die Entwicklung von Rundfunk und Fernsehen und ihre Funktion als Steigbügelhalter, nützliche Gehilfen oder eben als kritische Beobachter der Politik produzieren und bestimmen.

Dwingers in der Retrospektive in vieler Hinsicht sehr erheiternde, aber vor allem bei genauer Lektüre erschreckende und trotz allem keineswegs zynische Historie ist umso wichtiger, als dieser scharfsichtige und wie selten sachkundige Blick auf die unlieblichen „Eingeweide" eines Senders eine unbedingt notwendige Aufklärung vermittelt. Denn weder offizielle oder offiziöse Rundfunkgeschichte vermochten und vermögen sich bisher dieses brisanten Themas anzunehmen. Die rundfunkeigenen Historiker und Archivare können oder dürfen das nicht. Unabhängige Historiker hatten bislang kaum einmal Zugang zu den Archiven. Die wichtigsten Geschichten versickern in einer zumeist privat kolportierten oral history oder bleiben Gegenstände des Flurfunks, eines ausufernden Klatsches von begrenzter und nicht immer zuverlässiger Breitenwirkung.

Dwinger schildert die Details des Rechtsstreits und leuchtet die politischen Hintergründe aus. Das pluralistisch angelegte, auch CDU-kritische Programm Dwingers und seiner Teams schienen, nach dem erfolglosen Misstrauensvotum Barzels gegen Brandt im Deutschen Bundestag, sowohl die politische Herrschaft im Lande Rheinland-Pfalz wie die Wiederwahl des Intendanten zu gefährden. Die politische Paranoia witterte in diesem Geist den Ungeist der Subversion gegen die herrschende Meinung und die Meinung des Herrschers. Wer andere verrät, wittert all überall Verrat. Und so erklärte sich auch den Medienbeobachtern zwanglos, dass hier ein unbotmäßiger leitender Mitarbeiter „grundlos", aber eben aus politischen Gründen, selbst im Schutze des Personalrats, „gefeuert" werden sollte. Dass der Skandal anders ausging, war letztlich nicht nur der tadellosen, hartnäckigen Haltung und dem Rückgrat des Klägers zu verdanken, sondern am Ende auch dem Bundesarbeitsgericht. Und dass weitere Konsequenzen dieser Qualität von totalitär anmutender Intendantenwillkür ausblieben, hing auch damit zusammen, dass dessen Tage als Serenissimus vor der zunächst unvermeidlich scheinenden Wiederwahl nicht zuletzt durch einen ganz offenherzigen unschmeichelhaften, jedoch unanfechtbar zutreffenden Artikel im STERN gezählt waren.

Dr. jur. Albrecht Götz von Olenhusen
Freiburg / Düsseldorf

Räder müssen rollen für den Sieg
... und die Sieger
Mercedes 290

Meine frühesten Erinnerungen an das Autofahren sind gar nicht angenehm, denn ich wusste – und meine Eltern wussten es auch: Das geht nicht lange gut, dann wird ihm schlecht!

Zu jener Zeit, es war im Sommer 1938, hatten sich meine Eltern gerade einen Mercedes 290 gekauft, ein großes, hellgraues Cabriolet mit roten Ledersitzen, das mit seinen Schwingachsen majestätisch über die Allgäuer Landstraßen wiegte. Blieb das Verdeck geschlossen, war es auf den Rücksitzen dämmrig wie in einer Höhle, denn das Rückfenster hatte die Größe einer waagerechten Schießscharte.

Es war für mich fast unmöglich herauszusehen, denn die Fenster waren hoch und weit vorne. So saß ich angespannt auf dem roten Leder und wartete, bis sich dieses üble Gefühl wieder in den Magen eingeschlichen hatte, das ganz langsam, aber unaufhaltsam dazu führte, dass ich anfing zu würgen. Da mein Vater die durch meine Kotzerei verursachten Zwangspausen gar nicht liebte, kam es darauf an, möglichst lange durchzuhalten. Einmal versuchte ich es damit, den Mund einfach ganz fest geschlossen zu halten, aber meine Mutter bemerkte meine Verkrampfung. Das Experiment wurde abgebrochen – und ich erbrach mich einmal mehr am Straßenrand!

Bei einer dieser Leidensfahrten begegneten wir unserem Hausarzt. Mein Vater hatte an einem Gasthaus angehalten. Meine Mutter strebte mit mir der Toilette zu, um mich zu säubern. Der Doktor hatte gerade einen Krankenbesuch beendet und kam uns entgegen:

„Oh mei, hot er scho wieder gspiehen, der arme Bub?!“, begrüßte er uns und gab dann den Rat: „Versucht's, ob's besser geht, wenn der Kloane wos sieht beim Autofahren.“

Unser Mercedes vor dem Hofgebäude

Mit vom kalten Wasser kühlen Gesicht und befreit von dem grässlichen Geschmack des Erbrochenen im Mund, steuerte ich an der Hand meiner Mutter wieder auf den großen Wagen mit den mächtigen Reserverädern an den Seiten zu. Von jetzt an stand ich beim Autofahren zwischen meinen Eltern, denn das war für mich mit meinen vier Jahren die einzige Möglichkeit, den Vorschlag des Doktors auszuprobieren. Festhalten konnte ich mich vorne am Gestänge zum Ausstellen der Windschutzscheibe. Nun sah ich jede Kurve, jede Bodenwelle und jede Steigung auf mich zukommen, und das üble Gefühl griff nicht mehr nach meinem Magen.

Zwar wurden mir bei längeren Fahrten langsam die Knie lahm, aber das war immer noch sehr viel besser auszuhalten als der Kampf gegen die Kotzerei, den ich doch immer verloren hatte.

„Er ist verdammt zäh", meinte mein Vater einmal bei einer Fahrt nach München, „das hat er von mir!"

Ich stand auch an jenem Morgen mit dem Kopf hinter der Windschutzscheibe, als meine Mutter, ziemlich in Eile, zum Bahnhof ins Dorf hinunterfahren wollte, um eine Freundin abzuholen.

Kurz vor den ersten Häusern des Dorfes überquerte die Landstraße einen Bach. Die altertümliche Steinbrücke war stark gewölbt und unmittelbar hinter ihr machte die Straße einen leichten Bogen nach links. Für die Pferdefuhrwerke dieser Zeit war diese Art der Straßenführung ungefährlich; für die Autofahrer war sie heimtückisch, denn die Brücke verdeckte die Sicht auf die Straße.

Meine Mutter, die die Brücke oft genug passiert hatte, war wohl an diesem Morgen mit ihren Gedanken woanders.

Ich sah, wie da nicht die Straße auf mich zukam, sondern langsam, aber unausweichlich der Graben. Der Wagen fuhr geradeaus weiter, neigte sich nach rechts und pflügte mit zwei Rädern durch den Morast der Abwässer, die hier von der Dorfmolkerei in den Bach geleitet wurden. Dann blieb er liegen.

Meine Mutter hing bleich und zusammengesunken hinter dem großen schwarzen Steuerrad und flüsterte, wie zu sich selbst, etwas, das ungefähr wie „mein Gott, das gibt einen Riesenkrach" klang. Mir war sofort klar, was sie meinte. Mit Sicherheit würde man von der Molkerei sofort meinen Vater anrufen, und der würde fürchterlich toben, wenn er den schönen Wagen im Abwassergraben sah. Toben konnte er gut!

Etwa gleichzeitig hatten wir beide den Gedanken, aus dem schief im Graben hängenden Auto heraus zu wollen. Meine Mutter versuchte die Tür zu öffnen, aber es war aussichtslos; ihre Kräfte reichten nicht, das schwere Ding nach oben zu stemmen. Auch ich kam auf meiner Seite nicht heraus, ich wollte nicht in dem stinkenden Morast versinken.

Das erschien mir aber plötzlich nicht mehr wichtig, denn vom Dorf her näherte sich der blaue 2-Liter-Opel des Dorfschlossers, gefolgt von einer langen Staubfahne. Der Staub war noch nicht wieder abgesunken, da kam er schon wieder unter die Räder des Hanomag Rekord unseres Hausarztes, dem zwei Motorräder folgten; vermutlich waren es der Baumeister und der Viehhändler. Aber auch auf Fahrrädern und – aus den näher gelegenen Häusern – zu Fuß näherten sich immer mehr Menschen dem Ereignis. Im weiteren Verlauf des Tages konnte ich mir aus Gesprächsfetzen der Erwachsenen zusammenreimen, woher die Leute im Dorf so schnell von unserem Unfall erfahren hatten.

Die Posthalterin, der auch das Stöpseln der Telefonverbindungen oblag, hatte – wie immer – das Gespräch zwischen dem Molkereimeister und meinem Vater mitgehört. Anschließend waren von ihr sofort

Die beiden Bücher „Armee hinter Stacheldraht“ und „Zwischen Weiß und Rot“ waren zu Bestsellern geworden. So konnte sich mein Vater einen größeren Hof im Allgäu kaufen und sich daneben ein neues Wohnhaus bauen. Das obere Foto zeigt den Blick von der Gartenmauer in Richtung Alpen, das untere in der Gegenrichtung den Blick aus dem winterlichen Garten auf das Hofgebäude.

alle, die über einen Telefonanschluss verfügten angerufen worden, die dann wieder ihrer Nachbarschaft die Sensation durch Zuruf mitgeteilt hatten.

Schließlich tauchte oben, wo die Straße mit einer scharfen Kurve aus einer Senke hochkam, ein kleines, weißes Auto auf, das auch eine lange Staubfahne hinter sich herzog: Mein Vater – in seinem gerade gekauften BMW 328. Er hatte zwar das schnellste Auto, aber auch den weitesten Weg.

Als die scharf abgebremsten Räder schließlich im Kies knirschten und der Staub hinter dem Wagen langsam auf den Boden sank, waren meine Mutter und ich schon längst aus dem Wagen befreit worden. Mein Vater stieg mit zornigen, schnellen Bewegungen aus dem niedrigen Wagen. Ehe er etwas sagen konnte, traten ihm der Doktor und der Schlosser freundlich beruhigend entgegen und verkündeten, dass „gar nix passiert" sei. So blieb meinem Vater nichts anderes übrig, als auch eine freundliche Miene aufzusetzen, ich hatte das Gefühl, dass ihm das ziemlich schwer fiel.

Aber schon näherte sich ein Traktor, ein 12-PS-Fendt-Dieselross, mit Laufgeschwindigkeit im vierten Gang. Nun musste lange beratschlagt werden, bis geklärt war, dass die Kette am Querträger des Wagens festgemacht werden konnte, damit beim Herausziehen des Wagens nichts kaputtgehen konnte. Als sich die Kette beim Anfahren des Traktors schließlich straffte, dürfte das halbe Dorf versammelt gewesen sein. Ein bedauerndes Murmeln ging durch die Zuschauer, als die dicken Gummireifen des Schleppers auf dem Schotter der Straße durchdrehten, ohne dass sich unser Mercedes auch nur ein ganz klein wenig bewegt hätte.

„Heilandsakrament, is des a schwere Kisten", fluchte der Schlosser.

Inzwischen war es Mittag geworden und unverhofft wurde ich der Mittelpunkt des Geschehens. Die Freundin meiner Mutter aus München hatte ganz offenbar keine Lust verspürt, den ganzen Tag bei der Bergung des Autos zu verbringen. So bot der Doktor an, sie, meine Mutter und mich nach Hause zu fahren.

„Nein, ich will hier bleiben", verkündete ich so laut und entschieden ich eben konnte.

Sie versuchten es mit gutem Zureden, schließlich wäre ja Mittagszeit und ich müsse ja Hunger haben. Ich war gerade dabei, „nein, ich habe

Mit meiner Mutter im Garten

Das Dreirad bekam ich zu meinem fünften Geburtstag 1939, drei Wochen vor Ausbruch des Krieges. Es war meinem Vorwärtsdrang nur kurz gewachsen und erlitt einen Achsenbruch. „Der Junge kriegt aber auch wirklich alles kaputt", schimpfte mein Vater. „Da kann er gar nichts dafür, es liegt daran, dass es für zivile Produkte nur noch minderwertiges Material gibt", verteidigte mich meine Mutter.

überhaupt keinen Hunger", zu kreischen, zu weinen und mit dem Fuß aufzustampfen, als sich die Aufmerksamkeit der Umstehenden jemand anderem zuwandte.

Der Alois, einziger Sohn vom Sägewerksbesitzer Riederer, heiß umschwärmt von den Dorfschönheiten, war mit seiner 500 BMW R 51 vorgefahren. Er leistete seinen Wehrdienst bei der Luftwaffe ab und trug natürlich seine schicke blaue Uniform. Offenbar hatte er mitbekommen, worum es ging, denn er kam auf mich zu, blieb vor mir stehen und sagte militärisch knapp: „Lasst's halt dem Buben sei Freud". Nun sah auch mein Vater keine andere Möglichkeit mehr als nachzugeben. „Na, von mir aus soll er dableiben", verkündete er laut, aber meiner Mutter flüsterte er zu: „Ein selten sturer Kerl ist unser Sohn ja schon!"

Ich hatte gewonnen! Und dass ich keinen Hunger hatte, war sogar die Wahrheit. Es war so aufregend und spannend, wie unser Mercedes da mit seinen beiden rechten Rädern im Abwassergraben der Molkerei hing, dabei immer noch majestätisch wirkte und allen Versuchen widerstand, ihn zurück auf die Straße zu befördern.

Schließlich schwankte ein gewaltiger, dreiachsiger Büssing-NAG Möbelwagen heran, der herbeitelefoniert worden war. Ich ahnte, dagegen hatte unser Mercedes, der so hartnäckig in seinem Graben bleiben wollte, keine Chance.

Der Schlosser kroch mutig in den fauligen Dreck des Grabens und befestigte die Kette, während der Möbelwagen auf die enge Brücke dirigiert wurde, um den Mercedes in den Spuren, die er in den lockeren Boden gewalzt hatte, wieder herausziehen zu können.

Der Möbelwagenfahrer muss ein großer Könner gewesen sein. Auf die Kommandos des Schlossers fuhr er, so schien es mir jedenfalls, ziemlich schnell, bis sich die Kette gespannt hatte, aber dann nur noch millimeterweise. Und tatsächlich, der Mercedes rührte sich! Erst noch ganz langsam, dann etwas schneller, und schließlich schwang sich der Schlosser ans Steuer und der Wagen stand in der Mitte der Straße.

Die Zuschauer umkreisten ihn, einige gingen auch in die Knie, um das Chassis zu begutachten, aber es sah so aus, als hätte er keinen Schaden genommen!

In meiner Erinnerung gibt es noch eine Geschichte aus dem letzten Friedenssommer 1939. Mein Vater hatte ein paar Gästen, vermutlich

Ein Raupenschlepper wurde zum Roden des Waldes bestellt, um Weiden für die Milchkühe zu schaffen. 30 Jahre später wurde wieder aufgeforstet.

begeisterte Leser, seinen Hof gezeigt. Es waren drei Wehrmachtsoffiziere und ein Zivilist. Sie wollten sich verabschieden, standen schon neben ihrem Wagen und machten noch ein wenig Konversation mit meinen Eltern.

Ich war gerade auf das Trittbrett des 170 V Cabriolet geklettert, um das Armaturenbrett und das mächtige Vierspeichenlenkrad genauer sehen zu können, als der harte Schlag einer großen Maschine die friedliche Stille von Kuhgeläute und Vogelgezwitscher zerschnitt. Alle drehten sich um zur Straße. Auf einem schweren Motorrad saß der katholische Pfarrer. Er trug eine enge schwarze Jacke, eine schwarze Hose und einen schwarzen Hut, den er sich ziemlich tief ins Gesicht gezogen hatte, so dass dieser die Staubbrille zum Teil verdeckte. Der Pfarrer fuhr ziemlich schnell und zog eine lange Staubfahne hinter sich her.

Mein Vater sah ihm nach und erklärte: „Das sind die modernen Zeiten, meine Herren. Der Pfarrer kommt mit seiner schnellen Maschine. Dann ist er auch noch rechtzeitig da, zur letzten Ölung. Und das Öl dafür hat er auch gleich dabei und angenehm warm ist es auch noch!“ Die drei Offiziere überboten sich in einem dröhnenden Casinolachen, in das der Zivilist dann, wenn auch etwas zögernd, einfiel.

Nur meine Mutter blieb stumm. Ihrem verschlossenen Gesicht konnte man ansehen, dass sie die Sache gar nicht lustig finden konnte. Als die drei Männer die Reaktion meiner Mutter wahrnahmen, unterdrückten sie ihr Gelächter, verabschiedeten sich und fuhren davon.

Ich hatte damals noch nicht so ganz begriffen, worum es ging. Ich wusste, dass die letzte Ölung mit dem Tod zu tun hatte, weil ich Gespräche mitbekommen hatte, dass es sehr wichtig war, ob der Pfarrer noch rechtzeitig zur letzten Ölung eingetroffen war. Es ging also um den Tod, und meine Mutter fand, solche Witze über den Tod unmöglich und stillos.

Für meinen Vater aber gab es keine Grenzen, wenn er eine Möglichkeit sah, sich mit seinem komödiantischen Talent in den Mittelpunkt zu stellen. Und er hatte ein genaues Gespür für die Zeit und dafür, dass diesen Herren sein Witz gefallen würde.

Das nächste Ereignis, an das ich mich sehr genau erinnere, ist der Ausbruch des Krieges. Uns überraschte er auf der Rückreise von München.

Wir fuhren in unserem Mercedes nach Hause, und mein Vater hielt an jeder Tankstelle. Ich wusste zwar, dass der Wagen keinen sehr großen Tank hatte und ziemlich viel Benzin brauchte, aber trotzdem hatten wir bisher nicht so oft angehalten. Das Tanken hatte auch immer einige Zeit gedauert.

An jenem letzten Augusttag ging es jedoch plötzlich sehr schnell. Ich begriff, dass wir immer nur noch fünf Liter bekamen, wenn wir nicht gleich weitergeschickt wurden, weil die Tankstelle kein Benzin mehr hatte. Während der Fahrt redeten meine Eltern immer wieder sehr aufgeregt über den bevorstehenden Krieg, dazwischen schwiegen sie bedrückt.

Das letzte Benzin hat dann doch nicht gereicht, um damit bis in die Garage zu kommen. Kurz vor dem Nachbarhof begann der Motor zu ruckeln, und es gelang meinem Vater gerade noch, den Wagen dort in die Einfahrt rollen zu lassen. Mein Vater stieg wortlos aus und ging auf unseren Hof zu, meine Mutter blieb sitzen und sagte auch nichts. Mir machte das alles Angst, so kannte ich sie nicht.

Der Krieg kommt näher. Soldaten bei einem Manöver im Frühjahr 1939 auf der Landstraße vor unserem Haus.

Etwas später kam mein Vater auf dem Kotflügel unseres Traktors sitzend zurück, den unser Verwalter fuhr. Er sah merkwürdig aus, wie er sich mit Hut und schickem Anzug an dem runden Blech festklammerte, während die ungefederte Maschine über die unebene Straße rumpelte. Der Mercedes wurde ins Schlepp genommen und wir rollten im Schritttempo nach Hause. Dann verschwand der Mercedes in der großen Garage des Hofes. Und da verschwand er für lange!

Ich fand es sehr traurig, dass es nun so plötzlich mit dem Autofahren vorbei war, und die Erwachsenen fanden das auch. Nun wurde die alte Pferdekutsche wieder angespannt.

Am nächsten Morgen hörten wir in den Nachrichten, dass die Deutsche Wehrmacht in Polen einmarschiert sei.

„Wir haben Krieg, aber einen Weltkrieg wird es diesmal nicht geben", hörte ich meinen Vater an jenem 1. September 1939 öfter sagen. Ich konnte mir unter beidem nur vorstellen, was ich aus mit Fotografien versehenen Büchern über den Ersten Weltkrieg und aus illustrierten Zukunftsromanen über den Krieg wusste, wie sie in großer Zahl in der Bibliothek meines Vaters lagen. Vor allem die Bilder in den Zukunftsromanen hatten für mich etwas faszinierend Entsetzliches, so dass ich sie mir immer wieder anschauen musste.

Da fuhren gepanzerte Kolosse, aus allen Rohren feuernd, durch ein Trümmerfeld aufeinander los, während unförmig große Flugzeuge Bomben auf diese gepanzerten Ungetüme abwarfen. Menschen waren auf diesen Bildern nicht zu sehen.

Ein Weltkrieg, das ahnte ich, war etwas noch Schlimmeres als ein Krieg, und ich war mir später auch nicht mehr sicher, ob mein Vater damals selbst geglaubt hat, was er da immer wiederholte, oder ob er nicht bereits wusste, dass es doch zu dem Schlimmeren, dem Weltkrieg, kommen würde.

Wenige Tage später besaß mein Vater mehrere gutsitzende Uniformen – und verließ uns. Als Kriegsberichterstatter begleitete er den Vormarsch der Wehrmacht in Polen. Für uns war er nur noch durch Briefe und Zeitungsartikel gegenwärtig. Gelegentlich konnten wir seine Stimme im Radio hören, fremd, weil schwankend in der Intensität durch die langen Übertragungswege, untermalt vom Donner der Geschütze. Kam er zu kurzen Besuchen nach Hause, schien er mir wie von uns abgeschirmt durch seine Uniform und die Art, wie er sie trug.

Mein Vater war wieder in Polen und recherchierte für sein Buch „Tod in Polen“. Meine Mutter bemühte sich, den Haushalt und den Betrieb unter den Kriegsbedingungen am Laufen zu halten.

Zum Kriegsalltag gehörte auch die alte Pferdekutsche, die meine Mutter aus dem Schuppen hatte holen lassen. Sie ließ die zentimeterdicke Staubschicht abwaschen, die sich im Lauf der Jahre auf Holz und Leder des alten Gefährts abgesetzt hatte.

Von einem Tag zum anderen waren wir ins Postkutschenzeitalter zurückgefallen. Mit den Autos hatte eine Stunde gereicht, um ins Dorf hinunterzufahren, Einkäufe zu machen und wieder nach Hause zu kommen. Jetzt dauerte dieses Unternehmen einen halben Tag.

Nur wenige Tage nach dem Ausbruch des Krieges war ein Lastwagen vorgefahren, aus dem ein paar Männer in Schlossermonturen heraussprangen. Sie zeigten ein Papier vor, das sie berechtigte, alle sechs Räder von unserem Mercedes zu beschlagnahmen. Warum bei uns nicht gleich der ganze Wagen beschlagnahmt wurde, habe ich nie erfahren.

Sie gingen sehr sorgfältig vor, hoben den schweren Wagen mit großen Wagenhebern an und setzten Holzblöcke unter das Chassis, so dass die Federn entlastet waren. Wir sollten ja gleich nach dem Sieg, der bestimmt nicht lange auf sich warten lassen würde, wieder damit fahren können, erklärten sie zuversichtlich. Meine Mutter bemühte sich, ein freundlich optimistisches Gesicht zu diesem traurigen Spiel zu machen.

Als die Männer weggefahren waren, schlich ich mich noch mal in die Garage. Da stand unser Mercedes nun in der Ecke des großen Raumes mit den kahlen, grauen Betonwänden. Aus dem Gefährt, das uns überall hingetragen hatte, war ein totes Ding aus Stahl, Leder, Leinwand, Lack und Glas geworden, das traurig seine Schwingachsen von sich streckte. ‚Der hat ja ziemlich dünne Beine; eigentlich ein Wunder, dass sie den schweren Wagen immer so gut getragen haben', dachte ich.

Je länger der Krieg dauerte, desto weniger konnte ich mir vorstellen, dass wir jemals wieder mit dem Wagen fahren würden. Langsam legte sich eine Schicht aus Staub und Fliegendreck auf Dach und Karosserie. Vor allem an den Fenstern konnte man sehen, wie sie dicker und dicker wurde.

So verwandelte sich der Innenraum, in dem früher die Armaturen und verchromten Griffe und Hebel geblitzt und die roten Ledersitze geglänzt hatten, immer mehr zu einer dunklen Höhle, in der man nichts mehr erkennen konnte.

Eines Tages waren es aber nicht mehr nur Staub und Fliegendreck, die unseren Mercedes zudeckten. Eines Tages war jemand auf die Idee gekommen, Obstkörbe auf dem Dach abzustellen, plötzlich lehnten auch noch Frühbeetfenster an seiner Tür und ein alter Sattel thronte auf der langen Motorhaube. Und irgendwann im Laufe des Krieges vergaß ich den Wagen.

Nur später, als mit weißer Farbe ‚RÄDER MÜSSEN ROLLEN FÜR DEN SIEG' auf allen Lokomotiven stand, habe ich manchmal gedacht, ob die beschlagnahmten Räder von unserem Mercedes da in diesem Krieg auch irgendwo mitrollen würden.

1945, kurz nach dem Einmarsch der Amerikaner, durchstöberten zwei Soldaten unser Haus und die Gebäudes des Hofes nach interessanten und brauchbaren Dingen. Der eine hatte schon die beiden Kameras meiner Eltern um den Hals hängen und der andere das Jagdfernglas meines Vaters, als er den Mercedes entdeckte, der immer noch unbeweglich, wie er geworden war, auf den Holzbohlen in der Garage stand.

„Hey Joe, come along, look what a wonderful car!“, rief er seinen Kameraden. Er fing sofort an, den Wagen frei zu räumen. Dann öffneten beide die Motorhauben und notierten die technischen Daten. Und auf einmal schien es nicht mehr wichtig, was es noch bei uns zu entdecken gäbe, sie sprangen in ihren Jeep und fuhren davon.

Ob die Amerikaner uns nicht nur die Kameras und Ferngläser, sondern auch noch das Auto abnehmen wollten?! Ich lief zu meiner Mutter und erzählte ihr, was ich gesehen hatte.

„Aber was wollen die denn mit einem Auto ohne Räder, das können sie doch nicht einmal holen“, versuchte sie mich zu beruhigen.

Ein paar Tage später mussten wir einsehen, dass wir keine Ahnung davon hatten, was die Amerikaner konnten. Ein Sattelschlepper mit Tieflader, auf dem ein Kran montiert war, fuhr auf den Hof. Ein paar Soldaten in olivgrünen Arbeitsuniformen sprangen aus dem Führerhaus und machten sich daran, unseren Mercedes anzuheben und auf Rollen zu setzen. Dann schoben sie ihn neben den Tieflader. Nun wurden vorn und hinten zwei starke Bohlen unter das Chassis geschoben, an deren Enden die Soldaten die Schlaufen der Stahlseile einhängten. Der Motor, der den Kran antrieb, heulte auf, und unser Mercedes schwebte erst in die Höhe und dann mit einem Schwenk des Krans über den Tieflader, wo er dann auf den Bohlen wieder zum Stehen kam. Mit ein paar Seilen zurrte man ihn noch an den Sturmstangen und den Scheinwerferträgern fest, dann verschwand unser Auto sehr schnell hinter der Staubfahne, die der davonrasende Tieflader aufwirbelte.

„Nun sind wir ihn los und du wirst ihn nie mehr wiedersehen“, dachte ich und etwas traurig war ich auch. Aber es kam anders.

Im Sommer des Jahres 1945 zogen sich die Amerikaner immer mehr aus den Dörfern zurück und konzentrierten ihre Truppen in den Kasernen der Wehrmacht in der Kreisstadt. Ihre Präsenz wurde nur noch durch Steifen von jeweils zwei Jeeps der Militärpolizei demonstriert, die zweimal am Tag mit schwankenden Antennen auch auf kleinen Landsträßchen Patrouille fuhren.

Für uns war das schwierig, denn in die Kasernen kamen wir nicht rein. Mein Vetter Wolf und ich hatten gute Geschäfte mit den souvenirbegeisterten Amerikanern gemacht. Wir beide hatten uns angewöhnt, mit Orden, Mützen und anderem Nazi-Zeug einfach ins Dorf zu gehen, da kannten wir schon die GIs, die scharf auf die Sachen waren und uns mit Hershey-Bars und leckeren Notnahrungspäckchen bezahlten. Aber damit war jetzt Schluss.

Zum Glück kannten wir den Alois gut, das war der, der mich im Sommer 1938 vor meinen Eltern gerettet hatte, die mich zum Mittagsschlaf schleppen wollten, anstatt mich zuschauen zu lassen, wie der Mercedes aus dem Molkereigraben gezogen wurde. Sein damals so bewundertes Motorrad hatte der Krieg ebenso verschlungen wie die Räder unseres Mercedes. Jetzt arbeitete der Alois bei den Amerikanern als Fahrer. Er hatte Zugang zur Kaserne und wurde unser wichtigster Geschäftspartner.

Wir hatten „unsere Ware" in einem versteckten Eck der Werkstatt hinter dem Stall. Besonders stolz waren wir auf ein Bajonett mit SS-Runen drauf. Das würde einiges bringen! Noch viel mehr wäre die blecherne Hakenkreuzstandarte von unserem BMW wert gewesen, wenn der Opa nicht kurz vor Ende des Krieges aus Angst die Farbe abgeschliffen hätte. „Hätte dein Opa die nicht einfach abmontieren und auf die Seite legen können?! Das ist doch ein ganz verdammter Blödsinn, dass er das Hakenkreuz abgeschliffen hat!", schimpfte Wolf gerade, da hörten wir das singende Motorengeräusch eines Jeeps, der auf den Hofplatz fuhr. Der Alois sprang aus dem Jeep. Er kam mir sehr nervös vor.

„Buam, heut brauch i amoi eich, sonst is's aus!" Der Alois sprach so ernst, dass wir Angst kriegten.

Der Alois steckte in einer Arbeitsuniform, wie sie deutsche Zivilfahrer trugen, die amerikanische LKWs fuhren. Schon das hätte uns auffallen müssen, denn der Alois hatte es zum Fahrer eines Colonel gebracht, dem das CIC Detachment in der Kreisstadt unterstand und er trug normalerweise zivil. Der CIC war der Armeegeheimdienst der Amerikaner, und die Deutschen hatten davor fast soviel Angst wie vor der GESTAPO.

Wir schlichen mit dem Alois in unser Zimmer. Flüsternd und eine Zigarette nach der anderen rauchend, als könne er sich daran festhalten, saß der Alois da. Er hatte sich verändert. Mit einem immer zu Witzen aufgelegten Jungengesicht war er vor zehn Jahren zur Luftwaffe eingezogen worden; nun war er Ende zwanzig. Das Jungengesicht war immer noch zu erkennen, aber die Kriegsjahre und der CIC hatten sich in asketisch gespannten Zügen niedergeschlagen.

Er fing an zu erzählen, was ihm passiert war. Alles hatte damit begonnen, dass er sich verliebt hatte. Einen Tag nach diesem Ereignis musste sein Colonel nach Berlin fliegen, so hatte der Alois genau zum richtigen Zeitpunkt den Dienst-Mercedes, um bei der jungen Dame vorzufahren. Dann ging es zum Abendessen in ein Lokal, in dem meist Amerikaner verkehrten. Sie aßen fürstlich, denn der Wirt wusste, sein Gast würde mit Dollars zahlen. Anschließend fuhren sie ins Kino.

Als das heile, ferne Amerika auf der Leinwand verflimmert war und er, den Arm um ihre Schulter geschlungen, in die Dämmerung hinaustrat und auf den Wagen zusteuerte, war es ihm, als falle er ins Bodenlose. Der Mercedes hatte keine Hinterräder mehr. Diebe hatten sie abmontiert und stattdessen ein paar Trümmerziegel unter die Bremstrommeln gepackt.

Glücklicherweise kam gerade eines dieser „Export-Taxis" vorbei, die man nur benutzen konnte, wenn man harte Währung besaß. Es fuhr zuerst zur Wohnung der jungen Dame und dann den Alois in die Kaserne. Das hatte den Alois seine letzten Dollars gekostet. Mit dem Versprechen, ihm ein Fläschchen französisches Parfüm zu besorgen, wurde der Posten bestochen, so dass sich der Alois einen Abschleppwagen holen und mit dem 320er am Haken in den Kasernenbereich zurückkehren konnte. Und da stand er nun ohne Hinterräder! Der Alois hatte schnell begriffen, dass die US-Army nach dem Motto: „shut up and keep out" (halt's Maul und halt dich raus) funktionierte. Da war es wahrscheinlich, dass ihn niemand verraten würde.

Wie wir vom Alois wussten, praktizierten die Amerikaner, besonders wenn es um deutsche Frauen ging, einen großzügigen Umgang mit den Vorschriften der Armee, wie der, dass Zivilpersonen nicht in Armeefahrzeugen mitgenommen werden durften. Wenn es dabei aber zu Komplikationen und Pannen kam, pflegten sie auf stur zu schalten.

„Zwoa Räda für'n 320er müssen her, sonst schmeißens mi naus. Und dann isses aus mit dem schönen Leben, habt's mi!", fasste der Alois zusammen, worum es ihm ging.

„Weißt du denn, wo wir nach den Rädern suchen könnten?", fragte Wolf skeptisch.

„Doch net nach dene, zwoa Räda von irgendoam 320er oder 290er brauch ma hoid", belehrte uns der Alois, erstaunt über so viel Begriffsstutzigkeit.

Ich ärgerte mich, dass ich nicht selbst auf diese Idee gekommen war. Natürlich ließen sich gestohlene Autoräder am schnellsten dadurch wieder beschaffen, dass man sie woanders stahl. Aber wo gab es einen unbewachten 320er oder 290er? Genau dazu hatte der Alois bereits alles vorbereitet.

Der General, dem die amerikanischen Truppen unterstanden, die in den Kasernen der Kreisstadt stationiert waren, feierte heute Abend seinen vierzigsten Geburtstag. Es würde in einer beschlagnahmten Villa am Rande der Stadt ein großes Fest geben. Über einen CIC-Leutnant, mit dem er einige Male „Geschäfte" abgewickelt hatte, kam Alois an den Adjutanten des Generals heran. Den bat er, einen Blick auf die Gästeliste werfen zu dürfen. Es gehe darum, ganz unauffällig die Zuverlässigkeit einer jungen Deutschen zu überprüfen, die einen amerikanischen Soldaten heiraten und in die USA einwandern wolle. Für dieses Anliegen hatte der Adjutant Verständnis und rückte die Gästeliste heraus. Dem Alois genügte ein flüchtiges Überfliegen der untereinander aufgereihten Namen um zu finden, was er suchte, nämlich den Namen eines in München stationierten Captains, bei dem unser Mercedes gelandet war. Das hatte er aus reiner Neugier schon früher herausgefunden, nachdem er unseren Wagen einmal vor dem Offiziersclub der Stadt parken sah.

Er hätte alles perfekt geplant, versuchte er uns zu überzeugen, es gebe so gut wie kein Risiko, aber drei Leute müssten es sein: einer zum Beobachten und Schmierestehen, die anderen beiden zum Aufbocken des Wagens und zum Abmontieren der Räder. Um zehn erwarte er uns an der Hecke, die den parkartigen Garten der Generalsvilla von einer unbebauten Wiese trennte. Ich kannte das herrschaftliche Haus von früher; es war nicht zu verfehlen.

Das Abendessen war quälend, die Aufregung wegen der bevorstehenden Unternehmung hatte sich uns auf den Magen geschlagen. Wir verabschiedeten uns schnell und erklärten, heute sei es mal wieder notwendig, in der Feldscheune zu schlafen und das Wild unten auf den Äckern zu verjagen, wenn noch etwas von Karotten, Kohl und Kartoffeln übrig bleiben solle. Das war nötig, seit die schießfreudigen Einheiten der kämpfenden Truppe, die mit Maschinengewehren auf die Jagd zu fahren pflegten, einer gut versorgten Besatzungsarmee Platz gemacht hatten. So vermehrte sich das Wild unaufhaltsam. Hirsche,

Rehe und vor allem Wildschweine verwüsteten bei nächtlichen Streifzügen die Gemüseäcker. Die Ausrede war also perfekt.

Als wir gegen zehn Uhr mit unseren Fahrrädern an der Villa eintrafen, war die Geburtstagsparty schon in vollem Gang. Wir versteckten unsere Räder hinter einem Gebüsch des Nachbargrundstücks und versuchten, von der Hecke gedeckt, herauszufinden, wo unser Mercedes stand. Aber das Einzige, das wir in der Dunkelheit wahrnehmen konnten, war die durch Ketten von bemalten Glühbirnen taghell erleuchtete Terrasse, auf der getanzt wurde.

„Drinking Rum and Coca-Cola. Go down for Kumana. Both mother and daughter. Working for the Yankee dollar", dröhnte es aus den Lautsprechern.

Wir schlichen uns die Hecke entlang, auf der Suche nach einem Loch, um in den Park zu kommen.

„Out on Mansonela Beach GI romance was made of peach. All night long make tropic love. Next day sit in hot sun and cool off", begleitete uns der beliebte Schlager.

Seit wir es vermieden, in das blendende Licht auf der Terrasse zu schauen, gewöhnten sich unsere Augen langsam an die Dunkelheit. Auf der inneren Seite, wo die Hecke parallel zur Straße lief, hatte sie ein paar Lücken. Man kam hier leicht in den Park der Villa und, wenn es sein musste, auch schnell wieder heraus. Wir schlichen uns von Busch zu Busch und spurteten an die auf dem Rasen geparkten Autos heran.

Sie standen ordentlich in zwei Reihen, so wie Offiziere in der ganzen Welt ihre Autos parken, und sie sahen sich ähnlich. Sie hatten große rundbucklige Karosserien mit einem mächtigen verchromten Kühlergrill, geteilte Windschutzscheiben und zwei kleine Rückfenster. Auch die etwas abgesetzten Kotflügel ragten nur wenig aus diesen Stromlinien-Karosserien heraus.

Ein Auto fiel aus diesem Bild heraus. Die Linien waren gerade, die hinteren Kotflügel nur noch reliefartig angedeutet und die Heckscheibe erinnerte mit ihrer großzügigen Verglasung an eine Flugzeugkanzel. So hatte man freie Sicht nach hinten, über einen Kofferraum hinweg, der annähernd halb so groß zu sein schien wie das Fahrgastabteil.

„Was ist denn das?", flüsterte ich zu Wolf.

„Studebaker Commander", kam es zurück; er hatte es offenbar schon irgendwo entziffert.

Zwischen den amerikanischen Wagen standen noch ein paar deutsche aus der Vorkriegszeit, die den Komfortvorstellungen der US-Army zu entsprechen schienen: ein Horch 930 V, ein Opel Admiral und ein BMW 327 Cabriolet. Aber wo stand unser Mercedes? Würde er vielleicht gar nicht kommen und alles war umsonst gewesen?

Wolf verschwand und suchte am anderen Ende. Kurz darauf hörte ich einen kurzen Pfiff, er hatte den Mercedes entdeckt.

Fast verdeckt von einem riesigen, blauen Buick Roadmaster und ziemlich nah am Haus stand er. Es war, als blinzele er uns zu. Tatsächlich hatten seine Lampen wohl nur ein bisschen von der Festbeleuchtung eingefangen und leuchteten nun wie Katzenaugen. Allerdings machte der offene Wagen einen etwas gerupften Eindruck: Er hatte keine Reserveräder mehr. Die Befestigungsbügel ragten ordentlich festgeschraubt, aber nutzlos zu beiden Seiten der Motorhaube heraus.

Aber das war jetzt egal. Wie sollten wir bloß an den Wagen herankommen, ohne dass man uns vom Haus entdeckte?

„Ich wüsste schon gerne, wie wir die Räder abmontieren sollen, ohne dass die da oben anfangen auf uns zu schießen“, flüsterte ich Wolf zu. Wir beide wussten, die von den Amerikanern beschlagnahmten Häuser waren voller Waffen.

„Du kannst dich darauf verlassen, dass sich der Alois einen Plan ausgedacht hat, der funktioniert. Sonst ist es aus mit seinem Job. Der will doch weiterleben wie die Made im Speck, und uns geht's auch nicht schlecht dabei.“ Wolfs Optimismus war nicht so leicht zu erschüttern.

Wir schlichen uns zum Treffpunkt an der Hecke zurück und legten uns ins Gras. Es war weich und angenehm kühl. Eigentlich wäre ich gerne einfach hier liegen geblieben, hätte die Sterne beobachtet und der Musik zugehört, die von der Terrasse her zu uns herüberwehte.

Ein leises blechernes Gerumpel war zu hören. Ich sah zu der Wiese auf der anderen Seite, wo wir uns mit dem Alois verabredet hatten. Im ersten Moment konnte ich nur die weißen Sterne auf der Seite des Jeeps erkennen. Die olivgrünen Konturen des Wagens mit dem Anhänger verschwammen im Grün der Wiesen. Ohne Licht schlug das Gespann einen Bogen und blieb dann in der Deckung der Hecke stehen.

Der Alois entdeckte uns und kam auf uns zu. „Also Buam, pack' mas“, begrüßte er uns, als wäre das, was wir vorhatten, eine ganz einfache und ungefährliche Sache.

Wolf und ich berichteten, dass unser Mercedes tatsächlich dastehe, aber ganz nah bei der Terrasse in der zweiten Reihe.

„Es kann doch passieren, dass sich einer gerade dann ein bisschen den schönen Park anschauen will, wenn wir die Räder abmontieren", erklärte ich unsere Sorgen.

Aber den Alois schien das nicht sehr zu beeindrucken.

„Gell, a bißerl Schiß habt's scho, Buam. Mocht nix, bloß Idioten hom koan Schiß net. Koa Amerikaner wird zu uns abi schaugn, weil mir's packa, wenns woanders hi schaugn". Der Alois lachte wie jemand, der sich seiner Sache ganz sicher ist. Dann grub er bedächtig zwei Signallampen aus den tiefen, schlauchartigen Taschen seiner Arbeitsuniform. Die waren offenbar wichtig für seinen Plan.

Er zeigte uns, wie das Licht, durch rote, grüne oder blaue Scheiben gedämpft, kaum noch auffiel, so dass sich – fast nicht wahrnehmbar – Lichtsignale geben ließen. Mit einer dieser Lampen würde einer von uns auf einen von Alois ausgesuchten Baum klettern. Von diesem erhöhten Platz aus sollte er genau beobachten, was auf der Terrasse passierte.

‚Aber was könnte denn das bloß sein?', fragte ich mich.

„Wißt's, wos a Striptease is?", fragte der Alois triumphierend, aber Wolf und ich mussten passen und schüttelten die Köpfe. „Da steign a paar scharfe Weiber auf'n Tisch und ziagn si ganz langsam aus, bis sie nackad san", klärte er uns auf.

Ich begriff, solange sich die Mädchen da oben auf der Terrasse ausziehen würden, käme niemand auf die Idee, über das Balkongeländer oder durch die Fenster in den nächtlichen Park zu schauen. Und so ein Striptease dauerte mindestens zwanzig Minuten, da war sich der Alois sicher.

Wolf machte sofort klar, welchen Part er übernehmen wollte. Er würde auf den Baum klettern und das Signal geben. Ich hatte den Eindruck, dass er schon etwas zappelig war von der Erwartung auf das, was er gleich zu sehen bekommen würde.

„A bisserl weit weg bist halt scho, da wär a Fernglas recht, aber dafür hat's mir nimma glangt", frotzelte der Alois.

Wir schlichen zu einer alten Tanne, die das Haus weit überragte. Der Alois lehnte sich an den Stamm und verschränkte seine Hände vor den Oberschenkeln, so dass Wolf über seine Schultern die ersten Zweige erreichen konnte. Von dort zog er sich hoch und verschwand zwischen den armdicken Zweigen. Der Alois und ich setzten uns hinter einen Fliederbusch ganz in der Nähe unseres Mercedes. Zuerst testeten wir die Signallampen. Zwei grüne Lichtsignale von Wolf bedeuteten, die Mädchen begannen sich auszuziehen und alle schauten dorthin, ein rotes Signal hieß, wir waren fertig.

Auf der Terrasse tanzten sie immer noch. Dann schien es, als würden die Tanzenden von einer unsichtbaren Kraft auf einen Punkt hin ausgerichtet – wie Eisenspäne in einem Magnetfeld. Die beiden Lichtsignale kamen, als sich auf der Terrasse ein schrilles Pfeifkonzert mit dem Schlager „You are my sunshine“ mischte. Wir gaben das Signal zurück und packten zusammen den schweren amerikanischen Wagenheber, einen Sack mit Werkzeug und zwei Holzblöcke. Als wir in den erleuchteten Teil des Parks traten, in dem die Wagen parkten, sahen wir oben auf der Terrasse nur noch Rücken, die sich uns zuwandten.

„Solang mir koa Handgranaten werfa, schaugt sich da koana um“, grinste der Alois.

Die Radkappen der Hinterräder fielen ins Gras, und ich riss mit aller Kraft an dem Schraubenschlüssel, um die Muttern zu lockern, als hinge mein Leben davon ab. Vor Anstrengung und Aufregung lief mir der Schweiß über das Gesicht und ins Hemd. Gerade als der Alois herüberkam, um mir zu helfen, hatte ich es geschafft.

Nun zwängte ich mich von hinten unter den Wagen; es war so gut wie nichts zu erkennen. Ich ertastete mit der einen Hand die Unterseite des Differenzials und mit der anderen die Pfanne des Wagenhebers. Der Alois versuchte, das Ding nach meinen Anweisungen so darunter zu schieben, dass das runde Gehäuse sicher aufsaß. Der Hebemechanismus funktionierte lautlos.

Der Wagen hob sich schnell aus seinen Federn und die Räder gingen in eine X-Stellung. Als ich meine Hand unter die Reifen schieben konnte, war die Musik auf der Terrasse verstummt. Wir hörten nur noch einzelne unverständliche Rufe, die wohl Begeisterung ausdrücken sollten. Aber an den fast bewegungslos aufgereihten Rücken da oben hatte sich nichts geändert.

Wir drehten die Muttern mit beiden Händen von den Stehbolzen und zogen die Räder ab. Zwei mitgebrachte Holzblöcke wurden auf beiden Seiten unter das Chassis geschoben. Unser Mercedes ächzte etwas, als er sich mit seinem schweren Hinterteil darauf niederlassen musste. Schlüssel, Muttern, Radkappen und Wagenheber verschwanden im Sack.

„So bsuffa, wie die san, werns erst merka, was los is, wenn's drin hocka und si nix mehr rührt", stellte der Alois befriedigt fest und klopfte mir so gewaltig auf die Schulter, dass ich etwas in die Knie ging.

Während sich der Alois den Sack über die Schulter schwang, warf ich noch einen letzten Blick auf unseren Mercedes. Immer noch sehr mächtig und solide stand er da mit seinem aufgetürmten, zurückgeschlagenen Verdeck und seinen mit dickem roten Leder bezogenen Sitzen. Aber neben dem „Chevrolet Fleetmaster" und dem „Kaiser" erkannte man, dass er ein Auto aus einer anderen Zeit war.

„Auf geht's", rief Alois und rollte sein Rad in der Richtung des Jeeps. Ich konnte ihn kaum verstehen, denn das Pfeifkonzert und das Gebrüll auf der Terrasse waren gerade auf dem Höhepunkt. Es war, als hätte der Striptease die Gesellschaft da oben so in den Terrassenboden verwurzelt, dass sie nur noch zum Johlen, Pfeifen und Klatschen fähig war. Aber je weiter wir uns von der Villa entfernten, desto schwächer wurde der Beifall. Am Jeep angekommen, luden wir blitzschnell auf. Wolf hatte uns von seinem Aussichtspunkt aus im Auge behalten und kam gerade angespurtet, als wir die Plane über dem Anhänger festzurrten.

Mit einem Satz war Alois im Wagen. Er winkte uns noch zu, während das Gespann über die Maulwurfshaufen der Wiese holperte. Ich erschrak über den Lärm des Motors, aber der unbeleuchtete Wagen hatte die Straße schnell erreicht und verschwand in der Dunkelheit.

Fetzen des Schlagers „Tea for Two", die der Wind zu uns herüberwehte, waren das Letzte, was wir von der Geburtstagsparty des Generals mitbekamen.

Wir packten unsere Fahrräder und traten in die Pedale, als wären die Jeeps der Militärpolizei hinter uns her. Erst als wir von der Landstraße in kleinere Feldwege abbiegen konnten, auf denen die Streifenwagen nicht patrouillierten, fühlten wir uns sicherer. Wir hatten es geschafft!

Wir ließen uns ins Heu der Feldscheune fallen, merkten aber schnell, dass wir zwar völlig erschöpft waren von den Anstrengungen und der Aufregung, aber auch viel zu überdreht, um einschlafen zu können.

„So, und jetzt geht's erst richtig los", verkündete Wolf, nachdem er etwa zehn Minuten bewegungslos neben mir gelegen hatte.

„Was soll denn losgehen?", grübelte ich, was Wolf meinen könnte.

„Na, jetzt kommt das große Feuerwerk!", erklärte er und rappelte sich hoch. „Wir wollten doch das Wild verjagen!", feixte er.

Unter dem Holzboden des Heustocks war alles an Munition gesammelt worden, was man bei der Feld- und Waldarbeit gefunden hatte. Das sollte jetzt in einem gewaltigen Feuerwerk hochgehen.

Mitten auf dem Acker, an einer Stelle, die die Wildschweine schon verwüstet hatten, trugen wir Reisig, Äste und Stroh zusammen. Oben drauf kam eine alte, etwas brüchige Holzkiste, in die wir Handgranaten, Vierlingsflakmunition, Panzerfaustköpfe und Karabinerpatronen packten. Da es etwas dauerte, bis das Feuer durch die Bodenbretter der Kiste schlug und das explosive Zeug erreichte, hatten wir Zeit, uns hinter einer schweren Ackerwalze in Sicherheit zu bringen.

Der Nachtwind fachte die Flammen schnell an. Erst knatterte die explodierende Karabinermunition, dann kamen harte, dumpfe Schläge, die uns die Köpfe an die dicke, kühle Eisenwand der Walze drücken ließ. Dann begann der Boden zu beben. Wir hielten uns die Ohren zu und machten den Mund auf, wie wir es in den Bombennächten gelernt hatten. Jetzt fanden wir das toll!

In einem Umkreis von gut fünf Kilometern schreckten die Leute mit bösen Erinnerungen aus dem Schlaf, bis ihnen dämmerte, dass das bloß die „elendiglichen" beiden Kerle waren, die unter dem Vorwand, das Wild von den Äckern vertreiben zu wollen, mal wieder Munition hochgehen ließen.

Nun gab es mindestens fünfzig Zeugen, die bestätigt hätten, dass wir in dieser Nacht unten auf den Äckern waren. Aber trotzdem plagte uns die Angst, dass man uns gesehen hatte. Nach und nach stellte sich heraus, dass niemand uns verdächtigte, mit dem Diebstahl der Mercedesräder in der Kreisstadt etwas zu tun zu haben. Auch der Alois kam nicht in Verdacht.

Die Räder wurden in der Nacht olivgrün gespritzt und montiert.

Als der Alois den Colonel am nächsten Morgen auf dem ehemaligen Luftwaffenfliegerhorst abholte, hatte sich bereits wieder eine feine Staubschicht auf die neue Farbe der Felgen gelegt. Es gab nichts mehr, was Verdacht erregen konnte.

Dennoch geriet der Alois noch einige Zeit immer wieder in eine schwierige Situation. Die Geschichte vom angetrunkenen Captain, der sich mit seiner deutschen Freundin mühsam zu seinem Mercedes geschleppt hatte und dem es dann absolut nicht gelingen wollte, den Wagen in Bewegung zu setzen, kursierte in der Armee. Der Motor sei so schön gelaufen und alle Gänge habe er durchprobiert, aber der Wagen habe sich keinen Inch weit bewegt. Schließlich habe der Captain angefangen, auf dem Gaspedal herumzutrampeln. So versammelte sich langsam eine johlende Menge um seinen Wagen. Der Captain aber vermochte überhaupt nicht zu verstehen, was es da so Lustiges gab an einem Auto, dessen Motor brav aufheulte, das sich aber nicht bewegen wollte. Schließlich verriet ihm ein alter Freund, was los war: „The God damned krauts have stolen your back-wheels."

Immer wenn die Geschichte beim Smalltalk unter Offiziersfamilien bei dieser Pointe angelangt war, bemühte sich der Alois, möglichst unauffällig mitzulachen.

„Es war, als hätte er seine Geliebte verloren.“ Dr. Schneider und sein Opel Cabriolet

Opel Super 6

Es war ein schöner Augusttag im Jahr 1939. Ich war ganz versunken in die Konstruktion meines ersten Traktors mit drehbarer Vorderachse aus dem Märklin-Baukasten, als mich ein lautes Hupen aufschreckte.

‚Wie kann denn da ein Auto hupen? Ich hab' doch keines den Berg hinaufbrummen hören?‘ dachte ich und raste die Treppe hinunter zur Haustür. Da stand ein offener, hellgrüner Opel Super 6. Am Steuer unser Landarzt Dr. Schneider.

Sein strahlendes, rundes Gesicht war von einer hellen Staubmütze eingerahmt. Ihr Farbton entsprach genau dem Überzug des zurückgeschlagenen Verdecks, das sich am Wagenheck auftürmte. Leise rauschte der Motor unter der hohen Haube, auf der ganz vorne, über dem schnittig gerundeten Kühlergitter, das Symbol eines Zeppelins thronte.

Dr. Schneider tippte das Gaspedal an. Das Rauschen ging in ein Brummen über, das ahnen ließ, wie viel PS in dem Sechszylinder steckten. Die Chromteile und die hellgrüne Lackierung glänzten in der Nachmittagssonne. Den Wagen umgab ein Geruch von verbranntem Öl und Farbresten, die wahrscheinlich bei der Herstellung an irgendwelche Teile des Motors oder des Auspuffs geraten waren und nun verbrannten.

Unser Doktor lud meine Eltern und mich zu einer Fahrt in die Kreisstadt ein, um dort Kaffee zu trinken und Kuchen zu essen. Ich kletterte neben meiner Mutter auf die hinteren Sitze. Sie waren tief und mit rotem Leder überzogen, das sich kühl anfühlte und stark duftete wie neue Schuhe.

Als sich der Wagen, wie von einer kaum hörbaren Kraft geschoben, in Bewegung setzte, kletterte ich vom Sitz herunter, hielt mich an der

Fensterkurbel fest und stellte mich auf, um hinaussehen zu können, sonst wäre mir ja wieder schlecht geworden.

Eine lange Staubfahne hinter uns herziehend, schossen wir auf der Landstraße durch die grünen, von Feldblumen bunt gesprenkelten Wiesen. Mir war es, als würde die Straße vor uns breiter, um sich dann hinter uns zu einem schmalen Strich zu verengen, auf den langsam der Staub absank.

Die staubige Landstraße mündete auf eine asphaltierte Allee. Der Wagen lag jetzt ganz ruhig und wurde schneller. Ich legte den Kopf zurück und sah, wie sich das lichtdurchflutete Laub über mir wölbte. Es war ein Flirren von Licht und Schatten, das da immer schneller über mich hinwegzog und mich ganz schwindlig machte.

„I bin hoid a altmodischer Mensch. Von Krediten will i nix wissen und von selbsttragenden Karosserien scho gar nix", trug mir der Fahrtwind nach hinten, was der Doktor erzählte, und ich konnte hören, wie er dabei strahlte. „Es is no net ganz zammkratzt gwesn, des Geld, des der Wagn hat kosten solln. Aba sie ham Platz braucht im Schaufensta für a neus Kapitän-Cabriolet. Drum hams mir des wunderschöne Auto a bisserl billiger gebn, und so hat's grad glangt, mei Geld", fuhr der Doktor fort, von seinem Glück zu erzählen.

Sein Glück hielt nur ganz kurz. Ein paar Tage später bekam er einen Brief, dass der Wagen eingezogen und in der Kaserne der Kreisstadt abzuliefern sei.

Jetzt wurde allen klar, es würde Krieg geben!

Den ganzen Nachmittag über, so hatte Dr. Schneider meiner Mutter erzählt, war er auf dem Kasernenhof herumgestanden und hatte seinen Wagen nicht aus den Augen gelassen. Er sah, wie Geschäftsleute, Metzger, Rechtsanwälte, Ärzte und höhere Beamte ihre in den letzten Jahren neu gekauften Wagen in den Kasernenhof fuhren. Nach der Anweisung der Soldaten stellten sie ihre Autos ordentlich in Reihen auf und nahmen mit unterdrückter Wut die Bescheinigung über die Beschlagnahme entgegen. Niemand wagte etwas zu sagen! Dann traten sie alle den Fußmarsch zurück in die Stadt an, zum Bahnhof oder zur Autobushaltestelle. Alle bis auf Dr. Schneider.

Als gegen Abend alle beschlagnahmten Wagen des Kreises abgeliefert worden waren, stand Dr. Schneider immer noch auf dem Kasernenhof herum. Schließlich bemerkte ihn ein Unteroffizier, der ihn erst streng anvisierte und dann, als das nichts half, auf ihn zusteuerte und anblaffte: „Wenn es Ihnen so schwer fällt, sich von Ihrem Wagen zu trennen, dann wäre es doch am einfachsten, wenn wir Sie gleich mit einziehen."

Da entschloss sich Dr. Schneider zu einem schnellen Abschied von seinem Opel Super 6!

Im April 1945 waren Wolf und ich auf dem Weg zu Dr. Schneider. Opa ging es immer schlechter, je deutlicher es sich abzeichnete, dass auch dieser Krieg wieder verloren gehen würde. Er war schon in der letzten Zeit immer trauriger und stiller geworden, jetzt blieb er nur noch im Bett. Alle hofften, dass Dr. Schneider ihm noch einmal helfen könnte.

Aber der Doktor hatte am Telefon gesagt, er habe kein Benzin mehr und könne nur kommen, wenn wir ihm ein paar Liter bringen würden. Also mussten wir unser geheimes Benzindepot etwas anzapfen, von dem wir behaupteten, wir hätten es gefunden. Gefunden stimmte sogar, wir hatten im Wald einen Benzintank gefunden, den amerikanische Bomber abgeworfen hatten. Aber das sagten wir natürlich niemand.

Wir trugen unseren Schatz in einem alten, sauber ausgewaschenen Ölkanister verborgen, der in einer abgeschabten Einkaufstasche steckte.

Die Sonne stand sehr hell über der Bergkette der Alpen. Die von grauen Felsvorsprüngen eingerahmten Schneefelder reflektierten das Licht so stark, dass es uns beim Hinsehen blendete. Wir gingen abseits von der Straße den Bergrücken entlang. Das Gras war in den sonnigen Tagen immer dichter und grüner geworden, darüber leuchteten die Schlüsselblumen in hellem Gelb. Das ausgelaugte Leder unserer Schuhe saugte den Tau auf. Ich fühlte, wie meine Füße feucht wurden. Aber wir trauten uns nicht, mit dem – wenn auch gut versteckten – Benzin unten auf der trockenen Straße an den Wehrmachtskolonnen vorbeizulaufen.

Dort unten sahen wir in der Kolonne Militärfahrzeuge, erbeutete Wagen aus den ehemals besetzten Gebieten, aber auch noch einige deutsche Wagen, die 1939 von der Wehrmacht beschlagnahmt worden waren, und dazwischen auch Pferdegespanne, alles durcheinander Richtung Alpen.

Wir kamen bei Dr. Schneider an, ohne dass uns jemand nach dem Inhalt unserer Tasche gefragt hatte. Als der Doktor uns geöffnet hatte, fand er kein Wort der Begrüßung. Er sah uns auch nicht an. Er griff nur in die Einkaufstasche, zog den Kanister heraus und schüttelte ihn, wohl um die Menge abzuschätzen, die wir ihm gebracht hatten. Das Gluckern des Benzins schien ihn zu beleben.

„Wenn's nur langt, bis die Amerikaner da san!", murmelte er, ging zu seinem alten Hanomag, drehte den Tankdeckel hinten am Wagen auf und ließ die blasenbildende Flüssigkeit durch einen alten Trichter in den Tank plätschern. Dabei sog er den Geruch des amerikanischen Flugbenzins ein wie den Duft eines delikaten Mittagessens.

„Sakrament, Sakrament, is des a Benzin", seufzte er.

Dass der Wagen sofort ansprang, machte mich misstrauisch. Wahrscheinlich war der Tank gar nicht ganz leer gewesen, und Dr. Schneider hatte unsere Situation mit dem kranken Opa nur ausgenutzt, um an Benzin zu kommen.

Wir stiegen ein und fuhren los. Der Fahrtwind kroch von vorne und von den Seiten unter das Tuch mit dem großen roten Kreuz, das Frau Dr. Schneider kunstvoll aus einem Betttuch und einer Hakenkreuzfahne hergestellt hatte, und wölbte es über der Motorhaube. Das sollte ein Signal für die amerikanischen Jagdbomber sein, den Doktor bei ihren Angriffen zu verschonen. „So guat is der oide Karren no gar nie g'laffa", meinte Dr. Schneider, als es bergauf ging. Aber es war bald vorbei mit der schnellen Fahrt.

Eine Wehrmachtskolonne zwang den vom Flugbenzin beflügelten Hanomag auf Schritttempo. Direkt vor uns fuhren zwar einige Personen- und Lastwagen, aber etwas weiter vorne mussten Pferdefuhrwerke in der Kolonne stecken, die das Tempo angaben. Ich sah die Soldaten, die mit den Zügeln in der Hand neben den Wagen liefen. Der Doktor schaltete in den ersten Gang und fluchte.

Ich bekam Angst. Wie sollten die Tiefflieger uns verschonen, wenn wir direkt in der Kolonne fuhren?

„Sollten wir nicht besser etwas zurückbleiben?", fragte ich vorsichtig. Aber das Einzige, was der Doktor herausbrachte, war: „Jetzt daat bloß no fehln, dass der oide Scheißkarrn z' kocha ofangt!"

Den Blick starr nach vorne, die Hände ums schwarze Hartgummi-Lenkrad gekrampft, kroch er dem Wagen vor ihnen fast in den Kofferraum. Er hörte uns überhaupt nicht, es war, als seien wir für ihn gar nicht vorhanden. Als ich dann wieder nach vorne sah, begriff ich was

Opel Super 6-Cabriolet von 1938, damals ein sehr schickes Auto.

los war: Das vor uns fahrende offene Cabriolet war ein Opel Super 6. Exakt jener Typ, den sich der Doktor im Sommer 1939, wenige Tage vor Kriegsausbruch gekauft hatte, und der beschlagnahmt worden war.

„Fünf Jahr lang hob i ois zammkratzt für den Wogn", murmelte Dr. Schneider, und mir schien es, als würde der Abstand zwischen uns und dem Opel Cabriolet noch kleiner. „Irgendwann muss eana der Sprit ausgehn und dann pack man", versuchte er sich zu beruhigen.

Als wir an dem Acker unseres Nachbarhofes entlang fuhren, war es soweit. Der Super 6 ruckelte einige Male, so dass wir fast aufgefahren wären, dann steuerte ihn der Fahrer nach rechts in den gleichmäßig geeggten Acker, der von dem sprießenden Winterweizen wie von einem grünen Flaum überzogen war. Die Räder sanken bis über die Reifen in die lockere Erde ein. Der Wagen stand.

Dr. Schneider kletterte mit einer Beweglichkeit und Geschicklichkeit aus seinem alten Auto, die ich ihm wegen seines Bauches und seines Alters nicht zugetraut hätte. Er rannte über den Acker auf den Offizier zu, der rechts neben dem Fahrer saß. Auf dem Rücksitz des offenen Wagens waren neben einem Turm von Gepäck noch Uniformmütze und Kopf eines zweiten Offiziers zu sehen. Der Fahrer war als Erster ausgestiegen und fluchte. Der vorne sitzende Offizier hatte gerade die Tür geöffnet, da stand der Doktor schon vor ihm.

„Herr Hauptmann, ich bin Arzt, bitte lassen Sie den Wagen nicht zerstören, sondern stellen Sie ihn mir zur Ausübung meines Dienstes zur Verfügung. Mein alter Wagen ist durch die schlechte Treibstoffqualität und die fehlenden Ersatzteile sehr unzuverlässig geworden. Wenn es um Leben und Tod geht, ist das ein unhaltbarer Zustand."

Der Fahrer hatte erstaunt zu fluchen aufgehört. Der Hauptmann betrachtete seine blankgeputzten Reitstiefel, dann den Acker, in den er nun treten musste, dann Dr. Schneider. In diesem Moment wurden wir abgelenkt.

Gut hundert Meter vor uns, am Ende des Ackers, war ein Mercedes 170 neben der Straße zum Stehen gekommen. Ein Soldat mit einer Panzerfaust nahm Abstand von dem Wagen, setzte sich das Rohr auf die Schulter und visierte das Heck des Wagens an. Ein Feuerstrahl schoss aus dem Rohr. Der Wagen wurde durch die Wucht, mit der der Kopf aufschlug, hochgehoben wie von einem blitzschnellen Wagenheber, dann sackte er wieder in seine Federn und fing an zu brennen.

Der Hauptmann stand nun im Acker und hatte sich damit abgefunden, dass es von jetzt ab wahrscheinlich nicht zu vermeiden war, sich die Stiefel schmutzig zu machen.

„Bis jetzt bin ich immer zu spät gekommen. Die Wagen sind alle schon zerstört, wenn ich sie finde", klagte der Doktor.

„Wir haben den Befehl, alle Fahrzeuge unbrauchbar zu machen, damit sie nicht in funktionsfähigem Zustand in die Hände des Feindes fallen", brummte der Hauptmann. Mir schien es, als gäbe es in seiner Stimme einen Anflug von Verständnis für den Wunsch des Doktors.

Mittlerweile war der zweite Offizier, ein sehr junger Oberleutnant, aus dem Wagen geklettert. Er lehnte sich neugierig an den hinteren Kotflügel, hatte aber offenbar keine Lust, Partei zu ergreifen.

„Sind das Ihre Söhne?", wollte der Hauptmann wissen, während er ein silbernes, ziseliertes Zigarettenetui aus seiner Uniformjacke nahm und aufspringen ließ. In den beiden aufgeklappten Deckeln steckte je eine ganze Reihe von Zigaretten, die von zwei gelben elastischen Bändern in Reih und Glied gehalten wurden wie die Soldaten auf dem Exerzierplatz.

Der Oberleutnant war mit dem Feuergeben etwas schneller gewesen als der Doktor. Der Hauptmann sog die Luft durch die Zigarette, so dass sie aufleuchtete. Dabei erschienen seine Lippen noch schmaler.

„Nein, die Buben haben mich nur zu ihrem Großvater geholt. Sieht schlecht aus mit ihm. Na, kein Wunder in diesen Zeiten. Ich hoffe bloß, dass es mein alter Karren noch die Berge hinauf schafft."

„Von mir aus. Nehmen Sie ihn!", gab sich der Hauptmann plötzlich einen Ruck. Er griff in seine Brieftasche und gab Dr. Schneider die Papiere. Vielleicht hatte ein allein den Berg hinaufmahlender Ford-LKW seinen Entschluss beschleunigt. „Viel Glück mit dem Wagen, Doktor", verabschiedete sich der Hauptmann und stapfte durch den Winterweizen zur Straße, um den Lastwagen anzuhalten.

„I fahr jetzt zum Opa und dann pack man. Passt's guat auf mein Wagn auf, gell Buam!", rief uns Dr. Schneider noch zu, während er einstieg.

Ich setzte mich ans Steuer, schaltete die Zündung ein und drückte auf den Anlasserknopf. Der noch warme Motor drehte sich, aber der Benzinrest im Vergaser reichte nur für ein paar schwächliche Zündungen, als streiche ein Hauch von Leben an dem Motor vorbei. Dann war es nur noch der Anlasser, der ihn bewegte.

Während die Karosserie durch den großfleckigen grün-braunen Tarnanstrich verunstaltet war, machte der Innenraum des Cabrios einen gepflegten Eindruck. Der Wagen war offenbar in der Hand eines Fahrers gewesen, der ihn wie sein Eigentum behandelt hatte.

Wolf hatte sich neben mir in die grünen Ledersitze sinken lassen. „Wie sollen wir die schwere Kiste bloß aus dem Acker rauskriegen?", grübelte er. „Den Hanomag vorspannen und schieben. Dr. Schneider wird bestimmt eine Kette mitbringen," das war für mich klar.

Ein amerikanisches Jagdflugzeug flog ziemlich hoch über dem Bergrücken in Richtung der Alpen. Der Pilot war wohl der Meinung, dass die Fahrzeuge der Wehrmacht keine Bomben und keine Patronen mehr wert waren, weil die Deutschen schon selbst alles zerstörten. Dieser Gedanke hatte mich gerade etwas beruhigt, so dass mich die keifende Stimme einer Frau ganz unvorbereitet traf: „Raus aus dem Wagen!", kommandierte sie.

Die Frau musste sich von hinten genähert haben, wo uns das sich auftürmende Verdeck die Sicht nahm, so hatten wir sie nicht bemerkt. Sie war ungefähr fünfzig, hatte ein knochiges Gesicht, tiefliegende, dunkel umschattete Augen und schwarzes, mit grauen Strähnen durchzogenes Haar, das sie zu einem Knoten zusammengesteckt hatte. Sie trug dunkle, abgeschabte Kleider und hatte den fremden Tonfall der vielen Flüchtlinge aus dem Osten. „Macht jetzt Platz, oder ich mach euch Beine! Der Wagen ist nicht euer Spielzeug!"

„Den Wagen hat ein Hauptmann dem Dr. Schneider zur Verfügung gestellt, damit er seine Patienten besuchen kann, weil seiner ziemlich kaputt ist. Wir sollen darauf aufpassen, bis er wiederkommt!", erklärte Wolf so entschieden er eben konnte. „Da habt ihr euch ja ein schönes Märchen ausgedacht, damit euch niemand aus eurem Spielzeug jagt", zischte sie und nestelte an einem abgeschabten Lederbeutel. Heraus kam ein mittelgroßes Messer.

„Wenn Sie uns hier raushaben wollen, müssen Sie uns schon abstechen", knurrte Wolf.

Sie reagierte beleidigt und unsicher. „Aber das Messer brauche ich doch nur, um das Leder aus den Sitzen herauszuschneiden. Man kann Hausschuhe daraus machen, Taschen und Handschuhe. Seit dem Krieg gibt es nirgends mehr echtes Leder für sowas."

„Warten Sie noch ein paar Minuten, dann werden Sie sehen, dass wir nicht lügen", schlug ich vor.

„Ihr glaubt wohl, ihr seid ganz besonders schlau", fuhr sie uns an.

Ein paar Minuten schlich sie unschlüssig um den Wagen rum, befühlte immer wieder das Leder der Sitze und den dichten, gefütterten Stoff des Verdecks, traute sich aber nicht, ihr Messer anzusetzen.

Wir rührten uns nicht aus den Sitzen, um ihr keine Chance zu geben. Schließlich sahen wir den schwarzen Wagen des Doktors oben am Berg auftauchen. Wolf gab mir einen Stoß. Er meinte wohl, wir sollten uns unseren Triumph nicht anmerken lassen, damit sie nicht noch abhauen konnte. Als der Hanomag neben uns hielt und sie das große, rote Kreuz auf dem Betttuch über der Motorhaube erkannte, reichte ihr die Zeit gerade noch, das Messer in der Tasche verschwinden zu lassen. Aber Dr. Schneider hatte es doch gesehen!

„Die Frau wollte das Leder von den Sitzen abziehen. Sie wäre fast auf uns losgegangen, als wir gesagt haben, dass der Wagen Ihnen gehört", berichtete Wolf ganz beiläufig und kletterte aus dem Auto.

Dr. Schneider stieg das Blut in seinen feisten, fast haarlosen Kopf. Über den Winterweizen ging er auf die Frau los wie ein Boxer auf einen Gegner, den er ruckzuck k.o. schlagen will. Die Frau trat ängstlich zurück, aber dem setzte meine Wagentür ein schnelles Ende.

„Die Jungen lügen, Herr Doktor", jammerte sie.

Mittlerweile hatte es sich der Doktor anders überlegt. Er baute sich vor ihr auf und donnerte: „Sie wollen sich an Heereseigentum vergreifen, das die Wehrmacht mir für meine Krankenbesuche zur Verfügung gestellt hat? Dafür könnte ich Sie bei der Feldpolizei abliefern."

„Aber Herr Doktor, ich wollte doch nur das Leder von den Sitzen. Da hätten Sie doch eine Decke drüberlegen können", versuchte sie sich zu verteidigen.

„Wenn Sie jetzt nicht sofort das Maul halten, nehme ich Sie mit!", keuchte Dr. Schneider mit vor Aufregung fast versagender Stimme. Er regte sich wirklich auf! Da begann sie zu laufen. Mit ihren kurzen, krummen Beinen und ihren ausgetretenen Schuhen ging es auf dem Acker aber nicht gerade schnell.

Nun konnte es losgehen! Leider stellte sich heraus, dass die Kette, die der Doktor mitgebracht hatte, zu kurz war. Wenn wir den Hanomag auf dem festen Untergrund der Straße stehen ließen, fehlte zwischen seiner hinteren Stoßstange und der vorderen des Opels gut ein Meter. Die Sache schien schwieriger zu sein, als wir es gedacht hatten. Aber je schwieriger sie wurde, desto mehr packte sie uns.

„Dann müß ma halt mit dem Hanomag a bißerl in den Acker nei, damit die Ketten langt", schlug der Doktor vor.

„Wenn der Wagen mit den Antriebsrädern im Acker steht, dreht er durch", sprach Wolf aus, was ich im selben Moment gedacht hatte.

„Heilandsakrament, recht hat er", murmelte der Doktor.

„Wir müssen den Hanomag umdrehen, so dass er mit den Hinterrädern auf der Straße bleibt und nur mit den Vorderrädern im Acker steht", schlug ich vor.

Nun reichte zwar die Kette, aber am Vorderteil des alten Wagens fanden wir nichts, woran wir sie hätten befestigen können. Stoßstangen oder deren Befestigungen gab es an den alten Autos schon längst nicht mehr.

„I hobs", triumphierte der Doktor und legte die Kette um den linken Scheinwerfer des Hanomag.

„Der wird nicht halten", rief ich.

„Und i sag, der muaß", kommandierte der Doktor.

Er kletterte hinter das Steuer und setzte langsam zurück, so dass sich die Kette spannte. Dann gab er etwas mehr Gas, während wir an den Kotflügeln des Super 6 schoben. Aber anstatt dass er sich wenigstens ein ganz klein wenig bewegt hätte, gab es nur ein kurzes metallisches Krachen. Der Scheinwerfer rutschte, nur noch an ein paar Kabeln hängend, den Kotflügel hinunter und glotzte mit seinem bis auf einen kleinen rechteckigen Spalt zugeklebten Glas auf den Acker. Es war ein trauriger Anblick.

Dr. Schneider sprang aus dem Wagen, stampfte auf und fluchte Unverständliches. So ähnlich musste Rumpelstilzchen reagiert haben, als es erfuhr, dass die Königin seinen Namen herausbekommen hatte.

Dann bekam der Hanomag einen mächtigen Tritt, als wäre er ein Pferd, das seinem Herrn viele Jahre gedient und ihn nun maßlos enttäuscht hat.

„Scheißkarren elendiger", brüllte er und schlug die Tür so fest zu, dass sie gleich wieder aufsprang.

Ich löste die Kette von dem Scheinwerfer, und Wolf zog sein großes Taschenmesser heraus, um die Kabel abzusäbeln.

„Des darfs net gebn, dass der Wagn wieder zum Daifi geht", jammerte Dr. Schneider.

Ich kroch, mit dem Ende der Kette in der Hand, vorne unter den Hanomag.

Bei den Personenwagen der dreißiger Jahre wurden meist die Vorderräder von einer oder zwei übereinanderliegenden Blattfedern geführt. Um eine davon musste sich gut eine Kette legen lassen, ohne dass dann beim Anziehen etwas abreißen konnte.

Wolf kroch neben mir unter den Wagen. Wir legten die Kette um die quer zum Rad liegende Blattfeder und hängten den Haken so knapp wie möglich in eines der Kettenglieder.

Die Blattfeder und auch die Kette waren dick verschmiert mit einer Mischung aus Rost, Öl und Staub. Als wir wieder unter dem Wagen hervorkamen und uns wenigstens den Ackerboden von den Kleidern zu klopfen versuchten, müssen wir ausgesehen haben wie Wühlmäuse, die sich an die Autoschlosserei gemacht haben.

„Oh mei, wia schaugts denn ihr aus!", stöhnte der Doktor, als ahne er, was er bei der nächsten Gelegenheit von unseren Müttern zu hören bekommen würde.

„Jetzt wird es halten. Probieren Sie es noch mal." Damit brachte ich ihn in Bewegung. Dr. Schneider setzte langsam zurück, bis er sah, dass die Kette gespannt war, dann gab er Gas. Die profillosen Reifen drehten auf dem festgefahrenen Untergrund aus grauem Sand und Schotter durch, griffen plötzlich etwas, so dass wir für Sekunden glaubten, das Gespann setze sich in Bewegung. Aber dann drehten sie wieder durch und schleuderten nur kleingemahlene Steinchen wie einen feinen Regen nach vorne.

Der alte Motor jaulte unter Dr. Schneiders sehr grober Behandlung immer wieder auf, als wollte er um Hilfe schreien. Aber Zentimeter um Zentimeter zerrte er den Opel doch aus dem Acker! Wir hatten auch unseren Anteil daran, denn so gut der lockere Boden es zuließ, stemmten wir uns mit voller Kraft gegen die vorderen Kotflügel des Super 6 und maßen stolz die Länge der Spur, die seine Vorderräder im Acker hinterließen.

Dann plötzlich ging das Aufheulen des Automotors unter in Wellen von donnerndem Dröhnen, die sich über uns stülpten und alle anderen Geräusche auslöschten. Wir ließen uns auf den Acker fallen und hofften, die Bombensplitter würden dann über uns hinwegpfeifen, so wie das manche Lehrer im Unterricht erzählt hatten.

Vor Anstrengung und Erschöpfung hatten wir ganz vergessen, auf die Tiefflieger zu achten. Aber dann bemerkte ich, dass der Krach des Flugzeugmotors nicht von oben kam, sondern mehr vom Hügel jenseits der Straße. Ich hob den Kopf, um am Vorderrad des Opel vorbeisehen zu können. Und da kam das Flugzeug: groß, olivgrün und stromlinienförmig. Hinter den Öffnungen unter dem Motor waren zwei Reihen von weißen zackigen Zähnen aufgemalt, so dass es wie ein aufgerissenes Haifischmaul aussah. Aber er wollte uns gar nicht angreifen!

Er flog so nah an uns vorbei, dass ich den Piloten über der Tragfläche in seiner gläsernen Kanzel sitzen sehen konnte, in seiner Fliegerkombination und mit den in die Ledermütze eingebauten Kopfhörern.

Dr. Schneider torkelte bleich aus seinem Wagen, schaute dem Flugzeug nach und stammelte: „Buam, jetzt hätt's uns fast derwischt."

„Der wollte uns doch gar nicht angreifen. Der wollte bloß sehen, was wir hier machen", meinte Wolf, als wäre das alles ganz selbstverständlich.

„Ah so." Der Doktor lehnte sich an den Türrahmen des Hanomag und beruhigte sich. „Is ja logisch. Die derfa ja koa Auto mit am roten Kreuz zammschießa!", fasste er sich wieder. „Nacha kemma's ja wieda packa, kommt's Buam", versuchte er uns aufzumuntern. Die Plagerei begann von neuem.

Als wir den Opel endlich auf der Straße hatten, umkreiste ihn der Doktor einige Male, er befühlte das Verdeck, steckte seine Nase in die Sitze und sog den Geruch des Leders ein. Er öffnete die Motorhaube und strahlte den Motor an!

Der Hanomag existierte für ihn nicht mehr. Aber zum Nachhauseschleppen des Opels wurde er doch noch einmal gebraucht, und so durfte ich ans Steuer des Super 6.

„Des is a net viel anders als Traktorfahren und Traktorfahren, des kannst ja", begann der Doktor seine Anweisungen. „Also, beide Händ ans Lenkrad und beide Füss auf d'Brems. Wenn d'Ketten locker wird steigst auf d'Brems. Und wenn d'Ketten straff is, dann lässt Brems los." Und so machte ich es.

Als wir vor der Garage des Doktors angelangt waren und gerade die Kette von der vorderen Stoßstange des Opel gelöst hatten, musste Frau Dr. Schneider etwas gehört haben. Sie öffnete das Fenster im Treppenhaus und sah hinaus.

„Komm her, Muatta, i hob wieda oan", brüllte der Doktor. Frau Dr. Schneider war gut zwei Köpfe kleiner als ihr Mann. Sie wirkte stämmig und resolut, war aber durch den alles auffressenden Krieg seit einigen Monaten zentimeterweise ergraut, denn es wurde anscheinend auch die dunkelbraune Haarfarbe, mit der sich die Endvierzigerin jung zu erhalten bemühte, für den Endsieg gebraucht. Sie kam aus dem Haus, sah den Wagen und schimpfte: „Vatta, sag amoi, spinnst du?"

„I hab a Recht auf den Wagn, genau so oan hams mir beschlagnahmt", verteidigte sich der Doktor.

„D'Amerikaner wird dei Recht aber gar net interessieren", keifte sie.

„Aba der oide Scheißkarrn wird's nimma lang mocha", jammerte der Doktor.

„Wenn d'Kistn wirkli nimma laaft, nacha werns dir scho an gebn, der wo laaft. An Wehrmachtskübel wern's scho ham für di."

Mir schien es, als würde sich der Doktor bei dieser Vorstellung vor Entsetzen schütteln.

Zwei Wochen später war es warm geworden und die Wiesen fingen schon an zu blühen. Die Amerikaner waren nun schon einige Tage da und hatten sich im Dorf eingerichtet. Wolf und ich gingen ins Dorf hinunter.

Wir hatten in einem Versteck noch drei kleine Pappschachteln mit 9-Millimeter-Munition gefunden. Darauf waren die Amerikaner sehr scharf, weil sie auch für die deutsche Maschinenpistole passte und die war für sie ein besonders beliebtes Kriegssouvenir. Wir wussten das von dem ersten Amerikaner, der mit uns geredet hatte und mit dem wir gleich ins Geschäft gekommen waren.

Auf dem Dorfplatz hatten die Amerikaner ihr Lager aufgeschlagen. Einige paar große Zelte hatten sie aufgestellt und große oliv angestrichene Tonnen, unter denen kleine Flämmchen züngelten. Ganz offensichtlich kochten die Amerikaner hier ihr Trinkwasser ab. Es hieß, sie hätten große Angst vor dem dreckigen Europa mit seinen Bakterien, die überall lauerten. Benzin, um Wasser abzukochen, hatten sie offenbar genug!

Am Rand des Platzes waren Autos aufgereiht. Jeeps, zwei- und dreiachsige Lastwagen von Dodge und GM und ein paar deutsche Beutewagen. Zwei Opel Olympia, ein Opel Kapitän und ein Super 6-Cabriolet. Der Wagen war olivgrün gespritzt und trug auf der Motorhaube und den Türen den weißen fünfzackigen Stern mit der ringförmigen Umrandung. Die neue Lackierung und die weißen Sterne waren so sorgfältig aufgetragen, dass die Amerikaner dazu Spritzgeräte und Schablonen benutzt haben mussten. Aber an der grünen Lederpolsterung war eindeutig zu erkennen: Das war der Wagen, den wir mit Dr. Schneider aus dem Acker gezogen hatten.

Auf dem Weg nach Hause überholte uns ein Kübelwagen und darin saß Dr. Schneider. Als er uns erkannt hatte, stoppte er. „Ihr könnts a Stückerl mitfahren."

Während wir einstiegen, kamen ziemlich leise vom Fahrersitz die Worte: „Ihr werds scho wissen, was passiert is."

Wir nickten.

„Ois is umasonst gwesen", stöhnte der Doktor. Dann betrachtete er unsere von den amerikanischen Lebensmitteln etwas unförmig gewölbten Hosen und Anoraks.

„Habt's Gschäfterln gmacht mit die Amerikaner?", wollte er wissen. Wir nickten. „Und was habt ihr g'habt, für das die Amerikaner euch was geben?"

„9-Millimeter-Munition für die deutsche Maschinenpistole, auf die sind sie sehr scharf."

„Ihr seids scho richtig für die neue Zeit", meinte der Doktor und es kam mir vor, als würden wir ihm ein bisschen imponieren.

Dann legte der Doktor den ersten Gang ein und trat aufs Gas.

„Und jetzt probier ma amoi, was er aushält, der Scheißkarren, der elendigliche."

Er ließ den Motor in den unteren Gängen so aufjaulen, dass ich dachte, jetzt fliegt er auseinander. Ich hatte den Verdacht, dass Dr. Schneider alles versuchte, um den ungeliebten Kübelwagen kaputt zu kriegen, damit die Amerikaner ihm etwas Besseres geben mussten. Es sah aber so aus, als wolle ihm der Kübel diesen Gefallen nicht tun.

Bei einem Bauernhof auf halbem Weg nach Hause setzte Dr. Schneider uns ab, weil er einen Krankenbesuch machen musste.

„Jetzt hat seine Frau doch noch mit dem Kübel Recht gehabt, den die Amerikaner ihm geben werden, das ärgert ihn", meinte Wolf ganz mitfühlend, als der Doktor im Haus verschwunden war. Der Kübelwagen hatte auch noch ziemlich übel nach Mist gestunken. Wahrscheinlich hatte ihn jemand ganz besonders gut im Mist versteckt. Es dauerte noch einige Wochen des heißen Sommers 1945, bis des Doktors Kübelwagen so ausgetrocknet war, dass er nicht mehr stank.

1949 hat Dr. Schneider bei einem Gebrauchtwagenhändler auf einem Münchener Trümmergrundstück wieder einen Opel Super 6 entdeckt, der den Krieg ganz gut überstanden hatte, und den Wagen sofort gekauft. „Der sah wirklich noch sehr gut aus", erzählte mein Vater. Aber Dr. Schneider war enttäuscht, das war nicht das, was er mal hatte. Er verkaufte den Wagen nach einem halben Jahr wieder, was ich gar nicht verstehen konnte.

„Es war wohl wie mit einer verlorenen Geliebten", fuhr mein Vater fort. „Man sucht überall nach jemand, der so ist wie sie, und wenn man glaubt, man hat sie gefunden, merkt man, dass es eine Täuschung war."

Dr. Schneider kaufte sich dann einen Mercedes 220, der gerade herausgekommen war. Die selbsttragende Karosserie des neuen Kapitän wär nix für die schlechten Allgäuer Straßen, und dabei blieb der Doktor. Er war eben ein altmodischer Mensch.

Mit dem Horch nach Moskau – ein Siegessymbol geht zu Bruch

Horch 853

Im Sommer und zu Beginn des Herbstes 1941 fuhr mein Vater als Kriegsberichterstatter in einem Horch 853 mit den deutschen Truppen in Richtung Moskau. Der mächtige Wagen war für die deutsche Siegesparade der Nationalsozialisten in Moskau vorgesehen. Schon zu Beginn des Herbstes war mein Vater wieder zu Hause, der Horch war verbrannt und mein Vater erklärte den Krieg im Familienkreis für verloren. Diese Geschichte hatte für mich von Anfang an etwas faszinierend Symbolisches und je älter ich wurde, desto mehr interessierte ich mich dafür. Da mein Vater gerne erzählte und auf meine Fragen einging, fügten sich diese Ereignisse langsam in meiner Erinnerung zusammen.

Mein Vater war ein sehr ängstlicher Mensch. In seinen Erfolgen sah er auch eine Art Schutzschirm gegen Übergriffe der nationalsozialistischen Diktatur, deren Unberechenbarkeit er fürchtete. Der Ausbruch des Krieges gab ihm die Möglichkeit, in eine Uniform zu schlüpfen und sich darin zu verstecken, denn das, was eine Uniform eigentlich dokumentiert, die Einordnung in die militärische Hierarchie, das wollte er unbedingt vermeiden. Seine Strategie baute er auf zwei Umstände auf: Einerseits galt er wegen seiner Magengeschwüre und einer Schussverletzung aus dem Ersten Weltkrieg als kriegsuntauglich, andererseits gab es einige einflussreiche Generäle in der Wehrmacht, die von seinen Büchern so beeindruckt waren, dass sie ihn gerne bei ihren Feldzügen dabei haben wollten, trotz seiner Kriegsuntauglichkeit.

So traf man ein Arrangement, das ihm auf eigenes Risiko und nach eigener Wahl der Division auch die Teilnahme am Krieg gegen die Sowjetunion gestattete. Dieses Arrangement beinhaltete, dass er seinen Einsatz auch wieder nach eigener Entscheidung beenden konnte. Zu

Seit dem Ausbruch des Krieges trug mein Vater Uniform.
Er war als Kriegsberichterstatter „auf freiwilliger Basis" schon beim Überfall auf Polen und dem Einmarsch in Frankreich dabei.

dieser Übereinkunft gehörte auch, dass ihm ein Wagen mit Fahrer zur Verfügung gestellt wurde. Solange die Kriege einigermaßen entsprechend der Planung abliefen und noch genug Fahrzeuge vorhanden waren, hatte das funktioniert.

Als die Wehrmacht in Russland einfiel, hatte man ihm einen Ford V 8 gegeben. Damit war er, wie er uns schrieb, ausgesprochen zufrieden. Der Wagen sei zuverlässig, ausreichend stark, aber auch nicht zu schwer und liege nicht so tief.

Als der Überraschungseffekt der ersten Kriegswochen verpufft war und die Kämpfe heftiger wurden, zerstörte eine russische Bombe den Ford. Mein Vater konnte sich gerade noch in der Tiefe des Straßengrabens retten. Wie er uns weiter schrieb, habe er nun auch wieder einen neuen Wagen, einen Horch, wie den von Onkel Herrmann.

„Was für ein Wahnsinn", hatte meine Mutter gestöhnt, „mit diesem riesigen schweren Monstrum kann man doch auf den schlechten russischen Straßen gar nicht fahren."

Ich konnte mir damals nicht vorstellen, was meine Mutter damit gemeint hatte. Denn ich war sehr beeindruckt, weil ich den Horch von Onkel Herrmann, aus der weitläufigen Verwandtschaft meiner Mutter, einmal gesehen hatte.

Onkel Herrmann, ein zierliches Männchen mit schütterem Haar, war Physikprofessor. Er hatte ein paar Lehrbücher geschrieben, die die Studenten alle brauchten, und so viel Geld verdient. Das 853-Horch-Sportcabriolet gehörte zum exklusiven Lebensstil des Professors, auch wenn es seine ganze Kraft erforderte, den fünfeinhalb Meter langen und zweieinhalb Tonnen schweren Koloss um die Kurven zu wuchten.

Kurz vor dem Krieg war Onkel Herrmann mit seinem Horch bei uns vorgefahren. Der versammelten Familie hatte er den Wagen vorgeführt. Der Reihenachtzylinder dieses Wagens sei die am besten ausgeglichene und damit laufruhigste Konstruktion, die die deutsche Ingenieurskunst geschaffen habe, hatte der Professor doziert. Zum Beweis hatte er den Motor gestartet und eine Münze auf die Motorhaube gestellt: und die war stehen geblieben, als gäbe es keinen fünf Liter großen Achtzylinder, der sich unter ihr drehte.

Als ich etwas älter geworden war, begann ich, meinen Vater auszufragen, wie er denn an diesen Horch gekommen war.

Durch die Kämpfe in den ersten Wochen seien so viele Fahrzeuge der Wehrmacht zerstört worden, dass die zuständigen Offiziere in seiner Division sich außer Stande erklärten, ihm einen neuen Wagen zur Verfügung zu stellen. Dass er eine feste Einordnung in die militärische Hierarchie sorgfältig vermieden hatte, erwies sich jetzt als Nachteil.

So verbrachte er die nächsten Tage damit, hinter der Front auf der Suche nach einem neuen Wagen alle möglichen Stellen abzuklappern. Schließlich schickte man ihn zu einem Oberst, von dem es hieß, er verfüge noch über ein paar Reservefahrzeuge.

Mein Vater ist hier im Winter 1939/40 im besetzten Polen auf Recherchereise für sein Buch „Tod in Polen", das auch von seinen besten Freunden heftig kritisiert wurde. Dienstwagen und Fahrer wurden ihm vom Auswärtigen Amt gestellt.

Mein Vater fand ihn im geräumigen Dienstzimmer innerhalb eines Kasernenkomplexes, das vermutlich vorher dem politischen Kommissar der Roten Armee gehört hatte. Der neue Inhaber hatte den Raum offenbar unverändert gelassen. An der einen Längswand stand ein mit schwarzem Wachstuch überzogenes Sofa. Eine Bedienungsanleitung für den Gebrauch der Maschinenpistole, Modell 1940, war an der anderen Wand hängen geblieben. Nur das deutsche Feldtelefon auf dem Schreibtisch in der Mitte des Raumes wies auf den neuen Inhaber hin.

Es war ein grauhaariger Oberst mit kantigem Gesicht, Bürstenhaarschnitt und randloser Brille. Mein Vater konnte gerade noch das reflexartige Hochschnellen des rechten Armes unterdrücken und mit der Hand an der Mütze grüßen, wie das bei der Wehrmacht üblich war, denn hier hielt man nichts vom nationalsozialistischen Gruß.

Der Oberst erhob sich hinter seinem Schreibtisch und reichte meinem Vater die Hand.

„Ich höre, Sie brauchen einen neuen Wagen, Herr Leutnant", begann er das Gespräch, nachdem er wieder hinter seinem Schreibtisch und

Der Horch wird beladen.

mein Vater davor Platz genommen hatte. „Da Sie ja den Feldzug mitgemacht haben, wissen Sie, dass wir kaum über Fahrzeuge verfügen, die für dieses Land geeignet sind. Aber da kann man sich natürlich gleich die Frage stellen, ob es so etwas überhaupt gibt", setzte der Oberst das Gespräch fort. Meinem Vater fiel nichts anderes ein als zustimmend zu nicken. „Wie Sie ebenfalls bemerkt haben dürften, Herr Leutnant, wird dies hier kein Spaziergang à la Frankreich und Polen, so wie sich das offenbar einige der Herren vorgestellt haben. Das soll heißen, unser ohnehin ungeeigneter Fahrzeugbestand hat sich schon beträchtlich reduziert. Unter diesen Umständen habe ich nur einen Wagen, den ich Ihnen zur Verfügung stellen könnte, einen 853-Horch-Cabriolet. Der Wagen ist für die Siegesparade in Moskau vorgesehen; bis dahin steht er hier bloß herum. Wollen Sie ihn?"

Mein Vater nickte nach einigem Zögern. Wenn er die weiter vorgerückte Front bald wieder einholen wollte, blieb ihm wohl keine andere Möglichkeit, als das Angebot zu akzeptieren.

„Und passen Sie gut auf den Wagen auf, nicht dass ich dann dafür zur Verantwortung gezogen werde, wenn der Horch nicht rechtzeitig zur Siegesparade in Moskau ankommt!"

‚Das war doch die reine Ironie, wie sie alte kriegserfahrene Offiziere denen gegenüber zeigen, die sie für wenig kompetente Anhänger des neuen Regimes halten', dachte mein Vater. Wahrscheinlich glaubte dieser Oberst bereits, dass es nie eine Siegesparade in Moskau geben werde und dass es aus diesem Grund risikolos war, dem Sonderführer den Wagen zu geben.

Mein Vater bedankte und verabschiedete sich mit einem in gestraffter Haltung ausgeführten Gruß. So ließen sich die Zweifel überdecken, die ihn befielen, ob es nicht besser gewesen wäre, den Wagen abzulehnen.

Vor der Tür wartete neben seinem Fahrer ein Unteroffizier, der vom Oberst herbeitelefoniert worden war, um sie zu dem Wagen zu führen und Schlüssel sowie Papiere auszuhändigen.

Der Unteroffizier führte sie wortlos über das Kasernengelände in einen Hof, auf dem auch einige Ford-, Opel-Blitz- und Mercedes-Lastwagen abgestellt waren, an denen gearbeitet wurde.

Neben einem russischen Eintonner mit offener Motorhaube blieb mein Vater stehen. Das pflaumenartige Kühleremblem wies auf die Entstehungsgeschichte des Lastwagens hin. Nur war hier nicht mehr der Name Ford zu lesen, sondern GAZ. Die Buchstaben standen für ‚Gorkovski Avtomobilni Zavod'. Es handelte sich um eine russische Weiterentwicklung des Ford-A-Lastwagens, der auch in Deutschland einen legendären Ruf als robustes und zuverlässiges Transportmittel

So dürfte der Horch ausgesehen haben, ehe sich mein Vater mit ihm in Richtung Osten aufmachte. Dieser Wagen steht im Automuseum in Ingoldstadt.

hatte. Was an der bewährten Konstruktion verändert worden war, das konnte man auf den ersten Blick erkennen: Der Motor war mit einem voluminösen Luftfilter versehen, und die Blattfederpakete an der Hinterachse hatten Dimensionen, die mein Vater bisher nicht kannte. Auch der Fahrer betrachtete staunend das leichte, primitive Fahrzeug.

Als sie weitergingen, entdeckten sie an der gegenüberliegenden Mauer die Umrisse eines großen Wagens unter grün-braun gesprenkelten Zeltplanen. Der Unteroffizier zog die Planen herunter. Zum Vorschein kam tatsächlich ein ziemlich neues und sauberes 853-Horch-Cabriolet, das vermutlich nicht auf eigener Achse bis hierher gelangt war.

„Na, dann wünsche ich gute Fahrt", platzte der Unteroffizier in die Sprachlosigkeit hinein, die der Anblick des Wagens bei seinen neuen Inhabern ausgelöst hatte, dann händigte er Schlüssel und Papiere aus.

‚Das war doch schon wieder eine Unverschämtheit', dachte mein Vater, aber es fiel ihm keine passende Erwiderung ein.

„Herr Leutnant, den hätten Sie sich nicht andrehen lassen dürfen! Der Wagen ist bestimmt prima zum Angeben in Berlin, aber hier werden wir nicht weit damit kommen", jammerte der Fahrer.

Mein Vater überlegte einige Sekunden, wie er darauf reagieren sollte. Dann entschloss er sich schließlich zu einem freundlichen, aber bestimmten: „Sie haben doch selbst mitgekriegt, wie lange wir schon nach einem neuen Wagen suchen."

Der Fahrer setzte sich schweigend ans Steuer, schaltete mit dem Schlüssel die Zündung ein, zog die Starterklappe und drückte auf den Anlasserknopf. Nach kurzem Orgeln sprang der Achtzylinder mit leisem Rauschen an. Sie öffneten das Verdeck und steuerten eine Ansammlung von Benzinfässern an, aber die dort wachhabenden Soldaten verlangten zuerst die Papiere.

„Na, wo wollt's denn mit dem Auto hin?", wollte der dicke Gefreite aus Bayern wissen, nachdem er den offenbar riesigen Tank vollgepumpt hatte. Dann gab er sich selbst die Antwort, die er mit einem dröhnenden Lachen unterstrich: „Is doch logisch, zur Siegesparade nach Moskau!" Mein Vater bemühte sich um eine undurchsichtige Miene. Der Fahrer beschleunigte den Wagen in eindrucksvoller Weise über das ebene Kasernengelände.

Nachdem sie in ihrem Quartier ihr Gepäck eingeladen hatten, konnten sie endlich damit beginnen, die davongefahrene Division wieder einzuholen.

Es hatte lange nicht geregnet. Der Horch schaukelte durch die Schlaglöcher und zog eine lange Staubfahne hinter sich her. Einem russischen Piloten musste sie auch aus mehreren Kilometern Höhe auffallen. Aber sie konnten keine Flugzeuge ausmachen.

Es war unmöglich, auf der Piste einen geraden Kurs zu halten. Es kam nur darauf an, das Versinken der Räder in den tiefsten Löchern zu vermeiden, was zu einem Aufsitzen des Chassis geführt hätte. An diesem ersten Morgen fuhren sie sich zwar nicht fest, aber immer wieder berührte die Unterseite des Wagens die Erde. Dieses schürfende Geräusch wurde vom Blech der Karosserie so verstärkt, dass sie erschreckt anhielten. Sie legten sich dann neben dem Wagen auf den Boden und versuchten, so gut es bei dem tiefliegenden Chassis eben ging, herauszufinden, ob irgendwo Öl oder Bremsflüssigkeit auszulaufen begann oder die Kardanwelle etwas abbekommen hatte.

Einmal kamen sie neben einer ausgebrannten russischen Limousine zum Stehen. Die hochliegende Karosserie des großen Wagens kam ihnen bekannt vor; es handelte sich um einen Nachbau des Ford V 8 aus den frühen dreißiger Jahren. Beim Motor hatte man sich aber auf Altbewährtes verlassen, denn unter der Haube saß der große Vierzylinder des Modells A.

„So etwas sollten wir haben, damit gäb's keine Probleme“, stellte der Fahrer fest.

Sie fuhren nun allein, sie waren nicht mehr geschützt und abgeschirmt durch eine Kolonne. Zum ersten Mal fiel ihnen auf, dass die Dorfbewohner, die ihnen mit geflickten Futtersäcken entgegenkamen, in denen sie ihre Habseligkeiten mit sich schleppten, durch sie hindurchsahen. Die Tage, als die Kolchosbäuerinnen die deutschen Soldaten noch als Befreier mit Brot und Salz begrüßt hatten, waren vorbei. Jetzt schauten nur noch die hinterhertrottenden Kinder mit großen Augen auf das riesige Auto mit den beiden fremden Soldaten.

Nach der Strategie des Blitzkrieges sollte der Vormarsch der deutschen Truppen so schnell wie irgend möglich erfolgen und nicht etwa durch gesprengte Brücken aufgehalten werden können. So bahnten die Truppen neue Wege durch die Getreidefelder, und wenn ein Fluss den Vormarsch zu stoppen drohte, errichteten die Pioniere eine Pontonbrücke. Rollbahnen nannten die Soldaten diese Pisten aus festgefahrener Erde, die durch die Landschaft gezogen worden waren.

Die Weizenähren wogten bis über die Seitenfenster und standen so dicht, wie man es in Deutschland nicht kannte.

„Ganz egal, wie es weitergehen wird, das hier gehört jetzt uns und niemand kann es uns mehr wegnehmen“, murmelte der Fahrer.

„Ich kenne dieses Land aus dem Ersten Weltkrieg. Wenn es im Herbst zu regnen beginnt, werden alle diese Rollbahnen nicht mehr befahrbar sein.“ Mein Vater wollte die Bemerkung des Fahrers so nicht stehen lassen.

Der Fahrer schwieg.

Sie fuhren ein paar Stunden durch die Getreidefelder, ohne ein anderes deutsches Fahrzeug zu sehen. Das riesige Land schien Hitlers 200 Divisionen aufzusaugen wie die Wüste das Wasser eines Regens.

Gegen Mittag erreichten sie ein Dorf, dessen Bewohner, von deutschen Soldaten angetrieben, volle Getreidesäcke durch die Straßen schleppten. Das Ziel dieser Lasten war offenbar die Kirche, vor der mein Vater anhalten ließ. Sofort waren sie von Männern und Frauen aus dem Kolchos des Dorfes umringt, die auf Russisch auf sie einredeten. Sie schlossen wohl aus dem großen Wagen, dass es sich bei meinem Vater um einen mächtigen Offizier handeln müsse, der ihnen zu dem verhelfen konnte, was sie für ihr Recht hielten: das in der Kirche eingerichtete Kolchoslager auszuräumen, nachdem die deutschen Soldaten ihre roten Machthaber vertrieben hatten.

Ganz offenbar wurden sie jetzt von eben diesen Soldaten gezwungen, die geplünderten Vorräte wieder zurückzuschleppen.

Ein deutscher Soldat drückte mit seiner Maschinenpistole die Menschen auf die Seite, die sich um das Auto drängten, bis er vor meinem Vater stand und erklärte: „Herr Leutnant, ich fordere Sie auf, sofort weiterzufahren. Sie haben hier keinerlei Befehlsgewalt und verursachen nur Unruhe."

„Aber die Bauern hier haben gedacht, sie sind im Recht, wenn sie sich jetzt holen, was der von uns zerschlagene Staat ihnen abgenommen hat", versuchte mein Vater zu argumentieren.

„Es interessiert mich nicht, was die hier glauben. Ich habe den Auftrag, zu verhindern, dass geplündert wird. Ich fordere Sie jetzt zum letzten Mal auf, sofort weiterzufahren", brüllte der Soldat.

„Machen Sie keinen Quatsch, wir haben hier keine Chancen", flüsterte der Fahrer meinem Vater von der anderen Seite zu.

Aber so wollte er sich nicht davonschleichen.

„Wenn wir die Zivilbevölkerung genauso behandeln wie die Bolschewisten, werden wir diesen Krieg verlieren. Im Übrigen werde ich mich beim Stab über Ihr unglaubliches Benehmen mir gegenüber beschweren", blaffte mein Vater.

„Das machen Sie mal ruhig, und merken Sie sich, für das Gewinnen des Krieges sind wir zuständig und nicht ihr von der Propagandakompanie", entgegnete der Soldat.

Der Fahrer startete den Motor und fuhr langsam an. Stumm und fassungslos machte die Menge, die den Wagen umringt hatte, eine Gasse frei.

„Ist das der neue Umgangston in unserer Armee?", fragte mein Vater, als sie die Kolchosbauern hinter sich gelassen hatten.

Der Fahrer schwieg, weil ihm nicht ganz klar war, ob mein Vater wirklich ihn gefragt oder nur laut gedacht hatte.

Mein Vater glaubte – obwohl er schon den Ersten Weltkrieg und den russischen Bürgerkrieg mitgemacht hatte – offenbar immer noch daran, dass etwas so Gewalttätiges und Mörderisches wie ein Krieg mit Anstand und korrektem Umgang zu führen sei.

Nach einer Pause erklärte er dem Fahrer, warum ihn die Begegnung mit dem deutschen Soldaten und den Kolchosbauern so erregt hatte: „Wissen Sie, im Bürgerkrieg habe ich schon einmal erlebt, wie die Soldaten den Bauern die Vorräte wegnehmen, so dass die dann nichts mehr zu essen haben. Ich habe nicht gedacht, dass sich das alles wiederholt."

Die nächste Stadt, die sie passierten, war vollkommen zerstört worden. Nur noch die Kamine ragten wie Trauersäulen aus den Trümmern. Wenn die Fassaden noch standen, türmte sich der Schutt hinter den leeren Fensterrahmen und man sah von den Detonationen verbogene und zerrissene Herde, Wannen und Gegenstände, bei denen man nicht mehr erkennen konnte, was sie früher einmal gewesen waren.

Der Wind trieb Schwaden von kalkigem Ruinenstaub in ihre Nasen und den penetranten Geruch verwesender Leichen, die unter den Trümmern lagen. In den Granattrichtern der Straße, die der Fahrer umkurvte, hatte sich grünliches, faules Wasser gesammelt. An einer Pontonbrücke, einige Kilometer hinter der zerstörten Stadt, ließ mein Vater anhalten. Er hatte den Leutnant, der die Brückenwache befehligte, erkannt. Sie waren in Frankreich ein paar Tage im gleichen Quartier gelegen.

„Schauen Sie sich das mal an", meinte der Leutnant, nachdem sie sich begrüßt hatten. Er deutete auf eine zerschossene russische Barkasse, die in der Nähe der Brücke auf Grund gegangen war. „Mit diesem Ding kamen sie heute Nacht plötzlich angerast. Sie wollten es zwischen zwei Pontons steuern und dann in die Luft jagen, wobei sie natürlich selbst draufgegangen wären. Das Boot war voll mit Dynamit und Benzinfässern. Wir haben sie gerade noch rechtzeitig erwischt. Seit sie begriffen haben, dass wir hier eine Kolonie machen wollen, statt sie vom Bolschewismus zu befreien, kämpfen sie wie die Teufel."

„Und was hatten die vor?", fragte mein Vater, nachdem er drei tote russische Soldaten entdeckt hatte, die am Flussufer in dem hohen Gras lagen.

„Das sollte ein Ablenkungsangriff werden, aber unsere Wache hat sie noch rechtzeitig bemerkt. Aber sehen Sie mal, der da unten mit dem einen Bein im Wasser, der hat noch seine Maschinenpistole. Wäre das nicht was für Sie, ein Andenken an unsere Begegnung in Russland?", fragte der Leutnant.

„Eigentlich will doch jeder von uns so ein Ding mit nach Hause nehmen", gestand mein Vater.

„Gefreiter, holen Sie die Maschinenpistole von dem Gefallenen da unten", kommandierte der Leutnant einen an der Brücke stehenden Soldaten. Mein Vater beobachtete, wie der Soldat dem Toten die Waffe entwandt. Der hatte sich offenbar noch im Sterben daran festgeklammert, dann waren seine Finger starr geworden. Mein Vater nahm die Waffe entgegen und bedankte sich. Keinem war in diesem Augenblick bewusst, wie pervers sie sich benahmen. Sie verabschiedeten sich, und der Horch pumperte dumpf über die Bohlen auf den Pontons, als sie im Schritt-Tempo über die Brücke rollten.

Gegen Abend erreichten sie eine Einheit, die sich in einem großen Blockhaus und den umliegenden, ebenerdigen Holzhäusern eingerichtet und auch im angrenzenden Wald ihre Zelte aufgeschlagen hatte.

Das Hauptgebäude war aus mächtigen Baumstämmen zusammengefügt worden, wobei man die Fugen mit weißem Moos verstopft hatte. Nach Süden hatte es einen von Stämmen getragenen Vorbau, in dem es auf beiden Seiten Sitzbänke gab. Von hier hatte man einen weiten Blick auf die sanften Wellen der Kornfelder, die am Horizont verschwammen. Das Haus dürfte vor der Revolution die Familie eines Großbauern beherbergt haben. Jetzt lagen Landkarten auf den Tischen, Funkgeräte waren aufgebaut, ein Soldat musste Butterbrote für die neu Angekommenen schmieren.

„Sind Sie alleine gefahren?", erkundigte sich ein Hauptmann und setzte sich neben meinen Vater an den Tisch. Mein Vater nickte. „Respekt, Respekt", meinte der Hauptmann. Mein Vater wusste nicht genau, ob das anerkennend gemeint war oder ausdrücken sollte, dass er so etwas für leichtsinnig hielt.

„Die Sowjets sitzen noch überall in den Wäldern, brechen immer wieder aus und überfallen unsere Nachschubeinheiten. Wir sind zu schwach, diese unübersichtlichen Gebiete zu durchkämmen."

„Stalins Aufruf zum großen vaterländischen Krieg bleibt also nicht ohne Wirkung?", fragte mein Vater vorsichtig.

„Ich glaube, es ist nicht so sehr Stalins Aufruf, es sind unsere dauernden Erschießungen der Zivilbevölkerung hinter der Front. Und es macht die Sache auch nicht besser, wenn man den Leuten erklärt, da würden nur Juden und Partisanenverdächtige erschossen. Auch wenn man die Gefangenen einfach auf freiem Feld verhungern lässt, darf man sich nicht wundern, wenn sich das herumspricht und die Bolschewisten zu fanatischen Kämpfern werden. Wir werden bald keine Zeit mehr haben, unsere Toten nach unseren Ritualen zu begraben."

,Das Gespräch fängt an gefährlich zu werden', dachte mein Vater, denn man wusste ja nie, wann man in eine Falle gelockt werden sollte. Er verabschiedete sich mit der Begründung, dass die Zeitungen, für die er schrieb, einen neuen Bericht von ihm erwarteten.

„Und wenn Sie morgen früh die Verfolgung Ihrer Division aufnehmen, fahren Sie auf keinen Fall alleine. Suchen Sie sich eine Einheit, an die Sie sich hängen können!", rief ihm der Hauptmann noch nach, als mein Vater sich schon zum Weggehen umgedreht hatte.

Er war sehr nachdenklich geworden. Ich weiß nicht, ob er Mitleid mit den Russen empfand, aber auf jeden Fall wusste er, dass es schreckliche Folgen haben musste, wenn man Menschen so behandelt.

Das Schreiben fiel ihm immer schwerer, je länger der Feldzug dauerte. Wie konnte man so schreiben, dass die zuhause etwas von dem erfuhren, was hier an der Front vorging, ohne dass die Kontrolleure und Schriftleiter seinen Text bis zur Unkenntlichkeit veränderten?! Er holte seine Reiseschreibmaschine aus dem Kofferraum und stellte sie von der Fahrerseite her, wo das Reserverad fehlte, auf die Motorhaube, denn etwas Tischähnliches war nirgends zu sehen. Als Sitzgelegenheit sollten ein paar Kisten dienen, aber da das Ganze etwas zu hoch geriet, wurde mehr eine Stütze daraus.

,Der Widerstand der sowjetischen Truppen verhärtet sich von Woche zu Woche, was auch damit zusammenhängt, dass die Soldaten der Roten Armee inzwischen etwas besser gelernt haben, mit ihren Waffen umzugehen', begann mein Vater und schilderte den Angriff des Bombers auf seine Kolonne, bei der er den Ford verloren hatte. Er berichtete dann sehr ausführlich über den nächtlichen Angriff auf die Pontonbrücke und folgerte: ,Aber auch wenn die Sowjets versuchen sollten, unseren Vormarsch mit solchen Husarenstücken zum Stehen zu bringen, so wird ihnen dabei kein Erfolg beschieden sein. Der Grund unserer Siege ist die Überlegenheit unserer Führung, vom Feldmarschall bis herab zum Leutnant. Unsere militärischen Operationen sind deswegen so erfolgreich, weil sie so angelegt sind, dass sich unsere Gegner unausweichlich in ihre Niederlage hineinmanövrieren. Diese Meisterschaft

Mein Vater und sein Fahrer haben versucht, den Horch vor den russischen Flugzeugen zu verstecken, das ist das Resultat.

im Strategischen wie im Taktischen aber werden die Sowjets niemals erreichen. Darum werden wir weiter siegen, gleichgültig, was sie uns auch entgegenstellen mögen, und darum sind diese tausende Quadratkilometer wogenden Korns, die wir in diesem Sommer in Besitz genommen haben, das nie wieder entreißbare Brot unseres Volkes.'

Erleichtert drehte er den engbetippten Bogen aus der Maschine. Er fühlte sich erleichtert, weil er es wieder einmal geschafft hatte, einen Bericht so zu schreiben, dass er wahrscheinlich durch die Zensur ging. Und trotzdem konnten seine kritischen Leser dem Text einiges darüber entnehmen, wie es wirklich an der Ostfront stand.

Während er den Bericht in seinem Zwei-Finger-System auf die Seiten geklopft hatte, war es dunkel geworden, so dass er schließlich kaum noch entziffern konnte, was er da zu Papier gebracht hatte. An eine Lampe war wegen der Gefahr, von russischen Flugzeugen entdeckt zu werden, nicht zu denken. Die kleine Reiseschreibmaschine hatte auf der langen Motorhaube einen idealen Resonanzboden gefunden, sein Tippen war weit ins still gewordene Lager hinein zu hören.

Während mein Vater noch an seinem Bericht schrieb, hatte der Fahrer unter dem überstehenden Dach eines der kleinen Holzhäuser einen Platz für den Horch gefunden, an dem er vor der Entdeckung durch russische Piloten sicher war. Er rangierte den Wagen so knapp wie möglich neben das Haus und deckte ein paar Bretter über Motorhaube und Verdeck, die er aus einem Zaun in der Nähe herausgerissen hatte. Ein paar über Bretter und Wagen geworfene Decken und einige Bretter gegen das Vorder- und das Reserverad auf der freien Seite des Wagens gelehnt, verdeckten auch noch jenen Rest des Wagens, der vielleicht noch sichtbar geblieben war.

Die Lehnen der vorderen Sitze konnten, wie auch schon bei dem Ford, so weit zurückgeschwenkt werden, bis sie an die hintere Sitzbank stießen. Aber glücklicherweise passten die für den Ford gezimmerten Bretter, mit denen wenigstens vor dem Sitz eine annähernd ebene Fläche geschaffen werden konnte, auch einigermaßen für den größeren Horch. Links und rechts in den Fußräumen wurden die Stahlhelme aufgestellt, die Bretter wurden darauf gelegt. So konnte man immerhin die Beine einigermaßen waagerecht ausstrecken.

„Ich glaube, heute Nacht können wir mal die Schwenkfenster auflassen, hier oben scheint es keine Mücken zu geben", schlug der Fahrer vor. Mein Vater nickte. Wenn er recht behielt, versprach das eine erholsame Nacht zu werden. Bisher hatten sie wegen der Mücken immer alle Fenster fest geschlossen gehalten, und ehe sie sich schlafen legten, hatte der Fahrer den Wagen gründlich mit Flit ausgespritzt, um wenigstens ein paar Stunden von den Blutsaugern verschont zu werden. Aber schweißüberströmt waren sie dann in ihrem engen, heißen Gehäuse bald wieder aufgewacht.

Als es so dunkel geworden war, dass sie nicht einmal mehr die Posten erkennen konnten, die von Zeit zu Zeit in der Nähe des Wagens vorüberstapften, krochen sie auf ihre vorbereiteten Liegestätten. Diesmal wussten sie sich einigermaßen sicher vor russischen Flugzeugen, die gern im Morgengrauen auftauchten. Schon nach wenigen Minuten war der Fahrer neben meinem Vater eingeschlafen. Leise zogen seine Atemzüge durch den engen Raum. Der Wind trug den Duft von Feldviolen durch die geöffneten Drehfenster und sogar eine Nachtigall schlug in der Nähe. Wenn nicht immer wieder das Knattern der Kradmelder gewesen wäre, die den Berg heraufkamen und nach kurzem

Halt wieder in der Nacht verschwanden, hätte mein Vater den Krieg vergessen können.

Als sie sich, gut ausgeschlafen, zur morgendlichen Toilette aufmachen wollten, hatte mein Vater die Idee, die hervorragende Tarnung des Wagens, mit dem Fahrer auf dem Trittbrett sitzend, auf einem Foto festzuhalten. Als er, vor allem den Fahrer und den Wagen im Sucher, abgedrückt hatte, entdeckte er ein Mädchen, das sie durch ein Fenster beobachtete.

Beim Rasieren stand er neben einem Leutnant, mit dem er am Abend zuvor ein paar Worte gewechselt hatte. „Sie werden sich hier noch häuslich einrichten müssen", begrüßte er meinen Vater. „Partisanen haben die Stadt an unserem nächsten Flussübergang angezündet. Damit ist die Zufahrt zur Brücke mindestens noch für heute blockiert, denn durch die Flammen und den Rauch kommt niemand lebend durch. Unsere Leute haben natürlich sofort zu löschen versucht, aber gegen diesen starken Südwind kommen sie nicht an, und bis die Stadt heruntergebrannt ist, dauert es mindestens zwölf Stunden."

Mein Vater wies den Fahrer an, den unerwarteten Aufenthalt dazu zu benutzen, alle ihre schmutzige Wäsche zu waschen und in einer kleinen Waldlichtung zum Trocknen aufzuhängen. Dann machte er sich auf die Suche nach einer Möglichkeit, seinen Bericht zur Feldpost zu bringen.

Im Eingangsraum des großen Blockhauses traf er auf den Hauptmann vom Vorabend, der mit einem Oberleutnant beratschlagte, was mit den zwei russischen Gefangenen zu geschehen hätte, die offenbar von einer Streife in den frühen Morgenstunden aufgegriffen worden waren.

Die beiden waren ein merkwürdiges Gespann. Der eine war von bärenhafter Statur mit schwarzen, schrundigen Händen, wie Schlosser oder Traktoristen sie hatten. Der andere war zierlich und versuchte, sich mit schnellen, angstvollen Augen darüber klar zu werden, was nun mit ihnen passieren würde.

‚Das sind doch immer noch die Menschen, wie ich sie aus dem Bürgerkrieg kenne: offen, ehrlich, aber sehr verängstigt, weil sie in eine Situation geraten sind, aus der sie keinen Ausweg wissen', dachte mein Vater. Nur die schlechtsitzenden erdbraunen Uniformen der Roten Armee, in denen die beiden steckten, erinnerten ihn daran, dass seitdem mehr als zwei Jahrzehnte unter der bolschewistischen Diktatur vergangen waren.

„Traktorist", sagte mein Vater, indem er auf den Großen deutete. Der nickte und lachte erleichtert. „Melker", fuhr er dann fort, indem er auf den Zweiten deutete und mit den Händen die dazu gehörende Bewegung machte, weil ihm das russische Wort dafür nicht einfiel. Nun grinste auch dieser erleichtert.

Der Hauptmann und der Oberleutnant sahen meinen Vater erstaunt an. Ihm war gelungen, was er vorgehabt hatte: Er hatte sich in die Verhandlung eingeschaltet.

„Nun wissen wir also, welchen Zivilberuf die beiden haben, aber daran, dass sie erschossen werden müssen, ändert das gar nichts", stellte der Oberleutnant fest und fixierte dabei den Hauptmann.

„Man könnte die Sache doch auch so sehen, dass die beiden offenbar nicht die Absicht hatten, gegen uns zu kämpfen, weil sie ohne Waffen angetroffen wurden", machte der Hauptmann noch einen Rettungsversuch. „Darauf kommt es doch überhaupt nicht an. Der Befehl ist völlig eindeutig: Wenn Soldaten im Wald hinter der Front angetroffen werden, sind sie zu erschießen", beharrte der Oberleutnant auf seinem Standpunkt.

„Man kann die Sache auch anders sehen, Herr Oberleutnant", schaltete sich mein Vater noch mal in das Gespräch ein. „Ich bin der Meinung, dass es unseren Kriegszielen nicht dient, hier qualifizierte Arbeitskräfte zu erschießen, die ich auf meinem Gut sehr dringend brauche."

„Ich halte das für einen guten Vorschlag", sprang der Hauptmann meinem Vater bei. „Machen Sie, was Sie für richtig halten", der Oberleutnant fühlte sich übertölpelt und verließ die Runde. „Ich gehe davon aus, dass Ihre Verbindungen nach oben gut genug sind, um mit ein paar Schwierigkeiten fertig zu werden, die es in der Sache noch geben könnte, Herr Leutnant", sagte der Hauptmann, um sich abzusichern.

„Da machen Sie sich mal keine Sorgen, Herr Hauptmann", sagte mein Vater um Entschiedenheit bemüht.

Acht Jahre nach der Machtergreifung der Nationalsozialisten war die humane Orientierung soweit verlorengegangen, dass man nur noch mit der Nützlichkeit von Menschen argumentierte, wenn man etwas für sie erreichen wollte.

Auf der Fahrt durch das brennende Russland.

Die beiden Gefangenen bekamen Pappschilder umgehängt, denen das Bahnpersonal entnehmen konnte, dass es sich um landwirtschaftliche Arbeitskräfte handelte, die zu verpflegen und bis zur Bahnstation in der Nähe unseres Hofes weiterzuleiten seien. Ein paar Stempel verliehen dem Text den nötigen Nachdruck.

Am Abend zeigte sich, dass sich das Feuer in der Stadt am Fluss ausgebreitet hatte, es leuchtete am Horizont auf wie ein Sonnenuntergang.

Mein Vater wurde neugierig und beschloss, sich den Brand aus der Nähe anzusehen. Der Horch wühlte sich durch die Lehmspuren der Rollbahn und rumpelte knirschend und schürfend durch die Wasserlöcher. Erst kurz vor der Stadt tat sich der Fahrer leichter, hier war es schon so hell, dass er den Schlaglöchern besser ausweichen konnte.

Vor dem Hintergrund der Flammen ragte eine Kirche in den Himmel. Ihr großer Turm strahlte im Widerschein der Flammen in einem unwirklichen Gelb, während die kleinen Kuppeln mit ihren goldenen Kreuzen in den Flammenzungen wie rot erschienen.

An den ersten Häusern ließ mein Vater halten und stieg aus. Er hatte sich nur noch durch Handzeichen verständlich machen können, denn das Prasseln der Flammen verschluckte jedes Wort. Wellen wabernder Hitze gingen über den offenen Wagen hinweg. Sie stiegen aus.

Die unzähligen Flammen, die ein breit aufragendes Haus vor ihnen erfasst hatten, vereinigten sich in Minuten zu einer einzigen großen. Ein paar Sekunden später stand nur noch das nackte Dachgerüst, das schon im nächsten Augenblick mit einem ungeheuren Funkenschlag zusammenstürzte. Fuhr ein Windstoß in die Flammen, so heulten sie auf, dass sogar das Prasseln darin unterging. Uralte Balken krachten zusammen, große Fenster zersprangen klirrend, und wenn das Feuer ein Strohdach erfasst hatte, zischte es wie ein Dampfstoß.

‚Es geht etwas ungeheuer Erregendes von diesem Feuer aus', dachte mein Vater, und der saitenschlagende Kaiser Nero fiel ihm ein, der den selbst angeordneten Brand Roms mit ekstatischem Gesang begleitete. ‚Über tausend Jahre hat unsere Kultur durch strenge Strafen die krankhafte Lust einiger Menschen an solchen vernichtenden Flammenmeeren unterdrückt, aber vielleicht ist jetzt in Deutschland einer an die Macht gekommen, dem es eigentlich nur um die Lustgefühle geht, die er empfindet, wenn er das Werk der Vernichtung beobachten kann. Völlig fasziniert hat Hitler sich von einem sicheren Beobachtungsstand aus angesehen, wie Warschau zerstört wurde.'

Erschreckt verwarf mein Vater diese Gedanken sofort wieder und wandte sich dem Rasseln und Dröhnen zu, das der Wind, mal stärker, mal kaum wahrnehmbar, herübertrug.

Er hob sein Fernglas und erkannte: Im rötlichen Licht des Flammenmeers, das die Ebene vor der Stadt kilometerweit erhellte, tauchten die ersten Panzer auf. Einer hinter dem anderen fuhren sie in ihren Aufstellungsraum vor dieser feurigen Kulisse. Schwarz hoben sich die mächtigen Stahlblöcke gegen die in Rot getauchten Felder ab; im Fernglas waren deutlich die Konturen ihrer Geschütztürme zu erkennen.

Als sie sich aus der Helle der brennenden Stadt wieder in die Dunkelheit der zerwühlten Piste zurück ins Lager quälten, stoppte der Fahrer plötzlich.

„Die Wassertemperatur steigt verdächtig schnell, wir müssen ein Leck im Kühlsystem haben", erklärte er. Er stieg aus und versuchte, mit seiner Taschenlampe die Ursache des Schadens zu finden, während mein Vater die kleine Lichtquelle mit seinem Militärmantel so nach oben abschirmte, dass kein Licht nach außen dringen konnte.

„Einer der Schläuche hat einen Riss. Ich werde versuchen, das mit Lumpen und meinem Gürtel etwas abzudichten, aber wir brauchen ein paar Liter Wasser."

„Kümmern Sie sich um das Leck! Ich werde versuchen, Wasser aufzutreiben", entschied mein Vater und steckte sich seine Pistole ein. Er erinnerte sich, dass sie bei der Herfahrt an einem Bauernhaus vorbeigekommen waren.

Nach einem Fußmarsch von etwa einem Kilometer erreichte er tatsächlich eine strohgedeckte Kate. Hinter den kleinen Fenstern glomm ein wenig Licht, als wäre ein Raum nur vom Feuer am Kochplatz erleuchtet. Er öffnete vorsichtig die Tür und versuchte, im flackernden Licht des kleinen Feuers zu erkennen, ob jemand im Raum sei. Auf einer Bretterbank saßen zwei Frauen an der Wand, offenbar Mutter und Tochter; die jüngere hielt einen wenige Monate alten Säugling auf ihrem Schoß.

Mein Vater suchte nach ein paar russischen Brocken, die freundlich klingen sollten, aber ihm fiel nichts ein. Er bemerkte, wie die junge Mutter jede seiner Bewegungen mit den Augen verfolgte. Als er einen Schritt näher getreten war, legte sie das Baby ganz plötzlich auf die Bank und deckte es mit ihrem Körper zu. Das Kind bekam einen Schreck und begann zu wimmern.

„Nicht töten, nicht töten, Herr Offizier", flehte die alte Frau und fiel vor dem fremden Soldaten auf die Knie.

Mein Vater erstarrte vor Schreck. Die beiden gingen ganz offenbar davon aus, dass er sie ermorden würde. Was mussten sie schon alles erlebt haben! Er schüttelte immer wieder den Kopf und fasste schließlich die alte Frau an den Armen und versuchte ihr zu bedeuten, dass sie sich wieder hinsetzen sollte.

Vielleicht begriffen sie am ehesten, dass er nicht gekommen war, um sie zu ermorden, wenn er ihnen zu vermitteln versuchte, was er brauchte. Er entdeckte einen verbeulten, rostigen, aber anscheinend noch dichten Eimer – und dann fiel ihm gerade noch rechtzeitig das russische Wort für Wasser ein. „Woda", erklärte er und deutete mit der Linken auf den Eimer, den er mit der Rechten hielt.

Die alte Frau stand auf und sah ihn an, als könne sie diese Wendung der Dinge noch nicht so recht glauben, nahm ihm den Eimer aus der Hand und ging nach draußen.

Mein Vater kramte in seinen Taschen, stieß auf zwei Scheiben in Papier eingeschlagenes Kommissbrot und reichte es der jungen Frau. Sie zögerte, es zu nehmen, aber dann schien es ihm, als lache ihn das Kind an, und da nahm die Mutter das Brot.

Er nickte ihr zu und verließ den Raum, um vor der Tür auf die Alte mit dem Wasser zu warten, das sie vermutlich erst aus dem hier üblichen Ziehbrunnen schöpfen musste.

Sie kam um die Ecke und reichte ihm den gut gefüllten Eimer. Mein Vater versuchte ihr zu bedeuten, dass er ihn gleich zurückbringen würde, aber sie verstand ihn nicht.

Um kein Wasser zu verschütten, ging er den dunklen, von tiefen Furchen durchzogenen Weg langsam und vorsichtig zurück. ‚Hoffentlich lauert mir hier keiner auf', dachte er, während er den matt glänzenden Spiegel der Wasseroberfläche möglichst ruhig zu halten suchte.

„Es reicht gerade für die Zirkulation", stellte der Fahrer fest, als der Eimer leer war.

An der Kate hielten sie. Mein Vater stieg aus und stellte den Eimer vor die Tür. Als er wieder in den Wagen stieg, hatte er das Gefühl, von den beiden Frauen beobachtet zu werden. Während der Fahrt behielten sie das Kühlwasserthermometer im Auge, aber es sah so aus, als hielt die Bandage um den Schlauch einigermaßen dicht.

Als sie wieder bei dem Lager angekommen waren, sagte mein Vater zu dem Fahrer, er könne sich schlafen legen, er wolle versuchen, ein paar Gespräche zu führen, um Material für seinen nächsten Bericht zu sammeln. Tatsächlich war er jedoch auf der Suche nach jemandem, mit dem er über seine Begegnung mit den beiden Frauen sprechen konnte.

Die beiden Soldaten des Doppelpostens am Eingang des Blockhauses erkannten ihn und ließen ihn passieren.

Die unteren Räume lagen voller schlafender Soldaten, aber im Obergeschoss stieß er noch auf einen Oberleutnant, mit dem er im Frankreichfeldzug ein paar Abende verbracht hatte. Der saß beim flackernden Licht einer Petroleumlampe bei einer Flasche Cognac aus den Beständen, die die Division kistenweise in Frankreich erbeutet hatte. Er winkte meinem Vater, sich zu ihm zu setzen, als er ihn erkannt hatte.

„Ich sehe schon, dass Sie Ihre Feldflasche dabei haben, sonst hätten Sie mit aus meiner trinken müssen, denn Gläser gibt es nicht in diesem Land", eröffnete er das Gespräch.

Mein Vater nahm seine Feldflasche vom Koppel, öffnete sie und reichte ihm den Verschluss, der gleichzeitig als Trinkgefäß diente. Der Oberleutnant war im Zivilberuf Deutschlehrer; eine feingliedrige Gestalt mit starker Brille und Stirnglatze, die sich seit dem Frankreichfeldzug rapide vergrößert zu haben schien. „Na, was schreibt denn ein PK-Wortberichterstatter über den Ostfeldzug?", wollte er wissen. Mein Vater hatte den Eindruck, dass der Cognac die Vorsicht, mit der man sich in jener Zeit ausdrückte, beseitigt hatte. So begann er leise vom Inhalt seines letzten Berichts zu erzählen.

„Sehr geschickt", murmelte der Oberleutnant, „natürlich weiß jeder einigermaßen intelligente PK-Mann, was er schreiben muss, damit er durch die Zensur kommt. Dass aber in der Heimat bekannt wird, was für einen Krieg wir hier führen, werden auch die Herren vom Propagandaministerium nicht verhindern können. Wenn die Leute im Urlaub sind, sprechen sie in ihrer Familie und mit ihren Freunden darüber, was sie hier gesehen haben, und alle wissen, dass das keine Einzelfälle und Entgleisungen gewesen sind."

Der Oberleutnant erzählte weiter von der Verlegung seiner Einheit von Frankreich an die Ostfront:

Noch beim Westfeldzug hatte es auf der Innenseite des Umschlags der Soldbücher eine Seite mit den „10 Geboten für den deutschen Soldaten" gegeben. Darin waren die Vorschriften der Genfer Konvention aufgezählt wie: Schonung des entwaffneten gegnerischen Soldaten, Schonung der Zivilbevölkerung, Verbot von Plünderung und Vergewaltigung.

Als sie mit ihrem Material in die Züge verladen wurden, die sie von Frankreich an die Ostfront bringen sollten, sei dieses Blatt aus den Soldbüchern seiner Soldaten entfernt worden. So wisse jeder, was für ein Krieg hier geführt werde.

Dann gab er meinem Vater den Rat: „Versuchen Sie so schnell wie möglich wieder die Front zu erreichen, denn dahinter rücken die Einsatzkommandos nach; die erschießen die Juden und alles, was sie für partisanenverdächtig halten. Die sind nicht sehr interessiert an der Anwesenheit von PK-Leuten."

Mein Vater erzählte von seiner Begegnung mit den beiden Frauen in der Kate, die ganz offensichtlich damit gerechnet hatten, dass er sie und den Säugling ermorden werde.

„Vermutlich ist den Russen nicht immer ganz klar, wen wir für partisanenverdächtig halten", murmelte der Oberleutnant.

Müde und deprimiert gingen sie auseinander. Es war keine gute Zeit für Gespräche. Mein Vater fand kaum Schlaf in dieser Nacht.

Der Oberleutnant hatte recht. Er musste so schnell wie möglich weg aus dieser Etappe und zurück an die Front, wo es noch Siege geben würde, über die er schreiben konnte. Aber auf was hatte er sich hier überhaupt eingelassen? Hatte man nicht schon genug Probleme mit einer hochmechanisierten Armee in einem Land, in dem es kaum feste Straßen gab, weil es dafür ganz einfach an Material, an Steinen und Schotter fehlte? Musste man auch noch einen Vernichtungskrieg gegen die Zivilbevölkerung führen und die Leute zu Stalins Partisanen in die Wälder treiben?

Als es hell wurde, rappelte er sich von seinem Bett im Wagen hoch und erkundigte sich, ob die Stadt inzwischen passiert werden konnte. Das war der Fall, und er drängte den Fahrer zum Aufbruch.

Die Durchfahrtsstraße war tatsächlich geräumt, aber über der Fahrbahn waberte noch die Hitze. Der Geruch des schwelenden Holzes hatte sich mit dem Gestank der verbrannten Körper vermischt, deren verkohlte Reste er immer wieder auf durchgeglühten eisernen Bettgestellen in den Ruinen liegen sah.

Wahrscheinlich waren es Verwundete aus früheren Kämpfen gewesen, die sich in die Stadt geflüchtet hatten und nicht mehr weggeschafft werden konnten.

Der Fahrer umkurvte langsam Löcher und Hindernisse. Es war, als stießen sie immer tiefer hinein in diesen Gestank. Brechreiz nistete sich im Magen meines Vaters ein, irgendwann würde er die Kontrolle darüber verlieren. Er griff nach dem oberen Rand der Windschutzscheibe und zog sich hoch. Hier oben strich wenigstens ein leiser Luftzug über den Wagen. Er wagte, wieder etwas zu atmen, auch der Brechreiz wurde nicht mehr stärker. Erst auf der Brücke, einer massiven Steinkonstruktion, hatten sie den Gestank hinter sich gelassen, der wie eine riesige Glocke über der abgebrannten Stadt hing.

Am anderen Ufer trafen sie auf eine Nachschubeinheit und Halbkettenzugmaschinen, die gerade dabei waren, sich wieder in Bewegung zu setzen. Sie waren sehr erleichtert darüber, dass sie nun nicht mehr alleine fahren mussten. Schnell schlossen sie das Verdeck und die Scheiben und fuhren der Staubfahne nach, die die startenden Wagen aufwirbelten.

Die über der Sandpiste hängende Staubwolke wurde immer dichter, so dass sie weder den vor ihnen noch den hinter ihnen fahrenden Wagen erkennen konnten. Der Fahrer muss so etwas wie einen siebten Sinn gehabt haben, der ihn leitete, denn wundersamerweise fuhr er nicht auf den Wagen vor ihnen auf, und sie wurden nicht von hinten gerammt.

Wenn sie sich ansahen, merkten sie, dass es ihnen nicht gelungen war, den Staub auszusperren; er war trotzdem eingedrungen und hatte ihre Gesichter weiß bepudert. In der prallen Sonne heizte sich der geschlossene Wagen immer mehr auf und der Schweiß zog dunkle Bahnen über Stirn und Wangen. Sie verstanden jetzt, warum sich die Soldaten auf den Zugmaschinen Tücher vor Mund und Nase gebunden hatten. Manchmal blies ein Windstoß plötzlich die Staubwolke weg und es gab für ein paar Sekunden etwas Sicht. Dann kurbelte jeder so schnell es ging sein Fenster herunter, um wenigstens ein paar Atemzüge tun zu können, bei denen nicht das Gefühl plagte, ersticken zu müssen. Aber das war schnell vorbei, dann hüllte sie wieder die wirbelnde Staubwolke ein, die zeitweise wie eine Wand undurchdringlich vor ihren Augen hing. Auch die Scheibenwischer machten es nicht viel besser, die der Fahrer eingeschaltet hatte, um wenigstens den gröbsten Sand aus ihrem Gesichtsfeld zu schaffen.

Als sie die ebenerdigen, verwitterten Holzhäuser des nächsten Dorfes erreicht hatten, ließ der Staub etwas nach, aber trotz der heißen Tage hatten sich immer noch Schlammlöcher auf der Straße gehalten, deren Tiefe schwer abzuschätzen war.

Plötzlich wurde der Wagen langsamer und saß mit einem schürfenden Geräusch fest. Glücklicherweise reichte die Sicht im Dorf weit genug, so dass die nachfolgenden Wagen rechtzeitig anhalten konnten. Die Soldaten sprangen von den Lastwagen und versuchten unter dem aufmunternden Hau-Ruck eines bayerischen Unteroffiziers, den Horch aus dem Loch zu schieben. Aber alle Anstrengungen blieben vergeblich. Die russische Erde hielt das tiefe Chassis fest wie einen Saugnapf. Schließlich mahlte sich eines der Halbkettenfahrzeuge heran und setzte sich vor den Horch. Ein Soldat versuchte, mit einer Kette so weit wie möglich unter den Wagen zu kriechen, um einen geeigneten Punkt zur Befestigung der Kette zu finden. Die Kette spannte sich, knirschend und ächzend zog sie den Horch aus der Falle. Die Kette wurde gelöst, die Motoren der aufgehaltenen Wagen heulten auf. Mein Vater konnte sich gerade noch erleichtert in seinen Sitz fallen lassen und die Türe zuschlagen, da schreckte ihn ein kaum unterdrückter Fluch des Fahrers auf: „Die Bremse ist hin; wahrscheinlich hat es einen Schlauch abgerissen“, stellte er fest.

Mein Vater beobachtete, wie er die Verzögerungswirkung der Handbremse ausprobierte. Aber so sehr er auch daran zerrte, viel langsamer wurde der Horch nicht davon.

„Ich werde versuchen, die unteren Gänge reinzukriegen und dann die Zündung abschalten“, schlug der Fahrer vor.

Mein Vater versuchte sich damit zu beruhigen, dass sein Fahrer ja bisher alle Situationen gemeistert hätte und es ihm auch jetzt irgendwie gelingen würde, einen Zusammenstoß zu vermeiden.

„Wir müssen mit größerem Abstand fahren“, riet er ihm und begriff gleichzeitig, dass die hinter ihnen Fahrenden wenig Verständnis für ihr plötzliches Zurückbleiben haben würden und dass dies dem Fahrer vermutlich bereits klar war.

Die Piste veränderte sich. Nach einiger Zeit sah es so aus, als rase die Kolonne wieder über eine Rollbahn, jene nach strategischen Gesichtspunkten querfeldein von den schweren Fahrzeugen gespurten Wege. Als es wieder bergauf ging, entspannte sich der Fahrer. Die Steigungen drückten auf die Geschwindigkeit der schweren Fahrzeuge, während der Horch hier, solange seine Räder noch greifen konnten, das Tempo leicht hätte halten können. An der Steigung brauchte der Fahrer nur das Gas wegzunehmen, damit der Wagen langsamer wurde; fast, als wären die Bremsen noch in Ordnung. Auf der Höhe angekommen, legte die Kolonne eine Pause ein.

Mein Vater stieg aus und sah, was ihnen bevorstand. Tief unter ihnen zog sich in breiten Windungen ein Fluss entlang, über den die Pioniere eine Pontonbrücke gezogen hatten. Weder rechts noch links waren Dörfer oder Städte zu entdecken.

Ein junger Leutnant, der ihn zu kennen schien, kam auf ihn zu und meinte begeistert: „Haben Sie gesehen? Keine Verteidigungsanlagen am Fluss! Das ist unser bewährtes Erfolgsrezept: Wir stoßen einfach durch, wo die Russen glauben, dass man nicht durchstoßen kann. Genauso hat es in Frankreich funktioniert. Darüber sollten Sie schreiben!“

Mein Vater nickte. Er brachte es nicht fertig, dem Leutnant zu sagen, dass die Bremsen am Horch defekt waren. Es war von hier aus nicht zu erkennen, wie steil der Hang tatsächlich war, weil er nach etwa fünfzig Metern so steil abfiel, dass er sich der weiteren Sicht entzog.

Mein Vater hatte Angst. Aber nun setzte sich der VW-Kübel, der vor ihnen stand, langsam in Bewegung. Die Besatzungen der hinter ihnen stehenden Fahrzeuge winkten aufmunternd. Mein Vater rannte zum Wagen zurück und brüllte beim Einsteigen: „Unsere Bremsen sind defekt. Wir müssen Abstand halten, sonst zerquetschen wir den Kübel". Aber seine Stimme kam nicht an gegen die Wellen von Krach der startenden Motoren. Sie beobachteten, wie der Volkswagen vor ihnen ins Schlingern kam, wie der Fahrer ihn wieder einfing; dann konnten sie ihn nicht mehr sehen. Die herumstehenden Soldaten brüllten jetzt, dass sie sich endlich in Bewegung setzen sollten.

Mein Vater fürchtete vor allem, hier als Feigling dazustehen. Er fühlte sich wie bei einer Mutprobe in der Schule. „Fahren Sie los", kommandierte er. Der Wagen rollte langsam an, die Motorhaube neigte sich in die Tiefe. Gleichzeitig stellte der Fahrer die Zündung ab, daraufhin begann der Wagen, hinten zu schwimmen. ‚Wahrscheinlich bremst der abgestellte Achtzylinder im ersten Gang so stark, dass die Hinterräder schleifen', dachte mein Vater.

Plötzlich konnten sie den ganzen Hang übersehen. Er war ungefähr so lang und so steil wie eine Skiabfahrt. Immer schneller rutschte der Wagen den Hang hinunter, die lehmig-gelben Wellen des Flusses auf den beiden Seiten der schmalen Fahrbahn kamen immer näher.

„Fenster runter", brüllte mein Vater. Beide griffen nach ihren Kurbeln, damit sie wenigstens noch eine Chance hätten, aus dem Wagen zu kommen, wenn sie unter Wasser die Türen öffnen müssten.

Die Zweige der Sträucher, die am Hang wuchsen, streiften pfeifend am Wagen vorbei. Einige trafen sie wie Peitschenhiebe ins Gesicht. Aber es sah so aus, als hätte der Fahrer den Wagen über die freirollenden Vorderräder noch unter Kontrolle und visiere über die Flügel der Kühlerfigur die Brückenauffahrt an. ‚Hoffentlich sind wir nicht so schnell, dass wir an der Rampe in die Luft geschleudert werden und doch noch im Wasser landen', dachte mein Vater. Aber das Gefälle ließ nach, der Wagen wurde langsamer und rumpelte auf die ersten Bohlen der Pontonbrücke. Beide atmeten auf.

Der Fahrer schaltete die Zündung wieder ein und ließ den Motor aufbrausen. Langsam rollten sie über die Brücke und schauten auf die sanften Wellen des Flusses unter sich. Das Hupen, das sie aufschreckte, sollte sie offenbar zur Eile antreiben. Sie schauten sich um und entdeckten die schweren Batterien der deutschen Flak am Ufer. Sie begriffen, dass es unter diesen Umständen ein Wunder war, dass noch keine russischen Bomber die Pontonbrücke angegriffen hatten, über die heute ein paar Divisionen geschleust wurden.

An der nächsten Wegkreuzung mussten sie anhalten, das Kühlwasserthermometer signalisierte, dass wieder ein paar Liter Wasser aus dem provisorisch abgedichteten Leck getröpfelt waren. Auch mussten sie wieder einmal versuchen, anhand der Landkarte herauszufinden, wo sie eigentlich waren.

Etwa fünfzig Meter entfernt stand das Wrack eines russischen Panzerspähwagens im Feld. Es war eine gewaltige, altmodische Konstruktion mit hohem Turm. Die Türen standen offen. Zwei tote Soldaten hingen mit den Oberkörpern heraus, zwei lagen davor im Sand.

„In diesem Feldzug kümmert sich offenbar niemand mehr um die Bestattung der feindlichen Gefallenen. In Frankreich hat es so etwas nicht gegeben", schimpfte mein Vater. Der Fahrer sah zu dem Wrack hinüber und schwieg.

Eine Abteilung von Krad-Schützen rollte heran und stoppte. „Haben Sie sich verfahren?", rief ein Unteroffizier aus einer Beiwagenmaschine.

„Uns ist nicht so ganz klar, wo wir sind", brüllte mein Vater zurück, um das Rasseln der Boxermotoren zu übertönen. Der Unteroffizier kam mit seiner Karte ein paar Schritte näher, während er völlig entgeistert den Horch betrachtete. „So einen habe ich das letzte Mal bei unserer Siegesparade in Paris gesehen", staunte er.

Sie legten ihre Karten nebeneinander auf die Motorhaube und versuchten, das, was darauf angegeben war, mit dem in Übereinstimmung zu bringen, was sie seit der Flussüberquerung wahrgenommen hatten. Der Fahrer gesellte sich zu ihnen und fragte: „Gibt es hier in der Nähe ein Instandsetzungsbataillon, wo wir Bremsleitungen und Kühlerschläuche bekommen können?"

„Wohl Probleme mit dem Paradewagen?", grinste der Unteroffizier. Einige Soldaten waren dazugetreten; einer glaubte, etwas von einer Instandsetzungseinheit in der nächsten Stadt gehört zu haben. „Am besten, Sie schließen sich meiner Einheit an", schlug der Unteroffizier vor.

Die Soldaten kletterten wieder in die Beiwagen und auf die Maschinen. Die Kolonne setzte sich zügig in Bewegung. Der Fahrer ließ den Motor aufheulen und legte den ersten Gang ein, aber es gab nur einen leichten Schub – und der Wagen stand wieder, während der Motor hochdrehte, als ob keine Verbindung zu den Hinterrädern mehr bestände. Beide krochen unter die Trittbretter und entdeckten schnell die Ursache: Das hintere Gelenk der Kardanwelle war abgedreht.

Der Unteroffizier ließ sein Gespann anhalten, kam zurück und begutachtete den Defekt. Solche Gelenke könne der Instandsetzungszug herstellen, meinte er optimistisch. Aber er wäre leider in Eile, verabschiedete sich so schnell, so dass er nicht mehr mitbekam, dass die Horchbesatzung plötzlich ganz fahl im Gesicht geworden und jeder auf seiner Seite auf dem Sandboden zusammengesackt war.

„Stellen Sie sich vor, das Gelenk wäre an diesem Steilhang zerbrochen, dann wären wir in den Fluss geschossen", fasste sich mein Vater zuerst.

„Glück gehabt", kam es lapidar von der anderen Seite des Wagens. Die heldenhafte Wortwahl passte schlecht zu der zittrigen Stimme.

Es hielten zwar immer wieder Lastwagen und Zugmaschinen und boten an, den Horch ins Schlepp zu nehmen, aber einen Wagen mit defekten Bremsen konnte man nicht so einfach abschleppen. „Da muss ein Bergewagen her, der ihn an den Haken nehmen kann", meinte schließlich ein LKW-Fahrer. Er wusste auch, wo die Instandsetzungseinheit lag, die einen hatte, und bot an, den Fahrer dort hinzubringen. Da abzusehen war, dass die Reparatur bis zum nächsten Tag dauern würde, entschloss sich mein Vater, auch mitzufahren, um sich in der nächsten Stadt ein Quartier zu suchen.

Er wurde vor dem mächtigen Parteigebäude der Stadt abgesetzt, in dem sich eine Reihe von Dienststellen der Wehrmacht einquartiert hatten. Der Eingang wurde von zwei überlebensgroßen Standbildern aus Gips flankiert. Links stand in Rednerpose Lenin, rechts in Cäsarenhaltung Stalin, aber beiden fehlte der Kopf. Lediglich ein paar dicke Eisendrähte ragten noch aus ihren Hälsen heraus, was darauf schließen ließ, dass die Denkmäler von Lenin und Stalin in der Sowjetunion in Serie hergestellt wurden.

In den hohen Gängen des Parterres kauerten Russen, die man offenbar hinter der Front aufgegriffen hatte. Teils trugen sie noch ihre Uniformen, teils war es ihnen schon gelungen, sich zivile Lumpen überzustreifen, um nicht sofort als Soldaten erkannt zu werden. An den Enden der Gänge standen deutsche Soldaten mit ihren Maschinenpistolen im Anschlag. Mein Vater wurde neugierig. Er zeigte dem Posten an der Tür des Verhörraumes seinen Ausweis und durfte eintreten. Auch drinnen hatte der Offizier, der mit einem Dolmetscher die Verhöre führte, nichts gegen seine Anwesenheit und bot ihm einen Stuhl an.

Verhört wurde ein junger Leutnant. Er saß sehr gerade und entschlossen auf seinem Stuhl, als wollte er den fremden Soldaten vermitteln, dass man nichts gegen ihn ausrichten könne, auch wenn man ihn gefangen und entwaffnet hatte.

„Glaubt ihr denn immer noch, dass ihr diesen Krieg gewinnen werdet?“, fragte der Vernehmungsoffizier und der Dolmetscher übersetzte im Tonfall der Baltendeutschen.

„In jedem Fall!“, lautete die trotzig gegebene Antwort.

„Und wie stellt ihr euch das vor?“, wollte der Vernehmungsoffizier wissen.

„Wir haben drei mächtige Verbündete“, kam die Antwort durch den Dolmetscher, „erstens unser Land: Wenn es trocken ist, dringt der feine Sand in die Motoren und Getriebe Eurer Fahrzeuge und zerstört sie. Ist aber die trockene Zeit vorbei, beginnt bei uns der Regen: Eure Lastwagen werden bis über die Achsen im Schlamm versinken und nicht mehr fahren können. Für unseren zweiten Verbündeten sorgt ihr selbst: Stalin hat uns gesagt, ihr habt uns nur überfallen, um uns auszurauben. Und überall, wo ihr in unserem Land hinkommt, sehen wir, dass er Recht hat. Darum gehen alle unsere Leute, die irgendwie können, zu den Partisanen. Ihr habt zu wenig Truppen, um unsere riesigen Wälder zu durchkämmen. Wir werden euch zwingen, ganze Armeen im Hinterland zu halten, die euch an der Front fehlen. Und trotzdem wird bald keine eurer Nachschubverbindungen mehr sicher sein.“

„Immerhin haben wir euch alle schon aus den Wäldern herausgeholt“, unterbrach der Vernehmungsoffizier.

„Was ist das schon, die paar Leute, die ihr hier gefangen habt und erschießen werdet?“, übersetzte der Dolmetscher die Antwort und fuhr fort: „Unser dritter Verbündeter ist unser Winter. Da werden eure Waffen nicht mehr schießen und eure Fahrzeuge und Panzer nicht mehr fahren, weil sie nicht für unser Klima gebaut sind. Wenn der Winter kommt, fängt unser Krieg erst an, bisher war es euer Krieg."

„Man bekommt nichts Brauchbares mehr aus ihm heraus", wandte sich der Dolmetscher an meinen Vater, während er dem Gefangenen bedeutete, dass das Verhör beendet sei.

„Seine letzte Äußerung, dass ihr Krieg erst mit dem Winter anfinge, kommt mir bekannt vor", murmelte mein Vater.

„Das stammt von Zar Alexander I. Er hat, als Napoleon in Moskau eingezogen war, gesagt: ‚Mein Krieg beginnt erst mit dem Winter'", erklärte der Dolmetscher.

„Einfach unschlagbar unser Professor", höhnte der Vernehmungsoffizier. Offenbar gefiel ihm die Wendung, die das Gespräch genommen hatte, nicht.

„Was geschieht mit diesem Leutnant?", wollte mein Vater wissen.

„Der wird morgen früh erschossen, wie auch alle anderen, die wir hinter der Front aufgegriffen haben. Aber das ist Gott sei Dank nicht meine Sache", meinte der Vernehmungsoffizier.

Nach einer Mahlzeit im Casino der Dienststelle zog sich mein Vater in das ihm für die Nacht zugewiesene Zimmer zurück. Die Äußerung des russischen Leutnants, wenn der Winter komme, finge ihr Krieg erst an, hatte ihn an ein Buch erinnert, das er während des ganzen Feldzugs mit sich herumschleppte. Es steckte in dem kleinen Koffer, den er für die Übernachtung mitgenommen hatte. Ein befreundeter Schriftsteller hatte es ihm vor seiner Abreise mit den Worten in Hand gedrückt: „Das solltest du gelesen haben, wenn du über den Krieg in Russland schreiben willst." Das Buch trug den Titel „Mit Napoleon in Russland". Verfasser war der frühere Gesandte Napoleons in Moskau und Begleiter während des russischen Feldzuges, Armand Marquis de Caulaincourt.

Die Lektüre fesselte und erschreckte ihn so, dass er nicht viel schlief in dieser Nacht. Er las: „Um vor Indiskretionen gesichert zu sein, hatte der Kaiser niemanden um Rat gefragt. Daher waren unsere Trainwagen, wie überhaupt alle unsere Transportmittel auf befestigten Straßen, auf gewöhnliche Märsche und Entfernungen berechnet; sie entsprachen nicht den Wegverhältnissen dieser Landstriche, die wir zu durchqueren hatten. Schon die ersten Sandstrecken hatten verheerend unter den Zugtieren gehaust."

Ein paar Stellen weiter las er: „Was die Kommandanten der Hauptpunkte an unsere Etappenlinie meldeten, war beunruhigend, und doch konnte sich ein jeder nur schwer mit dem Gedanken abfinden, den Winter so fern von Frankreich verbringen zu sollen, nachdem alle sich heimsehnten. Man war verwöhnt worden durch die früheren Feldzüge des Kaisers. Immer war durch die Anstrengungen einiger Monate der Frieden errungen worden."

Auch was Caulaincourt im Kapitel „Von Witebsk bis zur Moskwa" geschrieben hatte, kam ihm bekannt vor: „Alle Vorbereitungen zum Anlegen des Feuers und zu seiner Ausbreitung waren lange vor unserer Ankunft von einer Abteilung Kosaken der Nachhut getroffen, und das Feuer wurde angesteckt, sobald wir in Sicht kamen. Tatsache ist, dass man in verschiedenen Häusern, besonders in denen, die irgendwelche Vorräte enthielten, Material zur Brandstiftung fand, das planmäßig hergestellt und zu diesem Zweck bereitgehalten war."

Er unterbrach die Lektüre immer wieder und machte sich Notizen für ein Buch über die Kriege im Osten und wie ähnlich sie sich waren, obwohl knapp 130 Jahre zwischen den Feldzügen Napoleons und Hitlers lagen. Er war auch am Morgen noch so vertieft in seine Arbeit, dass er hochschreckte, als der Fahrer an die Tür klopfte, der ihn nach einigem Suchen aufgespürt hatte. Triumphierend stand der plötzlich in der Tür und berichtete, wie die Mechaniker der Instandsetzungseinheit die halbe Nacht durch an der Arbeit gewesen waren.

„Die haben wohl gedacht, mit so einem Wagen kann auch in Russland nur ein Bonze unterwegs sein und wenn der Wagen morgen früh nicht wieder läuft, gibt's Ärger", berichtete der Fahrer.

Während sie die breite Treppe hinuntergingen, folgten weitere Details: So sei das Auswechseln des gerissenen Kühlerschlauchs und der Bremsleitungen kein Problem gewesen, da es sich um Normteile gehandelt habe. Schwierigkeiten habe es mit dem Kardangelenk gegeben, das angefertigt werden musste. Es hinge jetzt leider nicht mehr an der Zentralschmierung, sondern müsse mit einer Handpresse versorgt werden. Man habe ihm eine gegeben.

Je näher sie dem Parterre kamen, desto lauter drangen Kommandos durch das Treppenhaus nach oben. Die Gefangenen, die in den Gängen gelegen hatten, wurden von Wehrmachtssoldaten auf Lastwagen getrieben, die am Eingang vorgefahren waren.

„Wir sollten hier verschwinden, dicke Luft“, flüsterte der Fahrer meinem Vater zu. Als sie in den Wagen stiegen, beobachteten sie noch, dass an diesem Morgen noch mehr Lastwagen unterwegs waren. Auf den Ladeflächen standen aber nicht nur Männer im Soldatenalter, sondern auch Alte, Frauen und Kinder. Alle Lastwagen rasten in eine Richtung. Die Menschen wurden ganz offensichtlich zu den Erschießungen transportiert.

‚Was ist das alles für ein Wahnsinn! Ich fahre hier in einem fremden Land ein protziges Auto langsam zu Schrott, das für eine Siegesparade bestimmt ist, die nie stattfinden wird, und soll Berichte schreiben, die das leugnen. Gleichzeitig erschießen die Deutschen in diesem Land reihenweise Zivilisten, weil es Juden sind oder weil sie zu Partisanen erklärt wurden und das darf in meinen Berichten nicht vorkommen!‘ So klar war meinem Vater das Verbrecherische dieses Krieges noch nie vorher.

In diesem Moment wollte er alles abbrechen und nur noch fort, so hat er es mir erzählt. Aber das hätte bedeutet, dass er seine Rolle als geachteter Berichterstatter und auch als wichtiger Autor verloren hätte.

Deshalb wohl versuchte er sofort, so hat er mir berichtet, diesen Gedanken wieder abzuschütteln. Sie fuhren weiter und keiner von beiden dachte noch daran, dass sie davor gewarnt worden waren, alleine zu fahren.

Sie hatten gerade die Stadt hinter sich gelassen, da entdeckte mein Vater etwas, das er sich nicht erklären konnte. Neben der Straße zog sich eine Schlucht entlang, in die sie vom Auto aus nicht hinuntersehen konnten. Auf der anderen Seite der Schlucht saßen zwei deutsche MG-Schützen in einem Abstand von etwa 200 Metern, die Läufe ihrer Waffen waren hinunter in die Schlucht gerichtet. Er ließ halten, sie stiegen aus und erkannten, welchen Zweck die beiden Maschinengewehre hatten.

In der Schlucht hatte die Wehrmacht Hunderte von russischen Kriegsgefangenen zusammengetrieben. Sie hockten oder lagen ganz eng beisammen, als fühlten sie sich wenigstens durch die Nähe ihrer Kameraden etwas geschützt. Das Erdbraun ihrer Uniformblusen, -hosen und -mützen und der Schmutz auf ihren Stiefeln hob sich nicht von dem verdorrten Gras ab, auf dem sie lagerten. Sie schienen sich kaum zu bewegen, wie jemand, der so schwach ist, dass er alles zu vermeiden versucht, was Kraft kosten könnte. Irgendwelche Einrichtungen zur Wasserversorgung, zur Essensausgabe oder etwas Latrinenähnliches waren nirgends zu sehen.

„Wirklich genial. So spart man sich auch noch den Stacheldraht, um sie einzuzäunen", bemerkte mein Vater. Er konnte nur noch zynisch sein zu dem Fahrer, der ihm gefolgt war. „Wenn Gefangenschaft heißt, dass sie einen auf dem offenem Feld verrecken lassen, dann würde ich aber auch zu den Partisanen gehen", schimpfte der, als sie wieder zurückgingen.

Die Piste führte, gerade wie mit einem Lineal gezogen, durch bewaldetes Gelände, das immer wieder von Lichtungen unterbrochen wurde. Sie war verhältnismäßig eben, so dass sie gut vorwärts kamen. Beide versuchten, nicht ständig an das zu denken, was sie gesehen und erlebt hatten.

Einmal glaubten sie am Horizont die Staubwolke einer Kolonne zu erkennen, gaben aber den Versuch, sie einzuholen, schnell wieder auf, weil sie keinen neuen Defekt am Wagen riskieren wollten.

Als sie auf einer größeren Lichtung ein Flugzeug entdeckten, das anscheinend eine Bauchlandung gemacht hatte, hielten sie an. An dem schlanken Rumpf mit der leicht abgesetzten Pilotenkanzel vor der verglasten Kuppel für den MG-Schützen erkannten sie den Typ. Es war ein deutscher He-111-Bomber. Sie stiegen aus, um sich das Wrack anzusehen, das gut fünfhundert Meter von der Straße entfernt lag. „Sieht noch ganz intakt aus", wunderte sich der Fahrer.

Als sie näher kamen, erkannten sie, dass sich die mannshohen Propellerblätter in den Boden geschnitten hatten oder nach hinten gebogen waren, als seien sie ramponiertes Spielzeug. „Den Absturz hat keiner überlebt", murmelte der Fahrer. Dann entdeckte mein Vater die fünf Gräber neben dem Bomber.

Die Holzkreuze standen ordentlich aufgereiht. Auch ein paar kleine Birken hatte man im Wald ausgegraben und auf die Gräber gepflanzt. Es war offenbar erst ein paar Tage her, denn die jungen Bäumchen ließen noch die Blätter hängen.

„Die Maschine hat nicht einmal Feuer gefangen. Können Sie sich erklären, warum die alle draufgegangen sind?", fragte der Fahrer.

„Wahrscheinlich hat es einfach zu lange gedauert, bis man sie gefunden hat", beantwortete er seine Frage selbst.

Gegen Abend wurde die Sicht immer schlechter. Sie fuhren gegen die Strahlen der untergehenden Sonne und konnten kaum noch etwas erkennen.

Aber sie wagten es auch nicht, eine Pause zu machen, bevor die Sonne untergegangen war, denn das hätte wieder eine Fahrt mit dem äußerst schwachen Licht des Nachtmarschgerätes bedeutet – und die fürchteten beide noch mehr. So fuhren sie halb blind weiter.

Der Schlag, der den Horch kurz vor Sonnenuntergang traf, hatte die Wucht einer Detonation und ließ den Wagen vorne hochsteigen, so dass sie im ersten Moment dachten, sie wären auf eine Mine geraten, die die Partisanen gelegt hatten. Aber es fehlte der Explosionsknall. Der Wagen fiel auch nicht wieder auf den Boden zurück, er neigte sich nur etwas nach rechts.

„Kein Öldruck mehr", erklärte der Fahrer und schaltete den noch laufenden Motor ab. Sie stiegen aus und sahen, was passiert war.

Die Fahrbahn war durch einen Bombentrichter von fast zehn Metern Durchmesser unterbrochen gewesen. Da die Wehrmachtspioniere wahrscheinlich in dieser einsamen Gegend weder genügend Leute noch geeignete Maschinen auftreiben konnten, um den Krater zuzuschütten, hatten sie aus Balken und Brettern eine Art Brücke über den Bombentrichter gebaut. Eine dicke Staubschicht hatte inzwischen das Holz überzogen, so dass die Konstruktion nur schwer zu erkennen war. Wenn sie einen Meter weiter links angekommen wären, hätte der Wagen vermutlich an der Rampe nur einen Satz gemacht, wäre aber nicht beschädigt worden. So aber war das linke Vorderrad auf die Überbrückung gerollt, das rechte war auf dem Boden geblieben und die aus dem Holz herausragenden Beschläge an der rechten Kante der Auffahrt hatten die Ölwanne aufgerissen. Auch die Spurstange war verbogen, so dass die Vorderräder wie schielende Augen nach innen zeigten. Das ausgelaufene Motorenöl dampfte und zog schwarze Spuren über die mit Sand bedeckten Bohlen. Schließlich fand es eine Spalte und tropfte in den Bombentrichter.

„Glauben Sie, dass noch jemand vorbeikommt und uns hier rausholt?", wollte mein Vater wissen, obwohl er die Antwort bereits ahnte.

„In der Nacht fährt hier keiner mehr durch", kam sie wie erwartet.

Mein Vater stapfte um das schief auf der Rampe hängende Prunkstück herum. Als er das Öl herauslaufen sah, kam es ihm vor, als verblute der Wagen.

„Wir sollten versuchen, ihn etwas auf die Seite zu schaffen, solange er vielleicht noch dreht", schlug der Fahrer vor.

Er holte den Wagenheber und machte sich daran, das Vorderteil anzuheben. Mein Vater fand ein von den Überbrückungsarbeiten übriggebliebenes Brett, das sie zwischen die triefende Ölwanne und die Rampe schoben, um das Rutschen zu erleichtern. Dann ließen sie den Wagen wieder herunter.

Der Fahrer setzte sich ans Steuer und versuchte, die Räder über die knackende und sperrende Lenkung nach rechts zu drehen. Der Motor lief tatsächlich noch, und es gelang, den Wagen ein paar Meter zurück an den äußersten Rand der Fahrbahn zu bewegen. „Der Wagen ist praktisch nicht mehr lenkbar. Wir brauchen einen Berge-LKW, der ihn vorne hochnehmen kann", stellte der Fahrer fest, als er ausstieg.

„Ich fürchte, die haben hier andere Sorgen", mein Vater öffnete die linke Wagentür und nahm seine langläufige 08-Parabellum-Pistole heraus, die ihm sein Vater vererbt hatte. „Damit können Sie hier nicht viel ausrichten", meinte der Fahrer geringschätzig. „Sie haben doch noch die russische Maschinenpistole, die Ihnen der Leutnant an der Pontonbrücke geschenkt hat."

„Können Sie denn damit umgehen?", wollte mein Vater wissen. „Ich denke schon", kam es ziemlich selbstbewusst zurück. Mein Vater ging zum Kofferraum, holte die Waffe und gab sie dem Fahrer.

Das kurze Ding hatte eine durchbrochene Laufummantelung, die Verbrennungen an den Händen vermeiden sollte. Es wirkte noch gefährlicher, als der Fahrer mit einem gekonnten Griff das etwas unförmige Trommelmagazin eingesetzt hatte.

„Sollten wir uns nicht besser in den Wagen setzen? Da haben wir Deckung", schlug mein Vater vor.

Der Fahrer schüttelte den Kopf: „Sie würden einfach den Wagen in Brand schießen. Dann haben wir die Wahl zu verbrennen oder als gut beleuchtete Zielscheiben herauszukommen."

Seit seiner Zeit an der russischen Front im Ersten Weltkrieg war mein Vater nicht mehr in einer solch gefährlichen Situation gewesen.

Sie beschlossen, sich im Wald zu verstecken und den Wagen im Auge zu behalten.

Mein Vater nahm seine Pistole aus der linken Seitentasche und steckte sie ein. Ehe er über den Straßengraben sprang, sah er noch einmal in beiden Richtungen die schnurgerade Piste entlang bis zum Horizont. Die Dämmerung nahm dem Land die Weite. Es schien, als käme der Horizont immer näher.

„Sie dürfen keine Spuren hinterlassen, sonst wissen die Partisanen sofort, in welcher Richtung sie nach uns suchen müssen“, schreckte ihn der Fahrer auf. Er brach einen Ast von einem Busch und verwischte damit die Spuren, die ihre Stiefel im Sand hinterlassen hatten.

‚Für diese Umsicht hätte er eigentlich ein Lob verdient. Aber ich schaffe es nicht, das auszusprechen, weil es schließlich meine Sache gewesen wäre, solche Dinge zu beachten‘, dachte mein Vater.

Sie verkrochen sich im Unterholz. Den Wagen sahen sie zwischen den weißlichen Stämmen der Birken und den Blättern der Büsche noch eine Weile als schwarzen Schatten auf dem hellen Sand der Fahrbahn liegen, bis die Dunkelheit ihn aufzulösen schien. Sie fürchteten immer noch das Auftauchen der Partisanen und verharrten weiter in ihrem Versteck.

Die Nächte wurden schnell kühl in Russland. Sie fühlten, wie die Kälte des Bodens durch den Stoff der dünnen Sommeruniformen und durch die Haut drang und sich im ganzen Körper ausbreitete. Es war, als ob sie auch die Erde in diesem Land abstoßen wollte.

Es wurde jetzt schnell dunkel. Bald konnte mein Vater die Nähe des Fahrers, der knapp einen Meter von ihm entfernt auf dem Boden kauerte, nur noch an dem Geruch von Schweiß erkennen. Bei der letzten Übernachtung waren offenbar dessen Waschmöglichkeiten nicht gut gewesen.

Mein Vater hätte sich gerne in dem schützenden Wagen verkrochen, konnte sich aber noch nicht zu einer entsprechenden Bemerkung entschließen, weil er fürchtete, wieder einen Fehler zu machen. Schließlich raffte er sich doch auf: „Jetzt werden sie wohl kaum noch kommen. Im Wagen wären wir doch etwas besser vor dieser unangenehmen Kälte geschützt“, flüsterte er.

„Oder sie liegen schon auf der Lauer. Aber dann ist es auch egal, ob sie uns jetzt oder erst morgen früh erwischen“, kam es leise zurück.

Sie rappelten sich hoch und luden ihre Waffen durch. Dann krochen sie durch das Unterholz und schließlich gebückt auf die Fahrbahn. Hier war es etwas heller. Der mächtige dunkle Schatten des Wagens war zu erkennen.

Der Fahrer öffnete die Türen und schwenkte die Sitzlehnen nach hinten, so wie er das schon bei ihrem Ford jeden Abend getan hatte. Mein Vater zog die schwere Tür möglichst leise zu und fühlte die kühle Trockenheit der Ledersitze an seinem Rücken. Er fühlte sich sicher, umgeben von Stahl, Holz und einem dicken Verdeck, obwohl er wusste, dass das eine Illusion war.

„Versuchen Sie ruhig zu schlafen. Ich werde wach bleiben und aufpassen. Wenn es nicht mehr geht, wecke ich Sie", erklärte mein Vater.

Mein Vater verstaute seine 08 zwischen seinem Sitz und der rechten Tür. Dabei war ihm klar, dass es bis zur Morgendämmerung kein erkennbares Ziel geben dürfte, auf das er schießen könnte. Allenfalls würde ein Mündungsfeuer eine Orientierung erlauben. Aber um in einer solchen Situation etwas ausrichten zu können, bräuchte er mindestens die russische Maschinenpistole. Aber mit der kannte er sich nicht aus.

Nach einiger Zeit füllte ein gleichmäßig tiefes Atmen den kleinen Raum. ‚Beneidenswert', dachte er. Er griff ins Handschuhfach und zog eine kleine Lampe heraus, die ihm schon im Frankreich-Feldzug ein geschickter Funker gebaut hatte. Die Birne konnte an einem Buch festgeklemmt werden und reichte gerade zum Lesen. Wenn er sich dabei den Uniformmantel über den Kopf zog, war draußen kein Lichtschimmer zu sehen. Er sah noch einmal nach draußen, aber es war nichts zu erkennen. Er konnte sich wieder, wie in der vergangenen Nacht, mit dem Feldzug Napoleons beschäftigen.

Er las: „Die aus der Schnelligkeit unseres Vormarsches notwendig sich ergebenden Ausschreitungen und Plünderungen hatten das erste Unglück angerichtet und uns die Landbevölkerung zu Feinden gemacht. Die so schlau organisierten Brände, die der russische Bauer den Franzosen zur Last legte, der Unterschied der Sprache, der Kreuzzug, den die russische Geistlichkeit gegen uns gepredigt hatte, alles hatte zusammengewirkt, um uns in den Augen dieses gläubigen Volkes als Barbaren erscheinen zu lassen, die gekommen waren, um ihre Altäre umzustürzen, ihr Hab und Gut zu rauben, ihre Frauen, ihre Kinder und sie selbst in die Sklaverei zu führen. So war es kein Wunder, dass man vor uns floh wie vor wilden Tieren."

Mein Vater schaltete die Lampe ab und zog sich den Mantel vom Kopf, denn plötzlich war es ihm, als ob es draußen zu regnen angefangen hätte. Er kurbelte seine Scheibe ein Stück weit herunter und streckte die Hand heraus: Tatsächlich, es waren zwar bis jetzt nur feine Tropfen, aber wenn es stärker würde, wären die Straßen schnell grundlos und unpassierbar. Das bedeutete, dass sie vielleicht noch tagelang hier ausharren mussten, bis sie jemand entdeckte. Wahrscheinlich würden es die Partisanen sein, denn die streiften zu Fuß oder auf Pferden durch die Wälder, und daran konnten sie auch Straßen, die zu Schlammgräben geworden waren, nicht hindern. Er lauschte angespannt in die Nacht. Nieselte es immer noch? Wurde es stärker?

Wenige Stunden Regen machten ganze Panzerdivisionen mit ihrer ungeheuren Kampfkraft zu einem unbrauchbaren Nichts und ließen den Nachschub nicht mehr die Front erreichen. Nur die Infanterie war in der Lage, weiter vorzurücken, wenn sie ohne die Deckung gepanzerter Fahrzeuge und ohne Nachschub auskam. Hatte es jetzt wirklich aufgehört zu regnen, oder bildete er sich das nur ein? Er streckte wieder die Hand heraus. Kein Tropfen traf sie mehr. Die Piste blieb also passierbar!

Als es dämmerte, war er bei der Schilderung des Rückzugs von Napoleon angelangt: „Auf dem Verdeck der Wagen lagen die Unglücklichen, auf dem Vordergestell, hinten auf den Koffern, Sitzen, auf den Futterkästen, selbst auf den Leinenverdecks der Packwagen, wenn darunter kein Platz mehr war! Danach kann man sich den Anblick vorstellen, den unsere Kolonnen darboten. Beim geringsten Stoß fielen die am schlechtesten Untergebrachten herab; der Fahrer nahm darauf keine Rücksicht. Der des nächsten Wagens, wenn er schläfrig war oder zerstreut oder erbarmungslos, weil er fürchtete, Zeit zu verlieren und aus der Reihe der Kolonne zu geraten, auch nicht. Er fuhr über den Körper des Unglücklichen hinweg. Die darauffolgenden Wagen machten es nicht anders.

Die Furcht, Hungers zu sterben, die schon überlasteten Wagen zu verlieren, die von Anstrengungen und Entbehrungen ermatteten Pferde zugrunde gehen zu sehen, hatte alle Herzen dem Mitleid unzugänglich gemacht. Mich schauert noch, wenn ich daran denke, wie ich Fahrer an holprigen Wegstrecken ihre Gäule absichtlich zu größerer Geschwindigkeit antreiben sah, um sich der Unglücklichen zu entledigen, mit denen ihre Wagen überlastet waren; wie ich sie zufrieden schmunzeln sah, wenn ein Stoß sie von einem dieser Unseligen befreite, von denen sie doch wussten, dass die Räder sie zermahlen würden, wenn sie nicht zuvor von den Pferden tot getrampelt wurden."

An anderer Stelle ging es weiter: „Die Kälte war derartig, dass es im Biwak nicht mehr auszuhalten war. Man traf alle Augenblicke auf Mannschaften, die der Frost gepackt hatte. Sie blieben stehen oder fielen aus Schwäche und Erschöpfung nieder. Half man ihnen beim Laufen oder zog sie mühselig weiter, so baten sie einen flehentlich, sie doch liegen zu lassen, denn in diesem Zustand ist die durch die Kälte herbeigeführte Schläfrigkeit von unwiderstehlicher Gewalt. Man schläft ein, ohne es zu wollen, und Einschlafen ist gleichbedeutend mit Sterben. Ich habe mehrere dieser Unglücklichen zu retten versucht, aber vergeblich. Sie vermochten nur stammelnd mit ein paar Worten zu bitten, man möge sie doch um Gottes Willen ein wenig schlafen lassen. Wenn man sie hörte, klang es, als müsse dieser Schlaf ihre Rettung sein."

So endete Caulaincourts Beschreibung vom Untergang von Napoleons großer Armee in Russland.

Mein Vater hat mir erzählt, dass er ab diesem Moment nicht mehr die Augen vor dem verschließen konnte, was ihn schon sehr lange beschäftigt hatte: Dieser Krieg war ein Verbrechen an den russischen Soldaten und der russischen Bevölkerung, aber auch an den deutschen Soldaten und er würde genauso enden, wie es Caulaincourt beschrieben hatte.

Mein Vater war schon im Ersten Weltkrieg an der russischen Front gewesen und dann in Gefangenschaft geraten. So kannte er vieles aus eigener Erfahrung, was der Franzose 129 Jahre früher erlebt hatte. Eigentlich hatte er auch sehr genau gewusst, was es bedeutete, in diesem Land Krieg zu führen. Aber wie viele andere, die mit ihm, wie in einem Rausch, in die Sowjetunion gestürmt waren, hatte er diese Erfahrung nicht mehr wahrhaben wollen und daran geglaubt, dass die Blitzkriegsstrategie auch in Russland funktionieren werde.

Er richtete sich auf und sah sich um. Der Fahrer schlief noch. Und wenn man der Piste trauen konnte, die sich hinter der staubigen Scheibe bis zum Horizont zog, waren sie offenbar immer noch die einzigen

Menschen mitten in diesem riesigen, urzeitlichen Wald. Er öffnete leise die Tür, steckte seine Pistole ein und begann, neben dem waidwunden Wagen auf und ab zu gehen, um seine von der kühlen Nacht steifgewordenen Glieder wieder etwas beweglicher zu machen.

Dabei entfernte er sich unmerklich etwas von dem Wagen. Plötzlich blieb er wie gelähmt stehen. Sie waren gar nicht allein. Da lehnte ein russischer Offizier in seiner erdbraunen Uniform am dicken Stamm eines Baumes und beobachtete ihn.

Für Sekundenbruchteile fragte sich mein Vater, ob er vielleicht noch träume, denn die Gestalt bewegte sich nicht. War er vielleicht tot und von den Partisanen da nur geschickt aufgestellt worden, um sie zu erschrecken, ehe man sie dann unter Feuer nahm oder in die Wälder schleppte? Wenn er nicht tot sein sollte, warum hatte er nicht die Nacht benutzt, um den Wagen in Brand zu setzen und sie dann wie wilde Kaninchen abzuschießen, wenn sie versucht hätten, aus den Flammen zu entkommen?

Mein Vater griff nach seiner Pistole. Da bewegte sich diese Gestalt in genau der selben Art und Weise und hielt ebenfalls eine Pistole in der Hand.

‚Er ist nicht mehr so jung. Vielleicht hat er, wie ich auch, schon im Ersten Weltkrieg gekämpft. Er weiß genauso gut wie ich, dass die Entfernung zwischen uns zu groß ist, um mit Pistolen einigermaßen sicher zu treffen. Sollen wir jetzt, wie im Duell, aufeinander zugehen, bis wir uns genügend nah sind und dann aufeinander schießen? Ich werde damit jedenfalls nicht beginnen!‘, dachte mein Vater und steckte seine Pistole wieder ein.

Der russische Offizier steckte seine auch wieder ein.

Mein Vater spürte, wie ihm die Knie weich wurden. Er würde jetzt einfach zurück zum Wagen gehen und sich da anlehnen. Wenn sein Gegenüber die Gelegenheit nutzen wollte, ihn in den Rücken zu schießen, sollte er es tun.

Als er den Horch erreicht hatte und sich wieder umdrehte, war der russische Offizier verschwunden.

Kurz darauf war der Fahrer aufgewacht und kam aus dem Wagen geklettert.

„Mein Gott, Herr Leutnant, wie sehen Sie denn aus? Ist Ihnen ein Gespenst begegnet?“, begrüßte ihn der Fahrer optimistisch gestimmt von der Tatsache, dass sie noch lebten an diesem schönen Spätsommermorgen.

Kurz darauf erkannten sie an einer aufsteigenden Staubfahne, dass sich von der Front her ein Konvoi näherte. Es waren ein paar Lastwagen, angeführt von einem Panzerspähwagen, dessen durch Panzerung geschütztes MG die Partisanen wohl von einem Überfall auf die Kolonne abhalten sollte.

„Wo kommen Sie denn her?", wollte ein nervöser Unteroffizier wissen, der aus dem Führerhaus des ersten Lastwagens gesprungen war. Er wollte auch den Marschbefehl sehen und untersuchte anschließend den Horch am Straßenrand.

„Der Wagen kann hier nicht mehr repariert werden. Wir haben auch keine Transportkapazität, um ihn ins Reich zu schaffen. Da gehen die Verwundeten vor. Wir müssen ihn anzünden, sonst kommen die Partisanen noch auf die Idee, ihn sich zu holen. Nehmen Sie Ihr Gepäck heraus, aber dalli, dalli, wenn ich bitten darf!" Während mein Vater und der Fahrer ihre Sachen zusammenpackten, legte ein Soldat eine Lunte aus einem Lumpen in den Tank und stellte sich einen Benzinkanister bereit.

Mein Vater sah noch, wie der Soldat Benzin über das Verdeck schüttete. Dann kam das Kommando zum Abfahren. Der Konvoi fuhr langsam an, um dem Soldaten, der den Horch anzuzünden hatte, Gelegenheit zum Aufspringen zu geben.

Durch das kleine Rückfenster im Führerhaus sah mein Vater ein paar Sekunden lang, wie die Flammen aus dem Wagen schlugen, dann nur noch den hochgewirbelten Staub.

Die Siegesparade, für die der Horch vorgesehen war, würde es nicht geben und nun gab es den Horch ja auch nicht mehr.

Er hat die Sowjetunion ein paar Tage später verlassen und in seinem Leben kein Frontgebiet mehr besucht.

Ikonen altern nicht – auch wenn sonst nichts mehr war wie früher

BMW 328

Die abenteuerlichen Geschichten, mit denen mein Vater in den späten dreißiger Jahren seine Gäste zu unterhalten pflegte, habe ich noch gut in Erinnerung. Das dürfte auch damit zusammenhängen, dass es da ein bestimmtes Repertoire gab, aus dem er schöpfte, das den Familienmitgliedern nach und nach sehr vertraut wurde.

Eine seiner Lieblingsgeschichten leitete er überaus eindrucksvoll damit ein, dass er ja eigentlich Rennfahrer habe werden wollen und dass er sich deshalb 1928, als die Einnahmen aus seinen Büchern zu fließen begannen, einen Bugatti gekauft habe. Das war ein Auto, mit dem er bei den damals beliebten „Bergrennen gegen die Uhr" mitmischen konnte.

Bei den Rennen reichte es ihm zwar immer nur für die hinteren Plätze, dafür war er aber mit dem starken Achtzylinder auf den leeren Landstraßen sehr schnell, vor allem, wenn er von einem Bergrennen nach Hause fuhr! Das ging so lange gut, bis er einmal mit viel zu hohem Tempo einen Bahndamm überquerte. Der Schlag, den die hochliegenden Gleise dem Wagen verpassten, war so gewaltig, dass der Wagen hochgeschleudert wurde und dann mit grässlichen Quietschgeräuschen zum Stehen kam. Mein Vater stieg aus und sah, was passiert war: Die Hinterachse hing schief und führungslos unter dem Wagen, die beiden Viertelelliptikfedern, an denen sie aufgehängt war, hatte es abgerissen.

Mein Vater hatte eine Idee. Ein paar Bauern, die neugierig hergelaufen waren, um mitzubekommen, was passiert war, bat er um zwei feste Holzbohlen und ein starkes Seil. Die Holzbohlen wurden zwischen Achse und Chassis gepackt. Das machte keine Schwierigkeiten, denn vier der starken Männer konnten das Hinterteil des Wagens mühelos hochheben. Dann wurde alles mit dem Seil gut festgezurrt, und er konnte weiterfahren. Und: „Nicht viel langsamer als vorher!“, behauptete er.

Je älter ich wurde, desto mehr zweifelte ich an der Geschichte mit dem Bugatti.

Mein Vater lebte damals auf seinem kleinen Bauernhof in der Nähe des Bodensees. Zwar hatte er schon seine ersten Bücher geschrieben, aber die verkauften sich schlecht. Eines war mir klar, wenn er von dieser Zeit erzählte: Er hatte kaum Geld. Wie konnte er sich da einen Bugatti leisten, den bekanntesten Rennwagen dieser Zeit, der keinesfalls billig zu haben war?

Genau so unglaubwürdig erschien mir die Geschichte mit der unter zwei Bohlen festgezurrten Hinterachse. Eine so befestigte Hinterachse konnte kaum in der Spur laufen. Also hätte mein Vater dauernd gegenlenken müssen. Es war also vollkommen ausgeschlossen, dass er nach dieser Art von Reparatur so schnell fahren konnte wie vorher. Wahrscheinlich hatte er sich die ganze Geschichte ausgedacht und tatsächlich nie einen Bugatti besessen.

Als nach seinem Tod sein Nachlass gesichtet wurde, musste ich Abbitte leisten. Es fand sich tatsächlich ein Foto eines Bugattis aus den zwanziger Jahren mit meinem Vater am Steuer. Daneben steht Opa mit einem kleinen Mädchen auf dem Arm und ist ganz offensichtlich stolz auf seinen Sohn und dessen verrücktes Rennauto.

Opa war in einem Waisenhaus aufgewachsen, er hatte dann Kupferschmied gelernt und es zu einem technischen Unteroffizier bei der Kaiserlichen Kriegsmarine gebracht. Er lebte in eher kleinbürgerlichen Verhältnissen. Wenn man das Foto betrachtet, gewinnt man aber den Eindruck, dass er stolz war auf seinen Sohn, der es zu diesem verrückten Rennwagen gebracht hatte.

So verstand ich auch besser, warum Opa in den letzten Tagen seines Lebens mit aller Kraft eine raffinierte Aktion vorangetrieben hatte, durch die das spätere Lieblingsspielzeug seines Sohnes, der BMW 328, über den Zusammenbruch des Nationalsozialismus gerettet wurde.

1938 hatte ihn die Lust an einem schnelleren Sportwagen als dem BMW 319, dem Lieblingsauto meiner Mutter, noch einmal unwiderstehlich gepackt.

Das erste Auto meines Vaters war also tatsächlich ein Bugatti.
Auf dem Foto sitzt mein Vater am Steuer. Mein Großvater steht stolz mit einem kleinen Mädchen auf dem Arm hinter der Motorhaube des Achtzylinders. (Die Frau neben meinem Vater und das kleine Mädchen sind entfernte Verwandte.)

Den Bugatti konnte sich mein Vater nicht sehr lange leisten.
Für die Hochzeitsreise meiner Eltern musste ein Dixi – aber mit Ihle-Sportkarosserie – reichen.

Mein Vater auf der Landstraße unterhalb unseres Hofes. Er redet mit einem Maler, der die Schönheit der Gegend in einem Gemälde festhält.

Seit 1936 sah er den BMW 328 in der Wochenschau von Sieg zu Sieg rasen. Als er dann das Auto im Schaufenster eines Münchener BMW-Händlers entdeckte, stand sein Entschluss fest: Diesen Wagen musste er haben.

Meine Mutter hielt gar nichts von dieser Idee, denn der Kauf des 328 hätte bedeutet, dass der BMW 319 in Zahlung gegeben würde, und diesen handlichen Wagen liebte sie sehr. Sie sammelte Argumente gegen diesen verrückten Wagen, alle unsere Bekannten, die etwas von Autos verstanden, ging sie an.

Was sie da an Gegenargumenten zusammengetragen und in Diskussionen mit meinem Vater vorgebracht hatte, war wirklich eindrucksvoll: Die hohe Spitzengeschwindigkeit des 328 sei unsinnig, denn außer auf den paar fertigen Autobahnstrecken könne er keine 150 km/h fahren. Aber auch da riskiere er sein Leben, denn die Reifen seien einem solchen Tempo noch nicht gewachsen. Er wisse doch genau, dass un-

Im Jahre 1935 hatte mein Vater mit seinem Buch „Der letzte Reiter" wieder einen Bestseller geschrieben. So konnte er sich mit dem BMW 319/1 einen richtigen Sportwagen anschaffen. Dieses Auto wurde der Lieblingswagen meiner Mutter. Dass mein Vater diesen wunderschönen Wagen 1938 für den BMW 328 in Zahlung gegeben hat, wurde ihm nie verziehen.

zureichende Reifen die Ursache einer Reihe von schweren Unfällen bei der Erprobung des neuen BMW 335 gewesen seien. Auch wegen der hohen Verdichtung werde er Schwierigkeiten mit dem schlechten Benzin bekommen. Schließlich sei auch das Getriebe viel zu schwach für den rasanten Motor, weil es noch aus dem Vorgängermodell stamme.

Wie sich später herausstellen sollte, hatte meine Mutter mit den meisten ihrer Argumente Recht. Aber das half ihr nichts. Eines Tages, im Sommer 1938, fuhr mein Vater mit dem BMW 319 nach München und kam mit dem weißen 328 zurück.

„Diese Höllenmaschine werde ich niemals fahren!", begrüßte ihn meine Mutter und hielt Wort. Der Tausch ihres Lieblingsautos gegen diese ‚verrückte Höllenmaschine' zog einen weiten Riss in das ohnehin schon etwas spröde gewordene Band ihrer Ehe.

Sie war nun nur noch mit dem Mercedes 290 unterwegs, während sich mein Vater immer in den BMW schwang.

Wenn ich mit ihm fahren durfte, fühlte ich mich ähnlich wie auf der Achterbahn: Angst und Faszination hielten sich die Waage, aber

Nach dem wirtschaftlichen Erfolg konnte 1931 auch wieder ein „richtiges" Auto gekauft werden, ein Mercedes 170, 6-Zylinder. Meine Mutter posiert stolz mit einer Freundin neben der Motorhaube.

letzten Endes wusste ich auch hier, dass ich wieder heil an den Ausgangspunkt zurückkommen würde. Verglichen mit dem BMW war eine Achterbahn allerdings eine ruhige Angelegenheit. Der Wagen hatte nicht nur einen aufheulenden Motor, der mich in den Sitz drückte, sondern auch noch eine Auspuffsirene. Das war eine Anordnung von unterschiedlich langen Pfeifen, die um das Endrohr angeordnet waren. Zog mein Vater an einem Hebel, so schloss eine Klappe den normalen Ausgang und die Gase wurden durch die Pfeifen gejagt. Der Krach der Sirene war furchterregend und mein Vater liebte ihn! Wenn sich irgendwo auf den kurvigen und bergigen Straßen in weiter Ferne ein Fuhrwerk zeigte, ließ er die Sirene heulen. Ich sah oft, wie die an den Grabenrand geschreckten Bauern die geballte Faust hochstreckten, wenn wir vorbeifuhren. Aber das schien mein Vater zu übersehen. Mit aufheulendem Motor drifteten wir in die engen Kurven der Schotterstraßen, immer knapp am tiefen Straßengraben vorbei. Mir blieb nur die untere Kante des Armaturenbrettes, um mich festzuklammern.

Allerdings gab es immer wieder Unterbrechungen bei unseren wilden Jagden. Der Wagen begann zum Beispiel plötzlich zu schlingern und zu rumpeln, was bedeutete, dass sich ein Reifen mal wieder einen der auf den Straßen noch zahlreich herumliegenden Hufnägel eingefangen hatte. Mein Vater kramte dann den Wagenheber heraus, setzte ihn an und kurbelte den Wagen hoch. Ich schaute mir das genau an: Er klopfte mit einem speziellen Hammer die Zentralverschlussschraube los und drehte sie mit der Hand von dem Gewinde. Dann nahm er das kaputte Rad herunter, steckte das Reserverad auf die vier abgerundeten Bolzen, drehte die große Flügelmutter – soweit es mit der Hand eben ging – und klopfte sie mit dem Hammer wieder fest.

Dann klopfte er sich den Staub von den Händen und sagte jedes Mal triumphierend: „Bei diesem Wagen ist der Radwechsel ein Kinderspiel!"

Die zweite Art von Unterbrechung konnte ich zuerst gar nicht am Verhalten des Wagens wahrnehmen, sondern am plötzlichen, nicht abreißenden Fluchen meines Vaters. Nach und nach lernte ich dann die Geräusche des Motors so genau kennen, dass ich schon im Vorhinein wusste: Gleich würde sich wieder eine Suada von Verwünschungen über den weißen Sportwagen ergießen, weil er nicht mehr kraftvoll zog, sondern sich stattdessen unruhig schüttelte.

„Himmelherrgottsakramentkreuzkruzifix", begann mein Vater wie die Bauern zu fluchen, während er abrupt stoppte, aus dem Wagen schoss, die beiden quer über die Motorhaube gespannten Riemen aufschnallte und die Haube öffnete.

Die Flüche galten nicht dem Wagen, sondern dem immer schlechter werdenden Benzin-Benzol-Gemisch der unmittelbaren Vorkriegsjahre. Bei dem, für diesen schnellen Sportwagen, mäßigen Tempo, das unsere Allgäuer Bergsträßchen zuließen, verrußten immer wieder die Kerzen. Wenn man sichergehen wollte, dass der Motor wieder gut lief, mussten alle Zündkerzen herausgeschraubt und mit einer feinen Drahtbürste vom Ruß befreit werden. Das dauerte seine Zeit, denn die Kerzen saßen ziemlich tief zwischen den beiden Ventildeckeln. Die drei Vergaser darüber machten die Sache auch nicht einfacher. Zudem waren sie auch noch so heiß, dass mein Vater sie mit einem Lappen herausfingern musste, wenn sie nicht so freundlich waren, im Kerzenschlüssel hängen zu bleiben.

Bei der ganzen Prozedur, die nur von der rechten Seite möglich war, störte auch noch die blecherne Hakenkreuz-Standarte, die mein Vater am rechten Kotflügel montiert hatte. Die schien selbst dann schnelle Fahrt zu symbolisieren, wenn mein Vater schimpfend über den Motor

Mit dem neuen Wagen auf der Fahrt nach Schloss Hohenschwangau.

Meine Eltern kurz vor dem Krieg auf dem Weg zu einer Lesereise.
Die Straßen waren leer, nur ein Radfahrer mit Anhänger ist noch unterwegs.
Mit dem BMW 328 fuhr ich die Mille Miglia und viele andere Rennen –
in meiner Fantasie, als er im Krieg aufgebockt in der Garage stand.

gebeugt war. Ich fand das komisch, hielt es aber für besser, mir das nicht anmerken zu lassen!

Da ich mich an solchen Reparaturarbeiten zu beteiligen versuchte, indem ich meinem Vater irgendein schmieriges Werkzeug hielt, holte oder reichte, hatten wir beide immer fettig-schwarze Hände, wenn es endlich wieder weiterging. Und weil meine Mutter möglichst nicht mitbekommen sollte, wie recht sie mit all ihren Warnungen gehabt hatte, schauten wir nach solchen Pannen meist noch kurz bei einem Nachbarn herein, um unsere Hände zu reinigen. Zu Hause angekommen, versuchte ich ein genauso gelassenes Gesicht zu machen wie mein Vater, aber ich hatte Angst, dass wir auffliegen konnten: Da meine Hände sonst meistens dreckig waren, fürchtete ich, ihre plötzliche Sauberkeit könnte alles verraten. So vergrub ich sie in den Hosentaschen und stiefelte im Windschatten meines Vaters ins Haus.

Als der Krieg begonnen hatte und unser Mercedes in der großen Garage des Hofgebäudes langsam unter Staub und Gerümpel verschwand, stand der BMW in der Garage unseres 1937 neu gebauten Wohnhauses und wurde gepflegt. Zwar war der Zulassungsstempel unseres Kennzeichens II Z.32 67 entfernt worden und auch den letzten Benzinrest hatte unser Verwalter aus dem Tank gepumpt, um es mit Öl zu vermischen und in den Motormäher zu kippen, mit dem die Hänge gemäht wurden. Aber wenigstens seine Räder behielt unser Renner. Die amtlichen Reifensammler, die nach den Listen des Landratsamtes mit einem Borgward-Lastwagen von Autobesitzer zu Autobesitzer gefahren waren, um bei den nicht beschlagnahmten Wagen wenigstens die Räder zu requirieren, ließen den 328 unberührt. Seine Felgen passten eben nur auf den Zentralverschluss dieses Wagens und sonst nirgends. Dann war der Autoschlosser aus dem Dorf gekommen. Er hatte den Sportwagen fachgerecht stillgelegt, er ließ das Kühlwasser ab, baute die Batterie aus, spritzte Öl in die Brennräume und bockte den Wagen so auf, dass die Räder frei an ihren Federn hingen.

In den ersten Kriegsjahren erschien der kleine Mann mit der Ölkanne noch ein paar Mal und machte sich am Zylinderkopf zu schaffen. Als der Krieg gegen die Sowjetunion begann, kam er nicht mehr.

Als unser 328 schon auf seinen vier Holzklötzen stand, sah ich seine Brüder in der Wochenschau noch von Sieg zu Sieg rasen. Sie sahen allerdings etwas anders aus als das Auto meines Vaters: So war der Siegerwagen der Mille Miglia von 1940 ein stromlinienförmiges Coupé, das nur entfernt an unseren 328 erinnerte. Diese Wagen hatten 130 PS und damit noch einmal 50 PS mehr als die Normalausführung. Er lief die für mich kaum vorstellbare Spitzengeschwindigkeit von 200 km/h.

Aber diese Details spielten für mich keine Rolle. Immer wieder schlich ich mich in die dämmrige Garage, setzte mich ans Steuer und fuhr die Mille Miglia. Die Kurven rasten vor der langen Motorhaube auf mich zu, ich schaltete erst auf den synchronisierten dritten und dann mit einem mächtigen Stoß Zwischengas auf den zweiten Gang, genau den Grenzbereich ertastend, driftete ich hindurch, schaltete wieder hoch und ging voll aufs Gas! In den langen Geraden bewegte ich das Steuer kaum, dann in den engen Kurven ganz schnell, manchmal bis zum Anschlag!

Es ging ganz wunderbar leicht mit den freihängenden Rädern. Für ein realistisches Motorgeräusch musste ich allerdings mit meiner Stimme selbst sorgen. Einmal gelang das so eindrucksvoll, dass die

Köchin angestürzt kam. Nach und nach fanden sich dann alle in der Garage ein. Seitdem fuhr ich mit etwas gedrosseltem Sound.

Nachdem der Krieg mit Russland begonnen hatte, gab es keine Autorennen mehr in der Wochenschau. Aber die konnte ich ohnehin nur noch sehr selten sehen, weil es jetzt mit Pferdekutsche und Bahn eine halbe Tagesreise erforderte, ins Kino zu kommen.

Aber das änderte nichts daran, dass ich mich immer wieder in den tiefen, kühlen Ledersitz hinter dem Hartgummi-Steuerrad rutschen ließ und über den Nürburgring oder die Rennstrecke von Modena raste!

Im Frühsommer 1943, die Heuernte hatte gerade begonnen, fanden meine einsamen Rennen ein plötzliches Ende. Mein Vater ertappte mich, wie ich, völlig versunken, den Wagen gerade mit fast eingeschlagenem Steuer von einer Rechts- in eine Linkskurve zwang. „Dafür bist du aber nun wirklich zu groß!", schreckte er mich aus meinen Träumen auf.

Mein Vater war im Herbst 1941, für uns völlig unerwartet, von der Ostfront zurückgekommen. Er war sehr schweigsam geworden. Was er in Russland erlebt hatte, erfuhr ich erst später. Er zog sich meist in sein Arbeitszimmer zurück und arbeitete an Denkschriften über die Fehler der Kriegsführung im Osten, die einige Wehrmachtsgenerale als hilfreich, die nationalsozialistische Führung jedoch als lästig einstufte.

Damals hatte er mich aus der dämmrigen Garage in sein Arbeitszimmer mitgenommen und mir dort erklärt, dass ich nun alt genug sei für den „Ernst des Lebens".

„Du bist jetzt wirklich zu groß für solche Spielereien", hatte er begonnen und mich dabei an den Schultern gehalten, „du bist jetzt neun und groß genug, auch deinen Anteil zu leisten, und ich glaube, ich weiß einen guten Weg, wie du das tun kannst. Du lernst Traktorfahren. Da kannst du eine volle Arbeitskraft ersetzen! Ich habe in den letzten Wochen schon einige Jungen in deinem Alter gesehen, die so ihren Mann stehen. Ich werde dem Manfred Bescheid sagen, dass er es dir beibringt."

Dabei klopfte er mir aufmunternd auf die Schulter. Ich verließ mit eingezogenem Kopf sein Reich.

Manfred, unser Verwalter, war ein freundlicher und geduldiger Mann, den bisher nur seine schweren Magengeschwüre vor der Front bewahrt hatten. Ich mochte ihn sehr. Trotzdem stellte sich das Anteilleisten und die Pflichterfüllung als genau das heraus, was ich mir unter solchen Dingen immer vorgestellt hatte: anstrengend und blamabel, jedenfalls am Anfang! Blamabel begann es deshalb, weil alle Leute, die bei der Heuernte halfen, den Traktor mit dem angehängten Heuwagen umstanden, den ich nun von Heuhaufen zu Heuhaufen weiterfahren sollte. Das waren außer Manfred, der sich neben mir auf den Kotflügel des dumpf vor sich hinstampfenden Schleppers gesetzt hatte, vor allem zwei ewig kichernde junge Frauen, die ihren Arbeitseinsatz auf unserem Hof leisteten, und die beiden Russen Andrej und Nikolai, die mein Vater während seines Aufenthaltes in Russland vor ihrer Erschießung gerettet hatte, indem er sie als Arbeitskräfte beansprucht hatte.

„Das Wichtigste ist, dass du lernst, die Kupplung ganz langsam kommen zu lassen, wenn du mit durchgetretenem Pedal den ersten Gang eingelegt hast“, begann Manfred mit seinen Erklärungen. Als ich versuchte, das Pedal auf dem ebenen Blechboden vom Sitz aus nach unten zu drücken, wurde uns beiden klar, dass meine Kraft dazu nicht ausreichte. Das zischelnde Kichern der beiden Mädchen durchdrang die tiefe Geräuschkulisse des Diesels.

Was war ich wütend, dass ich das nicht schaffte! Ich packte das Steuerrad ganz fest mit beiden Händen, stand auf und stellte mich mit beiden Füßen auf die Kupplung. Langsam gab das Pedal nach, bis es auf dem Boden auflag. Ich schob den 1. Gang hinein, wie mir das Manfred gezeigt hatte und zog das Handgas etwas weiter heraus. Dann setzte ich vorsichtig den rechten Fuß neben dem Pedal auf das Bodenblech und verlagerte mein Gewicht ganz langsam auf diesen Fuß. Das Kupplungspedal kam hoch und die Fuhre setzte sich in Bewegung. Vor lauter Schreck ließ ich das Pedal los! Der Traktor machte einen Satz, Andrej fiel oben auf dem Anhänger um, fluchte fürchterlich auf Russisch und mir flog das Heu auf den Kopf, das er gerade im Arm gehabt hatte. Um mich war nur noch der Duft des frischen Heus, der sich mit dem Wasserdampf aus dem Kühler und dem Geruch des heißen Dieselmotors vermischte, und dazu das laute höhnische Lachen der beiden Pflichtjahrmädchen.

„Lasst doch dem Buam sei Ruh, des wird scho noch!“, hörte ich Manfreds beruhigende Stimme während ich mich vom Heu befreite.

Und es wurde! Noch an diesem Tag habe ich gelernt, mein Gewicht so langsam vom linken auf den rechten Fuß zu verlagern, dass sich der

Traktor ganz sanft in Bewegung setzte! Wenn eingekuppelt war, konnte ich mich endlich mit meinem kleinen Po auf den großen Sitz setzen. Ich musste unheimlich aufpassen, um die freistehenden Vorderräder in der Spur zu halten, damit der Abstand zu den Heuhaufen gleich blieb.

Bald beherrschte ich den immer dampfenden Dieselschlepper mit den gleichmäßig drehenden Schwungrädern auf beiden Seiten des Motors so gut, dass ich auch alleine mit angehängten Wendern oder Rechen fahren durfte.

Nur starten konnte ich den Traktor nicht, denn das Fendt-Dieselross hatte keinen Anlasser, sondern musste angekurbelt werden. Das erforderte viel Kraft – und davon hatte unser russischer Kriegsgefangener Nikolai am meisten. Er überragte alle auf dem Hof um mindestens einen Kopf, hatte aber auch großes Geschick, wenn es darum ging, die landwirtschaftlichen Geräte mit irgendwelchen Improvisationen funktionsfähig zu halten.

So hatte sich für das allmorgendliche Anlassen des Traktors eine merkwürdige Prozedur eingespielt: Ich ging an den Werkzeugkasten, nahm die Andrehkurbel heraus und steckte sie auf das rechte Schwungrad. Dann schraubte ich die Halterung für den Startzündstoff heraus, steckte etwas von dem faserigen Material in die Öffnung und schraubte alles wieder hinein. Schließlich öffnete ich den Treibstoffhahn, verpasste der Handpumpe ein paar Stöße und brüllte: „Nikolai, dawai, dawai!“ Ich wusste nicht so ganz genau, was das bedeutete, aber ich fand es lustig, weil es sich reimte; außerdem riefen es alle. Von irgendwoher erschien dann Nikolai gemächlichen Schrittes, packte mit der Rechten die Kurbel und griff mit der Linken nach dem Ausrückmechanismus des Auslassventils. Dann kurbelte er ruhig und konzentriert, bis die Schwungräder das nötige Tempo hatten. Er ließ das Ventil zuschnappen, und mit einem dumpfen Schlag zündete der Diesel, ein erster Schub Ruß quoll aus dem Auspuff und die ganze Maschine bebte unter den Schlägen der Explosionen. Langsam beruhigte sie sich und lief gleichmäßig. Ich konnte auf den Sitz klettern und mit dem Schlepper hinunter auf die Felder fahren, um die Maschinen anzuhängen.

Die mussten immer auf einer ebenen Fläche abgestellt werden, denn richtig abbremsen oder am Berg mit der Bremse halten konnte ich den Koloss nicht, dazu war ich zu schwach! Die Bremsen bestanden aus

Stahlbändern, die sich um Rollen an den Hinterrädern oder am Getriebe spannten, je nachdem, ob ich die Fußbremse oder die Handbremse betätigte. Die Kraft eines starken Mannes war notwendig, um den Traktor damit an Steigungen zu halten oder aus höheren Geschwindigkeiten zum Stehen zu bringen. Ich konnte den Traktor nur mit zurückgenommenem Handgas langsam ausrollen lassen, dann auskuppeln, den Gang herausnehmen und mit beiden Händen die Handbremse nach hinten zerren, bis die großen Räder aufhörten, sich zu drehen.

Am besten gefiel mir das Traktorfahren, wenn ich abends ganz allein mit dem angehängten Rechen lange Heuschwaden über das Feld zog und wusste, dass ich von den Höfen oben an der Straße immer mal wieder beobachtet wurde, denn aus der Entfernung erschien ich in dem für mächtige Hinterteile zugeschnittenen Blechsitz noch kleiner. Wenn ich fertig war, donnerte ich im kleinen Gang, aber dafür mit viel Gas in die Garage und tat so, als ob mich die Zuschauer überhaupt nicht interessierten! Mit ernstem Gesicht kletterte ich vom Schlepper, als wollte ich sagen: ‚Hier ist einer, der gelernt hat, in schweren Zeiten seine Pflicht zu tun, auch wenn Ihr vor kurzem noch über meine Schwierigkeiten gelacht habt!'

Kurze Zeit später wurde Manfred eingezogen. Die Wehrmacht hatte begonnen, Einheiten aufzustellen, in denen die Magenkranken zusammengefasst wurden. So wurde ich, kaum dass ich den Traktor und die Geräte, die man mit ihm bewegen konnte, einigermaßen beherrschte, zum wichtigsten Traktorfahrer auf dem Hof. Die Russen durften nicht fahren, deutsche Männer waren nicht mehr da und die Frauen sagten immer, sie könnten nicht fahren, weil die Vibrationen schlecht „für ihren Unterleib" wären. Was das genau hieß, wusste ich nicht, aber es schien wichtig zu sein!

Als Traktorfahrer wäre ich allerdings aufgeschmissen gewesen, wenn es nicht eine stille Übereinkunft mit Nikolai gegeben hätte. Er war immer zur Stelle, wenn ich irgendwelche Schwierigkeiten mit dem Dieselross oder den Geräten hatte oder einfach für irgendeinen Handgriff zu schwach war. Er ließ mich nie hängen, hielt dabei aber immer Abstand und war auch nie besonders freundlich zu mir. Es war, als ob wir beide gewusst hätten, dass wir zu verschiedenen Arten von Menschen gehörten, die sich nicht zu nahe kommen durften.

Mein Vater, der meist einmal am Tag auf den Feldern erschien, um sich vom Fortgang der Arbeit zu überzeugen, beobachtete unser gut funktionierendes Zusammenspiel erstaunt, sagte aber nichts. Auch die junge Verwalterin Hanna, die versuchte, Manfred zu ersetzen, ließ uns machen und war froh, dass wir die Geräte immer irgendwie am Laufen hielten.

Natürlich habe ich mir Gedanken darüber gemacht, warum ich mit meinen neun Jahren Traktorfahren sollte, während es Nikolai, der russische Traktorist, nicht durfte. Auch wenn die Erwachsenen darum herumredeten, ich wusste es: Nikolai war ein Russe und damit ein Untermensch. Im Arbeitszimmer meines Vaters lag immer eine Illustrierte herum, die hatte den Titel ‚Der Untermensch', und da ging es darum, dass die Russen eben keine richtigen Menschen sind wie wir. Tatsächlich gab es immer wieder Situationen, in denen ich fand, dass die Russen doch eigentlich die tolleren Menschen sind!

Beim Zusammenrechen des getrockneten Heus kam plötzlich eine ziemlich große schwarze Schlange zum Vorschein. Ich saß hoch auf meinem Traktor und fühlte mich sicher, ich wusste, auf Traktoren kriechen Schlangen nicht. Ich konnte mir also von ganz nah anschauen, was passieren würde. Alle, auch unser Verwalter, der damals noch da war, liefen davon. Nur Andrej stürzte sich auf die Schlange und packte sie so nahe hinter dem Kopf, dass sie ihn mit ihrem aufgerissenen Maul und der zwischen den giftigen Zähnen züngelnden Zunge nicht erwischen konnte. Dann kam Nikolai mit einer Sense und schnitt der Schlange mit einem genau gezielten Schnitt den Kopf ab. Natürlich wurde zu Hause kurz über diese Heldentat geredet, aber dann wurde sie auch schnell wieder vergessen.

Nikolai und Andrej konnten sogar mit bloßen Händen große Forellen aus dem Bach holen und sie konnten wunderbar singen.

Ich, als Neunjähriger, habe nicht verstanden, warum sie Untermenschen sein sollten und Nikolai nicht Traktorfahren durfte.

Ich bewunderte auch die Ausdauer und die Kraft, mit der die beiden Russen stundenlang zusammen an der Handkurbel der großen Betonmischmaschine drehten.

Der Beton wurde für den großen neuen Pferdestall gebraucht, den mein Vater mitten im Krieg baute. Er züchtete Pferde für die Gebirgsjäger. So war unser Hof zu einem kriegswichtigen Betrieb geworden

Unser Verwalter beim Pflügen mit dem Dieselross ehe er eingezogen wurde. Hier saß ich dann mit neun Jahren, „wieder am Steuer", aber mit Schrittgeschwindigkeit, und über mir flogen die Bomber.

Es dauerte 60 Jahre bis ich den Bomber, wie ich ihn damals am Himmel gesehen hatte, eine B 17, in einem Flugzeugmuseum in der Nähe von Los Angeles wieder sah. Der Bomber hatte eine Spannweite von 31 m und landete auf nur 3 Rädern, die nicht ganz eingezogen werden konnten.

und wir hatten auch wieder ein Auto. Auf den Türen stand ‚Behelfslieferwagen'. Es war eine klapperige DWK F5-Cabriolimousine mit einem ziemlich großen Loch im Dach hinter dem Rücksitz. Den Wagen fuhr meist meine Mutter. Wenn es los ging, liebte ich es, die Hand durch das Loch zu stecken und den anderen zuzuwinken. Leider fand nur ich das lustig.

Im Sommer 1943, als Manfred eingezogen worden war, war der Krieg auch bei uns angekommen. Die Kämpfe waren nun nicht mehr weit weg und nicht mehr nur durch die Todesanzeigen, die Illustriertenfotos von den Kämpfen und die Nachrichten gegenwärtig. Die Bomberflotten, die von deutschen Jägern kaum gestört in geordneter Formation in großer Höhe über uns hinwegzogen, machten mir klar: ‚Der Krieg ist nicht irgendwo, der Krieg ist überall, auch im Allgäu!'

Manchmal hielt ich den Traktor an, lehnte mich im Sitz nach hinten und sah den silbrigen viermotorigen Bombern nach, die sehr hoch oben ihre weißen Kondensstreifen in den hellblauen Himmel zogen, so als gäbe es nichts, was sie aufhalten könnte. Von dem gleichmäßigen Dröhnen der Motoren, das von Horizont zu Horizont zu reichen schien, hörte ich nichts, wenn ich auf dem Dieselross saß. Der stampfende Diesel und die Geräusche der angehängten Maschinen überlagerten alles andere. Spannend wurde es, wenn die schnelleren deutschen Jagdflugzeuge von oben oder von unten versuchten, einzelne Bomber aus dem Verband herauszuschießen. Dann konnte ich das Mündungsfeuer der Bordkanonen sehen, klein, wie die Funken meiner Spielzeugpanzer. Ich wusste aus einem Heft, das im Arbeitszimmer meines Vaters lag, dass es sich bei den Bombern um den Typ B 17 handelte, dass die Flugzeuge in 6.000 Meter Höhe flogen, 450 km/h schnell waren, von vier Motoren mit je 900 PS angetrieben wurden und die enorme Spannweite der Flügel von fast 27 m hatten.

Einen Tag, nachdem eine solche Bomberflotte vorübergezogen war, sprachen meine Eltern plötzlich wieder ganz normal miteinander, das war eher selten geworden. Meist schwiegen sie oder sie stritten sich. Es war schnell klar, was sie so plötzlich einig hatte werden lassen. Auf einem Feld bei Füssen war eine B 17 wenig beschädigt herunter gekommen. Am Nachmittag wollten beide versuchen, sich dieses Flugzeug anzuschauen und möglichst nahe an die Absturzstelle heranzukommen. Mein Vater, weil er sich für die militärischen und technischen Fähigkeiten der USA interessierte, und meine Mutter, weil sie von der Fliegerei fasziniert war. Die großen Fliegerinnen der dreißiger Jahre waren für sie so eine Art emanzipatorische Leitbilder. Natürlich wollte ich bei dieser Fahrt dabei sein, aber ich stieß auf eiserne Ablehnung und darin waren sich beide plötzlich wieder einig. Das ginge nicht, bei einem solchen Unternehmen könne man nicht mit einem Kind aufkreuzen, argumentierten sie. Wenn es ums Traktorfahren ging, war ich plötzlich groß, aber wenn es darum ging, einen abgestürzten amerikanischen Bomber anzusehen, wurde ich wieder zum Kind, das man nicht mitnehmen wollte. Ich fand das eine Riesensauerei, ich wollte so gerne mitfahren!

Sie kamen am späten Nachmittag ziemlich niedergeschlagen aus Füssen zurück. Da einer der Polizisten, die den Absperrungsring bewachten, meinen Vater kannte, durften sie etwas näher an die wenig beschädigte Maschine heran. Was die Amerikaner da an riesigen Bombern in großen Serien herstellen konnten, sei dem weit überlegen, was die deutsche Flugzeugindustrie zu leisten vermöge. Der Krieg gegen Amerika wäre genau so ein Wahnsinn wie der Krieg gegen Russland, hörte ich meinen Vater sagen.

Je näher die Alliierten gerückt waren, desto mehr wurden wir zur Zufluchtsstätte von Verwandten und Bekannten, die aus dem Osten geflüchtet oder ausgebombt waren. So war auch mein Vetter Wolf bei uns angekommen. Eine Luftmine hatte ihren Wohnblock in Schutt verwandelt. Geblieben war ihm nur, was sie kofferweise schon vorher zu uns geschickt hatten. Wolf war ein paar Monate jünger als ich, aber etwas größer. Ein schlaksiger Junge, der mir eigentlich gefiel, wenn er bloß nicht diesen total merkwürdigen sächsischen Dialekt gesprochen hätte. Aber ich war sehr froh, dass nun einer da war, mit dem ich über diese vielen merkwürdigen Dinge reden konnte, die im Haus passierten.

Solange mein Vater noch – geplagt von Endzeitstimmungen und kaum ansprechbar – durch das Haus streifte und immer wieder ein neues Feuer aus zu vernichtenden Papieren im Kamin entfachte, führte unser Opa ein Schattendasein. In Filzpantoffeln und unsicher auf den Beinen tappte er durch das Haus oder keuchte langsam die Treppe hinauf. Er war immer mit irgendwelchen Dingen beschäftigt, die er für wichtig hielt, oder er war auf der Suche nach Sachen, die er reparieren konnte.

„Na, was pütscherst denn du schon wieder?" fragte mein Vater nervös, wenn sie sich zufällig im Haus begegneten. Aber Opa reagierte nicht, er spielte den Schwerhörigen.

Anfang April 1945 wurde mein Vater noch zum Volkssturm eingezogen. Nun wurde die Stimmung im Haus etwas ruhiger und mir schien es, als wäre jetzt Opas Zeit gekommen, denn so war er zum Herrn im Haus geworden. Er begann eine rastlose Aktivität zu entfalten, bei der aber sein Herz nicht immer mitspielte. Dann klagte er über Schmerzen und weigerte sich aufzustehen.

Opa war ein großer, schwerer Mann von Anfang siebzig, mit weißem Schnurrbart und einem massigen Glatzkopf. Im Grunde war er lieb, hatte aber im Laufe seines Lebens gelernt, dies unter einer Schablone von würdiger Strenge zu verbergen. Damit – und durch seine Schwerhörigkeit – schottete er sich von uns ab. Er war schon Ende des letzten Jahrhunderts in die Kaiserliche Kriegsmarine eingetreten, hatte den chinesischen Boxeraufstand und die Kolonialkriege in Afrika zu Beginn des Jahrhunderts mitgemacht. Er wusste viel von Krieg und Niederlagen. Es war ihm in der Kriegsmarine gelungen, sich innerhalb des Mannschaftsdienstgrades bis zum Maat hochzuarbeiten. Aber für die Offiziere auf den Kriegsschiffen gehörte er immer noch zur Mannschaft. Sein ganzes Berufsleben lang hatte er darunter gelitten und seinen Sohn bewundert, wie der es geschafft hatte, sich aus den einfachen Verhältnissen des Elternhauses über alle gesellschaftlichen Schranken hinweg zu setzen.

Opa hatte sich in unserer Waschküche eine Art Werkbank mit einem Schraubstock eingerichtet. Als ich einmal neugierig nachschauen wollte, an was er gerade arbeitete, hatte er die blecherne Hakenkreuzstandarte, die am rechten vorderen Kotflügel des BMW montiert war, in seinen Schraubstock eingespannt. Akribisch schliff er mit Sandpapier daran herum. Von dem roten Lack und dem schwarzen Hakenkreuz war schon fast nichts mehr zu sehen.

„Was machst du denn da Opa?", fragte ich neugierig.

„Ich mache das Zeichen weg, Junge, das braucht ihr nicht mehr!"

Außerdem arbeitete Opa an weißen Fahnen, indem er Bettlaken mit vielen kleinen Nägeln an Dachlatten befestigte, so dass man sie schnell heraushängen könnte, wenn der richtige Zeitpunkt gekommen war.

Einen Tag später sahen Wolf und ich ihn mit Andrej und Nikolai an einem großen Stapel von Balken. Die waren vom Bau eines neuen Pferdestalls zu Beginn des Krieges übrig geblieben und ziemlich versteckt zwischen den Mist- und Güllebecken und dem Waldrand aufgeschichtet worden. Der Stapel war gut zehn Meter lang, ungefähr vier Meter breit und drei Meter hoch. Kurz darauf beobachteten wir, wie die beiden Russen begannen, einen Teil der Balken mit Hilfe unseres Pferdegespanns zur Kreissäge zu schleifen. Dort wurden sie ziemlich gleichmäßig immer in ein langes und zwei kurze Stücke zerschnitten. Die kurzen Stücke der zersägten Balken schleppten die beiden wieder zurück, während sie die langen zu Brennholz zersägten. Das alles kam uns sehr merkwürdig vor. Beide hatten schon seit einigen Tagen erklärt, dass sie nun nicht mehr für uns arbeiten würden, weil nun „Hitler kaputt und woina kaputt" seien. Dass ‚woina' das russische Wort für Krieg ist, hatte ich schon mitbekommen.

Was hatte ihnen Opa versprochen, dass sie sich nun plötzlich so für ihn abrackerten? Und wozu sollte das alles dienen?

Natürlich versuchten wir, etwas aus ihnen herauszubekommen. Aber mit dem Satz, mit dem sie uns immer wieder antworteten, ließ sich nichts anfangen: „Wir machen viel Brennholz für Opa", erklärten sie und grinsten.

In dem allgemeinen Durcheinander der letzten Tage des Nationalsozialismus und der Auflösung der Wehrmacht um uns herum, fielen die merkwürdigen Aktivitäten der beiden Russen nicht besonders auf, aber uns beschäftigten sie sehr.

So waren wir hellwach, als wir gegen Mitternacht die Haustür quietschen und etwas später unser Dieselross herantuckern hörten. Wir griffen nach unseren Kleidern und flitzten fast lautlos auf die Terrasse, wo wir uns im Schutz des Geländers anziehen konnten und gleichzeitig auch den Platz vor unserem Haus im Blick hatten. Als sich unsere Augen an die Dunkelheit gewöhnt hatten, erkannten wir an der Art der Bewegungen, dass es wieder Opa, Andrej und Nikolai waren, die da unten irgendetwas vorhatten.

Nikolai wendete jetzt dem Traktor, während Opa mit Andrej in der Garage unter der Terrasse verschwand. Andrej trug etwas Längliches in der Hand und einige Ketten über dem Arm. Das war leicht zu erkennen, weil sie leise klirrten. Dann kam ein Geräusch aus der Garage, das auch leicht zu identifizieren war: Andrej pumpte die Reifen des BMW auf.

„Wir sind wirklich Idioten, dass wir nicht gleich kapiert haben, was die da vorhaben: Die wollen den BMW verschwinden lassen! Und dafür bauen sie die restlichen langen und die kurzen Balken so um den Wagen herum auf, dass der Holzstapel genauso aussieht wie vorher", flüsterte Wolf und stieß mich an.

Das Aufpumpen der Reifen zog sich eine ganze Weile hin. Gleichzeitig hörten wir sie schon mit dem Wagenheber hantieren, um die Holzblöcke zu entfernen, auf denen der Wagen ruhte. Zwischen dem Luftpumpen, dem Ächzen des Wagenhebers und russischen Flüchen waren immer wieder die leisen Kommandos von Opa zu hören. Schließlich tauchte ganz lautlos die lange Motorhaube des 328 unter uns auf. Nikolai hantierte am Steuer, Andrej schob. Hinter dem tuckernden Traktor kam der niedrige weiße Wagen zum Stehen. Wir hörten das Gerassel von Ketten. Nikolai schwang sich auf das Dieselross, Andrej verschwand unter dem schwarzen Verdeck des BMW. Im Schritttempo setzte sich das Gespann schließlich in Bewegung. Opa lief hinterher.

Wir kletterten am Gitter des Speisekammerfensters hinunter und folgten dem hellen Schimmer des BMW in sicherem Abstand. Da wir ohnehin das Ziel der Fahrt kannten, schlichen wir uns um den Hof herum zur Betonmauer des Misthaufens. Da waren wir ziemlich nahe an dem Balkenstapel, und in Deckung.

Als wir dort ankamen, stand der Wagen schon an dem für ihn vorgesehenen Platz. Es war deutlich zu erkennen, wie die Balken Stück für Stück ganz genau um ihn herum geschichtet wurden. Ehe der Wagen ganz im Stapel verschwand, gab es unten eine Pause. Dann sah es so aus, als würden sie direkt über den BMW eine Schicht Dachpappe spannen, um ihn vor Wasser zu schützen, das bei starken Regengüssen durch die Balken dringen könnte. Schließlich war der Wagen verschwunden, aber die da unten arbeiteten weiter, bis der Stapel wieder genau so aussah, wie er ursprünglich gewesen war! So was konnte sich nur Opa ausdenken!

Nur wenn man wusste, was vorgegangen war, fiel einem auf, dass der große, frisch geschnittene Holzberg im Schuppen ungefähr der Größe eines Autos entsprach.

Gründlich wie Opa war, hatte er auch dafür gesorgt, dass alle Reifenspuren beseitigt wurden, so dass es nichts mehr gab, was den Verdacht in diese Richtung hätte lenken können.

Natürlich waren am nächsten Morgen auch Andrej und Nikolai verschwunden, die Opa für die einzigen Mitwisser seines Unternehmens hielt.

„Die beiden sind wahrscheinlich den Amerikanern entgegengelaufen", beschied Opa wortkarg neugierigen Fragern.

Was er ihnen für ihr Verschwinden und für die ganze Arbeit ihrer letzten Tage bei uns gegeben hatte, haben wir nie erfahren.

Am Nachmittag machten Wolf und ich uns auf, um einen Planwagen zu erforschen, der auf der Wiese zwischen herumliegenden Gewehren, Gasmaskenbehältern, Stahlhelmen, Papieren und Munition stand. Wir durchstöberten den Wagen grade, da sahen wir durch die hintere Öffnung eine massige Gestalt direkt auf den Wagen zukommen.

Der Mann stapfte in hellem Staubmantel und Schirmmütze englischen Stils zwischen all dem Zeug hindurch. Er schien auf die überall verstreuten Akten mit dem Hakenkreuz zu starren, die der Regen aufgeweicht hatte. Wir drückten uns auf den Bretterboden des Planwagens. Ich wurde starr vor Schreck: Es war Opa, der da zwischen den Pferdewagen über Waffen und Akten stolperte.

„Es ist Opa", Wolf hatte ihn auch erkannt.

Jetzt lief er direkt an unserem Versteck vorbei. Er ähnelte mehr einem Schlafwandler als dem gebrechlichen Greis, den wir kannten. „Hoffentlich tappt er nicht auf den Abzug einer Panzerfaust! Das würde ihn ganz schön munter machen", hatte sich Wolf schon wieder von dem Schreck erholt. Aber mit einer für uns unerklärlichen Behändigkeit trat er weder auf Waffen noch auf Munition. Er verfing sich auch nicht in den Tragriemen der überall herumliegenden Gasmaskenbehälter. Ohne zu stolpern – oder auch nur zu straucheln – war er genauso schnell wieder hinter einem Planwagen verschwunden, wie er auch aufgetaucht war.

Beim Abendessen fehlten Opa und Tante Elisabeth, seine Tochter. Sie kam später mit verquollenen Augen in die Küche, sie hatte geweint.

„Er hat gesagt, dass er nun nicht mehr aufstehen und nichts mehr essen und nichts mehr trinken will", schluchzte sie heraus. „Er will nicht mehr leben!"

Als die Amerikaner dann da waren und das Haus durchwühlt hatten, waren sie auch ganz kurz in Opas Zimmer gewesen. Seitdem ging es Opa noch schlechter. An dem Tag, als wir abends unser Haus geräumt haben mussten, wurde Dr. Schneider noch einmal herbeitelefoniert.

Er kam in seinem, klapprigen und nun auch noch einäugigen Hanomag. Den mühsam erbeuteten Super 6 hatten ihm die Amerikaner tatsächlich sofort wieder weggenommen.

Da könne er nicht mehr viel tun, hatte der Doktor gemeint, aber mit Morphiumspritzen gegen die Schmerzen das Sterben ein bisschen erleichtern, das könne er schon. Morphium hatte Dr. Schneider jetzt genug, weil ein Militärarzt ihm seine Bestände überlassen hatte.

„A bisserl beim Sterben hilfts scho, des Zeigl, und süchtig wern des geht nimma, süchtig wern des geht nur solang ma noch lebt", philosophierte der Doktor.

„Scho wieder an Krieg verloren, des hat er net noch amoi erlebn wolln", hatte Dr. Schneider noch gemeint und sich zu uns an den Tisch gesetzt, um den Totenschein auszufüllen.

Als wir drei Tage später zu Opas Beerdigung ins Dorf kamen, hatte sich der Trauerzug schon versammelt. Ein Messdiener im knöchellangen weißen Überhemd, der an einer Stange hoch über seinem Kopf ein kleines Kruzifix trug, führte ihn an. Dahinter kam ein zweiter, weihrauchkesselschwingend. Den beiden folgte eine Gruppe schwarzvermummter Frauen, ein nicht endendes Ave Maria murmelnd. Hinter ihnen holperte und ächzte der Leichenwagen über die steinige Dorfstraße, ein uraltes, schwarzes Holzgestell mit gedrechselten Säulen, die ein kleines Holzdach trugen. Darunter stand, mit ein paar Tannenzweigen und Schlüsselblumen von der Wiese verziert, Opas Sarg. Auf dem Kutschbock hockte der Ochsenwirt in schwarzem Mantel und Zylinder. In seinem Alkoholikergesicht saß eine rote Hakennase, die mich an Zeichnungen von Galgenvögeln erinnerte.

Hinter dem Leichenwagen folgte der Pfarrer, und danach liefen wir. Hinter mir hörte ich Tante Elisabeth murmeln, was es für ein Unglück sei, dass ausgerechnet mein Vater, Opas Sohn, nicht dabei sein könnte, weil die Amis ihn schon ins Lager gesteckt hatten.

Der Trauerzug war lang, es hatte sich offenbar ein großer Teil der Dorfbewohner angeschlossen. Es war die erste Beerdigung nach dem

Ende des Nationalsozialismus, die sie wieder so feiern konnten, wie sie es früher zu tun pflegten.

Kurz vor der Kirche hatten sich auch noch die Pensionäre der Feuerwehrkapelle dem Trauerzug angeschlossen. Was sie ihren Instrumenten entlockten, hatte eine entfernte Ähnlichkeit mit Chopins Trauermarsch.

Ein Jeep kam angerast. Der Fahrer musste vor dem Trauerzug in die Bremsen steigen. Mir kam es vor, als kaute er im gemessenen Takt des Trauermarsches auf seinem Kaugummi herum, während der Offizier neben ihm nervös mit dem blankgeputzten Schnürstiefel im Ausschnitt des Jeeps wippte, ungehalten über die Verzögerung.

Schließlich waren alle in der Kirche. Die sechs Alten von der Feuerwehrkapelle hatten den Sarg vor dem Altar aufgebaut und ein paar Schlüsselblumen draufgelegt. Es wurde still. Nur die überlauten Begrüßungsformeln von ein paar Schwerhörigen klangen noch durch den Raum.

Der evangelische Pfarrer, der bereit war Opa zu beerdigen, obwohl er irgendwann aus der Kirche ausgetreten war, trat in einer von allen Hoheitszeichen gereinigten Wehrmachtsuniform neben den Sarg. Sein Gesicht war von asketischer Strenge, als er zuerst die Angehörigen in der ersten Reihe lange ansah und dann die ganze Trauergemeinde überblickte. Schließlich begann er ganz leise zu sprechen, wodurch er auch noch das letzte Geflüster zum Verstummen brachte.

Plötzlich zitierte er mit donnernder Stimme den Propheten Jesaja: „Das alles hast du gehört und siehst es und verkündigst es doch nicht. Von nun an lasse ich dich Neues hören und Verborgenes, das du nicht wusstest."

Während ich dem Pfarrer zuhörte, überkam mich das Gefühl, er wisse alles, was wir in letzter Zeit Verbotenes angestellt hatten; natürlich auch, dass Opa den BMW vor den Amerikanern versteckt hatte. Auch Wolf schien es ähnlich zu gehen, denn er flüsterte mir zu: „Ist das denn eine Sünde, wenn man das eigene Auto versteckt, damit sie es einem nicht wegnehmen?"

„Weiß doch der Teufel", entfuhr es mir. Ich bekam einen Schreck über diese neue Sünde.

Endlich war der Pfarrer fertig. Die Trauergemeinde drängte aus dem schwachen Licht der Kirche, das die bemalten Fenster hereinließen, hinaus in einen strahlenden Frühlingstag. In würdevoller Langsamkeit folgte der Trauerzug Opas Sarg über den Friedhof zum Grab.

„Wenn der Fluss ins Meer fließt, hört er nicht auf zu fließen, wie die Seele nicht aufhört zu leben, wenn sie zu unserem Schöpfer zurückkehrt", versuchte der Pfarrer uns Angehörige zu trösten, die wir uns am Grab aufgestellt hatten, um die Beileidsbekundungen entgegenzunehmen. Unten in der Grube verschwand Opas Sarg langsam unter Erde und Blumen, die die Trauergemeinde, einer nach dem anderen, hineinwarf. Ich musste daran denken, wie der tote Opa in dem Sarg da unten lag. Er war immer so freundlich zu mir gewesen und nie hatte er schlechte Laune, ganz anders als meine Eltern. Mir war es unheimlich, denn ich musste daran denken, was jetzt mit Opas Körper da unten in der Erde passieren würde. Wahrscheinlich war es so ähnlich wie mit den toten Tieren im Wald, die dort langsam verwesten.

Als die Trauergemeinde den Friedhof verließ, waren Wolf und ich froh, dass wir noch Stehplätze auf einem der Wehrmachts-Opel-Blitz bekamen, denn so konnten wir ganz schnell verschwinden. Der Fuhrunternehmer war auch zum Trauerschmaus eingeladen. Er war jetzt der wichtigste Mann im Dorf, weil ihn die Amerikaner zum Bürgermeister gemacht hatten. Vor dem Krieg war er von den Nazis wegen ein paar unbedachter Äußerungen ein halbes Jahr im Konzentrationslager Dachau eingesperrt gewesen, was nun als überzeugende Qualifikation für das wichtige Amt galt. Auch die Genehmigung zur Wiedereröffnung seines Geschäftes und einen LKW hatte er sofort bekommen.

Unsere Wohnstube war schnell voller Leute, die sich zum Leichenschmaus an den Tischen drängten. Gesprächsfetzen und Rauch waberten durch den niedrigen Raum. Der gewohnte Geruch der schwachen deutschen Zigaretten unterlag mehr und mehr dem starken Aroma der Chesterfields, die der Fuhrunternehmer einer Gruppe von Austräglern und Invaliden anbot, die sich um ihn versammelt hatten. Die Männer redeten von amerikanischen Soldaten, die mit dem vollen Scheinwerferlicht ihrer Jeeps durch die nächtlichen Wälder rasten und Hirsche und Rehe mit den aufmontierten MGs abschossen; von Viehdieben, die die Kühe auf den Weiden schlachteten, zerlegten und abtransportierten, so dass nur die Hufe, blutdurchtränktes Gras und ein Haufen Gedärm übrig blieb.

Als sie gerade bei den Wildschweinen angelangt waren, die auf den Schlachtfeldern die Leichen der Soldaten ausgruben, trat ein amerikanischer Offizier die Tür mit seinem Schnürstiefel so schwungvoll auf, dass sie gegen die Wand krachte und noch ein paar mal in ihren Brettern ächzte. Der Auftritt des Offiziers vollzog sich jedoch nicht so eindrucksvoll, wie er es sich wohl vorgestellt hatte, denn der Türrahmen war zu niedrig für ihn, so dass er gebeugt eintreten musste, und es dauerte eine Sekunde, bis er sich wieder zu seiner ganzen eindrucksvollen Größe aufgebaut hatte. Gleichzeitig erkannte ich, dass es derselbe war, den wir mit dem Trauerzug aufgehalten hatten.

Die alten Männer erschraken. Einer begann so zu zittern, dass er den halben Inhalt seines Schnapsglases verschüttete. Ein anderer riss vor Schreck den Mund auf und verlor dabei seine gerade ergatterte Chesterfield.

Der Offizier tobte los, als wäre die Trauergesellschaft ein Zug beschränkter Rekruten auf dem Kasernenhof: „Who is responsible for this God damned Nazisabotage?“, donnerte er. Der Amerikaner legte nach der ersten Frage eine Pause ein, bevor er, gefährlich leise, mit der zweiten kam: „Who has hidden the sports car?“ Wolf und ich wussten sofort, was er meinte, die suchten den versteckten BMW.

Das Gesicht des Offiziers war straff und gut genährt, die Haare bürstenartig kurzgeschnitten. Sein Unterkiefer hatte etwas von einer Keule. Seine Augen waren hinter einer dunklen Sonnenbrille mit großen Gläsern in einem schicken goldfarbenen Metallgestell verborgen.

Meine Mutter kam aus der Küche und schlängelte sich durch die erstarrte Trauergemeinde auf den Offizier zu. Sie war bleich wie die gekalkten Wände und schien nach englischen Wörtern zu suchen.

Der Amerikaner wippte auf den Fußspitzen und fingerte mit der Rechten an der hellbraunen Rindsledertasche seines 11-Millimeter-Colts herum, ließ ihn aber stecken, als er meine Mutter bemerkte. Nun fragte er noch einmal: „Who has hidden the sports car?“

„I don’t know, it was still there, when we had to leave the house“, erklärte meine Mutter.

Der Offizier schüttelte langsam den Kopf, so wie ein Lehrer, der belogen wird, das weiß und darüber, dass er es weiß, nicht glücklich ist. „I can’t believe this, the krauts always try to take us for a ride“, murrte er.

„Please, look everywhere if you can find it", war meiner Mutter noch mal ein englischer Satz ‚gelungen'. Sie hatte sich wohl etwas gefasst und wirkte sehr überzeugend, weil sie wahrscheinlich tatsächlich nichts wusste.

Offenbar hatte Opa niemanden in sein Geheimnis eingeweiht, und seine beiden Helfer waren wahrscheinlich schon weit weg.

Die Einzigen aber, die das Geheimnis hätten lüften können, verdächtigte der Amerikaner nicht. „We will look everywhere for the BMW and if we will find it, we burn the house!", drohte er wieder so laut, dass es auch die Trauergäste am anderen Ende der Stube gut hätten verstehen können, wenn sie des Englischen mächtig gewesen wären.

Dann drehte er sich auf dem Absatz um, riss die Tür auf, zog gerade noch rechtzeitig den Kopf ein und warf sie hinter sich so schwungvoll zu, dass der Rahmen ächzte.

„Heilandsakrament, Hund sans scho, deine Amerikaner. Aba, sag amoi, worum is es denn eigentli ganga?", fragte der Alte, dem beim Eintreten des Offiziers vor Schreck die Zigarette aus dem Mund gefallen war, den neuen Bürgermeister. Der Greis hatte jetzt wieder eine neue Zigarette und ließ sich Feuer geben. Das war gar nicht so einfach, denn der Schreck steckte ihm noch in den Knochen und ließ seinen Arm zittern.

„Die wolln den BMW, er ist aber nimmer da, und da meinens, dass d' Leut ihn versteckt ham. Wia er naus is, hot er gsagt, dass er des Haus anzünden will, wenn er den Wagen find."

„Mei, mei, die Amerikaner sind ja genau wie die unsrigen", stöhnte der Alte.

„Aba die Amerikaner sagn sowas bloß, machen tun's des net", versuchte der Bürgermeister den Alten zu beruhigen.

„Hoffentli hast recht und sagst des net bloß, weil's dir den LKW geben ham", meinte der Alte skeptisch.

Wir warteten auf eine Gelegenheit, aus dem Zimmer schlüpfen zu können, ohne dass es auffiel. Wir wollten natürlich nicht von den Amerikanern bemerkt und in die Mangel genommen werden. Aus sicheren Verstecken heraus beobachten, wo sie suchten, das mussten wir jedoch unbedingt.

Auf dem Hofplatz stand ihr Auto. Sonst war nichts zu sehen. Wir verschwanden im Kuhstall. Von dort konnten wir durch einen Türspalt die Tenne beobachten, denn das naheliegendste Versteck für Autos war das Vergraben unter Heu. Wir hatten das in den letzten Tagen bei den Bauern einige Male beobachtet. Und tatsächlich: In der Tenne uns gegenüber standen sie.

Soweit wir es in der dämmrigen Scheune erkennen konnten, hatten sich der Offizier und sein Fahrer jeder einen Rechen geholt, deren lange Stiele sie ins Heu drückten und drehten. Wenn darunter der BMW gewesen wäre, hätten sie das am Widerstand gemerkt.

„Woher wissen die eigentlich so genau, dass wir einen Sportwagen haben", flüsterte ich zu Wolf hinüber.

„Wahrscheinlich lassen sie sich im Landratsamt die Listen zeigen. Da sehen sie doch sofort, bei wem noch Autos sein müssen."

Das war einleuchtend.

Schließlich gaben die beiden auf. Sie warfen die Rechen für uns unverständlich fluchend und schimpfend auf den Bretterboden der Tenne und machten sich daran, alle Schuppen und die Garagen zu untersuchen. Dabei stießen sie natürlich auf unseren Mercedes, der am nächsten Tag abgeholt wurde.

Dann ging die Suche weiter. Besonders lange hielten sie sich im Holzschuppen auf.

Wir waren ihnen in sicherer Deckung immer gefolgt. Dann wurde mir ganz heiß vor Aufregung, denn wir sahen, wie sie anfingen, den Haufen der zersägten Balken so weit abzutragen, dass sie bemerkt hätten, wenn der 328 darunter verborgen gewesen wäre. „Da können sie doch lange suchen!", versuchte mich Wolf zu beruhigen. Nachdem sie auch da aufgegeben hatten, umkreisten sie die Gebäude des Hofes. Als sie zu den gestapelten Balken kamen, war es auch mit Wolfs Ruhe vorbei, bis wir merkten, dass sie daneben nicht einmal stehen blieben. Opa hatte dafür gesorgt, dass die von der Sonne grau verblichenen Balken wieder außen und oben lagen, es sah aus, als wären die Balken seit Jahren unberührt. Sie gingen einfach daran vorbei auf den Wald zu, kamen aber bald wieder zurück, wahrscheinlich, weil sie bemerkt hatten, dass das Gelände wegen der zu dicht stehenden Bäume nicht befahrbar war. Schließlich sprangen sie in ihr Auto. Wir sahen, wie sie quer über die Wiesen zu der großen Scheune hinunterrasten.

Als wir in die verqualmte Stube zu den Trauergästen zurückkamen, wurde es plötzlich still. Alle sahen uns erwartungsvoll an. Wahrscheinlich hatte sich außer uns niemand aus dem Haus getraut, solange die beiden Amerikaner noch überall herumsuchten. Jetzt wollten sie von uns wissen, wie die Sache ausgegangen war.

„Sie haben natürlich nichts gefunden", erklärte ich und versuchte, dabei so überzeugend wie möglich zu wirken.

„Aba, irgendwo muss er doch sein, euer Rennwagen", meinte der Fuhrunternehmer.

„Woher sollen wir wissen, wo er ist, wenn man uns aus dem Haus wirft? Solange wir dort gewohnt haben, war der Wagen jedenfalls noch da!", beendete meine Mutter das Gespräch.

Und alle fingen wieder an, über das Leben und die Toten zu reden.

Als die Währungsreform kam, lag Opas Tod schon mehr als drei Jahre zurück. Meine Eltern hatten sich getrennt, ich lebte in München mit meiner Mutter im Haus der Großmutter.

Das neue Geld, auch wenn man davon zuerst nur 40 DM in der Tasche hatte, veränderte die apathische Stadt über Nacht. Plötzlich entstanden auf den Trümmergrundstücken an den Straßen im Zentrum der Stadt hastig hochgemauerte, ebenerdige Verkaufsräume, in denen es wieder alles zu kaufen gab.

Uns faszinierte aber etwas anderes noch mehr: Über Nacht waren die schönen Vorkriegswagen, die den Krieg irgendwie überlebt hatten, wieder aus den Verstecken geholt worden, sie standen auf von Trümmern geräumten Plätzen. Ein Mercedes 230 stand da neben einem zweisitzigen Ford-Eifel-Cabriolet und einem Fiat-Topolino, dahinter waren ein Adler-2-Liter, ein Hansa 1100 und eine Opel-Olympia-Cabrio-Limousine aufgestellt, sie warteten auf neue Besitzer.

Aber das Interesse an Vorkriegswagen war nicht besonders groß, denn das Benzin war noch rationiert und kostete auf Marken 40 Pfennig. Allerdings war es nach der Währungsreform kein Problem mehr, Sprit „schwarz" aufzutreiben. Der kostete eine Mark pro Liter und kam aus den Tanks der Wagen amerikanischer Soldaten: Die Soldaten fuhren mit ihren an den Armeetankstellen vollgepumpten Autos zu den deutschen Tankstellen und ließen sich dort den Sprit wieder abzapfen.

Solche Schwarzmarktpreise konnten nur wenige bezahlen: gutverdienende Geschäftsleute, Handwerker, Rechtsanwälte und Ärzte. Die aber kauften keine Vorkriegswagen, sondern griffen lieber gleich nach einem neuen Wagen wie dem Opel-Olympia oder Kapitän, dem

Ford-Taunus, dem Mercedes 170 oder dem Volkswagen, die sie auf Kredit bekamen.

Ich musste in diesen Tagen immer wieder an unseren im Balkenstapel versteckten BMW denken und hatte auch Bernd schon davon erzählt. Als wir dann den gleichen Typ in der Wochenschau über die Leinwand rasen sahen, kam ich von dem Gedanken nicht mehr los, den Renner jetzt endlich aus seinem Versteck zu holen und wieder zum Laufen zu bringen.

Dass in derselben Wochenschau die Transportflugzeuge der Engländer und Amerikaner in einer endlosen Kette das blockierte Berlin anflogen, beunruhigte uns zwar, aber wir hofften, die Sache würde sich nach einiger Zeit schon irgendwie auflösen. Es konnte doch nicht schon wieder einen Krieg geben!

Bernd, mein Klassenkamerad und neuer Freund, war von der Vorstellung, den BMW auszugraben, genau so fasziniert wie ich. Natürlich war uns klar, wir mussten erst noch meinen Vater überzeugen, dass der BMW tatsächlich in dem unberührt aussehenden Balkenstapel steckte.

Ich hatte schon im Herbst 1945, als die Amerikaner unser Haus wieder freigegeben hatten und mein Vater aus dem amerikanischen Lager zurückgekehrt war, versucht, ihm über Opas letzte Aktion zu berichten. Er hat mir überhaupt nicht geglaubt, dass Opa sich kurz vor seinem Tod noch daran gemacht hat, den BMW zu verstecken. Er hatte mich nur angesehen, als gehöre ich nun auch zu denen, die Erfindung und Wahrheit nicht mehr auseinander halten können, ein Vorwurf, den gute Freunde ihm gelegentlich machten, und dann höhnte er: „Ich glaube, du erzählst absoluten Quatsch, mein Sohn." Als Wolf mir beispringen wollte, bekam er auch noch eins drüber: „– Und dass du, Wolf, dich an so einem Blödsinn beteiligst, macht es auch nicht besser."

Aber das war nun bald drei Jahre her. Inzwischen waren meine Eltern getrennt, wir hatten zuerst in Hohenschwangau gelebt und waren dann nach München umgezogen, es war viel geschehen in den Jahren, und ich hatte den BMW manchmal vergessen.

Nun, im Sommer 1948 hatte mein Vater mir erlaubt, für die großen Ferien nicht nur Wolf, sondern auch Bernd einzuladen. Wir würden zu dritt sein, und nachdem ich all die schönen Vorkriegsautos in München gesehen hatte, war ich entschlossen, den BMW aus seinem Versteck zu holen.

Während einer besonders langweiligen Geschichtsstunde, es ging mal wieder um die Kriege der alten Griechen, war ich mit meinen Gedanken zu unserem 328 im Balkenstapel abgetaucht und teilte meinem Vordermann mein Geheimnis mit. Der hatte wahrscheinlich ein paar brauchbare Tipps auf Lager, denn sein Vater betrieb eine BMW-Niederlassung.

„Wir haben noch einen 328 versteckt. Ist aber sehr schwierig, den wieder zum Laufen zu bringen", flüsterte ich.

„Des glaubst doch selba net", kam es mit leichter Kopfdrehung zurück.

„Wenns des net glaubst, is dei Pech", sprang mir Bernd leise bei, der neben mir saß.

„Zuerst müßts schaugn, ob der Motor fest is. Wenn net, werds den Tank sauber machen müssen, weil der Rost, der wo da drin is, glei die Vergaserdüsen verstopft", kam es leise und fachmännisch.

„Ruhe da hinten", schimpfte der Geschichtslehrer, und die Monotonie seines Vortrags bekam einen Riss.

„Hoid dei Papen", flüsterte unser Vordermann gerade so laut, dass es die Umsitzenden verstehen konnten, der Lehrer aber nicht. Ein leises Gekicher ließ ihn wohl vermuten, dass irgendeine Unverschämtheit im Spiel war. Da sich dies aber erfahrungsgemäß doch nicht mehr klären ließ, beschloss er, alles zu ignorieren und zu den Kriegen der alten Griechen zurückzukehren.

Mein Vordermann ließ ihn ein paar Sätze reden, dann bückte er sich noch etwas tiefer und zischelte noch leiser:

„Hoffentlich habt's ihn aufbockt, sonst ham die Reifen Standplatten und ihr könnt's wegschmeißen. Mei Oida hat an 327er kaft, der is neun Jahr auf seine Räder in der Garage gstanden. Da hätt' mein Oiden fast der Schlag troffa, wia er die Reifn gsehn hot."

Ich war mir ziemlich sicher, dass Opa, pingelig wie er war, dafür gesorgt hatte, dass der 328 auch in seinem Versteck wieder aufgebockt wurde. Aber das würden wir ja bald wissen.

Dann kamen die großen Sommerferien. Bernd und ich standen schon auf der offenen Plattform des alten Zuges, als sich die flachen Holzgebäude des Dorfbahnhofs näherten. Die zierliche blonde Frau mit der strengen Frisur erkannte ich schon von Weitem. Es war Alma, die neue Frau meines Vaters. Neben ihr an den Gleisen stand ein junger Mann, der fast zwei Köpfe größer war als sie. ‚Das kann nur Wolf sein', dachte ich. In den gut zwei Jahren, in denen wir uns nicht gesehen hatten, war Wolf so in die Höhe geschossen, dass er schlaksig und zerbrechlich wirkte. Ich kam mir plötzlich klein und dick dagegen vor, obwohl ich nur ein paar Zentimeter kleiner war.

„Schön, dass ihr gekommen seid. Ihr werdet bestimmt Leben ins Haus bringen – und das können wir brauchen", begrüßte uns Alma. Als wir alle in der Kutsche saßen und sich die Haflinger in Bewegung setzten, erfuhren wir, was sie damit gemeint hatte: „Mit den Büchern deines Vaters sieht es nicht mehr so rosig aus. Ihr könnt euch vorstellen, dass er ziemlich deprimiert ist", seufzte sie.

Ich hielt die Situation für günstig, einen ersten vorsichtigen Versuchsballon zu starten: „Wir könnten doch den BMW im Versteck unter den Balken herausholen und saubermachen. Vielleicht findet sich jemand, der ihn kaufen will."

„Stimmt das wirklich, dass der dort versteckt ist? – Das verrückte Ding! Wer soll denn das kaufen?" Sie hatte das also auch nicht geglaubt.

„Ein Rennfahrer vielleicht. In der Wochenschau habe ich schon wieder welche gesehen".

„Ich kann mir nicht vorstellen, dass es Rennfahrer gibt, die jetzt so viel Geld haben, wie dein Vater für das Auto wird haben wollen. Aber ich sehe schon, wohin die Reise gehen soll. Ihr wollt den Wagen rausholen! Meine Unterstützung dabei habt ihr."

Alma hatte recht gehabt, mein Vater wirkte deprimiert. Er saß zusammengesunken in seinem Sessel und jammerte gleich nach der Begrüßung: „Kinder, ich bin jetzt ein armer Bauer, der schauen muss, wie er den Betrieb mit dem bisschen Geld über die Runden bekommt, das er für die Milch kriegt. Aber wovon soll ich die zweitausend D-Mark bezahlen, die mir diese Besserwisser von Pfarrern, Sozialdemokraten und Emigranten in der Spruchkammer aufgebrummt haben? Ruiniert haben sie mich! Wer will denn schon noch die Bücher von einem ‚Mitläufer' lesen?!"

In dieser Stimmung war mit ihm nichts anzufangen. Wir zogen uns zurück und beschlossen, erst mal dadurch für gute Stimmung zu sorgen, dass wir uns bei der Heuernte nützlich machten, denn ein Gewitter drohte.

Die kurze Zeitspanne, bis der Regen der Arbeit ein plötzliches Ende machen würde, bot uns Gelegenheit zu einem furiosen Einstand. Die

Gewitterwolken schoben sich wie dunkle Säcke an der Alpenkette zu einem bedrohlich schwarzen Horizont zusammen. Es wurde immer dunkler und nervöse Bremsen machten auf uns Jagd. Aber trotzdem schafften wir es. Wir hatten gerade das zweite Heufuder unter das Dach des Schobers auf dem Feld geschoben, als es losplatterte. Während unsere Leute unter das schützende Dach krochen, setzte ich mich ans Steuer des alten Dieselross', Wolf und Bernd klammerten sich an den Kotflügeln fest und wir verschwanden hinter einer Wand aus Regen. Das Wasser zischte auf dem Verdampfungskühler und zerstob auf den Schwungrädern zu Kaskaden. Es war wunderbar, wie die Bäche vom Himmel uns Staub und Schweiß abwuschen und die anschwellenden Stiche auf unserer Haut kühlten.

Wir fühlten uns großartig, auch wenn sich unsere Unterhaltung etwas merkwürdig angehört haben muss. Bernd redete bayrisch, Wolf hielt eisern an seinem sächsischen Dialekt fest und ich sprach hochdeutsch, worauf meine Eltern immer sehr großen Wert gelegt hatten.

Als wir vor dem Eingang unseres Wohnhauses vorfuhren, stand mein Vater in der Tür, schüttelte sehr langsam mit dem Kopf und meinte: „So verrückt wie ihr würde ich auch gern noch mal sein!“ Wir hatten alle drei den Eindruck, dass sich seine Laune gebessert hatte und dass sich schon irgendeine Gelegenheit finden werde, mit ihm über den BMW zu sprechen. Es ging schneller, als wir es erwartet hatten.

Nach dem Abendessen begann Vater uns einen Plan zu entwickeln, wie er sein kärgliches Einkommen aus der Milchwirtschaft zu verbessern gedachte. Er wollte mit den aus der Zucht für die Gebirgsjäger übriggebliebenen Haflingern eine Reitschule einrichten. In den nicht mehr benutzten Räumen der beiden weitläufigen Gebäude sollte auch ein Pensionsbetrieb für die Gäste eingerichtet werden. Bei konkurrenzlos billigen Preisen, vor allem für die Vollpension, müssten Gäste besonders aus dem Ruhrgebiet zu gewinnen sein. Er und Alma wollten jetzt in bescheidenem Umfang mal damit anfangen und beobachten, ob die Sache laufe. Wenn ja, könne man ja nach und nach ausbauen.

„Aber ohne Bankkredit für ein paar Umbauten wird es wohl nicht gehen?“, versuchte ich etwas genauer herauszubringen, wie er sich die Sache dachte.

„Mit einem Bankkredit, mein Junge, das solltest du dir merken, legt einem die Bank den Strick um den Hals. Und wenn es nicht läuft, dann ziehen sie zu. Nein, das kommt nicht in Frage. Wir werden am Anfang eben etwas improvisieren."

Er setzte sich in seinen Lehnstuhl zurück und stützte den Kopf auf seine Hand. „Aber es gibt da ein Problem, für das ist mir noch keine Lösung eingefallen. Für so einen Betrieb braucht man ein Auto. Wir müssen die Gäste von der Bahn abholen und unsere Waren vom Hoteleinkauf in Füssen hertransportieren, sonst bleibt nichts hängen."

Er machte eine Pause.

‚Besser kann es ja kaum laufen', dachte ich. Aber ehe ich in Worte fassen konnte, dass die Lösung des Problems doch wohl unter den Balken versteckt war und nur herausgeholt werden müsse, sprach Vater weiter: „Unser Problem ist, dass es den Wagen, den wir bräuchten, noch gar nicht gibt. Aber im nächsten Frühjahr wird es ihn geben."

Das klang sehr geheimnisvoll. Wir drei sahen ihn fragend an. „Mercedes arbeitet an einem neuen Dieselmotor, der im nächsten Frühjahr im 170 V herauskommen soll. Der Wagen wird 38 PS haben, genauso viel wie der mit Benzinmotor, aber nur gut sieben Liter brauchen. Das heißt, der Treibstoff würde mich fast nichts kosten, weil ich das verbilligte Dieselöl verwenden könnte, das ich für die Traktoren geliefert bekomme."

„Und was soll das Auto kosten?"

„Etwas über neuntausend Mark", stöhnte Vater und wurde wieder ganz klein in seinem Sessel.

„Neun- oder zehntausend Mark könntest du doch leicht bezahlen, wenn wir den BMW rausholen und verkaufen würden."

Mein Vater zog die Augenbrauen in furchterregender Weise zusammen und murrte: „Das sind doch bloß Hirngespinste!"

Wolf und Bernd sahen mich ratlos an. Vater hatte es verstanden, so viel Ärgerlichkeit zu verbreiten, dass keiner von uns mehr ein Wort zu sagen wagte. Nur Alma ließ sich nicht einschüchtern: „Aber Edwin, jetzt, wo wir drei kräftige junge Herren hier haben, sollten wir doch diese Gelegenheit nutzen und sie herausfinden lassen, ob es nun ein Hirngespinst ist oder nicht. Und wenn der Wagen tatsächlich da drin ist, könnten wir ihn verkaufen. Das Geld, das wir dafür bekommen werden, brauchen wir dringend!"

Vater sah auf uns wie auf eine Bande von Verschwörern. „Also macht, was ihr wollt, aber lasst mich jetzt in Ruhe und geht schlafen", schimpfte er, aber als wir schon beim Hinausgehen waren, rief er uns noch nach: „Also, wenn der 328 wirklich da drin ist, dann holt ihr ihn raus, schleppt ihn mit dem Traktor in die Garage und macht ihn sauber. Gefahren wird er nicht, verstanden!"

Die Sonne ging gerade auf, als wir uns an die Arbeit machten. ‚Ob er wirklich noch da drin ist?' dachte ich, während wir uns unter gemeinsamem Hau-ruck-Gebrüll daranmachten, die schweren Balken von dem hohen Stapel herunterzuzerren. Als ob Wolf meine Gedanken erraten hätte, meinte er: „Wenn ihn hier jemand rausgeholt hätte, wäre das nicht alles so sauber aufgeschichtet. Das ist ganz eindeutig Arbeit unter Opas Aufsicht."

„Wenn's den Wagn gstohln hätten, hättens gschaut, dass's wegkommen", stimmte uns auch Bernd zu.

Sehr langsam wurde der Stapel niedriger. Wir näherten uns der Schicht, bei der wir auf die Dachpappe stoßen mussten, mit der Opa den Wagen nach oben hin hatte abdecken lassen. Und tatsächlich, zwischen den Ritzen der Balken schimmerte es schwarz. Wir arbeiteten jetzt immer schneller und fühlten, wie uns der Schweiß übers Gesicht lief. Wir fluchten über das Gewicht der Balken, rissen die Dachpappe von den Leisten – und wirklich: Wie in einem großen Rahmen stand der Wagen da. Er sah so aus, als wären die letzten drei Jahre spurlos an ihm vorübergegangen. Nicht einmal besonders staubig war er. Es gab auch keinen Anflug von Rost auf dem gut eingefetteten Chrom der Scheinwerfer. Wir setzten uns auf die Balken, ließen die Beine zum Wagen herunterbaumeln und verschnauften erst einmal.

Der schwarze Verdeckstoff fühlte sich rau an und das Leder der Sitze straff und kühl, so wie ich es aus meiner Kindheit in Erinnerung hatte, als ich noch in die dämmrige Garage schlich, um meine Rennen mit dem BMW zu fahren.

„Wo hängen wir die Kette an?", riss mich Wolf aus den Erinnerungen.

„Er hat die Blattfeder oben und die Querlenker unten. Da kommt man auch gut dran, weil die Kotflügel hochgezogen sind", spulte ich nach einer kleinen Pause ab, was ich mir schon vorher überlegt hatte.

Dann machten wir uns an den Endspurt. Die kurzen Balken vor dem Wagen waren schnell weggeräumt, auch die auf der linken Seite rollten wir sie jetzt nur noch an die Kante und ließen sie herunterrumpeln, um endlich die Türe öffnen zu können. Schließlich konnte sich

Wolf auf den Beifahrersitz schlängeln und ich ließ mich auf den Fahrersitz fallen. ‚Merkwürdig, es ist alles so klein', dachte ich, bis mir klar wurde, dass ich in den neun Jahren seit Ausbruch des Krieges so groß geworden war wie mein Vater.

Nun musste das Dieselross her, das war auch kleiner geworden, und jetzt konnte ich es auch ohne Nikolai ankurbeln, und das Steuerrad ging ganz leicht. Sogar die Stahlbänder der Fußbremse packten jetzt ein bisschen zu, als ich den Traktor beim BMW zum Stehen bringen wollte. Wolf warf die Kette um den Gerätebalken des Schleppers und hängte den Haken ein. Als ich dann die Kette am Querlenker des 328 befestigen wollte, sah ich, dass alles sehr viel schwieriger werden würde, als wir uns das in unserer Begeisterung vorgestellt hatten. Opa hatte natürlich dafür gesorgt, dass Andrej und Nikolai den Wagen aufbockten.

Der Wagen musste also von allen Seiten freigelegt werden. Unsere Gesichter hatten etwas von der freudigen Erregung verloren, mit der wir uns an die Arbeit gemacht hatten. Wir arbeiteten jetzt mit grimmiger Entschlossenheit und lauerten mit einer Serie von Flüchen auf den Lippen auf das nächste Hindernis.

Und das kam auch gleich: Beim Ablassen der Wagenheber bemerkten wir, wie die Reifen unter dem Gewicht zusammengedrückt wurden. Was das bedeutete, war uns klar! Wir redeten nun kein Wort mehr, sondern zogen uns bis auf die Unterhosen aus und machten uns mit der alten Pumpe ans Werk. Der Schweiß zog feuchte Bahnen über unsere gebeugten Rücken. Die Luftpumpe wurde so heiß, dass man sich die Finger daran verbrennen konnte. Aber irgendwann waren die Reifen prall.

Ich schwang mich auf den Schlepper, während Wolf sich hinter das Steuer des BMW klemmte. Mit halber Schrittgeschwindigkeit rollte der Wagen hinter mir her. Auf dem Platz vor unserem Wohnhaus lösten wir die Kette und wuschen uns den Staub ab. Dann machten wir uns daran, den Wagen zu untersuchen. Ob der Motor ‚fest' war, ließ sich wahrscheinlich am einfachsten dadurch herausfinden, dass man die Kerzen herausschraubte, um die Kompression wegzunehmen und dann die Kurbelwelle an der Riemenscheibe zu bewegen versuchte.

Die sechs Kerzen ließen sich leicht aus den öligen Gewinden drehen. Ob das Öl, das der kleine Mechaniker zu Beginn des Krieges in die

Brennräume geträufelt hatte, die Kolbenringe gleitfähig gehalten hatte? Wir mussten uns auf die Suche nach einem Schraubenschlüssel machen, der auf die Mutter passte, die die Riemenscheibe auf der Kurbelwelle hielt. Damit würden wir es schaffen, die Riemenscheibe zu drehen.

Schließlich wurden wir in Opas Kellerwerkstatt fündig. Die Schlüssel hingen noch genauso ordentlich an den Nägeln, die er in die Wand geschlagen hatte, um Ordnung in seine Werkzeugsammlung zu bekommen. Kein Franzose und kein Schraubenzieher war damals vor ihm sicher gewesen. Es sah so aus, als hätte sich seitdem niemand mehr hier zu schaffen gemacht.

Wir rannten mit dem Schlüssel zurück zum Wagen – und tatsächlich, die Kurbelwelle ließ sich bewegen, hin und her, bis ich mit dem Schlüssel irgendwo anstieß.

„Mensch, er ist tatsächlich nicht festgerostet!“, brüllte ich.

Wir öffneten den Kühler, der war leer, wie es sein sollte, dann den Tank. Aus der großen Öffnung roch es überhaupt nicht nach Benzin, sondern nach Dieselöl. Mir fiel ein, dass irgendjemand zu Beginn des Krieges meinem Vater den Rat gegeben hatte, den 100-Liter-Tank mit Dieselöl zu füllen, dann könne er nicht rosten. Das Öl war natürlich längst wieder herausgepumpt worden, aber man roch es noch.

Wir rannten zu meinem Vater. Ich brüllte: „Er steht vorm Haus, und der Motor ist auch nicht fest!“

Mein Vater sah uns einen Augenblick verständnislos an. Dann hatte er offenbar begriffen, was wir meinten. Er folgte uns. Als wir den Wagen schon wieder erreicht hatten, merkten wir erst, dass er im Türrahmen stehen geblieben war. Er stand da und kniff die Augen zusammen. Blendete ihn nur das Licht oder berührte ihn das Wiedersehen mit seinem alten Sportwagen so sehr?

Die Lederriemen quer über der langen Motorhaube glänzten matt und die Chromringe der Instrumente blitzten in der Sonne. Die neun Jahre Kriegs- und Nachkriegszeit schienen an dem Wagen spurlos vorübergegangen zu sein, während sich sein Leben vollkommen verändert hatte.

Mein Vater kam mir plötzlich klein vor, wie er sich aus dem Schatten des Hauses löste und seinen Wagen umkreiste, als könne er es immer noch nicht fassen, dass dieser wirklich vor ihm stand. ‚Ob er sich wohl ans Steuer setzt?‘ dachte ich. Aber er tat es nicht. Er blieb an der Standarte stehen, die Opa wieder an der Stange am linken Kotflügel montiert hatte. Das Hakenkreuz hatte er abgeschliffen, die Standarte glänzte matt in roter Rostschutzfarbe. Mein Vater fasste sie an, schüttelte den Kopf und murmelte: „Zuerst montiert ihr mal dieses Ding ab." Dann trat er wieder in den Schatten des Hauses zurück, drehte sich noch einmal um und meinte: „Ich glaube, du hast recht, mein Junge. Wenn ich noch etwas warte, ist er eine Menge Geld wert."

Wir versuchten während der Sommerferien noch einige Male, meinen Vater breitzuschlagen. Nur allzu gerne wären wir mit dem Traktor ins Dorf gefahren, hätten uns in der Autowerkstatt eine Batterie geliehen, Benzin besorgt und dann versucht, den BMW in Gang zu bringen. Aber mein Vater blieb hart. So einfach, wie wir uns das vorstellten, sei das alles nicht. Ein Wagen, der fast zehn Jahre gestanden sei, könne nur von einem Fachmann wieder in Gang gesetzt werden.

Es dauerte noch gut ein Jahr, bis es soweit war.

Es war eine aufregende Zeit. Die Berliner Blockade hatte nach knapp einem Jahr genauso plötzlich geendet wie sie begann. Die Entstehung der Bundesrepublik stand unmittelbar bevor. Unsere Klasse durfte immer wieder in die Aula, um den Radioübertragungen aus dem Parlamentarischen Rat zuzuhören. Dort war gerade das Grundgesetz verabschiedet und Bonn zur vorläufigen Hauptstadt der Bundesrepublik bestimmt worden.

Als wir gerade nach einer Sendung über die Konstituierung des ersten Bundestages in unser Klassenzimmer zurückgingen, drängte sich mein Vordermann im Gang neben mich und fragte: „Sag amoi, ihr habt's doch an 328 versteckt. Habt's den no?"

Ich nickte.

„Filmleit sind bei meim Oidn gwesn, die suchen oan. Da könnts kassieren, bloß fürs Ausleihen!"

Ich gab ihm die Telefonnummer meines Vaters. Es dauerte ein paar Tage, dann meldete sich mein Vater sehr aufgeräumt am Telefon: „Also, mein Junge, das mit den Filmleuten, die du uns da aufgetrieben hast, das scheint zu klappen. Da du doch bestimmt dabei sein willst, wenn unser BMW wieder das Laufen lernt, lässt du morgen mal die Schule Schule sein. Ich schreibe dir eine Entschuldigung."

Ich war so elektrisiert, dass ich gar nicht mehr richtig mitbekam, was vermutlich der eigentliche Grund für die plötzliche väterliche Großzügigkeit war: „Der Requisiteur hat sich reichlich dusselig angestellt, als ich versucht habe, ihm den Weg zu beschreiben. Also, morgen früh um halb acht steht er mit einem Mechaniker vor eurer Tür und holt dich ab.“

Die beiden Filmleute, die am nächsten Morgen ziemlich pünktlich mit einem großen Ford-Kombi vor unserer Tür standen, waren ein merkwürdiges Gespann: Ein kleiner, blasser Glatzkopf im blauen Anton saß hinter dem Steuer und zog nervös an seiner Zigarette. Der Mann neben ihm war von der Eleganz eines erfolgreichen Schwarzhändlers in bunt-kariertem Jackett, grauer Hose und Schirmmütze, hatte aber mehr das manierierte Gehabe eines Künstlers.

Vermutlich war das der Requisiteur, der aus der Wegbeschreibung meines Vaters nicht schlau geworden war. Er rückte etwas nach innen, um mir Platz zu machen. Die Tür fiel mit einem schweren Schlag ins Schloss. Der große Wagen beschleunigte mit einer Leichtigkeit, als hätte er kaum Gewicht. Im Raum hinter den Vordersitzen rumpelten ein paar Kanister, als der Fahrer schwungvoll in die erste Kurve ging. Das Radio des Wagens war ziemlich leise gestellt. Es liefen Suchmeldungen, dann Nachrichten und ein Vorbericht zur Wahl des ersten deutschen Bundeskanzlers, die der neu gewählte Bundestag heute vornehmen werde. Für dieses Amt kandidierte der Präsident des Parlamentarischen Rates, Konrad Adenauer. Die beiden schien das alles aber nicht besonders zu interessieren.

„Dein Vater sagt, der Motor ließe sich drehen. Sag mal, woher weiß er denn das?“, wandte sich der Mechaniker an mich.

„Weil ich mit einem Schraubenschlüssel die Riemenscheibe bewegen konnte.“

Der Glatzkopf sah mich kurz an. Mir kam es vor, als würde er mich erst jetzt wahrnehmen.

„Na, dann steht der Erweckung Dornröschens ja nichts mehr im Weg, und der Herr Regisseur ist zufrieden. Der meint nämlich, ein Starreporter kann nur mit einem 328 BMW den Sensationen nachrasen. Wir suchen schon wochenlang nach so einem Wagen.“

„Bisher haben wir das Ding noch nicht gesehen“, versuchte der Mechaniker den Optimismus zu dämpfen.

„Ach was, wenn er erst mal läuft, macht Kleinschmitts Bombermix die alten Kisten fix.“ Der Requisiteur lachte über seinen Vers. Ich war mir nicht sicher, ob er ihn gerade gereimt hatte oder ob er schon länger zu seinem Repertoire gehörte.

„Was ist denn der Bombermix?“, wollte ich wissen.

„Ein Ölzusatz. Den krieg ich von einem Kriegskameraden, der bei der Air Force arbeitet. Die Amerikaner haben das Zeug entwickelt. Damit konnten die Motoren der Bomber auch weiterlaufen, wenn sie einen Treffer abgekriegt hatten und das Öl auslief. Wenn man einen Motor erst mal wieder zum Laufen gebracht hat und es ist neues Öl mit dem Zusatz drin, kann kaum noch etwas passieren. Das Zeug bildet eine Gleitfläche auf den Zylindern und in den Lagern, die viel glatter ist als Öl.“

„Ja, ja. Er versteht wirklich sein Handwerk, unser Märchenprinz. So gut, dass ihm keine grauen Haare wachsen würden, wenn er noch welche hätte“, feixte der Requisiteur, und das brachte ihn auf eine neue Idee: „Erzähl doch mal, wie du deine Haare losgeworden bist.“

„Ich weiß gar nicht, was dir an dieser ollen Kamelle so gut gefällt“, brummte der Glatzkopf, ließ sich dann aber doch dazu herab, sie zu erzählen: „Also, ich fahre in Italien mit meinem Holzvergaser, einem Ford BB, Nachschub nach Norden. Die Amerikaner immer hinter mir her. Dann wird das Ding immer lahmer und lahmer. Ich wusste genau, woran das liegt: Es muss neues Holz in den Generator! Ich halte also und springe auf die Ladefläche, damit ich an den Deckel komme – da höre ich schon ihre Motoren hinter der Kurve aufheulen. Ich reiß den Deckel auf, da schießt eine Stichflamme aus dem Ding. Natürlich zucke ich zurück und seh, wie der LKW der Amerikaner neben mir hält. Der war voller Soldaten. Die haben gelacht, als hätten sie den ganzen Krieg noch nie so was Komisches gesehen.“

„Als der Rauch sich dann verzog,
sah man Kleinschmitt, der gottlob
lebend auf dem Rücken liegt,
doch er hat was abgekriegt!

Er hat nämlich noch in den letzten Stunden des Krieges die Pracht seines vollen Hauptes für Führer, Volk und Vaterland geopfert“, deklamierte der Requisiteur.

„Also, ehrlich gesagt, war sie schon vorher nicht mehr so besonders prachtvoll. Ich hab natürlich gewusst, dass ich, sofort wenn ich den Deckel aufmache, ein brennendes Streichholz in den Generator werfen muss, damit das Gas verpufft, ehe es sich mit der Luft vermischen kann, weil es sonst so eine gewaltige Stichflamme gibt. Aber wegen der Amerikaner hab ich das total vergessen."

„Nun stellte sich heraus, dass die Haare nicht mehr wachsen wollten. Und so kam unser Starmechaniker zu seinem klassischen cäsarenhaften Aussehen", höhnte der Requisiteur.

Kleinschmitt würdigte ihn keiner Antwort, aber es schien mir, als kämen die Alleebäume immer schneller auf uns zugeflitzt. Auch das tiefe Brummen des großen V-8-Motors ließ darauf schließen, dass wir ziemlich schnell fuhren. Wahrscheinlich ging dem Mechaniker das Gerede des Requisiteurs auf die Nerven und er wollte ihn zum Schweigen bringen, indem er ihm ein bisschen Angst einjagte.

So erreichten wir bald die Gegend, die ich gut kannte, die sechs Kilometer meines früheren Schulweges.

In ein paar Minuten sausten wir durch die Landschaft, die ich fast nur aus der Fußgängerperspektive kannte. Der große Ahorn flitzte vorbei, in dessen Schatten ich mich an heißen Tagen ausgeruht hatte, dann der aus einem Baumstamm geschnittene Brunnen ungefähr auf der Hälfte des Weges, wo ich ‚Kühlwasser tankte', wie Wolf und ich es ausgedrückt hatten. Und schon tauchte hinter einer Kurve der ‚Moserberg' auf, der seinen Namen von dem Bauernhof oben links an der Straße hatte. Er war mit knapp zwanzig Prozent Steigung und der geschotterten, löcherigen Fahrbahn der Schrecken der Fahrer von schwach motorisierten Autos. Hier musste auch der Glatzkopf zu seiner Lenkradschaltung greifen. Danach wurde der Motor zwar etwas lauter, aber der Wagen kaum langsamer. Steine polterten gegen die Karosserie. Als ich mich umdrehte, war nur hochgewirbelter Staub zu sehen, über dem die Sonne stand.

„Wie viel PS hat der Wagen?", wollte ich wissen.

„Ungefähr hundert. Die Amerikaner haben ihn ausgemustert und uns zur Verfügung gestellt. Die wollten was tun für den neuen deutschen Film."

Als wir vor dem Haus ausstiegen, kam mein Vater heraus. Wahrscheinlich hatte er das Zuschlagen der schweren Türen gehört. Er begrüßte die beiden Filmleute und sagte zu mir, während er sie zur Garage führte: „Alma ist mit der Kutsche zum Einkaufen gefahren. Du weißt ja, wie lange das immer dauert. Wir haben nämlich die ersten Gäste."

Er öffnete die Garage und behielt dabei die Filmleute im Blick. Sie blieben an der Schwelle stehen, als blende sie das Weiß des Wagens.

„Der ist ja wirklich wie neu", staunte der Requisiteur.

„Sie werden es schwer haben, einen besseren zu finden. Es wurden nämlich nur knapp fünfhundert davon gebaut", stellte mein Vater fest.

„Na, hoffentlich bring ich ihn wieder zum Laufen", meinte der Mechaniker und machte sich nach einem kurzen Blick auf das Armaturenbrett daran, die Schnallen der Riemen zu öffnen, die sich über die Motorhaube spannten.

Mein Vater und der Requisiteur verschwanden ins Haus, um die geschäftlichen Einzelheiten zu besprechen.

„Sie könnten sich doch eigentlich auch nützlich machen und schon mal Kühlwasser und einen Rostlöser eingießen", fand der Mechaniker, während er die Kerzen herausschraubte und ein schwarzes Zeug aus einer englisch beschrifteten Blechdose in die Brennräume tröpfelte. Wahrscheinlich war das der ‚Bombermix'.

Kleinschmitt arbeitete schnell und genau. Während ich immer noch Wasser in den Kühler kippte, hatte er schon die Luftfilter abgenommen und die Schwimmergehäuse der drei auf dem Zylinderkopf stehenden Vergaser aufgeschraubt und mit Benzin gefüllt.

„Sie könnten schon mal die drei Kanister, die hinten im Wagen liegen, reinkippen. Das wird ja wohl fürs Erste reichen. Was meinen Sie, wie wir den da draußen abhängen", er deutete auf den Requisiteur, der war gerade aus dem Haus gekommen und hatte es sich im Schatten bequem gemacht.

Ich suchte mir im Wagen einen Trichter und ließ den Inhalt der Kanister langsam in den Tank gluckern. Als ich fertig war, hatte Kleinschmitt bereits den Verteiler zerlegt und wieder zusammengesetzt. Mir schien, als arbeite er unter Strom.

„Ich glaube, wir versuchen es jetzt mal", murmelte er, als er zu seinem Wagen lief und mit einer Batterie zurückkam.

„Es kann natürlich sein, dass wir die leerorgeln, bis die Benzinleitung richtig gefüllt ist, aber ich habe noch zwei dabei", erklärte er, während er die Anschlüsse festschraubte. Dann setzte er sich auf den

Fahrersitz, zog die Starterklappe, trat die Kupplung und drückte auf den Anlasserknopf in der Mitte des Armaturenbretts. Der Anlasser begann zu drehen, erst ziemlich langsam, dann etwas schneller. Ein paar Zündungen patschten, weißer Qualm stieg aus dem Auspuff. Der Mechaniker legte eine Pause zur Erholung der Batterie ein. Als er es von neuem versuchte, ging es schon etwas besser. Die Zündungen wurden regelmäßiger, aber sie starben immer wieder.

„Die Schwimmergehäuse sind noch nicht richtig voll. Sag mal, habt ihr da mal was anderes im Tank gehabt?“, wollte der Glatzkopf nebenbei wissen, während ihm keines der Geräusche entging, die der Sechszylinder von sich gab.

„Dieselöl, damit er nicht rostet“, antwortete ich.

„Kein Wunder, das muss erst mal raus“, nickte er und ließ wieder den Anlasser drehen.

Als der immer asthmatischer wurde und ich schon dachte, ‚jetzt muss doch noch die zweite Batterie dran‘, fing sich der Motor. Kraftvoll und gleichmäßig reagierte er plötzlich auf die kleinen Stöße des Gaspedals und hustete sich frei.

„Wir lassen ihn jetzt warmlaufen, dann kommt das Öl raus und ein Spezialöl rein, das die Verharzungen löst. Damit fahren wir zu einer Werkstatt, dann kriegt er wieder normales Öl, und der Wagen wird abgeschmiert. Wenn wir das erledigt haben, kann's richtig losgehen, dann soll der da draußen sehen, wo er bleibt!“

Ich fürchtete schon, dass es jetzt wieder an das Aufpumpen der Reifen gehen würde, aber das besorgte ein kleiner elektrischer Kompressor. Und nun ging alles sehr schnell. Der Mechaniker stellte den Motor wieder ab, kroch mit einer Blechwanne unter den Wagen, um das Öl abzulassen, und füllte das Spezialöl ein.

„Aufpassen“, flüsterte der Glatzkopf mir zu und wandte hämisch den Kopf zum Requisiteur, der offenbar auf seinem schattigen Platz eingenickt war. Schon als wir das Werkzeug und die Kanister im Kombi verstaut hatten, war er ganz still mit nach vorne geneigtem Kopf auf dem Mäuerchen gesessen.

„Er hat mal wieder mit dem Regisseur und ein paar Schauspielern die Nacht durchgemacht“, erklärte der Mechaniker, während der Wagen ganz langsam aus der Garage rollte und mit dem Auspuff neben dem Schlafenden zum Stehen kam.

Ich ahnte, was er jetzt vorhatte – und tatsächlich, er trat kräftig aufs Gas und zog die Auspuffsirene. Das schrille Pfeifen erschreckte selbst mich, obwohl ich darauf vorbereitet war, denn es erinnerte an die Sirenen der Junkers 87 Stukas, die ich aus den Wochenschauen der ersten Kriegsjahre kannte. Der Requisiteur musste wirklich geschlafen haben, denn er sprang auf und warf sich neben dem Mäuerchen in Deckung. Die Sirene hatte auch meinen Vater aufgeschreckt, er kam aus dem Haus.

Der Mechaniker kletterte gelenkig aus dem tiefen Ledersitz, baute sich in seiner ganzen Kleinheit vor meinem Vater auf und erklärte:

„Wir sind leider sehr in Eile. Der Regisseur wartet auf den Wagen."

„Beim Film ist es wie in der Landwirtschaft. Man muss das schöne Wetter nutzen. Man weiß nie, wie lange es hält", hatte sich jetzt auch der Requisiteur wieder gefangen und verabschiedete sich vornehm mit einer angedeuteten Verbeugung.

Mein Vater erschien mir klein wie er da, ergraut und etwas zusammengesunken, neben seinem kraftvoll brummenden Sportwagen stand. „Na dann viel Spaß mit dem Wagen", sagte er und bemühte sich um einen festen Ton.

„In einer Woche haben Sie ihn wieder, und ich verspreche Ihnen, er wird viel besser laufen als vorher", meinte der Glatzkopf beim Einsteigen.

„Mach's gut, mein Junge", verabschiedete sich mein Vater von mir und trat zurück.

Behutsam ließ der Mechaniker den BMW anrollen, als könne er doch noch nicht so recht glauben, dass wirklich alles daran noch funktionierte. Er umfuhr gemächlich die Schlaglöcher und behielt dabei die zwei großen und die drei kleinen Instrumente ständig im Blick. Die Landstraße war noch genauso staubig und voller Schlaglöcher wie bei den letzten Fahrten mit meinem Vater im August 1939. Ein Pferdefuhrwerk tauchte auf. Ich sah, wie der Bauer sich heftig bemühte, Wagen und Pferde an den äußersten Straßenrand zu zerren. Vielleicht war er einer von denen, die vor dem Krieg die Bekanntschaft mit der schrillen Auspuffsirene gemacht hatten. Aber der Mechaniker schaltete nur mit einem leichten Stoß Zwischengas auf den ersten Gang und rollte im Schritttempo an dem Gespann vorbei. Hinter unserer Staubfahne folgte uns der Requisiteur mit dem Kombi.

In der Kreisstadt lotste ich den Mechaniker zu der BMW-Vertretung, die den Wagen vor dem Krieg gewartet hatte. Das weiß-blaue Propellersymbol an der Einfahrt war verbleicht. Im Hof sah ich keinen einzigen BMW; aber das schien niemanden zu stören. Zielstrebig steuerte Herr Kleinschmidt den 328 vorbei an alten DKWs und einem Opel-Olympia, der noch den Tarnanstrich der Wehrmacht trug, in die Werkstatthalle. Er fuhr genau bis in die Mitte, stieg aus und verlangte den Chef. Da kamen die Köpfe der Mechaniker in ihren geflickten Arbeitsanzügen aus den Motorhauben der alten Kisten hoch, und Beine ruderten die Rollbretter unter den verbeulten Wagen heraus. Nach ein paar Sekunden standen alle um unser Auto herum, das wie neu glitzerte und glänzte.

An dem alten Mann mit vollem weißen Haar, der auf uns zusteuerte, kam mir manches bekannt vor, anderes war mir vollkommen fremd. Als er dann mit ganz sicheren Bewegungen die Motorhaube öffnete, den Anlasser drückte und die Maschine durch Anheben des Vergasergestänges etwas hochdrehen ließ, erkannte ich ihn wieder. Es war der Werkstattinhaber, der es sich vor dem Krieg nie hatte nehmen lassen, uns die drei Vergaser und die Zündung selbst einzustellen. Damals war er etwa sechzig Jahre alt gewesen, also musste er nun ungefähr siebzig sein. Ich hatte ihn in den zehn Jahren der autolosen Zeit nicht gesehen.

Da sich neben dem alten Meister noch zwei Monteure an dem Wagen zu schaffen machten, ging alles sehr schnell. Schließlich wurde etwa eine Tasse dicker, schwarzer Brühe, wahrscheinlich der ‚Bombermix', in den Motor gefüllt. Dann kletterte der Chef ans Steuer und fuhr den Wagen von der Grube. Der Mechaniker konnte gerade noch hineinspringen, schon schoss der Wagen durch die Ausfahrt und röhrte rasant davon – so war der Meister immer gefahren.

Als sie nach ein paar Minuten zurückkamen und die Rechnung bezahlt war, fuhren wir sofort los. Der Requisiteur schaffte es kaum noch, uns zu folgen. Lag ein gerades Stück Straße vor uns, trat der Mechaniker aufs Gas, worauf die drei Vergaser mit einem gierig schlürfenden Geräusch antworteten, das von einem tiefen Röhren aus dem Auspuff untermalt wurde. Wenn ich mich umschaute, sah ich den Ford quietschend durch die Kurven schaukeln.

„Erst bringen wir ihn mal richtig zum Schwitzen, dann hängen wir ihn ab", brüllte Herr Kleinschmidt gegen das Tosen des Fahrtwindes, während er den Ford wieder ein bisschen näher kommen ließ. Wir fuhren durch einen Laubwald. Die hellgrauen Stämme der Buchen flitzten vorbei, ein paar blendende Sonnenstrahlen hatten sich zwischen den Stämmen verirrt, und der Geruch von vermodertem Laub wehte mir in die Nase.

Der Abstand zu dem Ford war schon wieder größer geworden, als wir freies Feld erreichten und eine lange gerade Steigung auf uns zukam. Kleinschmidt schaltete auf den dritten Gang herunter und trat aufs Gas. Der Drehzahlmesser hatte dreitausend Touren angezeigt und eilte nun zügig auf die viertausend zu, während der vorn schlürfende und hinten röhrende Wagen uns etwas tiefer in die Sitze drückte. Der Zeiger hatte die viertausend Touren überschritten, als der Glatzkopf lachte und mit dem Daumen nach hinten deutete. Der Ford fiel immer weiter zurück. Er konnte uns nicht mehr einholen.

Als Herr Kleinschmidt mich vor dem Haus meiner Großmutter absetzte, verriet er mir die Straße, wo morgen Nachmittag mit unserem BMW gedreht werden sollte. Ich rief sofort Bernd und ein paar andere Klassenkameraden an, um mit jemandem über mein Abenteuer sprechen zu können. Auch beim Abendessen war ich noch nicht so recht gegenwärtig. So nahm ich nur am Rande war, wie begeistert meine Großmutter davon erzählte, dass der neue Bundestag nun den Adenauer zum ersten neuen deutschen Kanzler gewählt habe. Nun werde alles gut, denn das sei ein Mann, dem man vertrauen könne. Ich erinnerte mich gut, dass sie noch während des Krieges ähnlich von Hitler gesprochen hatte.

Am nächsten Tag machte ich mich mit Bernd und einem anderen Klassenkameraden sofort nach der letzten Schulstunde zum Drehort auf. Das Mittagessen ließen wir sausen, um ja nicht noch mehr zu versäumen.

Die Filmleute konnte man nicht übersehen. Die Villenstraße in Bogenhausen war für den spärlichen Durchgangsverkehr mit einem rot-weiß gestreiften Gestell abgesperrt worden, dahinter erkannten wir den Kameramann auf einem hohen Gestell. Er schien das Zentrum dieser merkwürdigen Truppe zu sein, die in einem Halbkreis vor einer Garagenausfahrt um ihn stand. Als wir näher kamen, erkannten wir, dass es da direkt unter der Kamera noch einen wichtigen Mann gab, der seinen Anweisungen gelegentlich dadurch Nachdruck verschaffte, dass er sie in ein Megaphon brüllte. Wir suchten vorsichtig nach einer Stelle, wo wir die Szene beobachten konnten, ohne dass wir jemanden störten, denn es herrschte schon eine angespannte Ruhe.

„Und passen Sie bei dem Schwenk auf, dass Sie nicht wieder diese ausgebrannte Ruine da auf dem Nachbargrundstück mit ins Bild bekommen." Der Regisseur sprach ohne Megaphon nach oben zu dem Kameramann. Der nickte. „Also versuchen wir es noch mal", kam die Stimme des Regisseurs durchs Megaphon. Dann hielt ein junger Mann eine Tafel vor die Kamera. „Abfahrt Redaktion, das vierte Mal", sagte er und schlug die Klappe, die unten an der Tafel angebracht war.

Hinter der geschlossenen Garagentür sprang unser BMW an und drehte etwas hoch. Die Flügeltüren der Garage öffneten sich, ohne dass jemand zu sehen gewesen wäre. Das Auto, mit einem bekannten Star aus der Nazizeit am Steuer, rollte in die strahlende Helle der Mittagssonne. Ein paar Männer mit großen, reflektierenden Blechen turnten außerhalb der Szene herum und bemühten sich, noch mehr Licht auf den spiegelblank polierten Wagen zu bekommen.

Der Star stoppte den Wagen und fuhr rückwärts. Es sah so aus, als drücke er mit dem Heck des Wagens die beiden Flügel der Garagentür wieder zu. Dann preschte er, zwei Kiesfontänen hinter sich herziehend, durch die Einfahrt und bog – ohne nach rechts oder links zu sehen – auf die Straße ein.

„Die Abfahrt war in Ordnung, aber das Öffnen und Schließen der Garage hat noch keinen Schwung. Wir probieren es noch mal", hörte ich den Regisseur durchs Megaphon.

„Jetzt haben meine Garagentüren den ganzen Krieg überstanden. Fehlt bloß noch, dass sie sie mir nun kaputtmachen", schimpfte ein älterer Mann, der in der Nähe des Regisseurs stand, aber in seinem feinen Vorkriegsanzug gar nicht zu den Filmleuten passte.

„Wenn etwas kaputtgeht, bezahlen wir es, das wissen Sie doch", beruhigte ihn der Regisseur.

In grellfarbenen Hemden, mit Sonnenbrillen oder Mützen, die farbige Schirme über die Augen spannten, lief das Team durcheinander, um alles für die Wiederholung der Szene fertig zu machen.

Eine schlanke, junge Frau, die sich mit einem Block in der Nähe des Regisseurs aufhielt, interessierte uns bald mehr als die ganze Filmerei. Sie sah in ihrer dreiviertellangen blauen Cordhose und dem gelben

Turnhemd wie eine Amerikanerin aus. Sie bewegte sich unter den Männern mit einer lässigen Selbstverständlichkeit, die uns faszinierte. Wir ertappten uns, wie wir alle drei nur noch sie beobachteten. „Das ist ein Scriptgirl", erklärte Bernd sachverständig.

Wir hatten keine Ahnung gehabt, dass es solche Frauen gab. Die Frauen, die wir kannten, waren abgeschafft und verhärmt vom Einsatz in der Rüstungsindustrie und der Jagd nach Lebensmitteln; traurig und deprimiert, weil der Mann, der Sohn oder der Bruder gefallen war; oder schnippisch wie die jungen Schaffnerinnen oder die ‚Blitzmädchen' genannten Nachrichtenhelferinnen der Wehrmacht in ihren mäßig schicken Uniformen. Aber solche Frauen wie das Scriptgirl, die hatten wir noch nie gesehen!

Wir versuchten, ihr möglichst unauffällig etwas näher zu kommen, ohne dass es dazu eines Wortes der Verständigung unter uns bedurft hätte. Das gelang auch ganz gut, denn die Filmleute waren damit beschäftigt, den BMW wieder in die Garage zu fahren und die Wiederholung der Szene vorzubereiten.

Ich erkannte, dass sie ihre Lippen kräftig geschminkt hatte und glitzernde Ohrringe trug. Auch die nackten Beine, die in Schuhen mit hohen Korkabsätzen endeten, hatte ich genau im Blick.

„Ob sie unter dem T-Shirt wohl einen BH trägt?", dachte Bernd laut.

„Glaub' ich nicht", wollte ich auch etwas beitragen. Als sie auf den besorgten Hausbesitzer zuging und uns für einen Moment noch näher kam, konnte ich sogar feststellen, dass sie grüne Augen hatte und dass das Band, mit dem sie ihre langen, rotbraunen Locken hinderte, ihr ins Gesicht zu fallen, genau auf die Farbe ihrer Augen abgestimmt war.

„Und Sie behalten bitte Ihre Sorgen über Ihre Garagentüren für sich, bis wir den Take im Kasten haben, sonst ist der Ton unbrauchbar und wir müssen alles noch einmal drehen", erklärte sie mit seltsam tiefer Stimme freundlich bestimmt.

„Ja, natürlich!", stammelte der Besitzer. Er schien plötzlich irritiert darüber, dass diese junge Frau ihn plötzlich ansprach. Wahrscheinlich hatte er dieses Wesen aus einer anderen Welt genauso bestaunt wie wir.

Ich konnte sie jetzt wieder ungestört beobachten, denn sie sah, wie alle Filmleute, wieder gespannt auf die Garagentür.

Die Klappe knallte in die Stille. Unser BMW heulte auf, und aus den Augenwinkeln sah ich, wie die Flügel der Garagentür aufsprangen, der BMW herausgeschossen kam, seine Räder im Kies knirschten, er zurücksetzte, mit dem Heck die Türen zuzuknallen schien, die in Wirklichkeit von Seilen zugezogen wurden.

„Sehr gut, alles abbauen", hörte ich die Stimme des Regisseurs durch das Megaphon. Schlagartig liefen die Filmleute durcheinander, um irgendwelche Gerätschaften abzubauen. Auch das Scriptgirl verschwand mit ihrem Block in einem am Straßenrand geparkten alten Autobus, in dem die Filmleute ihr Büro eingerichtet hatten.

Am nächsten Morgen fand ich im Lokalteil der Süddeutschen Zeitung ein Foto von unserem BMW mit dem Star am Steuer. Dem Bericht daneben war zu entnehmen, wo heute weitergedreht werden würde und auch einiges über die Handlung des Films.

Es ging um einen nicht mehr ganz jungen Starreporter einer Boulevardzeitung. Weil der ständig mit unserem BMW hinter sensationellen Ereignissen herrasen musste, verpasste er immer wieder die sich bietenden, günstigen Chancen, der Tochter seines obersten Chefs seine Liebe zu offenbaren.

Ich kannte solche Geschichten und Figuren aus den amerikanischen Unterhaltungsfilmen, und die hatte sich der Regisseur wohl zum Vorbild genommen. Da spielte es keine Rolle, dass es ‚Starreporter' weder in der Nazizeit gegeben hatte, als die Presse gleichgeschaltet war, noch in den ersten Nachkriegsjahren, als die Alliierten die Zeitungen kontrollierten.

Am nächsten Tag wurde an der Isar gedreht. Als wir ankamen, war alles schon in vollem Gang: Der Starreporter überholt eine Straßenbahn, entdeckt dabei die Tochter des Verlegers auf der letzten Plattform. Er tritt voll auf die Bremse, als er auf dem Bürgersteig einen Blumenkiosk sieht, den natürlich die Filmleute aufgebaut hatten. Er springt aus dem Wagen, kauft einen großen Strauß Rosen, rast damit zum BMW zurück und jagt der Straßenbahn hinterher. Mit der Linken hält er den Strauß, während er mit der Rechten steuern und schalten muss. Als er wieder auf gleicher Höhe mit dem letzten Wagen der Straßenbahn ist, bietet er seiner Angebeteten mit großer Geste den Strauß an. Sie beugt sich aus der Plattform und nimmt ihn entgegen. Dann tritt der Reporter aufs Gas, der BMW schießt davon – der nächsten Sensation entgegen.

Glücklicherweise war die Szene schwierig zu drehen. Wegen des Straußes hatte der Schauspieler nur noch die rechte Hand frei, mit der er aber schalten und den Wagen auf dem unebenen Kopfsteinpflaster steuern musste. So hatten wir viel Zeit, nach dem Scriptgirl Ausschau zu halten. Schließlich entdeckten wir sie. Aber es wollte uns einfach nicht wieder gelingen, ihr so nahe zu kommen, wie uns das am Tag zuvor möglich war. So konnten wir nur feststellen, dass sie heute ein rosa T-Shirt anstatt des gelben trug.

Bei der vierten Wiederholung der Szene hatte dann offenbar alles geklappt, denn der Schauspieler stoppte und stieg aus. Obwohl es ziemlich weit entfernt war, erkannte ich, dass es Herr Kleinschmidt war, der sich dann ans Steuer setzte und den Wagen wegfuhr, während sich das Filmteam ans Einpacken machte. Es war das letzte Mal, dass ich den Wagen gesehen habe.

Durch die Zeitungsberichte über die Filmarbeiten und das Foto des BMW waren Interessenten auf den 328 aufmerksam geworden, die sich bei meinem Vater meldeten. Schließlich war es ihm gelungen, mehr D-Mark für den Sportwagen herauszuschlagen, als er ihn einst Reichsmark gekostet hatte.

Als ich in den Herbstferien aus dem Zug kletterte, strebten auch noch zwei junge Frauen auf meinen Vater zu, die offenbar ‚Reiterferien' bei uns verbringen wollten. Die Gäste kamen.

Mein Vater – im neuen Trachtenanzug, wie ihn die Hoteliers der Gegend zu tragen pflegten – führte uns zu einem Mercedes 170 in unscheinbarem Mausgrau. Man sah zwar, dass der Wagen neu war, äußerlich aber unterschied er sich nicht von dem Modell der Vorkriegszeit. Nur auf der Kappe des Reserverades am Heck konnte man erkennen, dass unter der Motorhaube etwas sensationell Neues steckte. Da stand in ziemlich großen Buchstaben, der Rundung der Kappe angepasst: DIESEL.

Ich habe mich manchmal gefragt, ob es das war, was Opa sich vorgestellt hatte, als er sich dranmachte, den BMW über die chaotischen Zeiten zu retten.

Am Kriegsende ein kurzer Traum vom eigenen Auto

Fiat Topolino

Ein Sonnenstrahl, der scharf und hell durch eine Ritze im Fensterladen gedrungen war, hatte mich aufgeweckt. Ich schlug die Decke zurück, ging zur Balkontür und machte sie leise so weit auf, dass ich auch den Laden davor genug aufstoßen konnte, um auf die Terrasse hinauszukommen.

Die Sonne kam gerade über die schneebedeckten Alpen und blendete mich so, dass ich für einen Moment die Augen schloss. Ein leises Donnern wie von einem entfernten Gewitter war zu hören, aber es klang gleichmäßiger. Ich suchte den Horizont nach Gewitterwolken ab, der Himmel war überall von leuchtend hellem Blau mit blass-weißen Wolkenstreifen, keine Gewitterwolken!

Jetzt hörte man also den Krieg!

Als ich in unser Zimmer zurückging, wachte mein Vetter Wolf gerade auf. „Was machst du denn hier schon rum?", stöhnte er in seinem sächsischen Tonfall, der mir immer noch fremd war. Dabei war Wolf mit seiner Mutter schon eine ganze Woche bei uns.

„Komm mal mit raus!", sagte ich. Und Wolf rollte sich tatsächlich ächzend aus dem Bett und folgte mir auf den Balkon.

„Hörst du was?" Es war, als würde er mit einem Schlag wach. „Die Front?" Ich nickte.

„Das ist auch der Grund, warum sie deinen Vater zum Volkssturm eingezogen haben", meinte er nachdenklich, als wir zurück in unser Zimmer gingen.

In der letzten Nacht hat uns der Lärm der Bombermotoren aufgeschreckt und auf die Terrasse getrieben, aber es war zu dunkel, um etwas zu sehen. Wir hörten nur das gleichmäßig tiefe Brummen der

Bomberflotte. Als wir später noch einmal auf die Terrasse gingen, sahen wir, dass der Himmel in Richtung München gelb-orange leuchtete vom Feuerschein der brennenden Stadt. Wie gut, dass die weit weg war!

Wir zogen uns schnell an und gingen zu den Erwachsenen runter.

Die saßen beim Frühstück und berieten aufgeregt, was sie noch in Sicherheit bringen wollten. Durch die geschlossenen Fenster hörten wir das Donnern der Front nicht mehr so laut, aber immer wieder wurden alle von Explosionen aufgeschreckt, die ziemlich nah sein mussten. Waren die Amerikaner schon so nah? Tante Elisabeth fürchtete sich sehr vor denen. Meine Mutter meinte: „Sei doch froh, wenn die Amerikaner und nicht die Russen oder die Franzosen kommen." Außerdem wären das wahrscheinlich deutsche Soldaten, die ihre Autos zerstörten und Munition hochgehen ließen, weil man ihnen befohlen hat, dass den Amerikanern nichts in die Hände fallen darf.

Da könnten wir doch noch was hochgehen lassen, schoss es mir durch den Kopf und plötzlich war ich nicht mehr mit meiner Angst beschäftigt. Ich fing an zu planen und weihte nach dem Frühstück Wolf ein: „Wenn es schon überall kracht, dann könnten wir doch endlich mal eine von unseren Handgranaten hochgehen lassen, ohne dass es auffällt." Wolf kniff die Augen zusammen: „Wie sollen wir das denn machen? Wenn die zu früh losgeht oder wir die nicht weit genug werfen!"

Dann erklärte ich Wolf, was ich schon lange vorhatte, mich aber bisher nicht getraut hatte. In der Wiese vor dem Blumengarten stand ein Baumstumpf, der hätte schon längst entfernt werden müssen, weil er beim Mähen störte. Aber im Krieg hatte niemand mehr Zeit dafür gehabt. Den könnte man mit einer Handgranate wegsprengen, und ich hatte mir ausgedacht, die mit einem Telefonkabel aus sicherer Entfernung abzuziehen. Wolf fand die Idee toll und suchte mit mir nach einem sicheren Versteck, von dem aus wir die „Bombe" hochgehen lassen konnten. Wir fanden oben auf der Terrasse einen guten Platz, da wären wir weit genug weg und niemand würde uns verdächtigen, den Knall auf der Wiese verursacht zu haben.

Wir machten uns gleich an die Arbeit und schafften, fasziniert von dem, was wir da vorhatten, wie unter Strom. An die Front dachten wir nicht mehr.

Niemand kümmerte sich um uns, es hatte niemand Zeit, uns zu stören. Die Erde war weich, das Loch war schon ziemlich tief, Wolf ging schon mal, um die Handgranate und den Telefondraht zu holen, und ich grub alleine weiter.

Er kam mit einem Sack zurück und packte zwei Handgranaten und eine Menge Telefonkabel aus. „Warum zwei", wollte ich wissen. „Na, damit der Baumstumpf auch sicher so zerfetzt wird, dass wir die Reste leicht einsammeln können. Mehrere Handgranaten zusammen explodieren lassen, das nennt man eine geballte Ladung!", dozierte Wolf, er hatte es in einem Wehrmachtshandbuch gelesen. Ich fand das prima, da hatte er einen Grund gefunden, es noch lauter krachen zu lassen!

Jetzt ging es an die gefährliche Arbeit, ich hatte Angst, Wolf sicher auch, aber wir sagten keinen Ton davon. Wolf machte mit ernstem Gesicht die eine Handgranate ganz vorsichtig scharf, wie er es im Wehrmachtshandbuch gelesen hatte, ich verknotete genauso angespannt das Telefonkabel mit dem Abzug und legte die zweite Handgranate daneben. Geschafft! Wir schaufelten das Loch ganz vorsichtig zu. Nun mussten wir das Telefonkabel bis zur Terrasse legen und an das aus dem Loch guckende Ende vorsichtig anknoten.

Als alles fertig war, legten wir uns hinter dem Geländer der Terrasse auf die kalten Betonplatten, hier waren wir vor Splittern geschützt. Mit einem Auge hatten wir durch den Spalt zwischen den Brettern des Geländers den Baumstumpf genau im Blick. Gleich würde es losgehen, mir war ganz heiß.

Ich zog am Telefonkabel, bis es nicht mehr weiter ging, und Wolf zählte „einundzwanzig, zweiundzwanzig, dreiundzwanzig", dann krachte es. Der Baumstumpf flog mit einer Fontäne von Erde und Graswurzeln in die Luft, mindestens 3 Meter hoch. Die Granaten hatten ihn in viele kleine Holzbrocken zerfetzt, die weit über die Wiese verstreut wurden und sogar bis über die Gartenmauer flogen. Aber der Boden hatte doch nicht gebebt!

„Liegenbleiben, es kann noch mehr kommen", brüllte eine fremde Männerstimme von der Auffahrt her. „Verdammt, wer ist denn das?", zischte Wolf. Wir beide zogen blitzschnell das Telefonkabel auf die Terrasse, es hätte wie ein roter Faden von uns zum Ort der Explosion geführt und uns verraten. Wir rafften es zusammen, flitzten in unser Zimmer und schoben es unter meine Matratze. Dann rannten wir zurück und robbten uns an das Geländer auf der anderen Seite heran um zu sehen, wer da gebrüllt hatte.

Vor dem Haus stand ein Auto, aber das sah man erst, wenn man genauer hinschaute. Sonst hätte man auch denken können, jemand habe einen großen Haufen Tannenzweige dort abgeladen. Nur ein bisschen Windschutzscheibe war zum Durchgucken freigelassen worden, und auch an den Türgriffen konnte man erkennen, dass da ein Auto stand. Der Fahrer hatte wohl Angst vor amerikanischen Tieffliegern.

Neben dem Zweighaufen auf Rädern stand ein Mann in der braunen Uniform der Partei, aber die war auf der Bauchseite ganz nass. Er musste sich hingeworfen haben, als unsere geballte Ladung hochging, und dabei war er wohl in eine der großen Pfützen geplatscht, in denen noch das Wasser des letzten Aprilregens stand. Seine braune Schirmmütze lag immer noch in dem trüben Wasser. Neben ihm stand seine Frau im Dirndlkleid. Sie kam mir vor wie eine Katze, die man ins Wasser geworfen hat. Zwar hatte sie sich retten können, aber nun haderte sie mit der Welt, die ihr so etwas antat. Sie versuchte nervös, das vom Dreckwasser durchtränkte Kleid zu säubern. Besonders gelitten hatte die weiße Dekoration ihres Busens, die kunstvolle Stärke der weißen Spitzen war aufgeweicht, und darunter zeichnete sich der fleischfarbene Büstenhalter mit ihrem Busen ab, rund und dick, wie er war.

Während sich der Mann bückte, um seine Mütze aus der Pfütze zu fischen, flüsterte die Frau: „Es wird dem Führer nichts passiert sein!"

„Vielleicht war es eine amerikanische Patrouille mit einem Granatwerfer, die feststellen wollte, ob zurückgeschossen wird", überlegte der Mann und fingerte an seiner, von der Nässe etwas deformierten Mütze herum.

Uns wurde langsam mulmig: ‚Was passiert, wenn der merkt, was los war?'

Wir krochen vorsichtig vom Geländer weg aus der Sicht der beiden, die da vor dem Haus standen. Im oberen Flur wären wir fast mit meiner Mutter zusammengestoßen, die auch auf die Treppe zustürzte.

„Da muss irgendwo eine Granate explodiert sein", rief Wolf recht überzeugend.

„Ein Auto ist vorgefahren und die Leute wollen irgendetwas von dir", half ich der Verwirrung nach.

Unten an der Treppe stand Tante Elisabeth, die mit Opa vor den Bombenangriffen auf Frankfurt zu uns geflüchtet war, und rief: „Was ist denn bloß los, ich habe gar kein Flugzeug gehört."

Durch das dicke Milchglas der Haustüre mit den schwarzen Gitterstäben davor, war der braune Schatten des Mannes zu sehen. Meine Mutter riss die in ihren Scharnieren quietschende Haustür auf.

„Kreisleiter Wahnschaffe auf dem Weg zur Alpenfestung, Heil Hitler!“, begrüßte der Uniformierte meine Mutter mit hochgestrecktem Arm. Da es keine weiteren Einschläge gab, hatte er sich so weit beruhigt, dass er trotz seiner durchweichten und verdreckten Uniform wieder zu der Haltung zurückgefunden hatte, die zu einem Kreisleiter gehörte.

„Meine Frau“, stellte er sie vor und drehte sich etwas zu ihr um.

Seine Frau stand ganz dicht hinter ihm, so als hoffe sie, sich in ihrem durchweichten Dirndlkleid ein wenig hinter ihrem Mann verstecken zu können.

„Es wird doch dem Führer nichts passiert sein!“, flüsterte sie wieder und es klang wie ein Stoßgebet. Und ich dachte: ‚Denkt die wirklich so? Denken die immer noch, der Hitler wäre einer, der sie retten könnte?!‘

Frau Wahnschaffe war schlank und fast einen Kopf kleiner als ihr Mann. Mit ihrer bäuerlichen Tracht, den blond gebleichten Haaren, die sie zu einem Knoten zusammengesteckt hatte, war sie bemüht, so auszusehen, wie man sich die Frau eines Kreisleiters vorstellte. Jetzt hatten die Pfützen die Fassade aufgeweicht und das verstörte Gesicht wirkte hilflos.

Herr Wahnschaffe, ein Mann von Anfang vierzig, war wohl früher einmal so schlank gewesen, dass ihm die braune Uniform gepasst hatte. Jetzt aber umspannte der Ledergürtel der Uniformhose seinen Leib und drückte den Bauch nach oben. Aber gegen die Schwerkraft war auch der Gürtel machtlos, und so wölbte sich das Fett nach vorne und hing über dem Lederriemen.

‚Für solche Dickbäuche ist das Hemd wirklich keine sehr vorteilhafte Kleidung‘, dachte ich.

Wahnschaffes Gesicht mit den hellen blauen Augen und dem braunen sich lichtenden Haar war wohl früher einmal straff, brutal und stur gewesen. Jetzt hatte sich auch darüber eine Fettschicht gelegt, die alles verwischte.

„Würden Sie meiner Frau das Badezimmer zeigen, damit sie sich umziehen kann. Ich werde erst einmal feststellen, woher der Beschuss gekommen ist.“

Mit einem kleinen Koffer in der Hand folgte Frau Wahnschaffe meiner Mutter auf der Treppe nach oben.

Der Kreisleiter stapfte breitbeinig mit seinen blank polierten, nun aber vom Pfützenwasser auch etwas besudelten Reitstiefeln über die Steinplatten des Gartenweges am Haus entlang. Wir blieben hinter ihm. Er drehte sich zu uns um und meinte: „Ihr müsst den Einschlag doch auch gehört haben."

„Natürlich, aber wir waren in unserem Zimmer, da hört man nicht so genau, aus welcher Richtung es kracht", versuchte Wolf uns herauszuhalten.

Vielleicht machten wir uns am wenigsten verdächtig, wenn wir vage die Richtung des Einschlages angeben würden, so wie er ihn auch gehört hatte. Bei unserer ‚geballten Ladung' konnte er wahrscheinlich nicht mehr feststellen, was da explodiert war, dachte ich.

„Mir kam es so vor, als wäre da auf der Wiese vor unserem Blumengarten was eingeschlagen", sagte ich und deutete in die Richtung.

„Genau richtig, mein Junge."

Der Kreisleiter ging nun schnell am Haus entlang und auf den Blumengarten zu. Mit einem Satz, den ich ihm mit seiner dicklichen Figur gar nicht zugetraut hätte, sprang er auf die Umgrenzungsmauer und stolzierte auf ihr entlang. Nach ein paar Schritten rief er: „Da haben wir ja den Einschlag."

Hoffentlich schaut er sich den Krater nicht aus der Nähe an, dachte ich, denn dann könnte er vielleicht doch etwas Verdächtiges finden. Aber Kreisleiter Wahnschaffe hatte wohl keine Lust, seine Stiefel noch mehr zu beschmutzen, oder es war die Angst vor den unten im Wald vermuteten Amerikanern, die ihn trieb, die Aufklärung zu beenden.

„Eine ziemlich leichte Granate, vermutlich von einem tragbaren Werfer abgefeuert. Merkwürdig, dass da so viele Holzsplitter herumliegen. Wo die Granate eingeschlagen ist, muss Holz gelegen haben. Da unten im Wald liegt wahrscheinlich ein amerikanischer Spähtrupp. Sie wollen erkunden, ob hier im Haus noch deutsche Soldaten sind", erklärte er uns.

„Man weiß nie, wo sie sind, sie haben kleine allradangetriebene Wagen, die sie sogar mit dem Fallschirm abwerfen können", sagte er noch, als er so schnell zu seinem Auto zurücklief, dass wir ihm kaum folgen konnten. Während er die Autotür öffnete und einen kleinen

Koffer herausnahm, sagte er leise und wie zu sich selbst: „Wir mit unserer überlegenen Kampfkraft und die Amerikaner mit ihrem überlegenen Material gegen die russischen Bolschewisten, das wäre das Richtige gewesen und das hat der Führer eigentlich auch immer gewollt."

Mit seinem Koffer verschwand der Kreisleiter im dämmrigen Flur. Ich untersuchte, welches Auto sich unter der Tarnung der Tannenzweige verbarg. Es war ein sechszylindriger Wanderer, das letzte Modell, das vor dem Krieg herausgekommen war.

Als Kreisleiter Wahnschaffe wieder aus der Haustür trat, begriffen wir, was der Grund seines Besuches gewesen war. Er hatte sich umgezogen. In grauem Anzug, mit weißem Hemd, Krawatte und Hut, war er kaum wiederzuerkennen. Auch seine Frau hatte die Tracht abgelegt und trug nun ein blaues Kostüm, das sie zierlicher wirken ließ.

Der Kreisleiter verabschiedete sich, so wie er uns begrüßt hatte, mit ‚Heil Hitler', aber in Zivil wirkte der hochgerissene Arm nicht mehr überzeugend, eher wie der eines Hampelmanns.

„Ich habe dir doch gesagt, wir kommen hier noch weg, aber beeil dich bitte", sagte er gereizt zu seiner Frau, als sie wie in Trance um den Wagen herum ging und murmelte: „Es wird doch dem Führer nichts passiert sein."

Da lief ein Zucken über das Gesicht des Kreisleiters. Er drehte sich zu ihr um und machte eine abwehrende Bewegung mit der Hand, die er gerade noch hochgerissen hatte.

Der Wagen wendete in der Auffahrt und als er abfuhr, bewegten sich die kunstvoll daran befestigten Tannenzweige im Fahrtwind so, als würden sie noch an ihren Bäumen wachsen.

Am Mittagstisch saßen, wie meist in diesen Tagen, auch ein paar Fremde, die bei uns untergeschlüpft waren, aber eigentlich weiter wollten. Ich wollte trotzdem unbedingt von den Worten des Kreisleiters erzählen.

„Weißt du, was der Kreisleiter gesagt hat, ehe er mit seinem Koffer im Haus verschwand?", wandte ich mich an meine Mutter.

„Nein", sie hörte zu essen auf und sah mich an.

Nun hörten alle auf, und es entstand eine erwartungsvolle Stille. Mit so viel Aufmerksamkeit hatte ich eigentlich nicht gerechnet. Bestimmt dachten einige wieder, dass man dem frechen Jungen eins aufs Maul geben müsste, was die Mutter aber nicht tat.

„Er hat gesagt ‚Wir mit unserer überlegenen Kampfkraft und die Amerikaner mit ihrem überlegenen Material gegen die russischen Bolschewisten, das wäre das Richtige gewesen und das hat der Führer eigentlich auch immer gewollt.‘“

Meine Mutter sagte erst mal eine Zeitlang gar nichts und dann kam ein Satz, den ich sehr genau in Erinnerung behalten habe:

„Na, dann kann ich mir gut vorstellen, was wir in den nächsten Jahren von den Nazis zu hören bekommen werden: Eigentlich haben wir den Krieg gegen die Kommunisten in Russland ja für die Amerikaner geführt.“

Den Tag verbrachten wir damit, in unbeobachteten Momenten Autos zu durchstöbern, die die Soldaten liegen gelassen hatten, weil ihnen das Benzin ausgegangen war.

Wir fanden eine Menge interessanter Sachen wie Funk- und Radiogeräte, Feldtelefone, Batterien und Kabeltrommeln. Wie besessen schleppten wir alles von Deckung zu Deckung und schließlich durch den hinteren Scheuneneingang in die Werkstatt über dem Pferdestall. Wir merkten nicht, wie die Zeit verging.

Als wir uns endlich daranmachen wollten, die Sachen auszuprobieren, ging im Stall das Licht an. Im selben Moment begriff ich, dass wir wahrscheinlich schon lange von Hanna gesucht wurden, um uns zum Widder zu schicken! Die Kühe im Stall brüllten, man hörte ihre Ketten rasseln, weil sie unruhig hin und her trampelten. Auch schrilles Wiehern durchschnitt jetzt immer wieder die staubige Luft der Werkstatt. Mein Gott, die hatten kein Wasser, der ‚Widder‘ war wieder stehen geblieben! Die alte Wasserpumpe unten im Wald musste sofort wieder in Gang gebracht werden! Wir hätten schon längst beim Widder sein müssen!

„Wir müssen zum Widder“, knurrte ich und löste die Klemmschraube eines 2-Volt-Akkus wieder, mit dem ich die Röhrenheizung eines Batterievolksempfängers betreiben wollte.

Wolf sah mich an und ich merkte, dass er genauso viel Angst hatte, im Dunkeln durch den Wald zu gehen, wie ich. Aber Wolf wusste auch schon, dass es jetzt, nachdem auch Nikolai weg war, außer mir niemanden mehr gab, der die alte Pumpe in Gang bringen konnte.

„Dann nehmen wir aber die Pistolen mit“, entschied Wolf, während er sich seinen alten Skianorak über den Pullover zog. Die Pistolen gehörten meinem Vater und waren mit der Munition sicher verschlossen gewesen. Aber zufällig waren wir kurz vor seiner Einberufung auf das Versteck des Schlüssels gestoßen. Nun, da uns die Rolle der Männer im Haus zugefallen war – Opa zählte ja nicht mehr –, fanden wir, dass uns auch die Pistolen zustanden. Wir hatten kaum, dass mein Vater weg war, auch schon heimlich damit geübt und trafen nun aus ein paar Metern Abstand eine leere Konservendose oder eine kaputte Glühbirne!

Ich wusste, was ich für die Reparatur der alten Pumpe brauchte: einen Vierzehner-Schlüssel, einen Dorn zum Freimachen der Düse, eine Stalllaterne und für alle Fälle einen „Franzosen". Diese Sachen hatten ihren festen Platz in der Werkstatt. Ich brauchte sie nur noch in einen alten Kinderrucksack zu stecken.

Als wir die offene Treppe zum Hofplatz hinunterschlichen, war niemand zu sehen. Ich fand das gut, denn so wusste niemand genau, dass wir uns jetzt erst auf den Weg gemacht hatten.

Das Wetter war umgeschlagen. Der Himmel hatte sich zugezogen. Es war kalt geworden und auch schon ziemlich dunkel. Von der Straße her hörten wir das Getrappel der Pferde auf dem Schotter, manchmal auch ihr Schnauben und das Knirschen von Eisenreifen der zurückflutenden Wehrmachtsgespanne. Der Geschützdonner am Horizont war unregelmäßig geworden. Es schien keine zusammenhängende Front mehr zu geben.

Neben dem Einfahrtstor stand ein Ford Eifel in der Wiese. Er war abgesperrt und erschien unbeschädigt und hatte einen perfekten Tarnanstrich.

Ich drückte meinen Kopf gegen die Seitenscheibe, aber das Licht reichte nicht mehr, um viel zu erkennen.

„Die lassen die Autos tatsächlich stehen, wenn sie kein Benzin mehr haben?!", staunte ich.

„Was sollen sie denn sonst machen?", brummte Wolf.

„Das wär doch was für uns! Wir könnten doch einfach zwei Haflinger davor spannen und den Wagen in ein Versteck fahren."

„Und wie willst du die Pferde aus dem Stall kriegen und einschirren, ohne dass es jemand merkt?", zerstörte Wolf meine Idee. Ich wusste keine Antwort, aber jetzt mussten wir sowieso erst den Widder wieder in Gang bringen.

Der Wald vor uns erschien wie eine dunkle hohe Mauer. In der Dämmerung war Wind aufgekommen, der die schwarze Wand schwanken und rauschen ließ. Wir suchten den Himmel nach dem Mond oder ein paar Sternen ab, aber wir sahen nur eine gleichmäßig schwarze Wolkendecke, unter der der Wind ein paar hellere Wolkenfetzen dahintrieb. Durch diesen Wald mussten wir hinunter bis zu den Wiesen auf der Ebene, wo der Widder stand.

Was würde passieren, wenn wir jemandem in die Arme liefen, den wir in der Dunkelheit gar nicht richtig erkennen könnten? Deutsche Soldaten vielleicht, die hier in der Nähe zuhause waren und sich bei einer günstigen Gelegenheit von ihrer Einheit abgesetzt hatten, um der Gefangenschaft zu entgehen. Auch die, die den Ford Eifel oben stehen gelassen hatten, konnten noch in der Nähe sein. Unterernährte Fremdarbeiter, die von ihren Arbeitsstellen abgehauen waren. Vielleicht auch amerikanische Piloten, die mit dem Fallschirm abgesprungen waren.

Wolf schienen ähnliche Ängste zu plagen, denn er zog seine 7,65-Pistole aus dem Hosenbund und lud sie durch. Wir gingen langsam auf den Wald zu und wussten, wenn wir da drinnen waren, ließ sich nicht mehr viel erkennen. Nun war es, als hätte sich auch noch der Wind gegen uns verschworen. Ganz deutlich wehte er uns plötzlich das Gebrüll der durstigen Kühe um die Ohren.

Am Waldrand versuchte ich mich an den Bäumen zu orientieren, um den Anfang des Pfades zu finden, der im Lauf der Jahre wegen der immer wieder aussetzenden Pumpe durch das Unterholz gebahnt und getreten worden war. Diese Spur war am Tag deutlich zu erkennen. An den steilsten Stücken hatte sich durch querlaufende Wurzeln, die langsam freigetreten worden waren, sogar etwas Stufenähnliches gebildet, an dem die Füße Halt fanden. Während ich nach dem Pfad suchte, machte sich Wolf daran, die Stalllaterne anzuzünden. Ein warmer Lichtschein drang durch das Gestrüpp und beleuchtete den im Gras auslaufenden Pfad, dann verlosch der Schein wieder.

„So geht es nicht. Mit der Lampe sind wir ein paar hundert Meter weit zu sehen", flüsterte Wolf.

Ich sah ein, dass er Recht hatte. Ich versuchte, mir den Verlauf des Pfades so genau wie möglich vorzustellen und dann mit den Füßen zu ertasten, ob wir noch drauf waren. Immerhin gab es ein paar Anhaltspunkte. Der Pfad war frei von Laub und kleinen Zweigen. Aber vor allem die freigetretenen Baumwurzeln waren ein sicheres Zeichen dafür, dass wir ihn noch nicht verloren hatten. Wolf lief so dicht hinter mir her, dass ich immer mal wieder seine vorne im Hosenbund steckende Pistole an meinem Rücken spürte. Das machte mir ein bisschen Mut.

Als wir den ersten Hang geschafft hatten, blieb ich stehen. Der Wald war hier etwas lichter und von rechts fiel Helligkeit ein. Das war eine der Viehkoppeln, eine ziemlich steile Wiese, die genau unterhalb des Hofes lag. Wir hörten nun für einen Moment auch das Plätschern einer der drei Quellen, die hier neben dem Pfad zum Sammelbecken hinunterliefen. Hier war der Weg ein Stück weit eben und breit ausgetreten.

Vom Sammelbecken führte dann eine Fallleitung ziemlich steil und gerade eine enge Schlucht hinunter zur Pumpe. Dieses Gefälle war entscheidend für das Funktionieren der alten Pumpe, denn der ‚Widder' arbeitete nur mit dem Druck des reichlich vorhandenen Wassers, von dem er nur etwa ein Drittel nach oben transportierte. Am Tag konnte man das deutlich an der unterschiedlichen Stärke der an manchen Stellen freiliegenden Rohre sehen. Vom Sammelbecken bis hinunter zum Widder waren es noch gut dreihundert Meter.

Windstöße drückten die Bäume hin und her, sodass ich plötzlich ein Stück grauen Himmels über mir sah. Das Heulen und Pfeifen des Windes und das Ächzen der Bäume deckten immer wieder alles zu, was wir an verräterischen Geräuschen machen konnten. Einige Male schreckten wir auf, als vor uns etwas Helles zu Boden fiel. Aber wir merkten bald, dass es nur Aluminiumstreifen waren, die die alliierten Bomber tonnenweise abwarfen, um das deutsche Radar funktionsunfähig zu machen.

Als wir ein deutliches, gleichmäßiges Rauschen hörten, wussten wir, dass wir das Sammelbecken erreicht hatten. Da die Pumpe stand, schoss das Wasser aller drei Quellen aus dem Überlauf des Sammelbeckens. Neben dem großen, mit Brettern abgedeckten Becken legten wir wieder eine Pause ein.

„Bist du überhaupt sicher, dass du das alte Scheißding wieder in Gang kriegst, damit nicht alles für die Katz war?", wollte Wolf wissen.

„Meist ist ein Sandkorn in der Düse, dann läuft die Kugel voll Wasser und nichts geht mehr. Was glaubst du, wie oft ich das schon repariert habe!"

„Wenn wir unten sind, stellen wir die Lampe seitlich von dir in den Holzverschlag, und ich mach den Deckel zu. Dann kann niemand den Lichtschein sehen", schlug Wolf leise flüsternd vor.

Mein Traum, der Fiat Topolino, aufgenommen in Polen am Anfang des Krieges.

„Gute Idee“, wisperte ich ihm ins Ohr. Aber erst müssten wir ja noch unten ankommen.

‚Vielleicht geht doch noch alles gut und es ist niemand im Wald, jedenfalls nicht so nah, dass er uns bei Sturm und Dunkelheit wahrnehmen kann‘, versuchte ich mir Mut zu machen.

Wir machten uns an den Abstieg, aber wir kamen nicht weit. Fast gleichzeitig bemerkten wir, dass links neben uns im Unterholz ein großes, hohes Ding schwach silbrig schimmerte. Das konnte nur eine Luftmine sein, vermutlich mit Zeitzünder! Wahrscheinlich ging die Bombe jetzt los, würde uns in Fetzen reißen und auf die umliegenden Bäume verteilen, so wie das bei Volltreffern war. Meine Knie gaben nach und ich rutschte auf dem nassen Boden ein Stück den steilen Pfad hinunter, gelähmt und steif vor Angst!

‚Bloß weg hier‘, dachte es in meinem Kopf. Um weglaufen zu können, musste man etwas sehen, aber ich sah so gut wie nichts – außer diesem riesigen Ding, silbrig wie die Aluminiumstreifen in den Bäumen.

Nun fühlte ich Wolfs Hand auf meiner Schulter. „Es ist keine Luftmine, komm, steh auf", flüsterte er.

Ich hätte ihm nur zu gern geglaubt, brachte es aber nicht fertig. Trotzdem rappelte ich mich langsam hoch, denn Nässe und Kälte hatten angefangen, durch meine Kleider zu dringen.

„Woher willst du denn wissen, dass es kein Blindgänger ist?", fragte ich leise.

„Eine so große Luftmine wiegt mindestens eine halbe Tonne und hätte sich tief in den Boden gebohrt. Aber das hier kann nicht sehr schwer sein, es steckt kaum in der Erde."

„Irgendeine Art von Bombe ist es bestimmt", beharrte ich.

Ich musste an Berichte über explosives Spielzeug denken, das, so war uns in der Schule gesagt worden, die amerikanischen Bomber abwerfen würden. Wenn es dann Kinder fänden und anfassen würden, würde das vermeintliche Spielzeug explodieren und die Kinder töten oder ihnen wenigstens die Hand oder den Arm abreißen. Ich erzählte das Wolf.

„In Dresden haben sie jedenfalls kein Kinderspielzeug abgeworfen, was explodiert", stellte er fest.

Wolf ging mir langsam auf die Nerven mit seiner Sturheit. Statt mir den Pfad hinunter nachzukommen, arbeitete er sich jetzt durch das Unterholz an das silbrige Ding heran. Dann hörte ich ein Geräusch, als ob man mit einem Hammer gegen eine leere Tonne schlägt.

„Komm her und gib mir den Franzosen!" Wolf sagte das plötzlich ziemlich laut, als wären mit der Gefahr des Blindgängers auch alle anderen Gefahren gebannt. Ich zog den Rucksack von meiner Schulter, griff nach dem verstellbaren Schraubenschlüssel und reichte ihn Wolf. Unter leisem Fluchen versuchte er sich an einer Verschlussschraube. „So eine Scheiße, die Amerikaner haben dreikantige Schrauben", schimpfte er. Aber nach einigem Geklapper war es ihm dann offenbar doch gelungen, die Schraube herauszudrehen, denn ich sah, wie er versuchte, mit der Nase ganz nah an die Öffnung heranzukommen.

„Hab ich's mir doch gedacht, Benzin", stellte er fest.

‚Von Bombenangriffen und Bombern versteht er wirklich was', dachte ich.

„Das ist ein Zusatztank von einem amerikanischen Bomber. Wenn die Reichweite knapp wird, haben sie ein paar von den riesigen Kanistern dabei. Wahrscheinlich hatten ein oder zwei Motoren einen Treffer, dann schmeißen sie alles raus, was nicht fest montiert ist, um noch in die Schweiz zu kommen", erklärte Wolf sachverständig.

„Ist da noch was drin?", wollte ich wissen, denn diese Aussicht faszinierte mich so, dass ich nun auch meine Angst vergaß. Wolf klopfte den Tank von oben nach unten ab und schätzte: „Gut dreißig Liter könnten es noch sein."

„Wir holen das morgen früh mit der Dieselpumpe raus. Dann kippen wir ein paar Liter in den Ford Eifel, fahren ihn in den leeren Teil der Scheune neben der Tennendurchfahrt und decken ihn mit Heu zu!" Diese Aussicht ließ mich für einen Moment alle Angst vergessen.

Der Pfad lief jetzt direkt neben dem Bachbett die Schlucht hinunter. Auf beiden Seiten war das Unterholz ziemlich undurchdringlich. Es gab jedoch einige von Stürmen umgerissene Bäume, die wie schwarze Schatten quer über dem tief eingeschnittenen Bachbett und dem Pfad lagen. Zwar konnte man ganz gut darunter durchkriechen, aber wenn uns jemand auflauern wollte, hätte er sich gut verstecken können, um sich von oben auf uns runterfallen zu lassen.

Ich zog jetzt auch meine 9-mm-08-Pistole aus dem Hosenbund, lud sie durch und entsicherte sie. Das Metall war ganz warm von meinem Körper.

Wir hatten jetzt so viel Angst, dass wir sofort auf alles geschossen hätten, was sich bewegte.

‚So funktioniert also der Krieg. So konnte man Menschen dazu bringen, sich gegenseitig umzubringen. Man musste sie nur einer Lebensgefahr aussetzen und ihnen gleichzeitig eine Waffe in die Hand geben, mit der sie ihr Leben retten konnten, indem sie den anderen zuerst umlegten', dachte ich.

Aber wir bemerkten niemanden. Auch der Sturm hatte hier unten weniger Gewalt. Am Ende des Pfades bildeten die Tannen ein aus dem Dunkeln geschnittenes, um einige Schattierungen helleres V, das sich langsam zu den Talwiesen erweiterte, je näher wir dem Ende des Waldes kamen. Da stand der Widder.

Der Holzverschlag, in dem die Pumpe saß, war dunkel und fasste sich glitschig an. Wir hoben die Deckbretter ab. Ich kletterte hinein. Nachdem Wolf die Bretter wieder draufgelegt hatte, konnte ich die Stalllaterne anzünden. Ich klopfte mit der Hand gegen die gut menschenkopfgroße Kugel, aus der der Widder hauptsächlich bestand. Es klang dumpf, es war der übliche Defekt. Die Düse war verstopft und als Folge davon war die Kugel voller Wasser.

Was jetzt kam, Schließen der Sperrhähne an den beiden Leitungen, Abschrauben des Düsenhalters, Reinigen der Düse, Ablassen des Wassers aus dem Kopf, hatte ich so oft gemacht, dass ich es, außer dem Reinigen der Düse, auch ohne Licht geschafft hätte.

„Ich hab's, mach die Bretter weg", flüsterte ich nach ein paar Minuten und löschte die Stalllaterne.

Ich kletterte hinaus, griff mir den am Verschlag lehnenden Pfahl und ertastete mit der Linken den Stößel des Wasserausstoßventils. Ich setzte die stumpfe Seite des Pfahls darauf, holte ein wenig aus und ließ ihn auf den Stößel sausen. Ein Wasserstrahl schoss aus dem Ventil, wurde dann durch das Schließen des Ventils unterbrochen und setzte das glitschige Brettergehäuse wieder unter Wasser. Mit leisem Stoßen bewegte sich das Ventil hin und her, spie Wasser aus und pumpte.

„Eine selten primitive Kiste", brummte Wolf.

Wir machten uns auf den Heimweg. Im Wald war es still geworden. Es war, als sei der Sturm weitergezogen und als wäre nun plötzlich jedes Geräusch, das wir verursachten, weit zu hören. Wenn wir in besonders tief ausgetretenen Stufen mit unseren Füßen die Wasserleitungen berührten, fühlten wir das leise Pochen des Widders. Und wir wussten, wo diese Leitungen enden, da waren wir in Sicherheit.

Als wir, immer noch flüsternd, aus dem Wald traten, bemerkten wir ein paar dunkle Schatten an dem Ford Eifel. Erschreckt stürzten wir in den Wald zurück, und ich wollte mich schon ins Unterholz verkriechen, als Wolf mir zuzischte: „Wir brauchen nicht abhauen. Die hauen schon ab."

Ich richtete mich unter den Zweigen soweit es ging auf – und tatsächlich: schwankend und keuchend entfernten sich da zwei Gestalten in Richtung Straße.

„Sicher zwei alte Bauern, die sich vor dem Volkssturm gedrückt haben", vermutete Wolf.

„Wahrscheinlich haben sie gedacht, wir sind die Feldpolizei", höhnte ich.

Wir schlichen uns durch die Tennenausfahrt in die Scheune. In den Ställen nebenan war es ruhig geworden. Die Tiere hatten gesoffen, bis sie keinen Durst mehr spürten. Ich war sehr zufrieden mit meiner Reparatur des Widders. Aber ehe wir triumphierend bei Hanna aufkreuzen konnten, war noch ein kleiner Umweg über die Werkstatt notwendig. Wir mussten unsere Pistolen loswerden. Dann betraten wir unüberhörbar das Haus und ließen die schwere Eichentür hinter uns ins Schloss donnern.

Hanna kam uns schon im Flur entgegen. Sie war eine große, gutaussehende Frau von Anfang dreißig, die sich in den Jahren, als sie Sekretärin eines Wehrmachtsgenerals gewesen war, ein freundliches, aber entschiedenes Auftreten angeeignet hatte. Jetzt schien sie allerdings nicht in Stimmung für einen freundlichen Empfang zu sein.

„Wo habt ihr euch denn bloß wieder herumgetrieben?!", fauchte sie.

„Wieso? Wir sind sofort los, als wir gemerkt haben, dass kein Wasser mehr läuft", versuchte Wolf es auf seine treuherzige Art.

„Und wann war das?", bohrte Hanna weiter.

„Wir haben nicht auf die Uhr geschaut", murmelte ich. So hatte ich mir unseren Empfang nicht vorgestellt.

„Die Reparatur war ziemlich schwierig", versuchte Wolf sie gnädig zu stimmen.

„Na, dann schaut mal, dass ihr rüberkommt. Eure Mütter machen sich schon wieder Sorgen", lenkte Hanna ein.

Wir verließen den Hof etwas kleinlaut, weil wir eigentlich erwartet hatten, ein bisschen Anerkennung für den Weg durch die Dunkelheit zum Widder und die Reparatur zu bekommen.

Als wir das Wohnhaus betraten, kamen unsere Mütter fast gleichzeitig, aber aus ganz verschiedenen Richtungen angestürzt.

„Gott sei Dank, dass ihr endlich da seid! Aber wo ward ihr denn bloß so lange? Hanna hat euch überall gesucht, als sie gemerkt hat, dass der Widder stehen geblieben ist!", nahm uns meine Mutter in Empfang.

„Wir haben in der Werkstatt versucht, das alte Fahrrad zu flicken, aber der Schlauch ist ziemlich porös", bemühte sich Wolf, uns in ein günstiges Licht zu setzen. Und das tat dann auch seine Wirkung.

„Wahrscheinlich konntet ihr wegen des Sturmes nicht hören, wie Hanna nach euch gerufen hat", lenkte Wolfs Mutter ein. ‚Hat geklappt, noch mal davongekommen!' dachte ich.

Viel Schlaf fanden wir nicht in dieser Nacht. In einem kreisenden Strom zogen immer wieder die gleichen Gedanken durch mein Bewusstsein: Wäre der Ford Eifel morgen früh noch da? Würde es uns gelingen, das Zündschloss zu überbrücken und ihn zu starten? Kämen wir damit auch in die Tenne hoch, ohne dass uns jemand dabei beobachtete? Es war klar, dass sie uns niemals erlaubt hätten ein Wehrmachtsauto zu verstecken, das wäre ihnen viel zu gefährlich gewesen!

Vielleicht ließ sich die Aktion am besten in der Nacht starten, wenn alle schliefen. Aber würden wir auch Wehrmachtsbenzinkanister finden, und würde es uns gelingen, das Flugbenzin da hineinzupumpen?

Der Tag begann mit einer schweren Enttäuschung: Der Ford Eifel lag auf dem Dach und hatte keine Räder mehr! Als wir näher kamen, stellten wir fest, auch die Hinterachse mit der Blattfeder fehlte. Selbst die Sitze, der Scheibenwischmotor, der Vergaser und die Batterie waren ausgebaut und weggeschleppt worden. Sogar die Türen waren verschwunden.

„Pass auf, morgen früh ist auch noch der Motor weg", seufzte Wolf.

Niedergeschlagen durchstöberten wir ein paar Lastwagen und fanden schließlich, was wir suchten: zwei leere Wehrmachtsbenzinkanister. Mit ihnen, einer Pumpe, die sonst zum Betanken der Traktoren aus den großen Ölfässern diente, einigem Werkzeug zum Öffnen der merkwürdigen amerikanischen Dreikantschrauben schlichen wir schließlich zu unserem nächtlichen Fund. Es sah so aus, als wäre uns noch niemand zuvorgekommen.

Wie ein Ding aus einer anderen Welt steckte der gut 2,50 Meter hohe silbrige Tank im Unterholz. Immerhin konnte man bei Tag sofort erkennen, dass es keine Luftmine war, denn es gab keine Verjüngung und keine seitlichen Leitflächen am oberen Ende, wie sie alle Bomben zur Stabilisierung des Fluges hatten.

Das Leerpumpen war sehr viel schwieriger, als wir uns das vorgestellt hatten! Der Innenraum war von löchrigen Verstrebungen durchzogen, die hinderten uns daran, das Ende der Pumpe dahin zu schieben, wo das Benzin schwappte. Schließlich waren wir nassgeschwitzt vor Anstrengung und Aufregung, aber in den beiden Kanistern gluckste das Benzin!

Die beiden Kanister mussten gut versteckt werden. Ich wusste auch wo. Unter der Tenne gab es neben der gewaltigen Rundung des tief in den Boden eingegrabenen Silos einen lange nicht mehr benutzten Raum voller dick mit Staub bedecktem Gerümpel. Eine von Ziegelsteinen abgestützte Kommode war in dem dämmrigen Licht zu erkennen, darauf lag altes Zaumzeug und eine abgebrochene Deichsel.

Wir waren gerade dabei die Kanister hinter der Kommode im Staub zu versenken, da riefen meine Mutter und Hanna schon wieder nach uns. Wir klopften uns schnell gegenseitig den verräterischen Staub ab, bestimmt hatten sie wieder einen blöden Auftrag für uns. Neben Hanna, unserer zeternden Verwalterin, stand ein Eimer mit Milch, den sollten wir einer Flüchtlingsfamilie mit kleinen Kindern bringen, die auf einem der Nachbarhöfe untergekommen war: „Aber schnell!"

Milch hatten wir plötzlich genug, weil das Auto der Molkerei, das sie jeden Morgen abholte, nicht mehr kam. Die Straßen waren jetzt völlig verstopft von deutschen Soldaten, die versuchten, der Gefangenschaft zu entkommen.

„Na, dann haben die armen Kinder doch wenigstens Milch zu Führers Geburtstag", meinte ein älterer Soldat, der gerade über den Hofplatz kam. Wir merkten, dass Hanna nicht recht wusste, wie sie auf die Bemerkung reagieren sollte.

Wir machten uns auf den Weg, der Nachbarhof lag knapp 2 km entfernt. Die Soldaten waren jetzt überall.

In verdreckten Winteruniformen oder in zeltplanartigen Regencapes aus grüngrau gesprenkeltem Material schleppten sie Gepäckstücke über den Hügel vor unserem Wohnhaus. Andere wärmten sich an Lagerfeuern, die mehr qualmten als brannten, was an dem Zeug lag, das man hineinwarf: Gasmasken, Patronenschachteln, Gewehre, Aktenordner.

Ein dünner Gefreiter ging systematisch ans Werk. Er öffnete einen Aktenordner, nahm die Blätter einzeln heraus und warf sie ins Feuer. So konnten sie richtig verbrennen. Die Umstehenden murmelten etwas Lobendes. Als er uns bemerkte, warf er den Aktenordner ins Feuer, kam auf uns zu und hob den Deckel des Milcheimers. Wir blieben notgedrungen stehen.

„Hab ich mir doch gedacht, dass da Milch drin ist", brummte er und griff sich mit seinen knochigen Händen, die weit aus den Ärmeln seiner Uniformjacke herausragten, unseren Eimer, hob ihn zum Mund und trank. Nach einigen Zügen gab er uns wortlos den Eimer zurück und leckte sich die Lippen sauber.

Wir versuchten, schneller zu laufen, aber es half nichts. Andere Soldaten hatten mitbekommen, was in unserem Eimer war. Sie steuerten auf uns zu. Sie sahen blass aus, mager, unrasiert und schmutzig, aber sie hatten immer noch eine so bestimmte Art von uns Milch zu fordern, dass wir es nicht wagten, ‚nein' zu sagen.

Plötzlich, als unser Eimer höchstens noch halb voll war, ließen sie uns in Ruhe. Vielleicht hing das mit der Gestalt im Regenumhang zusammen, die uns mit einer Aktentasche in der Hand entgegenkam.

„Lasst den Jungen auch noch was drin", hörten wir den Mann sagen. „Ich glaube, ich muss euch mal Geleitschutz geben, sonst wird der Eimer wohl leer sein, ehe ihr ihn abliefern könnt".

Der Mann musterte uns durch die Gläser seiner randlosen Brille. Dabei sah ich den Totenkopf an seiner Schirmmütze. Wolf hatte ihn offenbar auch gesehen, denn er bewegte sich plötzlich sehr stramm. Mir waren hier auf dem Land kaum SS-Leute begegnet, aber ich wusste, die SS war die Organisation, durch die Hitler seine Gegner und die Juden ermorden ließ. Und jetzt sollte die SS auch alle umlegen, die nicht mehr für den Endsieg kämpfen wollten.

„Seid ihr von hier?", begann der Mann das Gespräch. Wollte er nur etwas mit uns reden, oder ging es um eine Sache, für die wir eingespannt werden sollten? Wir beschlossen – jeder für sich – erst mal die Wahrheit zu sagen, weil unsere Dialekte uns keine andere Möglichkeit ließen. Bei Wolf war ohnehin klar, woher er kam, wenn er den Mund aufmachte.

Der Mann unterhielt sich mit Wolf über die Bombenangriffe auf Dresden. Dieses Gesprächsthema reichte für den ganzen Weg, bis wir unser Ziel erreicht hatten. Dort wollte er sich aber noch nicht von uns verabschieden, sondern warten, bis wir die Milch abgeliefert hatten.

Es gäbe noch etwas Wichtiges mit uns zu besprechen.

Mir wurde es unheimlich. Hatte er irgendwie von unseren zwei Kanistern mit amerikanischem Flugbenzin erfahren? Als wir wieder aus dem Haus traten, begleitete er uns auch auf dem Weg zurück und kam zur Sache.

Er hätte noch einen wichtigen Auftrag zu erledigen. Dafür brauche er Zivilkleider, einen ungefähr passenden Anzug und einen Übergangs- oder Sommermantel. Da könnten wir ihm bestimmt helfen. Ich fand es eine Schweinerei, dass wir ihm Zivilkleider stehlen sollten, damit er größere Chancen hatte, der Gefangennahme durch die Amerikaner zu entgehen. Aber ich hatte viel zu viel Angst, ‚nein' zu sagen.

Es kam zuerst mal darauf an, Zeit zu gewinnen.

„Es ist nicht so einfach, Kleider zu organisieren, ohne dass es jemand merkt. Bis morgen früh brauchen wir sicher dazu", erklärte ich schließlich. Er sah mich an, als hätte er nicht meine Antwort gehört, sondern meine Gedanken aus meinem Gesicht gelesen. „Ich erwarte natürlich nicht von euch, dass ihr das umsonst für mich tut. Kommt mal mit. Wenn alles klappt, habe ich etwas für euch", sagte er etwas leiser und mit einem geheimnisvollen Unterton.

Wir nickten und folgten ihm. Immer schneller liefen wir einen schmalen Weg hinauf, der in einem alten Steinbruch endete. Was wir sahen, ließ uns die nächste Nacht nicht mehr ruhig schlafen.

Dort stand ein gelber Fiat-Topolino mit schwarzen Kotflügeln! Der Wagen sah ganz neu aus! Vermutlich Baujahr 1939! Er musste den Krieg in irgendeinem Versteck überlebt haben, wo ihn die abziehende SS dann doch noch aufgespürt hatte.

Wir umkreisten den kleinen Wagen mit seinem zurückweichenden Kühlergitter, hinter dem aber nicht der Kühler, sondern der Motor saß, seiner leicht ansteigenden Motorhaube und seinen hübsch gerundeten Kotflügeln.

In den Jahren vor dem Krieg war der Fiat-Topolino der Traumwagen der jungen Leute mit genügend Geld gewesen, den ich bei unseren Besuchen in München bewundert hatte. Nun stand der schicke kleine Wagen, der in seiner Form an eine Maus erinnerte, vor uns. Ein Traum war plötzlich Realität geworden.

Der SS-Offizier hielt sich etwas abseits, als wollte er uns nicht stören. Aber ich meinte, dass er sehr zufrieden beobachtete, wie wir alles um uns herum vergaßen und den Wagen immer wieder mit roten Köpfen und schwitzend vor Freude und Begeisterung umkreisten.

Es war nicht zu fassen. Wir würden ein Auto haben!

Schließlich kam der Uniformierte wieder zu uns.

„Wenn ihr mir bis morgen früh anständige Zivilkleider besorgt, gehört er euch. Aber ich habe zwei Bedingungen: Das Zeug muss einigermaßen passen und darf auch nicht aussehen wie Räuberzivil. Habt ihr verstanden?"

Wir nickten, dann fragte Wolf geistesgegenwärtig: „Wie groß sind Sie denn?"

„1,78 und nicht viel Fett auf den Rippen", erklärte er und öffnete sein Regencape. Dabei blitzten kurz einige Orden auf, die ich nicht einschätzen konnte, die aber Wolf erstarren ließen. Inzwischen überlegte ich fieberhaft, wie wir vermeiden konnten, etwas anzuschleppen, das ihm nicht gefiel, denn dann hätte das Geschäft platzen können.

„Wie wäre es mit einem Trachtenanzug?“, tastete ich mich vor.

Er sah mich an und dachte nach. „Du meinst so einen grauen Anzug mit grünen Einfassungen, wie ihn die Leute hier in Bayern tragen, wenn sie sich fein machen wollen?“ Ich nickte.

„Keine schlechte Idee, dann brauche ich aber auch einen grünen Lodenmantel und einen Trachtenhut.“

„Morgen früh gegen zehn sind wir mit den Sachen da“, sagte ich.

„Gut, dann bekommt ihr den Schlüssel. Natürlich könnt ihr den Wagen nicht einfach so wegfahren, weil er kein Benzin mehr hat. Ihr müsst euch ein Pferd mitbringen, das ihr vorspannt. Der eine führt das Pferd, der andere setzt sich ans Steuer. Dann braucht ihr nur noch ein gutes Versteck. Am besten, ihr stellt ihn in eure Scheune und begrabt ihn unter dem Heu.“

„Das schaffen wir schon“, meinte Wolf. Er schien mir durch den kurzen Blick auf die Orden immer noch etwas erschreckt.

Wir verabschiedeten uns in strammer Haltung und mit Handschlag und ohne Hitlergruß.

„Das war ein Sturmbannführer, ziemlich hohes Tier“, flüsterte Wolf, als der SS-Mann außer Hörweite war. „Kommen wir denn an so einen Trachtenanzug heran?“, wollte er dann wissen.

„Auf dem Speicher stehen ein paar Koffer mit Kleidern von Onkel Rudolf. Der ist in Stalingrad gefallen. Noch ehe die Familie in München ausgebombt wurde, haben sie einen Haufen Koffer bei uns untergestellt. Da müssen auch Trachtenanzüge drin sein, denn die hatte er meistens an. Die Größe müsste auch ungefähr passen“, erklärte ich.

Wolf war zufrieden.

Auf dem Weg nach Hause entstand ein Plan, wie wir unseren Topolino so risikolos wie möglich in die Scheune bringen und dort unter dem Heu begraben könnten. Natürlich brauchten wir kein Pferd vorzuspannen, denn wir planten, den Wagen ein wenig mit unserem Flugbenzin aufzutanken, das wir in irgendeinem unverdächtigen Gefäß zum Steinbruch bringen müssten.

Natürlich wäre es auch zu gefährlich, bei Tag zu fahren. Da kämen zwei Jungen in einem Auto, das noch Benzin hatte, keine hundert

Meter weit. Mit vorgehaltener Waffe würden uns die Soldaten auf die Straße setzen, bloß um ein paar Kilometer weiter zu kommen.

Es blieb nur, uns in der Dunkelheit der nächsten Nacht in die Kolonnen einzureihen, wenn niemand mehr erkennen konnte, wer am Steuer des Wagens saß. Das Fahren in der Schrittgeschwindigkeit des endlosen Zuges machte mir keine Sorge. Das wäre auch nicht schwieriger als das Fahren mit dem Traktor – und darin hatte ich viel Übung.

Nach dem Abendessen trugen wir möglichst unauffällig alles zusammen, was wir zum Durchstöbern der Koffer des gefallenen Onkels und zum Transport der Kleider brauchten: einen alten Persil-Karton und ein paar Nummern der ‚Münchner Neuesten Nachrichten', etwas Papierschnur und schließlich ein Hindenburglicht mit Streichhölzern – das unumgänglich notwendige Minimum an Licht für die Aktion.

Dann mussten wir warten.

Es dauerte eine Ewigkeit, bis sich im Haus nichts mehr rührte und wir uns mit mehreren Socken übereinander lautlos auf den Weg zum Speicher machen konnten.

Zum Glück wurden wir schnell fündig. Aber wir hatten die ganze Zeit Angst, dass plötzlich jemand aus der Dunkelheit des großen Speichers in das flackernde Licht unserer Funzel treten könnte. Dann würde es einen Riesenkrach geben – und es würde nichts mit unserem Topolino.

Hastig rissen wir einen Trachtenanzug aus dem nach Mottenpulver stinkenden Koffer. Etwas tiefer stießen wir auf eine dazu passende grüne Krawatte, zwei Hemden und einen Gürtel. Kurz darauf wühlten wir auch noch einen Lodenmantel heraus sowie dazu passende Schuhe und Socken und einen Trachtenhut.

Wir schlugen alles in Zeitungen ein und verstauten die Sachen in dem Persil-Karton. Als wir die Papierschnur vorsichtig zugezogen hatten, war ein handliches Paket entstanden, mit dem man nicht auffiel, weil die meisten Leute mit solchen Kartons auf der Flucht waren.

Am nächsten Morgen war es nicht besonders schwer für uns, das Haus unbemerkt zu verlassen. Alle waren damit beschäftigt, Papiere zu verbrennen, die die Amerikaner nicht finden sollten, oder Wertsachen möglichst sicher zu verstecken oder zu vergraben.

Auf dem Weg zum Steinbruch kamen wir an einem Ford-V-8-Cabriolet vorbei, das die Soldaten angezündet hatten. Das Feuer hatte den

Wagen innerhalb von Minuten zu einem rostigen Wrack gemacht. Regen, Sonne, Schnee und Frost hätten Jahre für dieses Werk der Zerstörung gebraucht. Durch die Hitze war offenbar das Verdeck aufgesprungen. Jetzt ragte das Gestänge wie eine Leiter gegen den Himmel. In den Polstern schwelte das Feuer noch, auch von einem Reifen stieg dicker schwarzer Rauch auf.

Im Wald knatterte es, als würde mit einem Maschinengewehr herumgeschossen, aber keiner der herumlaufenden Soldaten ging in Deckung. „Die werfen ein paar MG-Gurte ins Feuer", erklärte uns ein Soldat, der unseren Weg kreuzte.

Im Steinbruch begrüßte uns der SS-Offizier nervös und griff nach dem Karton. Er riss die Schnur auf und schien hin- und hergerissen zwischen Begeisterung über Art und Qualität dessen, was da aus dem Zeitungspapier quoll, und Entsetzen über den Gestank des Mottenpulvers. „So kann ich das ja gar nicht anziehen", murmelte er und schloss den Karton wieder, indem er den Gürtel darum spannte. Mir wurde ganz schlecht bei der Vorstellung, dass nun noch alles an diesem idiotischen Mottenpulver scheitern könnte, aber dann fasste er in die Tasche und reichte uns die Wagenschlüssel. Hastig griff er sich seine Gepäckstücke, nickte uns zu und machte sich in Richtung des Waldes davon.

Nun hatten wir unseren Topolino!

Wir umkreisten ihn, öffneten das Verdeck und die Motorhaube, unter der der kleine Tank saß, und inspizierten den Motor. Wir setzten uns abwechselnd hinter das Steuer, probierten alle Hebel, ließen einmal kurz den Anlasser schnarren und testeten, wie die Türen ins Schloss fielen.

Wir fühlen uns so großartig, als wären wir nicht mehr von dieser Welt.

„Jetzt müssen wir noch ein sicheres Versteck finden, bis der Krieg vorbei ist. Dann suchen wir uns einen trockenen Platz, wo er bleiben kann, bis wir 18 sind und den Führerschein haben. Wenn dann das Abitur kommt, fahren wir damit in die Schule!"

Ich begann mir auszumalen, wie die Mitschüler und die Lehrer glotzen würden. Die Begeisterung hatte mich so gepackt, dass ich erst nach einiger Zeit merkte, wie Wolf neben mir schwieg. Ich sah ihn ratlos an.

„Ich kann mir das nicht so schön vorstellen wie du. Von meiner Klasse ist doch keiner hier und von den Lehrern auch nicht." Daran hatte ich vor lauter Freude über unseren Wagen gar nicht gedacht. Wolf saß etwas zusammengesunken auf dem Beifahrersitz.

„Ich geh jetzt das Benzin holen, und dann lassen wir ihn ein bisschen laufen", wollte ich ihn aufheitern. Wolf nickte. Wir hatten uns in unserem Versteck schon einen alten, etwa drei Liter fassenden Kanister zurechtgelegt, der früher einmal Motoröl für die Traktoren enthalten hatte. Ich füllte ihn aus unserem Flugzeugbenzin-Depot auf und ließ ihn in dem alten Rucksack verschwinden. So konnte niemand ahnen, was ich da durch die Gegend schleppte.

Wolf saß noch immer auf dem Beifahrersitz. Erst das Gluckern des Benzins direkt vor seinen Augen schien ihn etwas aufzumuntern. „Zündung einschalten, Leerlauf rein, Starterklappe ziehen und dann auf den Anlasserschalter drücken", kommandierte ich.

Wolf turnte auf den Fahrersitz und sein Gesicht hinter der Windschutzscheibe bekam eine leicht rötliche Farbe.

Dann sprang der Motor an, er schnurrte leise und weich, und wir hörten begeistert zu.

Wir ließen ihn warmlaufen und fuhren ein bisschen in dem Steinbruch hin und her und fühlten uns wirklich großartig.

Aber die Abendessenzeit kam, wir mussten „unser Auto" alleine lassen. Wir wären am liebsten im Steinbruch geblieben, wir hatten große Angst, dass jemand den Topolino entdecken könnte. Aber wir hatten Glück, offenbar war niemand auf die Idee gekommen, die Straße zu verlassen und dem fast zugewachsenen Weg zum Steinbruch nachzugehen, unser Auto war unberührt!

Aber nun kam die Dämmerung und der Himmel verdunkelte sich. Der Westwind trieb tiefhängende Wolken in Richtung Alpen, und die Soldaten dachten wahrscheinlich vor allem daran, ein trockenes Quartier zu finden, ehe es zu schütten begann. Das war gut für die Fahrt zum Hof, wahrscheinlich würde sich niemand um das kleine Auto kümmern, das sich in den Strom der Fahrzeuge einreihte und ihn nach knapp 2 km wieder verließ! Und niemand würde mit einem Feuerzeug oder einer Lampe nachschauen, wer in dem Auto saß, denn schon in der Schule hatten wir gelernt, dass feindliche Flugzeuge selbst die Glut einer Zigarette sehen konnten. Ich startete den Topolino.

Wolf beobachtete hinter einem Busch die Fahrzeuge und winkte mir, als er eine Lücke entdeckt hatte, in die ich mich möglichst unauffällig einfädeln konnte.

„Geht doch prima", flüsterte er mir zu, als ich mit dem leise schnurrenden Wagen, ganz weich und ohne Rollgeräusche der Räder, den zugewachsenen Weg herunterkam. Tatsächlich fuhr sich das kleine Auto im ersten Gang nicht sehr viel schwieriger als ein Traktor. Aber zwei Dinge waren doch ganz anders: Kupplung, Fußbremse, Steuer und Gashebel ließen sich so leicht bewegen, dass ich kaum Kraft dafür brauchte. Außerdem waren die Vorderräder unter Kotflügeln verborgen, so dass ich nicht sehen konnte, wie weit ich sie einschlug. Ich musste mich also ganz darauf konzentrieren, wie der Wagen auf meine Steuerbewegungen reagierte.

Wir rutschten in die Kolonne. Niemand nahm auch nur die geringste Notiz von uns. Das Tempo bestimmten die Pferdewagen. Manchmal ging es so langsam voran, dass ich auskuppeln musste, wenn wir dem vor uns fahrenden Wagen nicht zu nahe kommen wollten.

Als wir uns dem Hof näherten, begann es zu regnen. Wir fürchteten, dass wir uns ein anderes Versteck für den Topolino suchen mussten, weil alle jetzt Unterschlupf suchen würden. Und tatsächlich! Die Kolonnen hatten auch am Hof die Straße verlassen. Auf der Wiese mit den alten Birnbäumen waren neben der Einfahrt die hellen Planen der Pferdewagen zu erkennen. Auch die Umrisse von ein paar Pkws waren neben der Einfahrt zu sehen.

„In die Scheune brauchen wir gar nicht zu fahren, da liegen garantiert überall Soldaten herum", wisperte Wolf.

Ich war in die Einfahrt eingebogen und hatte gestoppt.

„Verdammt, hier kannst du auch nicht stehen bleiben, da fallen wir auf", kam es schon wieder ungeduldig von rechts.

„Es ist zu dunkel, um überhaupt noch irgendwo hinzufahren! Kannst du das nicht kapieren?", fauchte ich zurück.

Ich legte wieder den ersten Gang ein und rollte ganz langsam den gekiesten Weg zum Hof hinunter, bog aber dann nach links. Da gab es unten einen Pferdestall, der hier wegen des abfallenden Geländes höher lag, eine Art Unterstand für Heuwagen und landwirtschaftliche Geräte. Dazwischen standen zwar auch schon zwei Wehrmachtsautos, aber für den Topolino war gerade noch Platz. Hier wäre der Wagen erst

So sah er von hinten und gut restauriert aus.

einmal sicher, alle würden denken, er gehöre irgendwelchen Soldaten. Wir sperrten ihn sorgfältig ab und betraten dann unser Wohnhaus gleichzeitig mit ein paar Offizieren, die Decken und Schlafsäcke schleppten, um sich auf dem Holzboden der unteren Räume ihr Nachtlager einzurichten.

Schlaf fanden wir kaum in dieser Nacht, wir waren zu aufgeregt, und in dieser Nacht wurde es auch nicht ruhig im Haus. Es war ein ständiges Kommen und Gehen bis in die Morgenstunden und manchmal schwoll die Lautstärke der Diskussionsrunden, die ihren letzten Alkohol ‚vernichteten', gewaltig an.

Wir konnten manchmal einige Brocken aufschnappen. Sie redeten über die Möglichkeiten, irgendwie der amerikanischen Gefangenschaft zu entgehen, und über das, was kommen würde, nachdem es nun aus war mit dem Hitler.

Zwar überwältigte uns für kurze Zeit immer wieder der Schlaf, aber eigentlich kam es uns so vor, als hätten wir die ganze Nacht damit verbracht zu überlegen, wie unser Topolino endgültig in Sicherheit gebracht werden konnte. Und dafür blieb wohl nur noch der nächste Tag. Denn wenn erst einmal die Amerikaner da waren, würden sie alle noch funktionierenden Autos sofort beschlagnahmen. Genauso war auch die Wehrmacht vorgegangen, wenn sie ein Gebiet besetzt hatte.

Noch ehe wir nach dem Frühstück den Hof erreicht hatten, hörten wir die schrille Stimme unserer Verwalterin: „Herr Hauptmann, es ist mir vollkommen gleichgültig, was Sie mit Ihren Fahrzeugen machen, aber ich kann nicht zulassen, dass Sie unsere Traktoren zerstören!"

Gingen die etwa daran, die Autos zu zerstören? Wir mussten unbedingt mitkriegen, was los war! Wir warfen einen Blick nach links zu dem Geräteunterstand und stellten fest, dass unser Topolino noch da war, unberührt, soweit wir das aus der Entfernung feststellen konnten.

Hanna stand auf der zweiten der drei hohen Stufen der Eingangstreppe. Vor ihr, sehr viel kleiner wirkend und mit dem Rücken zu uns, der Hauptmann. So konnten wir nicht verstehen, was er antwortete, aber er wollte wohl nicht nachgeben, denn sie brüllte: „Sie sind wohl wahnsinnig!"

Wir waren in sicherem Abstand stehen geblieben, weil wir Angst hatten, in die Auseinandersetzung reingezogen zu werden. Der Hauptmann drehte sich jetzt von der Treppe weg und sagte etwas in unsere Richtung, so dass wir es verstehen konnten: „Ich habe das überhört." Dann kommandierte er die unschlüssig und neugierig herumstehenden Soldaten: „Führen Sie jetzt den Befehl aus. Machen Sie alle Fahrzeuge – auch die Traktoren – unbrauchbar."

Hanna verschwand im Haus. Die schwere Eichentür fiel mit einem harten Schlag hinter ihr ins Schloss.

Ein Soldat öffnete die Tür eines direkt vor dem Eingang stehenden Opel Olympia, fuhr mit dem Beil hinter das Armaturenbrett und riss die Verkabelung heraus. Dann öffnete er die Motorhaube, zertrümmerte den Verteiler und verpasste auch dem Vergaser ein paar Hiebe. Ein älterer Gefreiter, dessen graue Haare unter der Uniformmütze herausschauten, steckte das Bajonett auf sein Gewehr und ging in die Garage, wo unsere Traktoren standen.

Wir liefen ihm nach.

„Aber das können Sie doch nicht machen. Das sind doch unsere Traktoren!“, brüllte ich. „Im Krieg ist es egal, wem was gehört. Glaubst du denn, das macht mir Spaß, Junge?“ Sein ostpreußischer Tonfall klang traurig und müde. „Nun hab ich den ganzen Krieg überlebt, da will ich nich zum Schluss noch Ärjer mit dem Offizier.“ Dann kam er uns ganz nah und flüsterte: „Ich stech euch nur ein janz kleines Loch in die Reifen, ihr könnt das leicht wieder flicken, wenn alles vorbei ist. Ist doch nur, dass der da draußen zufrieden ist.“ Dann schob er uns auf die Seite und visierte mit dem Bajonett die Seitenfläche des voluminösen Hinterreifens an, holte etwas aus und stieß zu. Die Luft pfiff zwischen den hellen Fäden der Leinwand aus dem Loch in der Gummifläche. Das Dieselross neigte sich auf die Seite.

Noch ehe die anderen Reifen drankommen konnten, rannten wir, ohne dass es notwendig gewesen wäre, uns über unser Ziel zu verständigen, zum Topolino.

Hier waren sie noch nicht gewesen!

Es blieb nur noch eine Möglichkeit, unseren Wagen vor der Zerstörung durch die Soldaten zu retten: Wir mussten versuchen, ihn zu dem großen Heustadel unten bei den Äckern zu fahren. Da gab es eine seitliche Einfahrt für Pflüge, Eggen und Düngermaschinen. Daneben, auf der gleichen Ebene, war Heu aufgetürmt. Zwar lag es schon seit Jahren da, hatte sich gesetzt und war schwer zu bewegen. Aber eine andere Möglichkeit, den Topolino so zu vergraben, dass er trocken blieb, gab es nicht.

Während ich den Motor anließ, erklärte ich Wolf, was ich vorhatte. Der Motor sprang sofort an. Es gelang uns, den Hof so schnell zu verlassen, dass sich uns niemand in den Weg stellte. Auch das Überqueren der Straße gelang. Die müde zwischen den Pferdewagen dahintrottenden Soldaten guckten nur etwas verwundert, als da plötzlich ein kleiner Wagen aus einem Seitenweg auftauchte und dann in dem steil abfallenden Feldweg verschwand.

Wolf klopfte sich begeistert auf die Oberschenkel. „Ha, ha, hast du die gesehen? Ehe die gucken können, sind wir schon vorbei!“

Ich fand keine Zeit, mich mit Wolf zu freuen, denn der Feldweg, der tief eingeschnitten in einem weiten Bogen am Hang vorbei zu den Äckern hinunterführte, war blockiert. Ein ausgebrannter Opel-Blitz versperrte die Durchfahrt. Das hieß, wir mussten wieder zurück, dann ein Stück über leicht abfallende Wiesen und schließlich den Hang hinunter in die Ebene.

Der Hang machte mir Angst. Er war steil genug, um im Winter eine ideale Rodelbahn mit weitem Auslauf abzugeben.

Zuerst fuhren wir im zweiten Gang über die Wiese, schon hier fiel das Gelände leicht ab. Als sich der Hang näherte, stoppte ich, um den ersten Gang ohne Zwischengas hineinzubekommen. Dann fuhr ich wieder an, aber als die Motorhaube so nach vorne wegkippte, dass ich sie nicht mehr sah, trat ich auf die Bremse. Der Wagen tat nun so, als wolle er nicht mehr auf das Steuerrad reagieren und begann zu schlingern.

„Bremse loslassen!", brüllte Wolf.

Weiß der Teufel, woher er das wusste. Ich ließ die Bremse etwas los, der Topolino wurde schneller, reagierte aber wieder auf das Steuer. Der Hang lief jetzt langsam in der Ebene aus; ich konnte den Fuß von der Bremse nehmen und wieder auf den zweiten Gang schalten.

„Wir haben es geschafft!", brüllte ich und trat etwas aufs Gas. Dann sah ich, dass alles vergeblich gewesen war.

Aus der Scheune, in der wir den Wagen im Heu hatten vergraben wollen, traten ein paar deutsche Soldaten heraus und erwarteten uns. Ein Zurück gab es nicht, denn den Hang wären wir nicht wieder hinaufgekommen, und der Feldweg war blockiert.

„Lass mich mal machen", flüsterte Wolf.

Ich stoppte neben einem Soldaten, der sein Sturmgewehr auf uns gerichtet hatte. Als ich neben ihm zum Stehen gekommen war, riss er meine Tür auf und fuhr uns an: „Na, wo wollt ihr denn noch hin?"

„Wir wollen den Wagen in den See da unten fahren, damit ihn die Amerikaner nicht kriegen, Herr Feldwebel!", machte Wolf einen Rettungsversuch.

„Na, ihr habt vielleicht Ideen." Der Feldwebel schüttelte überrascht den Kopf. „Los, steigt aus, sonst wird es euch warm", kommandierte er. Offenbar wusste er genau, wo beim Topolino der Tank saß. Er trat ein paar Schritte zurück, visierte den hinteren Teil der Motorhaube an und feuerte.

Mir schien, als schlüge das Gewehr um sich, als wollte es sich wehren gegen das, was man mit ihm tat. Die Kugeln schlugen in den Tank. Mit einem dumpfen Knall stand der Topolino in Flammen. „So, jetzt können die Amerikaner nichts mehr mit dem Wagen anfangen", stellte der Feldwebel fest und warf sein Gewehr weg. Er kehrte uns den Rücken zu und folgte den anderen Soldaten, die dem Wald zustrebten.

Heiß vor Hass und Wut torkelte ich von dem fauchenden Feuer weg auf das am Boden liegende Sturmgewehr zu. Aber Wolf war schneller. Er stand schon mit dem Fuß drauf und fragte: „Bist du verrückt?" Da konnte ich einfach nicht mehr. Ich setzte mich auf den Boden und heulte. Wolf versuchte noch, mit Schlucken und verkrampftem Gesicht dagegen anzukämpfen, aber dann packte es auch ihn.

Drive carefully, death is so permanent

Jeep

Nach dem Frühstück machten wir uns erst mal nützlich, indem wir den Tisch abräumten, dann holte ich Brennholz und Wolf machte sich an den Abwasch. Als unsere Mütter zu irgendwelchen anderen Arbeiten aus der Küche verschwunden waren, packten Wolf und ich unsere Mäntel und schlichen schnell aus dem Haus.

Natürlich würde es, wenn wir zum Mittagessen wieder auftauchten, wegen unseres Verschwindens ein großes Geschrei geben, aber das ebbte immer schnell ab, wenn wir unseren Sack voller Wehrmachtslebensmittel auf dem Küchentisch ausleerten.

Draußen war es unheimlich still geworden, nirgends war ein Mensch zu sehen. Die Feuer, an denen sich gestern noch die deutschen Soldaten gewärmt hatten, waren ausgegangen. Auch die Sitze der angezündeten Autos hatten aufgehört zu qualmen. Der kalte Nachtwind hatte den Brandgeruch, der gestern noch in der Luft hing, weggeblasen. Das Einzige, was sich zwischen den Autowracks und Trosswagen noch bewegte, waren Pferde. Braune, Falben und auch ein paar Schimmel und Rappen fraßen auf den nach Süden abfallenden Wiesen das erste Gras.

„Warum fangen die Bauern sie nicht ein?“, wunderte sich Wolf.

„Wahrscheinlich trauen sie sich nicht heraus, solange die Amerikaner jeden Moment kommen können“, vermutete ich.

Wir hatten auch furchtbare Angst vor den fremden amerikanischen Soldaten, die nun jeden Moment auftauchen konnten und von denen man nicht so genau wusste, wie sie uns besiegte Deutsche behandeln würden. Aber, wenn es uns jetzt nicht gelingen würde, ein noch unzerstörtes Auto zu finden und in ein Versteck zu fahren, dann würde es uns nie mehr gelingen!

Wir liefen vorsichtig immer in Deckung des Hügels parallel zur Straße, so dass wir nicht zu sehen waren, falls die Amerikaner von dort kommen sollten. Wir wollten auf die Viehweiden, die sich hinter dem Obstgarten den Nordhang hinunterzogen, die hatten wir noch nicht nach Brauchbarem abgesucht.

Am Ende des Obstgartens stand eine Feldküche unter einem Ahornbaum. Der Deckel des Kochkessels war aufgeklappt. Zum Schluss hatte es Bohnensuppe gegeben. Aber der Hunger der Soldaten war wohl nicht sehr groß gewesen, denn der bräunliche Brei füllte den Kessel noch zur Hälfte. In der Nacht waren einige welke Ahornblätter, die den Winter auf dem Baum überdauert hatten, hineingefallen.

Hin und wieder schrillte ein Wiehern durch die kalte Luft. Ein paar der Pferde, die auf den nicht eingezäunten Feldern hinter dem Obstgarten weideten, hatten uns bemerkt und trotteten massig und schwer auf uns zu, als gäbe es nichts, was sie aufhalten könnte. Sie konnten wohl nicht begreifen, dass man sie plötzlich nicht mehr brauchte. So liefen sie auf die einzigen Menschen zu, die zu sehen waren.

„Was machen wir, wenn sie nicht stehen bleiben, sondern uns einfach über den Haufen rennen?“, fragte Wolf ängstlich. „Tun sie nicht“, versuchte ich ihn zu beruhigen. Ich ging auf eine große braune Stute mit flachsheller Mähne zu und streichelte ihren Hals. Aus ihren großen dunklen Augen, in denen ich mich spiegelte, sah sie mich an und blieb stehen. Auch die anderen Pferde standen plötzlich. Ich hatte die ganze Herde zu einem erwartungsvollen Halt gebracht.

Ich war mit Pferden aufgewachsen und fühlte mich geborgen zwischen diesen warmen Leibern, die fast im Halbkreis um uns herum standen, schnaubten und aus den Mäulern trielten.

Aber Wolf, der bis zur totalen Zerstörung der Großstadt in Dresden gelebt hatte, waren sie offenbar unheimlich: „Wir müssen sie irgendwie loswerden, wir können doch nicht mit einer ganzen Pferdeherde hinter uns durch die Gegend laufen!“

„Wenn wir Zucker oder Salz finden, kann ich sie woanders hinlocken. Bis sie aufgefressen haben, sind wir weg“, schlug ich vor.

Wir machten uns auf die Suche. Die Pferde folgten uns.

Ich durchstöberte einen Planwagen. Zwar hatte der nur eine Schusterwerkstatt enthalten, aber Nägel, Zangen und Lederstücke würde auch jemand gebrauchen können. Also steckte ich das Zeug in meinen

Kartoffelsack. Zwischen den Planwagen waren Gasmaskenbehälter, Panzerfäuste, Karabiner, Stahlhelme und Munition verstreut. Dazwischen lagen überall Akten mit dem Hakenkreuz, als ob man Ordner geöffnet und den Inhalt weggeworfen hätte. Die Papiere waren vom Regen der Nacht vollgesogen, der den Buchstaben die Schärfe genommen hatte.

Ich fand auch noch einige Konservendosen mit Käse und Wurst unter einem Planwagen, als Wolf endlich den erlösenden Fund gemacht hatte und mit zwei Packungen Würfelzucker angelaufen kam. Ich nahm den Zucker und ging damit gut hundert Meter weit die nach Süden abfallende Wiese hinunter. Die Pferde liefen hinter mir her, als wüssten sie, was sich in der Packung verbarg. Ich riss die Packungen auf und verstreute die Zuckerwürfel über eine größere Fläche, so dass alle etwas bekommen konnten, ohne sich gegenseitig vom Zucker wegdrängen zu müssen.

„Hoffentlich kommen sie nicht gleich zurück und wollen mehr." Wolf hatte wirklich Angst vor den Pferden. „Komm schnell, da hinten sind frische Autospuren", sagte er dann ganz leise, als sollten die Pferde es nicht hören, deren Rückkehr er wohl jede Sekunde befürchtete.

Die Autospur, die er entdeckt hatte, stimmte mich wenig optimistisch. Sie führte gerade auf einen Nordhang zu, der so steil abfiel, dass man ihn nicht befahren konnte.

Was ich sah, als wir den Hang erreicht hatten, erinnerte mich an Illustriertenfotos über den Krieg in Polen und Frankreich, die sich mir eingeprägt hatten. Die Soldaten hatten ihre Fahrzeuge an den Rand des steilen Hangs gefahren und dann herunterrollen lassen. Die hochrädrigen Planwagen waren dabei umgestürzt und hatten ihren Inhalt über den Abhang und die Wiesen am Waldrand verstreut. Ein Ford V 8 umklammerte mit seiner Kühlerverkleidung, die einst schnittig wie ein Schiffsbug den Wind geteilt hatte, eine Tanne. Ein Peugeot 202 hatte sich bis zur Mitte der vorderen Türen ins Unterholz gerammt, aber der dritte Wagen war der Zerstörung entgangen. Er war im Drahtgeflecht des Zaunes hängen geblieben und dadurch weich abgebremst worden.

„Was ist das denn für ein Auto?", rief ich Wolf zu, während wir uns – mehr auf dem Hosenboden rutschend als auf den Füßen – auf das fremde Auto zu bewegten.

Der Wagen hatte fast die Größe eines VW-Kübels, jedoch keine Türen. Statt dessen waren die Seitenbleche der Karosserie neben den vorderen Sitzen in einem eleganten Schwung bis fast auf den Boden des Gefährts heruntergezogen, um einen guten Einstieg für die vorderen und hinteren Sitze zu ermöglichen.

Über dem an den Seiten offenen Wagen spannte sich eine Segeltuch-Dachkonstruktion, die mit der hohen Windschutzscheibe und der Rückwand aus olivfarbenem Stoff wie ein etwas nach hinten geschobenes Parallelogramm wirkte. Hinten hatte der Wagen keine Kotflügel. Die mit grobstolligen Reifen versehenen Räder waren in die Karosserie einbezogen. Die Vorderräder wurden von fast rechtwinkligen Blechen nach oben und hinten abgeschirmt.

Von vorne sah das Auto aus, als käme ein Gullydeckel mit Lichtern auf beiden Seiten auf einen zu. Darunter saß eine Stoßstange von einer Materialstärke, wie ich sie noch nie an einem Auto gesehen hatte. Unter der vorderen Stoßstange war das runde Gehäuse des Differentials deutlich zu erkennen. Der Wagen besaß also Allradantrieb. Das Auto war olivgrün, nur auf der Motorhaube und an den Seiten war mit der braungrünen Tarnfarbe der Wehrmacht etwas überpinselt worden.

„Mensch, das wäre der richtige Wagen für uns“, rief ich Wolf zu. Aber der sah ganz woandershin. „Dreh dich mal um“, flüsterte er.

Verdammt, oben standen in einer langen Reihe nebeneinander die Pferde und sahen uns zu. Gegen das helle Grau des Himmels erschienen sie mir wie aus Stein gehauen. Jetzt wurde es auch mir unheimlich.

„Sie werden gleich im Galopp runterkommen, weil sie glauben, dass wir noch Zucker haben.“ Wolf hatte ganz leise geflüstert, so als hätte er Angst, die Pferde könnten ihn verstehen. „Pferde laufen nicht freiwillig einen so steilen Hang hinunter. Selbst wenn jetzt da oben ein Schuss fiele, würden sie nach allen Richtungen verschwinden, aber den steilen Hang kämen sie nicht runter“, versuchte ich Wolf zu beruhigen, war mir aber nicht ganz sicher, ob das auch wirklich so war.

Während Wolf die Pferde nicht aus den Augen lassen konnte, kletterte ich ans Steuer des ziemlich schräg am Hang stehenden Wagens, um mich zu orientieren: Wenigstens hatte auch dieses Auto drei Pedale für Gas, Kupplung und Fußbremse, aber es gab kein rotes Licht, das aufleuchtete, wenn die Zündung eingeschaltet war. Wie sollten wir ohne dieses Kontrolllicht herausfinden, mit welchem Hebel oder Schalter man die Zündung unter Strom setzte, um den Motor starten zu können. Aus diesen Überlegungen schreckte mich Wolf mit dem Entsetzensschrei auf: „Jetzt kommen sie."

Ich sah nach oben. Tatsächlich, die Pferde wurden unruhig, aber nicht, weil sie sich entschieden hatten, doch noch den Hang zu uns herunterzupreschen, sondern weil sie dröhnende Motorengeräusche aufgeschreckt hatten.

Es klang, als rase ein Konvoi von Lastwagen und Panzern die letzte Steigung herauf, aber es waren Lastwagen mit Benzinmotor. Die größeren Lastwagen der Wehrmacht hatten Dieselmotoren und verloren an Steigungen schnell ihren Schwung. Aber diese Motoren, die da rasch näher kamen, hörten sich so an, als wären Steigungen für sie nur dazu da, um sie mit einem noch tieferen und noch kräftigeren Dröhnen hinaufzurasen. Die Pferde lösten sich aus ihrer Aufstellung und preschten seitwärts davon. Wir kletterten den Hang hinauf.

Wo die Wiese in den Hang überging, gab es ein paar kleine Tannen und Büsche, die gute Deckung boten. Wir legten uns ins trockene hellbraune Gras unter den Bäumen und warteten auf die Kolonne. Die Straße war keine fünfzig Meter entfernt, aber uns konnte man nicht sehen. Nur wenn sie anhielten um auszuschwärmen, wurde es gefährlich. Die Soldaten wären dann schneller über den Wiesenstreifen bei unserem Versteck gewesen als wir den Hang hinunter in den Wald verschwinden konnten. Aber warum sollten sie ausgerechnet hier halten?

Das Erste, was wir hinter dem Hügel auftauchen sahen, von dem das immer durchdringendere Motorgeheul zu uns getragen wurde, war ein Kanonenrohr. Darauf ritt in ziemlicher Höhe, nahe der nach vorne gerichteten Mündung, ein Soldat mit einem Fernglas an den Augen. Dann tauchte der zum Kanonenrohr gehörende Turm auf und noch mehr Soldaten, die auf den ebenen Flächen des Panzers hockten.

Der Panzer war nicht viel niedriger als der ihm folgende Lastwagen und so breit, dass seine Ketten ständig in unmittelbarer Nähe der beidseitigen Straßengräben entlang walzen mussten. Mit ruckartigen Steuerbewegungen versuchte der Fahrer, den Koloss auf der Straße zu halten. Die Laufrollen der Ketten waren paarweise abgefedert und bewegten sich schnell über die Unebenheiten. Der Lastwagen dahinter war ein großer olivgrüner Dreiachser mit Plane und einem Gitter vor dem Kühler, das bis über die Scheinwerfer auf den Kotflügeln hochgezogen war.

Die Linien der LKW-Karosserie waren leicht gerundet und hatten Schwung. Mir schien es, als müssten die Konstrukteure dieser Wagen so von der Kraft und der Überlegenheit ihres Werkes überzeugt gewesen sein, dass sie es verstanden hatten, auch der Karosserie einen Ausdruck von unwiderstehlicher Dynamik zu geben.

Das Fahrerhaus war seitlich offen. Wir sahen den Soldaten hinter dem Steuer sitzen, als sie an uns vorbeibrausten. Dem dreiachsigen Lastwagen folgten, immer dicht auf, ein paar kleinere mit zwei Achsen und dann etwa zehn von jenen geländegängigen Pkws, wie wir einen unten am Hang entdeckt hatten. Die meisten zogen einachsige, kastenförmige Anhänger, die mit einer Plane überzogen waren. Alle Fahrzeuge hatten fünfzackige weiße Sterne am Rammschutz und an den Seiten.

Der Lärm der vorbeidonnernden Kolonne machte uns fast taub. Der Boden zitterte. Es dauerte etwa zwei Minuten, dann war die Kolonne hinter dem Hügel in der Mitte des Obstgartens verschwunden. Unsere Gesichter waren nass vom Schweiß der Aufregung.

„Wie kann sich ein Soldat bloß bei so einem Tempo auf einem Kanonenrohr halten?“, dachte Wolf laut.

„Wahrscheinlich war er ein Cowboy. Mein Vater hat mir mal erzählt, dass sie Wettkämpfe machen, wem es gelingt, am längsten auf einem wilden Pferd oder Stier sitzen zu bleiben.“

„Komischer Sport“, fand Wolf.

Er sah den Hang hinunter zu dem im Zaun hängenden Wagen und meinte entschieden: „Die haben genug davon, den brauchen sie nicht auch noch!“

So schnell wir konnten rutschten wir wieder den Hang hinunter und versuchten, den Wagen aus dem Drahtgeflecht zu lösen. Aber die Drähte standen durch das Gewicht des Wagens so unter Spannung, dass sie sich nicht einmal einen Millimeter auf der Stoßstange verschieben ließen. Es war zum Verzweifeln, denn wir hatten nicht viel Zeit. Spätestens morgen würden die Amerikaner beginnen, mit kleinen Trupps die Gegend zu durchstreifen, um nach versteckten Soldaten und SS-Leuten zu suchen. Das hatten wir gehört.

„Es hat keinen Sinn. Wir brauchen einen Bolzenschneider. Ich schleich mich in die Werkstatt und hol ihn“, beendete ich das Gezerre.

„Das nützt überhaupt nichts, solange wir nicht wissen, wo die Kiste den Tank hat. Wenn noch Benzin drin wäre, hätten sie den Wagen

So sah das fremde Auto aus, das wir ohne Nationalitätskennzeichen im Maschendrathzaun am Hang hängen sahen.

doch nicht stehen gelassen.“ Wolf hatte schon die ganze Zeit nach dem Tankdeckel gesucht. Da hatte er Recht.

Wir besaßen zwar noch etwa dreißig Liter Flugzeugbenzin, aber was nützte das, solange wir nicht wussten, wo es reingekippt werden musste. Wir krochen in den Wagen hinein, fanden auch heraus, wie sich die Motorhaube öffnen ließ, aber den Benzintank fanden wir nicht.

Langsam packte uns die Wut über dieses Auto, an dem alles anders war und mit dem wir nicht zurechtkommen konnten. Dabei fuhr ich doch schon seit zwei Jahren Traktor und wusste bei jedem Schlepper und jedem normalen Auto genau, welche Funktion die einzelnen Hebel, Schalter und Pedale hatten!

Wolf fing jetzt an, über den Scheißkarren zu fluchen. Gleichzeitig riss und zerrte er an allen möglichen Teilen des Wagens herum und sparte auch nicht mit Fußtritten, während ich unter den Wagen kroch, in der Hoffnung, vielleicht dort dem Tank auf die Spur zu kommen.

Wolfs durchdringendes Triumphgebrüll „Ich hab’ ihn!“ ließ mich so schnell hochfahren, dass ich mit meinem Kopf schwungvoll gegen die Karosserie über mir stieß. Mit vor Schmerz dumpfem Kopf und

Der Standart-LKW der Amerikaner, der GMC-Truck, war stark geländegängig und hatte Allradantrieb. Dass er sehr viel Benzin schluckte, interessierte die US-Army nicht.

dem Gefühl, dass mir eine Beule wuchs, rappelte ich mich hoch um zu sehen, wo er ihn gefunden hatte.

Der Tank lag dick und rund unter dem hochgeklappten Fahrersitz. Der Deckel ließ sich leicht lösen. Durch die große Öffnung war deutlich der Rand eines Flüssigkeitspegels zu erkennen. Es roch nach Benzin. Aber wenn der Wagen gerade stand, dürfte es nicht reichen, um ihn damit noch in Bewegung zu setzen. Ich warf noch einmal einen Blick in das Innere dieses fremden Autos, das keine Zünd- und Ladekontrolle hatte, aber dafür einen von vier Messinstrumenten eingerahmten Tachometer; das auch keine Handbremse hatte, aber dafür drei Schalthebel, einen langen und zwei kurze. „Ich ras' auf den Hof und hol das Benzin und den Bolzenschneider. Versuch' inzwischen herauszubekommen, wie man die Zündung einschaltet", rief ich Wolf im Wegrennen noch zu.

Ich schlich mich durch die hintere Tennenausfahrt über die Siloleiter und den Heuboden in die Werkstatt, so dass mich niemand sehen und festhalten konnte. Ich fand sofort einen handlichen Bolzenschneider und steckte ihn in den Hosenbund. Nun schlich ich mich – sehr darauf bedacht, keinen Lärm zu machen – auf dem gleichen Weg zurück in die Gerümpelkammer neben dem Silo, wo wir unsere beiden Kanister mit dem Benzin versteckt hatten. Ich griff mir den leichteren der beiden und machte mich auf den Rückweg. Glücklicherweise hatten die Hofgebäude nach Norden hin keine Fenster, so dass die Gefahr nicht sehr groß war, gesehen zu werden.

Vom Rennen war mein Hals ganz trocken und ich hatte schreckliches Seitenstechen. Ich versuchte, den Kanister durch das Gras zu schleifen, aber das gebückte Laufen war nicht weniger anstrengend.

Während des ganzen Weges hatte ich versucht, hinter die Geheimnisse dieses Wagens zu kommen. Konnte es vielleicht sein, dass eines der vier Messinstrumente die Funktion der Zünd- und Ladekontrolle hatte? Und waren die zwei kurzen Hebel rechts neben dem Schalthebel vielleicht Differentialsperren, so wie unser Dieselross-Schlepper auch eine besaß?

„Ich weiß, wie man die Zündung einschaltet", rief mir Wolf entgegen und kam angerannt, um mir den Kanister abzunehmen. Ich fiel erschöpft auf den Beifahrersitz.

„Der linke obere Zeiger ist ein Amperemeter. Wenn ich den Schalter in der Nähe der Lenksäule umlege, bewegt er sich. Das ist wohl so etwas Ähnliches wie eine Zünd- und Ladekontrolle. Dieses Ding zum Rausziehen dürfte die Starterklappe sein, und dieser Krückengriff ist wohl die Handbremse. Weiß der Teufel, warum die so was in die Mitte vom Armaturenbrett packen. So, jetzt kannst du den Schalter für den Anlasser suchen!"

Es ging mir schon etwas auf die Nerven, wie Wolf mir seine Erkenntnisse ausbreitete, während er das Benzin in den Tank gluckern ließ. „Der Anlasser ist da unten", bemühte ich mich um Souveränität.

Der Fußschalter etwa in der Mitte über dem Getriebe konnte eigentlich gar nichts anderes sein. Fußschalter für den Anlasser waren bei Vorkriegsautos nicht außergewöhnlich. Wolf war beeindruckt.

„Aber das hilft uns alles nichts, solange wir nicht wissen, wie diese verdammten drei Schalthebel funktionieren", dämpfte ich seinen Optimismus.

„Das werden wir gleich haben, mach mal Platz."

Ich rutschte auf den Fahrersitz hinüber, der jetzt wieder über dem geschlossenen Tank heruntergeklappt war. Wolf kletterte auf den Beifahrersitz, denn da gab es Metallschilder in englischer Sprache, die er wohl für so eine Art Bedienungsanleitung hielt. Ich beugte mich zu ihm hinüber, um auch mitzubekommen, was er da schon wieder entdeckt hatte.

Es waren drei Schildchen mit blanken Zahlenkästchen, in die Nummern und Buchstabengruppen eingeschlagen waren. Dann entdeckte ich etwas, was ich kannte und ohne die geringsten Englischkenntnisse verstehen konnte: das aufgedruckte Schema einer Dreigangschaltung mit dem Rückwärtsgang links oben und dem ersten Gang links unten, genau wie das bei Autos mit Dreiganggetriebe üblich war.

Ich griff nach dem langen Schalthebel und versuchte, ihn entsprechend dem Schema zu bewegen. Es ging schwer, ungefähr so, wie ich das von unserem Dieselross kannte, und das machte mir den amerikanischen Wagen vertraut.

„Ist gar nicht so schwierig. Das ist der Schalthebel. Die beiden kurzen Hebel sind dann vielleicht für die Differentialsperren von Vorder- und Hinterachse.“ Ich stieß Wolf begeistert mit dem Ellbogen an. Aber der vertraute offenbar mehr diesen Schildchen als meiner Erfahrung mit unserem Dieselross.

Auf dem Schild mit dem Schema für die Gangschaltung waren zwei weitere Zeichnungen abgebildet. Die linke zeigte zwei untereinanderliegende Kreise, neben dem oberen stand ‚OUT‘, neben dem unteren ‚IN‘, darunter die Worte ‚FRONT AXLE DRIVE‘.

„‚Front Axle Drive‘ heißt Vorderradantrieb“, kam mir Wolf schon wieder zuvor. „Es hat gar nichts mit deiner dämlichen Traktoren-Differentialsperre zu tun. Es heißt, wenn man den linken der beiden kleinen Hebel nach hinten zieht, werden auch die Vorderräder angetrieben.“

„Na, wenn du schon alles so toll weißt, was bedeutet dann die andere Zeichnung?“ Ich ärgerte mich, dass er so viel herausfand, obwohl er nie Traktor gefahren war!

Rechts neben den zwei Kreisen mit ‚IN‘ und ‚OUT‘ waren noch mal drei weitere, ebenfalls untereinanderliegende Kreise: Neben dem oberen stand ‚LOW‘, neben dem unteren ‚HIGH‘ und in der Mitte des dritten Kreises war ein ‚N‘.

„‚LOW‘ heißt niedrig und ‚HIGH‘ heißt hoch“, übersetzte Wolf etwas ratlos. „Sehr schlau“, murmelte ich, „und was soll das heißen?“ Die Bedeutung des ‚N‘ war uns beiden ein Rätsel.

Wolf studierte und buchstabierte fieberhaft, was da vor ihm in ein anderes rechteckiges Schild eingeprägt war.

„Was bedeutet denn ‚MPH'?", kam dann die Gegenfrage.

Hier hatte ich glücklicherweise eine Vermutung: „Ich glaube, das bedeutet Geschwindigkeit, wahrscheinlich Meilen pro Stunde", triumphierte ich.

Jetzt begriff ich, worauf Wolfs Frage zielte. Er hatte entdeckt, dass in diesem Schild die Wörter HIGH und LOW wieder vorkamen, darunter standen drei Zahlen, jeweils in Kolonnen untereinander. Die Zahlen im Kästchen unter HIGH entsprachen etwa dem Doppelten der Zahlen im LOW-Kästchen. Hinter den Zahlen in den beiden Kästchen standen die drei Buchstaben ‚M.P.H.'. Diesmal war ich schneller: „Es kann nur eine Geländeübersetzung sein. Die höheren Zahlen geben die Geschwindigkeiten in den drei Gängen ohne Geländeübersetzung an und die niedrigeren, wenn die Geländeübersetzung eingeschaltet ist."

Wolf nickte: „Dann lass ihn an. Wenn er läuft, schneid' ich ihn los." Wolf zog mir den Bolzenschneider aus dem Hosenbund und spielte erwartungsvoll damit.

Ich hatte mir schon Sorgen gemacht, ob er mir den Platz am Steuer streitig machen wollte, aber jetzt baute er offenbar doch auf meine Erfahrung mit dem Dieselross.

Ich zog den Knopf heraus, den wir für die Starterklappe hielten, schaltete die Zündung ein und prüfte, ob sich der lange Schalthebel auch frei hin- und herbewegen ließ, ob also der Leerlauf eingeschaltet war. Wolf zog den linken der beiden kleinen Hebel nach hinten, schaltete also auf Allradantrieb, dann schob er den rechten Hebel nach vorne, damit auch der Geländegang eingeschaltet war.

Ich nickte zustimmend. Mit Allradantrieb und Geländegang war die Chance am größten, den Wagen aus seiner Schräglage heraus und den Hang hinunter zu bringen. Das Tempo im Geländegang war wahrscheinlich auch nicht sehr viel höher als das, was mir vom Traktorfahren vertraut war. Ich drückte mit dem rechten Fuß auf den Anlasserschalter. Der Anlasser arbeitete, aber sonst rührte sich nichts. Ich machte eine Pause und probierte es wieder. Entweder war die Zündung doch nicht eingeschaltet, oder durch die schiefe Lage des Autos war das Benzin aus dem Vergaser gelaufen, und jetzt dauerte es, bis die Benzinpumpe das Schwimmergehäuse wieder gefüllt hatte.

Als ich gerade wieder eine Pause machen wollte, um die Batterie zu schonen, gab es ein paar patschende Zündungen – und plötzlich wurde der Motor mit weichem Brummen und singendem Unterton lebendig. Er reagierte nun auf die kleinste Bewegung des Gaspedals, als habe er die Kraft eines großen Wagens.

Ich fühlte, wie es mir warm wurde vor Aufregung. Auch Wolfs Kopf war gerötet, als hätte er Fieber. Er sah wie hypnotisiert auf die vier kleinen Instrumente, von denen sich jetzt drei in Bewegung gesetzt hatten. Eines bewegte sich ein wenig hin und her, entsprechend den kleinen Tritten, die ich dem Gaspedal gab, um den Motor etwas warmlaufen zu lassen, wahrscheinlich war es der Öldruckmesser.

Wolf riss sich schließlich doch noch von den Instrumenten los, kletterte aus dem Wagen und kappte die Drähte. Der Wagen zitterte etwas und war frei. Ich trat die Kupplung, legte den ersten Gang ein und ließ das Pedal langsam wieder los, während ich etwas Gas gab. Ich ließ die Kupplung sehr langsam kommen, wie ich es beim Traktorfahren gelernt hatte. Wir warteten aufgeregt darauf, wie sich der Wagen in Bewegung setzen würde. Dann war das Kupplungspedal ganz ausgefedert, aber der Wagen hatte sich nicht bewegt.

„An diesem verdammten Scheißkarren ist was kaputt!“, brüllte ich und fühlte, wie mir vor Wut, Anspannung und Enttäuschung die Tränen in die Augen schossen.

„Blödsinn! Du machst was falsch!“, brüllte Wolf zurück.

Ich hätte ihm dafür eine runterhauen können, verpasste aber statt dessen dem Gaspedal einen gewaltigen Tritt, so dass der Motor aufjaulte und der ganze Wagen vibrierte. In diesem Lärm ging unter, was mir Wolf dann sagte.

„Was?“, fuhr ich ihn an, als der Motor sich wieder beruhigt hatte und nur noch leise brummte.

„Weißt du, was ‚N‘ bedeutet?“, machte Wolf etwas leiser einen zweiten Anlauf.

„Woher soll ich wissen, was so ein verdammtes ‚N‘ bedeutet“, fauchte ich zurück.

Ich beugte mich wieder hinüber zum Handschuhfach, an dem das Schema der Dreigangschaltung angebracht war, in der das ‚N‘ auch vorkam. Es konnte nur so sein, dass die Amerikaner mit ‚N‘ die Leerlaufstellung bezeichneten.

„„N‘ müsste der Leerlauf sein. Aber was soll uns das weiterhelfen?“, seufzte ich resigniert.

„Verdammt, das ist es! Die Scheißkiste hat doch tatsächlich zwischen Geländeübersetzung und Straßengang auch noch einen zweiten Leerlauf“, fluchte Wolf.

Ich trat die Kupplung und schob den Rechten der beiden Hebel weiter nach oben, bis es nicht mehr ging. Dann gab ich etwas Gas und ließ die Kupplung los. Langsam wie das Dieselross setzte sich der Wagen in Bewegung. Die Reifen griffen auf dem feuchten Hang, aber das Steuer ging schwer. Mir kam es vor, als würde der Wagen sich immer zuerst überlegen, ob er nun auf mein Drehen am Steuer reagieren sollte oder nicht. Aber ganz allmählich bewegte er sich aus der Schräglage und rollte den Hang hinunter, ungefähr so, wie ich es haben wollte.

Es gab nur einen Weg, den Wagen unbemerkt in unser Versteck zu bringen, das wir seit gut einer Woche am Rand einer Waldwiese unterhalb unseres Wohnhauses vorbereitet hatten. Der führte zuerst über Viehkoppeln den Berg entlang, dann schloss sich ein Waldweg an, der schließlich in die Lichtung mündete, die wir uns ausgesucht hatten. Dass wir uns da einigermaßen sicher fühlten, hatte einen einfachen Grund: Die Lichtung lag etwas erhöht und der Waldweg, über den sie aus östlicher und westlicher Richtung zu erreichen war, führte von beiden Seiten durch eine sumpfige Senke. Dichtes Unterholz machte den Wald hier ziemlich unpassierbar. Wenn wir alle Bretter beiseite schaffen würden, auf denen wir das schlammige Terrain überqueren wollten, müssten wir eigentlich vor ungebetenen Gästen, die die Wälder nach Ess- und Brennbarem absuchten, ziemlich sicher sein.

Aber schon der Anfang des Weges war so, dass ich mich selbst mit dem Traktor nur in einem sehr trockenen Sommer darüber gewagt hätte. Es war ein etwa zwei Meter breiter Durchtrieb zwischen zwei Koppeln neben einer Viehtränke. Hier war der Boden vom Überlauf der Tränke immer aufgeweicht, so dass die Kühe bis über die Gelenke einsanken, wenn sie passieren mussten.

Hier mussten wir auch durch!

Ich ließ den Wagen leise singend, fast ohne Gas, im Schritttempo auf die morastige Lücke im Zaun zurollen und gab dann etwas Gas. Einen Moment war es, als würde der Wagen wegsacken in der von den Hufen der Kühe zerwühlten weichen Erde, aber dann merkte ich, dass er das Tempo hielt. Er pflügte rumpelnd durch den Dreck. Die Schleifgeräusche der Karosserie auf dem aufgeweichten Boden waren lauter als das helle Brummen des Motors und das Singen der vielen Zahnräder in den Getrieben und Achsen.

Das schrille „Halt!“ von Wolf störte mein Hochgefühl, als wir wieder Wiese unter den Rädern hatten. Ich war so begeistert von diesem Wagen, für den es kein Hindernis zu geben schien, dass ich überhaupt nicht verstand, warum ich jetzt schon wieder halten sollte.

„Wir müssen die Spuren wegmachen! Die Amerikaner kennen doch die Profile ihrer Reifen. Die fangen sofort an, die ganze Gegend abzusuchen, wenn sie sehen, dass hier eines ihrer Autos gefahren ist.“

Es blieb leider nichts anderes übrig, als schon wieder zu halten, denn Wolf hatte recht.

Er sprang heraus, kam auf meine Seite und löste eine Schaufel aus der Halterung, die längs an der Karosserie befestigt war.

„Die Amerikaner denken doch wirklich an alles! Für dich ist auch noch ein Beil da“, frotzelte Wolf und machte sich an die Einebnung des Geländes. Da wir von oben noch zu sehen waren, arbeiteten wir so schnell wie möglich, denn die Amerikaner konnten jeden Moment dort auftauchen. Verglichen mit dem morastigen Durchtrieb, waren die Spuren unserer Reifen auf der Wiese nicht so auffällig. Wahrscheinlich waren sie schon sehr bald nicht mehr zu sehen.

Sehr befriedigt von unserer Arbeit, rollten wir über die Alm. Dann stoppte ein Stacheldrahtzaun unseren Weg. Ich musste anhalten. Wolf sprang heraus, schnitt die Drähte durch und zog sie auf die Seite, als wäre es das Selbstverständlichste von der Welt. Ich hatte zwar ein schlechtes Gewissen dabei, weil sich die Kälber, die hier bald hingetrieben werden würden, durch dieses Loch in den Wald davonmachen konnten, sagte aber nichts, das Auto war wichtiger.

Wenn man nicht oder fast nicht aufs Gaspedal trat, fuhr sich das Auto im Geländegang und mit eingeschaltetem Vierradantrieb ähnlich wie ein Traktor mit Höchstgeschwindigkeit. Auch hier waren die Sitze hart und unbequem. Diesem Wagen schien es auch vollkommen gleichgültig zu sein, ob man auf der Straße, über Wiesen und Hänge oder, wie wir jetzt, über einen Waldweg fuhr; von der Federung merkte man kaum etwas. Das eiserne Steuerrad und die Pedale und Hebel gingen schwer. Es war alles, wie ich es kannte.

Jetzt rumpelten die Räder über dicke Baumwurzeln, die Nadeln und Blätter der Büsche und Tannen auf beiden Seiten des enger werdenden Weges strichen an der Karosserie entlang. Wir näherten uns dem Hohlweg, durch den wir mussten, ehe wir den Sumpf erreichten. Plötzlich plagte mich die Vorstellung, der Wagen könnte für den letzten Teil des Hohlweges einfach zu breit sein, so dass wir uns in dem Einschnitt festrennen würden und eingeklemmt wären wie in einem Schraubstock.

„Meinst du, der Hohlweg ist breit genug?" Wolf merkte, dass ich Angst hatte.

„Fahr' so weit links wie du kannst, wenn es rechts nicht mehr geht, schrei' ich", sagte Wolf und streckte den Kopf auf seiner Seite heraus in den Fahrtwind.

Der Hohlweg wurde tatsächlich immer enger. Ich visierte den Hang an und versuchte, den Wagen so zu steuern, dass die eckige Blechkante des linken vorderen Kotflügels Gräser und Farne, die am Abhang wuchsen, gerade noch wegschrammte, aber sich nicht festrammte.

Auch von der anderen Seite des Wagens kamen nun schürfende Geräusche und das Peitschen von zurückschnellenden Zweigen.

„Gib Gas", brüllte Wolf.

Ich trat aufs Gaspedal. Der Wagen versetzte uns aufheulend einen Schlag in den Rücken. Dann war es, als wollte er auf meiner Seite aus dem Hohlweg herausklettern, wahrscheinlich, um sich dann zu überschlagen und uns auszuladen. Ich riss das Steuer nach rechts, aber er hatte nicht vor, so schnell darauf zu reagieren. Mir war, als wollte er mir in diesem kurzen Kampf beweisen, dass ich ihn nur so lange beherrschte, wie ich den Fuß vom Gaspedal ließ und mich damit zufrieden gab, dass er mit der Geschwindigkeit eines Traktors durch das Gelände zockelte.

Aber dann überlegte er es sich doch noch und zog etwas nach rechts. Ehe er seine Kletterei auf Wolfs Seite beginnen konnte, war der Hohlweg zu Ende und der Sumpf kam auf uns zu.

„Jetzt gib es ihm", brüllte Wolf.

Ich trat das Gaspedal durch. Es war, als würde der Wagen vom festen Boden abheben wie ein Flugzeug. Dann patschte und spritzte es, als ob man einen riesigen Stein in einen Sumpf wirft. Wir sahen, wie der Wagen nach allen Seiten Dreck hoch schleuderte und immer tiefer einsank. Aber davon war nichts mehr zu hören, das Heulen des Motors übertönte alle anderen Geräusche. Doch wir kamen vorwärts. Ich spürte, wie sich der Wagen vorne anhob. Die Vorderräder hatten bereits festen Boden unter sich. Ich ging vom Gas, und es wurde still.

„Mensch, ist das ein Auto“, staunte Wolf und blies die Luft anerkennend durch die Nase. Wir waren glücklich und erschöpft.

Der Wagen passte gut in das vorbereitete Versteck. Bis zu den Einstiegsausschnitten mit einer Schlammschicht überzogen, stand er auf der freigeschlagenen Stelle im dichten Unterholz und dampfte. Es war das Wasser, das mit den heißen Teilen des Motors und des Auspuffs in Berührung gekommen war.

Wir griffen noch einmal zu Schaufel und Beil, um die Spuren im Hohlweg und im Sumpf zu verwischen. Dazu zogen wir uns bis auf die Unterhosen aus, um nicht durch schmutzige Kleider lästige Fragen unserer Mütter zu provozieren. Wir waren von der Aufregung so erhitzt, dass wir die Kälte erst merkten, als wir uns den Dreck an einer nahen Quelle wieder abwuschen.

Schlotternd und tropfend rannten wir barfuß zu unserem Auto zurück und rissen die Motorhaube auf. Ich ließ den Motor wieder an. Auf den Kotflügeln kniend, beugten wir uns so weit wie möglich über die wohlige Wärme, die da vom Motorblock und Kühler aufstieg. Nach ein paar Minuten, in denen wir uns über unserer Wärmequelle drehten und wendeten, waren wir nicht mehr ganz so nass. Wir zogen uns wieder an und schlossen das Versteck mit sorgsam präparierten Ästen, Zweigen und kleinen Bäumchen, so dass von unserem Auto nichts mehr zu sehen war.

Dann gingen wir zum Sumpf zurück und schleppten alles, was da an Brettern herumlag, weit weg in ein sicheres Versteck im Unterholz. Jetzt konnte niemand mehr unserem Versteck zu nahe kommen, es sei denn, er wollte durch den Dreck waten. Wir selbst kannten einen Wildpfad, über den man die Wiesen oben auf dem Bergrücken erreichen konnte, wenn man dabei auch teilweise kriechen musste. Dort oben lagen unser Wohnhaus und der Hof.

Von hinten schien das Wohnhaus wie ausgestorben. Das beruhigte uns. In den letzten Tagen hatte sich unsere Heimkehr immer nach dem gleichen Ritual abgespielt. Irgendjemand entdeckte uns und brüllte etwas Unverständliches, aber das spielte keine Rolle. Wir wussten sowieso, dass sie sich über unser langes Verschwinden aufregten. Darauf reagierten wir, indem wir die Säcke mit unserer Beute schwenkten, wie nach langer Abwesenheit heimkehrende Krieger ihre Jagdtrophäen. Das hatte immer eine beruhigende Wirkung, denn unsere Beutekonserven verbesserten die Mahlzeiten für die bei uns untergekrochenen Verwandten und Flüchtlinge sehr.

Aber wo waren sie jetzt bloß alle?

Auch als wir den Garten erreicht hatten, konnten wir nirgends jemanden entdecken. Hatten sie sich vielleicht im Keller versteckt, aus Angst vor den Amerikanern? Ich blieb stehen, aber davon hielt Wolf nichts und packte mich am Ärmel, um mich wieder in Bewegung zu setzen. Ich folgte ihm zögernd durch den Garten und um das Haus herum.

Nun war es zu spät abzuhauen. Ein Amerikaner, der uns gehört haben musste, sah um die Ecke und zeigte uns mit seiner Maschinenpistole, dass wir ihm zu folgen hätten. Vor dem Eingang standen zwei jener Autos, wie wir eines gerade in unser Versteck geschafft hatten.

Wussten sie schon alles? Hatten hier nur noch auf uns gewartet? Würden sie uns jetzt mitnehmen, weil wir ihr Auto gestohlen hatten?

„Come on“, kommandierte der Soldat und deutete, vor uns hergehend, erst auf die Haus- und dann im Flur auf die Wohnzimmertür. Sämtliche Türen standen offen. Überall liefen Soldaten herum, rissen Schränke und Schubladen auf und verständigten sich durch kurze Rufe. Mit der lautlosen Behändigkeit von gut trainierten Sportlern in weich besohlten Schuhen hatten die Amerikaner von unserem Haus Besitz ergriffen.

Wolfs Mutter stolperte schimpfend die Treppe herunter, einen Amerikaner mit der Maschinenpistole an der Hüfte hinter sich. Sie jammerte über die Rücksichtslosigkeit, mit der die Amerikaner das Haus auf den Kopf stellten, die dabei nicht einmal auf den todkranken Opa Rücksicht nehmen würden. Aber der Soldat sagte nur: „Shut up.“ Wahrscheinlich verstand er gar nichts von dem Gejammer.

„Gott sei Dank seid jetzt wenigstens ihr da!“, begrüßte sie uns. Ehe wir in der Wohnzimmertür verschwinden konnten, griff der Amerikaner nach unseren Säcken, sah hinein und gab sie uns zurück. Im Wohnzimmer waren alle Hausbewohner zusammengetrieben, bleich, sprachlos, ohne jede Bewegung saßen oder standen sie herum wie Mumien.

„Müsst ihr ausgerechnet dann durch die Gegend streunen, wenn die Amerikaner kommen? Wo ward ihr denn bloß wieder?“, raffte sich meine Mutter zu einem milden Geschimpfe auf. Diese gedankenlos abgespulte Routinefrage verhalf Wolf zu dem Einstieg in die von uns vorbereitete Verteidigung: „Wir rennen wie die Wilden durch die Gegend, um Lebensmittel für alle zu suchen, und ihr beschimpft uns auch noch dafür, weil zufällig die Amerikaner kommen“, maulte er beleidigt und packte seinen Sack mit beiden Händen an den Eckzipfeln und leerte den Inhalt auf den Boden. Ich bewunderte ihn sehr für diese Kaltschnäuzigkeit und kippte meinen Sack dazu.

„Wenn man nur wüsste, was jetzt bloß werden soll“, stöhnte meine Mutter.

„Ihr werdet sehen, sie setzen uns jetzt alle auf die Straße“, jammerte eine dickliche Tante von uns, die sich, ohne viel zu fragen, bei uns einquartiert hatte und in der Küche half.

‚Hat das Ganze vielleicht doch nichts mit dem von uns gestohlenen Auto zu tun?‘ dachte ich, als mich ein Knierempeln von Wolf aufschreckte.

„Die Amerikaner plündern das Haus, sonst nichts!“, flüsterte er mir zu und betonte die beiden letzten Worte vielsagend. Dann wurde die Tür aufgestoßen und ein Amerikaner baute sich breitbeinig im Rahmen auf.

„You have to leave the house until tomorrow in the evening and don't forget the old man“, teilte er uns mit. Hinter ihm sah ich einen anderen Soldaten durch die Haustür verschwinden, behängt mit einem Fernglas, zwei Fotoapparaten und Schmuck.

Wolf hatte recht gehabt. Die Plünderung und Beschlagnahme unseres Hauses hatte nichts mit dem versteckten amerikanischen Auto zu tun.

Wir mussten bis morgen Abend alles zusammenpacken, was wir brauchten oder keinesfalls den Amerikanern überlassen wollten, und in unser altes Hofgebäude umziehen. Da der alte Kasten schon vor der Beschlagnahme unseres Wohnhauses voll belegt war, wurde es nun richtig eng.

Für uns fanden sie im Haus keinen Platz mehr zum Schlafen, bei den Frauen wollten sie uns nicht unterbringen, bei den Männern war es zu voll. Wir taten meiner Mutter sehr leid, weil sie uns in der Werkstatt unterbringen musste. Wir fanden das aber prima, da waren wir ganz für uns allein.

Wolf und mich beschäftigte in den nächsten Tagen vor allem eines: Würden wir es schaffen, unser verstecktes Auto wieder in Gang zu kriegen?

Zuerst getrauten wir uns einige Tage gar nicht zu unserem Versteck, denn schon am ersten Tag überraschte uns ein Amerikaner in einer Gegend, von der wir geglaubt hatten, da kämen sie bestimmt nicht hin. Das Motorengeräusch, das uns der Wind zutrug, kannten wir genau. Es war das weiche Brummen, das vom hellen Singen der Getriebe untermalt wurde.

„Verdammt, ist man denn nirgends vor denen sicher?!“, fluchte Wolf.

Der Wagen tauchte jetzt hinter einem Hügel auf, kam direkt auf uns zu und hielt neben uns. Der Soldat, der allein im Wagen saß, steckte in einem olivgrünen, gefütterten Mantel, der seinem Körper ein rundliches Aussehen gab. Diese Uniform reichte bis zu den Knien und war so sauber, als käme sie gerade aus der Reinigung. Unter dem bis über die Augen heruntergezogenen Helm war ein junges, frisch rasiertes und vom Fahrtwind gerötetes Gesicht zu sehen. Er griff neben sich auf den rechten Sitz und zeigte uns eine deutsche Maschinenpistole, bei der das Magazin fehlte. Er deutete auf die Öffnung, in die es hineingehörte und fragte: „I've been looking everywhere for ammunition for this fine gun, can you help me?“

Ich verstand genau, was er von uns wollte, wir hatten schon einiges an solcher Munition verballert, aber warum sollten wir ihm helfen, Magazine zu finden, ohne zu wissen, was er uns dafür geben würde. Wolf dachte wohl ähnlich, denn nach einigem Zögern meinte er: „Very difficult!“

Der Amerikaner schob seinen Helm nach hinten. Ich sah den roten Streifen, den der Helmeinsatz quer über seine Stirn gezogen hatte, und seine grauen Augen, die daran gewöhnt zu sein schienen, die Gegend nach möglichen Gefahren abzusuchen.

Er kniff die Augen zusammen, sah uns kritisch an und meinte: „O.k. boys, let's make a deal. I'll give you three cans of corned beef and three bars of chocolate for every magazine you show me.“

Dieses Angebot war so gut, dass wir dafür etwas tun mussten. Wolf stieß mich an und flüsterte: „Wir zeigen ihm einfach die Kapelle, wo die Frauen die Waffen zusammentragen. Da werden wir schon noch etwas finden." Ich fügte ein paar Brocken aus meinem Englischunterricht zu einem „come along with us" zusammen.

Die Aussicht auf die Magazine für das kostbare Beutestück machte den Amerikaner ganz munter.

„Very good!", bekräftigte er, bedeutete uns einzusteigen und klopfte Wolf und mir mit seiner behandschuhten Hand kräftig auf die Schulter. Sein dunkelbraun glänzender Schnürstiefel mit der dicken Gummisohle glitt aus dem runden Bogen des Einstiegs zurück auf die Kupplung. Der Wagen rollte an. Ich hatte mich vorne hingesetzt und zeigte die Richtung. Der Soldat wendete den Wagen und raste über den matschigen Weg am Waldrand entlang. Ich suchte nach einem Haltegriff, fand aber nur die Kanten eines winkligen Blechgestells vor mir; vermutlich war es ein Gewehrhalter.

Während der Fahrtwind langsam durch meine Kleider drang, versuchte ich, mich im Wagen zu orientieren. Vor allem der Tachometer irritierte mich sehr; er zeigte nur das lächerliche Tempo von 40 an, während es mir vorkam, als wenn wir mit knapp 80 durch den Dreck rasten. Dann fiel mir ein, dass der Tachometer ja Meilen pro Stunde anzeigte. Das war etwa ein Drittel weniger als unsere Kilometer pro Stunde.

Aus der Stellung der beiden kleinen Hebel neben meinen Knien ergab sich, dass die Straßenübersetzung und der Hinterradantrieb eingeschaltet waren: Der linke Hebel war nach vorne geschoben, der rechte nach hinten.

Als wir bei der Kapelle ankamen, sahen wir, dass die Frauen und ein paar alte Bauern immer noch beim Einsammeln der Waffen waren. Ein französischer Kriegsgefangener, den die Amerikaner zum Dorfpolizisten gemacht hatten, war der Organisator der Aktion. Die Frauen kamen mit den Waffen aus allen Richtungen auf die Kapelle zu. Sie steckten in den Uniformen ihrer Männer oder in alten Pullovern, Strickjacken und Mänteln, die sie sich in den letzten Tagen aus Wehrmachtsdecken geschneidert hatten. Ihre Haare hatten sie zu Knoten festgesteckt oder unter Tüchern verborgen. Sie schleppten Gewehre, Maschinengewehre, Handgranaten, Magazine, Munitionsgurte und Panzerfäuste zusammen. Manche Frauen trugen die Waffen fest in der Hand, manche ängstlich mit spitzen Fingern. Es waren Waffen, mit denen ihre Männer, Söhne und Brüder Menschen umgebracht hatten, die von den Nazis zu Feinden des deutschen Volkes erklärt worden waren.

In Dialekten, die ich noch nie gehört hatte, sprachen sie manchmal ein paar Sätze miteinander, aber meist schleppten sie stumm alles herbei, was nach Waffen aussah, um möglichst schnell all das Zeug loszuwerden, was mit dem Krieg zusammenhing.

Den amerikanischen Soldaten, der – von diesem Anblick irritiert – vor dem Eingang der Kapelle einen Moment lang in seinem kleinen offenen Wagen sitzen geblieben war, sah keine an. Er stieg aus, wir folgten ihm, um ihm bei der Suche nach den Magazinen zu helfen.

In der Kapelle waren die beiden kurzen Bankreihen bis zum Altar vorgeschoben worden, um Platz zu schaffen. Als wir in den dämmrigen Raum eintraten, sahen wir den Waffenhaufen. Er war so hoch, dass er etwa die Höhe des Bauchnabels des gekreuzigten Jesus auf dem Altarbild erreicht hatte. Wir machten uns systematisch auf die Suche, aber das Ergebnis war nicht gerade überwältigend. Immerhin hatten wir zwei Magazine und ein paar Pappschächtelchen mit 9-mm-Munition zutage gefördert und es sah so aus, als ob der Amerikaner mit dem Ergebnis zufrieden wäre.

Ein Magazin schob er sofort triumphierend in seine erbeutete Maschinenpistole, während das andere und die Munitionsschachteln in den tiefen Taschen seines Uniformmantels verschwanden. Er schwang sich ans Steuer und bedeutete uns, wieder einzusteigen.

Nun war es, als hätte der Amerikaner plötzlich Zeit. Die Rechte am Schalthebel und den Fuß auf der Kupplung, die er trat, wenn der kaum gefederte Wagen zu hart durch die Schlaglöcher rumpelte, ließ er das kleine Auto mit gemütlich brummendem Motor selbst seinen Weg ins Dorf hinunter suchen. So kam es uns jedenfalls vor.

Auf der Wiese vor den ersten Häusern hatten die Amerikaner ein Zelt aufgestellt. Davor stand ein Schnellfeuergeschütz, den Lauf auf uns gerichtet. Aber es war nicht besetzt. Ein Posten, der uns gehört haben musste, schob die am Zelteingang lose herunterhängenden Planen mit dem Lauf seiner Maschinenpistole auseinander, während er sich mit der anderen Hand seinen Helm aufstülpte. Wahrscheinlich hatte er im Zelt auf seinem Feldbett gelegen. Jedenfalls passte ihm die Störung nicht. Er bedeutete dem Fahrer zu halten, zeigte auf uns und brummte: „Fraternization is forbidden."

„These kids are too small to be big Nazis, Corporal", antwortete der Fahrer und grinste.

„You'd never know, they began with their Nazi-crap already in the kindergarden", maulte der Posten zurück.

Wolf hatte, wie auch ich, nur das Wort ‚Kindergarten' verstanden, aber das genügte ihm, um sich in die Auseinandersetzung einzuschalten. Ich sah, wie er plötzlich die Hände faltete und den Kopf senkte. Dazu musste er sein unschuldigstes Kindergesicht aufgesetzt haben, was ich leider nicht sehen konnte, da ich hinter ihm saß. Dann sagte er mit heller Stimme: „Händchen falten, Köpfchen senken und an Adolf Hitler denken."

Der Fahrer fing so an zu lachen, dass seine Hände, die immer noch auf dem Lenkrad gelegen hatten, auf seinen Bauch rutschten. Auch die grimmige Miene des Postens entspannte sich etwas. Dann musste Wolf seine Darbietung wiederholen, und wahrscheinlich, weil er nun sein Sprüchlein ganz langsam herunterbetete und mit seinen Gesten unterstrich, so dass die beiden die Bedeutung der Worte begreifen konnten, gelang es ihm, die Soldaten beim zweiten Mal noch mehr zum Lachen zu bringen.

„O.k., go on." Der Posten winkte, dass wir weiterfahren sollten.

Während der Fahrer den Gang einlegte und der Posten wieder seinen Helm abnahm, hörten wir ihn noch sagen: „These kids are too funny to be Nazis! The God damned Nazis never are funny."

Der Amerikaner trat wieder aufs Gas und der kleine Wagen raste auf das Dorf zu. Es zog sich eine Anhöhe hinauf, die mit einem steilen Abhang in die Ebene des Tales auslief. Die Häuser waren auf beiden Seiten in den Hang hinein gebaut und die Straße schlängelte sich wie ein großes S zwischen den hohen fensterlosen Mauern nach oben. Auf der weiß gekalkten Mauer des ersten Hauses hatten die Amerikaner mit groben schwarzen Strichen unübersehbar zwei Zeilen gepinselt:

Drive carefully.

Death is so permanent.

Ich verstand ungefähr, was das bedeutete, hatte aber nicht den Eindruck, dass diese Mahnung den Amerikaner beeindruckte. Ohne Sicht nach oben raste er in der Mitte der Straße durch die Kurven nach oben. Die Hausmauern auf beiden Seiten warfen die Motorgeräusche und das Singen der Zahnräder auf uns zurück, so dass wir das Gefühl hatten, von einer unbändigen Kraft den Berg hinauf geschoben zu werden. Wir hatten Glück, es kam kein Fahrzeug entgegen.

Im Lager der Amerikaner auf dem Dorfplatz bekamen wir, was ausgemacht war. So entwickelte sich im Frühjahr 1945 eine wunderbare Geschäftsbeziehung zwischen uns und dem Soldaten.

Die nächsten Tage blieb unser Wagen in seinem Versteck. Wir verbrachten viel Zeit damit, die Amerikaner zu beobachten, die jetzt in unserem Wohnhaus saßen. Wir versuchten herauszufinden, wo wir sicher vor ihnen waren, wenn wir unseren Wagen wieder aus dem Versteck holen würden. So lernten wir einiges über ihre Gebräuche. Ihren kleinen Wagen, wie wir ihn in unserem Versteck hatten, nannten sie Jeep und das Zufußgehen schätzten sie gar nicht. Wir sahen sie immer nur, wie sie schnell und durchtrainiert zu ihren Wagen sprinteten und eine lange Staubfahne hinter sich herziehend, auf der Landstraße verschwanden. Das war auch abends so, nur trugen sie da ihre schicksten Uniformen und kamen nach spätestens einer halben Stunde mit Mädchen in ihren Jeeps wieder zurück. Wenn alle Jeeps wieder vor dem Haus standen, konnten wir sicher sein, dass in den nächsten Stunden keiner auftauchen würde, und so ließen sich gefahrlos Lebensmittel, Zigaretten oder ‚Pariser' stehlen, die in den Autos liegen geblieben waren.

„Wisst ihr, warum sie uns aus dem Haus geworfen haben", schimpfte die Tante mit aller Entrüstung, zu der sie wegen ihrer Fettleibigkeit fähig war. „Bloß damit die sich da einen Puff einrichten können." Das Gemaule schien aber niemand am Abendbrottisch zu interessieren.

Nach ein paar Tagen waren wir ziemlich sicher, dass wir in den Wäldern und den abgelegenen Wiesen keinem Amerikaner mehr begegnen würden. Nur in den ersten Tagen nach dem Einmarsch waren wir amerikanischen Soldaten begegnet, die zu Fuß durch die Wälder liefen und uns nach noch herumliegenden Waffen gefragt hatten. Aber nachdem das ganze Gebiet durchstreift worden war, begegneten wir keinem Amerikaner mehr, der nicht in einem Lastwagen oder einem Jeep saß.

Es gab noch eine weitere Angewohnheit der Amerikaner, die gut zu unserem Plan passte, unseren Jeep wieder aus seinem Versteck zu holen. Den ganzen Tag war sehr laut die Musik ihres Soldatensenders AFN zu hören. Dadurch waren sie wie unter einer Schallglocke von der Umwelt abgeschnitten. So bekamen sie keine verdächtigen Motorgeräusche aus dem Wald mit. Wir wussten, dass man die Motorgeräusche von Autos oder Traktoren kilometerweit hören konnte, wenn der Wind richtig stand und es still war. Wir lagen im Gras unter einer Tanne in der Nähe des Hauses und hörten den Schlagern der Amerikaner zu. Einer kam besonders oft über den Sender und bestand nur aus zwei Worten: „Hey Babariba" verstanden wir oder so ähnlich. Der andere Schlager, der oft über den Sender lief, hatte den Refrain „Don't fence me in".

Ich war neugierig und fragte meine Mutter, was dieser Satz bedeuten würde. Fence bedeute Zaun. Also hieße das so ungefähr ‚Sperr mich nicht ein'.

„Die Amerikaner sind merkwürdig", fand meine Mutter. „Sie singen immer dieses Lied mit dem Refrain ‚Sperr mich nicht ein', und dann sperren sie alle ein, die sie erwischen können, wie deinen Vater."

An einem sonnigen Tag wagten wir es schließlich. Wozu hatten wir den Jeep erbeutet, wenn wir uns nicht trauten, auch damit zu fahren.

Aus unserem beschlagnahmten Haus drang sehr lauter Jazz. ‚Sing sing sing' waren die Worte des Sängers, die wir verstanden. Wir erreichten den Wald, ohne dass uns jemand gesehen hatte. Die sumpfige Senke, die den Weg auf der anderen Seite hinunter ins Tal auch schwer passierbar gemacht hatte, war ausgetrocknet. Nun lockte unser Jeep unwiderstehlich. Im Wald fühlten wir uns sicher. Hier kannten wir die Wildwechsel durch das Unterholz und wussten Fluchtwege nach allen Himmelsrichtungen, falls uns jemand begegnen sollte, der irgendwie gefährlich aussah.

Je mehr wir uns dem Sumpf näherten, desto leiser wurde die Musik der Amerikaner. Irgendwann war sie im Konzert der Vögel untergegangen, aber nun konkurrierten die Frösche aus dem Sumpf mit ihnen. Dann plötzlich, als wir gerade unsere Schuhe auszogen, schwiegen die Frösche und die Vögel konnten wieder triumphieren. Unsere Füße versanken bis über die Knöchel in dem kühlen, braunschwarzen Brei aus Erde und verwesten Pflanzen. Es roch modrig.

Unser Jeep war so perfekt versteckt, dass wir uns genau orientieren mussten, um an der richtigen Stelle in das dichte Unterholz einzudringen. Wenn man sehr genau hinsah, konnte man einige Zweige entdecken, die in verdächtiger Weise die Blätter hängen ließen. Es war wohl notwendig, sie alle paar Tage zu erneuern, wenn wir ganz sicher sein wollten, dass niemand unseren Wagen entdeckte.

„Dreck ist doch auch ein guter Tarnanstrich", fand Wolf, als wir den Wagen so weit freigelegt hatten, dass wir unseren Besitz in seiner ganzen Größe übersehen konnten.

Tatsächlich fanden wir ihn aber jetzt zu dreckig. Nachdem wir in den letzten Wochen die Amerikaner ständig mit ihren frischgewaschenen Jeeps herumflitzen gesehen hatten, an denen man keinen einzigen Dreckspritzer sehen konnte, hatten wir uns wohl eingebildet, jetzt einen genauso tollen Wagen zu besitzen. Aber unserer war einige Zeit in den Händen der Verlierer gewesen, die keine Zeit für die Pflege des Autos gehabt hatten. Auch die Erdkrusten von unserer Fahrt durch den Sumpf machten das Auto nicht attraktiver. Sie waren vom Trocknen rissig geworden und begannen abzubröckeln.

„Der sieht ja aus, als wäre er in Russland in der Schlammperiode gewesen!", meinte Wolf und dann: „Lass du ihn an, aber mit Fahren bin jetzt ich dran."

Autos mit einer Sechs-Volt-Anlage zu starten, die längere Zeit gestanden hatten, war immer spannend. Durch das Stehen war meist das Benzin aus dem Schwimmergehäuse des Vergasers verdunstet und die Batterie schwach geworden. Die Benzinpumpe aber wurde vom Motor angetrieben und nahm ihre Arbeit nur so lange auf, wie man den Anlasser drehen ließ. Nun kam es darauf an: Brach die Batterie zusammen oder reichte ihre Ladung noch, um mit dem drehenden Motor das Benzin bis an die Vergaserdüse zu schaffen?! Ich versuchte mehrmals zu starten, aber das Ergebnis klang wenig überzeugend.

„So wie du das machst, wird das nichts", maulte Wolf und war schon mit seinem linken Fuß auf dem Schalter in der Mitte des Fußraums. Der Anlasser schlug sich wimmernd mit dem kalten Motor herum, aber Wolf kannte kein Erbarmen. Dann gab es plötzlich so etwas wie eine Zündung, die den Wagen ein wenig schüttelte – und er lief! „Jetzt tritt ihn mal richtig, damit er nicht auf die Idee kommt, wieder zu verrecken", kommandierte Wolf.

Ich ließ den Motor einige Male aufjaulen und ging dann langsam mit der Starterklappe zurück. Rauch und Benzingestank aus dem Auspuff ließen nach. Auch, was die Zeiger der vier kleinen Armaturen anzeigten, befriedigte uns. Der Tank war etwa halb voll, die Lichtmaschine lud und Öldruck war auch da. Nur der Temperaturanzeiger für das Kühlwasser rührte sich noch nicht. Wolf und ich wechselten die Plätze.

Da ich schon nicht fahren konnte, bekam ich Lust, wenigstens den Chef zu spielen. Ich räkelte mich lässig auf meinem Sitz, den rechten Fuß stützte ich im Türausschnitt ab, so dass die vordere Hälfte in den Fahrtwind ragte, das linke Knie hing neben den beiden kurzen Hebeln für Geländegang und Allradantrieb. Genauso thronten die amerikanischen Offiziere auf dem Beifahrersitz ihrer Jeeps.

„O.k., Private, let's go!" kommandierte ich.

„Aye, aye Captain", reagierte Wolf. Er hatte sich sehr genau angeschaut, wie ich gefahren war, aber wahrscheinlich fürchtete er doch, sich zu blamieren. Natürlich krachte es schon beim Einlegen des Rückwärtsgangs, weil er die Kupplung nicht ganz durchgetreten hatte.

„God damned gear-jammer", knurrte ich. So hatte ein weißer Sergeant einen schwarzen Fahrer beschimpft, dem das Gleiche bei einem Lastwagen passiert war. Der Ausdruck bezeichnete offenbar jemanden, der ein Getriebe zu Marmelade macht.

Überhaupt hatten sich unsere Kenntnisse der englischen Sprache verbessert, allerdings nicht so, dass unsere Oxford-Englischlehrer daran ihre Freude gehabt hätten. Der Grund dafür war ein erbeuteter Wehrmachtsoffiziers-Empfänger, den wir in unserem Lager aufgestellt hatten. Er lief immer, wenn wir im Raum waren, und es gab für uns nur eine Einstellung: den amerikanischen Soldatensender AFN.

Eigentlich musste ich zugeben, dass Wolf seine Sache gut machte. Er brachte den Jeep ohne weitere Getriebekratzerei aus dem Versteck und fuhr mit der Geländeübersetzung die Waldwiese entlang, um die Steuerung auszuprobieren. Dann ließ er den Wagen leise brummend den Weg durch die Waldlichtungen hinunterrollen. Auch die andere sumpfige Senke passierte er gekonnt durch einen kräftigen Tritt aufs Gas.

Ehe die Bäume auf der rechten Seite aufhörten, stoppten wir und ließen den Motor laufen, um die Batterie aufzuladen. Ich behielt das Amperemeter im Auge, Wolf musste mal kurz hinter einen Baum. „Verdammt noch mal, da sind Leute!", kam er zurückgerannt.

Wir gingen ein Stück weiter nach vorne, wo die Bäume auf der rechten Seite aufhörten und man einen Teil der Ebene übersah. Da liefen Leute, vermutlich Frauen, über die Wiesen, wahrscheinlich auf der Suche nach irgendwelchen essbaren Gewächsen wie Sauerampfer oder Löwenzahn. Sie waren zwar ziemlich weit weg und hatten uns auch gar nicht gesehen, aber die Tatsache, dass wir mit unserem Jeep auf Leute stoßen konnten, erschreckte uns. Jeder, der uns mit dem Auto sah, konnte uns die Amerikaner auf den Hals hetzen. Seit wir das Auto entdeckt hatten, waren wir von dem Gedanken, das Auto zu besitzen, so fasziniert, dass wir nie darüber nachgedacht hatten, wie gefährlich es sein würde, damit herumzufahren.

„Komm, wir machen erst mal ‚ne Pause und rauchen eine", schlug Wolf vor.

Er hatte gestern, als wir wieder einmal an unserem Haus vorbeigeschlichen waren, eine angebrochene Packung amerikanischer Zigaretten aus einem der dort parkenden Jeeps geklaut. Wir setzten uns wieder auf unsere Plätze im Wagen.

„Es wird Zeit, mal herauszufinden, was so toll an den Dingern ist. Schon für eine Packung gehen die Frauen mit den Amerikanern ins Bett", verkündete Wolf, während er sich eine Zigarette in den Mundwinkel steckte. Nur das Wehrmachtsfeuerzeug wollte noch nicht brennen. Ich nahm mir auch eine heraus, und dann tat es das Feuerzeug doch noch. Wolf gab auch mir Feuer. Der eingesogene Rauch schmeckte angenehm und aromatisch, reizte mich aber zum Husten.

„So ist das nichts! Du musst den Rauch in die Lunge ziehen", erklärte mir Wolf. Er zeigte es mir und machte einen Zug, als käme es darauf an, den Rauch bei den Fußspitzen wieder rauszublasen, so wie wir es bei deutschen Soldaten beobachtet hatten, die längere Zeit nichts mehr zu rauchen gehabt hatten. Auch seine Augen schloss er dabei – so ähnlich wie die Männer in den Filmen, wenn sie eine Frau küssten. Wahrscheinlich war das so, wenn man sich ganz auf das Rauchen konzentrierte. Aber mir schien, als sinke Wolf dabei etwas in sich zusammen.

Ich machte ein paar tiefe Züge, um auch hinter das Geheimnis zu kommen. Erst war es, als ob ich gelegen hätte und zu schnell aufgestanden sei. Für Sekundenbruchteile hatte ich den Eindruck, bewusstlos zu werden. Dann begannen die Büsche am Hang zu schwanken und vor meinen Augen zu verschwimmen. Ich sah alles wie durch einen Schleier, und Wolf fiel plötzlich mehr aus dem Jeep, als dass er ausstieg. Er kroch etwas vom Wagen weg, stützte sich mühsam mit den Armen hoch und begann zu kotzen. Gleichzeitig wurde mir klar, dass das, was sich in meinem Magen zusammenbraute, genau das Gleiche war: ein Brechreiz, stärker als alles, was ich auf diesem Gebiet kannte.

Ich hatte das Gefühl, gar nicht mehr aus meinem Sitz zu kommen, weil alles schwankte und sich drehte. Ich schob die Beine raus und versuchte herauszurutschen. Dabei dachte ich, dass es doch gut war, den Wagen ohne Türen zu bauen.

Der säuerliche Haferbrei des Frühstücks, vermischt mit Kräutertee, schoss stoßweise ins Gras. Ich kroch ein wenig zurück, um etwas Abstand von dem widerlichen Gestank zu bekommen und legte mich zwischen Schlüsselblumen und Löwenzahn auf den Rücken. Ich merkte, dass die Büsche am Hang aufgehört hatten zu schwanken und dass der Boden unter mir wieder zu tragen schien.

„Ein elendes Scheißzeug ist das!", hörte ich Wolfs Stimme ziemlich schwach.

Der Jeep brummte friedlich vor sich hin, als ginge es ihn überhaupt nichts an, was seinen Besitzern widerfahren war.

„Und wenn jetzt jemand kommt und uns in unserer Kotze liegen sieht!", jammerte Wolf.

Schließlich hatte Wolf es auch geschafft, sich hochzurappeln. Er kam um den Jeep herum auf mich zu.

„Scheen siehste aus, wie ein richtjes Nachtgespenst", nervte er mich mit seinem sächsischen Tonfall, dabei sah er selbst nicht besser aus.

Ich richtete mich sehr vorsichtig auf, wankte zum Wagen und kroch hinter das Steuer. Ich fürchtete, jede unachtsame Bewegung könnte wieder einen Stoß Kotze auslösen.

Ich musste mit meinem rechten Schuh irgendwie in den Brei geraten sein, denn der Gestank, dem wir gerade entfliehen wollten, kam jetzt aus der Ecke des Gaspedals. Wolf verzog das Gesicht und reimte: „Kotze auf dem Gaspedal ist nicht jeden Mannes Fall."

Als der Jeep wieder hinter einer dichten Schicht frisch abgeschnittener Bäumchen und Zweige in seinem Versteck stand, fühlten wir uns besser.

Wir gingen zu dem Sammelbecken, zogen uns aus, spülten uns am Überlauf den Mund und wuschen uns ab. Kurz bevor wir den Hof erreicht hatten, musterte Wolf mich kritisch: „Bleich wie ‚ne ohnmächtig gewordene Jungfrau siehste immer noch aus", fand er und grinste. „Glaub bloß nicht, dass man dir nichts mehr anmerkt", mehr fiel mir nicht ein.

„Das werden wir gleich haben!" Wolf änderte Richtung und steuerte unser Versteck neben dem Silo an.

Ich setzte mich auf einen Balken und versuchte, mich ein wenig anzulehnen. Mit was würde Wolf jetzt wohl aus der Bretterluke auftauchen?

Er kam stolz wieder, griff in seine Hosentasche und hielt mir eine Cremedose unter die Nase, die wir neben Orden, Parfums und Parisern in einem Säckchen mit Schmuck, vermeintlich sicher versteckt, gefunden hatten.

„Die Bräunungscreme von unserer schicken Luftwaffe ist genau das, was wir jetzt brauchen", verkündete er und schmierte sich das Gesicht ein. Ich machte mich auch dran.

Das Warten darauf, dass die Bräunungscreme ihre volle Wirkung entfaltete, ging uns auf die Nerven. Wir dachten nach, warum die Flieger sich das gekauft hatten. ‚Vielleicht waren die Piloten nach ihren Luftkämpfen genauso bleich und schlaff wie wir? Bleiche Männer sind aber bei den Frauen nicht sehr begehrt und darum mussten sich Piloten wohl einschmieren, wenn sie was an Land ziehen wollten', grübelte ich.

„Ich glaube, bräuner werden wir nicht mehr", meinte Wolf nach einer Weile und wir gingen ins Haus.

Beim Mittagessen hatten wir Glück. Es gab mal wieder Pellkartoffeln und Quark; das widerstand unserem strapazierten Magen nicht allzu sehr. Wir bemühten uns, im gewohnten Umfang reinzuhauen, aber das schien uns doch nicht ganz gelungen zu sein, denn meine Mutter musterte uns und fand: „Irgendwie seht ihr merkwürdig aus."

„Wir haben wohl ein bisschen viel Sonne abgekriegt", sagte Wolf, um sie auf eine falsche Fährte zu locken und setzte dabei sein treuherzigstes Lächeln auf.

„Davon bekommt man aber normalerweise erst einen Sonnenbrand, und da wird die Haut rot, nicht braun", musste jetzt die dicke Tante auch noch ihren Senf dazugeben. Da aber niemand unsere plötzlich aufgetretene Bräune zu erklären vermochte, es aber sonst nichts Auffälliges an uns gab, wandte sich das Gespräch bald einem anderen Thema zu.

Jahre später erzählte ich einem mir bekannten Amerikaner, der im Zweiten Weltkrieg Soldat gewesen war, von der ‚durchschlagenden' Wirkung, die die amerikanischen Zigaretten bei uns gehabt hatten. Ihn wundere das gar nicht, erklärte er mir. Die Army habe während des Krieges mit Drogen präparierte Zigaretten an die kämpfende Truppe ausgegeben. Die betäubten die Angst und dämpften die Hemmung zu töten. Bei der Dosierung sei man von ausgewachsenen, gut ernährten amerikanischen Soldaten ausgegangen und natürlich nicht von schlecht ernährten deutschen Jungen.

Damals waren einige Tage vergangen, in denen wir uns mit erbeuteten Feldtelefonen und batteriebetriebenen Radios beschäftigten und nur an den Jeep dachten, denn Rumfahren war ja zu gefährlich. Aber dann hatte Wolf eine tolle Idee, wie wir den Jeep fahren konnten, ohne sofort aufzufliegen. Wir mussten uns als Amerikaner verkleiden!

Wir brauchten zwei Arbeitsuniformen, die die amerikanischen Soldaten trugen, wenn sie was reparierten. Nachdem wir tagelang auf eine günstige Gelegenheit gelauert hatten, entdeckten wir in einem Jeep-Anhänger einen Berg dreckiger Uniformstücke und Wäsche. Offenbar sollte alles in die Wäscherei der Army in der Kreisstadt. Hinter einem Gebüsch in Deckung, ließen wir die Fuhre nicht mehr aus den Augen.

Wir hatten Glück. Als die Mittagessenszeit der Soldaten kam, war die Fuhre immer noch da. Mittagessen bedeutete: etwa eine gute halbe Stunde Sicherheit vor plötzlich auftauchenden Amerikanern. Nachdem es im Haus ruhig geworden war, stürzten wir aus unserem Versteck und durchwühlten den Anhänger. Mit zwei dieser Monturen, den dazugehörenden Mützen und einem vollen Benzinkanister rannten wir so blitzschnell in unser Versteck neben dem Silo, als wären einige Jeeps der Militärpolizei hinter uns her.

In der Nacht schlief ich unruhig. Mir schien es, als lägen die Alpträume nur so auf der Lauer, um mich zu packen, sobald ich wieder ein wenig eingeschlafen war. Als ich aufwachte, waren mir noch einige dieser Traumbilder wie ein Film deutlich im Gedächtnis: Ich fahre mit dem Dieselross die steile Linkskurve der Scheunenausfahrt hinunter, drehe das Steuer nach links, aber der Traktor reagiert nicht. Du musst die Differentialsperre lösen, fällt mir ein, aber ich finde den Hebel nicht. Immer geradeaus walzt der Traktor bis durch das Unterholz. Hinter mir sind die Jeeps der amerikanischen Militärpolizei. Sie kommen immer näher, da erreicht der Schlepper einen Sumpf und versinkt langsam mit mir – bis ich aufwache.

Kaum war ich wieder eingeschlafen, da ging es weiter: Ich fahre mit unserem Jeep über eine amerikanische Behelfsbrücke, die aus zwei stählernen Rinnen für die Räder der Autos besteht. Plötzlich biegt sich der Stahl unter dem Wagen durch, so dass der Jeep fast senkrecht auf das gurgelnde und tosende Gletscherwasser zuschießt.

Natürlich fehlte auch ein anderer Traum nicht, der mich seit Jahren immer wieder aus dem Schlaf riss: Ich kann fliegen, es ist nicht einmal sehr anstrengend. Einfach so, als wäre ich mein Gewicht losgeworden. Meine Arme funktionierten als Flügel. Ich fliege auf unser Haus zu und bemerke plötzlich, dass ich zu niedrig bin, um darüber zu kommen. Ich rudere wie wild mit den Armen, um Höhe zu gewinnen, aber da habe ich plötzlich wieder mein Gewicht, das mich wie ein Stein abstürzen lässt.

Als ich von diesem Sturz aufgeschreckt auf meine Armbanduhr schaute, war es vier Uhr. Es war wohl besser, ich blieb wach, bevor ich weiter so träumte!

Auch Wolf schlief unruhig. Er murmelte immer wieder Unverständliches und warf sich auf seiner Matratze herum, verfiel aber auch immer wieder in ein gleichmäßiges leichtes Sägen.

Ich lag wach und überlegte, was bei unserer Fahrt tatsächlich passieren könnte. Natürlich dürften wir niemandem nahe kommen, denn dann würde man merken, dass unsere amerikanischen Arbeitsuniformen sehr schlotterig saßen und die Gesichter unter den Kappen für amerikanische Soldaten zu jung waren. Natürlich müssten wir uns von den Landstraßen fernhalten, auf denen gelegentlich die Jeeps der amerikanischen Militärpolizei mit ihren langen schwankenden Antennen patrouillierten. Deutsche Polizisten fürchtete ich weniger, denn die gab es bisher lediglich in den Städten.

Als ich ein paar Stunden später den Motor hochdrehen ließ, waren die Angstträume der Nacht zwar immer noch gegenwärtig, aber unsere Kostümierung, das leichte Vibrieren des Wagens und der Geruch nach amerikanischem Benzin, der von unserem Nachtanken noch im Wagen hing, ließen mich die Angst vergessen.

Unter den grünen Sonnenschirmen der Tannen rollten wir ganz langsam über das vom Tau nasse Gras den Waldweg hinunter in die flimmernde Helle der Ebene. Dort hielt ich kurz an. Wolf suchte das Gelände bis zum Horizont mit dem Fernglas ab, aber es war niemand zu sehen. Ich ließ den Wagen wieder anrollen und schaltete dann in den zweiten Gang. Das ging leicht und geräuschlos, also war er wahrscheinlich synchronisiert. Als ich dann wieder aufs Gaspedal trat, war es mir, als ob aus diesem Wagen, der, wie ich ihn bis jetzt gefahren hatte, unserem Traktor ähnelte, plötzlich ein Rennwagen würde. Der Jeep stürmte mit einer Geschwindigkeit vorwärts, wie ich sie noch nie gefahren war.

Immer schneller zog das kleine massige Auto die Straße unter seine kurze Motorhaube, um sie als lange staubige Fahne hinter sich wieder auszuspucken. Hatte ich diesen Straßenfresser auch wirklich noch in der Hand? Tat der Jeep nicht längst, was er wollte, und ich hatte es nur noch nicht gemerkt?!

Die leichte Kurve kam auf mich zugeflitzt. Ich ging vom Gas. Ich zerrte am Steuer und bearbeitete die nicht sehr wirkungsvolle Bremse, während ich fühlte, wie mir der Angstschweiß in den Kragen lief. Dann lag wieder eine Gerade vor mir, die mich zum Gasgeben verführte. Der Jeep machte sich wieder daran, sie zu vertilgen. Nun variierte ich das Tempo, um mich besser mit den Eigenschaften dieser Kreuzung aus Traktor und Rennwagen vertraut zu machen.

Wir entdeckten es gleichzeitig, Wolf brüllte: „Da vorne sind Kühe!" Ein kleiner großväterlicher Bauer trieb seine acht Kühe von der morgendlichen Weide zurück in den Stall und blockierte die ganze Straße. Wolfs linke Hand kam zu mir herüber, drückte auf die Hupe in der Mitte des Lenkrads und ließ sie nicht mehr los. Ich trat auf die Bremse, aber was ich damit zustande brachte, hätte nicht gereicht, den Jeep noch vor der Herde zum Stehen zu bringen.

Da begann der alte Bauer mit dem widerlichen Ding auf die Kühe einzuschlagen, das sie in der Gegend den ‚Ochsenziemer' nannten. Es war ein knüppelartiger Schläger, vermutlich aus dem gegerbten Schwanz geschlachteter Ochsen gemacht, mit dem man, so kräftig man wollte, auf die Tiere einschlagen konnte, ohne dass die Gefahr bestand, sie ernsthaft zu verletzen.

Die Schläge mit dem Ochsenziemer, das Brüllen des Bauern, die schrille Hupe und das Motorgeräusch des heranrasenden Jeeps versetzten die Herde in Panik. Innerhalb von Sekunden stoben die Kühe auf den angrenzenden Wiesen auseinander. Auch der Bauer hatte sich in Sicherheit gebracht. Ich sah ihn kurz im Rückspiegel, ehe ihn die Staubfahne verschlang, die der Jeep hochgewirbelt hatte. Nicht einmal als wir schon vorbei waren, hatte er drohend seinen Ochsenziemer gegen uns erhoben, obwohl wir das verdient gehabt hätten.

Wolf hatte es sich wieder in seinem Sitz bequem gemacht. Er kaute auf einem der Kaugummis herum, die aus den Taschen der geklauten Arbeitsuniformen zum Vorschein gekommen waren.

„Funktioniert doch bestens!“, brüllte er zu mir herüber und deutete nach hinten, wo sich der Bauer darangemacht hatte, seine versprengte Herde wieder zusammenzutreiben. Wolf fand das Ganze großartig, mir war aber mulmig, ich kannte den Bauern und hab mich eigentlich geschämt. Aber das Autofahren war toll!

Langsam bekam ich diese rasende, kaum gefederte Maschine so weit in die Hand, dass ich es sogar riskieren konnte, auf den dritten Gang zu schalten. So wurde das Motorengeräusch leiser. Ich ging jetzt weit vor den Kurven vom Gas, benutzte auch mal den synchronisierten zweiten Gang zum Bremsen und beschleunigte dann langsam wieder aus der Kurve, um das Tempo herauszufinden, bei dem ich den Jeep sicher lenken konnte.

Wolf beobachtete mich gespannt. Er sollte auf dem Rückweg fahren, und es schien ihm zu dämmern, dass der Wagen nicht so einfach zu beherrschen war, wie wir uns das vorgestellt hatten. Wir waren längst weit über das Gebiet hinaus, das Wolf mit dem Fernglas nach Leuten abgesucht hatte. Ein Weiler aus zwei Höfen auf beiden Seiten der Straße raste ziemlich plötzlich auf uns zu. Aber die Straße war frei. Es gab keinen Grund, vom Gas zu gehen.

Wir erkannten eine ältere schwarz gekleidete Frau auf der Bank im Schatten eines Hauses, aber die würde uns in dem ganzen Staub nicht erkennen können.

Die Hühner auf dem Misthaufen neben der Straße sah ich zu spät, sonst wäre mir klar gewesen, dass wenigstens eines davon versuchen würde, noch knapp vor dem Wagen über die Straße zu kommen. Diese Eigenart von Hühnern kannten alle Autofahrer und im Verlauf von fast sechs Jahren Krieg waren hier manche zu passionierten Hühnerjägern geworden. Sie schafften es, Hühner so zu überfahren, dass die Tiere zwar tot, aber auch wieder nicht allzu unappetitlich zugerichtet waren, damit die Freude am seltenen Braten nicht zu sehr beeinträchtigt wurde. Mir war es eine grässliche Vorstellung, Hühner totzufahren.

Das Huhn vor uns startete von rechts und so spät, dass jedes Bremsen sinnlos gewesen wäre. So laut gackernd, dass es trotz der Fahrgeräusche deutlich zu hören war, verschwand es unter der Motorhaube. Instinktiv zog ich den Wagen nach links und bremste jetzt mit aller Gewalt, damit das Vieh vielleicht einfach unter dem Wagen weiterlaufen konnte. So hätte es eine Chance, zwischen den Rädern auf der anderen Seite wieder herauszukommen. Und es kam! Etwas torkelnd zwar, wahrscheinlich hatte es vom Differentialgehäuse der Vorderachse eines auf die Rübe bekommen. Staubüberzogen war es auch. Selbst das Gegacker schien einen Dämpfer abbekommen zu haben, aber es lief. Es wankte auf die Frau in Schwarz zu – und die schlug das Kreuz. Das war das Letzte, was ich von diesem Weiler sah.

„Was war das für eine merkwürdige Bewegung, die die Frau da gemacht hat?“, wollte Wolf, der Großstädter, wissen.

„Sie hat sich bekreuzigt“, brüllte ich zurück und trat aufs Gaspedal.

„Sowas hab' ich noch nie gesehen. Wann machen sie das?“, bohrte Wolf weiter.

„Wenn sie glauben, dass sie den Teufel gesehen haben“, klärte ich ihn auf.

Ich wusste von meiner Mutter, dass dieses Bekreuzigen mit der christlichen Vorstellung zusammenhing, das Böse, hinter dem immer der Teufel steckte, durch das Schlagen des Kreuzes bannen zu können.

„Wenn die schon glauben, dass wir der Teufel sind, dann glauben sie auch, dass wir echte Amerikaner sind“, brüllte Wolf begeistert. Aber damit hatte er sich wohl geirrt.

Zwar gelang es uns, auf anderen Wegen und ohne dass uns noch jemand beobachtete, den Jeep wieder in unser Versteck zurückzufahren, aber am nächsten Tag begann ein größeres Aufgebot von amerikanischen Soldaten, die bewaldeten Nordabhänge des Berges, wo wir mit unserem Jeep herumgefahren waren, zu durchstreifen.

Wir verkrochen uns zwei Tage lang in unserem Versteck neben dem Silo und tauchten nur zu den Mahlzeiten auf, damit niemand Verdacht schöpfen konnte.

Später erfuhren wir, dass die Amerikaner nicht nur die Wälder durchstreift, sondern auch die Höfe nach dem Jeep und seinen Dieben abgesucht hatten. Dass gerade unser Hof dabei ausgelassen worden war, hing vermutlich mit dem beschlagnahmten Wohnhaus zusammen. Beide Gebäude hatten von der Landstraße her eine gemeinsame Zufahrt, an der die Amerikaner ein großes Schild mit der Aufschrift ‚OFF LIMITS' aufgestellt hatten. Das bedeutete, das Gelände war beschlagnahmt, alliierte Soldaten hatten keinen Zutritt.

Es dauerte einige Tage, bis wir uns wieder zu unserem Versteck trauten. Es war leer!

Den Adler zum Fliegen schieben ... und sich satt essen!

Adler Junior Triumph

Im Herbst 1947 änderte sich unser Leben vollkommen. Im Haus meiner Großmutter in München waren zwei Zimmer frei geworden, in die meine Mutter mit mir einziehen wollte. Auch Wolf zog mit seiner Mutter nach Köln, sie hatte eine kleine Wohnung gefunden und ihn dort auf dem Gymnasium angemeldet.

Ich habe mich sehr allein gefühlt ohne ihn, und ich hatte Angst vor der neuen Umgebung und der fremden, zerstörten Großstadt. Zwar war ich auch nach den Bombenangriffen immer mal wieder ein paar Tage in München gewesen, die Großmutter, ihr Haus und die nähere Umgebung waren mir vertraut, aber sonst kannte ich niemanden in der Stadt, in der ich nun meine weitere Schulzeit verbringen sollte.

Der Fuhrunternehmer aus dem Dorf, das hatte meine Mutter herausbekommen, hatte eine Fuhre mit Brennholz und Kartoffelsäcken für München und würde uns mitnehmen.

Wir waren ziemlich alleine auf der Straße. Außer den schnellen amerikanischen Lastwagen, Pkws und Jeeps und ein paar deutschen Holzgasvehikeln, die sich im Schritttempo die Steigungen hinaufquälten, waren keine Fahrzeuge unterwegs. Wir fuhren an abgeernteten Getreidefeldern vorbei, über die Frauen mit Kindern zogen. Sie bückten sich immer wieder, um einzelne Ähren aufzuheben, die bei der Ernte dem Rechen entgangen waren. In einem abgeernteten Kartoffelacker stocherte ein einbeiniger Mann in Wehrmachtsuniform mit seiner Krücke in der Erde herum und sammelte in seiner Mütze ein paar Kartoffeln ein.

Abenteuerlich war es, die Bäche zu überqueren. Die gesprengten Brücken waren noch nicht wieder aufgebaut und die Autos fuhren über zwei stählerne Fahrrinnen, die die amerikanischen Pioniere installiert hatten. Es rumpelte ein paar Mal, als wir daraufrollten, dann war es, als würden wir von einer unsichtbaren Kraft über das grüne, schnell fließende Wasser getragen, denn für einen Moment waren die Rinnen weder vor der Motorhaube noch durch die Seitenfenster des Lastwagens zu sehen.

München war nach den letzten schweren Bombenangriffen kaum noch zu erkennen. Das ganze Zentrum vom Hauptbahnhof bis zum Odeonsplatz war eine staubige Ruinenwüste, aus der die von Bombensplittern durchlöcherten Rundtürme der Frauenkirche herausragten wie zwei leere Vogelkäfige. Nur die fensterlosen Riesenbunker hatten den Bomben standgehalten. Wie gewaltige vierkantige Monumente ragten sie aus der Trümmerlandschaft.

Nachdem wir die Isar überquert hatten, tauchte plötzlich Bekanntes auf. Die Säule mit dem Friedensengel am oberen Rand der Anlagen des Isarufers hatte die Angriffe überstanden, auch die Prinzregentenstraße erkannte ich wieder. Als wir in unsere Straße einbogen, überkam mich ein Gefühl von Vertrautheit. Die klobigen zweistöckigen Einfamilienhäuser aus den Dreißigern standen noch ordentlich in ihrer Reihe. Nur die Gärten waren verwahrlost.

‚Hat denn hier niemand mehr Zeit, sich um die Gärten zu kümmern?', fragte ich mich. Als wir näher kamen, begriff ich, dass es niemanden mehr gab, der sich darum kümmern konnte. Was mir eben noch so vertraut vorgekommen war, erwies sich bei genauerem Hinsehen als Attrappe: Von den Häusern standen nur noch die Außenmauern. Innen waren sie ausgebrannt, da gab es nur noch Schutt, herunterhängende Decken und angesengte Balken.

Das Haus meiner Großmutter hatte die Luftangriffe überstanden. Wir holten unser Gepäck von der Ladefläche, läuteten und warteten bis sich die vom Wetter gebleichte und von Bombensplittern angekratzte Tür öffnete.

„Ach, da seid ihr ja endlich", begrüßte uns Oma mit strahlenden, wasserblauen Kinderaugen. Sie stammte aus einer Industriellenfamilie, hatte dann das behütete Leben der Gattin eines Universitätsprofessors geführt und war bereits vor der Machtergreifung der Nationalsozialisten verwitwet. Weder in der Weimarer Republik noch im Dritten Reich und auch jetzt nicht, unter der amerikanischen Militärregierung, hatte sie Schwierigkeiten bei der Auszahlung ihrer guten Pension gehabt. So machte sie einfach die Augen zu vor der Welt da draußen, als gebe es keine Not, nichts Schlechtes, Böses und Gemeines. Sie war nun über siebzig. Aber auch die Falten des Alters hatten nicht vermocht, ihre jugendliche Naivität aus ihrem Gesicht zu vertreiben.

Der vertraute Geruch in Omas Haus nach blankgebohnertem Parkett und altem Holz war nicht mehr wahrnehmbar. Er hatte sich mit dem Duft von Parfüm vermischt, wie er die deutschen Mädchen umgab, die mit amerikanischen Soldaten befreundet waren. Auch nach trockenem Mörtel roch es noch und nach den Papp-Platten, mit denen provisorisch Bombenschäden repariert und Räume abgetrennt worden waren.

Doch noch etwas anderes irritierte mich: Die geräumige Diele war zu einem schmalen Schlauch geworden. Nur die rechte Wand mit dem Garderobengestell aus Messing und dem Spiegel war unverändert. Links hatte man eine Pappwand eingezogen und so einen weiteren Raum geschaffen.

‚Alles ist mir vertraut und ganz fremd', dachte ich.

In diesem Moment öffnete sich am Ende des schmalen Ganges eine Tür und sechs junge Frauen drängten sich, verlegen kichernd, an mir vorbei. In ihren grell-bunten Blusen, aufgekrempelten blauen Hosen und den frisch gewickelten Locken kamen sie mir wie Amerikanerinnen vor. Aber wahrscheinlich hatten sie ihre Klamotten nur von ihren amerikanischen Freunden geschenkt bekommen, mit denen sie sich jetzt trafen. Ich fand, sie sahen aufregend aus.

„Die Mädchen sehen wirklich schlimm aus, mein Junge, halt' dich ja von ihnen fern", flüsterte mir Oma besorgt zu. „Ich habe meine Schneiderin mit ihrem Atelier bei mir aufgenommen. Das war mir lieber als irgendwelche ganz fremden Menschen. Und diese Mädchen sind ja Gott sei Dank nicht immer da", erklärte mir meine Großmutter jetzt etwas lauter und führte mich in mein Zimmerchen. Es lag zur Straße und war in besseren Zeiten von Dienstmädchen bewohnt gewesen, aber immerhin hatten ein Bett, ein Schrank und ein kleiner Tisch gerade darin Platz.

Am nächsten Morgen gelang es mir, einen Fuß auf dem Trittbrett der Straßenbahn unterzubringen und mich mit einer Hand am Griff festzuklammern. So, an der Außenseite der Menschentraube, wie sie an allen Einstiegen hingen, trug mich die Straßenbahn, rumpelnd und in den Kurven kreischend, dem Gymnasium entgegen.

Neben mir hing eine junge Frau mit einem so kreidebleichen Gesicht, dass ich mir vorstellen musste, sie könne nicht mehr erröten. Vielleicht würde sie nicht einmal mehr bluten, wenn sie einen Kratzer oder Schnitt abbekäme. „Das war sicher eine aus dem Bunker", klärten mich später meine Klassenkameraden auf.

Irgendwann schaffte ich es, in den Innenraum der Straßenbahn vorzudringen. Mir gegenüber saßen zwei Frauen, vielleicht Mitte vierzig, mager und abgearbeitet. Sie waren in ein Gespräch vertieft und sprachen nicht sehr laut, damit nicht alle mitbekamen, worum es ging. Ich konnte mir aber aus ein paar Brocken doch zusammenreimen, was sie beschäftigte: die Erfahrungen ihrer Töchter mit amerikanischen Soldaten. Dann verstand ich einen ganzen Satz: „Wenn s amoi an Neger ghabt ham, dann schauns koan Weissen mer o."

Meine Schule war ein riesiger grauer Kasten mit breiten, ausgetretenen Treppen aus dunklem Marmor und wuchtigen Säulen in den hohen Fluren. Das Gebäude war zur Hälfte zerstört. Die Gänge endeten an provisorisch hochgezogenen Mauern. In dem feuchten, muffeligen Geruch des alten Gemäuers waren auch noch deutlich Desinfektionsmittel auszumachen; die Schule hatte offenbar einige Zeit als Lazarett gedient.

Neben der Treppe war auf einer Tafel schön ordentlich geschrieben, in welchen Klassenzimmern sich die einzelnen Jahrgänge einfinden sollten. Als ich meines endlich gefunden hatte, saßen meine künftigen Kameraden schon in einem Kreis zusammen. Mager und aufgeschossen, die meisten in zu kleinen oder zu großen Jacken, Pullovern und Hosen. Sie hockten auf den Bänken und erzählten von ihren Erlebnissen in den letzten Monaten. ‚Was hatten die alles erlebt, uns ist es wirklich gut gegangen', dachte ich. Mir war es schließlich gelungen zu erzählen, wie wir beinahe einen FIAT-Topolino erbeutet hatten. Als endlich alle gespannt zuhörten und es ganz still geworden war, marschierte unser Klassenlehrer herein und machte mir meine Pointe kaputt.

Nachdem er unsere Personalien aufgenommen hatte, ging es mit nacktem Oberkörper zu einer amtsärztlichen Untersuchung, die darüber entschied, ob wir auch alle genug abgemagert waren, um an der Schulspeisung teilnehmen zu dürfen. Von unserer Klasse wurden nur zwei aussortiert: ich natürlich und Bernd, ein freundlicher, drahtiger Münchner mit Händen, die nicht mehr sauber zu bekommen waren. Wir waren die Einzigen, die nicht stark unterernährt waren. Als alle anderen hinunter in die Aula strömten, um sich in ihren Näpfen Grießbrei mit Rosinen abzuholen, blieben wir allein in der Klasse zurück und schlossen Freundschaft.

Ich erfuhr den Grund, warum Bernd nicht so abgemagert war wie die anderen Klassenkameraden. Sein Vater war Arzt und betrieb eine Praxis am Stadtrand. Da gelang es ihm immer wieder, einen Teil seiner Honorare in Form von Naturalien zu ergattern. Mit dem Beruf des Vaters hingen auch Bernds Schlosserhände zusammen: Die Amerikaner hatten dem Doktor für seine Krankenbesuche den Kauf eines Adler Junior Triumph genehmigt, der seinen Besitzer und dessen Sohn durch ständige Pannen auf Trapp hielt.

Ein paar Tage später hörte ich von Bernd, dass es den Adler wieder erwischt habe. Man hatte seinen Vater zu einer Entbindung gerufen und am Telefon dramatisch das Einsetzen der Wehen geschildert. Bernds Vater war losgerast und hatte mit etwas zu hohem Tempo eine Querrinne genommen. Der Stoß war dem rechten Drehstab der einzeln aufgehängten Hinterräder zu viel gewesen, er war einfach abgebrochen. Der kräftig gebaute Doktor hatte die letzten paar hundert Meter im Tempo eines Kurzstreckenläufers bewältigt und traf so gefährlich keuchend am Bett der Schwangeren ein, dass die Familie nicht mehr wusste, um wen sie sich mehr zu sorgen hatte.

Nachdem Mutter und Kind und auch der Doktor noch mal lebend davongekommen waren, hatte ein amerikanischer Abschleppwagen den Adler hinten hochgenommen und das angeschlagene Vehikel dem Doktor vor die Tür gesetzt. Schließlich war es Bernds Vater gelungen, einen passenden Drehstab gegen einen Teil seiner Lebensmittelvorräte einzutauschen.

„Heut' geht's los mit der Reparatur", hatte mir Bernd in der Schule erzählt und gefragt, ob ich auch mitmachen wollte. Natürlich sei ich auch zum Essen eingeladen!

Völlig überfressen von dem seltenen guten Essen, ging ich raus zum Auto, das traurig sein rechtes Hinterbein hängen ließ. Bernd und ich begannen nach den Anweisungen des Doktors den Wagen hochzuheben, aufzubocken und das Hinterrad abzunehmen. Bernds Mutter

Einen Adler, wie wir ihn im Winter 1947/48 immer anschieben mussten, fand ich im Automobilmuseum in Amerang im Chiemgau.

verfolgte besorgt jeden unserer Handgriffe. Die beiden kleinen Geschwister saßen auf dem Boden und staunten.

Wir kamen sehr langsam voran und fluchten ausgiebig, denn die meisten Schrauben waren festgerostet. Auch das Werkzeug hatte schon bessere Tage gesehen. Aber im Laufe des Nachmittags gelang es dann doch, den abgescherten Drehstab herauszubekommen, den neuen in die rostige Verzahnung zu klopfen und alles wieder so zusammenzusetzen, dass keine Schraube übrig blieb.

‚Wir haben es geschafft', dachte ich gerade, als Bernd den hinteren Teil des Wagens herunterließ. Aber ehe ich begreifen konnte, was los war, schleuderte Bernd einen nicht enden wollenden Fluch gegen den Adler. Der Vater wurde ganz weiß vor Wut, die Mutter stöhnte: „Oh, mein Gott, alles war umsonst!" Nur Bernds kleiner Bruder wagte es, seinen Gefühlen freien Lauf zu lassen. Er sprang auf, trommelte mit den Fäusten gegen die Tür und brüllte: „Du böses, böses Auto!"

In der allgemeinen Aufregung wagte ich nicht zu fragen, was denn nun eigentlich los sei. Als ich mir aber den Adler genau ansah, begriff ich, was passiert war: Das rechte Hinterrad hing nun nicht mehr tief in der Karosserie wie das lahme Bein eines Hundes, jetzt stand es frech unter dem Kotflügel und drückte den Wagen in die Höhe, so dass er schief stand wie ein Hund, der sich ans Pinkeln macht.

Wir hatten, das war mir sofort klar, den Drehstab nicht im richtigen Winkel eingesetzt. Jetzt stand er unter einer größeren Spannung als der auf der rechten Seite. Wollte man so fahren, würde er sofort wieder brechen.

So mussten wir am nächsten Nachmittag das ganze noch einmal machen. Ich bekam noch einmal so gutes Essen und diesmal machten wir die Reparatur richtig.

In dem kalten Winter 1947/48 kam ich noch öfter in den Genuss des Essens bei Bernds Mutter. Der Adler sprang bei der Kälte nicht an und wir mussten ihn anschieben, wenn sich der Doktor mittags zu seinen Hausbesuchen aufmachen wollte. Oft wartete schon die ganze Familie auf Bernd und mich, wir waren die kräftigsten Schieber. Wir stemmten uns schnaufend und keuchend gegen das Reserverad am Heck, um die alte Kiste auf das Tempo zu bringen, das notwendig war, den eisigen Motor ein wenig zu bewegen, wenn Bernds Vater im zweiten Gang die Kupplung losließ. Meist rührte sich dann gar nichts und der Wagen kam fast zum Stehen. Dann ging es wieder von vorne los! Wenn der Motor endlich ansprang, sanken wir total erschöpft in den Schnee. Der Doktor öffnete sodann die Motorhaube, setzte sein Stethoskop an und kontrollierte – mit mehr oder weniger zufriedenem Gesicht –, wie der Motor warmlief. Dabei murmelte er immer wieder beschwörend: „Des wird scho!"

Einmal, als mich Bernd danach zur Endhaltestelle der Straßenbahn begleitete, machten wir einen Umweg und kamen an einem Restaurant vorbei, in dem die Amerikaner einen Offiziersclub hatten.

Am Lieferanteneingang stand ein Lastwagen mit offener Ladefläche und ein paar Kesseln darauf, der von Kindern eingekreist war, die Wehrmachtskochgeschirre und Henkelmänner schwenkten. Mir stieg der Duft von Bratkartoffeln und Braten in die Nase. Dann, wie auf ein unhörbares Kommando, bildeten die Kinder plötzlich eine Gasse. Sie mussten gehört haben, dass sich zwei riesenhafte amerikanische Soldaten näherten, die große Töpfe schleppten. Die gingen durch diese Gasse, als gäbe es die Knirpse gar nicht und kippten den Inhalt ihrer Gefäße in die Kessel auf dem Wagen. Es waren Reste von Fleisch, Gemüse und Kartoffeln, die sie als Abfall verbrennen sollten. Als gäbe es eine Abmachung, die strikt einzuhalten wäre, warteten die Kinder, bis die beiden Soldaten mit ihren Kübeln wieder im Haus verschwunden waren, dann stürzten sie sich mit ihren Kochgeschirren und Henkelmännern, aber auch mit den bloßen Händen auf die Kessel.

Es kam mir so vor, als hätten sich die Kinder und die beiden Riesen unausgesprochen darauf geeinigt, so zu tun, als gäbe es die einen für die anderen gar nicht.

„Jetzt pass auf", flüsterte mir Bernd zu. Ich sah, wie sich die Mädchen und Jungen sehr schnell zurückzogen, ohne dass die beiden Riesen wieder erschienen wären. Der Grund war ein sich langsam nähernder Jeep der Militärpolizei, der das eingespielte Ritual durcheinander brachte. Sehr gerade in seinem Sitz, um auch ohne auszusteigen genügend Luft für eine lautstarke Strafpredigt holen zu können, wartete der weißbehelmte Militärpolizist auf dem Beifahrersitz auf das Erscheinen der beiden Soldaten. Als sie mit ihren Töpfen wieder auftauchten, setzte seine Stimme mit der Gewalt eines Donnerschlages ein. Die Soldaten ließen die Behälter fallen und betrieben fluchend und um sich tretend die befohlene Jagd auf die Kinder. Die flohen, aber nur so weit, dass sie die Entwicklung der Dinge im Auge behalten konnten. Kaum war der Jeep verschwunden, da stellten die beiden Riesen verlegen die Jagd wieder ein. Nun lief es weiter wie zuvor, die Soldaten sahen die Kinder nicht und die Kinder gingen immer grad so weit zur Seite, dass sie übersehen werden konnten.

Viel Krach am falschen Ort zur falschen Zeit – auf dem Weg zur Spruchkammer

BMW 326

Als es endlich wärmer wurde und der Frühling kam, war es vorbei mit der Anschieberei beim Doktor. Nun sprang der Adler wieder ohne unsere Hilfe an. In dieser kargen und langweiligen Zeit des Frühjahrs 1948, in der es nicht viel Erfreuliches gab, außer dass die Sonne jeden Tag ein bisschen stärker schien, rief mich mein Vater an: „Ich habe in der nächsten Woche die Verhandlung vor der Spruchkammer und würde mich freuen, wenn du dabei wärst. Ich schreib dir auch eine Entschuldigung." Wieso wollte er mich denn da mitnehmen? Ich war überrascht, aber auch stolz, dass er das wollte, und es interessierte mich sehr, was da passieren würde.

Meine Mutter war nicht begeistert von dieser Einladung. Sie war selbst als Entlastungszeugin geladen, wollte sich aber unter irgendeinem Vorwand drücken. Ihr wurde jedoch sehr schnell klar, dass es aussichtslos sein würde, mich daran zu hindern, meinen Vater zu begleiten, dazu war ich viel zu neugierig.

Schon von der Plattform des Zuges aus sah ich, dass mein Vater den neuen Verwalter mit dem Traktor zum Dorfbahnhof geschickt hatte, um mich abzuholen. Herr Johannson war gerade aus amerikanischer Kriegsgefangenschaft entlassen worden. Er hatte den Krieg als Fahrer von Halbkettenzugmaschinen überlebt und hatte seine Wohnung und die Firma, bei der er als kaufmännischer Angestellter gearbeitet hatte, verloren. Auch seine Frau hatte in der Evakuierung überlebt. Und nun waren beide auf unserem Hof hängen geblieben.

„Schlechte Stimmung bei euch", sagte er zu mir gewandt, als er das Handgas wegnehmen konnte. Es ging einen Berg hinunter und der

Diesel tuckerte nun etwas leiser vor sich hin. Ich saß auf dem linken Kotflügel und hielt mich am Außenrand fest.

„Aber dein Vater hat einen KZ-Anwalt, der wird es schon schaffen, den bekannten Schriftsteller da durchzubringen."

Aus Gesprächen wusste ich, was ein KZ-Anwalt war. Ein Anwalt, der, egal warum, egal wie lang, egal wo, aber jedenfalls in einem Konzentrationslager eingesperrt gewesen war. Natürlich standen diese beiden Buchstaben nicht an seinem Türschild oder auf seinem Briefkopf. Aber ein KZ-Anwalt sorgte dafür, dass sich diese Qualifikation unter den Leuten herumsprach, die sich allzu sehr im Nationalsozialismus verstrickt hatten. Sie waren der festen Überzeugung, dass das Plädoyer eines Naziopfers vor den Kammern oder Gerichten eine ganz besondere Überzeugungskraft entfalten würde.

Alma begrüßte mich mit bemühter Freundlichkeit, aber schon beim Betreten des Hauses merkte man, wie angespannt alle waren. Meine Stiefmutter hatte nie versucht, mir gegenüber eine Mutterrolle einzunehmen. Sie sah in mir einen bald Erwachsenen, demgegenüber man auch mal eine Bemerkung fallen lassen konnte, dass es mit meinem Vater, ihrem Mann, nicht immer so einfach sei.

„Stell dir vor, mein Anwalt weigert sich strikt, auf ‚minderbelastet' zu plädieren!", begrüßte mich mein Vater, er klang empört.

Ich hatte keine Ahnung, wie ich auf diese Begrüßung reagieren konnte, ohne vielleicht auch noch Öl ins Feuer zu gießen.

„Aber Edwin," sprang mir Alma bei, „Herr Schwerdtfeger ist ein sehr guter Anwalt, nicht nur weil er 1933 ein paar Monate im KZ gesessen hat, der weiß schon, was er tut!"

So leicht war mein Vater nicht zu beruhigen: „Mitläufer! Er will auf ‚Mitläufer' plädieren! Weißt du, was man in dieser Gegend unter einem Läufer versteht? Ein Läufer ist ein zweijähriges Schwein. Glaubst du denn, dass es noch Leute gibt, die Bücher von einem Mitläufer kaufen?!"

„Edwin, du solltest diese ganze Spruchkammerangelegenheit auch nicht überbewerten. Das alles wird schneller vergessen sein, als du es dir jetzt vorstellen kannst!"

„Dein Wort in Gottes Ohr!", knurrte mein Vater. Ich hatte den Eindruck, dass es Alma gelungen war, ihn etwas zu beruhigen.

Am nächsten Morgen, sogar etwas früher als vereinbart, fuhr Dr. Schwertfeger vor. Der Anwalt war eine stattliche Erscheinung, schlank, groß, mit sehr beweglichen dunklen Augen, etwas gewelltem dunklen Haar und einer vom Münchner Tonfall gefärbten Sprache. Man begriff sofort, diese Stimme trug auch in großen Gerichtssälen und spektakulären Strafprozessen.

Er fuhr in einem BMW 326 vor. Der Wagen war grau überspritzt und war vom rauen Gebrauch der Wehrmacht verbeult und etwas mitgenommen. Prozessakten türmten sich auf der hinteren Sitzbank, aber Alma und ich fanden noch Platz.

Als wir gerade in die Reichenstraße in Füssen eingefahren waren, verwandelte sich das leise Rauschen des Sechszylinders mit einem Schlag in eine dröhnende Geräuschkulisse. Es klang, als ob ein Shermanpanzer mit Vollgas in die Stadt einfährt.

Ich sah durch die Heckscheibe, wie die Fenster aufgerissen wurden und die Leute sich neugierig herausbeugten um zu sehen, was in diesen unruhigen Zeiten schon wieder los war.

„Verdammt, dass das gerade jetzt passieren muss!“, fluchte der Anwalt. Er nahm etwas Gas weg und versuchte so, den Krach ein wenig zu vermindern, aber es half nicht viel. „Ich glaube, das ist nicht ganz die richtige Begleitmusik für Ihre Ankunft bei der Spruchkammer. Gibt es hier eine Werkstatt, die uns sofort drannimmt?“, brüllte er meinem Vater ins Ohr.

Mein Vater dirigierte den Anwalt zu einer großen Reparaturwerkstatt an der Straße nach Hohenschwangau. Der Krach der Auspuffgase, die am Auspuffrohr vorbei, ihren Weg ins Freie gefunden hatten, schreckte den Meister aus seiner Büroarbeit auf. Er war schneller an unserem Wagen als wir aussteigen konnten. Die Farbe seines Arbeitsmantels ähnelte dem Grau seiner kurzen Haare, aber seine Gesichtshaut war von einem Rot, als wäre er gelegentlich seinem Schweißbrenner etwas zu nahe gekommen. Er kniff seine Augenlieder zusammen, so als hätte er sich noch nicht an das helle Licht des Frühsommertages gewöhnt. Dann war er sich wohl sicher, wen er vor sich hatte, denn er sagte: „Recht hams. Mit so viel Krach solltens besser net bei der Spruchkammer vorfahren. I hab im Blatt glesen, dass Sie heut Spruchkammer ham.“ Ich bewunderte den Meister, wie er mit dem schwach glimmenden Stumpen im Mundwinkel reden konnte.

Während ein Mechaniker das Schweißgerät heranrollte und die Motorhaube öffnete, ging der Meister mit einer Blechschere zu einem blauen Buick 8 aus den letzten Vorkriegsjahren, der am Rande des Werkstattgeländes abgestellt war. Es sah aus, als hätte ihn ein vermutlich betrunkener GI so an einen Baum gesetzt, dass nichts mehr zu reparieren war. Der Meister schnitt ein Stück Blech aus dem lang gezogenen vorderen Kotflügel und formte daraus eine Manschette. Die legte er um das geborstene Auspuffrohr und klopfte es zurecht. Dann zog er einmal kurz und kräftig an seinem Stumpen, so dass das braune Ding aufleuchtete, nahm es aus dem Mundwinkel und hielt es vor den Brenner des Schweißgeräts. Mit einem leisen Knall entzündete sich die Stichflamme. Dann schob er den Stumpen wieder in den rechten Mundwinkel, wo er auch noch hing, als wir uns verabschiedeten. Der Meister schweißte das dicke Blech an den Rändern sorgfältig fest, dann stieg er ein und ließ den Motor laufen. Der rauschte leise, wie vorher.

„Zum Zahlen kommens später nochmal vorbei. Und jetzt hoff ma, dass es net so schlimm wird mit dera Spruchkammer", meinte er aufmunternd und der Stumpen war wieder, wo er hingehörte, schwach glimmend in seinem rechten Mundwinkel.

Der Anwalt parkte den Wagen im Hof der Füssener Burg neben den wenigen alten Autos, die da schon standen. Dann verteilte er den Packen aus Kommentaren, Akten, Büchern und Schriftsätzen unter uns vier. Er ging mit schnellen und entschlossenen Schritten die Treppen zum Verhandlungsraum hoch, wir hatten Mühe ihm zu folgen.

Im Verhandlungsraum war noch niemand. Drei ziemlich lange Tische waren in U-Form aufgestellt. Dass wir richtig waren, darauf deutete ein ziemlich hoher Stapel von Büchern meines Vaters hin, den jemand auf dem rechten Tisch aufgebaut hatte.

„Rechts, da wo sich Ihre Bücher türmen, da sitzt der öffentliche Ankläger. Am Tisch in der Mitte haben der Vorsitzende und die Beisitzer ihren Platz und am linken Tisch sitzt der Betroffene, also Sie und Ihr Anwalt." Dann sagte er ziemlich leise, so als ob sich vielleicht doch schon jemand außer uns in den Saal hätte schleichen können: „Machen Sie sich keine Sorgen, so fleißig war die Anklage nicht, dass sie die 5.000 Seiten Ihres Werkes durchgelesen hätte. Das meiste Dynamit, was da drin steckt, werden sie nicht gefunden haben. Das ist der Lohn des Fleißigen!" Er lachte kurz und dröhnend, so als wäre ihm ein sehr guter Witz gelungen. Dann klopfte er meinem Vater aufmunternd auf die Schulter. Mein Vater kam mir ziemlich klein vor.

Der Vorsitzende, die Beisitzer und der Ankläger betraten zusammen den Raum, so als hätten sie sich schon vorher an anderer Stelle besprochen. Alma und ich setzten uns zu dem nicht sehr zahlreichen Publikum auf die im hinteren Teil des Raumes aufgestellten Stühle.

Nachdem der Vorsitzende die Formalitäten erledigt hatte, bekam der Ankläger das Wort und führte aus: ‚Der Schriftsteller Edwin Erich Dwinger sei einer der erfolgreichsten Autoren in der Zeit des Nationalsozialismus gewesen. Sowohl seine Bücher, genannt werden müssen hier vor allem ‚Und Gott schweigt‘ und ‚Tod in Polen‘ würden beweisen, dass wir es hier mit einem überzeugten Nationalsozialisten zu tun hätten. Das ergebe sich aus seiner Parteizugehörigkeit seit 1937 und aus den Funktionen, die er während der nationalsozialistischen Diktatur bekleidet habe. Goebbels habe Dwinger zum Reichskultursenator ernannt, und außerdem sei Dwinger Mitglied der Reiter-SS im Range eines Sturmführers gewesen.

In welchem Maß Dwinger zu den Nutznießern der nationalsozialistischen Diktatur gehörte, das habe sich besonders nach dem Ausbruch des Zweiten Weltkriegs gezeigt. Während niemand mehr Baumaterial, selbst für kleine Ausbesserungsarbeiten, bekam, konnte Dwinger mitten im Krieg einen großen Pferdestall bauen. Während alle sich mit Handwagen oder Pferdegespannen begnügen mussten, habe Dwinger schon wieder einen Behelfslieferwagen mit rotem Winkel gehabt und konnte dank seiner Benzinzuteilungen durch die Gegend brausen.

Dass er gegen Ende des Krieges Schwierigkeiten mit den nationalsozialistischen Machthabern bekam, habe nichts damit zu tun, dass etwa seine Überzeugungen ins Wanken geraten seien. Dwinger habe nur auf Grund seiner militärischen Kenntnisse etwas früher als andere begriffen, dass der Krieg verloren sei und der Nationalsozialismus untergehen werde. Da wurde es für ihn Zeit sich abzusetzen‘, endete er.

Dass „Tod in Polen“ in der Spruchkammer eine Rolle spielen würde, das hatte ich mir gedacht. In diesem Buch hatte er den Einmarsch in Polen legitimiert. Ich selbst hatte zwar nur die beiden Bücher, die schon vor 1933 erschienen waren, gelesen, „Armee hinter Stacheldraht“ und „Zwischen Weiß und Rot“, die seinen Erfolg begründet hatten. Aber ich hatte während des Krieges und danach mitbekommen, wie ihm seine Dichterfreunde vorwarfen, dass er „Tod in Polen“ geschrieben habe. „So weit hättest du dieser Bande nie auf den Leim gehen dürfen“,

So schön wie dieses restaurierte Exemplar sah der BMW 326 des Anwalts meines Vaters nicht aus.

warfen sie meinem Vater vor. Und als er sich nach dem Krieg mit dem Argument zu verteidigen versuchte, die Nazis hätten ihn mit gefälschten Akten hereingelegt, da hatten sie nur geantwortet: „Das hättest du dir doch denken können!"

Als mir die Bedeutung dieses Buches richtig klar wurde, habe ich als Sohn mich geschämt. Als Erwachsener habe ich meinen Vater gefragt, warum er sich für dieses Buch hergegeben habe. In diesem Gespräch mit ihm habe ich begriffen, dass die Nazis ihn einspannen konnten, weil sie seiner Eitelkeit geschmeichelt haben. Es wurde ebenfalls deutlich, dass auch er sich für das Buch schämte. Er blieb aber dabei, um Verständnis zu ringen: ‚Er sei doch von den Nazis mit gefälschten Dokumenten hereingelegt worden!'

Das Plädoyer der Verteidigung begann mit einer Episode, die mein Vater nach dem Krieg ausgegraben hatte und auf die er ganz besonderen Wert legte. Meinem Vater wären kurz nach der Bücherverbrennung Zeitungsartikel zugeschickt worden, die belegten, dass an einigen Universitäten auch die ‚Armee hinter Stacheldraht' wegen pazifistischer Tendenzen dem Feuer übergeben worden seien. Leider habe er diese Zeitungsartikel aber nicht aufgehoben. Daraus ergebe sich doch ganz eindeutig, dass der Nationalsozialismus dem Werk meines Vaters von Anfang an kritisch gegenüber gestanden sei. Dieser Einstieg erwies sich als nicht sehr geglückt. Der Vorsitzende schaltete sich ein: „Wir haben hier zu untersuchen, welche Rolle der Schriftsteller Dwinger in der Nazizeit gespielt hat. Das Buch ‚Die Armee hinter Stacheldraht' ist aber schon Ende der zwanziger Jahre erschienen."

Sollte sein Buch tatsächlich diesem Nazi-Ritual zum Opfer gefallen sein, wofür es keine Beweise gäbe, so könnte es doch auch sein, dass der Betroffene daraus den Schluss gezogen habe, sich mit den Nationalsozialisten arrangieren zu müssen, wenn er nicht auch, wie viele seiner Kollegen, in die Emigration gehen wollte.

Herr Dr. Schwertfeger flüsterte meinem Vater etwas zu, mir schien es, als würde der nun noch etwas kleiner. Dann führte er sein Plädoyer fort, als hätte es die kritische Anmerkung durch den Vorsitzenden gar nicht gegeben:

‚Die Ernennung des Schriftstellers zum Reichskultursenator sei eine völlig bedeutungslose Formalität gewesen. Praktisch alle bekannten Künstler, die in Deutschland geblieben waren und nicht mit Schreib-, Mal- oder Komponierverbot belegt worden seien, waren zu Reichskultursenatoren ernannt worden. Das Privileg, zu dieser Gruppierung zu gehören, hätte nur darin bestanden, alle paar Monate eine programmatische Rede von Goebbels über sich ergehen lassen zu müssen. Was die Mitgliedschaft in der Reiter-SS anbetreffe, so schlage er vor, dass Herr Dwinger selbst berichte, wie es dazu gekommen sei. Vorausschicken möchte er aber, dass die Reiter-SS eine Art Sportverein gewesen sei, die man von der Klassifikation der SS als verbrecherische Organisation ausgenommen habe.'

Nun kam mein Vater zum Zug und ich sah von hinten wie ihn das aufrichtete. „Wenn Sie sich das Datum meines Eintritts in die Reiter-SS ansehen, dann werden Sie feststellen, dass es einige Tage vorher die erste große Mordaktion an Röhm und anderen gab, die man für politische Gegner hielt. Ich war zu diesem Zeitpunkt zufällig in München. Ein befreundeter Buchhändler hatte eine Dichterlesung für mich organisiert. Als ich durch die Stadt fuhr, rasten die großen, schwarzen Mercedeswagen an mir vorbei. Über den Sitzlehnen lagen Teppichrollen. Ich konnte sehr gut die beschuhten Füße der Erschossenen sehen, die sie in die Teppiche eingeschlagen hatten.

Kurz darauf, ich war wieder auf meinem Hof, fährt ein schwarzer Mercedes mit zwei SS-Leuten vor. ‚Jetzt bist du dran', habe ich gedacht.

Ich war dann sehr erleichtert, dass sie mich nur dafür gewinnen wollten, in der Gegend einen Sturm der Reiter-SS aufzustellen. Ich war so froh, mit dem Leben davon gekommen zu sein, dass ich den Aufnahmenantrag unterschrieb, den die beiden mir hinlegten."

Diese Geschichte kannte ich gut. Sie gehörte zum Repertoire der Geschichten, die er gerne in größerem Kreis erzählt hatte. Allerdings in einer etwas dramatisierten Variante: Als er die beiden SS-Leute aus dem schwarzen Mercedes aussteigen sieht, rennt er noch schnell die Treppe hinauf, holt seine Browning Pistole aus dem Schrank und fasst den Vorsatz: ‚Wenn sie dich umlegen wollen, dann nimmst du sie mit!'

Dr. Schwertfeger war in seinem Plädoyer fortgefahren und legte dar, wie es zu der Erweiterung des landwirtschaftlichen Betriebes in den Kriegsjahren 1942 und 1943 gekommen war: ‚Die großzügige Erweiterung des Pferdestalls in dieser Zeit habe nichts mit einer von der Anklage behaupteten privilegierten Stellung des Betroffenen zu tun. Tatsächlich habe ein General der Gebirgsjäger den Betroffenen als anerkannten Pferdezüchter aufgefordert, seine Haflingerzucht für die Wehrmacht zu erweitern. Dies hatte zur Folge, dass der Hof in die Kategorie ‚Kriegswichtiger Betrieb' eingestuft wurde. Das bedeutete, es war dem Betroffenen möglich, Baumaterial zu kaufen und seinen Pferdestall zu erweitern. Und zu einem kriegswichtigen Betrieb gehörte auch, dass ein Behelfslieferwagen betrieben werden durfte. Es sei ein alter, ziemlich heruntergekommener DKW angeschafft worden, der mit den minderwertigen Kraftstoffen der Kriegszeit betrieben werden konnte. Ans Steuer dieses alten kleinen Wagens habe sich der Betroffene aber nie gesetzt. Der Wagen sei von seiner Frau und dem Personal gefahren worden.

Tatsächlich sei der Betroffene schon während der Erweiterung seines Betriebes bei der nationalsozialistischen Führung in Ungnade gefallen. Der Grund dafür seien seine kritischen Stellungnahmen zur Kriegsführung im Osten gewesen. Er habe seit 1943 ein Schreibverbot gehabt. – Die alten Bücher, besonders die mit antibolschewistischer Tendenz, durften aber weiter verkauft werden. – Er habe seinen Hof nicht mehr verlassen dürfen und sein Telefon sei abgehört worden. Die Belege dafür befänden sich bei den Akten.'

Nach dem Plädoyer von Dr. Schwertfeger wurden die Zeugen aufgerufen.

Ein Nachbar, mit dem das Verhältnis gespannt war, behauptete, an Nazifeiertagen wäre aus jedem Fenster der beiden Gebäude eine Hakenkreuzfahne herausgehangen. Ein Nachbar, mit dem er sich gut verstand, widersprach: Lediglich am Fahnenmast am Hofgebäude sei vor dem Krieg, zum Beispiel am ersten Mai, die Hakenkreuzfahne aufgezogen gewesen, im Krieg nicht mehr.

Als Nächste wurde die Zeugin Inge Degenhardt aufgerufen. Sie spielte, wie ich schon in den letzten Wochen mitbekommen hatte, eine wichtige Rolle im Verteidigungskonzept, das mein Vater mit Dr. Schwertfeger entworfen hatte. Inge Degenhardt hatte als Pflichtjahrmädchen vom Herbst 1941 bis Ende 1943 in unserem Haushalt geholfen. Dass sie zu uns kam und so lange bleiben konnte, war über Beziehungen gelaufen, die meine und ihre Familien einsetzen konnten. Das „Mädchen aus gutem Hause" sollte auch ihr Pflichtjahr in einem guten Haus hinter sich bringen!

Ich fand sie sehr schön, aber auch etwas streng, besonders, wenn sie mit den Ergebnissen meiner abendlichen Wäsche nicht zufrieden war und nach einer Inspektion meiner Sauberkeit entschied: „So geht das nicht, los noch mal zurück in die Badewanne!" 1941 war ich sieben und sie etwa 19 Jahre alt. ‚Dann müsste sie jetzt etwa 26 sein', überlegte ich.

Nun betrat eine sehr selbstbewusste junge Frau den Verhandlungsraum. Sie war noch genau so schön wie damals und wirkte selbst in ihrem Kostüm aus Vorkriegszeiten sehr attraktiv. Dabei war es sicher mehrfach umgearbeitet und gewendet worden und stammte vermutlich von ihrer Mutter. Ihre langen dunklen Locken brachte sie mit einer schwungvollen Bewegung in Form, als sie auf dem Zeugenstuhl Platz nahm. Sie war, wie ich der Aufnahme der Personalien entnehmen konnte, Volksschullehrerin geworden und immer noch ledig.

„Die Verteidigung gibt an, sie hätten zwischen 1941 und 1943 als Pflichtjahrmädchen sozusagen zur Familie gehört und könnten darüber Auskunft geben, wie der Betroffene tatsächlich zum Nationalsozialismus stand", leitete der Vorsitzende ihre Vernehmung ein.

„Als ich im Herbst 1941 in die Familie kam, war Herr Dwinger kurz vorher von der Ostfront nach Hause zurückgekehrt. Ich hatte den Eindruck, dass er sehr deprimiert war. Und er sagte im Kreis der Familie ganz offen und immer wieder: ‚Der Krieg ist verloren.' In dieser

Zeit erinnere ich mich auch noch an das Staatsbegräbnis von Udet, das war ja wohl ein sehr wichtiger Mann in der Luftwaffe. Wir, also sehr häufig waren ja Gäste im Haus, saßen nach dem Abendessen alle zusammen im Arbeitszimmer von Herrn Dwinger. Da plötzlich nahm er die Tageszeitung von dem Stoß neben seinem Sessel und legte sie auf den Tisch vor uns. Auf der Titelseite zeigte ein großes Foto, wie Göring auf dem Staatsbegräbnis von Udet, in einem weißen Uniformmantel ganz alleine hinter dem Sarg von Udet geht, der auf einer Geschützlafette zum Grab gefahren wurde. Herr Dwinger deutete auf Göring und sagte: ‚Schaut euch diesen aufgeblasenen Popanz an, der mal wieder ein Staatsbegräbnis veranstaltet. Für einen Helden, der bei der Erprobung eines neuen Flugzeugs abgestürzt sein soll. Wisst ihr, wie es tatsächlich war? Göring hat seinen alten Kriegskameraden aus dem Ersten Weltkrieg, der sein Freund war, in den Selbstmord getrieben."

„Wieso erinnern Sie sich so genau an diesen – sagen wir mal – Ausbruch von Herrn Dwinger?", wollte der Vorsitzende wissen. „Weil mein Verlobter Jagdflieger war und viel von Udet erzählt hat. Udet sei einer der besten Flieger der Welt, mein Verlobter hat ihn bewundert", hier stockte sie. „Er wurde in Russland abgeschossen." Es wurde still im Raum. „Fahren Sie fort", sagte der Vorsitzende nach einer kurzen Pause.

„Einmal hörte ich schon durch die geschlossene Tür des Arbeitszimmers, dass im Radio eine Führerrede übertragen wurde. Ich wollte Herrn Dwinger seinen Tee bringen. In diesem Moment springt er aus seinem Sessel auf und brüllt ziemlich laut ‚dieser Idiot!' Ich habe ihm dann den Tee hingestellt und das Zimmer verlassen. Ich glaube, er hat mich gar nicht bemerkt.

Auch an die Sache mit der Postkarte erinnere ich mich noch genau. Es gab im Krieg Postkarten, da stand der Spruch drauf: ‚Der Führer kennt nur Kampf, Arbeit, Mühe und Sorgen. Du solltest ihm den Teil abnehmen, den du ihm abnehmen kannst!' Es waren ein paar Freunde von Herrn Dwinger da und einer fragte Herrn Dwinger: ‚Na Edwin, welchen Teil würdest du dem Führer denn gerne abnehmen?' Darauf sagte Herr Dwinger: ‚den Kopf', und alle lachten."

„Solche Äußerungen hätten Herrn Dwinger den Kopf kosten können, wenn sie nach außen gedrungen wären", hakte der Vorsitzende nach. „Hat Ihnen denn mal jemand gesagt, dass solche Äußerungen in gar keinem Fall nach draußen getragen werden dürfen?"

Mein Vater vor der Spruchkammer. Was mag in diesem Kopf vorgehen? Beschäftigten ihn seine Verstrickungen in den Nationalsozialismus oder Selbstmitleid?

„Das brauchte man mir nicht zu sagen, das wusste ich", war Inge Degenhardts knappe Antwort.

Die Kammer zog sich zur Beratung zurück, und ich hatte den Eindruck, dass Dr. Schwertfeger und mein Vater ganz zufrieden waren. Schließlich kam der Vorsitzende mit den Beisitzern wieder zurück und verkündete den Spruch: Mein Vater wurde als Mitläufer eingestuft.

Wir packten die Akten, Kommentare und Bücher zusammen und verstauten sie im Wagen. Mein Vater erschien mir immer noch sehr angespannt und empfindlich. Alma und Dr. Schwertfeger bemühten sich sehr, ihn etwas aufzuheitern, aber es half nicht viel. Er hatte vorgeschlagen, mit Inge Degenhard essen zu gehen. Wir gingen zu Fuß von der Burg in die Stadt hinunter. Mein Vater, Alma und Dr. Schwertfeger liefen ein paar Schritte vor Inge und mir. Sie gefiel mir wirklich sehr gut und ich überlegte, was ich ihr für ein Kompliment machen könnte. Das Einzige, was mir einfiel war: „Bei dir würde ich gerne noch mal in die Volkschule gehen!" Sie lachte und fand: „Das hast du wirklich nett gesagt." Sie wusste, wie ungern ich in die Volksschule gegangen war. Wir brüteten lange über der wenig verlockenden Speisekarte. Schließlich entschied ich mich für Kohl und Bouletten. Die bestanden aber nicht aus Fleisch, sondern aus altem Brot, Mais und Molke, der man das Wasser entzogen hatte. Es schmeckte ziemlich scheußlich, aber wenigstens war es etwas zu essen.

Ein paar Tage später waren die Schaufenster voll. Die Währungsreform war da. Aber das ahnte noch keiner von uns, die wir um den runden Tisch zusammensaßen, das miese Essen herunterwürgten und meinem Vater und Dr. Schwertfeger zuhörten.

Sie bestätigten sich gegenseitig, wie genial ihre Strategie der Verzögerung der Verhandlung doch gewesen war. „Je später das Urteil gesprochen wird, desto milder fällt es aus", fasste Dr. Schwertfeger seine Erfahrungen mit den Spruchkammern zusammen. Nur von einer Entwicklung hatten die beiden nichts geahnt. Als die Entscheidung der Spruchkammer zugestellt wurde, war bereits die neue Währung, die DM, in Kraft. Die Strafzahlung von einigen Tausend Mark wäre in Reichsmark für meinen Vater eine Lappalie gewesen, in der neuen Währung dagegen war es eine schwere Belastung.

Lichtblicke in der Nachkriegsschule, die tollen dänischen Krankenschwestern

Dodge WC Ambulance

Mit dem neuen Geld normalisierte sich 1948 das Leben. Man hatte den Eindruck, die Nazis waren plötzlich alle verschwunden, weil sie nun die Demokraten spielten. Aber die Zeitungen spürten immer wieder Ansammlungen von ihnen, auch aus der Gestapo und der SS, in den Ministerien der neuen deutschen Regierung in Bonn auf.

Bundeskanzler Adenauer, darauf angesprochen, antwortete, er könne nun einmal dreckiges Wasser nur wegschütten, wenn er sauberes habe, er habe aber kein sauberes Wasser. Nur unser Klassenlehrer Schmücker hatte keine Lust, sich der neuen Zeit anzupassen.

Die Amerikaner hatten in ihrer Besatzungszone einen Gedenktag für die Opfer der Konzentrationslager eingeführt. Die Lehrer sollten an diesem Tag über das tabuisierte Thema des industriell organisierten Massenmordes informieren. In dieser riesigen Vernichtungsorganisation waren alleine sechs Millionen Juden ermordet worden.

Klassenlehrer Schmücker löste diese Aufgabe, indem er ein detailliertes Referat über die Erfinder der Konzentrationslager, die Engländer hielt. Sie hatten im Burenkrieg zu Beginn des Jahrhunderts die burische Zivilbevölkerung in Lager mit miserablen Lebensbedingungen gesperrt. So wollten sie den Widerstand der Buren im Kampf für ihre Unabhängigkeit brechen. Die Vernichtungslager der Nazis erwähnte Schmücker mit keinem Wort. So fand die Argumentation von Propagandaminister Göbbels noch vier Jahre nach dem Zusammenbruch Eingang in unseren Unterricht. Göbbels hatte schon vor dem Krieg die englische Kritik an den Konzentrationslagern mit dem Argument zurückgewiesen, England sei nicht berechtigt, der deutschen Regierung Nachhilfe in Humanität zu erteilen, denn schließlich seien es die Engländer gewesen, die die Konzentrationslager im Burenkrieg erfunden hätten.

Wir empfanden diese Art der Information zwar als ‚Riesensauerei', trauten uns aber nicht, uns zu beschweren. Unsere Noten waren meist schlecht und wir fürchteten, dass die Lehrer sich dann mit noch schlechteren Noten rächen würden.

Klassenlehrer Schmücker, unser Physikpauker, hatte aber auch eine pädagogische Methode aus der Nazizeit herübergerettet, die uns immer mehr auf die Nerven ging: den Kasernenhofton. Wenn wir etwas nicht kapierten, pflegte der dickliche Glatzkopf wie ein Derwisch durch die Klasse zu toben. Dabei brüllte er, es sei einfach unmöglich, dieser Bande von Idioten Physik beizubringen. Das endete dann meist mit einer Berufsempfehlung wie: „Eure Intelligenz reicht gerade noch für die Müllabfuhr."

Einem in unserer Klasse, er wurde nur der Panzer genannt, ging dieses Getobe besonders auf die Nerven. Diesen Namen hatte er bekommen, weil er immer eine erbeutete Panzerfahrermütze mit integrierten Kopfhörern trug, außer ein besonders pingeliger Lehrer verbot es ihm. Diese Mütze war eine Art Talisman aus der chaotischen Zeit, als er aus der Kinderlandverschickung abgehauen war und sich durch das sich auflösende Nazideutschland bis nach Hause durchgeschlagen hatte. Er imponierte uns, weil er so unerschrocken drahtig und frech war. Als ich ihn zum ersten Mal sah, musste ich an den blöden Nazispruch denken: „Was uns nicht umwirft, macht uns stärker".

Der Panzer hatte zwei enge Freunde, die in der Klasse „die Fernmelder" hießen. Sie wohnten in seiner Nähe und die drei waren fasziniert von Experimenten mit der Nachrichtentechnik der Wehrmacht. Die Geräte, Batterien und Kabel hatten sie erbeutet, als das Zeug noch überall herumlag.

Als unser Physiklehrer mal wider richtig in Fahrt war, weil einer an der Tafel eine zu lernende Formel nicht konnte, brüllte er ohrenbetäubend: „Diese Klasse ist die größte Ansammlung von Idioten, mit der ich es jemals zu tun gehabt habe."

Da hatte der Panzer eine Idee: In der nächsten Pause verriet er uns, was er vorhatte. „Wir könnten doch an Klingeldynamo und a Läutwerk aus am Wehrmachtstelefon, natürlich gut versteckt, in der Klass installieren, und wenn der Schmücker narisch wird, na lass mas bimmeln."

Ich merkte, dass der Plan den beiden Fernmeldern nicht ganz geheuer war. Sie waren besonders beim Schmücker in einen heftigen Abwehrkampf gegen schlechte Noten verstrickt. Aber Panzers Idee verbreitete sich mit der Geschwindigkeit von Gerüchten in der Klasse. In jeder Pause wurde sie ein bisschen weiter entwickelt.

Sehr schnell stand der ideale Platz für das Läutwerk fest. Es war ein großer alter Metallofen. Er stammte aus der Zeit, als das Schulgebäude als Lazarett diente und die Zentralheizung nicht mehr funktionierte.

Der Klingeldynamo, an dem gekurbelt werden musste, sollte in Panzers Bank installiert werden. Darum herum gestopfte Kleider würden für die Schalldämpfung beim Kurbeln und die Tarnung sorgen. Die Verbindungskabel zwischen dem Klingeldynamo und dem Läutwerk ließen sich gut unter den locker herumliegenden Linoleumfetzen verstecken, die einmal als Belag auf dem Betonuntergrund gedient hatten. Der Panzer machte uns gleich klar, dass er und seine beiden Freunde die Sache alleine erledigen würden. Wir anderen wären nur für zwei Dinge zuständig: „Maulhalten und net im Weg stehen."

Was mir am Panzer und den Fernmeldern sehr imponierte, war, wie gründlich sie alles vorbereiteten. Sie rückten nicht nur mit Dynamo und Läutwerk an, die sie sehr sorgfältig auf Brettchen montiert hatten. Sie brachten auch eine dieser klobigen schwarzen Borduhren der Wehrmacht mit. Die Leuchtziffern und die Stoppeinrichtung imponierten mir sehr. Mit dieser Uhr stoppten die drei, wie lange der Schmücker brauchen würde, wenn er von unserem Gebimmel so wütend geworden war, dass er ins Direktorat zwei Stockwerke höher stürmen würde, um dann mit Verstärkung wieder aufzutauchen. Die Stoppuhr zeigte dafür drei Minuten an. Unser Plan ging davon aus, dass er sich nicht alleine an die Nachforschung über den Ursprung des Gebimmels machen würde, denn wir waren 40 Schüler.

Als Nächstes wurde gestoppt, wie lange der Abbau der Klingeleinrichtung und das Verschwindenlassen der Technik in einem Sack dauern würden. Damit wollte sich einer der Fernmelder erst mal in der Toilette einsperren. Die Stoppuhr zeigte, dass das in gut zwei Minuten zu schaffen war. Natürlich hatten wir für diese Experimente weiträumig Posten aufgestellt, die uns mit Pfiffen warnten, falls plötzlich ein Lehrer in unsere Vorbereitungen platzen würde.

Wir hatten noch nie mit so viel Aufmerksamkeit darauf gewartet, dass Schmücker eintreffen würde, wie an dem Tag, als das Läutwerk installiert war. Es hatte schon geklingelt, aber der Physiklehrer erschien nicht. Da riefen die zwei Jungen, die immer am Fenster hingen, in der Hoffnung, dass doch einmal ein paar interessante Autos vorbeifahren oder sonst etwas auf der Straße passierte: „Kommts her, a Amiauto is vorgfahrn und fünf rasante Weiber steign aus.“

Alle rasten zu den Fenstern.

Vorgefahren war ein geschlossener Dodge WC mit einem Roten Kreuz auf der Motorhaube und auf dem Dach, also die Ambulanzausführung. Das war nichts Besonderes. Vier Jahre nach dem Krieg gehörte dieses Auto in den amerikanischen Besatzungszonen immer noch zum Straßenbild. Im Zweiten Weltkrieg war die offene Ausführung als Commandcar für höhere Offiziere im Einsatz gewesen. Das Aufregende war nicht der Dodge WC, sondern dass nur Frauen in schicken Kakiuniformen ausstiegen. Sie trugen ihre Schiffchenmützen keck über ihren Haaren und an den Armen Rotekreuzbinden. Auch als bereits die ganze Klasse aus den Fenstern hing und bewundernde Bemerkungen machte, schaute keine auch nur mit einem einzigen Blick zu uns nach oben. Dann erschien statt dem Schmücker der Direktor an der Tür: „Alle in den Speisesaal“, befahl er. Das Dänische Rote Kreuz wäre eingetroffen, um uns gegen Tuberkulose zu impfen. Danach ginge der vorgesehene Unterricht weiter. Der Direktor blieb in der Tür stehen, damit keiner auf die Idee kommen konnte, sich zu drücken.

„Verdammte Scheiße, was mach ma jetzt?“, flüsterte einer der Fernmelder.

„Gar nix. Wart ma halt. Sonst geht eh nix“, flüsterte der Panzer und schob seinen Anorak vor die Kurbel des Klingeldynamos, die verräterisch aus seinem Fach unter der Bank herausschaute.

Also trotteten wir alle in den Speisesaal hinunter, in dem schon einige Klassen herumstanden. Der Raum war erfüllt von dem Gemurmel der wartenden Schüler, während die fünf Frauen den Speisesaal routiniert und, offenbar ohne dass ein Wort der Verständigung zwischen ihnen notwendig gewesen wäre, in eine Impfstation verwandelten. Sie schafften es nur mit eindeutigen Gesten, dass wir uns ordentlich in einer Reihe aufstellten.

„Heiland Sack! Sind des scharfe Weiber!“, hörte ich Panzers Stimme, der etwas weiter hinter mir stand.

Je näher ich dieser Krankenschwester kam, die die Spritzen in den linken Oberarm stach, desto mehr faszinierte sie mich. Erst streifte ein

Hauch ihres herben Parfüms meine Nase, dann war ich ihr so nahe gerückt, dass ich ihren Busen erkennen konnte, wie er sich unter der gut sitzenden hellen Uniformbluse wölbte. Ihre braunen, am Hals abgeschnittenen Locken quollen unter dem Schiffchen hervor. Die ganze Uniform saß tadellos. Auch ihre Beine waren schlank und schön. Das Einzige, was mir nicht gefiel, waren die derben Halbschuhe, in denen ihre Füße steckten.

Als ich dran war, konnte ich für eine Sekunde ihre großen blauen Augen sehen. Die Art, wie sie unseren Blicken auswich und sich ganz auf den Oberarm konzentrierte, in den sie die Spritze stach, gab ihrem Gesicht etwas Maskenhaftes. Die andere Schwester, die sie unterstützte, nahm ich gar nicht wahr. Sie reinigte ein kleines Stück Hautfläche mit einem nassen Wattebausch. Die Haut fühlte sich kühl an. Dann brachte sie meinen Oberarm in die richtig Position für die Spritze. Es schmerzte weniger, als ich gedacht hatte, und ich wurde weitergeschoben.

Die anderen drei Schwestern sorgten für den Nachschub an Spritzen. Sie packten die gebrauchten in den Sterilisator und zogen die sterilisierten neu auf. Auch sie vermieden jeden Blickkontakt mit uns und sprachen kein Wort.

Es ist ja noch nicht so lange her, dass die Wehrmacht ihr Land ausgeplündert hat und wahrscheinlich deutsche Soldaten diesen jungen Frauen nachgepfiffen haben – mindestens. Wahrscheinlich können sie sich nicht anders verhalten, wenn das dänische Rote Kreuz sie jetzt in das Land der ehemaligen Besatzer schickt, um deren Kinder gegen Tuberkulose zu impfen, dachte ich.

Wieder in unserer Klasse, überprüften der Panzer und die Fernmelder als Erstes die installierte Klingeltechnik. Sie war unberührt.

Als der Schmücker die Klasse betrat, war es so still, dass ihm diese Ruhe eigentlich hätte auffallen müssen. Er sagte aber nichts und der Unterricht lief erst einmal etwa zehn Minuten mit normaler Lautstärke. „Und, was macht der Panzer bloß, wenn der Schmücker gerade heute mal nicht ausrastet?“, dachte ich.

Dann konnte einer, der an der Tafel war, eine Formel nicht richtig anwenden. Vielleicht auch, weil der arme Hund ganz schön nervös war von der Spannung, unter der wir alle standen. Und dann ging es schon wieder los.

„Die meisten in dieser Klasse sind einfach zu blöd fürs Gymnasium, wahrscheinlich auch zu blöd für eine Lehre. Vielleicht reicht es ja gerade noch zum Hilfsarbeiter auf dem Bau."

Da läutete es.

Der Schmücker blieb in der Mitte der Klasse stehen und sagte in normaler Lautstärke, aber mit sehr gespannter Stimme: „Da hat es doch eben geläutet, so wie ein Telefon." – Pause – „Das müsst ihr doch gehört haben."

Die Klasse schüttelte kollektiv den Kopf und nur ein paar besonders Mutige murmelten: „Wir haben nichts gehört." Dabei bemühten sich alle, ein möglichst undurchdringliches dummes Gesicht aufzusetzen, genau so blöd eben, wie wir seiner Meinung nach waren.

Aber so hatten wir uns das nicht vorgestellt. Wir hatten gedacht, dass er durch das Gebimmel bei seinem Ausraster noch einen Zahn zulegen würde.

Der Panzer hatte sehr sorgfältig gearbeitet. Er hatte genau kalkuliert, wie lange er kurbeln musste, dass der Schmücker das Läuten zwar hörte, es zu orten aber kaum möglich war.

Der Panzer saß sehr konzentriert und leicht vorgebeugt in seiner Bank. Sein Nebenmann schirmte ihn so ab, dass man nicht sehen konnte, wie er die Kurbel des Dynamos drehte. Mir lief der kalte Schweiß über das Gesicht, weil ich fürchtete, der Schmücker könnte doch auf die Idee kommen, den Ofen zu untersuchen. Dann käme alles heraus und es würde wieder großen Ärger geben mit Arrest, Brief an die Eltern und so weiter.

Aber anstatt der Ursache des Gebimmels nachzugehen, redete sich der Schmücker wieder in Rage.

„Ihr seid eine verstockte Bande. Natürlich müsst ihr was gehört haben! Ich höre was, also hört ihr es auch!"

Auch diesen Satz mit unbewegter Miene zu überstehen, erforderte schon eine sehr gute Kontrolle unserer auf vollkommene Blödheit eingestellte Gesichtsmuskulatur.

Schließlich beschloss der Schmücker, den Fall auf sich beruhen zu lassen und mit dem Unterricht fortzufahren. Natürlich war nun keiner mehr in der Lage, auch nur ein wenig aufzupassen, weil alle nur gespannt darauf warteten, dass es der Panzer wieder bimmeln ließ. Ich musste zu ihm hinüber schauen.

Er saß sehr konzentriert auf seinem Platz und wartete auf den richtigen Moment. Als dann Schmückers Gebrüll über unsere totale Unfähigkeit und Dummheit langsam an Lautstärke und Tempo zunahm und sich ihrem Höhepunkt mit einer neuen Berufsempfehlung näherte „Werdet doch Straßenkehrer", ließ es der Panzer nochmal läuten.

Sofort stoppte die Schimpfiade.

„So, und jetzt habt ihr bestimmt wieder nichts gehört", fuhr er uns forsch an.

Wir schüttelten wieder stoisch und kollektiv die Köpfe.

„Wenn Ihr wieder nichts gehört habt, seid Ihr alle mit einem Schlag schwerhörig geworden."

Er raffte seine Sachen zusammen und verließ die Klasse. Dabei schmiss er die Türe so schwungvoll zu, dass sich ein Brocken Putz vom Türrahmen löste, aber erst als die Tür schon ins Schloss geknallt war. In der Stille war deutlich zu hören, wie der Putz auf den Boden aufschlug. Es war ein bisschen gespenstisch.

Der Panzer und seine beiden Freunde rafften nun schnell und routiniert alle Indizien wie Dynamo, Klingelwerk und Telefonkabel zusammen und ließen das Zeug in dem vorbereiteten Sack verschwinden. Mit dem Sack auf dem Rücken verschwand einer der Fernmelder, um sich erst einmal auf einer der Toiletten einzusperren. Von dort sollte das verräterische Zeug aus dem Schulgebäude geschafft werden, sobald die Luft wieder rein war. Uns blieb nur, die Linoleumfetzen, unter denen die Kabel versteckt waren, wieder so hinzulegen, wie sie gelegen hatten.

Als der Schmücker mit dem Direktor zurückkam, saßen wieder alle auf ihren Plätzen. Dass einer fehlte, fiel ihnen nicht auf. Wir waren zu viele. Die vorbildliche Stille allerdings, die herrschte, hätte die beiden misstrauisch machen können.

Der Direktor baute sich vor uns auf und donnerte: „Der Kollege hat mir berichtet, sein Unterricht sei immer wieder durch ein telefonähnliches Geklingel gestört worden. Ihr behauptet aber immer, ihr hättet nichts gehört."

Wir nickten zustimmend und nur ein paar Mutige murmelten ein leises „Stimmt". Jetzt bemühten wir uns um einen möglichst harmlosen und treuherzigen Gesichtsausdruck.

„Na, dann wollen wir der Sache mal auf den Grund gehen." Das sagte der Direktor schon etwas leiser und beide begannen bei dem Ofen mit ihrer Untersuchung. Als sie nichts gefunden hatten, mussten wir uns vor der Tafel versammeln, damit sie unsere Bänke und Sachen durchsuchen konnten. Natürlich fanden sie nichts Verdächtiges. Der Direktor und der Schmücker verließen die Klasse nicht mehr ganz so schwungvoll, wie sie sie betreten hatten. Schon in der Türe drehte sich der Direktor noch einmal um und sagte: „Für heute ist der Unterricht beendet."

Wir waren so schlau, uns erst mal still zu verhalten. Wir wollten uns nicht durch ein Triumphgeheul verdächtig machen. Nur der Panzer musste unbedingt, wenn auch ziemlich leise, eine Bemerkung loswerden.

„Jetzt werns im Lehrerzimmer alle denken, der Schmücker is plemplem."

Ein paar von uns hingen schon wieder aus den Fenstern und in der Stille war gut zu hören, wie die Türen des Ambulanzwagens zugeschlagen wurden. Dann sprang der Motor an.

„Schad, jetzt farns furt, die rasanten Weiber", fand einer und es klang ein bisschen traurig.

Wir hatten es geschafft, den Schmücker aus unserer Klasse zu vertreiben. Das war alles sehr aufregend und gefährlich gewesen und an was mussten wir jetzt denken? An die fünf attraktiv abweisenden dänischen Frauen. Es kam mir so vor, als hätte ihre Distanziertheit unsere Bewunderung nur noch mehr angefacht.

Am nächsten Tag erfuhren wir, dass der Schmücker es abgelehnt hatte, in dieser ‚unmöglichen Klasse' weiter zu unterrichten. Unsere ‚verrufene' Klasse bekam einen jungen Physiklehrer, mit dem wir gut zurechtkamen.

Verehrt und begehrt, die Schauspielerin und ihr Auto

VW Hebmüller

Die erste heftige Liebe, die einen meist zwischen 14 und 16 aus den eingelaufenen Bahnen des Lebens zu werfen droht, traf mich wie ein Blitzschlag. Getroffen hatten mich aber keine Lähmung oder die tödliche Anziehung einer Stromquelle, sondern Faszination. Sie beherrschte eine ganze Reihe von Monaten mein Leben und sie machte es noch schwerer, mich im Gymnasium über Wasser zu halten. Vielleicht packt einen die Faszination im Alter von 16 so vehement, weil die Grenzen von Traum und Wirklichkeit noch verschwimmen.

Es passierte an einem Nachmittag. Ich hatte mich an einer Mathematikhausaufgabe verbissen. Als es läutete, war ich froh, einen Grund zu haben, die Quälerei zu unterbrechen. Auf der Treppe vor mir, eine Stufe tiefer, stand eine junge Frau mit dunkelbraunen leicht gelockten Haaren. Sie war vielleicht zehn Jahre älter als ich. Sie war ungeschminkt und mit grauem Pullover, schwarzer Hose und rotem Halstuch leger gekleidet. Ich fand sie wunderschön. Sie sah mich aus ihren großen braunen Augen an und fragte: „Kann ich eure Garage mieten?"

Sie sagte diese fünf Worte mit einer weichen, aber weit tragenden Stimme und ich wusste sofort, wer sie war. Eine der bekanntesten jungen Schauspielerinnen der Stadt mit dem unscheinbaren Namen Inge Berger. Ich hatte im ersten Moment nur sie gesehen, aber nachdem sie diese fünf Worte gesagt hatte, sah ich ihr Auto. Ein neu glänzendes VW-Hebmüller-Cabriolet stand direkt hinter ihr auf der Straße. Das Verdeck war versenkt.

Ich brachte nur ein „Natürlich" heraus. Erst danach dämmerte mir, dass das, was ich da eben zugesagt hatte, nicht so ganz einfach zu realisieren war. Um Zeit zu gewinnen und länger in ihrer Nähe zu sein, griff ich mir den Garagenschlüssel vom Schlüsselbrett und schlug vor: „Ich zeig sie Ihnen."

Ich öffnete die beiden Flügeltüren. Das Licht fiel auf ein Möbellager. Der Raum war so vollgestellt, dass man ihn nicht betreten konnte. Sie sah mich an und murmelte: „Na, das wird wohl nichts! Wo soll denn das ganze Zeug hin?"

„Das schaff ich schon." Ich bemühte mich, entschlossen zu klingen.

Sie blickte mich an, als versuche sie eine Sekunde lang zu erforschen, ob das Angebot des jungen Mannes ernst zu nehmen war oder nicht.

„Ich werde ein paar Tage brauchen, bis alles leergeräumt ist. Wenn Sie mir sagen, wo Sie wohnen, sag ich Ihnen Bescheid", versuchte ich, ihre Zweifel zu zerstreuen.

„O.k., einfach rechts um die Ecke, das erste Haus."

Sie winkte mir zu, stieg in ihren Wagen und startete so schwungvoll, wie es die ersten Volkswagen eben hergaben.

Beim Abendessen wollte ich die Zustimmung meiner Mutter für das Unternehmen einholen. Ich wusste, dass das nicht besonders schwer war, denn sie dachte nur an ihre bevorstehenden Prüfungen für das Begabtenabitur. Danach wollte sie Psychologie studieren. Sie war davon besessen, jetzt alles nachholen zu wollen, was sie in den 13 Jahren ihrer Ehe versäumt hatte.

„Wir könnten die Garage vermieten, 25 DM sind üblich. Das Geld könnten wir doch gut gebrauchen!", leitete ich die Sache ein.

Sie sah mich überrascht an. „Wie soll denn das gehen? Die Garage steht voller Möbel, die alle möglichen Leute hier untergestellt haben. Wir wissen doch gar nicht, wem das alles gehört."

„Die Leute hätten doch Zeit genug gehabt, die Sachen abzuholen, der Krieg ist ja nun schon einige Jahre vorbei." Damit wollte ich meiner Mutter vermitteln, dass wir sozusagen im Recht sind, wenn wir uns der Möbel entledigen.

„Mach, was du willst", damit hatte sie die Angelegenheit von sich weggeschoben, um dann doch noch mit einer pädagogischen Bemerkung zu kommen: „Ich wäre froh, wenn du nur einen Teil deiner Energie, über die du plötzlich zu verfügen scheinst, auch für die Schule übrig hättest."

Natürlich hatte ich von dem Moment an, als Inge Berger mit ihrem Cabriolet um die Ecke verschwand, darüber nachgedacht, wie ich die

Garage leer bekommen konnte. Sofort eingefallen war mir da Frau Heber. Sie war die Putzfrau meiner Großmutter, schon immer da, soweit meine Erinnerungen zurückreichten und von großer Tatkraft. Frau Heber war bei der musikbegeisterten Münchner Damenwelt eine bekannte Persönlichkeit. Sie beaufsichtigte die Damentoilette des größten Konzertsaals der Stadt. Dabei fühlte sie sich durch die ständigen Schlangen vor ihren Damentoiletten, die es bei ihren männlichen Kollegen nicht gab, wohl in ihrer Berufsehre getroffen. So versuchte sie immer, die Schlangen ihrer Kundinnen durch ein ununterbrochen gerufenes „Schickts euch, schickts euch, meinen Damen", wenigstens ein bisschen zu reduzieren.

Frau Heber wohnte im Münchner Arbeitervorort Giesing. Ich wusste aus den Zeitungen, dass es da noch Leute gab, die in provisorischen Behausungen wohnten und die Möbel aus unserer Garage gut brauchen konnten. Also kam es vor allem darauf an, die Möbel irgendwie nach Giesing zu schaffen. Dazu hatte Frau Heber bestimmt eine Idee.

Als ich sie am nächsten Nachmittag traf, sagte ich: „Frau Heber, wir müssen die Garage leerräumen, weil wir sie vermieten können."

Frau Heber war etwa 1,60 groß, erschien ungefähr halb so dick und hatte die breiten Schultern eines Preisboxers. Sie war unheimlich stark und in der Lage, leere Schränke alleine durch die Wohnung zu wuchten.

Sie sah mich überrascht an, sagte „Schaug ma amoi" und krempelte die Ärmel ihres Arbeitskittels hoch.

Wir gingen zur Garage. Ich schloss den einen Flügel der Türen auf und schwenkte beide Türen nach außen. In dem dämmrigen Licht sah man nur Schränke, übereinander gestellte Kommoden, Sofas, Teile von Betten, Bücherregale und Spiegel. Alles war von einer grauen Staubschicht überzogen. Was hatte ich mir da vorgenommen!

Frau Heber schaute vielleicht zwei Minuten in das Chaos. Dann sagte sie: „Wenns des Glump für umasunscht hergebts, dann wüsst i scho oan, der wo das Zeug nemma dat. Der Franzel, der wird scho a paar Gratler finden, die wo des Glump braucha kenna."

„Natürlich bekommt der Franzel das Zeug umsonst", sagte ich erleichtert.

Daraufhin verschwand Frau Heber im Haus, wahrscheinlich, um mit dem Franzel zu telefonieren. Sie kam ziemlich schnell zurück und verkündete: „Ois muss auf d' Stross. In a Stund ist der Franzel da mit seim Dreiradl."

Wir fingen sofort damit an, die Möbel auf die Straße zu schleppen. Mir kam es vor, als hätte mir Inge Berger von dem Moment an, als sie auf der Treppe vor mir stand, ungeahnte Kräfte eingehaucht. Als wir eine besonders schwere und nicht zerlegbare Kommode auf die Straße gewuchtet hatten, fand Frau Heber: „Mei san Sie stark! Des hätt i garned denkt ..."

Wir hatten die Garage gerade leergeräumt, als ein ziemlich mitgenommenes Vorkriegs-Tempo-Dreirad um die Ecke bog. Ich hatte den Eindruck, als hielte sich der kleine Transporter nur mühsam auf seinen Rädern. Der Franzel, ein kleiner Mann mit schütterem Haar in grauem Kittel, kletterte aus dem Tempo und besah sich unser Möbellager.

Frau Heber baute sich davor auf und meinte: „Ois für di Franzel, und ois für umasunscht."

„Passt scho", meinte der Franzel. Und das war für längere Zeit das Einzige, was wir von ihm hörten.

Er bestieg die Ladefläche seines Dreirads, rückte an dem herum, was wir hinaufwuchteten, und verklemmte die einzelnen Stücke etwas, so dass sie nicht rutschen oder sich während der Fahrt selbstständig machen konnten. Ich beobachtete, wie die Federung des Dreirades immer mehr nachgab. Als wir ungefähr die Hälfte aufgeladen hatten, war sie wohl am Anschlag. Nur die etwas abgefahrenen Reifen gaben nicht nach, sie waren so stark aufgepumpt, dass sie hart waren wie Granit.

„I glaub, es langt." Frau Heber meinte damit aber nicht ihre Leistungsfähigkeit, sondern die des Tempos.

„A bisserl wos muss no drauf, sonst pack mas net auf zwoa moi."

Das war der einzige vollständige Satz, den wir vom Franzel während der ganzen Aufladerei hörten.

Wir packten dann noch kleines Zeug oben drauf und der Franzel sicherte die Ladung mit einem Seil. Er setzte sich wieder ans Steuer, der Motor jaulte auf und der Tempo kroch mit Schrittgeschwindigkeit davon.

Es dauerte einige Zeit, bis der Franzel mit seinem Tempo wieder um die Ecke bog, und es war schon Abend geworden. Wir schichteten den Rest der Möbel auf die wackelige Ladefläche, und alles wurde wieder verzurrt. Als sich auch noch Frau Heber neben den Franzel in das enge Führerhaus quetschte, drückte es das Vorderrad noch einmal ein paar Millimeter tiefer unter die Motorhaube. Der Franzel startete den Motor und eine dicke Rauchwolke quoll aus dem Auspuff, so als wollte der alte Tempo gegen diese Misshandlung protestieren.

Ich kehrte den restlichen Kleinkram und den Dreck zusammen. Nun sah unsere Garage wirklich brauchbar aus. In der Dämmerung schlich ich mich um die Ecke zu dem Haus, das mir die Schauspielerin beschrieben hatte. Ihr Cabriolet stand nicht vor der Tür. Wahrscheinlich hatte sie Vorstellung. Aber am Eingang des Einfamilienhauses war tatsächlich provisorisch ein zweiter Klingelknopf angebracht worden. Auf dem Schildchen daneben stand Inge Berger.

Am nächsten Tag schraubte ich eine hellere Birne in die Lampe. Dann ging ich mit dem Garagenschlüssel zum Schlosser, um ein Duplikat anfertigen zu lassen. Den neuen Schlüssel in der Hand, machte ich mich wieder auf den Weg zu Inge Berger.

Diesmal stand das offene Cabriolet vor ihrer Tür. Als ich läutete, hatte ich weiche Knie. Die für mich neue körperliche Kraft, die ich gestern beim Verladen der Möbel gespürt hatte, war verschwunden. Ich hörte, wie eine Tür in ihren Angeln knarzte, dann wurde die Haustür geöffnet und sie stand vor mir. Es kam mir vor, als hätte ich sie aus ihrer Arbeit aufgeschreckt. Aus ihrem ungeschminkten Gesicht sah sie mich überrascht an. Im dämmrigen Licht des Flures erschienen mir ihre Augen noch dunkler und ihre kastanienfarbigen Locken schienen durch plötzliche Bewegungen etwas durcheinander geraten zu sein. Sie trug dreiviertellange dunkle Cordhosen mit Aufschlägen, eine blaue Bluse und war barfuß.

Ihre Schönheit in dieser legeren Kleidung faszinierte mich so, dass ich erst einmal gar nichts herausbrachte. Dann kam ich auf die Idee, ihr den Schlüssel zu präsentieren und schließlich brachte ich doch noch einen Satz heraus: „Unsere Garage ist leer, sie steht Ihnen zur Verfügung."

„Wirklich? Das find ich großartig! Die Garage war ja so mit Gerümpel vollgestopft, wie haben Sie das nur so schnell geschafft?"

Darauf fiel mir ein: „Da habe ich meine Verbindungen." Ich hoffte, dass ich das ein bisschen seriös und gewichtig herausgebracht hatte.

„Das ist einfach wunderbar, jetzt habe ich für mein schönes neues Auto eine Garage ganz in meiner Nähe und muss nicht jeden Abend das Verdeck schließen."

Das VW-Hebmüller-Cabrilet gehörte mit seinem voll versenkbaren Verdeck zu den ersten Wohlstandssymbolen der jungen Bundesrepublik. Es war ein elegantes Auto, aber es war noch unsynchronisiert und damit nicht so leicht zu fahren.

Sie lächelte mich an.

Es war mir tatsächlich gelungen, ihr eine Freude zu machen.

„Kommen Sie doch mit rein.“ Sie ging voraus.

Ihr Zimmer war ein großer Raum mit Parkettboden. Nur am Rand standen ein paar Möbel, eine Schlafcouch, ein großes, mit Büchern vollgestopftes Regal und ein kleiner Tisch mit zwei Stühlen. Auf dem Tisch lag ein dickes aus hektographierten Blättern grob zusammengeheftetes Textbuch, in dem, soweit ich das sehen konnte, viel herumgestrichen worden war.

„Ich bin gerade dabei, eine neue Rolle zu lernen.“ Sie nahm das Textbuch aufgeschlagen, wie es da lag, in ihre Hand. „Die Blanche in ‚Endstation Sehnsucht‘. Kennen Sie das Stück?“

Ich schüttelte den Kopf. Etwas anderes blieb mir nicht übrig, sonst hätte ich mich bloß noch mehr blamiert.

„Die Blanche ist zwar eigentlich älter als ich, aber der Regisseur wollte sie jünger besetzen.“

Auf einmal stockte sie, sah mich an und sagte: „Sie könnten mich ein bisschen unterstützen, indem sie mir die Stichworte für meinen Text geben. Haben sie etwas Zeit?"

Ich brachte nur ein „Natürlich" heraus.

„Das Stück spielt in New Orleans. Blanche ist eine Lehrerin aus einer einst reichen Südstaatenfamilie. Die Familienmitglieder sind aber alle gestorben und der herrschaftliche Besitz wurde zwangsversteigert. Die einzige Möglichkeit wieder einen kostenlosen Unterschlupf zu finden, ist für sie ihre Schwester Stella. Die ist aber mit Stanley verheiratet, einem Mann, der nicht zum Status der Familie passt und den Blanche verachtet."

Sie gab mir das Textbuch und deutete auf die Stelle, bis zu der sie gekommen war.

„Sie lesen bitte den Stanley und die Regiebemerkungen. Nur ganz einfach vorlesen. Das wäre mir eine große Hilfe."

‚Stanley' stand da und ich las, so wie ich in der Schule vorgelesen hätte: „Wollen Sie sich hier bei uns einquartieren?"

Es war so still, dass ich den Stuhl knarzen hörte, den sie mir hingeschoben hatte. Ich dachte gerade ‚Das hast du wohl irgendwie nicht so gut hingekriegt', da kam sie ein paar Schritte auf mich zu. Sie wirkte unsicher und ganz leise und doch deutlich kam ein: „Ja, wenn ich euch nicht lästig falle."

Diesen leblosen Text hatte eine zaghafte, nicht mehr junge Frau gesprochen, als wäre er ihr gerade eingefallen.

Ich war so überrascht, dass ich froh war, nur mit einem ‚Gut' reagieren zu müssen.

„Reisen erschöpft mich", sagte sie dann etwas fahrig und ich sah sofort diese zerbrechliche Frau am Ende ihrer Kräfte vor mir.

„Ruhen Sie sich aus", hatte ich dann zu sagen.

Langsam fand ich mich in meine Aufgabe. Ich las den Text der Blanche mit und flüsterte ihr zu, wie es weitergeht, wenn sie zögerte, wie eine Souffleuse im Theater.

In der zweiten Szene las ich auch die Rolle der Schwester Stella und fand gerade ‚Eigentlich kommst du mit der Rolle als Stichwortgeber einigermaßen klar', da sah sie auf die Uhr. Innerhalb einer Sekunde war sie wieder die Inge Berger, die auf unserer Treppe gestanden hatte und wissen wollte, ob sie unsere Garage mieten könnte.

„Ich muss auf die Probe." Sie schlüpfte in ihre Schuhe und steckte das Textbuch in ihre bauchige Umhängetasche.

Irgendetwas wollte ich zum Abschied sagen, keine plumpe Bewunderung, das war sie wahrscheinlich gewöhnt. Etwas Ehrliches, um sie zu erreichen.

„Sie haben aber einen verdammt schweren Beruf", war, was mir einfiel.

Sie hatte schon die Türklinke in der Hand, als sie sich nochmal umdrehte: „Aber einen sehr schönen."

Die Türen fielen ins Schloss, sie stieg in ihr Cabrio und war sehr schnell verschwunden.

Am Abend lag ich angezogen auf meinem Bett und wartete auf das unverkennbare Motorgeräusch ihres Volkswagens. Das hohe Fauchen des Gebläserades untermalt von den tiefen Schwingungen des von keinem Wassermantel umschlossenen Motors war unverkennbar.

Ich hatte aus dem Theaterprogramm der Zeitung herausgefunden, dass sie heute Abend in „Alle meine Söhne" des amerikanischen Dramatikers Arthur Miller auf der Bühne stand. Gegen elf näherte sich ein Volkswagen. Ich rannte hinaus und schaffte es gerade noch, die Garagentüren aufzureißen, ehe sie ausgestiegen war. Ich schaltete das Licht ein und trat auf die Seite.

Sie steuerte den Wagen sehr genau in die Mitte der Garage und stieg aus. Sie wirkte nun sehr elegant im schwarzem Rock und in schwarzer Bluse. Nur ihre braunen Locken hatte der Fahrtwind etwas durcheinander gebracht. Sie kam auf mich zu, gab mir die Hand und sagte:

„Da haben Sie mir einen ganz großen Gefallen getan, dass Sie die Garage für mich freigeräumt haben. Ich habe auch etwas für Sie."

Sie griff in ihre Tasche und nahm eine Theaterkarte heraus für die nächste Aufführung von „Alle meine Söhne" übermorgen.

„Ich spiele die Ann. Die Ann hat eine Art Schlüsselrolle in dem Drama. Sie weiß als Einzige, dass der Industrielle Keller auch für den Tod seines eigenen Sohnes verantwortlich ist. Es ist ein sehr modernes, gut aufgebautes Drama, es wird Ihnen gefallen."

Während sie mir das erzählte, hatten wir uns auf den kurzen Weg zu ihrer Haustür gemacht. Sie gab mir die Hand und hatte sich schon den Haustürschlüssel gegriffen, da kam noch eine Bemerkung, die mich wieder so traf, wie vor ein paar Tagen, als sie plötzlich vor mir auf der

Treppe stand. Ein Blitzschlag von Erregung, der mich für vielleicht eine Sekunde wie erstarrt auf der Straße stehen ließ.

Sie sagte: „Sie können mich ja nach dem Ende der Vorstellung am Bühnenausgang abholen, dann können wir zusammen nach Hause fahren."

Das Einzige, was ich herausbrachte, war ein ‚Wunderbar'. Ich hatte niemals zu hoffen gewagt, dass es mir gelingen würde, ihr noch etwas näher zu kommen.

Als ich endlich im Bett lag, bemerkte ich, dass meine Hand von der kurzen Berührung den Duft ihres Parfüms angenommen hatte. Auch am nächsten Morgen konnte ich ihn noch ahnen. So wagte ich es nicht, meine rechte Hand zu waschen, denn dann wäre dieser Hauch ihrer Gegenwart im Abfluss verschwunden. So aber half mir ihr Duft, mich in der Schule immer wieder in diese kurze Begegnung zu versenken. Aber ihr Duft wurde im Laufe des Tages immer schwächer, bis ich ihn nicht mehr wahrnehmen konnte.

Die Freikarte war ein sehr guter Platz in den vorderen Reihen des mittleren Parketts. Zuerst wartete ich nur darauf, wann Inge Berger als Ann endlich auftreten würde. Aber es wurde nur über sie gesprochen, wie schön sie sei, und dass sie hergebeten wurde, weil der jüngere Sohn des Firmeninhabers sie heiraten wollte.

Theaterbesuche waren für mich bisher von der Schule für unsere Klasse organisiert worden. Wir sahen Klassiker wie ‚Nathan der Weise' von Lessing und ich fand das meist ziemlich langweilig. Aber in Millers Drama ging es nicht um längst vergangene Zeiten, sondern um unsere Gegenwart. Das Drama wirkte nicht konstruiert, auf der Bühne waren lebendige Menschen, wie ich sie zu kennen glaubte. Es ging um fehlerhafte Zylinderköpfe für Flugzeugmotoren. Der Defekt war vertuscht worden, um den Rüstungsauftrag nicht zu verlieren. Das hatte zum Tod von 21 Piloten geführt. Der Firmeninhaber hatte die Schuld geschickt auf seinen Compagnon geschoben, der dafür im Gefängnis saß.

Die Ann, also Inge Berger, war seine Tochter. Ehe Ann endlich auftrat, weigerte sich die Frau des Firmeninhabers konsequent zu akzeptieren, dass auch ihr älterer Sohn, ebenfalls ein Pilot, tot war. ‚Wahrscheinlich weigert sich die Mutter, den Tod ihres Sohnes hinzunehmen, weil sie ahnt, dass ihr Mann auch dafür verantwortlich ist', dachte ich und wurde immer stärker in das Drama hineingezogen.

Schließlich trat Inge Berger als Ann auf. Eine sehr schöne starke Frau in einem ‚entzückenden‘ Kleid. Sie spielt nicht mit bei der Verleugnung des Todes des älteren Sohnes, ihres Verlobten. Sie war gekommen, um jetzt den jüngeren Sohn zu heiraten. Das aber konnte nach Meinung der Mutter nicht sein, weil ja der ältere nicht tot sein konnte.

Schließlich wird offenbar, dass der Firmeninhaber der eigentlich Verantwortliche ist. Ann zieht einen Brief heraus. Aus dem ergibt sich, dass der ältere Sohn Selbstmord begangen hatte, weil er mit der Schuld des Vaters nicht weiterleben konnte. Der schuldige Vater erschießt sich.

‚Wie ist es ihr möglich, sich so in einen anderen Menschen zu verwandeln?‘ dachte ich, als der Vorhang gefallen war. Ich hatte sie noch vom Rollelernen als unsichere, nervöse Blanche in Erinnerung, die nicht recht wusste, wie sie mit dem Rüpel Stanley zurechtkommen sollte.

Der Bühnenausgang verbarg sich hinter Trümmergrundstücken und war nicht so leicht zu finden. Schließlich hatte ich doch einen Zugang in den hinteren Teil des Theatergebäudes entdeckt, der von einem älteren glatzköpfigen Pförtner in seinem Häuschen bewacht wurde. Um aber ganz sicher zu sein, dass ich hier auch richtig war, blieb nichts anderes übrig, als diesen Pförtner zu fragen. Ich trat an sein Schiebefenster, er öffnete und ehe ich irgendetwas sagen konnte, knurrte er: „Und was wollen S’?“

„Ist das hier der Bühnenausgang? Da bin ich mit Frau Inge Berger verabredet.“

Er musterte mich, so als könne hier irgendetwas nicht stimmen. Wahrscheinlich war er an Verehrer gewöhnt, die hier ungebeten versuchten, ihren Verehrten näher zu kommen.

„Wissens des a gwis?“

„Natürlich!“ Ich bemühte mich um Entschiedenheit. „Frau Berger hat gesagt, ich soll am Bühnenausgang auf sie warten.“

„Dann wartens hoid“, maulte er und schob sein Fenster wieder zu.

Entschiedener hätte der Hinweis auf meine Bedeutungslosigkeit kaum ausfallen können. Ich hatte mich in die aufregende Welt der Erwachsenen eingeschlichen, aber was erwartete ich hier. In ihrer Welt war ich ein Nichts.

Nun schwang die Tür auf und die ersten Schauspieler liefen an mir vorbei. Ich kannte sie alle, aber keiner nahm Notiz von dem jungen Mann, der da unsicher in einer Ecke stand. Der Schauspieler, der eben noch den Firmeninhaber Keller gespielt hatte, sah genau so aus wie eben auf der Bühne. Müde und abgekämpft hastete er an mir vorbei. Schließlich schwang die Tür auf, Inge Berger kam auf mich zu und alle Zweifel waren zerstoben.

„Da sind Sie ja", sagte sie.

Ich musste den Pförtner aus den Augenwinkeln beobachten. Ich sah, wie er irritiert seinen Kopf schüttelte.

Wir gingen über Trümmerstücke zu einem bewachten Parkplatz.

„Das Stück hat mich richtig gepackt. Und Sie waren wirklich sehr gut in der Rolle. Aber den Schluss hätte ich mir etwas eindeutiger gewünscht", formulierte ich, was mir durch den Kopf ging, als der Vorhang gefallen war.

Sie setzte sich ans Steuer und meinte: „Das ist doch kein Stück für ein Happy End."

Die Scheiben waren heruntergekurbelt. Der Fahrtwind zerwirbelte ihre Locken. Sie fuhr ziemlich schnell und beherrschte den Wagen souverän.

‚So kann ich das nicht stehen lassen', dachte ich.

„Ich meine kein Happy End, ich meine, es wird doch auch nicht klar, dass es nichts werden kann mit Ann und Chris."

„Erinnern Sie sich an den letzten Monolog von Chris. ‚Das ist das Land der ganz großen Hunde, hier liebst du einen Menschen nicht, hier frisst du ihn auf! Das ist der Grundsatz hier, der einzige nach dem wir leben. Zufälligerweise sind diesmal ein paar Leute dabei draufgegangen ...' Zu dieser pessimistischen Sicht der USA passt es doch besser, offen zu lassen, ob die beiden nun ein Paar werden oder nicht."

Ich hatte da wohl etwas zu vordergründig auf die Liebesgeschichte zwischen Ann und Chris geschaut. Es war sicher schlauer, erst mal zu schweigen.

Ich bewunderte, wie genau sie das Zwischengas dosierte, beim Runterschalten kratzte das Getriebe nie. Sie wusste auch genau, wie schnell sie die enge Umrundung des Friedensengels hinaufbrausen konnte, ehe sich die hintere Pendelachse aufstellte und der Wagen ausbrach. Auch als es wieder geradeaus ging, blieb sie sehr auf das Fahren konzentriert. Der Satz, den sie wie nebenbei sagte, überfiel mich wie eine Welle von Glück. Es war so, als ob ich in einer gefährlichen Klassenarbeit plötzlich eine Zwei statt der erwarteten Fünf bekommen hätte.

„Wenn Sie wollen, können Sie gern mehr Freikarten von mir bekommen. Ich schöpfe mein Kontingent bisher kaum aus."

„Das wäre wunderbar", das war das Einzige, was ich herausbrachte.

Vor ihrem Haus verabschiedeten wir uns wieder mit einem Händedruck. Ich hätte nie gewagt, sie zu umarmen oder gar zu küssen.

Es spielte sich so ein, dass ich jeden Abend erst ins Bett gehen konnte, nachdem ich das Garagentor geöffnet und sie nach Hause begleitet hatte. Dabei griff sie immer wieder in ihre Handtasche, um mir die Freikarten für ihre Stücke zu überreichen.

Weder für sie noch für mich spielte es eine Rolle, ob ich ihre Stücke schon einmal oder ein paarmal gesehen hatte. Wahrscheinlich gefiel ich ihr einfach als begeisterter zurückhaltender junger Mann. Aber diese Rolle wurde mir langweilig. Es wurde Zeit, sie noch einmal durch meine Fähigkeiten zu verblüffen, so wie mir das mit dem schnellen Ausräumen der Garage gelungen war. Schließlich hatte ich eine Idee.

Es war Spätherbst geworden und schon sehr dunkel, wenn mich ihr Volkswagen aus dem Halbschlaf aufschreckte. Der Lichtschalter in der Garage war schwer zu finden, wenn man sich nicht mehr orientieren konnte. So fuhr sie meist im Licht ihrer Scheinwerfer in den dunklen Schacht, kletterte dann, ohne etwas zu sehen, aus ihrem Wagen und tastete sich vorsichtig dem Dämmerlicht entgegen, das von der schwachen Straßenbeleuchtung in die Garage fiel. Wenn es mir gelingen würde, eine automatische Garagenbeleuchtung zu konstruieren, die sich beim Öffnen der Tore einschaltet, so würde sie das sicher beeindrucken.

Ich war auf diesem Sektor nicht ganz ohne Erfahrung. Im Alter von neun Jahren, mitten im Krieg, hatte ich eine ‚elektrische Mausefalle' konstruiert. Sie bestand aus zwei blanken Drähten, die ich im Apfelschrank an den Mauerspalten verbeiführte, durch die die Mäuse in den Schrank zu schlüpfen pflegten. Von den sorgsam in hölzernen Schubfächern gelagerten Äpfeln blieben nach der Mäusemahlzeit nur angeknabberte und faulige Reste übrig. Die beiden Drähte, sorgfältig voneinander getrennt und oben und unten an den Mauerspalten vorbeigeführt, setzte ich unter die Netzspannung von 220 Volt, etwas anderes hatte ich nicht. Die Sache funktionierte hervorragend und nur gelegentlich musste die Sicherung mit einem speziellen Draht geflickt werden. Meine Erfindung wurde allen Gästen vorgeführt und meine Eltern waren sich ausnahmsweise mal in einer Sache einig, meine Zukunft sei gesichert, aus mir würde ein großer Erfinder.

Nur die Pflichtjahrmädchen hassten mich und meine elektrische Mausefalle, weil sie immer die Mäuseleichen aus den Löchern herausziehen mussten.

Das besonders Geniale an meiner Erfindung war aber die automatische Stromabschaltung, die mein Vater bei jeder Vorführung als besonders gut durchdacht hervorhob. Ich genoss den Glanz meiner Genialität, der vielleicht nicht ganz so gestrahlt hätte, wenn die Erwachsenen den Hintergrund dieses als besonders genial gewürdigten Details gekannt hätten.

Die Pflichtjahrmädchen hatten nur ihre Pilotenfreunde von dem nahen Fliegerhorst im Kopf. Wenn die im Tiefflug über unser Haus brausten und mit den Flügeln wackelten, ließen die jungen Frauen alles stehen und liegen und rasten mit Geschirrtüchern oder Putzlumpen in der Hand hinaus, um den Piloten zuzuwinken. So viel hatte ich schon kapiert von den Frauen: Wenn sie verknallt sind, ticken sie nicht mehr richtig. Sie würden vergessen, den Strom abzuschalten, ehe sie die Mäuseleichen herauszogen. Das aber wäre lebensgefährlich. Also musste die Anlage so konstruiert sein, dass sich der Strom ausschaltete, wenn sie die Schranktür öffneten.

Ich musste meine Konstruktion von damals nur etwas modifizieren. Jetzt mussten die Kontakte so angebracht werden, dass der Strom für das Garagenlicht beim Öffnen eines Türflügels floss. In etwa zwei Stunden hatte ich die Anlage konstruiert und sie funktionierte sehr zuverlässig. Ich schraubte noch eine Hunderter-Birne in die alte Lampe mit ihrem Emailleschirm, damit mein Werk auch richtig zur Geltung kam.

Es war schon fast Mitternacht, als sich Inge Bergers VW endlich näherte. Ich flitzte wie immer aus dem Haus, blieb aber diesmal so lange an der Treppe stehen, bis meine Beleuchtung anging. Nicht nur die Garage erstrahlte in hellem Licht, auch Inge Berger hatte sich aus einem schwarzen Schatten in eine Frau im dunklen Wintermantel und Baskenmütze verwandelt.

Ich trat neben sie. Sie drehte sich zu mir um und fragte ganz ernst: „Können Sie zaubern?"

„Schließen sie den rechten Türflügel, dann werden sie sehen, was ich gezaubert habe." Ich war stolz auf das, was mir da gelungen war.

Sie bewegte den Türflügel etwas nach innen und das Licht ging aus.

„Phantastisch, wie kommen Sie nur auf so eine Idee?"

Während ich sie zu ihrer Wohnungstür begleitete, erzählte ich ihr, warum die Konstruktion für mich auf der Hand lag.

„Das ist eine interessante Geschichte. Sie wussten schon mit neun Jahren, dass Frauen nicht mehr klar denken können, wenn sie verliebt sind. Flogen denn die Piloten so tief, dass sie ihre Gesichter in der Kanzel erkennen konnten?", wollte sie dann wissen.

„Man konnte die Gesichter genau sehen. Sie waren eingerahmt von den schwarzen Fliegerhauben mit den eingebauten Kopfhörern", erinnerte ich mich.

Sie stand auf der oberen Stufe und hatte den Hausschlüssel schon in der Hand. Ich hatte mich schon umgedreht, um zurückzugehen, da machte sie noch eine Bemerkung.

„Mit siebzehn war ich auch in so einen schicken Jagdflieger verliebt. Der ist hoch oben, weit weg von den ganzen Katastrophen unten auf der Erde, dachte ich damals."

Sie sagte dann noch einmal „gute Nacht" und schon war sie verschwunden.

Auf dem kurzen Weg nach Haus plagten mich ganz widersprüchliche Gefühle. Endlich war es mir gelungen, mich in ihren Augen etwas interessanter zu machen. Aber was wollte sie mir mit der letzten Bemerkung sagen? Sie gehörte zur Generation der Pflichtjahrmädchen und den ‚Blitzmädchen' genannten Nachrichtenhelferinnen. Manche von diesen jungen Frauen hatte ich schon vor zehn Jahren bewundert, weil sie gescheit und attraktiv waren. Aber sie waren knapp eine halbe Generation älter als ich. Hatte sie mir das sagen wollen?

Der Herbst kam und dann der Winter mit glatten Straßen. Ich merkte, der VW hatte eine miserable Heizung, die brachte nur einen schwach erwärmten Luftzug zustande, der auch noch nach verbranntem Öl stank. Ich begriff, der VW hatte zwar wegen seines Heckmotors eine gute Traktion auf glatten Straßen, neigte jedoch dazu, in zu schnell gefahrenen Kurven hinten auszubrechen. Meine Bewunderung für Inge Bergers Fahrkünste wuchs und wuchs.

Es ging alles so weiter. Ich schaffte es meist, noch wach zu sein oder aufzuwachen, wenn sie vorfuhr. Dann begleitete ich sie nach Hause und konnte oft meine Freikarten einstecken.

‚Endstation Sehnsucht‘ war herausgekommen. Es faszinierte mich zu sehen, wie sie in diese Rolle hineingewachsen war, bei der ich ihr in einigen Szenen als Stichwortgeber gedient hatte. Aber das Stück gefiel mir nicht. Blanche rutscht durch den Verlust ihrer wohlsituierten Welt und die Provokationen ihres vulgären Schwagers immer mehr in das Verwirrtsein ab und verschwindet schließlich auch noch in der Psychiatrie. Das wollte ich nicht sehen, konnte es ihr aber nicht sagen, wenn sie mir wieder eine Freikarte anbot.

‚Alle meine Söhne‘ war nicht mehr auf dem Spielplan. Als das Stück abgesetzt wurde, konnte ich alle ihre Auftritte fast auswendig. Neu auf dem Spielplan war die ‚Elektra‘ von Jean Giraudoux. Da hatte ich im Theater immer mit dem Schlaf zu kämpfen, wenn nicht gerade Inge Berger als Elektra auf der Bühne stand.

Am besten gefiel sie mir als Laura in ‚Die Glasmenagerie‘ von Tennessee Williams. Sie spielte eine schüchterne, leicht gehbehinderte junge Frau, der alles misslingt außer dem behutsamen Umgang mit ihrer Sammlung von gläsernen kleinen Tieren. Sie soll endlich unter die Haube gebracht werden, darum hat der Bruder auf Drängen der Mutter einen Arbeitskollegen eingeladen. Wie dieses Aschenputtel sich durch einen kurzen Hoffnungsschimmer, dieser junge Mann könnte sie lieben, in eine Schönheit verwandelt und wie sie wieder verfällt, als sich herausstellt, dass der junge Mann bereits liiert ist. Das packte mich immer wieder.

Während der Fahrt nach Hause wollte Inge Berger immer wissen, was mir an der heutigen Aufführung besonders gut gefallen hätte und was weniger gut. Bei der Elektra fiel mir das ziemlich schwer. Sie merkte das auch sogleich und fragte: „Der Giraudoux liegt Ihnen wohl nicht besonders?“

In der Faschingszeit kam Inge Berger manchmal so spät, dass ich angezogen auf meinem Bett eingeschlafen war. Plötzlich, die Saison näherte sich ihrem Höhepunkt, tauchte sie schon gegen 11 Uhr auf.

Ich flitzte hinaus, um möglichst schon den Schlüssel im Schloss zu haben, ehe sie ausgestiegen war. Sie fuhr den Wagen aber nicht in die hell erleuchtete Garage, sondern stieg aus.

Unter ihrem eng anliegenden schwarzen Wintermantel bewegte sich ein sehr bunter langer Rock in den kalten Windstößen. Ihr Gesicht war deutlich geschminkt, vielleicht als Spanierin? Sie war nicht wie sonst freundlich und souverän. Es kam mir vor, als sei sie nervös. Sie stand unentschlossen in der offenen Autotür und ganz plötzlich hörte ich, wie sie sagte: „Wir könnten doch eigentlich noch zusammen in die Traumkulisse gehen."

Was sie mir da anbot, hätte ich mir nicht einmal im meinen Träumen vorzustellen gewagt. Die Traumkulisse war das Faschingsfest der Münchner Kammerspiele, des damals renommiertesten Theaters. Ich wusste, dass sich dort die Künstlerprominenz aus Theater und Film traf. Es gab schon seit Wochen keine Eintrittskarten mehr. Das Einzige, was mir einfiel, war die blöde Frage: „Haben Sie denn Eintrittskarten?"

Mit einem „Brauchen wir nicht" wischte sie meine kleinbürgerliche Bedenken weg.

Ohne auf eine weitere Reaktion von mir zu warten, klappte sie die Lehne des Fahrersitzes nach vorn und zog einen Pappkarton heraus. Darin lag ein blauer Fliegeroverall mit Namensschild, wie ihn die Piloten der US-Airforce trugen. Auch eine Schirmmütze holte sie noch aus dem Karton heraus.

„Schauen Sie doch mal, ob Ihnen die Sachen passen."

Ich ging in die Garage und zog den Overall über all meine Kleider. Als ich den Reißverschluss zuzog, hatte ich das Gefühl, ihren kritischen Blicken einigermaßen zu genügen.

„Passt doch." Sie nahm die Schirmmütze und setzte sie mir vermutlich etwas schief auf, so wie die Piloten in aller Welt sie zu tragen pflegten. „Gar nicht so schlecht", fand sie.

Während der Fahrt versuchte ich eine Konversation über die ‚Traumkulisse'. Ich kramte alles heraus, was ich über dieses legendäre Faschingsfest in den Zeitungen gelesen hatte. Aber Inge Berger war nicht sehr gesprächig. Sie kurvte schwungvoll durch die engen Gassen der teilweise noch zerstörten Altstadt, stoppte plötzlich und quetschte ihr Auto zwischen zwei Lieferwagen.

Leute kamen aus einem Eingang eines großen Gebäudes, griffen sich Kartons oder Obstkörbe aus den mit offenen Türen parkenden Lieferwagen und verschwanden damit im Gebäude.

„Los!" Sie gab mir einen Schubs und griff sich einen großen Korb mit Orangen.

Mir war klar, dass ich das genauso zu machen hatte. Vor dem Eingang konnte ich gerade noch meine Schirmmütze etwas tiefer ins

Gesicht ziehen, damit nicht allzu offensichtlich wurde, dass bei diesem Paar, der Spanierin und dem Airforcepiloten, etwas nicht stimmte.

Niemand fragte nach unseren Eintrittskarten und wir stellten die Körbe auf einen der Tische. In den Ballsaal tauchte ich ein wie in einen Traum. Felsige Abhänge, Häuserfronten, Torbögen, Türme, Wälder und das Meer umschlossen die Tanzfläche. Manches war sehr hell erleuchtet, andere Kulissen lagen in verheißungsvoller Dämmerung.

Ich versuchte Inge Berger auf den Fersen zu bleiben. Sie winkte und grüßte nach allen Seiten, so als wären ihr all diese phantastischen Figuren aus der Welt des Theaters, Films und der Literatur vertraut.

Die im Münchner Fasching üblichen Seeräuber und Westernhelden sah ich nirgends. Ein älterer Offizier der Roten Armee, der schon ziemlich viel Wodka getankt hatte, oder das sehr überzeugend verkörperte, grüßte mich freundlich. Aber wahrscheinlich meinte er nur mein Kostüm, denn er wandte sich sehr schnell Jean d'Arc zu.

Am Rande der Tanzfläche forderte ich Inge Berger auf. Ich führte sehr vorsichtig, darauf bedacht, ihr nicht zu nahe zu kommen, so wie man Abstand vom Feuer hält. Da ich gerade die Tanzschule hinter mir hatte, gelang das einigermaßen. Dr. Freud tanzte an uns vorbei, Inge lächelte ihm zu, offenbar war es ein Kollege. Er grüßte verwundert zurück, jedenfalls erschien es mir so.

Als die Musik eine Pause einlegte und die Paare sich zerstreuten, verlor ich Inge Berger in dem Getümmel. Ich stellte mich an den Rand der Tanzfläche und versuchte, sie in dem Treiben irgendwo zu entdecken, vergeblich.

Terese Giese kam, kaum verkleidet, ganz nah an mir vorbei. Ich hatte sie kürzlich in Brechts ‚Mutter Courage' auf der Bühne gesehen und sehr bewundert. Als die Tanzmusik wieder einsetzte, entdeckte ich auch Peter Lühr, wie er sehr formvollendet mit einer jungen Dame an mir vorbei tanzte. Ich sah nicht viel junge Leute und schon gar keine jungen Damen, an die ich mich herangetraut hätte.

Als Mitternacht längst vorbei war, begriff ich, dass ich wohl schauen müsse, wie ich alleine nach Hause kam. Da ich kein Geld für ein Taxi hatte und so gut wie keine Straßenbahnen mehr fuhren, blieb nur ein Fußmarsch von etwa einer Stunde durch die kalte Nacht.

Nach einem kurzen tiefen Schlaf voller verrückter Träume, in denen ich durch künstliche Welten schwebte und Märchenfiguren mich unverständlich ansprachen, schrillte der Wecker. Ich zog mich an und unter meinen Kleidern lag die blaue Pilotenmontur. Ich ging in die Garage. Inge Bergers Wagen stand da, nicht abgesperrt. Ich nahm die Pilotenmontur und legte sie auf die Ablagefläche hinter den Sitzen.

Als es mir das nächste Mal gelang, Inge Berger spät abends abzupassen, erfuhr ich freundlich aber distanziert, dass sie eine schöne große Wohnung mit Garage in Schwabing gefunden habe und unsere Garage nicht mehr brauche. Sie bedankte sich nochmal für die Räumung und die Konstruktion des automatischen Lichts.

Wenn ein neues Stück mit ihr herauskam, musste ich mir das immer ansehen. Aber nur noch einmal. Sie am Bühnenausgang abzuholen, traute ich mich nicht mehr.

Ein Lehrerauto wird verhext

Ford 12 M

Das Gymnasium zu Beginn der fünfziger Jahre war für uns eine ziemlich langweilige Angelegenheit. Die Lehrer, die ihre Ausbildung meist noch in der Zeit des Nationalsozialismus abgeschlossen hatten, verloren weder ein Wort über die Katastrophe des Zweiten Weltkriegs, die diese Diktatur ausgelöst hatte, noch über aktuelle Spätfolgen, wie den Fall Auerbach, der immer wieder die Schlagzeilen der Zeitungen beherrschte. Der KZ-Überlebende Auerbach war Präsident des bayerischen Landesentschädigungsamtes gewesen und hatte sich sehr selbstbewusst für die Interessen der rassisch und politisch Verfolgten eingesetzt. Dafür wurde er von einem mit NS-Juristen besetzten Gericht wegen der Verletzung seiner Amtspflichten für zweieinhalb Jahren ins Gefängnis geschickt. Zwei Tage nach der Verurteilung beging er Selbstmord. Später wurde Auerbach von einem Untersuchungsausschuss rehabilitiert.

Unsere Empörung über diesen Fall konnten wir nicht mit unseren Lehrern teilen. Sie waren ein Teil dieser Gesellschaft, die von den Verbrechen der Nazizeit weder in der Vergangenheit noch in der Gegenwart etwas gewusst haben wollten, geschweige denn, dass sie daran beteiligt gewesen wären.

Wie sehr diese zwölf Jahre aber das Leben von einigen unserer Lehrer doch geprägt hatte, das bemerkten wir an einer besonderen Fähigkeit, die uns gelegentlich sehr unsanft aus unseren Träumen riss: sie konnten brüllen wie die Unteroffiziere der Wehrmacht, die Verhörer der Gestapo oder die Schergen in den Konzentrationslagern. Sie hatten aber nicht begriffen, dass ihnen die Macht verloren gegangen war, die ihr Gebrüll für uns zu einer Bedrohung hätte werden lassen können.

Denn geschlagen wurde nicht mehr in den Münchner Gymnasien am Beginn der fünfziger Jahre. So wussten wir, dass uns außer schlechten Noten nichts Ernsthaftes passieren konnte. Das Gebrüll flaute irgendwann wieder ab, spätestens wenn ihre Kräfte erschöpft waren. Und wir ertrugen es, wie man den Krach eines Presslufthammers aushält, an dem man auf der Straße vorbei muss.

Ich habe brüllende Männer mein Leben lang verachtet. Es gab nur eine Ausnahme und diesen Mann kannte ich nicht persönlich, sondern nur aus einer Geschichte, die damals bei meinen kritisch eingestellten Verwandten erzählt wurde. In einem Vernichtungslager der Nazis war es vier Juden gelungen, SS-Uniformen, Waffen und den Dienstwagen des KZ-Kommandanten in ihren Besitz zu bringen. So ausgerüstet, hatten sie schon ein paar Sperren passiert, als die Posten der äußersten Absperrung doch noch Verdacht schöpften und die Papiere sehen wollten. Da fing einer der vier in bester KZ-Schergenmanier derartig zu brüllen an, dass die Posten erschreckt den Wagen durchwinkten. Der stimmgewaltige Jude habe überlebt, so endete die Geschichte.

Auch der Koreakrieg, der am anderen Ende der Welt tobte, war kein Thema in unserem Unterricht. Dabei konnte man es ja durchaus als bedrohlich empfinden, dass in dem anderen Land der Erde, wo sich Ost und West in einem geteilten Land gegenüberstanden, ein Krieg ausgebrochen war. Es gab viele, die fürchteten, wie in Korea könnte es auch an der Zonengrenze zu einem weiteren Krieg zwischen Ost und West kommen. Die Menschen fühlten sich bedroht. So wurde von schwangeren Frauen erzählt, die in die USA oder in die südamerikanischen Staaten zu gelangen versuchten, um ihr Kind in einem sicheren Land auf die Welt zu bringen.

Aber dieser weit entfernt tobende Krieg berührte uns auf eine andere sehr reale Weise. Er hatte eine Materialknappheit ausgelöst, die allgegenwärtig war und das langsam einsetzende Wirtschaftswunder abzubremsen drohte. Der Koreakrieg und die von ihm ausgelöste Materialknappheit wurden für alles verantwortlich gemacht, was nicht vertragsgemäß geliefert werden konnte oder von schlechter Qualität war, wie der Lack von unserem neuen Mercedes.

Wahrscheinlich wäre auch unser gefürchteter Lehrer mit seinem neuen Ford 12 M schon ein paar Monate früher auf den Schulhof gefahren, wenn es nicht diesen Krieg in Korea gegeben hätte.

Bernd hatte am Fenster gestanden, in den Schulhof hinunter geschaut und plötzlich gerufen: „Da schaugts euch den aufgeblasenen Gockel an, wieso muss grad der a neues Auto ham." Wir flitzten zum Fenster und tatsächlich: Im grauen Anzug, mit weißem Hemd und blauer Krawatte stolzierte der Pingler mit strengem Gesicht den runden Kopf mit der beginnenden Glatze stolz zurückgeworfen, die Aktentasche lässig in der Hand, über den Schulhof.

Es war der zweite Wagen, mit dem ein Lehrer vorfuhr, aber das erste richtige Auto. Mit dem ersten war eine junge Deutschlehrerin, wegen ihrer Schönheit und ihrer langen schwarzen Locken Schneewittchen genannt, vorgefahren. Aber es war ein Lloyd 300, auch Leukoplastbomber genannt, und der zählte nicht so richtig.

Der Pingler war unser Mathematiklehrer. Wir hassten und fürchteten ihn zugleich. Wir hassten ihn wegen der Art, wie er uns an der Tafel fertig machte, wenn wir nicht sehr schnell kapiert hatten, was wir da entwickeln sollten, und wir fürchteten ihn wegen seiner Kleinlichkeit. Mit dicken roten Strichen versah er aber auch die kleinsten Fehler, die uns unterlaufen waren, daher sein Spitzname. Mathematikklassenarbeiten hatten für uns, jedenfalls für die, die in diesem Fach schlecht waren, etwas sehr Albtraumhaftes. Es war wie eine Jagd mit der Stoppuhr durch ein Labyrinth, in dem wir uns sehr oft auf dem falschen Wegen verrannten oder mit Rechenfehlern auf der Strecke blieben. Wenn die Arbeiten dann zurückgegeben wurden, war für den Pingler wieder einmal klar, dass unsere Klasse bis zum Abitur noch kleiner werden musste.

Als der Pingler an diesem Morgen die Klasse betrat, flüsterte mir Bernd zu: „Dem Angeber wer ma die Freid an seim neuen Auto scho a bisserl versalzen."

Am nächsten Tag, als wir noch dabei waren, uns an unseren Plätzen einzurichten, zeigte mir Bernd, was er sich über Nacht ausgedacht hatte. Er griff in seine Hosentasche und zeigte mir eine kleine verschließbare Ölkanne. Damit wollte er in der großen Pause unter der Ölablassschraube des Motors einen schönen großen und damit unübersehbaren Ölfleck anlegen.

„Prima Idee", kam es von hinten. Es war unser Hintermann Felix Kühlebier. Er wurde in der Klasse nur kalte Suppe genannt oder einfach nur Suppe.

„Dann soll der Pingler mal andere Leut zamscheißen, net immer bloß uns“, fand er.

Mir war die Sache nicht ganz geheuer. Was würde passieren, wenn der Pingler dahinter käme. Dann würde es für mich und Bernd noch gefährlicher, weil wir beide in der letzten Klassenarbeit wieder eine Fünf kassiert hatten.

Aber Suppe sorgte dafür, dass sich Bernds Idee mit der Geschwindigkeit von Radiowellen in der Klasse verbreitete und nicht mehr zu stoppen war.

In der großen Pause bildete unsere Klasse einen undurchdringlichen Ring vorgeblicher Bewunderer um das neue Auto. So, vor den Blicken der anderen geschützt, rutschte Bernd gelenkig und schnell unter den Motor und legte ganz genau unter der Ölablassschraube einen nicht zu übersehenden Ölfleck an. Nach Schulschluss blieben wir noch etwas im Klassenzimmer um zu beobachten, wie der Pingler reagieren würde.

Wie wir es erwartet hatten, bemerkte er die dunkle Verfärbung des Kieses, als er rückwärts fuhr, um den Wagen zu wenden. Er stoppte abrupt, sprang aus dem Auto, zog ein sehr weißes Taschentuch heraus und tupfte damit in den Ölfleck. Entsetzt betrachtete er die Verfärbung des Taschentuches. Nun kniete er sich sehr vorsichtig in den Staub des Schulhofes, um unter den Wagen sehen zu können. Er wollte wohl herausfinden, wo das Öl herkam.

Natürlich war Bernd so schlau gewesen, auch die Ränder der Ölablassschraube und die Metalldichtung mit Öl zu verschmieren.

Schließlich richtete sich der Pingler wieder auf und klopfte den Staub von seiner perfekt gebügelten Hose. Er legte das verschmutzte Taschentuch sehr sorgfältig zusammen, so dass seine Sakkotasche nicht beschmutzt werden konnte. Dann setzte er sich ans Steuer und fuhr den Wagen durch das Tor auf die Straße.

„Und jetzt fährt er in seine Werkstatt und scheißt die Leut zusammen“, prophezeite Suppe.

Ob es wirklich so war, haben wir nicht erfahren. So genau wir den Pingler am nächsten Tag auch beobachteten, es war ihm keine Reaktion auf unsere Aktion anzumerken.

Während der Ölfleck auf dem Schulhof langsam verblasste, weil der Wind den Staub darüber wehte, waren unsere Auseinandersetzungen mit dem Pingler auf einer ganz anderen Ebene so weit eskaliert, dass es unsere Klasse sogar auf die erste Seite einer Münchner Boulevardzeitung geschafft hatte. Es ging um den ‚Pornoskandal!'

Natürlich kursierten in unserer Klasse Pornohefte, in der Regel während des Lehrerwechsels, manchmal aber auch während einer quälend langweiligen Unterrichtsstunde.

Der Pingler hatte die Angewohnheit, die Klasse aus den Augenwinkeln zu beobachten. Auch wenn wir dachten, er sei vollkommen mit der Ableitung einer komplizierten Formel beschäftigt, hatte er uns im Blick. Wir wussten das eigentlich, vergaßen es aber immer mal wieder.

So waren wir völlig überrascht, als er plötzlich, wie ein Raubvogel auf seine Beute herunterschießt, durch die Tischreihen jagte und sich ein Heftchen griff, das gerade unter dem Tisch weitergereicht wurde.

„Jeder bleibt auf seinem Platz", hatte er noch gefaucht, dann war er mit seiner Beute auch schon verschwunden.

Wir hatten gerade angefangen darüber zu spekulieren, was nun passieren würde, da stürmte schon ein Lehrerrollkommando herein. Der Mathematiklehrer hatte offenbar alle Lehrer abkommandiert, die sich gerade im Lehrerzimmer aufhielten.

„Alle vortreten", brüllte er uns an.

Wir drängten uns in dem engen Raum vor der Tafel zusammen, während die Lehrer von Platz zu Platz gingen, um die Fächer unter den Tischen, aber auch unsere Schultaschen einer gründlichen Inspektion zu unterziehen. Als die Untersuchung zu Ende war, wurden drei Kameraden abgeführt. Nach der Pause ging der Unterricht ohne sie erst einmal weiter. Man hatte die drei sofort nach Hause geschickt.

In den nächsten Tagen fielen immer mal wieder Stunden aus, wahrscheinlich, weil das Lehrerkollegium zusammentreten musste, um über eine angemessene Strafe zu beraten.

„Jetzt ist sogar das Kultusministerium eingeschaltet", flüsterte uns Schneewittchen auf dem Schulhof zu, als sie dort die Aufsicht führte.

Ein paar Tage später wurde schließlich vom Pingler zu Beginn einer Mathematikstunde das Urteil über die Porno-Triade verkündet. Sie durften die Schule nicht mehr betreten und wurden auf drei verschiedene Münchner Gymnasien verteilt.

„Prima Lösung", flüsterte mir Bernd zu, nachdem der Pingler das Urteil verkündet hatte. „Jetzt können sie an drei verschiedenen Schulen ihre Hefterln verteilen."

Die drei waren zwar in der Klasse nicht besonders beliebt, aber sie wegen so einer Lappalie wie den ‚Hefterln' von der Schule zu schmeißen, empfanden die meisten als eine ‚Riesensauerei'.

„Das verlangt nach Rache", flüsterte mir Bernd zu.

Während dieser aufregenden Tage besuchte uns ein Onkel aus der weit verzweigten Familie meiner Mutter. Er war Ende zwanzig, hatte sein Jurastudium abgeschlossen und mit gutem Examen sowie dem richtigen Parteibuch in einem der Ministerien in der neuen Bundeshauptstadt Bonn Fuß fassen können. Er erinnerte mich an die Männer aus der Werbung für eine Frisiercreme, der man damals nicht entkommen konnte. Er imponierte mir aber durch sein sicheres Auftreten und seinen eleganten Anzug. Er sei, wie er uns stolz erzählte, schon länger Mitglied der Jungen Union. Kaum war das Abendessen vorbei, da begann er auch schon, uns seine politischen Überzeugungen zu erklären.

„Politik besteht nicht einfach darin, nur zu reden, Politik bedeutet handeln. Politik heißt nicht nur, für die eigene Überzeugung eintreten, Politik bedeutet auch die andere Seite zu unterminieren."

Nach dieser gewichtigen Vorrede erzählte der Onkel eine Geschichte aus seinem Leben in der jungen Bundeshauptstadt, die mich faszinierte.

„Wirkungsvolle Aktionen müssten generalstabsmäßig geplant werden", leitete der Onkel seine Geschichte ein und es klang, als ob er diesen Ausdruck ganz besonders liebte.

So hätten sie zum Beispiel herausgefunden, in welchem Lokal sich Bundestagsabgeordnete der SPD mit Gewerkschaftsfunktionären treffen, um irgendwelche wichtigen Dinge zu besprechen. Da könnten dann schon so an die fünfzehn ziemlich dicke Autos vor dem Lokal stehen.

Er und seine Freunde von der Jungen Union warteten dann gut versteckt in ihren Autos und beobachteten, welche Wagen den SPD-Bundestagsabgeordneten und den Gewerkschaftsfunktionären gehörten. Wenn dann alle im Lokal waren und die Straße leer, huschten sie aus ihren Autos und rammten in die Auspuffrohre der Leute von der anderen Seite genau passende Korken. Dann verschwanden sie wieder in ihren Verstecken. Nun mussten sie oft stundenlang warten.

Spätestens wenn das Lokal schloss, kamen sie dann alle heraus und wollten abfahren, und keines ihrer Autos sprang mehr an. Sie orgelten verzweifelt ihre schwächlichen 6-Volt-Batterien leer, bis sie mit viel Wut im Bauch zur nächsten Straßenbahnhaltestelle aufbrachen oder nach

Mit dem Ford 12 M begann sich das amerikanische Autodesign, auf deutsches Format geschrumpft, in der Bundesrepublik durchzusetzen. Dass gerade unser verhasster Mathematiklehrer mit so einem Auto in den Schulhof fuhr, ärgerte uns besonders.

einer Telefonzelle suchten, um ein Taxi herbeizurufen. „Das ganz besonders Heimtückische an der Methode sei, dass man, solange der Anlasser drehe, immer den Eindruck habe, jetzt springe der Motor doch endlich noch an, aber das tue er eben nicht", erklärte der Onkel.

Nun musste man nur noch warten, bis auch wirklich alle weg waren und sich sonst niemand auf der Straße herumtrieb. Dann kamen er und die anderen leise wie die Nacht aus ihren Verstecken, um die Korken wieder zu entfernen.

Diese Geschichte hatte mich sofort fasziniert. So konnte man ein Auto verhexen, ohne dass es Spuren gab. Das war genau das Richtige für den Ford des Pinglers.

„Kommt denn keiner von den Leuten auf die Idee, sein Auto etwas zu untersuchen?", hatte ich noch wissen wollen.

„Manche reißen die Motorhaube auf und starren hinein, aber in der Dunkelheit können sie nicht viel erkennen. Manche schmeißen die Tür so fest zu, dass das ganze Auto schaukelt und fluchen, andere schließen einfach sorgfältig ab und machen sich irgendwie auf den Weg nach Hause", erklärte der Onkel sachkundig.

„Und wenn doch einer einen Verdacht hat, wer ihm diesen üblen Streich gespielt hatte?"

„Einen Verdacht werden sie schon haben, aber wenn es uns gelingt, alle Korken wieder zu entfernen, gibt es keine Beweise. Da können sie mit ihrem Verdacht nichts anfangen. Wichtig ist eben, dass es gelingt, alle Korken wieder rauszuziehen, sonst funktioniere der Trick nie wieder, dann ist er verbrannt", zog der Onkel sein Resümee.

„Und was macht ihr, wenn euer Trick doch irgendwann auffliegt, weil zum Beispiel auch einer der Genossen so schlau ist, sich zu verstecken um herauszufinden, was da eigentlich passiert?"

Aber mit dieser Frage konnte ich den Onkel überhaupt nicht beeindrucken.

„Wenn wir entdeckt werden, ist es vorbei mit unserem Trick und ganz Bonn lacht sich tot und wir lachen mit. Die Überheblichkeit meines Onkels war nicht zu erschüttern. Das war es also, was er für politisches Handeln hielt.

Am nächsten Tag musste ich Bernd und Suppe noch vor dem Beginn der ersten Stunde von diesem Trick erzählen. Obwohl ich leise sprach, bekamen die anderen mit, dass es um etwas Interessantes ging, und es schloss sich sehr schnell ein enger Ring von Neugierigen um uns.

„Des is genial", fand Suppe und er rutschte schon ganz nervös auf seinem Stuhl hin und her, ehe er sagte: „Damit schenk mas dem Pingler amio richtig ein."

Ich versuchte einzuwenden, das Unternehmen sei doch nicht so ganz ohne Risiko auf den Pingler zu übertragen, denn die in Bonn hätten in der Dunkelheit der Nacht operiert, bei uns müsste die Sache aber am helllichten Tag über die Bühne gehen. Aber alle, die kapiert hatten, worum es ging, waren von der Idee so begeistert, dass niemand mehr auf mich hörte. Der Englischlehrer erschien in der Tür und sprengte den Ring.

In der nächsten Pause begann die Planung und ich begriff, sie war nicht mehr zu stoppen. Je mehr wir uns mit den Einzelheiten beschäftigten, desto mehr begriff ich, was der Onkel mit seiner ‚generalstabsmäßigen' Vorbereitung gemeint hatte. Das Einfachste war noch die Beschaffung eines genau passenden Korkens für den Auspuff des Fords.

Während der großen Pause versammelte sich anscheinend bewundernd die Klasse um den Ford und schirmte Bernd ab. Der bückte sich kurz und ermittelte mit einem Messdreieck blitzschnell den Durchmesser des Auspuffrohrs. Am nächsten Tag hatte ich den genau passenden Korken besorgt und zeigte ihn herum. Aber nun ging es los mit den Schwierigkeiten.

Zwei Voraussetzungen mussten gegeben sein, damit die Sache nicht beobachtet werden konnte und dann für uns gefährlich geworden wäre: Es mussten irgendwelche sportlichen Aktivitäten im Schulhof stattfinden, die so gestaltet werden konnten, dass sie das Hineinrammen und das Wiederentfernen des Korkens verdeckten. Die zweite Voraussetzung war, dass der Pingler genau während dieser sportlichen Aktivitäten nach Hause fahren musste.

Wir studierten die Stundenpläne und fanden heraus: Es gab nur einen Tag in der Woche, an dem die Sache steigen konnte, das war der Mittwoch. Da war der Pingler nach der vierten Stunde fertig und im Hof spielte eine Parallelklasse Fußball. Zu allem Übel hatten wir in den fraglichen Stunden Physikunterricht in einem anderen Teil des Gebäudes, von dem man gar nicht in den Hof schauen konnte.

‚Damit ist unsere Klasse aus der Sache raus', dachte ich und vielleicht war das ja gar nicht so schlecht. Aber da hatte ich Bernd und Suppe unterschätzt, die die Parallelklasse ins Spiel brachten.

„Des macht gar nix, die ham den Pingler a und ham genau so a morts Wut auf den wia mir", verkündete Suppe und nahm die konspirativen Gespräche in die Hand.

Die Verhandlungen mit der Parallelklasse liefen zügig und vollkommen unauffällig.

Der Korken wurde übergeben, verschwand in einer Hosentasche, und wir hatten die ganze Aktion nicht mehr in der Hand. Die Zahl der Mitwisser hatte sich verdoppelt und mir war immer weniger geheuer, was ich da in Gang gesetzt hatte, aber für meine Bedenken interessierte sich niemand mehr. Wenn jemand zufällig, als die Aktion lief, an einem der Fenster, von denen aus man den Schulhof im Blick hatte, gesessen wäre, hätte er 22 Jungen beobachten können, die gemächlich im Hof Fußball spielten. Dann gab es ganz plötzlich hinter dem im Hof parkenden Ford des Mathematiklehrers ein kleines Gerangel um den Ball, das sich aber sehr schnell wieder auflöste.

Etwas später stolzierte der Mathematiklehrer, wie immer in sehr gerader Haltung, den Staubmantel über dem Arm und die Aktentasche in der Hand über den Schulhof auf sein Auto zu. Natürlich war ihm klar, dass da einige neidisch aus den Fenstern schauten, auf den ersten Lehrer der Schule, der es zu einem neuen und richtigen Auto gebracht hatte. Der Lehrer stieg in sein Auto, fuhr aber nicht ab. Offenbar sprang der Wagen nicht an. Dann sprang der Lehrer wieder aus seinem Auto. Er schleuderte die Tür ins Schloss und stürmte ohne Staubmantel und Aktentasche ins Schulgebäude zurück. Das Fußballspiel lief weiter so, als würde sich niemand auch nur im Geringsten für den Lehrer und sein streikendes Auto interessieren. Kaum war der Lehrer im Schulgebäude verschwunden, gab es merkwürdigerweise wieder eine kleine Rangelei hinter dem Ford.

Etwas später tauchte der Lehrer wieder auf und umrundete ein paar Mal sein streikendes Auto. Schließlich fuhr der Ford Taunus der Werkstatt mit dem Firmenlogo auf dem Kombi in den Hof. Der Lehrer und der Mechaniker untersuchten den Wagen und diskutierten heftig. Dann gab der Lehrer dem Mechaniker den Schlüssel. Der Mechaniker setzte sich ans Steuer und ganz offensichtlich war der Wagen angesprungen, denn der Mechaniker stieg wieder aus und warf die Motorhaube zu. Dann gab es ganz offensichtlich nochmal einen kurzen Disput zwischen ihm und dem Lehrer und schließlich fuhren beide Wagen hintereinander vom Hof.

Nach Schulschluss, als schon alle Lehrer weg waren, trafen wir uns noch mit der Parallelklasse im Schulhof. Sie hatten versucht, ihr Spiel ein wenig so zu gestalten, dass sie aus den Augenwinkeln mitbekommen konnten, wie die Sache ablief und was gesprochen wurde. Als der Anlasser schon etwas langsamer drehte, weil die Batterie schwach wurde, sei der Pingler ausgestiegen und habe die Tür so fest zugeschmissen, dass das arme Auto schaukelte und sei in die Schule zurück gestürmt. Dann, als der Korken längst wieder in einer Hosentasche verschwunden war, sei er zurückgekommen und habe die Spielenden gefragt, ob ihnen irgendetwas aufgefallen sei. Sie hätten aber einfach weiter gespielt und nur ein paar hätten gemurmelt: „Wir haben nichts gesehen."

Als der Werkstattwagen vorfuhr, habe der Pingler dem Mechaniker erst mal heftig die Meinung gegeigt, was man ihm da für ein unzuverlässiges Auto verkauft habe. Als die Untersuchung des Wagens dann nichts zu Tage gefördert habe, sei der Pingler immer blasser und stiller geworden. Schließlich habe sich der Mechaniker ans Steuer gesetzt und nach ein bisschen Georgel sei das Auto angesprungen. Da sei der Pingler so blass geworden, wie ihn die aus der Parallelklasse noch nie gesehen hatten und habe gar nichts mehr gesagt.

„Wenn er nicht ein so übler Finger wäre, hätte er einem fast Leid tun können", hatte einer erzählt, der es geschickt und unauffällig ganz in die Nähe des Geschehens geschafft hatte.

Der Mechaniker war dann wieder ausgestiegen und habe gesagt, er könne nichts feststellen, was an dem Wagen nicht in Ordnung sei oder darauf schließen lasse, dass am Auto manipuliert worden sei.

Aber dann habe der Mechaniker noch etwas gesagt und die Kameraden aus der Parallelklasse schworen, dass die Worte genau so gefallen seien.

„Herr Oberstudienrat, wenn ich ihnen einen Rat geben darf, parken Sie ihren Wagen nicht mehr im Schulhof."

Vom nächsten Tag an parkte der Pingler seinen Ford 12 M in einer belebten Seitenstraße in der Nähe und traf, wie die anderen Lehrer, zu Fuß in der Schule ein.

Nur Schneewittchen konnte ihren Leukoplastbomber weiterhin im Hof abstellen. Dem passierte nichts, außer dass die Abiturienten ihn einmal vor das Schultor schleppten. Aber darüber hatte Schneewittchen nur gelacht und uns zugewinkt. Nur die, die sie nicht mochten, redeten nicht vom Leukoplastbomber, sondern vom Klodeckelloyd, wegen des hölzernen Deckels über dem Motor.

Der Duft des „american way of life"

Porsche 365 / Ford Custom

Die meisten in unserer Klasse hatten durch das Kriegschaos ein oder zwei Jahre verloren und so lag im Jahr 1953 für viele von uns der achtzehnte Geburtstag schon hinter uns. Dieser achtzehnte Geburtstag hatte damals im Westen noch keine Volljährigkeit bedeutet, mit achtzehn volljährig war man nur in der DDR. In der Bundesrepublik führte dies erst die sozialliberale Koalition im Jahr 1974 ein.

Aber auch damals eröffnete der 18. Geburtstag einem schon eine faszinierende Möglichkeit und ein bisschen Autonomie. Wir konnten den Führerschein machen! Voraussetzung dafür war, wir mussten das Geld für Fahrstunden und Prüfung irgendwie verdienen oder es den Eltern herausleiern. Hier hatte ich Glück. Mein Vater wollte mich in den Ferien als Chauffeur für seine Reitschule einsetzen, also sollte ich möglichst schnell den Führerschein machen, nur kosten sollte es möglichst wenig. So schlug ich meinem Vater vor, ich könnte doch mit unserem Mercedes Diesel so lange auf den Feldwegen unseres Gutes üben, bis ich den Wagen perfekt beherrschte und mich erst dann bei der Fahrschule anmelden. Mein Vater hielt das für eine gute Idee. Der Führerschein war die einzige Prüfung in meinem Leben, die ich ohne Prüfungsangst und mit einem absoluten Minimum an Stunden souverän bestanden habe.

In dieser Zeit hatte meine Cousine Friederike völlig überraschend ihren Besuch angekündigt. Mysteriös war für mich an der Sache, dass sie angedeutet hatte, sie brauche ganz dringend meine Hilfe. Was konnte dahinter stecken, dass die immer erstklassige Schülerin und nun sicher auch immer erstklassige Studentin meine Hilfe brauchte?

Mein Verhältnis zu dieser Cousine war zwiespältig. Sie war vier Jahre älter als ich, eine junge gut aussehende Frau, die sehr genau wusste, was sie wollte. Eigentlich fand ich sie sympathisch, aber da in der weiteren Familie bekannt war, dass ich ein miserabler Schüler war, wurde sie mir immer als Vorbild angepriesen und das fraß die Sympathie wieder auf. Auch konnte ich gar nicht verstehen, wie man Germanistik und Anglistik studieren konnte, um Lehrerin am Gymnasium zu werden. Sein ganzes Leben in der Schule verbringen, das war für mich eine grauenhafte Vorstellung. Andererseits hatte es die Cousine geschafft, als eine der ersten Austauschstudentinnen in die USA zu kommen, wo sie ein Jahr lang in einer Familie gelebt und studiert hatte. Das wiederum fand ich imponierend.

Als wir uns abends gegenüber saßen, fiel mir auf, dass sich die Cousine in einer Weise um mich bemühte, wie sie es noch nie getan hatte. Sie rückte aber noch immer nicht damit heraus, worum es ihr eigentlich ging.

Sie begann mit einem etwas lehrerhaften Vortrag über das Leben und die Gebräuche in den USA. Sie erzählte, dass es dort ganz normal sei, beim Abschied seine Adresse in Europa zu hinterlassen und zu versichern, dass man sich natürlich um Familienmitglieder kümmern würde, sollten diese einmal nach München kommen.

„Ich konnte doch nicht ahnen, dass nun der Sohn der Schwester meiner amerikanischen Gastgeberin seine Wehrpflicht in München ableisten würde und plötzlich bei mir vor der Tür stand."

Den habe sie bei ihrem Jahr in den USA gerade einmal gesehen. Kurz vor der Abreise habe ihre Gastgeberin seine Mutter und ihn zum Kaffeetrinken eingeladen. Und jetzt würde die ganze Familie erwarten, dass ich mich hier um ihn kümmere. Sie stehe aber vor ihren Staatsexamen und für so etwas habe sie überhaupt keine Zeit. Das klang ziemlich entschieden, aber ein bisschen Empörung über dieses amerikanische Ansinnen konnte ich auch heraushören. Dann ließ die Cousine heraus, worum es ging.

„Jetzt habe ich eine ganz große Bitte, dass du das für mich übernimmst und dich etwas um ihn kümmerst."

Ich war völlig überrascht und brachte erst einmal gar nichts heraus. Dann, um etwas Zeit zum Nachdenken zu gewinnen, argumentierte ich: „Aber dafür ist mein Englisch doch viel zu schlecht."

„Das glaubt man immer, wenn man eine Sprache nur in der Schule gelernt hat und nicht ausprobieren konnte. Dein Englisch ist schon deswegen nicht so schlecht, wie du glaubst, weil ihr alle sehr viel AFN hört."

Meine weitgereiste Cousine und angehende Lehrerin brachte dann auf den Punkt, worum es ging: „Der junge Mann, er heißt Bob Ericson, kann kein Deutsch, weil er nichts dafür tut. Es kommt also ganz auf dein Englisch an, das du nun anwenden kannst, und das wird dir helfen."

Ich hatte das Gefühl, dass sie eigentlich sagen wollte: „Er kann gar kein Deutsch, also kommt alles auf dein Englisch an und das wird deinen Englischnoten gut tun", sich diese Aussage aber verkniff.

„Ich weiß nicht, ob ich das kann, die Amerikaner leben doch in einer völlig anderen Welt."

„So ganz anders ist es nicht. Bobs Eltern sind geschieden, er ist die letzten Jahre bei seiner Mutter, einer Collegelehrerin, aufgewachsen. Bob hält aber einen lockeren Kontakt zu seinem Vater. Und er ist ungefähr so alt wie du."

Nun wurde mir doch etwas klarer, worum es ging. Und nun kam die Cousine mit einem Argument, dem ich mich beugen musste. „Stell dir doch mal vor, man würde dich einziehen und auf einen Stützpunkt in einem Land mit einer fremden Kultur und einer fremden Sprache schicken. Zum Beispiel nach Spanien. Und dann gäbe es dort einen gleichaltrigen Spanier, der Deutsch könnte und sich um dich kümmern, dir die Stadt zeigen, mit dir ins Kino oder ins Museum gehen würde, oder es gäbe ihn eben nicht."

„O.k., ich mache das, du kannst dich auf mich verlassen."

Die Cousine fiel mir um den Hals, es kam mir vor, als sei sie plötzlich ganz locker und fröhlich.

„Ich habe doch gewusst, dass man sich auf dich verlassen kann, wenn es wirklich darauf ankommt", sagte sie noch, während sie die Telefonnummer von Bob Ericson und die Kaserne in ihrer gestochenen Lehrerinnenschrift auf einen Zettel schrieb.

Ich war ziemlich aufgeregt, als ich am nächsten Freitag in der amerikanischen Kaserne anrief, um nach Bob zu fragen. Ich nahm mir vor, mit amerikanischem Tonfall zu sprechen, wie ich es vom AFN, dem amerikanischen Soldatensender, und den nicht synchronisierten amerikanischen Filmen kannte. Als sich ein Amerikaner mit Dienstgrad, Name und der Bezeichnung der Kaserne meldete, sagte ich so lässig amerikanisch und so forsch wie ich es hinbekam: „I want to speak to PFC Bob Ericson.“ PFC, das hatte ich schon beim Einmarsch der Amerikaner im Frühjahr 1945 gelernt, entsprach ungefähr dem deutschen Gefreiten, war also der unterste Dienstrang.

Der Erfolg war durchschlagend.

„Ay, ay Sir“, sagte der diensthabende PFC am anderen Ende der Leitung, wie in einem amerikanischen Kriegsfilm. Es knackte ein paarmal und dann war Bob Ericson am Telefon.

Ich erklärte ihm, meine Cousine Friederike habe ihn ja eigentlich einladen wollen. Sie werde aber gerade von Examenspanik gepackt und habe mich gebeten, das erstmal zu übernehmen, nannte ihm meine Adresse und schlug ihm vor, doch morgen um zwei mal vorbeizukommen. Natürlich wusste ich aus amerikanischen Filmen, dass ich auch zu sagen hatte, wie sehr ich mich auf seinen Besuch freuen würde.

Als es genau um zwei Uhr an unserer Haustür läutete, war ich trotz des erfolgreichen Englischtests am Telefon mit der Kaserne sehr unsicher und angespannt.

In der Tür stand ein schlanker Mann meines Alters in Zivil, der mich freundlich anlächelte. Er hatte ein rundliches Gesicht, sehr helle blaue Augen und blonde militärisch kurz geschnittene Haare. Im ersten Sekundenbruchteil kam es mir so vor, als stehe da der erste Amerikaner, den ich im April 1945 aus nächster Nähe gesehen hatte. Jener Soldat, der in seinem Jeep über die Wiesen auf uns zugefahren war und mit dem wir amerikanische Lebensmittel gegen deutsche MP-Munition eingetauscht hatten. Als er mich begrüßte, war da auch wieder das verschliffene Englisch der Amerikaner aus dem Norden, das so ganz anders klang als das, was wir in der Schule lernten. Aber acht Jahre AFN hören hatten mir doch sehr geholfen, aus dem Sprachbrei so viele Worte zu erfassen, dass ich verstehen konnte, was er meinte.

Ich bat ihn herein, wir stellten uns vor. Aber nun entstand eine Pause. Sehr angespannt überlegte ich: ‚Wie kommst du jetzt bloß in ein Gespräch mit ihm?‘ Es war ein bisschen wie in der Schule an der Tafel, wenn man etwas gefragt wird, was man nicht weiß.

Dann hatte ich eine Idee. Ich erzählte ihm noch ziemlich stockend und mit dem begrenzten Vokabular hantierend, das mir zur Verfügung stand, an wen er mich erinnern würde. Ich erzählte die Geschichte unserer ersten Geschäfte mit den amerikanischen Soldaten.

„Und, hat er euch für die Magazine das gegeben, was er euch versprochen hatte?"

„Ja! Und ehrlich gesagt, waren wir überrascht, denn wir hätten doch gar nichts machen können, wenn er uns überhaupt nichts oder weniger gegeben hätte."

„Gut für ihn und gut für euch", meinte Bob sehr sachlich. „Aber wahrscheinlich hat er sich korrekt verhalten, weil er weitere Geschäfte mit euch machen wollte."

Er erzählte, dass sein Vater nicht gegen die Nazis in Europa, sondern gegen die Japaner im Pazifik gekämpft habe. Sein Dad habe sich aus Japan ein ganz besonderes Souvenir mitgebracht. Eine junge Japanerin. „Sie war einfach zu gut in ihrem Bemühen, aus ihrem verwüsteten Land in unser heiles Amerika zu kommen." Aber sein Dad habe auch viel Spaß mit ihr. An der Art, wie er das sagte, war klar, um welche Art von Spaß es sich da handelte. Das Gespräch war in Gang gekommen.

Ich erzählte, dass auch meine Eltern geschieden seien, und wir stellten fest, dass mein Vater gut zehn Jahre älter war als seiner. Sein Vater hatte eine Versicherungsagentur. Als ich davon sprach, dass mein Vater einen Bauernhof habe, aber eigentlich Schriftsteller sei, wollte Bob wissen, ob seine Bücher ins Englische übersetzt worden wären. Ich erzählte, dass mein Vater auf die amerikanische Ausgabe seiner beiden Erfolgsbücher ganz besonders stolz sei. Und dass sie einen besonderen Platz hinter Glas in seiner Bibliothek hätten. Das würde seine Mom, die Collegelehrerin sei, bestimmt interessieren, fand Bob, kramte einen Zettel heraus und schrieb sich die englischen Titel auf.

Mir gefiel es gut, wie direkt und unkompliziert dieser Amerikaner meines Alters war. Wir suchten dann nach gemeinsamen Interessen-Gebieten und wurden schnell fündig: Autos und Filme.

Weil ich Angst gehabt hatte, es könnte uns der Gesprächsstoff ausgehen, hatte ich geplant, mit Bob noch ins Kino zu gehen. In Schwabing lief noch ‚Reporter des Satans' mit Kirk Douglas. Das Thema Boulevardpresse interessierte mich und ich hatte den Film noch nicht gesehen.

Ich machte Bob diesen Vorschlag. Er war einverstanden, meinte aber: „Dann musst du mir übersetzen, worum es geht, sonst kriege ich ja nichts mit."

Ich wusste ungefähr, was das bedeutete. Ich hatte gehört, dass es in dem vor ein paar Jahren unabhängig gewordenen Indien mit seinen unzähligen Dialekten ‚Live dopper' gab. Das waren Leute, die mit Mikrophon und Verstärkeranlage vor der Leinwand saßen und sich bemühten, alle Stimmen der Schauspieler live in den örtlichen Dialekt zu übersetzen. Eine Synchronisation wäre viel zu teuer gewesen und auch Untertitel hätten keinen Sinn, denn ein Teil des Publikums waren Analphabeten.

Ich war neugierig, ob ich das schaffen würde.

Wir hatten Glück, im Zuschauerraum gab es noch große Lücken, so dass wir uns etwas abseits setzen konnten, um mit meiner Übersetzerei niemand zu stören.

Der Regisseur Billy Wilder hatte mir meine Arbeit einfach gemacht. Das packend ins Bild gesetzte Drama des skrupellosen Reporters, der eine Rettungsaktion nach einem Mineneinsturz bewusst verzögerte, um durch die Sensationsberichte sein Comeback bei der Zeitung zu erreichen, war so schlüssig aufgebaut, dass Bob den Film gut verstehen konnte, wenn ich die wesentlichen Dialoge zusammenfasste. Bob lobte meine Arbeit und lud mich noch zum Abendessen ein.

Durch die Wochenenden mit Bob begann sich mein Leben zu verändern. Es kam, wie es meine Cousine prophezeit hatte, meine Beziehung zu Bob konnte sich nur entwickeln, wenn ich mein Englisch verbesserte. Bobs Deutschkenntnisse beschränkten sich unverändert auf die drei Begrüßungsformeln: Guten Morgen, Guten Tag, Guten Abend und den bei den amerikanischen Besatzungstruppen gebräuchlichen und meist freundlich gemeinten Ausdruck ‚Max nix', den er für normales Deutsch hielt sowie zwei Bezeichnungen für das weibliche Geschlecht: Frollein und Veronica. Der zweite Ausdruck war der in der Army für Prostituierte, wobei die Meinung verbreitet war, dass dieser Name etwas mit ‚venereal disease', also Geschlechtskrankheiten, zu tun hatte.

Wenn ich AFN hörte, passte ich nun sehr viel genauer auf, wie die Amerikaner formulierten und was sie sagten. Im Englischunterricht entwickelte ich mich ziemlich schnell von einem mittelmäßigen zu einem guten Schüler.

Unser Englischlehrer, ein feingliedriger früh ergrauter Oberstudienrat schätzte meine Beiträge in amerikanischem Englisch, mit denen es mir auch mal gelang, den Unterricht etwas aufzulockern. Als wir uns mit den Bedeutungen des Wortes ‚join' beschäftigten, fragte der Lehrer nach Beispielsätzen.

Ich meldete mich und trug den Vers bei: „If jour girlfriend gets a baby join the Army, join the Navy."

Die Mitschüler, die sich am Unterricht beteiligt hatten, fingen so laut zu lachen an, dass die, die geschlafen hatten, ihren Nachbarn anstießen um zu erfahren, was es denn so Lustiges gegeben hatte.

Das wäre ja ein sehr lebensnaher Beitrag, lobte mich der Lehrer. ‚Join the Army' bedeute in die Armee eintreten.

Als wir in einer anderen Stunde beim dem Wort bait – Köder – waren, meldete ich mich und fragte, ob er denn wisse, was ‚jail bait' bedeute. Der Lehrer grinste und meinte, er könne es sich so ungefähr denken, aber genau wisse er es nicht. ‚Jail bait', also Gefängnisköder, ist in der amerikanischen Umgangssprache ein Mädchen unter 16, erklärte ich. Mehr musste ich nicht sagen, denn jeder hatte verstanden, worum es ging.

„Danke für die Fortbildung, setzen!" Aber ein Grinsen konnte der Lehrer doch nicht unterdrücken, als der Unterricht weiter ging.

Zu den Kameraden, die in der Klasse ein wenig bewundert wurden, gehörte Max Bummler. Gut war er zwar nur in Mathematik, Physik und Sport, aber uns imponierte dieser mittelgroße drahtige junge Mann. Das konnte mit einem Ereignis zu tun haben, das einer aus unserer Klasse beobachtet und herumerzählt hatte. Max Bummler war der Sohn eines Konstrukteurs bei BMW. Sein Vater hatte schon in den dreißiger Jahren maßgeblich an den sportlichen Konstruktionen der Bayerischen Motorenwerke mitgewirkt. Er gehörte zu denen, die Autos und Motorräder in der Entwicklungsphase über den Nürburgring jagten, um sicher zu sein, dass sie auch etwas taugten.

Als der Sohn mit 18 den Führerschein für Autos und auch für schwere Motorräder machen konnte, gelang es ihm, dem Vater ein Vorserienmodell der R 51 herauszuleiern. Die Maschine war lange im Fahrversuch gelaufen und wurde intern zum Kauf angeboten. Schließlich hatte der Vater nachgegeben, aber eine Bedingung gestellt: Der Sohn dürfe mit der Maschine nicht in die Schule fahren, sonst würden alle nur ‚neidisch'.

Zwar hatte sich der Max an die Bedingung des Vaters gehalten, aber dass er eine R 51 besaß, hatte sich in der Klasse herumgesprochen, denn einer unserer Kameraden hatte beobachtet, wie der Max mit seiner Maschine fast mit dem bayerischen Brauchtum zusammengestoßen wäre.

Er hatte nämlich an einem schönen, warmen und schulfreien Fronleichnamsfeiertag die Idee gehabt, mit seiner Maschine seine neue Freundin zu besuchen. Bei der Planung der Strecke aber hatte der Max etwas Wichtiges außer Acht gelassen. Er hätte die Straßen umgehen müssen, auf denen die Fronleichnamsprozession gemächlich und feierlich durch die Stadt schlich.

‚Heiland Zack, des hat grad no gfehlt', mag der Max gedacht haben, denn er war schon spät dran. Er war also in einer Seitenstraße gestanden und musste abwarten, bis die Fronleichnamsprozession vorbeigezogen war. Der Max hatte den Boxer immer wieder ein bisschen aufheulen lassen, damit die Maschine auch richtig abgehen würde, sollte sich eine Lücke in dem langen Zug der Prozession auftun. Dieses leichte Aufheulen des Motors hatte kurz das heilige Gebimmel überlagert und ein paar Prozessionsteilnehmer hatten böse zu ihm hergeschaut. Aber so etwas beeindruckte den Max schon gar nicht.

Endlich hatte sich eine Lücke in der Prozession aufgetan, groß genug, um hindurch zu brettern. Da habe der Max das Gas aufgerissen und die Kupplung losgelassen. Wie der Satan persönlich, so wurde es in der Klasse erzählt, sei er durch die noch in der Luft hängenden Weihrauchschwaden geschossen.

Natürlich musste ich Bob diese Geschichte erzählen.

Ob der Max nicht mit seiner Maschine mal an einem Wochenende bei uns vorbeikommen könnte. Er würde gern auf dem Rücksitz mit ihm eine kleine Runde drehen. So eine BMW wäre doch etwas ganz anderes als eine Harley-Davidson oder eine Indian, wie er sie von zu Hause kannte.

Ich hatte den Max gefragt, ob er nicht Lust hätte, meinem amerikanischen Freund seine rasante Maschine vorzuführen.

„Passt scho", hatte der Max nur gemeint und wir hatten am kommenden Samstag eine Zeit ausgemacht. So kam es, dass der Ingenieurssohn Max Bummler aus dem Industrievorort Milbertshofen im feinen Stadtteil Bogenhausen auftauchte.

Alle waren pünktlich und nach einiger Zeit bog der Max mit Bob auf dem hinteren Sattel wieder in unsere Straße ein. Bob war begeistert von der Straßenlage und dem Sound der Maschine. Der Max hatte sie gerade wieder auf den Ständer gestellt und sie tuckerte im Leerlauf noch gleichmäßig vor sich hin, während wir ein bisschen fachsimpelten. Da wurde direkt vor uns ein Gartentürchen aufgestoßen und ein älterer Grundschullehrer in Mantel und Hut trat auf die nicht sehr breite Wohnstraße und stolzierte, genau die Mitte einhaltend, davon.

„Sag amoi, spinnt der?“, wollte der Max wissen. Ich erzählte, das sei ein im Viertel bekannter Grundschullehrer, der sich schon ziemlich lange herausnehme, immer in der Mitte der Straße zu spazieren. Die Autofahrer im Viertel würden ganz offenbar diese Marotte akzeptieren. Denn ohne ihn anzuhupen, fuhren sie im Schritttempo hinter ihm her, bis sich eine Möglichkeit zum Abbiegen bot. Ich hatte mir einmal überlegt, warum der Lehrer sich so merkwürdig verhielt. Vielleicht, so hatte ich vermutet, könnte er wie viele Grundschullehrer ein begeisterter Nazi gewesen sein und war dann nach Kriegsende erst einmal aus dem Dienst entfernt worden. Dann, als er schließlich wieder unterrichten durfte, hatte es ihn viel Mühe gekostet, wieder Autorität bei seinen Schülern und, was noch schwieriger war, bei deren Eltern zu erwerben. Vielleicht war dieses Spazieren in der Mitte der Straße und die Tatsache, dass die Bogenhausener ihm das durchgehen ließen, für ihn so etwas wie ein ständiger Beweis dafür, dass er es wieder geschafft hatte, akzeptiert zu werden.

Aber, das war mir klar, solche Überlegungen würden den Max aus dem Industrievorort Milbertshofen nicht interessieren. Er hatte seine Maschine vom Ständer geschoben, sich darauf geschwungen, und gemeint: „Des wär ma glei ham.“

Er trat den ersten Gang hinein und ließ den Motor ein paarmal drohend aufheulen. Aber der Lehrer dachte nicht daran, die Mitte der Straße zu räumen. Ich und wahrscheinlich auch Bob ahnten, was nun folgen würde. Der Max visierte den Lehrer an wie ein Jäger sein Wild, so, als suche er nach dem optimalen Zeitpunkt für seinen Start. Dann schließlich, der Lehrer war nun schon ein gutes Stück entfernt, ließ er die Kupplung los, riss das Gas auf und zog schnell den zweiten Gang hinein.

Die Maschine raste auf den Lehrer zu. Dann, ein paar Meter hinter ihm, legte sie der Max auf die Seite, schoss an dem aufrecht stolzierenden Herrn in starker Schräglage vorbei, richtete die Maschine dann direkt vor ihm wieder auf und verschwand am Ende der Straße um die Ecke. Der Lehrer musste sich gefühlt haben, als sei er eigentlich überfahren worden. Tatsächlich aber hatte ihn die Maschine nicht berührt.

Mir schien es, als wären die Schritte nun etwas torkelig, mit denen er sich auf dem Bürgersteig in Sicherheit brachte. Etwas später rollte der Max gemächlich von hinten wieder in unsere Straße ein.

„Hot's hikaut", wollte er wissen.

„Er ist auf dem Bürgersteig weitergelaufen", berichtete ich.

„Des hob i mir denkt", meinte der Max.

Es gab zwei Wunschträume, die unablässig in Bobs Kopf zu kreisen schienen, was ich daran merkte, dass er immer wieder damit anfing. Bei dem einen ging es um einen Flug mit einem Armeeflugzeug zu einem der amerikanischen Stützpunkte in Spanien. In einem der dortigen Recreation-Centers wollte er eine Prostituierte für einen ‚Whole the Nights Job' ordern. Die spanischen Prostituierten, so wurde es jedenfalls in der Army erzählt, würden für erschwingliches Geld wahre Wunder an rauschhafter Sexualität bieten. Und das ganz ohne Rauschgift.

Spanien hatte mich immer schon interessiert. Die faszinierende und exotische Vorstellung, die ich von dem Land hatte, könnte auf Erzählungen meines Vaters zurückgehen. Er hatte immer wieder von seinen Erlebnissen im Spanischen Bürgerkrieg erzählt, an dem er als Kriegsberichterstatter auf Francos Seite teilgenommen hatte. Später packte mich die Lektüre von Hemingways' ‚Wem die Stunde schlägt'.

So hatte ich neugierig alles aufgeschnappt, was ich über Spanien hörte, das ja im Zweiten Weltkrieg eigentlich neutral war, aber Hitlers Krieg gegen die Sowjetunion mit zwei Divisionen unterstützt hatte. Was ich dazu von den Erwachsenen aufschnappte, fand ich aufregend. Beim Hintransport wären die Züge mit den spanischen Soldaten in der Nacht auf deutschen Großstadtbahnhöfen stehen geblieben, und niemand hätte sich bemüht, das geheim zu halten. So konnten diese Züge von jungen, sexuell ausgehungerten deutschen Frauen gestürmt werden.

Nach neun Monaten hätte es dann Schwangerschaften gegeben, die den Angehörigen ‚spanisch' vorkamen, denn die Männer oder Freunde waren weit weg an den Fronten. So hatten die Nationalsozialisten zwei Ziele auf einmal erreicht: Nachwuchs an Helden für das deutsche Volk und eine Steigerung der Kampfkraft der spanischen Waffenbrüder im Kampf gegen den jüdischen Weltbolschewismus.

Der Rücktransport der beiden Blauen Divisionen war bei Nacht und Nebel, ohne Notizen in den Zeitungen und ohne Aufenthalt auf deutschen Bahnhöfen abgelaufen. Die amerikanische Regierung hatte in Madrid interveniert und daraufhin hatte Franco den Rückzug der beiden Divisionen von der Ostfront angeordnet.

Das faszinierend fremde Land wäre zwar für Bob über seine US-Army erreichbar gewesen, für mich war es das aber nicht. Aber vielleicht ließ sich aus dem zweiten von Bobs Wunschträumen etwas machen.

Er wollte irgendwie das Geld für einen gebrauchten Porsche zusammenbekommen und ihn am Ende seiner Dienstzeit mit in die USA nehmen. Ob dieser Traum jemals eine Chance zur Realisierung hatte, habe ich nie erfahren. Was mich an der Sache interessierte, war die Möglichkeit, mit Bob bei der Porschevertretung aufzukreuzen und mit dem neuen rasanten Sportwagen ein bisschen in der Stadt herumzuflitzen. Die deutschen Autohändler waren wegen des günstigen Wechselkurses von 1:4 der Meinung, die amerikanischen Soldaten würden über eine ungeahnte Kaufkraft in DM verfügen. Beispiele dafür gab es genug. So pflegte Bobs Sergeant mit einem Jaguar XK 120 in British racing Green auf Frolleinjagd zu gehen.

Mit Bernd hatte ich schon versucht, das neue Porschemodell anzuschauen, wir waren aber ganz schnell aus den Ausstellungsräumen hinauskomplimentiert worden.

Als Bob wieder einmal von dem Kauf eines gebrauchten Porsche anfing, wollte ich wissen, ob ich mal nach einem gebrauchten Porsche Ausschau halten und eine Probefahrt vereinbaren sollte. Bob zögerte, wahrscheinlich hatte er begriffen, worum es mir tatsächlich ging, stimmte dann aber zu, vielleicht auch, damit ich zu meinem Spaß kam.

Gebrauchte Porsche wurden selten angeboten. Erschwerend für uns kam hinzu, dass nur das neue Modell mit dem Synchrongetriebe in Frage kam. Es wurde von der Fachpresse als herausragend gelobt, ein Beweis dafür, dass Deutschland dabei sei, sich in der Automobiltechnik wieder an die Weltspitze zu setzen.

Schließlich entdeckte ich bei einem großen Münchner VW-Händler, der in der Anfangszeit auch Porsche vertrat, ein 1500 Cabriolet mit Synchrongetriebe. Ich vereinbarte für das Wochenende eine Probefahrt. Am Telefon hatte ich schon herausgefunden, dass es sich um einen hervorragend reparierten Unfallwagen handelte, den aber der Besitzer nicht mehr haben wollte.

Es war ein noch kühler Frühlingsvormittag. Wir hatten unsere Trenchcoats übergezogen. In Bobs Manteltasche steckte unübersehbar das amerikanische Automagazin ‚Road and Track', so dass er sofort als kompetenter amerikanischer Autoliebhaber zu erkennen war.

Der Porsche stand schon im Hof. Er sah aus wie neu. Silbergrau mit dunkel abgesetztem Verdeck und roter Lederinnenausstattung. Der Verkäufer kam angestürmt. Ein schlanker junger Mann im blauen Anzug mit silberner Krawatte und gegelten Haaren, der nervös an seiner Zigarette sog. Englisch radebrechend erklärte er uns den Wagen und erzählte etwas von einem Zusammenstoß mit einem schweren Motorrad, das der Wagen auf die Hörner genommen habe. Es waren alle gestauchten Teile erneuert worden, aber der Fahrer habe wohl einen Schock erlitten, und deswegen wolle er den Wagen nicht mehr.

Der Verkäufer setzte sich ans Steuer und ließ den Wagen an. Dann stieg er wieder aus, öffnete die Motorhaube und ließ den Boxer am Vergasergestänge ein paar Mal angriffslustig hochdrehen. Ich hatte den Eindruck, Bob bekam gar nichts von seinen Ausführungen mit, weil er ganz damit beschäftigt war, jedes Detail des kleinen Wagens zu erfassen. Dann bot er Bob an, sich hinters Steuer zu setzen. Er wolle sich bei einer kleinen Runde davon überzeugen, dass Mister Ericson mit dem Auto klar komme, anschließend könnten wir beide auf eine längere Probefahrt gehen.

Bob stellte sich den Sitz auf seine Größe ein. Er war nun sehr konzentriert. Ehe er die Tür zuzog, warf er mir einen Blick zu, als wollte er sagen: ‚Mach dir keine Sorgen, mit dem komm ich schon klar'. Der Wagen entfernte sich langsam und verschwand. Bob umrundete wohl ein paar Häuserblocks und rollte dann wieder in den Hof. Der Verkäufer stieg aus und bot mir seinen Platz an. Bob hatte sich als routinierter Autofahrer gezeigt, der mit dem Porsche sofort klargekommen war. Ehe ich einstieg, musste aber noch das Verdeck geöffnet und unter dem Persenning verstaut werden.

Bob rollte genau so vorsichtig aus der Sichtweite des Verkäufers, wie er eben gefahren war. Dann drehte er sich zu mir, grinste und meinte: „And now, let's go ..." Er schaltete einen Gang herunter, trat voll aufs Gas und ließ den Motor bis zum roten Bereich im Drehzahlmesser hochdrehen.

Dieser Wagen hatte nichts mehr von den Autos der frühen fünfziger Jahre. Es kam mir vor, als wäre ich wie in einem Film in die Zukunft katapultiert worden. So stellte ich mir die Straßenlage von Rennwagen vor. Bei dem leichten Gewicht von ungefähr 800 Kilo reichten auch die 55 PS, um allen davonzufahren.

Von dem luftgekühlten Boxer im Heck hörte man nicht viel, denn der Fahrtwind tobte bei den heruntergekurbelten Seitenfenstern so um unsere Köpfe, dass wir uns kaum verständigen konnten. Als wir an einer roten Ampel warten mussten, rief Bob zu mir herüber: „Das ist etwas vollkommen anderes als ein Austin Healy, ein Triumph oder ein MG mit ihren schweren Graugasmotoren auf der Vorderachse. Dieser Wagen steuert sich ganz leicht und wunderbar genau. Es kommt mir vor, als ob dieses wunderbare Auto mit mir spricht." Wahrscheinlich meinte Bob damit, wie schnell und genau dieser Wagen die Befehle umsetzte, die man ihm gab. Bob fuhr dann auf die Autobahn, um die Spitzengeschwindigkeit des Wagens zu testen. Die anderen Wagen krochen mit 80 bis 100 dahin und machten uns die linke Spur frei, sobald der Porsche in ihren Rückspiegeln aufgetaucht war. Er brachte es auf 160, da kamen uns die anderen alle sehr langsam vor.

Bob verließ die Autobahn bei der nächsten Abfahrt wieder. Nun flitzten wir wieder über enge Sträßchen. Bob jagte den Wagen auf den Zentimeter genau durch enge Unterführungen und trieb den Wagen in hohem Tempo durch enge Kurven, aber der Wagen lag absolut stabil auf der Straße, weder schob er über die eingeschlagenen Vorderräder, noch zeigte das schwere Heck Anzeichen auszubrechen, so wie ich das vom VW und Mercedes kannte.

Schließlich stoppte Bob an einer Ausweichstelle, um mich ans Steuer zu lassen.

„Ich kann aber nicht so toll Auto fahren, wie du", schränkte ich ein, als ich den ersten Gang eingelegt hatte und die Kupplung kommen ließ.

Bobs Begeisterung verstand ich sofort. Der Heckmotor beschleunigte den Wagen nachdrücklich und mit kernigem Sound. Die Lenkung war direkt übersetzt, ging trotzdem leicht und vermittelte das Gefühl, den Wagen vollkommen zu beherrschen. Der Schalthebel in der Mitte des Wagens ließ sich schnell durch die Schaltebenen ziehen und auch in den ersten Gang. So etwas kannte ich nicht. Die Synchronisierungen der Getriebe verlangten Anfang der Fünfziger noch etwas Geduld und der erste Gang war meist nicht synchronisiert. Dass ich hier mit dem neuesten Porsche durch die Gegend flitzte, war mir aber doch nicht ganz geheuer. Ich versuchte auf geraden Strecken ein paar rasante Beschleunigungen und ließ dann Bob wieder ans Steuer.

Bob hetzte zurück, um dann in der Nähe der VW- und Porschevertretung wieder in ein langsames Tempo zu verfallen.

Der Verkäufer hatte wohl wieder alles stehen und liegen gelassen, als er uns wieder in den Hof fahren sah. Mir war die Situation unangenehm. Bob war vermutlich weit davon entfernt, das Geld für den Porsche beisammen zu haben. Der Porschekauf war nur ein Traum, den ich durch diese Probefahrt mit ganz realen Eindrücken aufgeladen hatte. Aber Bob meisterte die Situation souverän. Er sei von dem Wagen begeistert und müsse unbedingt so einen haben, um ihn mit in die Staaten zu nehmen. Aber im Moment wisse er noch nicht genau, wie er so viel Geld zusammenbekommen solle. Sobald es soweit sei, würde er sich wieder melden. Da der Verkäufer Bobs Slang wohl doch nicht so ganz verstanden hatte, übersetzte ich und bemühte mich um einen distanziert professionellen Ton. Aber der Verkäufer war sehr zufrieden und das irritierte mich. Hatte er nicht gemerkt, dass wir ihn reingelegt hatten, weil feststand, dass Bob das Geld für den Wagen gar nicht hatte?

Stattdessen erklärte er uns, was es ihm für eine Freude gewesen sei, zwei so kompetenten jungen Herren diesen wunderbaren Wagen vorzuführen. Wir bemühten uns um freundliche Gesichter und ein möglichst unauffälliges Verschwinden.

Ein paar Tage später war der Porsche an einen von Bobs Kameraden aus der Nachrichtenabteilung verkauft. Ein paar Monate später war der Wagen auf einem Transportschiff in die USA. Nicht ich hatte die Situation richtig eingeschätzt, sondern der Verkäufer. Bob hatte unter seinen Kameraden so begeistert von der Fahrt mit dem Porsche erzählt, dass sich einer seiner Kollegen entschloss, alles Geld zusammenzukratzen und seine Freunde um den Rest anzupumpen.

Wir verbrachten nun meist die Wochenenden zusammen, soweit das Bobs Dienstplan zuließ. Wir fuhren mit dem Zug in die Alpen oder an den Starnberger See. Viele Tage verbrachten wir auch im Deutschen Museum. Vor allem die Abteilungen Verkehr, Technik und Physik faszinierten den Amerikaner.

Im Sommer überraschte mich Bob mit der Idee, wir könnten doch zusammen mal meinen Dad besuchen. Ich habe nie herausgefunden, ob es ihm wirklich darum ging, meinen Vater kennenzulernen oder mehr darum, in seiner Reitschule ein paar schönen jungen Frauen zu begegnen. Seine Bemerkung ‚Wo Pferde sind, da sind auch schöne junge Frauen, das sei in den USA so und in Deutschland wahrscheinlich auch nicht anders', ließ mich das vermuten. Wahrscheinlich ging es Bob darum, einmal ganz normale junge deutsche Frauen zu treffen und nicht die ‚Veronicas', die die Kasernen belagerten. Bob hatte aber auch seinen plötzlichen Wunsch, meinen Vater kennenzulernen, plausibel begründet.

Seine Mom, die Collegelehrerin, hätte jetzt die Bücher meines Vaters in der englischen Übersetzung in einer Bibliothek aufgetrieben und gelesen. Am Telefon habe sie ihrem Sohn gesagt, er müsse unbedingt die Gelegenheit nutzen, diesen Schriftsteller kennenzulernen. Das wäre die Generation von Hemingway und er habe sehr spannend und informativ über die Kriegsgefangenschaft in Sibirien im Ersten Weltkrieg und über den russischen Bürgerkrieg geschrieben. Ein Auto für diesen Wochenendausflug könne er auch besorgen, einen 49 Ford Custom Cabriolet.

Dieser Wagen war für mich so etwas wie ein Bote einer neuen, besseren Zeit aus dem heilen Amerika gewesen. Er war etwa gleichzeitig mit dem neuen Geld vor den amerikanischen Offizierskasinos aufgetaucht und hatte mit seinem Zyklopenauge sehr schnittig die neue Pontonlinie verkörpert. An dieser Karosserie gab es keine plumpen Rundungen mehr, wie sie noch den amerikanischen Kaiser und den deutschen Borgward geprägt hatten.

„Und wie kommst du an einen so schönen Wagen?", war ich neugierig geworden.

„Ein Kamerad aus unserer Abteilung wird ihn mir leihen."

„Und der leiht dir für einen Wochenendtrip so einfach sein schönes Auto, das finde ich aber sehr nett von ihm."

Einfach wäre diese Geschichte nicht, meinte Bob, und damit hatte ich einen Faden in der Hand, an dem ich nur geschickt ziehen musste um herauszukriegen, um was es dem Kameraden tatsächlich ging.

Wir hatten uns in einem Café neben den PX, der nur für Armeeangehörige zugänglichen Selbstbedienungsladenkette der US-Army, getroffen.

„Nun erzähl schon, du weißt doch, wie sehr mich Geschichten interessieren", bat ich. Bob bestellte noch zwei Kaffee und erzählte.

Der Ford gehöre seinem Kameraden Ken du Mont. Das sei ein ‚nice Guy'. Ich hatte inzwischen gelernt, ‚a nice guy' war nicht einfach ein gutaussehender junger Mann, sondern ein junger Mann aus gutem Hause, der sich zu benehmen versteht. Ken gehöre zu einer alten, reichen amerikanischen Familie, die ihr Vermögen mit der Herstellung von Schießpulver verdient habe. Und Ken brauche ihn immer wieder, um den unregelmäßigen Dienst zu tauschen, weil er sonst seine Freundin, eine deutsche Krankenschwester, die auch im unregelmäßigen Dienst arbeite, kaum zu sehen bekomme. Die eigentliche Geschichte wäre aber, wie Ken diese deutsche Krankenschwester kennengelernt habe.

Vor ein paar Wochen wäre Ken von einem wahrscheinlich Betrunkenen, der mit seinem Auto auf den Bürgersteig geraten war, angefahren und ziemlich schwer verletzt worden. Der Fahrer sei abgehauen. Passanten, die den schwer verletzten Ken auf dem Bürgersteig liegen sahen, riefen die deutsche Polizei und den deutschen Krankenwagen. Dass es sich um einen amerikanischen Soldaten in Zivil handelte, der sofort in das amerikanische Krankenhaus hätte eingeliefert werden müssen, das merkten sie erst in dem deutschen Krankenhaus. Da er aber nun schon mal bei ihnen war, bemühten sie sich erst einmal, den schwer Verletzten etwas zu stabilisieren, ehe sie die Amerikaner anriefen. „Und dabei ist es passiert", erzählte Bob. Nun wollte ich aber doch wissen, was da passiert sei. Als Ken kurz aus seiner Ohnmacht aufwachte, sah er in dem grellen Licht über dem Operationstisch, dass sich eine junge Frau über ihn beugte. Sie hatte sehr helle, blaue Augen und eine hohe Stirn, auf der ein paar blonde Strähnen lagen, die unter der Schwesternhaube herausschauten. Quer über die Stirn zogen sich ein paar Falten, die nicht ganz zu dem jungen Gesicht passten. Vielleicht hatte sie ein paar größere Schwestern, die sie häufig geärgert haben und dann hat sie versucht, ein grimmiges Gesicht zu machen, dachte Ken später, als er immer wieder versuchte, sich dieses Gesicht zu vergegenwärtigen.

Aber inzwischen war der amerikanische Krankenwagen vorgefahren. Ken wurde verladen und verlor wieder das Bewusstsein. Die Fahrt im Dodge WC Ambulance wäre wie eine Fahrt vom Himmel in die Hölle gewesen. Denn die Krankenschwestern im Army Hospital wären den Umgang mit Fallschirmspringern, Marineinfanteristen und sonstigen harten Typen gewohnt und auch mit Ken nicht so liebevoll umgegangen. Aber die Idee, dass es irgendwo in München diese faszinierende deutsche Krankenschwester geben müsse und dass er sie finden würde, wenn er wieder gesund sei, hielt ihn aufrecht. Er versuchte, schon im amerikanischen Hospital herauszufinden, aus welchem deutschen Krankenhaus er gekommen war, aber sie behaupteten, es nicht zu wissen oder wollten es ihm nicht sagen. Als er wieder im Dienst war, beschäftigte ihn nur eins: „Wie finde ich diese Frau“. Da war Ken nur eine Möglichkeit eingefallen und die sprach sich schnell unter den Kameraden herum, obwohl er sich bemühte, nicht darüber zu reden.

Ken habe, als er wieder im Dienst war, seine ganze Freizeit damit verbracht, vor den deutschen Krankenhäusern herumzustehen in der Hoffnung, dass die schöne Krankenschwester, deren kurze Erscheinung ihn so faszinierte, ja irgendwann ihren Dienst anfangen oder beenden müsse. Die Kameraden, die das bald herausgefunden hatten, machten sich einen Spaß daraus, mit ihren Pontiacs, Studebakers, Hudsons und Nashs dort vorbeizufahren und ein Hupkonzert zu veranstalten. Je länger sich Kens Herumsteherei vor den Kliniken hinzog, desto mehr waren die Kameraden überzeugt davon, dass es diese Frau in Wirklichkeit gar nicht gäbe. Ken habe wohl bei dem Unfall einen Gehirnschaden davongetragen und bilde sich alles nur ein. Andere hatten davon gehört, dass Soldaten, die in Korea schon als tot galten, aber dann durch die neuen medizinischen Möglichkeiten wieder ins Leben zurückgeholt wurden, von merkwürdigen Erlebnissen berichteten. Sie erzählten, wie sie die Trennung von ihrem Körper erlebt hätten, eine Rückschau auf ihr Leben und eine Reise durch einen Tunnel ans Licht. Es könne doch sein, dass Ken schon so gut wie tot gewesen sei und nun alles durcheinander bringe. Nur Bob verteidigte den Freund konsequent. Er habe überhaupt nicht den Eindruck, dass Ken einen Gehirnschaden abbekommen habe und davon, dass einem bei Nah-Tod-Erscheinungen eine schöne Frau auftauchte, die er nicht kannte, habe er auch noch nichts gehört.

„Na und, wie ging die Geschichte denn aus“, ich war nun wirklich neugierig geworden.

Schließlich traf er sie ziemlich spät abends. Es war schon dunkel, aber er hat sie sofort erkannt. Was Ken mehr erstaunte, war, dass auch sie sofort wusste, wer da vor ihr stand. Sie hat ihn dann gefragt: „Woher wussten Sie denn, wann ich aus der Klinik komme?“ Darauf hat er geantwortet: „Ich wusste nicht, wann Sie kommen, ich habe gewartet, bis Sie kommen." Diese Antwort hat sie wohl ziemlich beeindruckt. Sie haben sich dann eine Bar gesucht, die noch geöffnet war. Seitdem sind sie zusammen, soweit die Dienstpläne bei uns und im Krankenhau das zulassen. Da muss man eben öfter mal den Dienst tauschen.

„Und wie wird das jetzt weitergehen mit den beiden?", wollte ich wissen.

„Ich glaube, es könnte gut gehen. Die Männer aus den reichen Familien an der Ostküste sind schon aus der Zeit vor dem Krieg emanzipierte Frauen gewöhnt. Du musst dir das so vorstellen wie in den Filmen mit Catrine Hepburn und Spancer Tracy. Sie werden heiraten und sie wird in den USA Medizin studieren. Sie spricht wohl auch ganz gut Englisch."

„Na, und was sagen die Kameraden, die gedacht haben, dass Ken nach dem Unfall nicht mehr so richtig tickt, jetzt?", wollte ich doch auch noch wissen.

„Ach", stöhnte Bob, „das ist traurig. Einige haben die beiden mal zusammen gesehen. Es ist wirklich eine blonde, schlanke, sehr attraktive Frau. Nun sind die Kameraden auf Ken neidisch und sagen, es sei doch ganz klar, dass er diese Frau nur habe an Land ziehen können, weil er in den USA auf einem dicken Geldsack sitze. So ist das eben, wenn nur Männer den ganzen Tag zusammengesperrt sind."

Als wir den Besuch bei meinem Vater für Samstag, den 20 Juni, geplant hatten, ahnte niemand, dass am 16. in Ostberlin der Aufstand gegen die kommunistische Regierung begann. Aus Protest gegen eine Normerhöhung der Bauarbeiter um zehn Prozent hatte sich in der Leipziger Straße ein großer Demonstrationszug von Maurern in ihrer weißen Arbeitskleidung und Zimmerleuten mit ihren großen schwarzen Hüten gebildet, die vor den Ministerien demonstrierten und Grotewohl und Ulbricht beschimpften. Erst als man den Demonstranten mitteilte, dass die Normerhöhung ein Irrtum gewesen sei und rückgängig gemacht würde, zerstreute sich die Menge wieder. Am nächsten Tag, dem 17. Juni, strömte trotz regnerischen Wetters eine riesige Menschenmenge ins Zentrum von Berlin und verlangte „Butter! Nieder mit Ulbricht! Freie Wahlen!". Die hauptsächlich aus Sachsen rekrutierte Volkspolizei war plötzlich verschwunden. Um zehn Uhr morgens gehörte Ostberlin den Aufständischen. Am frühen Nachmittag tauchten die ersten sowjetischen Panzer auf.

Der riesige Ford Custom war so etwas wie ein Symbol für Größe und Wohlstand im fernen Amerika, besonders in seiner Ausführung als Cabriolet.

Wir hatten damals noch kein Fernsehgerät. Die aktuelle Berichterstattung lief über die Rundfunksender und am nächsten Tag über die Zeitungen. Am Abend des 17. Juni war ich in ein Café gegangen und konnte mir im Fernsehen anschauen, wie die jungen Männer mit Steinen nach den Panzern warfen oder mit Stöcken auf die Stahlpanzerung einschlugen.

Als ich am 20. aufwachte und mein Radio einschaltete, waren die Nachwirkungen des Aufstandes in der DDR immer noch in den Nachrichten. Die Volkspolizei, die bei dem Beginn des Aufstands so schnell und spurlos abgetaucht war und den Russen die Niederschlagung überlassen hatte, war nun wieder aufgetaucht und ging sehr massiv gegen die Streikenden vor. Das habe zur Folge, so hieß es in den Nachrichten, dass die Streikfront mehr und mehr abbröckle.

Bob war pünktlich, wie immer. Er meldete sich aber nicht wie sonst durch ein kurzes und höfliches Klingelzeichen, sondern stattdessen ließ er sein Mehrklanghorn trompeten. Ich schnappte meine Tasche und zog die Haustür hinter mir zu. Der offene Wagen mit seinen geraden Linien kam mir noch größer vor als die ersten Limousinen des Ford Custom der amerikanischen Soldaten, die ich vor ein paar Jahren bewundert hatte.

Bob thronte hinter dem Steuer und grinste mich an. Er hatte den linken Ellbogen souverän an dem Türrahmen abgestützt, so dass er etwas herausragte, und ließ den Achtzylinder aufheulen. Die Polsterung der breiten Bank gab etwas nach, als ich mich zurechtsetzte, und die Tür fiel mit einem Schlag ins Schloss, der auf solides Blech schließen ließ. Bob manövrierte den großen Wagen sehr vorsichtig durch die engen Straßen.

„Für eure Straßen ist das Auto ein bisschen zu groß. Es ist für unsere Städte gebaut, so wie Wilmington, wo ich aufgewachsen bin. Da ist alles so weiträumig, dass dieses Auto genau passt", erklärte Bob.

Als die Straßen breiter wurden, trat er etwas mehr aufs Gas. Auf dem überall ausgebesserten Asphalt wurde der Wagen unruhig und schaukelte durch die Kurven, aber Bob hatte Erfahrung darin, solche Schiffe um die Ecken zu zirkeln. Von dem alten Achtzylinder, der seit Anfang der dreißiger Jahre die großen Fords antrieb, war nicht viel zu hören.

Als die Stadt hinter uns lag, rollten wir auf dem schmalen Band der Alleen auf die Kette der Alpen zu. Solange wir alleine auf der Straße waren, zeigte das runde Tachometer hinter dem Steuerrad etwa 60 Meilen in der Stunde an. Das entsprach ungefähr 90 km/h. Das war offenbar das Tempo, wie es Bob aus den USA gewöhnt war. Sobald uns aber ein anderes Auto oder gar ein Lastwagen entgegenkam, wurde es eng. Bob ging auf die Bremse und die Stämme der Alleebäume am Straßenrand kamen der Karosserie bedrohlich nah.

Die noch nicht gemähten Wiesen säumten die Straße wie ein dichter bunter Teppich, der plötzlich abbrach und mit einem geraden Schnitt in eine blassgrüne Fläche überging, wo die Bauern schon gemäht hatten. Wenn ich nach oben schaute, war es wie bei den letzten Autofahrten vor dem Ausbruch des Krieges.

Das lichtdurchflutete Laub der Alleen wölbte sich über mir, und da war wieder dieses Flirren von Licht und Schatten, das immer schneller über mich hinwegzog, wenn wir alleine auf der Straße waren und Bob auf das Gaspedal trat. Damals hatte ich das Gefühl schwindlig zu werden, aber das war jetzt sehr weit weg. Unsere letzte Autofahrt mit dem Mercedes von München zu unserem Hof, als mein Vater jede Tankstelle anfuhr, um doch noch nach Hause zu kommen und die stolze Vorführung von Dr. Schneiders Opel Super 6 lagen jetzt fast

14 Jahre zurück. In diesen Jahren hatte ich mir kaum vorstellen können, dass es irgendwann wieder eine Zeit geben würde, in der ich in einem großen Cabriolet durch die sommerliche Landschaft chauffiert würde.

Aber die Nachrichten des ständig eingeschalteten amerikanischen Soldatensenders AFN holten mich wieder in die Gegenwart zurück. In vielen Baubetrieben der DDR würde immer noch gestreikt. Die Belegschaften forderten den Abzug der sowjetischen Truppen, die Freilassung der verhafteten Streikführer sowie aller übrigen Gefangenen. Es klang so, als würden sich diese Ereignisse ganz weit weg abspielen. Mit der gleichen Distanziertheit hatte der Sender etwa in der letzten Zeit über den Mau-Mau-Aufstand gegen die britische Kolonialmacht in Kenia berichtet oder die Kämpfe der Franzosen in Indochina. Es war in der Nachkriegszeit immer so gewesen, wenn man dachte, nun wird wirklich alles besser, passierte etwas, was einem Angst machte.

Gerade war das neue Geld ausgegeben worden und die Schaufenster über Nacht wieder voll, da blockierten die Russen den Zugang nach Berlin und nur durch die Luftbrücke konnte eine militärische Auseinandersetzung vermieden werden. Kaum war die Berliner Blockade beendet, begann der Koreakrieg.

Nun, in den Tagen, während die Streiks in der DDR langsam abflauten, saß ich neben einem Funker der US-Army im Auto und musste unbedingt wissen: „Was haltet ihr von dem Aufstand in der DDR?"

Bobs Antwort kam, ohne dass er hätte lange überlegen müssen. „Das sind die Deutschen der Russen nicht unsere!"

Ungefähr 15 Kilometer vor unserem Ziel war es mit den asphaltierten Straßen vorbei. Die Fahrbahn bestand jetzt aus zwei Spuren mit einer festgefahrenen Kiesdecke, zwischen denen sich ein Streifen Gras hielt. An den Steigungen hatten die Sturzbäche der Gewitter das feinere Material weggespült, so dass größere Steine eine zerklüftete Oberfläche bildeten. Mir schien es, als gäbe die offene Karosserie jammernde Töne von sich, wenn sich das Fahrwerk bemühte, die Unebenheiten des Weges zu schlucken. Bob hatte meine Bedenken mitbekommen, aber statt vom Gas zu gehen, sagt er: „Wir haben in den USA viele solche Straßen, unsere Autos sind so gebaut, dass sie das aushalten." Auch an den Steigungen wurde Bob nicht langsamer. Er schaltete auf den zweiten Gang und gab noch mehr Gas.

Alle Autos, die ich kannte, krochen diese Berge im ersten Gang mit zwanzig oder höchstens dreißig km/h hoch, sie hatten aber auch nicht gut 100 PS, sondern bestenfalls 55, so wie Dr. Schneiders Opel Super 6, meist aber nur 20 oder 25.

Nur bei den wilden Fahrten mit meinem Vater im Sommer 1939 war ich die Steigungen in einem solchen Tempo hinaufgerast.

Ich hatte die ganze Zeit Angst, ein Auto, ein Traktor oder ein Pferdefuhrwerk könnte entgegenkommen und Bob zu einer langen Rückwärtsfahrt zur nächsten Ausweichstelle zwingen. Abgebremst wurden wir aber von einem Motorrad, das vor uns her zuckelte.

Ein Mann mit einem mächtigen Rucksack fuhr sehr vorsichtig mit seiner 200er-DKW um die Schlaglöcher herum. Es war, mein Vater hatte mir das bei einem der letzten Besuche erklärt, der Besamer. „Und der Stier kommt heute mit dem Motorrad. Nicht einmal mehr diesen Spaß gönnt man den Kühen. Aber die Haltung eines Stiers ist einfach zu teuer geworden", hatte er mir erklärt.

Bei dem gemütlichen Tempo konnte ich mich entspannen und dem Bauern bei der Heuernte zusehen. Das hatte nichts mehr zu tun mit der Heuernte, wie ich sie kannte. Damals war immer die ganze Familie im Einsatz. Die Männer machten die schwere Arbeit, sie schoben mit ihren großen Gabeln das Heu in den Schwaden zusammen und stemmten es hoch auf den Wagen, das ‚Fuder'. Die Frau sorgte für eine gleichmäßige Verteilung auf dem Fuder und die Kinder mit ihren Rechen bemühten sich, alles einzusammeln, was noch auf dem Boden lag.

Jetzt sah ich nur noch den Bauern auf dem Traktor, einer großen Maschine, verglichen mit den Schleppern meiner Kindheit. Der harte Schlag des mehrzylindrigen Diesels und das Singen des von einer Zapfwelle angetriebenen Aufladegeräts waren deutlich zu hören, da unser V 8 nur leise rauschte. Es kam mir so vor, als schaffe es der Auflader, das Heu ziemlich sauber aus der Wiese zu kratzen. ‚Wo sind sie alle geblieben, die früher bei der Heuernte geholfen haben, oft angetrieben von drohenden Gewittern. Diese Maschine hatte ihr Arbeitstempo, gleichgültig wie viele Gewitterwolken sich heranschoben', dachte ich.

Am nächsten Hof rollte die DKW in die Einfahrt und wir hatten die Bahn wieder frei. Bob beschleunigte wieder und die Staubfahne hing noch ein paar hundert Meter weit über der Straße, als wir schon abgebogen waren.

Bob hielt vor unserem Wohnhaus, wir stiegen aus und ließen die schweren Türen in die Schlösser fallen. Da stand mein Vater, der ein Geräusch gehört haben musste, schon im Türrahmen. Ich stellte Bob vor, aber mir schien es, als würde sich mein Vater vor allem für das Ford-Cabriolet interessieren.

„Was für ein wunderschöner Wagen, gehört der ihnen?", wollte er wissen.

Mein Vater wie auch Alma konnten kaum Englisch, so dass das ganze Gespräch an meinen Übersetzungskünsten hing. Ich bemühte mich, die Aufgabe souverän und routiniert zu erledigen und fühlte mich den beiden gegenüber zum ersten Mal erwachsen. Ich übersetzte also Bobs Antwort, der Wagen gehöre einem Kameraden, der habe ihm diesen für einen Ausflug ausgeliehen.

„Ihr Sohn hat mir von Ihrem schönen Mercedescabriolet erzählt, das Ihnen unsere GIs weggenommen haben. Wäre so ein schöner Wagen nicht auch nochmal etwas für Sie", versuchte Bob eine Konversation.

Ehe mein Vater antwortete, legte er seine Hand auf Bobs Schulter und sagte in ziemlich perfekten amerikanischen Tonfall: „My boy, that's over".

Es blieb während unseres Besuches bei diesem einzigen englischen Satz meines Vaters, dann verfiel er wieder ins Deutsche und erklärte Bob, das einzige Auto, das ihn im Moment interessieren würde, das sei der Porsche.

Das könne er sehr gut verstehen, mit dem neuen Porsche hätten wir gerade eine ausgedehnte Probefahrt gemacht. Dieses Auto sei auch sein Traumwagen, versuchte Bob, die Konversation fortzusetzen.

Auf der Rückfahrt nach München, als wir wieder alleine waren, wollte Bob dann von mir wissen, wieso mein Vater offenbar nur einen englischen Satz beherrsche, den aber in ganz gutem amerikanischen Tonfall. Ich kannte die Situation, als mein Vater diesen Satz aufgeschnappt hatte, und erzählte Bob die Geschichte.

Mein Vater hatte sich nach der Auflösung seiner Volkssturmeinheit nach Hause durchschlagen wollen, wurde aber an einem Kontrollposten festgehalten, weil er auf der Liste derer stand, die in automatischen Arrest zu nehmen waren. Als er mit einigen anderen auf seinen Abtransport wartete, fuhr ein Jeep mit einem amerikanischen Offizier auf dem Beifahrersitz vor, den ein HJ-Führer mit einem zackigen ‚Heil

Hitler' begrüßte. Da ging der Offizier auf ihn zu und drückte dem Jungen den immer noch hochgerissenen Arm sehr ruhig und eindringlich herunter und sagte dabei diesen Satz: „My boy, that's over".

Mein Vater war ein genauer Beobachter. Besonders Szenen, in denen ein Zeitenwandel sichtbar wurde, faszinierten ihn. Diese symbolisierte das Ende des Nationalsozialismus.

Alma hatte mit Hilfe von Fanny ein festliches Mittagessen mit drei Gängen für uns vorbereitet. Fanny, ihre Perle, wie sie sich auszudrücken pflegte, war eine freundliche, stämmige aber von der Gicht deformierte Frau Ende fünfzig. Sie war eine Bauerntochter aus der Nachbarschaft. Fanny hatte es immer gegeben, solange ich zurückdenken konnte. Sie war der Mensch aus dem Haus meiner Kindheit, der sich am wenigsten verändert hatte.

„Der Bua is wieder do, mei is des schee, und a richtiger Mo is er gwordn."

„Da hast du aber auch ganz schön mitgeholfen", sagte ich und zwinkerte ihr zu. Sie hatte mir während der Kriegsjahre immer, wenn ich in der Küche aufkreuzte und sie den Eindruck hatte, ich könnte vielleicht hungrig sein, riesige Quarkbrote zugesteckt. Dass sie damit die Bemühungen meiner Mutter um eine möglichst gerechte Verteilung des Essens zwischen uns und den Flüchtlingen und Ausgebombten unterlief, interessierte sie nicht.

Fanny saß natürlich nicht mit am Tisch, das war schon immer so gewesen.

Alma begann die Konversation mit dem Thema, das in der Luft lag: dem Aufstand in der DDR, der in Form von Streiks immer wieder aufflackerte. Wie man denn in der US-Army den Aufstand der Bevölkerung gegen die kommunistische Regierung einschätze, wollte sie wissen.

Wie man das in der Army einschätze, könne er nicht sagen. Aber er glaube, dass sich die USA und die anderen Alliierten aus der Sache heraushalten würden, weil niemand wolle, dass dieser Konflikt eskaliere. Der Funker des US-Army-Nachrichtendienstes versuchte, sich diplomatisch aus der Affäre zu ziehen.

Aber damit war Alma, Tochter eines Lehrers an einer preußischen Kadettenschule, nicht zufrieden. Ob denn in den letzten Tagen eine Urlaubssperre angeordnet worden sei, versuchte sie nachzufassen.

Mein Vater verzog sein Gesicht zu einem Tadel, so wie ich es aus den großen Tafelrunden der letzten Kriegsjahre kannte, wenn sich eines der Kinder daneben benommen hatte.

Das wären dienstliche Dinge, darüber dürfe er nicht sprechen, blockte Bob sie ab.

„Aber es ist doch klar, dass er darüber nicht sprechen darf, das ist in allen Armeen der Welt so", formulierte mein Vater seinen Tadel, den er eben nur in seinem Blick ausgedrückt hatte.

Nun war es so still an der Tafel, dass es mir vorkam, als würden die Geräusche von Messern und Gabeln auf den Tellern die Stille noch unterstreichen. Ich machte einen Versuch, die angespannte Stimmung aufzulockern. Ich erzählte, dass es Bobs Mutter gelungen sei, die englische Übersetzung der beiden Bestseller meines Vaters in einer College-Bibliothek aufzutreiben und dass sie von der Lektüre begeistert gewesen sei.

Das mürrische Gesicht meines Vaters verwandelte sich innerhalb eines Sekundenbruchteils in ein Strahlen. Er fand das amerikanische Bibliothekswesen großartig, dass es nach so vielen Jahren den jungen Leuten ermögliche, seine Bücher zu lesen.

„Überhaupt", so fuhr er nun in bester Laune fort, „gehöre er als Schriftsteller noch lange nicht zum alten Eisen. Der Verkauf seines neuen Buches über den Untergang Ostpreußens ‚Wenn die Dämme brechen' lasse sich ganz gut an. Wenn er damit Geld verdiene, könne er sich vielleicht sogar den letzten Traum seines Lebens erfüllen, ein Porsche Cabriolet."

Nun rächte sich Alma mit einem tadelnden Blick, der seinem an ausgedrückter Missbilligung um nichts nachstand. Den nahm mein Vater aber nicht zur Kenntnis.

Jetzt musste ich meine Erfahrungen aus der Porscheprobefahrt mit Bob loswerden und riet: „Aber lass dir bloß keinen mit dem unsynchronisierten Getriebe andrehen, mit dem hättest du nicht viel Spaß."

Mein Vater sah mich überrascht an, wie immer, wenn ihn mein Wissen in ganz bestimmten Gebieten erstaunte und sagte dann: „Aber das sieht man doch gar nicht."

„Man sieht es nicht, aber man hört es." Obwohl ich diese Bemerkung nicht übersetzt hatte, musste Bob sie mitbekommen haben. Er konnte ein Grinsen nicht ganz unterdrücken.

Ich erinnerte mich schon aus der Zeit, als wir den 328 BMW aus seinem Versteck geholt hatten, daran, dass Alma wenig Verständnis für die Sportwagenleidenschaft meines Vaters aufbrachte. Sie lenkte das Gespräch auf ein unverfängliches Thema.

„Übrigens, Claudia, unsere Haustocher vom letzten Jahr, ist wieder da und hat eine Freundin mitgebracht. Ich habe euch schon angekündigt. Die beiden würden gern nach dem Mittagessen mit euch zum Baden fahren."

Als ich Bob diesen Satz übersetzte, strahlte er. Wahrscheinlich lag ich mit meiner Vermutung doch richtig, dass es bei diesem Besuch nicht darum ging, meinen Vater kennenzulernen, sondern um die Möglichkeit, einer ganz normalen jungen deutschen Frau zu begegnen.

Claudia war ungefähr so alt wie ich. Eine energische schlanke Frau, die ihre dichten dunkelbraunen Haare als Pagenfrisur mit Pony trug. Ihre grauen Augen faszinierten und irritierten mich, weil sie etwas Unnahbares ausstrahlten. Ich war Claudia im letzten Sommer zum ersten Mal begegnet und sie hatte mir sofort gefallen. Wir hatten einen Spaziergang bei Vollmond gemacht und es war mir gelungen, sie zu küssen, aber sie hatte es wohl mehr geschehen lassen, als dass sie es als aufregend empfunden hätte. Ich fürchtete, auch dieser neue Auftritt mit dem jungen Amerikaner und dem Ford-Cabriolet würde mir nicht viel helfen. Aber immerhin war sie zum zweiten Mal als Haustochter bei uns. Daraus konnte man schließen, dass es ihr gefiel und dass eine Vertrautheit mit der Reitschule und den Pferden entstanden war. Vielleicht ließ sich bei den Gesprächen bei dem anstehenden Badeausflug daran anknüpfen.

Der Status der Haustocher war eine Geschäftsidee von Alma gewesen. Wenn sich die jungen Frauen verpflichteten, beim Putzen und Füttern der Pferde und bei der Bewirtung der Gäste zu helfen, durften sie umsonst so viel reiten, wie sie wollten, sofern sie dafür noch Zeit fanden. Dieses Angebot hatte eingeschlagen und so sparte man am teuren Personal.

Als Bob schwungvoll auf dem Hof vorfuhr und der Ford durch den kräftigen Tritt auf die Bremse etwas in die Knie ging, kamen Claudia und ihre Freundin in ihren bunten fliegenden Sommerfähnchen schon die hohen Betonstufen vor der Eingangstür herunter. Claudia hatte sich seit dem letzten Sommer nicht verändert und ihre schlanke blonde

Freundin verkörperte, was man in den Fünfzigern als ‚Fräuleinwunder' zu bezeichnen pflegte.

‚Ist doch interessant und Bob hat Recht', dachte ich, während wir ausstiegen und die beiden begrüßten. ‚Frauen, die sich für Pferde interessieren, sind meist attraktiv.'

Das Fräuleinwunder hieß Marion und setzte sich zu Bob auf die vordere Sitzbank. Claudia und ich hatten viel Platz auf der hinteren. Schon als wir losfuhren war ein munteres Gespräch zwischen Bob und Marion in Gang gekommen. Noch ehe der Wind und die Fahrgeräusche unsere Stimmen verwischen konnten, war mir aufgefallen, dass das Englisch, das Marion und Claudia sprachen, völlig anders klang, als ich es gewohnt war. Auf Bobs breiten amerikanischen Tonfall antwortete Marion in BBC-Englisch.

„Woher kann sie ein so perfektes Englisch", wollte ich das Gespräch mit Claudia in Gang bringen.

„Wir hören BFN und nicht AFN so wie ihr hier", erklärte Claudia. BFN bedeutete British Forces Network, das war der Besatzungssender in der englischen Zone.

„Wenn du schon das zweite Mal bei uns bist, hast du bestimmt ein Lieblingspferd", versuchte ich meine Gedanken in ein Gespräch fließen zu lassen. Ich hoffte, dieses Lieblingspferd wäre eines der älteren, die ich aus meiner Kindheit kannte. So wie Cora, eine dunkelbraune Haflingerstute, die ich schon zu Beginn des Krieges als neugeborenes Fohlen in der Box bestaunt hatte, als ihre Mutter es sauber leckte. Wie hatte dieses Fohlen mit seinen langen dünnen Beinen nur in dem Bauch der Mutter Platz gehabt? Oder vielleicht war Polka ihr Lieblingspferd? Die braune Stute mit der pechschwarzen Mähne hatten die Wehrmachtssoldaten aus der russischen Steppe bis ins Allgäu getrieben. Polka hatte sich, kurz bevor die Amerikaner kamen, aus der großen Herde der nun frei herumlaufenden Wehrmachtspferde entfernt und vor dem Tor zu unserem immer warmen und dämmerigen Pferdestall aufgebaut und ganz eindeutig Einlass verlangt. Es gab noch Platz für sie und sie gehörte wegen ihrer Gutmütigkeit zu den sehr beliebten Reitpferden.

„Cora!" Claudias Antwort kam sehr spontan. „Als ich in diesem Jahr wieder vor der Stalltür stand, hat sie mich aus einer der hinteren Boxen mit einem lauten Wiehern begrüßt. Ich bin mir ganz sicher, sie hat mich erkannt und sich gefreut, dass ich wieder da bin."

Daran konnte ich gut anknüpfen: „Ich habe dafür gesorgt, dass sie nicht an die Gebirgsjäger ausgeliefert wurde. 1944 habe ich alle Leute, die auf dem Hof waren, bearbeitet, mir dabei zu helfen, meinen Vater davon zu überzeugen, dass wir Cora behalten mussten. Er hat es dann gegenüber der Wehrnacht damit begründet, Cora sei eine Stute mit ganz hervorragenden Erbanlagen, die dem Gestüt für die Zucht erhalten bleiben müsse. Seitdem hat sie mich auch immer mit einem lauten Wiehern begrüßt, wenn ich in den Stall kam. Immer, wenn ich irgendwelchen Ärger hatte, bin ich zu ihr in die Box geschlichen und war mir sicher, sie versteht alles, was ich ihr erzähle."

Claudia sah mich an und es war, als würde sie mich zum ersten Mal wirklich wahrnehmen.

„Kann doch sein, dass sie irgendwie mitgekriegt hat, dass du ihr das Leben gerettet hast. Cora ist einfach ein wunderbares Pferd. Wenn ich sie gesattelt habe und aufgestiegen bin, läuft sie den Weg durch die Wälder, auf dem immer ausgeritten wird. Ich kann ganz gerade im Sattel sitzen und mir die Landschaft anschauen oder mich nach vorne beugen und sie umarmen und träumen. Sie läuft einfach weiter, bis ich ihr zu verstehen gebe, dass wir jetzt nach Hause müssen. Das ist für mich so etwas wie Glück."

Claudia sah nun wieder nach vorne und ich war mir nicht sicher, ob ihre letzte Bemerkung wirklich für mich bestimmt war oder ein Selbstgespräch.

Bob fuhr ziemlich schnell für die engen Straßen. Marion kannte auch den Weg und leitete ihn durch die Dörfer. Der Fahrtwind stob bei den heruntergekurbelten Scheiben durch den offenen Wagen und ließ uns etwas enger zusammenrücken.

Wenn wir die Dörfer durchquerten, war oft der angenehme Geruch von getrocknetem Gras Schüben von Gestank gewichen. Den wehte der Wind von den Misthaufen in unseren Wagen, den die Bauern zwischen ihren Höfen und der Straße aufzutürmen pflegten. Was für eine merkwürdige Anordnung. Das hatte ich mich schon immer gefragt. Vielleicht, weil man so schon im Vorbeifahren aus der Größe des Misthaufens abschätzten konnte, wie viel Kühe der Bauer im Stall stehen hatte.

Die Leute auf den Dorfstraßen blieben stehen und sahen uns nach. In den frühen fünfziger Jahren gab es noch nicht so viele Autos auf dem

Land und ein großes amerikanisches Cabriolet mit vier jungen Leuten sorgte für Gesprächsstoff.

Als Bob den Ford auf dem Parkplatz des Restaurants sehr vorsichtig auf einen schattigen Platz manövrierte, liefen über AFN, der die ganze Zeit ziemlich leise vor sich hin gedudelt hatte, wieder Nachrichten. Der Aufstand in der DDR wurde immer noch erwähnt. Kasernierte Volkspolizei und Agenten der Staatssicherheit durchkämmten mit Listen die Viertel der Städte, in denen gestreikt worden war oder gestreikt wurde, und verhafteten, wen sie für verdächtig hielten. Aber das war nun ganz weit weg.

Die stechende Mittagssonne hatte uns eingeheizt und wir stiegen etwas verschwitzt aus dem Auto. Der im hellen Licht glitzernde See auf der anderen Seite der Straße übte eine fast magische Anziehung auf mich aus.

Ich erzählte den dreien, was am Kriegsende hier los gewesen war. Die deutschen Soldaten hatten alle ihre Autos in den See geschoben, um sie unbrauchbar zu machen. Dass die auslaufenden Öle, Betriebsstoffe und Bremsflüssigkeiten den idyllischen See vergiften und damit dem kleinen Ort seinen Fremdenverkehr und seine Fischerei ruinieren würden, von der man hier lebte, das hatte die Soldaten der Wehrmacht nicht interessiert. Dann seien die Amerikaner gekommen und ihre Pioniere hätten ihre ganze Technik eingesetzt, um alle Autos wieder herauszuziehen. Seitdem würden die Leute hier die Amerikaner sehr schätzen.

Ich hatte die Geschichte in ziemlich flüssigem Englisch nicht nur für Bob erzählt, sondern auch, um mich ein bisschen in den Mittel punkt zu setzen.

„Na, dann werden sie mich ja freundlich empfangen, wenn ich jetzt erst mal mit Marion ein Eis essen gehe. Wir Amerikaner kühlen uns gern erst mal von innen ab", meinte Bob und grinste.

Claudia und ich griffen unsere Badetaschen und gingen zu den Umkleidekabinen. Ich hatte das Schwimmen nicht mühsam lernen müssen, sondern es mir im letzten Kriegssommer selbst beigebracht, so wie das Radfahren. Erwachsene waren dabei nicht in der Nähe. Die auf unserem Hof untergekommenen Kinder nahmen einen weiten Fußmarsch in Kauf, um in den heißen Sommermonaten einen kleinen Moortümpel zu erreichen. Das Wichtigste bei diesen Ausflügen war eine Dose mit Salz, das streuten wir auf die Blutegel, die sich meist an unseren Beinen festgebissen hatten. Sie ließen dann sofort los. Seit dieser Zeit fühlte ich mich im Wasser absolut sicher. Ich war etwas schneller mit dem Umziehen als Claudia und wartete am Ufer auf sie.

Hier konnte man auf einem Untergrund aus Kies langsam ins grün schimmernde Wasser laufen. Meist war der See von einem breiten Schilfgürtel umgeben. Nur am gegenüberliegenden Ufer war ein hellgrauer Holzsteg zu erkennen, der das grüne Wasser durchschnitt.

Claudia hatte ihr langes Haar unter eine Gummibademütze gequetscht, so dass nur ein paar Ponys herausschauten. Ihre grauen Augen glänzten wie das Licht der hochstehenden Sonne auf den kleinen Wellenkämmen.

„Ich würde gern ans andere Ufer schwimmen, bis zu diesem Steg im Schilf, kommst du mit?“, wollte ich wissen.

Sie sah über den See zu der grauen Linie des Stegs und fragte: „Wie lange schwimmen wir, bis wir da ankommen?“

„Zwischen 20 und 25 Minuten.“

„Gut, dann komme ich mit.“

Ich bemühte mich, nicht so schnell zu schwimmen, damit Claudia folgen konnte. Wir redeten nicht viel. Als wir am Holzsteg angekommen waren, stemmte ich mich hoch, rollte mich auf die Bretter und half Claudia aus dem Wasser. Wir setzten uns auf die ausgeblichenen Bretter. Claudia nahm ihre Bademütze ab und versuchte ihre zerdrückten Haare wieder ein bisschen in Form zu bringen.

„Weißt du, was hier das Schönste für mich ist?“ Claudia schien nun mit ihren Haaren einigermaßen zufrieden. „Die klare saubere Luft. In Duisburg ist der Kragen meiner Bluse jeden Abend ganz schwarz von dem Dreck in der Luft. Aber so schön es hier auch ist, ganz hier leben könnte ich nicht.“

„Ich könnte hier auch nicht mehr leben. Ich bin heute sehr froh, dass mich meine Mutter nach München verpflanzt hat. Heute kann ich mir ein Leben ohne die neusten Filme, ohne heftig diskutierte Theaterinszenierungen von Bert Brecht und ohne die Möglichkeit Louis Armstrong und Elle Fitzgerald lebendig auf der Bühne zu sehen, nicht mehr vorstellen.“

‚So gut bist du mit Claudia noch nie ins Gespräch gekommen‘, dachte ich.

Sie hatte sich auf dem Steg ausgestreckt. Sie blinzelte in die Sonne und ihre nächste Frage kam für mich überraschend.

„Hast du dir schon mal überlegt, was du beruflich machen willst?"

Ich wusste genau, was ich werden wollte, hatte aber nur mit Wolf und Bernd darüber gesprochen. Mir war klar, meine Eltern wären aus ganz unterschiedlichen Gründen nicht mit so einem Beruf zufrieden. Meine Mutter, weil sie ihn für unseriös hielt, sie fand, ich sollte wie ihr Vater Universitätsprofessor werden. Meinem Vater dagegen schwebte eine Karriere in der Industrie vor, wo ich richtig viel Geld verdienen könnte. Er kannte auch ein paar einflussreiche Manager ganz gut, denen er mich empfehlen wollte. Aber das interessierte mich alles nicht.

„Rundfunkreporter", sagte ich, und grinste, weil ich ziemlich sicher war, dass sie mit so einer genauen Aussage nicht gerechnet hatte.

Sie richtete sich ein bisschen auf und sah mich an. „Wie kommst du denn da drauf?"

Nun konnte ich Claudia erzählen, wie ich auf diesen Beruf gekommen war und ich hielt das für eine interessante Geschichte. Mein Vetter Wolf und ich hatten unsere Schlafstellen am Kriegsende in der Werkstatt des Hofes über dem Pferdestall eingerichtet. Alle anderen Zimmer des Hofes waren mit Flüchtlingen und Ausgebombten belegt. In diesem Quartier war es uns gelungen, einen batteriebetriebenen Nord-Mende-Offiziersempfänger in Gang zu bringen, und an dem drehten wir so lange herum, bis wir etwas Interessantes gefunden hatten, das wir auch verstehen konnten. So gerieten wir in die Reportage des Schweizer Rundfunks über die deutsche Kapitulation in Reims. Der Reporter mit seinem Schweizer Tonfall hat es geschafft, dass ich alleine durch das Zuhören eine Vorstellung davon habe, wie der Zweite Weltkrieg zu Ende ging. Er hat das müde Gesicht des Amerikaners Bedell Smith beschrieben mit dem zusammengepressten Mund, um den ein Ausdruck grimmiger Zufriedenheit liegt. Dagegen das Gesicht des deutschen Generals Jodl, wie eine Totenmaske unnatürlich verzerrt, jeden Muskel darin angespannt. Um den Tisch, auf dem die Urkunden unterzeichnet werden, springen die Kameramänner herum, wie die Affen im Zirkus. Sie rennen wie die Wilden die aufgestellten Leitern hinauf und wieder runter und lassen dauernd ihre Blitzlichter los.

Der Schweizer Reporter hat die Szene so anschaulich geschildert, dass ich sie heute noch so ungefähr erzählen kann. Ich bin fast hineingekrochen in den kleinen Empfänger. Etwas später dachte ich dann, das ist es, was ich machen will. Den Leuten die Ereignisse über das Radio so schildern, dass sie eine Vorstellung davon bekommen, auch wenn sie nicht dabei sind.

„Glaubst du nicht, dass das Radio durch das Fernsehen immer mehr an Bedeutung verlieren wird, weil die Leute dann selbst das sehen können, was ein Rundfunkreporter zu schildern versucht?“ Claudia hatte sich wieder auf dem Steg ausgestreckt und die Augen geschlossen.

„Ich glaube, dass das Radio seine Bedeutung behalten wird. In den USA laufen die Autos schon mit eingebautem Radio vom Band und in vielen Familien gibt es Kofferradios, die man unabhängig vom Stromnetz benutzen kann.“

Nachdem ich ausgeplaudert hatte, was ich sorgfältig vor Eltern und Lehrern geheim hielt, wollte ich auch wissen, was sich Claudia für einen Beruf vorstellte. „Und was willst du denn mal machen?“, fragte ich.

Sie öffnete die Augen und richtete sich ein wenig auf, indem sie die Ellbogen unter ihren Rücken schob, sah mich an und sagte „Konferenzdolmetscherin! Ich werde in einer Glaskabine sitzen, dem Redner ins Gesicht schauen und simultan in eine andere Sprache übersetzen, was er sagt. Ob es Fortschritte bei Verhandlungen gibt, hängt auch davon ab, wie gut ich die Gedanken der Redner von einer in die andere Sprache übertrage.“

„Da lädst du dir ja eine gewaltige Verantwortung auf. Ich finde es toll, dass du dir sowas zutraust.“

Claudia stand auf und deutete auf das andere Ufer. Es sah so aus, als wollten die beiden kleinen lebendigen Wesen, die dort standen, uns signalisieren, dass wir zurückschwimmen sollten.

Vielleicht war es dieser fast schwarze Streifen von Gewitterwolken am äußersten Horizont, den Bob und Marion schon entdeckt hatten.

„Das dauert noch, bis es bei uns ist. Ich kenne mich aus mit dem Wetter hier.“

Claudia sah mich an, als würde sie meiner Wetterprognose nicht trauen, dann sprangen wir fast gleichzeitig ins Wasser und schwammen zurück. Ich versuchte, mich auf Claudias Tempo einzustellen.

Am Ufer entdeckten wir die beiden an einem Vierertisch des Cafés. Wir sollten uns schnell umziehen, Bob hätte schon alles bestellt, Kaffee und Schwarzwälder Kirsch.

Als ich vor dem riesigen Tortenstück saß, versuchte ich mich daran zu erinnern, wann ich diesen Kuchen zum letzten Mal vorgesetzt bekommen hatte. Wahrscheinlich im Sommer 1939, als mich meine Eltern, wenn sie Einkäufe machten, im Füssener Stadtcafé abzusetzen pflegten. Die Kellnerin bekam die Anweisung, ich könnte so viel Kuchen essen wie ich wollte. So war ich gut beschäftigt, bis mich meine Eltern wieder abholten. Erstaunlicherweise hatte ich mich nie überfressen.

Ich erzählte den dreien, wie das damals gewesen war, und dass der Schwarzwälder Kirsch, der bei den Amerikanern einfach ‚Black forest' hieß, für mich so ein Symbol dafür war, dass wieder bessere Zeiten angebrochen waren. Während ich sprach, beobachtete ich die schwarze Wolkenfront, die langsam auf uns zukam. An der Art, wie der Wind die Birken bewegte, die den Tischen Schatten spenden sollten, versuchte ich seine Stärke abzuschätzen.

„Wenn wir jetzt aufbrechen, könnten wir gerade noch einigermaßen trocken nach Hause kommen", schlug ich vor.

„Wir könnten doch einfach das Dach schließen", meinte Marion in ihrem unterkühlten BBC-Englisch.

„Wie langweilig", wandte ich ein.

Claudia sah mich mit einem etwas zweifelnden Blick an, sagte aber nichts.

„Wir Amerikaner sind immer für das Abenteuer", stellte sich Bob auf meine Seite.

Die schwarze Gewitterfront im Rücken konnte Bob nun zeigen, was für ein schneller und sicherer Fahrer er war. Wir schossen, eine sehr lange Staubfahne hinter uns, die kleinen Sträßchen entlang, bis ein Traktor mit hoch beladenem Heufuder vor uns auftauchte. Zwar tuckerte die Fuhre sicher mit Vollgas der trockenen Scheune entgegen, aber uns kam es so vor, als stehe das Gespann vor uns auf der Straße.

Ich war diesen Weg sehr oft entlanggefahren, mit Autos, mit Pferdegespannen und mit alten Fahrrädern. Ich kannte jede Kurve, jeden Baum und jeden Strauch.

„Nach ungefähr einer halben Meile kannst du links über die Wiese an dem Wagen vorbei", rief ich Bob nach vorne.

Bob zog den Wagen an den linken Straßenrand und vergrößerte langsam den Abstand zu dem Fuder. Dann etwas später schob er seinen

Oberkörper, auf den Ellbogen abgestützt, so weit nach links, dass er mit den Füssen die Pedale gerade noch erreichen konnte, um besser nach vorne sehen zu können.

„Festhalten", rief er noch, dann schoss der schwere Wagen auf die Wiese. Er schaukelte und rumpelte. Es war, als ob die Räder auf dem Gras nicht richtig greifen würden. Sehr schnell waren wir an dem Gespann vorbei. Ich sah nach hinten. Wir hatten zwei deutliche Spuren in die Wiese geschnitten. Es knirschte. Wahrscheinlich setzte der Wagen am Straßenrand etwas auf, dann waren wir wieder auf der Straße. Bob trat das Gas so durch, dass wir in die Sitze geschoben wurden.

Die Dorfstraße war leer. Ein paar Leute standen vor ihren Häusern um zu beobachten, wie das Gewitter näher kam. Auch der Dorfpolizist war vor seine Wache getreten. Ich sah, wie er nach seinem Notizbuch griff, um den viel zu schnellen Wagen aufzuschreiben. Dann, als er die Zulassungsnummer der US Army erkannt hatte, steckte er das Buch wieder ein.

Jetzt hatten wir wieder freie Bahn, aber der Donner wurde immer bedrohlicher, als brülle da in riesiges Tier. Es kam mir so vor, als käme das Gewitter mit immer schnellerem Tempo auf uns zu. Der Himmel wurde dunkel, nur das Leuchten von Blitzen durchzog die schwarze Wolkenfront. Der Wind war in einen Sturm übergegangen. Als wir die letzte Steigung hinauf rasten, wurden die Regentropfen größer. Sie liefen über unsere noch erhitzen Gesichter und kühlten angenehm. Der Regen war nun stark genug, den Staub der Straße zu binden. Das ist ganz gut, dachte ich. Ich wusste, oben am Ende des Berges saß immer Fannys Mutter, eine sehr alte Bäuerin etwas geschützt auf einem Stuhl vor ihrem Hof, in der Hoffnung, dass doch irgendwann etwas Interessantes auf der Landstraße vorbeikäme. Wenn wir zwei Minuten früher gekommen wären, hätten wir sie mit unserer Staubfahne überzogen. Jetzt schaute sie wie versteinert auf diesen offenen Wagen, der dem beginnenden Regen davonzufahren versuchte. Sie schaute zu uns, wie auf Wesen aus einer anderen Zeit. Ich winkte ihr zu, aber sie erkannte mich nicht.

Gerade, als der Regen in ein Schütten überging, war Bob durch das immer offene Tor in die Scheune unseres Hofes gerollt. Wir konnten im Trockenen aussteigen. Marion war begeistert. Sie meinte, Bob wäre wirklich ein wunderbarer Fahrer und fiel ihm um den Hals.

„Es war wirklich toll, wie du gerast bist. Eine Achterbahn ist nichts dagegen", meinte Claudia etwas distanziert. Aber mir imponierte sehr, dass sie den in den USA gebräuchlichen Ausdruck für Achterbahn ‚roller coaster' parat hatte.

Wir mussten nach dem Abendessen noch nach München zurückfahren. Bobs eigentlich für zwei Tage geplantes freies Wochenende war auf einen Tag verkürzt worden. Er war erst während unseres Ausflugs damit herausgekommen. Er hatte gefürchtet, ich könnte alles absagen, weil sich die Fahrt für einen Tag nicht lohnen würde.

Als wir wieder in den Wagen stiegen, hatte sich das Gewitter verzogen. Das Dach konnte offen bleiben. Der Regen war lokal beschränkt gewesen. In der Dunkelheit leuchtete die Staubfahne hinter uns rot auf, wenn Bob die Bremse antippte. Im Lichtkegel der Scheinwerfer vor uns erschienen die Schlaglöcher jetzt viel tiefer, aber das beeindruckte Bob nicht.

Er dachte wohl über die Begegnung mit meinem Vater nach und fragte: „Eines bei deinem Dad verstehe ich nicht. Du hast mir ja erzählt, wie dein Granddad mit den beiden russischen Kriegsgefangenen den BMW vor unseren GIs gerettet hat. Dieser BMW war einer der besten Wagen seiner Zeit. Warum hat dein Dad dieses Auto nicht einfach behalten?"

Ich versuchte Bobs Frage zu beantworten. Mein Vater hatte in der schlechten Zeit, kurz nach der Währungsreform, ziemlich viel von dem neuen Geld, der DM, für den BMW bekommen. Vielleicht hing er aber auch deshalb nicht mehr so sehr an dem Sportwagen, weil er ein Symbol für seinen Erfolg in der Nazizeit war. Daran wollte er wohl, unmittelbar nach dem Krieg, nicht so gern erinnert werden.

In meiner Erinnerung ist diese Reise mit Bob an den Ort meiner Kindheit lebendig geblieben. Obwohl das Abitur noch nicht unmittelbar drohte, steht dieser Ausflug für das Ende meiner Jugend.

Bob wurde schneller als erwartet in die USA zurückbeordert. So musste er seine beiden Träume, die er im Nachkriegseuropa realisieren wollte, aufgeben. Weder hatte sein zusammengespartes Geld für einen gebrauchten Porsche gereicht noch hatte er es geschafft, in eines der US-Recreation-Centers in Spanien zu fliegen und sich dort eine der sagenumwobenen spanischen Prostituierten für den sexuellen Rausch eines ‚whole night's job' zu engagieren.

Ich versuchte, mit Bob in Briefkontakt zu bleiben und ihn ein bisschen auf dem Laufenden zu halten mit dem, was in meinem Leben passiert war. Aber nach einigen Monaten kamen keine Antworten mehr aus den USA. Ein Jahr lang wurde ich noch an jedem Monatsanfang an ihn erinnert. Er hatte mir zum Abschied ein Jahresabonnement der Autozeitschrift ‚Road and Track' geschenkt.

Beim Abitur wurde Bob für mich dann noch einmal sehr präsent. Im Prüfungsfach Englisch kam ich in die mündliche Prüfung. Ich bekam ein Din-A-4-Blatt mit einer Sammlung von Redewendungen in die Hand gedrückt. Ich sollte das Blatt durchgehen und die heraussuchen, die richtig waren. Ich schaffte das sehr schnell und ohne einmal nachdenken zu müssen. Mein Englischlehrer zeigte ein zufriedenes Lächeln.

Das Tempo und die Sicherheit, mit der ich diese Aufgabe gelöst hätte, wären ja wirklich beeindruckend, fand der Direktor, ein Altphilologe. Aber ein anderes Mitglied der Prüfungskommission war mit meiner Leistung noch nicht zufrieden. Ich wäre doch sicher auch in der Lage, grammatikalisch zu begründen, was ich da alles als richtig erkannt hatte. Mein Englischlehrer sah mich an, als wisse er genau, was nun folgen würde und signalisierte, dass er dafür wirklich nichts könne. Ich ging das Blatt durch und brachte keine einzige grammatikalische Begründung zustande.

Einen Moment lang kam es mir so vor, als hätte ich es geschafft, dass es dem Prüfungskollegium die Sprache verschlug. Schließlich ergriff wieder der Direktor das Wort. Das Ziel des Sprachunterrichts im Gymnasium sei doch, eine Sprache so zu beherrschen, dass man auch ohne grammatikalische Konstruktionen sicher und korrekt damit umgehen könne. So betrachtet hätte ich doch eine überzeugende Leistung geboten. Ich verließ die Prüfung mit einer Zwei. Wahrscheinlich hatte ich es geschafft, den zwiespältigen Eindruck, den ein Teil des Kollegiums von mir hatte, bis zum letzten Schultag aufrecht zu erhalten.

Ich hatte auch versucht, mit Claudia in Briefkontakt zu bleiben. Die Attraktivität dieser jungen Frau, ihre Intelligenz und ihre Verschlossenheit hatten mich von der ersten Begegnung an fasziniert. Ein paar Antwortbriefe von ihr waren auch gekommen. Sie hatte das Abitur ein Jahr früher als ich mit ‚Sehr gut' bestanden und war tatsächlich an einer der renommiertesten Dolmetscherschulen aufgenommen worden.

Ohne dass ich etwas dagegen tun konnte, hatte sich diese ernste, zielstrebige und schöne Frau in meiner Vorstellungswelt breitgemacht. Besonders irritierend dabei war, dass ich aufgehört hatte, mich für andere Frauen zu interessieren. Ich musste herausfinden, ob ich Chancen bei ihr hatte oder nicht. Ich kündigte meinen Besuch in ihrem Studentenwohnheim an und bestieg an einem eisigen Wintertag den Zug.

Wir hatten einen Zeitpunkt ausgemacht, zu dem wir uns im Foyer ihres Studentenheimes treffen wollten. Ich sah sie die Treppe herunterkommen, in schwarzem Rollkragenpullover und schwarzer Hose. Sie war ungeschminkt und hatte nun einen existentialistischen Habitus.

Bei zwei Tassen Kaffee sprachen wir über Nebensächlichkeiten. Sie war noch unnahbarer geworden. Nach einer guten halben Stunde verabschiedete sie sich mit der Bemerkung, sie müsse jetzt noch in eine Übung. Im Zug nach München begriff ich, sie war für mich genau so unerreichbar wie Inge Berger.

Wenn in den Fernsehnachrichten über große internationale Konferenzen berichtet wurde, versuchte ich noch einige Zeit, ob Claudia nicht doch zufällig einmal zu sehen wäre. Aber die Dolmetscherinnen blieben unsichtbar in ihren Kabinen.

Als Chauffeur durchs Wirtschaftswunder

Opel Kapitän

Das knapp bestandene Abitur hatte mein Leben völlig verändert. Bis dahin waren meine Tage mit Schule, Pauken und der Angst vor Klassenarbeiten ausgefüllt und über all dem lag wie ein grauer Schleier mein schlechtes Gewissen, doch wieder nicht genug gelernt zu haben. Nun war ich plötzlich frei. Und bis zum Semesterbeginn im Herbst lagen Monate vor mir, die ganz mir gehörten. Diese Zeit musste ich nutzen, um endlich aus meinem Traum vom eigenen Auto Realität werden zu lassen. Das bedeutete, ich musste das Geld dafür verdienen.

Es war nun fast zehn Jahre her, dass ich mich für zwei Tage schon einmal als Autobesitzer gefühlt hatte. Wolf und ich waren ja Besitzer des Simca Topolino, der uns von dem SS-Führer dafür übergeben worden war, dass wir für ihn den Trachtenanzug von Onkel Rudolf ‚organisiert' hatten. Inzwischen hatte ich den Führerschein und war ein sicherer Fahrer. Aber das war, so musste ich feststellen, auch das Einzige, was ich konnte, mit dem vielleicht Geld zu verdienen war.

Nun begannen die Tage für mich mit dem Gang zum Briefkasten, in dem schon um fünf Uhr morgens die Süddeutsche Zeitung steckte. Damit kroch ich zurück in mein warmes Bett und blätterte die Zeitung nach den Stellenanzeigen durch. Es wurden fast nie Fahrer gesucht, und ich hatte eigentlich schon die Hoffnung aufgegeben, als ich auf diese Anzeige stieß: ‚Generalvertreter sucht zuverlässigen Fahrer mit guten Umgangsformen.' Der Einsatz erfolge stundenweise nach Vereinbarung. Dann folgten die Telefonnummer und die Uhrzeit, zu der man anrufen sollte.

Ich war sehr angespannt und nervös, als ich am Nachmittag endlich anrufen konnte. Die Männerstimme, die sich am Telefon meldete, klang irritierend monoton. Da war nichts herauszuhören, was auf einen freundlichen oder einen unfreundlichen Menschen schließen ließ. Ich versuchte, mich dem Ton dieser Stimme anzupassen, und erklärte, dass ich ihm bis zum Beginn meines Studiums jederzeit zur Verfügung stände und auch danach versuchen würde, bereit zu stehen, wenn er mich brauchte.

Er schien interessiert und nannte mir ein Café und die Uhrzeit, zu der ich mich dort einfinden sollte. Als ich mit meiner Lambretta pünktlich dort ankam, war mir sofort ein schwarzer Opel Kapitän aufgefallen, der vor dem Café parkte. Es war das Model 52. Das hatte noch die mit Haifischmaul und viel Chrom modifizierte Karosserie des Vorkriegswagens, aber nun 58 PS.

In der Tür blieb ich einen Moment stehen um herauszufinden, welcher der Gäste wohl der Generalvertreter sein konnte. Es kam eigentlich nur ein mittelgroßer Herr mit rundlichem, unbewegtem Gesicht in Frage. Auch sein blauer Nadelstreifenanzug passte in das Bild, das ich mir gemacht hatte. Als ich auf ihn zusteuerte, erhob er sich.

‚Irgendetwas ist merkwürdig an ihm', dachte ich während der letzten Schritte. ‚Sei jetzt bloß vorsichtig, damit du es dir nicht vermasselst!'

Er stellte sich mit „Burger" vor, und mir schien es, als könnte sein Gesicht nicht lächeln. Ich versuchte, mich seinem versteinerten Gesichtsausdruck etwas anzupassen, so fühlte ich mich am sichersten. Er bestellte einen Kaffee für mich und begann dann sehr sachlich zu erklären, worin meine Arbeit bestehen würde:

Er habe die Generalvertretung einer Weltfirma für Drehbänke. Sein Gebiet umfasse den Großraum München und das Umland, also Dachau, Erding, Starnberg und so weiter. Er werde mich in der Woche zwischen 10 und 30 Stunden brauchen, es könnte auch mal mehr werden. Er bezahle 3,00 DM pro Stunde, bei angebrochenen Stunden sei er großzügig. Die Bezahlung erfolge in bar auf die Hand am Abschluss der Woche. Er sitze hinten rechts und arbeite während der Fahrt. Wichtig sei also eine ruhige Fahrweise. Seinen Kapitän vor der Tür hätte ich ja sicher schon gesehen. Ob ich denn einen so großen Wagen sicher beherrschen würde?

„Damit gibt es keine Probleme, seit ich den Führerschein habe, bin ich viel mit dem Mercedes meines Vaters gefahren und in der Stadt kenne ich mich auch aus, ich habe seit ein paar Jahren eine Lambretta."

„Dann fahren wir mal“, sagte er im Aufstehen und legte einen Geldschein auf den Tisch.

Vor der Tür gab er mir den Autoschlüssel. Ich sperrte den Wagen auf der rechten Seite auf, entriegelte die hintere Tür und hielt sie ihm auf. Wie sich Chauffeure zu verhalten haben, wusste ich aus Filmen. Dann rutschte ich hinter das riesige elfenbeinfarbige Lenkrad. Die vordere Sitzbank erinnerte mich mit ihrer weichen Polsterung an ein Sofa. Ich ließ den Motor an und die rote Ladekontrollleuchte in dem golden leuchtenden Instrument erlosch. Der Sechszylinder summte leise, schob aber den Wagen mächtig an, sobald ich etwas aufs Gas trat. Der Motor war so elastisch, dass ich die Lenkradschaltung kaum brauchte. Dafür war ich damit beschäftigt, den Wagen mit der leichtgängigen Lenkung in der Mitte der Fahrbahn zu halten. Die Tendenz des Kapitäns geradeaus zu laufen, war wie bei allen Autos der damaligen Zeit nicht sehr ausgeprägt. Ich kannte das aus den amerikanischen Filmen. Autofahrende Hollywoodstars mussten auch ständig ein wenig am Steuer drehen, wenn sie den Wagen auf der Straße halten wollten.

Nach ein paar Kilometern durch die Münchner Straßen hatte ich den Eindruck, dass ich mit dem Kapitän gut zurechtkommen würde. Als wir wieder das Café erreicht hatten, beugte sich Herr Burger etwas zu mir vor und sagte ziemlich leise: „Gut, ich nehme Sie. Es haben sich schon einige vorgestellt, aber mir hat keiner gefallen.“

Etwas müsse ich aber noch wissen. Sollte er einmal irgendwie auffällig reagieren oder das Bewusstsein verlieren, dann habe ich ihn sofort in die neurologische Abteilung der Klinik zu fahren, die am nächsten liege. In Russland habe ihm ein Scharfschütze einen Kopfschuss verpasst. Die Kugel stecke so in seinem Gehirn, dass sich niemand trauen würde, sie heraus zu operieren. Dann sagte er mir noch, wann er mich wieder an diesem Treffpunkt erwarte. Er stieg aus, ich gab ihm den Autoschlüssel.

‚Das war es also‘, dachte ich, während ich meine Lambretta startete. Diesen wunderbaren Job hatte ich nur, weil in diesem wahnsinnigen Krieg ein russischer Scharfschütze Herrn Burger eine Kugel in den Kopf gejagt hatte.

In den nächsten Wochen entwickelte ich mich zu einem perfekten Chauffeur des Generalvertreters Burger. Das war nicht so einfach, denn er sagte fast nie etwas. Nur wenn er zufällig in der Nähe der Fabrik, zu

Im Gegensatz zum Ford 12 M war der Opel Kapitän aus dem gleichen Jahr (1952) ein Beispiel für modernisiertes Design aus der Vorkriegszeit. Auch technisch war er gegenüber dem Vorkriegsmodell kaum verändert.

der ich ihn gefahren hatte, ein Café entdeckte, meinte er, da könnte ich doch etwas bequemer auf ihn warten. Nach dem Ende der Verhandlungen tauchte er dann wieder im Café auf und bezahlte meine Rechnung. In den ersten Wochen habe ich noch darüber nachgedacht, ob sich nicht doch irgendwelche Hinweise in seiner Mimik finden ließen, aus denen ich schließen konnte, ob seine Verhandlungen nun erfolgreich waren oder nicht. Aber in dem immer gleichen Gesicht konnte ich nichts entdecken und ihn zu fragen, wie die Verhandlungen gelaufen seien, habe ich mich nicht getraut.

Immerhin, in der entscheidenden Frage fühlte ich mich sicher. Ich fuhr anscheinend so, dass Herr Burger damit zufrieden war. In diesem Punkt war es mir wohl gelungen zu erahnen, wie er chauffiert werden wollte, auch wenn er dazu nie etwas sagte. Das Wichtigste war wohl, in gar keinem Fall zu schnell in die Kurven zu fahren, das mochten weder Herr Burger noch der Kapitän. Das hieß aber nicht, dass ich einfach nur durch Münchens Straßen schleichen sollte. Im Gegenteil, wenn ich auf den breiten, geraden Ausfallstraßen mal richtig aufs Gas trat, so dass VW, DKW, Lloyd und die Vorkriegsautos ganz schnell hinter uns verschwanden, sah ich im Rückspiegel, wie er von seinen Papieren aufsah und zum Fenster hinaus schaute. Ich dachte mir aus, er fände es wahrscheinlich ganz in Ordnung, wenn den Leuten da draußen in ihren schwächlichen Kisten gezeigt wurde, dass er es war, der es geschafft hatte.

So verging der Sommer und die ersten Monate des Herbstes mit den immer gleich verrinnenden Stunden im Kapitän. Fast nichts unterschied die Tage, an denen ich ihn fuhr. So konnte etwa eine Äußerung, dass ich mir ruhig ein Stück Kuchen im Café bestellen könne, zu einem herausragenden Ereignis werden, das mich zum Nachdenken brachte. War das vielleicht ein Hinweis auf einen guten Geschäftsabschluss, der seine Stimmung doch beflügelte, auch wenn ich ihm sonst nichts anmerken konnte?

Es war der letzte Montag im Oktober. Draußen war es noch so neblig, dass ich die ersten gelben und roten Blätter, die schon auf die kleine Rasenfläche unseres Gartens gefallen waren, kaum erkennen konnte. Ich begann den Tag wie immer mit der Süddeutschen Zeitung. Ich brauchte nun nicht mehr mit den Stellenangeboten anfangen, wie noch am Beginn des Sommers, sondern versuchte beim Durchblättern der vorderen Seiten einen Überblick darüber zu gewinnen, was sich ereignet hatte und wie die Redaktion die Entwicklungen bewertete. Ich hatte mir das so angewöhnt, als nach dem Zusammenbruch wieder die ersten Zeitungen erschienen und sich das Leben normalisierte.

Da stieß ich im hinteren Teil auf die Todesanzeigen. Die halbseitige einer großen Firma war nicht zu übersehen. Herr Manfred Burger war „plötzlich und unerwartet den Spätfolgen seiner schweren Kriegsverletzung erlegen“. Es folgten die üblichen Formulierungen über seine Initiativen, mit denen er den Wiederaufbau des Unternehmens vorangebracht hatte, seine Zuverlässigkeit und seine Beliebtheit im Unternehmen. Es gab auch einen Hinweis auf die Zeit und den Ort der Beerdigung auf dem Waldfriedhof.

Nun war das passiert, was er immer gefürchtet hatte, und die neurologische Klinik hatte ihn nicht retten können. Und mir war plötzlich wieder ein sicherer Verdienst weggebrochen. Die Chauffeursarbeit für Herrn Burger hatte es mir erlaubt so zu leben, dass es etwas mehr Spaß machte. Herr Burger war die Säule gewesen, die meinen immer schwächlichen Finanzen Halt gab und damit war jetzt Schluss. Aber immerhin hatte ich so viel Geld auf die Seite legen können, dass es für ein älteres gebrauchtes Auto reichen würde.

Ich dachte darüber nach, dass es in den Monaten, in denen ich Herrn Burger fuhr, nie zu einem persönlichen Gespräch gekommen war. Ich hatte niemanden von seiner Familie kennengelernt oder das Haus gesehen, in dem er wohnte. Was das Haus anbetraf, hätte ich es nun anschauen können. Wie sich aus der Traueranzeige ergab, lag es ganz in der Nähe des Cafés, an dem wir uns immer trafen.

Ich hatte immer das Gefühl gehabt, dass im Verborgenen bleiben sollte, wie Herr Burgers Wagen an den Treffpunkt kam. So achtete ich sehr sorgfältig darauf, nicht zu früh dort einzutreffen. Wenn ich dort ankam, saß er immer schon hinten links und arbeitete an seinen Papieren. Wahrscheinlich hatte er sich zu Hause einfach selbst ans Steuer gesetzt.

Am Tage seiner Beerdigung wären wir wieder verabredet gewesen. Zwischen diesen deprimierenden Gedanken am Frühstückstisch spürte ich auf einmal auch so etwas wie Erleichterung. Ich hatte immer nach Hinweisen gesucht, aus denen ich schließen konnte, wie es ihm ging. Wie wäre ich damit fertig geworden, wenn er plötzlich hinter mir im Kapitän gestorben wäre oder wenn er mit dem Tod gekämpft hätte und alles davon abhing, ob es mir gelungen wäre, ihn noch rechtzeitig in eine Klinik zu bringen. Die Anweisungen, die er mir am Anfang für den Fall gegeben hatte, bedeuteten, er hatte immer gewusst, dass er jederzeit sterben konnte. Und ich, das wurde mir plötzlich klar, hatte die Aufgabe gehabt, wenn das passieren sollte, dafür zu sorgen, dass dabei nicht andere zu Schaden kamen.

Ich hielt mich am Rande der großen Trauergemeinde, die sich in dem dämmrigen Licht der riesigen Aussegnungshalle versammelt hatte. ‚Was hat dich eigentlich hierher getrieben?' überlegte ich. Vielleicht wollte ich nicht, dass Herr Burger so plötzlich und spurlos aus meinem Leben verschwand. Vielleicht war ich auch neugierig auf die Welt, in der er gelebt hatte. Ich schaute mir die monumentale Architektur der Halle an. Es kam mir vor, als hätten hier die Architekten den unmenschlichen Begriff der ‚stolzen Trauer' in Stein gemeißelt.

Ein junger Mann kam auf mich zu. „Darf ich fragen, in welcher Beziehung Sie zu dem Verstorbenen gestanden sind?", fragte er freundlich, aber auch ein bisschen neugierig.

„Ich war sein Fahrer, ich habe ihn zu den Verkaufsgesprächen bei den Firmen gefahren."

„Ach", sagte er erstaunt. „Davon wussten wir ja gar nichts. Dann kommen Sie doch bitte nachher an unseren Tisch."

Es war wohl so, dass Herr Burger versucht hatte, die in ihm tickende Zeitbombe, die Kugel in seinem Kopf, so weit wie irgend möglich geheim zu halten. Aus diesem Grund hatte er seinen Fahrer auch immer von seiner Firma und seiner Familie ferngehalten. Das Handicap eines Kopfschusses passte nicht in das von Leistung, Erfolg und Vergessen bestimmte Klima der sogenannten Wirtschaftswunderjahre.

Es fühlte sich für mich an wie ein Vertrauensbruch, nun als der Mann aus dem Schatten zu treten, der monatelang geholfen hatte, Herrn Burger bei seiner Verschleierungsstrategie zu unterstützen und mich an die Trauertafel zu setzen.

Als sich der Trauerzug zum ausgehobenen Grab in Bewegung setzte, schaffte ich es, mich am Ende des Zuges zu halten, so dass ich, ohne bemerkt zu werden, hinter einem hohen Grabstein verschwinden konnte. Ich sah aus einiger Entfernung zu, wie sich die große Trauergemeinde um das ausgehobene Grab versammelte. Der kalte Nebel verwischte die Konturen der dunklen Mäntel, so dass es mir vorkam, als spiele sich alles ganz weit weg ab. Als Burgers Sarg in die Grube abgesenkt wurde, machte ich mich auf den Weg zum Ausgang. Es hatte niemand aus der Trauergemeinde mein Verschwinden bemerkt.

Dem Ziel noch fern, dem Tod schon nah. Das erste eigene Auto.

DKW F7

An den ersten unangenehm nassen und kalten Herbsttagen hatte ich noch am Steuer von Herrn Burgers Kapitän gesessen und einfach den Heizungshebel ein bisschen in Richtung warm bewegt, und schon war ich abgeschirmt von dem unfreundlichen Wetter da draußen. Da segelten die gelben, rötlichen und violetten Blätter von den Bäumen und machten Asphalt und Kopfsteinpflaster glitschig. In ein paar Wochen würde wieder die Zeit der vereisten Straßen beginnen, auf denen ich mit klammen Händen und nassen Füßen auf meiner Lambretta herumrutschte, wenn ich nicht an zugigen Haltestellen auf überfüllte Busse oder Straßenbahnen warten wollte. Es war jetzt die richtige Zeit, um auf drei oder besser auf vier Räder umzusteigen. Aber für was würden die etwa 1000 DM und die 500, die ich für meine Lambretta bekommen würde, reichen?

Das billigste neue Vehikel, ein Messerschmitt Kabinenroller, kostete 2.395 DM. Mit 2.580 war die BMW Isetta, die als anfällig galt, etwas teurer. Ein Gogomobil kostete 3.097, ein Lloyd 400 / 3.350 und ein VW Standard 4.600 DM. Dazu kamen Steuer, Versicherung und Benzin, mit viel Bleizusatz auf 90 Oktan gebracht. Damit war klar: Meine Finanzen würden nur für ein Vorkriegsauto reichen.

Ich wusste, das war wegen der drohenden Reparaturen ein riskantes Unternehmen. Immerhin hatte ich zwei Experten, denen ich absolut vertraute: Bernd und den Meister unserer Schwabinger Hinterhofwerkstatt, den wir immer um Hilfe baten, wenn wir bei den Reparaturen an unseren zweirädrigen Vehikeln nicht mehr weiterkamen. Seinen Ratschlag für den Kauf eines kleinen Vorkriegsautos versuchten wir umzusetzen, als ich mich mit Bernd zu einem Streifzug über die Trümmergrundstücke verabredet hatte, auf denen die Münchner Gebrauchtwagenhändler ihre Schätze zu präsentieren pflegten.

Unser Schwabinger Experte hatte gemeint: „Lasts die Finger weg vom Topolino, der hält nix aus. Der Opel P 4 und der Ford Eifel san a nix, die liegen schlecht, dafür fahrts ihr zu schnell um d' Kurven. Suchts nach am DKW F 8 mit Stahlkarosserie, der leigt prima und mit dem wergs net so viel Ärger ham."

Die Zeiten, als wir noch vor dem Abitur über die Gebrauchtwagenplätze bummelten und von den Händlern nicht ernst genommen wurden, waren vorbei. Bernd hatte es für die Zeit zum Beginn seines Medizinstudiums zum angelernten Autolackierer gebracht. Er hatte seinen mit blauen, roten und schwarzen Autolacken bespritzten Overall anbehalten und machte so einen sehr professionellen Eindruck.

Der Gebrauchtwagenhändler, auf dessen Trümmergrundstück in der Innenstadt wir verabredet waren, hatte neben einem Vorkriegs-Mercedes 230, der so ähnlich aussah wie der 170 S der Nachkriegszeit, noch einen Adler Junior Triumph und einen NSU Fiat Topolino mit metallsparender Holz-Kunstlederkarosserie stehen. Von beiden hielt Bernd gar nichts. Daneben war ein Lloyd 300 platziert, für den sich wegen seiner Holz-Kunstlederkarosserie die Bezeichnung ‚Leukoplastbomber' durchgesetzt hatte. Es kursierte aber auch der weniger freundliche Spitzname ‚Klodeckel-Lloyd'. Das bezog sich auf den Fallklosett-ähnlichen Holzdeckel, unter dem ganz vorne der kleine Motor saß. Der Borgwardkonzern, zu dem Lloyd gehörte, hatte sich ein unschlagbares Werbeargument für die kleine Kiste ausgedacht. Wenn der kleine luftgekühlte Zweitakter unter dem Holzdeckel nicht mehr aufjaulen wollte, dann gab es für 100 DM einen neuen.

In der zweiten Reihe hatte der Händler einen mausgrauen VW Standard aus der frühen Nachkriegszeit platziert, daneben einen Opel Kadett und einen Opel P 4. Während der Kadett einen etwas mitgenommenen Eindruck machte, sah es so aus, als wäre der P 4 gut durch den Krieg gekommen. Der schokoladenbraune Lack mit den wunderbar genau gezogenen Zierlinien konnte nur der sein, mit dem der Wagen 1937 das Werk verlassen hatte. Auch die kaum abgenutzten Sitzbezüge und die großen modernen Armaturen erweckten Vertrauen. Es war, darauf wies der Händler auf einem Pappdeckel hinter der Windschutzscheibe hin, die letzte Ausführung des Wagens mit Vierganggetriebe und Wasserpumpe. Der Wagen war perfekt durchentwickelt und galt als robust, zuverlässig und preiswert. Tatsächlich waren er und der DKW so etwas wie die Volkswagen der dreißiger Jahre. Aber 1937 hatte die NS-Regierung die Produktionseinstellung dieses mit 1.450 preiswerten kleinen Wagens angeordnet. Sein Preis lag zu nahe an dem geplanten Volkswagen. Den gab es dann aber nur in seiner Ausführung als Kübelwagen für die Wehrmacht. Damit konnten die Soldaten dann auf den Verbandsplatz, in die Gefangenschaft oder in den Tod fahren.

Bernd und ich waren an dem P 4 stehen geblieben. 1.400 DM stand noch auf dem Pappschild und dass der Wagen nur 50.000 km gelaufen sei.

Vielleicht sollte ich meine Bedenken gegen die kleinen Viertakter der Vorkriegszeit, wie hoher Ölverbrauch, Ventilspiel, das man im Auge behalten musste, und schlechtes Startverhalten bei Feuchtigkeit und Kälte einfach über Bord werfen. Der Preis würde sich vielleicht noch ein bisschen herunterhandeln lassen und dann hätte ich eine zuverlässige kleine Limousine, deren Motor leise schnurrte, so wie eine Nähmaschine. Allerdings brachte es der Wagen nur auf 85 km/h, auch weil sich sein Kühler und seine Windschutzscheibe fast senkrecht gegen den Fahrtwind stemmten.

Da wir den P 4 länger begutachtet hatten, öffnete sich nun die Tür des Bauwagens, in dem der Händler thronte und durch kleine Fenster beobachtete, ob sich vielleicht ernsthafte Interessenten eingefunden hatten. Der Gebrauchtwagenhändler war ein stämmiger Mann von Mitte vierzig. Die Anfänge der Fresswelle hatten seinem Körper ein rundliches Aussehen gegeben. Der etwas ausgebeulte Trachtenanzug, der ihm wohl ein seriöses Aussehen geben sollte, saß straff.

„Der P 4 is des beste, wos i im Moment hob. Der Kilometerstand stimmt a. Des Auto is versteckt gewen. Für des Geld werds nix besseres finden, da könnte lang suchen."

„A bisserl altmodisch schaut er halt scho aus." Diese Bemerkung von Bernd verpasste meinen Überlegungen den Todesstoß.

„So hams hoid ausgschaut, die Vorkriegsautos", knurrte der Händler und hatte wohl begriffen, dass Bernd mit seiner Bemerkung ein Geschäft mit mir ruiniert hatte.

„Und wos is mit dem?", fragte er genau in dem Moment, als sich der Händler schon umgedreht hatte, weil er das Verkaufsgespräch für beendet hielt. Bernd deutete auf den Opel Kadett, der neben dem P 4 platziert war.

Der Händler drehte sich nochmal um, aber ihm war wohl klar, dass die Sache gelaufen war. „Des is des modernere Auto, aber der war an der Front."

Bernd legte sich auf den gekiesten Boden, machte sich sehr flach und schob sich vor dem Hinterrad unter den Kadett. Ich hatte den Eindruck, dass er an der Kardanwelle rüttelte. Er kam sehr schnell wieder unter dem Auto hervor, machte ein bedenkliches Gesicht, dann gab er dem unsicher gewordenen Händler einen fachmännischen Rat:

„Die Hardyscheibe am Differential solltens aber noch erneuern, ehs den Wagen verkaufen. Da wird sich bald die Kardanwelle lösen, dann schlägt's durch des Bodenblech und erwischt den Besitzer. So hats schon ein paar Kadettfahrer in den Himmel befördert."

„Wenns des Auto net kafts, dann fahrts auch net in den Himmel", knurrte der Händler und verschwand in seinem Bauwagen.

Wir verließen den Platz.

„Sag mal, ist das wahr, dass der Kadett seine Besitzer erschlägt, wenn die Kardanwelle sich aus der Hardyscheibe am Differential losreißt?"

„Na ja", schränkte Bernd ein. „Er wird schon mit dem Schrecken davonkommen, wenn die lange Kardanwelle das meist rostige Bodenblech durchschlagen hat und neben seinem Kopf auftaucht. Aber durch das Gestänge der Sitze wird sie wahrscheinlich nicht weit genug zur Seite ausschlagen können, um den Fahrer zu erwischen."

Wir besuchten noch ein paar Autohändler auf den Trümmergrundstücken, aber ein DKW F 8 mit Stahlkarosserie hatte keiner. Auch in den Zeitungen wurde dieses Auto nicht angeboten. Der F 8 war erst kurz vor dem Krieg herausgekommen. Das Luxuscabriolet mit der Stahlkarosserie war sehr selten, und es schien, als hätten die, die einen besaßen, gar keine Lust ihn herzugeben. Der Rat unseres Schwabinger Meisters war sicher gut, nur offenbar konnten wir ihn nicht umsetzen.

Ein paar Tage später stieß ich im Automarkt der Süddeutschen Zeitung auf diese Anzeige: DKW F 7, Stahlkarosserie, Luxuscabriolet, neues Verdeck, guter Zustand. Für DM 1.400 zu verkaufen." Der Besitzer hatte eine Telefonnummer angegeben und ich verabredete einen Besichtigungstermin in den Abendstunden. Bernd hatte zugesagt auch zu kommen und mich zu unterstützen.

Der Wagen parkte vor einem Mietshaus aus den Dreißigern im Süden der Stadt. So konnten wir ihn schon ein bisschen begutachten, ehe wir läuteten. Der Wagen wirkte gut gepflegt. Der schwarze Lack glänzte matt und die verchromten Stoßstangen, Radkappen und Sturmstangen des offensichtlich neuen Verdecks glänzten frisch poliert. In das Verdeck dürfte der Besitzer schon einige Hunderter investiert haben. Die schwarzen Kunstledersitze wirkten an den Kanten etwas abgeschabt. Der Luxus des als ‚Luxuscabriolet' inserierten Autos bestand wohl in einem Lenkradschloss, Liegesitzen und Speichenrädern. Auch die Reifen hatten noch ausreichend Profil.

Ich läutete.

Der Besitzer erschien auf der Treppe. Ein kleiner, mürrischer Mann, in München Grantler genannt, schwer einschätzbaren Alters, wie ich sie von den Schaltern der Post kannte. Er sagte erst einmal gar nichts und musterte uns. Dann rang er sich doch noch ein paar Worte ab.

„Habts a Geld oder wollts nur a bisserl Autofahren?"

Das erinnerte mich an die Begrüßung der Autohändler, als wir noch Gymnasiasten waren und nach der Schule leidenschaftlich gerne über die Plätze der Autohändler schlenderten. Nun fand ich das beleidigend und reagierte mit dem Hinweis, dass ich sehr wohl in der Lage sei, den geforderten Preis zu bezahlen. Das trug mir einen gewaltigen Rempler von Bernd ein. Ich begriff, welchen Fehler ich gemacht hatte, nun würde sich der Besitzer kaum noch runterhandeln lassen.

Der wurde nun aber etwas freundlicher, öffnete die langen Türen und dann das Verdeck, um uns zu zeigen, dass auch der Himmel erneuert worden war. Mit diesem Handgriff wurde der DKW für mich von einem normalen Auto zu einem begehrenswerten Objekt. Die Erinnerungen an die Fahrten in unserem offenen Mercedes, mit meinem Vater in seinem 328 BMW und schließlich die Fahrt mit Dr. Schneiders ganz neuem Opel Super 6 blitzten in meiner Erinnerung auf. Obwohl es am Abend dieses Oktobertages vielleicht noch 15 Grad hatte, wurden beide Seitenscheiben heruntergekurbelt. Der Besitzer setzte sich ans Steuer, ich neben ihm und Bernd rutschte auf die hintere Sitzbank. Die Sitzflächen waren stark nach hinten geneigt, so dass man in dem kleinen Wagen zwar tief, aber ganz bequem sitzen konnte.

Der Besitzer trat auf den Schalter des Anlassers. Der Motor sprang sofort an und verlor sein unregelmäßiges Geblubber, sobald man aufs

Gas trat. Der Fahrtwind zerzauste unsere Haare. Ich beobachtete genau, wie der Fahrer mit der Krückstockschaltung hantierte und bei welchem Tempo welche Menge an Zwischengas notwendig war, damit das Getriebe beim Runterschalten nicht kratzte.

„Die Bremsen ziehen etwas nach rechts", meldete sich Bernd aus den Tiefen der hinten Sitzbank.

„Des is so mit dene Seilzugbremsen", wiegelte der Besitzer ab. „A bisserl nach einer Seiten ziagt er immer, da gewöhnts euch scho dran."

In einer ruhigen Straße stoppte der Besitzer und ließ mich ans Steuer. Die Kupplung kam weich und ich fand, der kleine Wagen beschleunigte gar nicht so schlecht. Mit der Dreigang-Krückstockschaltung und den beiden Schaltebenen kam ich gut zurecht. Mir schien es, als ob das Getriebe nicht ganz so empfindlich auf genau dosiertes Zwischengas reagieren würde wie die VWs, die ich auch schon gefahren hatte. Dafür erforderte das Bremsen hohe Konzentration. Wenn ich auf das Pedal trat, bewegte sich der Wagen sofort in eine Richtung, in die er nicht sollte. Ich begriff: Bremsen heißt: Steuer fest in die Hand nehmen und den Wagen wieder auf seinen Kurs zurück zwingen. Ich bog in eine der großen Ausfallstraßen ein, und tatsächlich konnte ich mit dem DKW im Verkehr der zweiten Hälfte der fünfziger Jahre ganz gut mitschwimmen. Ich hatte das Gefühl, der Besitzer neben mir hatte sich etwas entspannt.

„I glaub, des Auto wär garnet so schlecht für euch", kam es jetzt etwas freundlicher von der Seite.

Als wir wieder vor dem Haus des Besitzers ankamen und ausstiegen, schaute ich Bernd fragend an.

„Geht scho", meinte er vieldeutig. „Jetzt müss ma no schaugn, wie er von unten ausschaut."

Bernd war so schnell unter dem Wagen, dass ich mir plump und ungelenk vorkam, als ich versuchte, so in seine Nähe zu kommen, um zu begreifen, wie es da unten aussah. Bernd zeigte in dem dämmrigen Licht auf das aufwendige Lenkgestänge. Das sprach, wie wir von unserem Schwabinger Mechaniker wussten, gegen den F 7. Der Besitzer hatte sofort begriffen, worum es ging.

„Die Zahnstangenlenkung und die Vorderachs, des is besser beim F 8. Aber mit Stahlkarosserie werds koan finden. Und die anderen sind scho am Autofriedhof."

Endlich am Steuer des ersten eigenen Autos, einem DKW F 7 mit eingebautem Vorkriegsradio unter dem Armaturenbrett.

Bernd überprüfte nun das Spiel der Antriebsgelenke. Er packte die Wellen an und versuchte, wie weit sie sich bewegen ließen.

Wir tauchten wieder auf und Bernd verkündete das Resultat unserer Prüfung: „Die Antriebsgelenke haben schon etwas Spiel, sehr lang geht des nimmer. 200 DM müssens scho nachlassen."

Ich bewunderte seine Kompetenz und seine Entschiedenheit, mit der er das verkündete.

Der Besitzer sagte erst einmal gar nichts. Vielleicht überlegte er, ob er versuchen sollte, ein bisschen mit uns zu handeln oder ob er uns ziehen lassen sollte, in der Hoffnung, doch noch jemanden zu finden, der ihm die 1.400 DM hinlegte. Dann kam er wohl zu dem Schluss, dass dies ein riskantes Unternehmen werden könnte und es wahrscheinlich besser war, sich mit dem reduzierten Preis zufriedenzugeben.

„Scho recht", sagte er schließlich und streckte uns seine Hand entgegen.

Er zog den Kraftfahrzeugschein aus der Tasche und gab ihn mir, und ich überreichte ihm die 500 DM, die ich mir als Anzahlung eingesteckt hatte. Der Brief war ein Ersatzdokument, in dem nur er als Besitzer eingetragen war.

„Der Wagen war bei Bauern am Chiemsee untergstellt, aber so schlau, dass sie auch die Papiere mit evakuiert hätten, waren d'Lait halt net. Verboten war des net, weil die Wehrmacht die DKW net beschlagnahmt hot."

Der Besitzer wies uns dann noch auf ein Zubehör hin, das er schon auf den Rücksitz gelegt hatte: eine Heizscheibe. Die wurde auf der Fahrerseite innen an die Windschutzscheibe geklemmt. Ein paar quer gespannte Drähte hielten, von 6 Volt erwärmt, einen kleinen Ausguck eisfrei.

„Die brauch i nimmer", stellte der Besitzer fest und er war sehr erleichtert darüber.

„Warum verkaufens den Wagen denn?", wollte Bernd noch wissen.

„Weil i an Dreizylinder krieg", kam die Antwort sehr schnell und zum ersten Mal huschte so etwas wie Freude über sein Gesicht.

„Wenns den Rest bringst, kriegts den Brief. Beeilt euch a bisserl, i brauch des Geld als Anzahlung für den 3=6", sagte er noch.

In meiner Erinnerung hat sich festgesetzt, dass ich bei der ersten Fahrt mit meinem eigenen Auto sehr schnell unterwegs war. Ich war allein im Wagen, Bernd war mit seiner Miele nach Hause gefahren. Vor Aufregung war mir so warm, dass ich den kalten Fahrtwind nicht spürte, der von allen Seiten durch den offenen Wagen zog. An den Ampeln zeigte ich den anderen, dass es durchaus auch Autos gab, die ich versägen konnte. Ein 300 oder 400 Lloyd, eine BMW Isetta oder ein Gogomobil hatten keine Chance und ein 25 PS VW-Fahrer musste sich schon etwas anstrengen, wenn er mich deutlich deklassieren wollte.

Als ich die Isarbrücke in Richtung auf den Friedensengel überquerte, fuhr ein mausgrauer Buckeltaunus aus der frühen Nachkriegszeit vor mir. Vor dem Friedensengel trennen sich die Fahrbahnen und umrunden in einem weiten Bogen das wuchtige Monument mit dem golden blitzenden Engel hoch oben auf seiner Säule. In meiner Richtung führte die mit Kopfstein gepflasterte Straße aufwärts. Als sich der Taunus ordentlich rechts hielt, musste ich einfach versuchen, ihn zu überholen. Ich legte den zweiten Gang ein und gab Vollgas. In dem Moment, als der Fahrer begriff, was ich vorhatte, schaltete er wohl auch herunter und trat voll aufs Gas. Die Reifen quietschten und die Buckelkarosserie hob sich auf der Innenseite immer weiter von ihren Starrachsen und ging in eine bedenkliche Schräglage über. Auch bei meinem DKW quietschten die Reifen gefährlich, aber da hob oder senkte sich nichts. Schließlich wurde es dem Fordfahrer doch zu gefährlich, er ging vom Gas, und ich konnte vorbeiziehen.

Ein paar Tage später machte ich mich auf zu einem der großen Autofriedhöfe im Osten der Stadt, um mir für möglichst wenig Geld die Teile zu besorgen, die mir noch fehlten oder die ich bald brauchen würde. Vor allem ein Autoradio und möglichst gute Antriebswellen mit Gelenken. Autofriedhöfe hatten Bernd und mich, genau wie die Trümmergrundstücke der Gebrauchtwagenhändler, schon immer fasziniert. Nur leider hatten die meisten Besitzer kein Verständnis für junge Leute, die ganz offensichtlich nur über ihre Plätze streifen wollten, ohne genau angeben zu können, was sie eigentlich suchten.

Nun fuhr ich mit meinem immer noch offenen Cabriolet, wenn auch etwas fröstelnd, auf das offene Tor zu. Der sehr ausgedehnte Autofriedhof lag auf freiem Gelände. Wenn nicht an einigen Stellen Autowracks so hoch übereinandergeschichtet worden wären, dass sie über die Bretterwand hinausragten, wäre man an ein Fort aus amerikanischen Westernfilmen erinnert worden.

Ich parkte mein Auto vor einer langgezogenen Baracke aus von der Sonne grau gebleichten Brettern und machte mich auf die Suche nach dem Besitzer. Ich fand ihn schnell, weil mir das Aufheulen eines schweren Motors die Richtung wies. Ein rotblonder Hüne saß auf einem olivgrünen Gabelstapler, den offenbar die US-Army ausgemustert hatte. Der Diesel stieß schwarze Rauchwolken aus, während er einen Mercedes 170 V aus den dreißiger Jahren mit schräg hängenden Rädern anhob. Als er vom Gas ging, hörte ich ein Knacken und Knirschen. Die breiten Reifen des Staplers zermahlten das Sicherheitsglas der Windschutzscheiben, das überall auf den geschotterten Wegen herumlag.

Als er mich sah, ging die Maschine auf Leerlauf und blieb stehen. Der Hüne beugte sich zu mir herunter.

„Was suchen Sie denn?“, fragte er freundlich.

‚Er ist nicht von hier, vielleicht irgendwo aus dem Osten‘, dachte ich. Ich brüllte nach oben, was ich suchte.

Ein ausgebautes 6-Volt-Radio hätte er, aber nur für Mittel- und Langwelle. Gute Antriebswellen mit Gelenken müssten auch auf Lager sein. Aber am besten wäre es, wenn ich zu den DKWs ginge und schauen würde, was ich noch Brauchbares fände. Die lägen da hinten am Zaun. Dabei deutete er auf das Ende des von Autowracks gesäumten geschotterten Weges, an dessen Anfang wir standen. Der Motor des Staplers drehte wieder hoch und begrub jedes andere Geräusch unter seinem dumpfen Brummen. Sein Auspuff schob wieder schwarze Wolken in den Himmel und fuhr davon. Mir war es, als flöge der Mercedes, den er nun hochgehoben hatte, seinem Ende im Hochofen entgegen.

Der Herbstwind wehte die Blätter von ein paar Büschen hoch, die sich zwischen den Autowracks dem Licht entgegen zwängten. Das Laub war leicht, denn die Sonne hatte es auf Dächern und Motorhauben getrocknet.

Der Schotterweg, der den Platz durchquerte, war von den ordentlich in Reihen abgestellten Autowracks eingerahmt. Manche standen noch auf ihren gefüllten Reifen im Gras, bei anderen hatte die Zeit die Luft aus den Schläuchen entweichen lassen und die Karossen hingen knapp über dem Boden. Bei anderen fehlten schon die Räder und so standen sie auf ihren Bremstrommeln, die langsam in der Erde versanken. So war ein Steyer-Baby schon so weit eingesunken, dass Gras den Boxermotor überwucherte.

Bei einem grauen Opel Super 6 Cabriolet blieb ich stehen. So einen Wagen hatte unser Landarzt Dr. Schneider ein paar Tage lang besessen, ehe der Krieg ausbrach und der neue Wagen beschlagnahmt wurde. Die Scharniere der langen rostigen Türen knirschten, als ich sie aufriss. Vor dem Fahrersitz war eine Esche durch ein Rostloch im Boden gewachsen. Sie wuchs einem Riss im Verdeck entgegen, durch den die Sonne wie ein kleiner Scheinwerfer das Grün der Blätter aufleuchten ließ. So hob es sich sehr deutlich ab von den wolkigen Spinnweben, die zwischen Steuerrad und Sitzen gesponnen worden waren und von dem grauen Schimmel, der das Leder überzog und es langsam zerfallen ließ.

Die DKWs, die am Ende des Platzes an der Bretterumzäunung standen, hatten alle die mit Kunstleder überzogene Holzkarosserie. Einer war wohl in einen Unfall verwickelt, denn der Aufbau kam mir vor wie ein zusammengefallenes Kartenhaus. Bei zwei der Wagen waren die Spulen, die die Aufladung der Batterien regelten, noch in ihren schwarzen Bakelitgehäusen. Diese Technik galt als anfällig. Wenn sie nicht mehr funktionierte, ging das Lämpchen für die Ladekontrolle auch dann nicht mehr aus, wenn der Motor hochdrehte. Das bedeutete, alle Stromverbraucher zogen den Strom aus der Batterie, und wenn sie leer war, würde das Auto stehen bleiben. Ich baute die Spulen aus und steckte sie in einen mitgebrachten kleinen Sack.

Im Motorraum eines anderen DKW-Wracks entdeckte ich eine Konstruktion, offenbar Marke Eigenbau, die mich durch ihren genial einfachen Aufbau faszinierte. Es war eine Art Heizung. Hinter dem Kühler saß ein Trichter mit einem Durchmesser von vielleicht 15 Zentimetern. Dieser mündete in einen Metallschlauch, der die vom Kühler schon ein bisschen erwärmte Luft durch einen Blechkasten führte, der mit Schlauchbindern über dem Auspuffkrümmer festgezurrt war. Der Auspuffkrümmer war das Teil am Motor, das am heißesten wurde. Aus diesem Blechgehäuse führte ein weiterer Metallschlauch zu einem Loch, das neben den Pedalen in die Spritzwand gebohrt worden war. ‚Dieses nicht regelbare Ding ist gar nicht so schlecht. So wird immer ein bisschen warme Luft in den Innenraum geleitet und wenn es draußen warm wird, ziehe ich den Schlauch einfach aus dem Loch in der Spritzwand', dachte ich und baute die Konstruktion ab. Eine Kombizange hatte ich vorsorglich zu Hause eingesteckt.

Als ich mit meinen Kleinteilen im Sack und den Metallschläuchen unter dem Arm geklemmt auf dem Schotterweg zurück zur Baracke ging, entdeckte ich, dass auch ein paar neuere Wagen hier standen.

Ein 49er-Chevrolet hatte sich wahrscheinlich mehrfach überschlagen. Nun stand er wieder auf seinen Rädern, aber das Dach und die Türen waren eingedrückt. Er war einmal in einem dunklen Blau lackiert gewesen, jetzt begann der Lack an den Knickstellen des Blechs abzublättern, wie die Farbe an den Toren verwahrloster Häuser. An den Kotflügeln und dem unteren Rand der Karosserie klebte noch der Straßendreck, immer wieder aufgeweicht vom Regen und ausgetrocknet von der Sonne. Die Kennzeichen der US-Army waren noch zu erkennen. War hier ein GI auf dem Weg zu seiner Freundin zu schnell in die Kurve gegangen oder war er besoffen, weil sie ihm den Laufpass gegeben hatte? Ob er den Unfall wohl überlebt hatte?

Das waren meine Gedanken, als ich den Weg zurück zur Baracke ging.

Ich breitete meine Teile auf einem großen grob gezimmerten Holzbrett aus, auf dem schon ein Radio mit Antenne bereitlag. Ich sah in einen dämmrigen Raum, durch den sich Regale zogen, die mit Autoteilen gefüllt waren.

Ich schaute mir das Radio genauer an. Es war ein quadratischer Kasten mit Lautsprecher, aus dem die Bedienung mit der Scala und zwei Drehknöpfen herausragte. Dass es ein Gerät aus der Vorkriegszeit war, erkannte ich sofort daran, dass der Sender Gleiwitz auf der Scala vermerkt war. Die große Gestalt des Schrottplatzbesitzers erschien im schwachen Licht zwischen den Regalen.

„Das wäre der Radio, der passt sehr gut in den DKW, weil im Fußraum genug Platz ist. Der hat natürlich noch keine Ultrakurzwelle, aber ich glaube, das wird Sie kaum stören. Die jungen Leute hören heute meist AFN und der kommt sehr gut auf der Mittelwelle. Sie sollten ihn aber sicherheitshalber so anschließen, dass er nur Strom bekommt, wenn der Motor läuft. Der Zerhacker zieht ziemlich viel Strom und da ist die Batterie bald leer."

Dann verschwand der Hüne wieder hinter seinen Regalen, kam mit zwei Antriebswellen zurück und legte sie auf die Bretter. So sieht also die Technik aus, die dich in den nächsten Jahren tragen soll. So herausgelöst aus der sie umgebenden Karosserie, hatte ich die Antriebstechnik eines Vorderradantriebs noch nie gesehen. Das kurze Teil der Welle, das direkt am Gelenk saß, war nur etwa so dick ein Daumen. Auf der anderen Seite des Gelenks saß das längere Stück der Welle, das in die Gummigelenke am Differential geschoben wurde. Das Gelenk selbst bestand aus zwei sehr kompakten hintereinander geschalteten Scharnieren. Der Schrotthändler nahm den kurzen Teil der Welle in die eine Hand und den langen in die andere. Dann versuchte er die beiden Teile gegeneinander zu verdrehen, um mir zu zeigen, dass das Gelenk so gut wie kein Spiel hatte.

Ich nahm eine der Antriebswellen und stellte mir vor, wie groß die Räder waren, die von dieser daumendicken Welle geführt wurden. ‚Auf was für ein Abenteuer hast du dich da eingelassen?', dachte ich.

„Kann es passieren, dass die Welle an der Stelle abbricht, an der das Vorderrad darauf festgeklemmt und verschraubt ist?", wollte ich wissen.

„Dass sowas beim DKW vorkommt, habe ich noch nicht gehört. Beim Adler soll es passiert sein, da ist mehr Gewicht auf der Vorderachse."

„Und was passiert beim Adler, wenn die Welle abbricht?“, bohrte ich weiter.

„Das kommt ganz darauf an, wo Sie gerade fahren. Wenn es auf einer geraden Straße passiert, kann es sein, dass das Rad kurze Zeit vor ihnen herrollt, denn ein bisschen fährt der Wagen auch auf drei Rädern weiter. Aber dann kommt er an der Stelle runter, an der sich das Rad selbständig gemacht hat, und bremst rasant. Es kann aber gut sein, dass Ihnen dabei nichts Ernstes passiert. Aber wenn sich das Rad selbstständig macht, wenn Sie schnell um eine Kurve fahren, dann können Sie froh sein, wenn Sie das überleben.“

Während der Hüne mir das erklärte, hatte er sich schon daran gemacht, die einzelnen Teile sauber in Zeitungspapier einzuschlagen und in einem Karton der US-Amy zu verstauen. Auf einem Zettel notierte er die einzelnen Preise.

„Alles zusammen 65 DM, die Eigenbauheizung schenk ich ihnen“, sagte er und drückte den Pappdeckel zu.

Für den späten Nachmittag hatten Bernd und ich uns vor der Schwabinger Autowerkstatt verabredet. Wir hofften, dass der Meister uns erlauben würde, nach Feierabend in seiner Werkstatt zu arbeiten, weil wir sein Werkzeug brauchten, um das Radio und die Heizung in mein neues Auto einzubauen. Er sah uns ziemlich lange an, wie wir da schon mit schwarzen schmierigen Händen neben dem DKW standen. Aber schließlich rang er sich doch zu einem „Von mir aus, wenns versprechts, dass ois wieder an sein Platz kommt“.

Mit dem Resultat unserer Arbeit waren wir sehr zufrieden. Der AFN kam sehr klar, so dass man ihn auch lauter stellen konnte, und die Heizung ließ ein permanentes warmes Lüftchen über meine Füße streichen.

Wir fuhren dann noch zu mir nach Hause und packten den Wagen, um morgen früh nicht zu spät loszukommen. Da unser Geld weder für eine Übernachtung reichte noch dafür essen zu gehen, hatten wir uns eine komplette Campingausrüstung ausgeliehen. Zelt, Schlafsäcke, Benzinkocher waren alt, sperrig und schwer, aber im Kofferraum und auf den Rücksitzen ließ sich gut alles unterbringen.

Am nächsten Morgen war es wieder ein bisschen wärmer geworden, also fuhr ich schon mit offenem Verdeck an unserem Treffpunkt vor. Als ich Bernd stehen sah, drehte ich die Lautstärkeregelung bis zum

Anschlag und Bernd winkte begeistert. „I want to get you on a slow boy to China“, sang Rosemary Cloony. Zerhacker und Röhren taten, was sie konnten. Ich fand, es war eine passende Begrüßung.

Es gab in der zweiten Hälfte der fünfziger Jahre außer dem VW und ein paar Vorkriegscabriolets kaum Autos, deren Verdeck man öffnen konnte. Und an diesem Oktobertag tat das außer uns niemand.

So fielen wir schon sehr auf, als wir mitten im Pulk der Limousinen auf der breiten Ausfallstraße Richtung Starnberg rollten. Es wurde ungefähr 70 gefahren, und das konnten wir gut mithalten. Wir lächelten zu den jüngeren Frauen hinüber, die da in den Blechkisten saßen, neben ihren langweiligen Ehemännern.

Die Herbstluft war kühl und feucht, aber das machte uns nichts aus, wir waren warm eingepackt, und an meinen Füßen spürte ich einen angenehm warmen Hauch. Wir wurden von einem Gefühl von Leichtigkeit getragen, als wir uns der Hochgebirgskette der Alpen unaufhaltsam näherten. Die Schneegrenze sank manchmal von Tag zu Tag weiter nach unten und über die Wiesen neben der Straße zog sich der violette Schimmer der Herbstzeitlosen.

Als wir durch Garmisch rollten, gab der Moderator von AFN Munich gerade sein Bestes, die zuhörenden Soldaten davon zu überzeugen, ihren Sold nicht einfach auf den Kopf zu hauen, sondern in den Sparplänen der Armee anzulegen.

Wir rollten gemütlich durch Mittenwald, dann ging es über die österreichische Grenze, wo man uns durchwinkte. Die Steigungen hinauf nach Seefeld schaffte der Wagen gut, solange der zweite Gang noch reichte. Allerdings ging das Thermometer für das Kühlwasser bei längeren Steigungen in bedrohlichem Tempo nach oben.

„Da werden wir wahrscheinlich noch einen elektrischen Ventilator hinter den Kühler einbauen müssen, den schaltest du dann ein, wenn das Kühlwasser zu heiß wird“, meinte Bernd.

Etwas später tauchten schon die Hinweisschilder auf, die vor der Gefährlichkeit des Zirler Berges warnten: „Vorsicht, starkes Gefälle, erster Gang!“

Ich legte den ersten Gang ein und sperrte den Freilauf. Die Straße führte ziemlich gerade und sehr steil ins Inntal hinunter. Ich spürte sofort, wie schlecht man mit einem Zweitaktmotor bremsen kann, aber das war ja nicht so schlimm, schließlich hatte das Auto ja noch eine

Bremse. Weil der Motor, wenn man kein Gas gab, auch kaum Schmierung bekam, hieß es im DKW-Handbuch: Beim Bremsen im ersten Gang sollten 15 km/h nicht überschritten werden. Das gelang mir schon beim Beginn des Gefälles kaum. ‚Beim Beschleunigen reicht der erste bis knapp dreißig, also wird er das wohl schon aushalten', dachte ich und versuchte durch einen kräftigen Druck auf die Fußbremse, wenigstens dieses Tempo zu halten. Ein paar Minuten lang sah es so aus, als gelänge mir das einigermaßen.

Wir passierten Abzweigungen, die auf der rechten Seite der Straße ziemlich steil einen Hang hinauf führten, ganz offensichtlich Rettungswege für Autos, deren Bremsen versagt hatten. Wir amüsierten uns noch über die armen Schweine, die sich so retten mussten, da merkte ich, dass der Wagen trotz gleichbleibendem Druck auf das Bremspedal schneller geworden war. Der Tacho hatte plötzlich die vierzig überschritten und bewegte sich auf die 50 zu. Der Motor jaulte bei dieser ungewohnten Drehzahl in einer ziemlich hohen Tonlage. Ich trat mit aller Kraft auf das Bremspedal, aber das Einzige, was ich erreichte, war, dass sich der Fahrersitz mit einem Knacken aus seiner Position löste und nach hinten rutschte. Es war, als würde ich gegen eine Wand treten. Ich zog mich am Steuer wieder nach vorne und versuchte durch einen Blick auf meinen rechten Fuß herauszufinden, woher dieses Gefühl kam. Da sah ich: Das Bremspedal war auf dem Bodenblech angekommen. Ich riss den Hebel der Handbremse bis zum Anschlag. Das ging verdächtig leicht und zeigte keine Wirkung.

Die letzte Rettungsabzweigung lag bereits hinter uns und weiter unten vor der Einmündung in die stak befahrene Straße durch das Inntal stand ein Stoppschild.

Es hätte mir klar sein müssen, dass wir unserem Tod entgegenrasten. ‚Würde nun gleich mein Leben wie im Zeitraffer vor mir ablaufen?' dachte ich für den Bruchteil einer Sekunde. Aber dann war es, als ob eine Art Selbstschutz die Realität ausgeblendet hätte. Ich war plötzlich überzeugt, dass da unten ein Wunder in der Gestalt einer Verkehrslücke auf uns warten würde und dass alles darauf ankam, ob es mir gelingen würde, den Wagen mit vollem Tempo in der Einmündung nach links herumzureißen, ohne dass wir dabei von der Straße fliegen würden.

Und so kam es. Die Lücke, die sich mir bot, war zwar äußerst knapp. Die Fahrer aus beiden Richtungen stiegen in die Bremsen. Blockierte

Reifen quietschten, ein wütendes Hupkonzert folgte und Fäuste kamen drohend aus den Fenstern, als das kleine schwarze Cabriolet da völlig rechtswidrig um die Ecke geschossen kam. Aber es hatte nicht gekracht, es war nichts passiert, also kam es nun darauf an einfach weiterzufahren, als ob gar nichts gewesen sei. Das funktionierte. Irgendwann hörten die hinter uns Fahrenden zu hupen auf. Das Fahren praktisch ohne Bremse verlangte meine volle Konzentration. Bernd hatte eine Möglichkeit entdeckt, rechts abzubiegen. Das gelang wieder mit einer Geschwindigkeit von etwa fünfzig, dann waren wir alleine auf einer wenig befahrenen Landstraße.

Wir stiegen mit weichen Knien aus und atmeten erst einmal durch. Dann krochen wir unter den Wagen um herauszufinden, warum die Bremsen versagt hatten. Das Einzige, was wir feststellen konnten war: Den Bremsseilen fehlte die Spannung.

Bernd hatte sofort begriffen, was passiert war: „Die Bremsseile haben nachgegeben, weil du ziemlich lange mit aller Kraft draufgetreten hast. Die sind einfach länger geworden, Materialermüdung. Vielleicht sind sie auch noch von 1937. Und weil die Handbremse über die gleichen Seile wirkt, ging auch die Handbremse nicht mehr."

Wir hoben den Wagen mit dem Wagenheber hoch und machten uns daran, den Bremsseilen durch ein Nachstellen wieder Spannung zu verpassen. Aber das brachte nicht viel, alle vier Flügelmuttern an den Bremshebeln waren schon ziemlich am Ende ihrer Gewinde.

„Wir werden neue Bremsseile brauchen", meinte Bernd.

Das würde aber einiges Geld kosten, weil wir uns diese Arbeit nicht zutrauten, und wir mussten am Samstagnachmittag eine Werkstatt finden, die sich der Sache annahm und auch noch die Bremsseile auf Lager hatte. So einfach war unser Problem nicht zu lösen.

Ich fühlte mich ausgelaugt von der Gefahr, die wir gerade überstanden hatten, aber auch euphorisch, weil wir gerade dem Tod oder mindestens schwerster Verletzungen entgangen waren. Es musste doch eine Lösung geben, die Bremsen wieder funktionsfähig zu bekommen, ohne dass viel Geld und die teure Arbeit einer Werkstatt investiert werden musste.

Während meiner Kindheit im Krieg war auf unserem Hof ständig improvisiert worden, um Maschinen und Geräte irgendwie am Laufen zu halten. So etwas müsste mir doch jetzt auch einfallen.

Und ich hatte die rettende Idee.

„Ich weiß, wie wir die Bremse wieder hinkriegen, und es wird nur ein paar Schilling kosten."

Bernd sah mich an, als hätte er Sorge, dass die gerade überstandene Lebensgefahr mich doch etwas verwirrt haben könnte.

„Wir fahren nach Innsbruck, suchen nach einem Eisenwarengeschäft und kaufen uns zwölf Muttern, in Übergröße, für jedes Bremsseil drei. Die stecken wir auf die Gewindestäbe und setzen die Flügelmuttern wieder drauf, Dann können wir die Seile jeweils ungefähr 3 Zentimeter weiter herausziehen und damit die größere Länge ausgleichen, die durch die Gewaltbremsung am Zirler Berg entstanden ist."

„Einfach genial", fand Bernd.

Durch das Nachstellen der Seile bis zum Ende der Gewinde war eine sanfte Bremswirkung entstanden, so dass wir vorsichtig in Innsbruck herumfahren konnten, bis wir ein Eisenwarengeschäft gefunden hatten. Wir kauften die zwölf Muttern und suchten uns in einer ruhigen Seitenstraße einen Platz für die Montage. Wir hoben den Wagen mit dem Wagenheber an, um gut arbeiten können und die Spannung der Seilzüge so einzustellen, dass die Beläge gerade nicht an den Bremstrommeln schliffen. Alles funktionierte, so wie ich mir das vorgestellt hatte.

„Wenn ich den P 4 gekauft hätte, wären wir aber nicht mit dem Tempo um die Kurve gekommenen", dachte ich laut, während ich die Bremse an einem der Räder einstellte.

„Mit dem P 4 wäre das gar nicht passiert, da hätte der Motor mit beim Bremsen geholfen, die Bremsen wären längst nicht so beansprucht worden", hielt Bernd dagegen.

Wir packten unser Werkzeug wieder zusammen. An der nächsten Kreuzung machte ich eine Bremsprobe. Der Wagen kam zum Stehen, nicht besser, aber auch nicht schlechter als vorher. Ich zog die Handbremse. Auch sie funktionierte wieder. Also gab es keinen Grund, nicht weiter nach Meran zu fahren.

Dass ich meinen Fahrstil den Schwächen des DKW anpassen musste, hatte ich begriffen. An längeren Gefällstrecken benutzten wir jede Ausweichstelle, ließen die Bremsen abkühlen und prüften, ob sich etwa das Bremspedal schon wieder weiter nach unten treten ließ.

Auf einem fast leeren Campingplatz bei Meran kauften wir uns eine Flasche ziemlich starken Südtiroler Rotwein und tranken auf unser

Überleben. Ohne dass wir viel darüber reden mussten, war klar, dass niemand erfahren durfte, was passiert war.

Bernds Vater hatte meinen Autokauf für vollkommen verrückt gehalten und mein Vater hatte gestöhnt: „Musst du denn unbedingt jeden Blödsinn wiederholen, den ich gemacht habe?"

Wir begannen erst die Geschichte unseres wunderbaren Überlebens am Zirler Berg zu erzählen, als unsere Väter schon tot waren.

Zwischenspiel mit Porsche

Ein paar Tage vor seinem Geburtstag im April rief mich mein Vater an. Er ging nun auf die Sechzig zu.

„Du kommst doch zu meinem Geburtstag?“, wollte er sich vergewissern und als ich mit „natürlich“ antwortete, schob er ein wenig geheimnisvoll nach: „Ich habe auch eine Überraschung für dich.“

Ich hatte kurz darüber nachgedacht, was das wohl sein könnte, dann die Bemerkung aber wieder vergessen.

Seit seine Reitschule florierte, fand sich zum Geburtstag meines Vaters eine ständig wachsende Tafelrunde zusammen, die er wie in alten Zeiten präsidierte und mit seinen Geschichten unterhielt.

Nun wurden auch die Eltern von Reitschülerinnen eingeladen, die ihre Töchter gerade abholen wollten oder her gebracht hatten. Es waren meist sehr erfolgreiche Unternehmer und Manager aus der expandierenden Industrie. Regelmäßige Gäste waren aber auch zwei alte Freunde, Kriegskameraden aus dem Ersten Weltkrieg, die uns immer schon besucht hatten, solange ich zurückdenken konnte. Diese Freunde verband, dass sich alle drei freiwillig in den Ersten Weltkrieg gemeldet hatten. Sie waren alle schwer verletzt aus dem Krieg nach Hause gekommen und alle Schriftsteller geworden.

In den zwanziger Jahren waren sie unterschiedliche Wege gegangen, ohne aber den Kontakt zu verlieren. Die beiden Freunde meines Vaters hatten studiert und promoviert. Ich hatte den Eindruck, dass es auch dieses Rüstzeug war, das ihnen dabei geholfen hatte, einigermaßen unbeschadet durch die Fangnetze der Diktatur zu schlüpfen und einen Teil ihrer in der Nazizeit erworbenen Reputation in das Nachkriegsdeutschland hinüber zu retten.

Während die beiden studierten, hatte mein Vater auf seinem kleinen Hof in der Bodenseegegend eine Menge Bücher geschrieben, die keinen oder nur einen sehr geringen Erfolg hatten. Erst am Ende der zwanziger

Jahre hatte der schwer kriegsverletzte Autodidakt mit Notabitur seinen ersten großen Erfolg. Mit „Armee hinter Stacheldraht" und „Zwischen Weiß und Rot" war er zum Bestsellerautor geworden, während seine beiden Freunde mit ihren Büchern und als Redakteure und Herausgeber bescheidene Nischen gefunden hatten.

Mit dem Beginn der nationalsozialistischen Diktatur hatte sich diese Entwicklung noch einmal beschleunigt. Mein Vater expandierte in dem Vakuum der literarischen Szene in der Nazizeit, das dadurch entstanden war, dass die meisten der anderen Schriftsteller in die Emigration geflohen waren. Nun war er es, der bei den Schriftstellertreffen für die im Land Gebliebenen, die Sektrechnungen alleine zu übernehmen pflegte.

Ich erinnere mich noch sehr genau an diese beiden Freunde. In der Kriegszeit reisten sie oft gemeinsam an, um sich auf unserem Hof mal wieder richtig satt essen zu können. Der eine war ein dunkelhaariger zierlicher Mann, stets mit Fliege gepflegt gekleidet und einer knarzenden Art zu sprechen. Das war die Folge eines Kehlkopfschusses aus dem Ersten Weltkrieg. Der andere mit beginnender Glatze war einst ein Schwergewicht mit tragender Stimme gewesen.

Als er einmal bei seiner Ankunft in den Kriegsjahren seinen Mantel ausgezogen hatte, zog er seinen nun zu weiten Hosenbund nach vorne, so dass wir seinen Bauchumfang aus der Vorkriegszeit ermessen konnten: „Das ist der großdeutsche Raum", erklärte er uns.

Die beiden pflegten bei ihren Besuchen die Tafelrunde mit defätistischen Witzen zu unterhalten und sie durften sich über meinen Vater lustig machen und ihn kritisieren, ohne dass es zu dramatischen Auseinandersetzungen gekommen wäre.

Ich hatte mich immer gefreut, wenn sie uns besuchten. Sie waren wie ein Katalysator, der die meist schlechte Stimmung zwischen meinen Eltern verschwinden lassen konnte. Später imponierte mir sehr, wie sie sich im Nachkriegsdeutschland zurecht gefunden hatten.

Der kleine, mit der knarzenden Stimme, hatte es verstanden, die neue Form des Rundfunkfeatures für sich zu erschließen, während der große, wieder übergewichtige und nun völlig glatzköpfige im historische Roman seine Nische gefunden hatte.

Es imponierte meinem Vater, wie es die beiden verstanden, weiter von der Schriftstellerei zu leben. Er hatte die Erfahrung machen müs-

Geburtstagsbesuch bei meinem Vater 1958

sen, dass es mit seinen hohen Auflagen, die ihm die geringe Konkurrenz in der Nazizeit und sein Opportunismus beschert hatten, vorbei war, und das machte ihm Sorge.

Diese Erinnerungen zogen durch mein Bewusstsein und verbanden sich mit Erwartungen, wie das bevorstehende Fest wohl ablaufen würde. Erst als ich meinem Ziel schon ziemlich nahe war, war es, als würde der Strom meiner Überlegungen und Erinnerungen durch eine Beobachtung abgeschnitten. Ich war gerade an dem langgezogenen hölzernen Bahnhofsgebäude des Nachbardorfs vorbeigefahren, da hatte ich auf dem äußersten Abstellgleis einen Tiefladerwaggon entdeckt, auf dem ein kleines Auto festgezurrt war. Schützend darüber gespannt war eine große Plane, so dass man nur vermuten konnte, was für ein Wagen sich darunter verbarg. Auf dem Bahnhofsplatz stoppte ich das Geblubber meines offenen DKW und lief über die Gleise zu dem Tieflader. Das konnte nur der Porsche Speedster von Horst Kummer sein.

Die Meldung von seinem tödlichen Absturz bei der Jagdfliegerausbildung in Kalifornien war schon vor Monaten durch die Zeitungen gegangen. Es schien, als ob die junge Witwe nichts mit diesem Relikt aus dem schnellen Leben ihres Mannes anfangen konnte, und so hatte die Bahn den Waggon mit dem Wagen so abgestellt, dass er den Betrieb möglichst wenig störte.

Ich kletterte auf den Tieflader. Unter der Plane war deutlich die schlanke Verdeckkonstruktion des Speedster zu erkennen. Ich hob die Plane hinten etwas an. Das Kennzeichen der US-Airforce hatte man nicht abmontiert. Auf den Felgen, wo sie die Plane vor dem Regen schützte, hatte sich noch eine rötliche Staubschicht aus der kalifornischen Wüste gehalten.

Ich hatte ein paar Erinnerungen an Horst Kummer. Wir waren für eine kurze Zeit vor meinem Umzug nach München in einer Klasse gewesen. Als ein Lehrer uns nach unseren Berufswünschen fragte, antwortete Horst Kummer mit ‚Pilot'.

„Der will bestimmt Jagdflieger werden wie sein Vater, aber des traut er sich net zum sagen", flüsterte mir mein Nebenmann zu.

Natürlich kannte ich die Geschichte des Kriegshelden Friedrich Kummer. Er hatte schon im spanischen Bürgerkrieg als Mitglied der Legion Condor erste Erfahrungen im Luftkampf gesammelt. In Polen und in Frankreich hatte er eine enorme Anzahl von gegnerischen Kampfflugzeugen abgeschossen, so dass ihm das Ritterkreuz verliehen worden war. Es folgte der Versuch, die Lufthoheit über England als Voraussetzung für die Invasion zu erkämpfen. Die deutsche Luftwaffe, die wie die Wehrmacht an den Mythos ihrer Unbesiegbarkeit glaubte, hatte bisher nur schwächere kriegsunwillige Nationen überrannt. Nun sah sie sich mit England einem kampfentschlossenen Gegner gegenüber. Das Unternehmen, die Lufthoheit über England gegen die Hurricanes und Spitfires zu erkämpfen, war aussichtslos. Die englischen Spitfire-Jagdflugzeuge zeigten sich den deutschen Me 109 überlegen und die, verglichen mit den Luftwaffenpiloten, wenig kampferfahrenen englischen Flieger wurden von erfahrenen polnischen und französischen Piloten unterstützt, die sich nach der Niederlage ihrer Länder nach England durchgeschlagen hatten.

Der Kriegsheld Friedrich Kummer wurde immer wieder in eine aussichtslose Schlacht geschickt, bis er nicht mehr zurückkehrte. Verheizt hieß das in der Sprache der Nationalsozialisten. Als ob man ein Stück Holz in den Ofen wirft.

Als die Bombenangriffe auf deutsche Großstädte zunahmen. hatte sich die Witwe mit ihren beiden Kindern in einem Allgäuer Dorf in Sicherheit gebracht.

Horst Kummer, der Sohn des Kriegshelden, war ein schlanker, etwas verschlossener Junge, der in unserer großen Klasse nicht auffiel. Ich war aber bei einem Ereignis, das niemand von uns jemals in seinem Leben vergessen würde, neben ihm auf der ausgetretenen Schultreppe gesessen, dem Schulspeisungsstreik.

Zu unserer Schulspeisung gab es einmal im Monat statt dem üblichen Brei eine kleine Tafel Schokolade, es könnten 30 Gramm gewesen sein. Als etwa die Hälfte der Schüler ihre Täfelchen an der Ausgabestelle in Empfang genommen hatte, wurde uns erklärt, mehr sei heute nicht geliefert worden. Diese Mitteilung und die Empörung darüber verbreiteten sich mit Schallgeschwindigkeit. Ein paar fingen an ‚Beschiss, Beschiss' zu brüllen. Das Geschrei wurde koordinierter und durchdringender, dann kamen einige auf die Idee, sich brüllend auf die Treppe zu setzen und so den Zugang zu den oberen Stockwerken zu blockieren.

Horst Kummer brüllte neben mir, aber so schien es mir, nicht unter Einsatz aller seiner Kräfte, sondern so, als wäre ihm klar, dass wir hier noch einige Zeit durchhalten müssten. Die meisten von uns waren zwölf Jahre oder älter. Sie waren noch Pimpfe gewesen und von ihren HJ-Führern häufig angebrüllt und herumgescheucht worden.

Im Parterre, wo die Schulspeisung ausgegeben wurde, und im oberen Stockwerk liefen die Lehrer kopflos herum. Die beiden Treppen waren so dicht von uns besetzt, dass es für sie unmöglich war, von unten nach oben oder von oben nach unten zu kommen. Unser ständiges ‚Beschiss, Beschiss'-Gebrüll machte auch jede Verständigung zwischen ihnen auf den Fluren unmöglich. Nach etwa einer halben Stunde waren unsere Kehlen trocken geworden und unser Gebrüll hatte etwas an Kraft verloren.

„Jetzt bloß net aufhören", feuerte uns einer an und dann brüllten wir weiter.

‚Was könnten die Lehrer jetzt tun', überlegte ich. ‚Die Polizei rufen?' Das wäre äußerst peinlich und wahrscheinlich sinnlos, denn wir waren zu viele. Schließlich verbreitete sich von oben, wo der Direktor sein Büro hatte, die Nachricht, morgen würde es zusätzlich zur normalen

Schulspeisung für jeden eines der kleinen Schokoladentäfelchen geben. Wir hörten auf zu brüllen, aber einer musste noch nach ober rufen „Wenns net wahr is, gehts morgen wieder los." Tatsächlich bekam am nächsten Tag jeder seine kleine Tafel Schokolade. Von diesem Tag an fühlten wir uns besser. Wir hatten gezeigt, wir hatten die Macht den ganzen Schulbetrieb lahm zu legen.

Ich war dann mit meiner Mutter nach München gezogen und hörte nichts mehr von den Schulkameraden aus der ersten Nachkriegszeit. Dass aber Horst Kummer, der Sohn des gefallenen Kriegshelden Friedrich Kummer, weißer Jahrgang wie ich, sich als einer der Ersten für die Offizierslaufbahn in der neuen bundesdeutschen Luftwaffe gemeldet hatte, das war den Zeitungen eine Notiz wert.

„Der hängt euch alle ab", hatte mein Vater gemeint, der seine Faszination für alles Militärische nie losgeworden war.

Horst Kummer hatte alle Eignungstests ohne Probleme bestanden, war Offizier geworden, hatte geheiratet und war für seine Flugausbildung in die USA geschickt worden. Die Auslandszuschläge für die deutschen Piloten in Kalifornien waren offenbar so bemessen, dass sie mit ihren amerikanischen Kameraden mithalten konnten, die mit der Chevrolet Corvette, Jaguar XK oder Triumph durch die Wüste brausten. So konnte Horst mit seinem Porsche Speedster die deutsche Fahne hochhalten, während wir uns mit dem Fahrrad, der Straßenbahn oder unseren alten Kisten auf den Weg zur Arbeit oder zur Universität machten.

Als sich Horst Kummer schon als hervorragender Flieger und Routinier beim Durchbrechen der Schallmauer bewährt hatte, folgte die Ausbildung auf dem Starfighter.

Der damalige Verteidigungsminister Franz Josef Strauß hatte sich gegen den Rat vieler Experten für dieses Flugzeug entschieden. Obwohl sich später herausstellte, dass Lockheed mehrere Millionen Schmiergelder bezahlt hatte, konnten die genauen Umstände dieser Entscheidung nie ganz geklärt werden. Horst Kummer war nur einer von den 116 Piloten, die bei Abstürzen des Starfighters ums Leben kamen.

Dass so viele Starfighterpiloten umkommen würden, hatte sich damals niemand vorstellen können. In den Zeitungen wurde aber von Piloten berichtet, die meinten, der Starfighter sei ein Jagdflugzeug, das keine Flugfehler akzeptiere. Weniger diplomatisch ausgedrückt hieß das wohl, das Jagdflugzeug bestrafe auch kleine Fehler des Piloten mit dessen Tod. Wahrscheinlich hatte das auch Horst Kummer gewusst. Dann war er wohl mit dem Gedanken in seine Maschine geklettert, dies könnte auch sein letzter Flug sein. Dieser Gedanke musste auch seinen Vater Friedrich Kummer geplagt haben, als er zu seinem letzten Flug in die Luftschlacht über England startete.

Ich brauche keine Phantasie um mir vorzustellen, wie das abgelaufen war. In der Wochenschau der Kriegszeit konnte man untermalt von aggressiven und zur Vernichtung aufrufender Kommentare sehen, wie die Piloten in ihre Flugzeuge kletterten, die Kanzel schlossen und starteten. Auch von der Indienststellung der ersten Starfighter hatte ich Wochenschaufilme gesehen. Der Kommentar enthielt aber keinerlei Kriegsrhetorik mehr, das neue Flugzeug sollte dem Gleichgewicht der Kräfte und der Erhaltung des Friedens dienen.

Diese Erinnerungen beschäftigten mich, als ich die letzten Kilometer abspulte, die mir seit meiner Kindheit vertraut waren.

Als ich an unserem Haus vorfuhr, erschien mein Vater schon an der schweren mit Schmiedeeisen verzierten Glastür, noch ehe ich hatte aussteigen können. Er musste den pröttelnden Leerlauf meines DKW gehört haben. Natürlich, er hatte ja eine Überraschung, das hatte ich völlig vergessen, als ich den Porsche Speedster von Horst Kummer auf den Bahnhof entdeckt hatte. Gerade noch rechtzeitig fiel mir diese Bemerkung, die er am Telefon gemacht hatte, wieder ein, so dass ich schon bei der Begrüßung sagen konnte: „Na, was hast du denn für eine Überraschung, ich bin schon sehr gespannt.“ Er ging mit schnellen Schritten über den gekiesten Vorplatz und riss schwungvoll die beiden Flügel der Garagentür auf.

Da, wo der 328 BMW immer gestanden hatte, stand ein Porsche Cabriolet.

Der kleine Sportwagen war hellbeige lackiert und das zurückgeschlagene Verdeck lag versenkt unter einem braun abgesetzten Persenning. Die Innenausstattung war in braunem Leder gehalten und verströmte noch den Duft von neuen Schuhen. Die tiefe Sitzposition und das steil stehende Steuerrad erinnerten mich an den BMW. Aber dann sah ich die Windschutzscheibe. Sie war zweigeteilt und von Gummiwülsten eingefasst. Es war noch das Modell mit dem unsynchronisierten Getriebe, von dem ich ihm doch abgeraten hatte.

Antreten zur Porsche-Bewunderung

Ich fand, ich konnte das Auto besser fahren als mein Vater,
mit dem Zwischengas kam ich besser klar!

„Ein wunderschöner Wagen, du hast es also tatsächlich wieder geschafft.“ Ich bemühte mich um Bewunderung in meiner Stimme, musste aber dann doch nachsetzen: „Aber es ist ja noch das Modell mit dem unsynchronisierten Getriebe.“

„Das hab ich mir doch gedacht, dass du das sofort erkennst. Aber du kannst sicher sein, außer dir merkt das kein Mensch. Und ich habe deinen Rat benutzt, um den Preis kräftig zu drücken.“

„Und wie klappt's mit dem Zwischengasgeben?“

„Frag mich doch nicht sowas“, stöhnte er, wurde aber dann doch etwas deutlicher. „Vom vierten auf den dritten geht es. Vom dritten auf den zweiten, da sitzt der Teufel drin und vom zweiten auf den ersten, das versuch ich erst gar nicht!“

‚Warum musste er sich das antun? Er hatte doch noch seinen Mercedes Diesel mit einem vollsynchronisierten Getriebe!‘ dachte ich, während er mir glücklich sein neues Spielzeug zeigte. Er hatte sich hinter das Steuer geklemmt, den Motor angelassen und ein bisschen mit dem Gaspedal gespielt, so dass der kleine Heckmotor bissig aufheulte. ‚Für ein paar Tausender mehr hätte er das neue Modell mit der Porsche-Synchronisation bekommen. Mit dem hätte er wirklich Spaß gehabt‘, dachte ich.

Zu dem geburtstäglichen Abendessen war der Tisch im Speisezimmer durch das Einschieben von Platten auf seine maximale Größe gebracht worden. Die Größe des Raumes, das Geschirr und Besteck dokumentierten die erfolgreiche Zeit meines Vaters in der zweiten Hälfte der dreißiger Jahre, als das Geld bei ihm keine Rolle zu spielen schien.

Er thronte alleine an der Stirnseite der Tafel. Das hatte durchaus einen Grund, denn wenn er die Runde mit seinen Geschichten unterhielt, brauchte er Platz für raumgreifende Gesten. Diese pflegte er mit seiner kräftigen modulationsfähigen Stimme zu unterstreichen. Er hatte seine Vortragskunst in unzähligen Lesereisen entwickelt, die dem Verkauf seiner Bücher dienten. Ich kannte natürlich all seine Geschichten, aber er erzählte sie niemals gleich. Er erfand ständig neue Details und das machte sie plastischer und bunter, aber natürlich nicht wahrer. Ich war neugierig, wie tief er bei dieser Tafelrunde in sein Repertoire greifen würde.

Und tatsächlich zog er eine Geschichte aus dem spanischen Bürgerkrieg hervor, an dem er als Kriegsberichterstatter auf der Seite Francos teilgenommen hatte. Vielleicht hatte er auch gehofft, seine beiden Freunde mit ihren frechen Bemerkungen so etwas auf Distanz halten zu können, weil sie vom spanischen Bürgerkrieg nicht viel wussten. Aber damit hatte er sich verrechnet.

Kaum hatte er angefangen, von seinem Besuch auf einem Feldflughafen der Legion Condor zu erzählen, da knarzte ihm sein Freund dazwischen: „War dir eigentlich nicht klar, dass der spanische Bürgerkrieg für die Nazis die Generalprobe für ihren Zweiten Weltkrieg war und dass dort das Flächenbombardement von großen Städten ausprobiert wurde?"

„Es konnte doch niemand wissen, dass dieser Wahnsinnige mit einem Weltkrieg alles zerstören würde, was er aufgebaut hatte", verteidigte sich mein Vater.

„Wenn du ‚Mein Kampf' gelesen hättest, hättest du das schon wissen können", setzte der dicke Freund nach.

„Den Mist hat doch auch damals niemand gelesen", knurrte mein Vater.

Er nahm den Faden wieder auf und erzählte von den Gesprächen mit den Piloten und dass da doch tatsächlich einer, schon in seiner Fliegermontur und seinem Buch „Die letzten Reiter" in der Hand, aufgetaucht wäre und um ein Autogramm gebeten hätte.

„Hast du denn nicht geahnt, dass du auf der falschen Seite der Front gelandet warst? Alle deine berühmten Kollegen waren bei den Kämpfern für die legale Republik auf der anderen Seite", knarzte sein alter Freund dazwischen.

Ehe mein Vater noch etwas erwidern konnte, schob sein dicker Freund noch nach: „Wenn du damals auf der richtigen Seite gewesen wärst, hättest du ja endlich mit deinem sehr geschätzten Kollegen Hemingway klären können, ob er die dramatische Schlussszene in ‚Wem die Stunde schlägt' tatsächlich aus deinem Buch ‚Zwischen Weiß und Rot' abgeschrieben hat. Oder ob er dein Buch gar nicht kennt und ihm einige Jahre später die gleiche dramatische Szene für den spanischen Bürgerkrieg eingefallen ist.

Mein Vater reagierte nicht sofort. Vielleicht bedauerte er es in diesem Moment, so viele Jahre bei den Nazis mitgespielt zu haben, er, der sich in der Weimarer Republik doch zur Avantgarde hatte zählen können. Dann brummte er: „Bei uns wusste damals doch kein Mensch, dass sich Hemingway auf der anderen Seite aufhielt." Damit nahm er den Faden seiner Geschichte wieder auf.

Er signierte also sein Buch nicht einfach, sondern schrieb, wie sehr er sich über die Begegnung mit Soldaten wie dem Piloten freue, die seine Bücher zwischen ihren Einsätzen lesen würden. Der Pilot war mit der Widmung zufrieden, aber dann nahm die Geschichte eine für meinen Vater fatale Wendung.

„Er hat mich wohl nach der Lektüre der ‚Letzten Reiter' für einen Abenteurer gehalten, dem er nun eine Freude machen könnte", erzählte mein Vater weiter. Ein Aufklärungsflug mit dem neuen Fieseler Storch, den sie zur Erprobung bekommen hätten, stehe an, und der zweite Platz sei noch frei. Ob er nicht Lust habe mitzufliegen? Dabei hatte mein Vater immer Angst vor dem Fliegen.

Mit einem kleinen einmotorigen Aufklärungsflugzeug, vielleicht noch unter Beschuss, über feindlichen Linien zu kreisen, das war nun wirklich das Letzte, was er sich ausgesucht hätte. Aber es gab für ihn keine Wahl. Um ihn herum hatten sich einige Offiziere und Soldaten versammelt, die nun alle von ihm erwarteten, dass er begeistert in den Fieseler Storch klettern würde.

„Wie meine beiden alten Freunde wissen, wäre ich ja am liebsten Schauspieler geworden", stellte er fest und sah die beiden an, „und so hab ich es schon geschafft, mich so begeistert zu geben, wie man es von mir erwartet hat." Er wurde zum Flugzeug geleitet, kletterte hinein, Kopfhörer wurden ihm aufgesetzt und die gläserne Öffnung des Cockpits fiel ins Schloss. Der Motor riss die Maschine heulend und vibrierend mit brutaler Kraft nach vorne, und es schien ihm, als brauche sie kaum 50 Meter um abzuheben. „240 PS, luftgekühlter V8-Motor", hörte er die Stimme des Piloten in seinen Kopfhörern.

Die Maschine schraubte sich in engen Kreisen über dem Flugplatz in die Höhe. Er registrierte noch, dass die Kanzel nicht nur rund um verglast, sondern auch noch in der Breite ausgebuchtet war. Man hätte sich nur ein bisschen zu Seite beugen müssen, um einen perfekten Blick nach unten zu haben. Aber davon Gebrauch zu machen war ausgeschlossen. Er war nur damit beschäftigt, seinen Brechreiz zu besiegen. Er habe es damit versucht, sich ganz auf das Heulen des Motors und die Vibrationen zu konzentrieren, die Augen zu schließen und sich zu suggerieren, er sitze gar nicht in einem Flugzeug, sondern in einem

Mein Vater im spanischen Bürgerkrieg unter den Franko-Soldaten.

Mit einem solchen Fieseler Storch, der im spanischen Bürgerkrieg als Aufklärungsflugzeug eingesetzt war, flog mein Vater über die Stellungen der Republikaner.

Panzerspähwagen, der durch das Gelände rase. Gerade hatte er das Gefühl, das Brechen drohe nun nicht mehr ganz so unmittelbar, da kam es ihm vor, als würde sich alles drehen. Er öffnete die Augen ein wenig und tatsächlich, der Pilot hatte die Maschine auf die Seite gelegt, um ihm einen noch besseren Überblick zu verschaffen.

„Sehen sie die kleinen Wölkchen da unten, das ist der Frontverlauf. Sie schießen auf uns, aber wir sind außerhalb ihrer Reichweite“, hörte er die Stimme des Piloten in den Kopfhörern. ‚Irgendetwas Begeistertes hätte ich jetzt wohl sagen müssen‘, habe er gedacht, aber er brachte nichts heraus.

Als die Maschine gelandet war und er den festen Boden unter seinen Füßen fühlte, war er stolz, dass er sich nicht blamiert hatte. Das Schlimme war nur, dass die Soldaten, die sie in Empfang nahmen, sofort erkannten, wie es um ihn stand. „Na, Herr Dwinger, die Luft scheint doch nicht so ganz ihr Element zu sein“, begrüßte ihn ein Offizier.

Die Tafelrunde hatte gespannt zugehört und war begeistert. Aber schon musste sich wieder sein zierlicher Freund melden.

„Nein Edwin, dein Element ist auch nicht die Luft, sondern der sichere Boden, auf dem du mit deinen schnellen Sportwagen herumrasen kannst, um allen zu zeigen, dass du es wieder geschafft hast – in den Dreißigern mit deinem BMW und heute mit deinem Porsche“, knarzte er.

„Wisst ihr, was die Leute in der Nazizeit gesagt haben?“, riss mein Vater das Gespräch wieder an sich. „Den BMW hat er vom Hitler.“

„Und wisst ihr, was ich diesen Leuten heute sagen würde? Den Porsche hab ich vom Adenauer.“

Das begeisterte Gelächter hatte schon wie ein zündfähiges Gas in der Luft gehangen und war nun durch diese als Witz gedachte Bemerkung gezündet worden. Die Tafelrunde johlte und einige trommelten mit ihren Fäusten auf den Tisch.

Mein Vater hatte genau gespürt, es imponierte den Leuten, wenn man sich oben halten konnte. Dabei war es völlig egal, ob ein Hitler oder ein Adenauer die Politik bestimmte. Ich war der einzige Vertreter der jungen Generation in dieser Tafelrunde und ich dachte: ‚Diese Eltern sind doch eine äußerst suspekte Generation‘.

Bis an die Grenzen der Mechanik – Reise an die Côte d'Azur

Ohne die Bekanntschaft mit der Familie des Kunsthändlers Greifenclau und seiner Tochter Yvonne, die mit ihrem Mann und Freunden in Bôrmes, an der Côte d'Azur ein Haus gemietet hatte, wären Wolf und ich nie zu dieser Reise aufgebrochen. Den Namen ‚Greifenclau' hatte ich zum ersten Mal aufgeschnappt, als ich einen heftigen Streit meiner Eltern durch den Spalt der Schiebetür zum Arbeitszimmer meines Vaters belauschte. Es war in den letzten Jahren vor dem Krieg und ich habe nicht richtig begriffen, worum es in diesem Streit eigentlich ging. In Erinnerung ist mir nur der letzte Satz meiner Mutter, ehe sie das Zimmer verließ und die Tür zuknallte: „Du bist ja tatsächlich ein Feigling".

Sehr viel später, die Familie Greifenclau, die mit einem mit Bildern vollgestopften Citroën am Kriegsende ein paar Tage bei uns Unterschlupf gefunden hatte, war längst wieder abgereist, begann mich die Geschichte zu interessieren. Worum war es bei dem Streit zwischen meinen Eltern gegangen und warum war Greifenclau mit Familie und seinen Schätzen, offensichtlich auf der Flucht, gerade bei uns untergeschlüpft?

Was ich von meiner Mutter und Herrn Greifenclau, der auch später noch gelegentlich in der Gegend auftauchte, erfahren konnte, hatte mit Nazizeit und Krieg zu tun.

In dem Streit, von dem ich nur den einen Satz meiner Mutter in Erinnerung hatte, war es um den Kauf von Bildern gegangen, die die Nazis als ‚entartet' abqualifizierten und aus den Museen entfernen ließen. Meiner Mutter aber gefielen diese Bilder, sie hatte in der Zeit der Weimarer Republik eine Malschule besucht und kannte sich aus mit der jetzt verfemten klassischen Moderne. Sie hatte meinem Vater immer wieder vorgeschlagen, doch etwas von dem nun reichlich vorhandenen Geld in diese nun aus den Museen geräumten Bilder zu investieren. Mein Vater habe sich immer damit herausgeredet, dass solche Geschäfte nur über bestimmte Kontaktpersonen, die sie nun einmal nicht kennen würden, möglich seien.

Dann waren sie in einem Berliner Hotel dem Kunsthändler Greifenclau mit seiner Frau begegnet. Meine Mutter schaffte es, sich mit meinem Vater und dem Ehepaar Greifenclau zum Abendessen zu verabreden. Greifenclau war dabei, sich aus Deutschland zurückzuziehen, verriet dann aber doch noch die Namen von zwei Kollegen, die entartete Kunst aus Museen, die sie eigentlich in der Schweiz zu Geld machen sollten, auch an Deutsche verkauften. Nun hatte meine Mutter die nötigen Adressen, mein Vater musste jetzt zugeben, dass ihm die Sache zu gefährlich war, und ihr Streit eskalierte bis zu dem Satz, der mir in Erinnerung geblieben war.

Noch spannender fand ich, was mir Greifenclau erzählt hatte.

Er hatte schnell begriffen, dass es in der Diktatur der Nationalsozialisten keine Arbeitsmöglichkeit mehr für ihn gab. Die Bilder der jetzt verfemten Avantgarde und der klassischen Moderne waren der Schwerpunkt seiner Arbeit gewesen. So ließ er seinen Berliner Fundus verladen und konzentrierte seine Arbeit in den letzten Vorkriegsjahren auf seine Dependance in der französischen Hauptstadt.

Hier konnte er aber nur wenige Jahre bis zur französischen Kriegserklärung an Nazideutschland ungestört arbeiten. Diese französische Kriegserklärung war die Reaktion auf den deutschen Einmarsch in Polen und zog die Lagerhaft für alle in Frankreich lebenden Deutschen nach sich. Dabei spielte es keine Rolle, ob diese Deutschen vor dem Naziterror nach Frankreich geflohen waren oder sogar zum Widerstand gegen die Herrschaft der Nationalsozialisten gehörten. Greifenclau hatte seine Familie nur durch die Argumentation mit seiner damals fünfjährigen Tochter Yvonne retten können. Er hatte gegenüber den französischen Polizeibehörden argumentiert, man könne weder seine Familie trennen noch seine Tochter, die die französische Staatsbürgerschaft besaß, mit ihrer Familie in ein Lager für feindliche Ausländer sperren. So schaffte er es, sich und seine Familie vor dem Lager zu retten. Seine Geschäfte fortzusetzen, war schwierig geworden, denn die deutsche

Besatzungsmacht hatte den Wechselkurs Reichsmark zu Franc mit eins zu 20 festgesetzt. So wurde das Ausplündern des französischen Kunstmarkts erleichtert.

Mit der Besetzung von Paris hatte für Greifenclau das Lavieren zwischen den verschiedenen Fronten begonnen. In der Dämmerung tauchten Juden auf der Flucht, teilweise alte Kunden, in seinem Atelier auf. Sie hatten ihre Bilder in Taschen und Koffern versteckt und brauchten den Erlös zur Finanzierung ihrer Flucht über Spanien oder Portugal. Er bezahlte ihnen so viel, wie er es gerade noch zu erwirtschaften zu können glaubte.

Zur gleichen Zeit schauten deutsche Kollegen bei ihm vorbei, die ihm besonders suspekt waren. Sie beschäftigten sich mit der Suche nach geeigneten Bildern für das Führermuseum, das in Linz geplant war. Einerseits rafften sie alles an Kunstwerken, die aus jüdischem Besitz beschlagnahmt worden waren, ohne Gegenleistung zusammen, anderseits schienen sie über fast unbegrenzte Geldmittel zu verfügen, wenn es darum ging, Bilder aus französischen Museen oder von französischen Kunsthändlern zu kaufen.

Greifenclau war aber schon Ende 1942 nach der Landung der Alliierten in Nordafrika und der deutschen Niederlage in Stalingrad klar, dass der Krieg verloren war. Das bedeutete, dieses Führermuseum in Linz würde nie gebaut werden. Das war für ihn ein Grund mehr, diesen Nazizuträgern keine Bilder zu verkaufen. Um das durchhalten zu können, verfiel er auf eine Strategie, die sich als wirksam erwies und die er eine Zeitlang für schlau und gerissen hielt.

Über ein paar alte Kunden aus seiner Berliner Zeit, wohlhabende Wehrmachts- und Luftwaffenoffiziere in den Führungsstäben der deutschen Besatzungsmacht, hatte er vielfältige Kontakte zu diesen Kreisen aufgebaut. Wenn nun die Agenten für das Linzer Führermuseum in seinem Atelier auftauchten und Interesse an einem bestimmten Bild zeigten, behauptete Greifenclau, darüber stehe er leider in Verkaufsverhandlungen mit einem Major der Wehrmacht. Als noch fataler für seine Zukunft in der französischen Hauptstadt war, dass er für ihn günstigen Tauschgeschäften mit den Kunsträubern Görings nicht widerstehen konnte. Zu spät begriff er, dass diese Geschäfte in dem geschwätzigen Pariser Kunsthändler-Milieu nicht geheim geblieben waren und ihn in den Augen der Franzosen zum Kollaborateur gemacht hatten. Und damit hatte er, wie er gerade noch rechtzeitig erfuhr, alles aufs Spiel gesetzt.

Der Kunsthändler Greifenclau hatte es schon immer verstanden, über Kontakte nach allen Seiten zu verfügen. So bekam er kurz vor dem Einmarsch der alliierten Truppen in Paris von seinen Freunden in der Resistance den dringenden Rat, Paris erst einmal mit den deutschen Besatzungstruppen zu verlassen. In den ersten Wochen nach der Befreiung werde mit Kollaborateuren der Deutschen rigoros abgerechnet werden. Da konnten auch seine Freunde bei der Resistance nicht für sein Leben garantieren. Er solle mit seiner Familie erst einmal verschwinden und so viel von seinen Kunstschätzen in sein Auto packen, wie möglich, der Rest würde konfisziert werden. Dann solle er in Deutschland erst einmal abwarten, wie sich die Lage in Paris entwickeln würde.

Tatsächlich sind etwa 50.000 Kollaborateure in den ersten Tagen nach der Befreiung von der deutschen Besatzung eines gewaltsamen Todes gestorben.

Dies war also die Vorgeschichte der Flucht der Familie Greifenclau, bestehend aus Herrn Greifenclau, seiner Frau, seinem Bruder und seiner Tochter Yvonne. Sie dauerte Monate und fand schließlich vor unserem Wohnhaus im Frühjahr 1945 ihr Ende.

Diese Ankunft des Kunsthändlers war so eindrucksvoll, dass sie fest in meiner Erinnerung verankert ist. Mein Vetter Wolf und ich waren gerade sehr beschäftigt. Wir hatten mit erbeuteten Wehrmachtstelefonen eine Verbindung zwischen unserem Zimmer und unserem Hochsitz installiert. Die Plattform war von uns sehr hoch in einer alten Tanne gezimmert worden. So konnten wir schon von weitem hören, wenn sich ein Auto näherte, und das war immer interessant.

Wir kletterten herunter und schafften es fast gleichzeitig, mit dem großen schwarzen 15 CV Citroën einzutreffen. Er hing tief in seinen Drehstabfedern, als er sich die letzte Steigung zu unserem Haus hocharbeitete. Der Wagen hielt vor unserem Haus und ein Glatzkopf von bärenhafter Statur kroch heraus. Auch ein schlanker Mann, eine etwas korpulente kleine Frau und ein Mädchen schälten sich verkrümmt aus dem Wagen. Ich schaute hinein und es grenzte tatsächlich an ein Wunder, dass drei Erwachsene und eine Halbwüchsige darin noch Platz gefunden hatten. Das ganze Auto war vollgestopft mit Bildern, die man zum Teil, um mehr unterbringen zu können, ihrer Rahmen beraubt hatte. Die großen waren unter dem Dach festgezurrt, so dass den Erwachsenen kaum Platz für ihre Köpfe blieb. Ein breiter Packen war in den hinteren Fußraum gequetscht worden. Ich fragte mich, wo Yvonne und ihre Mutter ihre Füße untergebracht hatten. Ein weiterer Packen war zwischen Mutter und Tochter aufgestapelt und an der Lehne des Rücksitzes festgezurrt. Als sie ausgestiegen waren, kam es mir so vor, als brauchten die drei zusammengestauchten Erwachsenen nun einige Zeit, um sich wieder zu ihrer ursprünglichen Größe zu entfalten.

Herr Greifenclau wandte sich an mich und sagte: „Du bist wahrscheinlich der Sohn von Edwin Erich Dwinger. Sag doch bitte deinem Vater, die Familie Greifenclau ist da."

Ich hatte den Eindruck, Herr Greifenclau war einer von denen, die gewohnt waren, dass die Dinge so liefen, wie er es sich vorstellte.

Ich rannte zu meinem Vater, der von Endzeitstimmung geplagt in seinem Arbeitszimmer vor dem Kamin saß, Papiere aussortierte und verbrannte.

„Die Familie Greifenclau ist da", schreckte ich ihn auf.

Er schaute auf und ich hatte den Eindruck, dass er mit dem Namen nichts anfangen konnte. Er stand aber auf und folgte mir.

Als mein Vater in der Türe stand, ging Herr Greifenclau strahlend auf ihn zu und sagte: „Was für ein Glück, dass wir lebend bei Ihnen angekommen sind. Ich hatte gar keine Adresse von Ihnen, ich wusste nur, dass Sie mir von Ihrem Gut im Allgäu erzählt hatten. Aber es war nicht schwer, Sie zu finden. Selbst wenn ich hundert Kilometer entfernt nach Ihnen gefragt habe, konnte man mir den richtigen Weg zeigen."

Damit hatte Herr Greifenclau es geschafft, die depressive Stimmung meines Vaters wegzublasen. Die gewichtige Person und der Citroën voller Bilder hatten ihn wohl den Faden finden lassen. Er fühlte sich geschmeichelt.

„Wie schön, dass Sie den Weg zu uns gefunden haben", mein Vater setzte sein charmantestes Lächeln auf und die beiden schüttelten sich sehr lange die Hände. So hatte Herr Greifenclau den Boden bereitet, für das, worum es ihm eigentlich ging.

„Ich brauche einen sicheren Platz, um mich von den Amerikanern überrollen zu lassen. Einen, wo auch bestimmt keine französischen Truppen hinkommen."

„Auch wenn unsere beiden Häuser schon sehr belegt sind, werden wir für alte Freunde bestimmt irgendwo noch ein Plätzchen finden. Ich bin sicher, dir wird schon eine Lösung einfallen.“ Damit war meine Mutter gemeint, die inzwischen aufgetaucht war. Sie begrüßte die Familie der Neuankömmlinge förmlich, so wie man Leute begrüßt, die einem wenig vertraut sind. Mit den Adressen der Kunsthändler, die sie damals vor Jahren von ihrem Gast bekommen hatte, war ja leider nichts anzufangen gewesen.

„Was für ein Theater“, flüsterte sie mir zu. „Wir kennen die Leute doch kaum, wir haben einmal in Berlin mit ihnen zu Abend gegessen.“

Aber meiner Mutter war klar, dass sie die Komödie von den alten Freunden jetzt mitspielen musste, und so sagte sie: „Wir werden das schon irgendwie schaffen.“

Jetzt hatte auch die verängstigte Frau Greifenclau, ein, wie ich später erfuhr, etwas aus der Fasson geratenes früheres Mannequin, begriffen, dass ihre Odyssee ihr Ende gefunden hatte. Sie fiel ihrem Schwager um den Hals und sagte: „Siehst du Friedrich, dein Beten hat doch geholfen.“ Nun musste Herr Greifenclau die Bemerkung seiner Frau erklären.

„Wir hatten da nämlich eine Arbeitsteilung. Mein Bruder und ich haben am Steuer abgewechselt, aber immer wenn es kritisch wurde, wegen angreifenden Tieffliegern, Schießereien oder Kontrollposten, rutschte mein Bruder auf den Beifahrersitz um zu beten und ich musste fahren. Der Bruder mit Halbglatze lächelte verlegen.

Die Geschichte von der Ankunft des Kunsthändlers Greifenclau hat mein Vater in das Repertoire seiner Geschichten aufgenommen, mit denen er, meist zu vorgerückter Stunde, seine Gäste zu unterhalten pflegte. Das hörte sich dann so an:

„Ich wollte gerade zu meinem Hof hinübergehen und nach meinen Pferden sehen, da fährt ein großer schwarzer Citroën vor, und wer steigt aus? Unser alter Freund, der bekannte Kunsthändler Greifenclau, mit dem wir in Berlin immer so gerne zusammengesessen sind. Aber wie er aussteigt, hält er den Kopf ganz schief und es sieht aus, als könnte er ihn gar nicht mehr gerade kriegen. Und dann steigt sein Bruder aus, der hält den Kopf auch ganz schief, aber nach der anderen Seite. Dann sehe ich, dass unter dem Dach des Wagens so viele wertvolle Bilder festgezurrt waren, dass einfach kein Platz übrig geblieben war, um die

Köpfe aufrecht zu halten. Und dann schälen sich doch aus den beiden hinteren Türen Mutter und Tochter heraus. Es war ungefähr so schwierig, als würde man versuchen, den Belag eines Sandwiches zwischen den beiden Brotscheiben herauszupulen.

Aber das Tollste war, wie es die Familie geschafft hatte, mit ihrem großen Citroën, vollgestopft mit Bildern von Picasso, Braque, Chagall, Klee, Kandinsky, Degas, Matisse und Miro durch die vielen Kontrollposten zu kommen. Das verdanken die Greifenclaus, so haben sie es mir jedenfalls erzählt, dem jüngeren Bruder des Kunsthändlers, Friedrich. Der hatte in dem ganzen Chaos eines gelernt: mit geradezu überirdischer Intensität und Lautstärke zu beten. Kaum hatten die Posten die Autotüren aufgerissen, da hören sie: ‚Heilige Mutter Gottes, voll der Gnaden, der Herr ist mit dir, du bist gebenedeit unter den Weibern', und da schmissen die Posten vor Schreck die Autotüren wieder zu."

Am nächsten Tag wurde der Citroën leergeräumt und die Bilder hinter Schränken und an anderen geeigneten Plätzen des sehr unübersichtlichen Hofgebäudes versteckt. Herr Greifenclau hielt alles in einem Lageplan fest, den er an einem sicheren Ort versteckte.

Das Auto wurde in die Scheuneneinfahrt gestellt. „Verstecken hat keinen Sinn, sie kennen alle Tricks. Ich muss meinen Wagen, dem ich unser Leben und die Rettung unseres Vermögens verdanke, schon selbst verteidigen, und wenn es sein muss, mein Leben dafür riskieren", meinte Greifenclau zu meinem Vater, dem dieses martialische Auftreten sehr imponierte.

Tatsächlich konnte Greifenclau in drei Sprachen, deutsch, französisch und englisch, akzentfrei verhandeln, aber auch sehr laut brüllen und fluchen. Als ein deutscher Soldat den letzten Befehl, der ihm erteilt worden war, ausführen wollte, alle Autos und Traktoren unbrauchbar zu machen, sprang der sehr viel größere und breitere Kunsthändler mit einem Satz vor seinen Wagen. In Englisch ging eine so lautstarke Schimpfiade auf den Soldaten nieder, dass er seine Maschinepistole sinken ließ, die er gerade noch in den Kühler des Citroën hatte entleeren wollen. Das Gebrüll des großen Mannes in der Sprache der Sieger hatte ihn so überrascht, dass er seine Maschinenpistole wegwarf und mit seinen Kameraden in die nahen Wälder zog, um so vielleicht der Gefangenschaft zu entgehen.

Damit verglichen war es für Greifenclau ein Leichtes, die amerikanischen Soldaten abzuwehren, die den intakten Wagen sofort beschlagnahmen wollten. Nun argumentierte er freundlich und wieder in englischer Sprache mit Hinweis auf das Pariser Kennzeichen des Wagens. Es handle sich um ein französisches Auto einer französischen Familie und die Franzosen gehörten ja nun zu den Alliierten.

Nach diesen beiden Auftritten des Kunsthändlers, der auch noch größere Geldmengen in verschiedenen Währungen bei sich hatte, konnte ich mir vorstellen, wie er es in einer monatelangen Odyssee zwischen den zurückflutenden deutschen Truppen von Paris bis zu uns geschafft hatte.

Als sich das Leben unter der amerikanischen Militärregierung etwas normalisiert hatte, fuhr Greifenclau seinen geretteten Wagen wieder aus der Scheune und machte sich auf die Suche nach einem weniger improvisierten Quartier für sich, seine Familie und die Bilder.

Yvonne bin ich wieder begegnet, als wir beide versuchten, in der chaotischen Nachkriegszeit auf dem Gymnasium Fuß zu fassen. Seit dieser Zeit waren wir in Verbindung geblieben.

Der Kunsthändler brach schon bald mit seinem Bruder nach Köln auf, um sein Geschäft für die drei Westzonen wieder aufzubauen. Als seine neue deutsche Niederlassung zu florieren begann und sich auch die Beziehungen zwischen Deutschland und Frankreich wieder normalisiert hatten, fing er auch in Paris noch einmal von vorne an.

Wenn er in Köln war, wurde seine Pariser Dependance von seiner Frau betreut. Yvonne machte in Paris ihr baccalauréat und bestand dann die Aufnahmeprüfung für die Kunstakademie ‚Beaux Artes', wo sie das Fach Modezeichnerin studierte. In der Beaux Artes lernte sie ihren späteren Mann Pierre Vachier kennen. Pierres Vater war Mechaniker in einem Werk für Schiffsdieselmotoren am Rand von Paris. Der Sohn hatte es durch das französische System der Concours, den Eignungsprüfungen, von denen es abhängt, wie es im Leben weitergeht, auch auf die ‚Beau Artes' geschafft.

Herr Greifenclau hatte alles versucht, seine Tochter von diesem Mann aus dem falschen Milieu mit dem unpassenden Namen abzubringen. Als er einsehen musste, dass er dies nicht schaffen würde, drehte er Yvonne den Geldhahn zu.

Als ich einmal nach Paris trampte, um die Eltern und Yvonne mit ihrem Mann zu besuchen, lebten sie sehr bescheiden in einem nicht sehr feinen Viertel. Besonders hatte mich beeindruckt, dass aus Platzmangel die Badewanne in der Küche installiert worden war.

Die Eltern dagegen residierten in einer großen Wohnung an einem der Boulevards, vollgestopft mit wertvollen Bildern. Herr Greifenclau hielt mir einen sehr detaillierten Vortrag darüber, in welchen der Museen ich seine Bilder bewundern könnte, die nicht mehr in den Citroën gepasst hatten und konfisziert worden waren.

Es blieb bei dem einen Besuch von Yvonnes Eltern. Lieber schlug ich mein Lager auf einer Luftmatratze in der Küche von Yvonne und Pierre auf. Ich verstand, warum Yvonne sich nicht von diesem Pierre Vachier abbringen lassen wollte.

Er war genau der Partner, den die blonde deutsche Schönheit, die meist von den Realitäten des Lebens ferngehalten worden war, brauchte. Pierre war groß, nicht gerade schlank, mit sehr schwarzem Haar und großen dunklen Augen. Er war einer, der immer erst beobachtete, ehe er etwas sagte, aber auch gern zu Witzen aufgelegt war. Er war in der Beziehung der Bodenständige, einer, der es gewohnt war, die Dinge richtig anzupacken und zu organisieren. Er war ein sehr guter Illustrator, der von Grafiken für die großen Magazine wie ‚Match' und ‚Elle' lebte, sich aber auch als Maler versuchte.

Wir verstanden uns sofort, was meinem schlechten Schulfranzösisch auf die Sprünge half. Als ich ihm erzählte, ich würde es hoffentlich bald zu einem eigenen Auto bringen, hatte Pierre eine Idee. „Wir könnten doch dann die nächsten Ferien zusammen verbringen".

Die Idee, die Pierre nun entwickelte, sah so aus. Sie würden ein Haus in dem idyllischen Bôrmes an der Côte d'Azur mieten. Bôrmes liege oben auf einem Gebirgszug etwa zehn Kilometer vom Meer entfernt. Aus diesem Grund seien die Häuser dort viel billiger. Wenn ich aber dann mein Auto hätte, wäre das kein Problem, dann wären wir nicht mehr auf die vollen und selten fahrenden Busse angewiesen. Zur Verminderung der Mietkosten sollte auch noch ein befreundetes Ehepaar eingeladen werden. Als ich mit meinem DKW meinen Vater besuchte, erzählte ich ihm von unseren Plänen für die Sommerferien.

„Musst du denn unbedingt allen Blödsinn, den ich im Leben gemacht habe, auch noch übertreffen", stöhnte er wieder. „Ich bin Ende der zwanziger Jahre, als ich noch knapp bei Kasse war, auch mit so einer schwächlichen Klapperkiste, einem BMW Dixi mit Sportkarosserie, auf Reisen gegangen. Aber ich wäre doch nie auf die Idee gekommen, mit sowas bis an die Côte d'Azur zu fahren. Wenn irgendetwas an der alten Mühle kaputt geht, könnt ihr nach Haus trampen. Zweitaktautos mit dieser komischen DKW-Elektrik sind in Frankreich vollkommen unbekannt. Mein Vater verstand zwar nur wenig von Autotechnik, aber da hatte er Recht.

So versuchte ich seiner Argumentation mit einem blöden Spruch den Boden zu entziehen, der seinem Denken entsprach: „Wenn man was erleben will, muss man eben auch was riskieren."

Er sah mich an und lenkte ein. „Mach was du willst. Du bist volljährig, ich kann es nicht verhindern. Aber Geld bekommst du von mir nicht für dieses Wahnsinnsunternehmen."

Er hatte sich sehr darum bemüht, diesen Satz entschieden klingen zu lassen, aber ich war mir sicher, tatsächlich gefiel ihm meine Lust am Abenteuer. Es entstand eine Pause. In ein paar schräg durch die großen Fenster seines Arbeitszimmers einfallenden Sonnenstrahlen schwebte der Staub.

„Den Namen ‚Bôrmes' habe ich schon mal gehört", nahm er den Faden des Gesprächs wieder auf. Das klang jetzt ganz freundlich und ich wurde neugierig. Er dachte nach und erinnerte sich dann. „Ich glaube, Thomas Mann war nach seiner Emigration ein paar Wochen da."

Da war die Gelegenheit, meinem Vater eine Frage zu stellen, die ich schon länger mit mir herumtrug.

„Hast du eigentlich auch mal drangedacht zu emigrieren, so wie die meisten deiner Kollegen?"

Er sah mich überrascht an.

„Natürlich habe ich daran gedacht. Aber für uns Schriftsteller war das sehr viel schwieriger als für die Maler, Musiker und auch noch die Schauspieler. Wir Schriftsteller leben von Büchern in unserer Sprache und die versteht man einfach nicht in England, Amerika oder Brasilien. Versetz dich doch mal in meine Lage. Ich kam als schwer Kriegsverletzter aus dem Ersten Weltkrieg, ich hatte fast nichts und konnte auch nichts. Dann fing ich auf meinem kleinen Hof mit dem Bücher schreiben an und hatte dann schließlich Erfolg. Alles hier habe ich mir zusammengeschrieben. Ich konnte doch nicht alles aufgeben und mit euch wieder in die Armut abrutschen. Du kannst mir glauben, ich weiß noch, wie das ist. Natürlich habe ich schon mal darüber nachgedacht, was ich hätte tun können, um euch zum Beispiel in den USA über Wasser zu halten."

Er machte eine Pause, um meine Neugier zu steigern.

„Was denn?"

„Herrschaftschauffeur von großen Industriebossen. Ich glaube, das hätte ich gekonnt. Formvollendet die Mütze vom Kopf ziehen, gleichzeitig eine devote Verbeugung, dann den Schlag schwungvoll aufreißen und gefühlvoll wieder verschließen. Ein bisschen einfühlsame Konversation, und genau erahnen, wie der Chef heute gefahren werden will und genau so musst du fahren. Damit hätte ich euch wahrscheinlich gerade so ernähren können. Aber mehr auch nicht." Er sah mich an und fragte: „Meinst du, das wäre für uns alle besser gewesen?"

Es war aber wohl mehr eine rhetorische Frage, denn er fuhr fort: „Ich habe mich dafür entschieden, das alles hier nicht aufzugeben. So musste ich eben mit den Wölfen heulen und mit dem Teufel tanzen, du weißt schon, mit dem mit dem Klumpfuß."

Die Vorbereitungen für die Reise an die Côte d'Azur verliefen nicht so, wie ich mir das vorgestellt hatte. Als Kopiloten wollte ich Bernd mitnehmen. Er war ein verlässlicher Freund, den nichts so leicht aus der Ruhe brachte und dazu auch noch ein guter Autotechniker und Improvisator. Bernd aber musste mir absagen, weil sein Vater gegen diese ‚Wahnsinnsunternehmung' mit diesem verrückten Autostudenten war. Es gab in der Mitte der fünfziger Jahre noch so wenig Studenten, die ein Auto hatten, dass ich meist vor oder hinter dem Hauptgebäude der Universität parken konnte. Bernds Vater war der Meinung, dass das auch so bleiben sollte.

„Solange du deine Füße unter meinen Tisch streckst und ich dir das Studium bezahle, passiert, was ich will. Dass du schon volljährig bist, ist mir ganz wurscht", hatte der Vater entschieden.

Also rief ich Wolf an und fragte, ob er Lust habe. Wolf sagte sofort zu. Er hatte keinen Vater mehr, der ihm etwas verbieten konnte, und unsere Mütter versuchten es erst gar nicht, weil sie wussten, dass es sinnlos gewesen wäre. Wolf war zwar kein guter Techniker, aber ein mutiger und in einigen Abenteuern erprobter Freund.

Seit Herr Burger gestorben war, hatte es mit den Nebenjobs nicht mehr so gut geklappt. Ich wurde stundenweise als Ausfahrer von einer Elektrogroßhandlung beschäftigt und fand dann einen Job als Lkw-Fahrer und Lagerarbeiter bei einer Eternit-Baustoffhandlung. Immer wenn die Aufträge die Leistungsmöglichkeiten des knappen Stammpersonals überstiegen, wurde ich angefordert. Das passte nicht immer zum Stundenplan meiner Vorlesungen und Seminare. Aber man musste eben Prioritäten setzen.

Die Campingausrüstung besorgte ich mir billig aus Armeebeständen.

Einen Tag vor Wolfs Ankunft am Münchner Hauptbahnhof hatte ich alles, was für diese Reise dringend notwendig war, zusammen, und ich begann, die Sachen im Kofferraum des Cabrios zu verstauen. Während dieser Arbeiten hatte ich plötzlich Zweifel, ob es mit dieser Reise gut gehen würde oder ob nicht doch die Recht hatten, die das ganze Unternehmen für verrückt hielten. Der DKW war nun seit bald 20 Jahren in Betrieb und ich war in der Autotechnik ein Autodidakt. Vielleicht gab es doch irgendwo in den beweglichen Teilen des Wagens ein schwaches Glied, an das ich nicht gedacht hatte, und das mir nun, weit weg von zu Hause, um die Ohren fliegen würde.

‚Man nimmt das Alter tatsächlich sehr viel deutlicher an den anderen wahr als an sich selbst', dachte ich, als Wolf aus dem Zug stieg. Wir hatten uns jetzt eine längere Zeit nicht mehr gesehen. Er war etwas korpulenter und ruhiger geworden. Wenn er redete, so schien es mir, schimmerte ein wenig der Schliff der juristischen Seminare durch, in denen man lernen musste, sich zu behaupten.

Während wir vom Bahnsteig zum Auto gingen, erklärte ich ihm, was ich alles an Ausrüstung besorgt hatte und wie ich mir die Reiseetappen bis zur Côte d'Azur vorgestellt hatte.

„Da hast du ja wirklich ne tolle Kiste", meinte Wolf, als wir an meinem Cabrio angekommen waren. Ich wusste nicht so recht, ob das nun positiv oder negativ gemeint war und fragte sicherheitshalber auch nicht weiter nach.

Wolf beförderte seinen gewaltigen Rucksack auf die hintere Bank und passte den Sitz seiner Größe an. Er legte seinen Arm auf dem Türrahmen ab und fand alles gar nicht mal so schlecht. Als ich auf den Anlasser getreten hatte und den Motor einmal hochdrehen ließ, vertrieb die Erwartung auf unser Abenteuer meine Ängste.

Wir starteten an einem sonnigen und fast heißen Tag Ende Juli. Die Autobahn München – Basel war noch leer. Natürlich war das Verdeck geöffnet. Unsere Reisegeschwindigkeit lag bei etwa 70 km/h, da ließ sich der Fahrtwind aushalten und der Motor hatte keine große Mühe, die Fuhre zu ziehen. Die Spalten zwischen den Betonplatten der Fahrbahn schickten ihre regelmäßigen Stöße durch die offene Karosse. Ich hoffte, dass die schmalen Querblattfedern diese Beanspruchung aushielten. Die beiden übereinander angeordneten Blattfederpakete waren nicht nur für das Auffangen von Unebenheiten zuständig, sondern auch für die Führung der Vorderräder. Brachen sie, so wäre der Wagen kaum noch zu steuern gewesen. Als das Gerüttel der deutschen Autobahnen in der Nähe der Schweizer Grenze zu Ende war, gab es aber keinen wahrnehmbaren Grund, uns Sorgen zu machen. Die Stellung der Räder hatte sich nicht verändert und der Wagen ließ sich lenken wie vorher. Dem Motor schien die stundenlange gleichmäßige Belastung sogar gut getan zu haben. Es war, als würde er nun ein klein wenig besser ziehen. Bei einem alten DKW konnte man jedes einzelne PS spüren.

Für den ersten Reisetag hatten wir uns vorgenommen, auch noch die Schweiz zu durchqueren und erst in Frankreich nach einem Campingplatz für die Übernachtung zu suchen, weil die Campingplätze dort billiger sein sollten.

Der erste Platz jenseits der Grenze, von der Hauptstraße aus unübersehbar ausgeschildert, war ein riesiges Areal, das in seinem vorderen Teil mit seinen ordentlichen Zeltstraßen ein bisschen an ein Heerlager erinnerte. Die Zeltreihen endeten an einem Wald mit hohen alten Bäumen. Es sah aber so aus, als gehörte dieses Gebiet auch noch dazu.

Für den Eindruck eines Heerlagers sorgten auch die vielen Militärzelte amerikanischen Ursprungs, die nun zwischen den pastellfarbenen Zelten friedlichen Zwecken dienten. Dabei gab es aber nicht nur das solide olivgrüne Material, sondern auch noch die grün-grau-schwarz gefleckten Planen der deutschen Wehrmacht, die man bei der Befreiung erobert hatte.

Wir meldeten uns an, bekamen eine Nummer, die wir hinter die Windschutzscheibe platzieren sollten, und den Hinweis, dass es hinten im Wald noch kleinere Plätze gäbe. Wir fanden einen ziemlich ebenen Platz unter einer alten Buche. Ehe wir den Aufbau des Zeltes in Angriff nahmen, streckten wir uns erst einmal auf dem trockenen Boden aus.

Das permanente Gedudel der in Mode gekommenen Transistorradios war so weit weg, dass es nicht störte. Eine wohlgenährte grau getigerte Katze schlich vorbei. Sie hatte hier ein Refugium entdeckt, in dem es sich gut leben ließ.

Schließlich rappelten wir uns doch wieder auf, um das Zelt aufzustellen und die Luftmatratzen zu füllen.

„Wir sollten noch mal zum Kiosk am Eingangsbereich zurückgehen und schauen, ob wir noch was zu essen bekommen", meinte Wolf, als wir fertig waren. Er hatte mehr Hunger als ich, das war schon immer so gewesen.

Wir machten uns auf den Weg durch die Zeltstraße. Man grüßte höflich, wenn sich die Blicke begegneten, und wir bewunderten, was da auf den kleinen Campingtischen alles aufgebaut war. Baguettes natürlich, aber auch Salat, Schinken, Nudeln, Braten, Wurst, Käse, Tomaten und Schalen voller Obst, Äpfel, Birnen, Weintrauben, aufgeschnittene Melonen. Es sah alles sehr frisch aus und langsam meldete sich auch bei mir der Hunger.

„Bei den Franzosen ist die Fresswelle wohl Dauerzustand", meinte Wolf leise, obwohl ihn hier bestimmt niemand verstanden hätte. Aber vielleicht war es ganz gut, hier nicht so laut deutsch zu sprechen.

Die Familien an den wohlgedeckten Tischen waren meist mittleren Alters, und die Kinder zwei oder drei, noch klein. Es gab kaum übergewichtige Menschen, was mich bei diesem Angebot an Genüssen verwunderte. Mich interessierten natürlich auch die Autos, die ordentlich neben den Zelten geparkt waren. Es gab nur französische Wagen. Viele der kleinen 4 CV Renaults standen da. Das Auto war in seiner ersten Ausführung mit 19 PS sogar meiner alten Kiste unterlegen, tatsächlich aber nicht abzuschütteln. Die grauen 2 CV Citroën hatten damals nur neun PS. Das war so viel wie später die französischen Voiturettes, kleine Kisten für Menschen, die sich den Führerschein nicht zutrauten oder denen man ihn abgenommen hatte. Bei den größeren Wagen dominierten die Nachkriegsmodelle von Peugeot und Citroën auf dem Platz, aber auch die Stromlinienpeugeots der dreißiger Jahre und ein Renault, der so aussah, als wäre er vom ersten Opel Kadett inspiriert worden, war noch häufig zu sehen. An einem Peugeot 203 mit offener Motorhaube, um den sich eine vierköpfige Familie versammelt hatte, blieben wir stehen. Seit ich motorisiert unterwegs war, hatte ich mir angewöhnt, immer anzuhalten, wenn jemand am Straßenrand liegen geblieben war. Es war eine Mischung aus Hilfsbereitschaft, sofern ich denn dazu in der Lage war, und Neugier auf das technische Problem, das hinter dieser Panne steckte.

Ich war es gewohnt, immer freundlich empfangen zu werden, aber das war in Deutschland und Österreich gewesen. Dass es in Frankreich anders war, hätte ich mir denken können. Ich hatte mit Yvonne und Pierre von Pairs aus eine billige Autobustour an die Kanalküste bei Boulogne gemacht. Vor einem der gesprengten Bunker waren die beiden mit einem Fischer ins Gespräch gekommen. Ich schwieg instinktiv, um mich nicht als Deutscher zu verraten. Aber es half nichts. Als sich ein fingerdicker rot-gelb geringelter Wurm aus dem feuchten Sand herausgrub, sah der Fischer mich an und sagte: „Als die Deutschen noch da waren, haben wir sogar sowas gefressen." Yvonne und Pierre setzten das Gespräch einfach fort, so als wäre ich gar nicht da.

In der Situation hier auf dem Campingplatz konnte ich aber nicht einfach so am Rand stehen bleiben, aber ich hatte plötzlich kein gutes Gefühl mehr bei dem, was ich da angefangen hatte. Der Familienvater war Anfang dreißig. Sein Gesicht schmückte ein gepflegter kurzer Bart. Sein Hemd war sehr bunt, vielleicht hatte er das Muster selbst entworfen. Auch seine Frau trug so eine sehr bunte Bluse zu einem engen schwarzen Rock. Die Augen in ihrem ovalen Gesicht waren sehr dunkel, die langen Haare, schwarz wie Anthrazit, hatte sie im Nacken mit einem Gummi zusammengebunden. Pferdeschwanz nannte man das. Sie erinnerte mich an die Fotos der Sängerin einer kleinen südamerikanischen Band, die damals in den Magazinen und in den Schlagerprogrammen der Sender auftauchte.

‚Das sind Kunsterzieher, die keine Ahnung von Autotechnik haben', dachte ich.

Ich konstruierte mit meinem Schulfranzösisch einen Satz und bemühte mich, ihn möglichst flüssig auszusprechen, so wie ich das von Pierre gelernt hatte.

„Haben Sie Probleme mit dem Motor?"

Er sah kurz auf, reagierte jedoch nicht. Aber seine Frau wandte sich uns zu.

„Der Motor läuft nicht mehr richtig. Wir haben es mit dem voll bepackten Wagen kaum bis auf den Campingplatz geschafft."

Ob ich versuchen dürfte, den Defekt zu finden, fragte ich.

Das löste einen kurzen Wortwechsel zwischen den Ehepartnern aus. „Aber das sind doch Deutsche“, sagte er. „Sie sind doch zu jung“, zischte sie. Darauf trat er einen Schritt zurück, wies auf den Motor und forderte uns auf „Bedienen sie sich.“

Ich fasste den Motor an. Er war noch warm. Ich zog die Kerzenstecker ab und versuchte herauszufinden, ob sie unterschiedlich warm waren. Lief ein Motor nicht auf allen Zylindern, waren die Kerzen, die nicht funktionierten, etwas kühler. Tatsächlich ließen sich die beiden mittleren Kerzen gut anfassen, die beiden anderen waren zu heiß.

„Ich brauche mein Werkzeug“, erklärte ich und drehte mich in Richtung unseres Platzes.

„Ich mach das schon“, meinte Wolf und spurtete los. Ich hatte das Gefühl, er war froh, dieser gespannten Stimmung für ein paar Minuten entrinnen zu können.

„Wahrscheinlich hat sich an zwei Kerzen eine Brücke aus Blei und Dreck gebildet. Dann kann kein Funken mehr überspringen“, versuchte ich die Wartezeit zu überbrücken.

„Die Deutschen sind wirklich hervorragende Techniker – in jeder Hinsicht“, murmelte er. Natürlich war mir klar, was er mit den letzten drei Worten gemeint hatte: die Gaskammern in den Konzentrationslagern.

‚Vielleicht komme ich aus dieser Falle heraus, wenn ich so tue, als ginge es in unserem Gespräch nur um Autos.‘ Ich sagte: „In der Autotechnik seid ihr Franzosen aber im Augenblick besser als wir. In Deutschland gibt es weder einen so modernen Alltagsmotor mit runden Verbrennungsräumen wie an diesem Peugeot, noch ein so modernes Auto wie euren Citroën DS.

„Der Monsieur versteht ja was von Autotechnik, sogar von der französischen“, sagte sie und gab ihrem Mann einen aufmunternden Schubs.

Wolf kam mit meiner Werkzeugtasche angespurtet. Ich griff mir den passenden Kerzenschlüssel, zog die Kerzenstecker ab und schraubte die beiden mittleren Kerzen heraus. Es sah aus, wie ich es vermutet hatte. Die Elektroden waren verrußt und kleine Bleiklumpen blockierten das Überspringen des Zündfunkens.

Ich zeigte den beiden die Kerzen, ehe ich meine Drahtbürste aus der Werkzeugtasche herauskramte und die Kerzen putzte. Dann schraubte ich sie wieder in den Zylinderkopf, zog sie fest, steckte die Stecker drauf und gab ein Zeichen, es nun zu probieren.

Der Anlasser zog den Motor ein paarmal durch, dann sprang er an, drehte gleichmäßig hoch und bewegte sich unter den Gasstößen ein wenig hin und her in seinen Gummilagern.

„Wunderbar, Sie haben uns gerettet.“ Sie strahlte uns an.

Ihr Mann saß immer noch am Steuer, er war vom Gas gegangen, der Motor lief im Leerlauf ruhig und gleichmäßig.

‚Irgendwie musst du es jetzt schaffen, die Sache zu einem freundlichen Ende zu bringen, aber wie bloß?‘ Ich versuchte aus meinem ersten Eindruck etwas zu machen, das waren Kunsterzieher wahrscheinlich in einem Gymnasium.

Ich sagte: „Die Reparatur war nicht schwierig, aber Sie sind vielleicht Kunsterzieher, also eigentlich Künstler, und Künstler verstehen meist nicht viel von Technik.“

Der Mann schaltete den Motor ab, stieg aus, sah mich an und fragte: „Wie haben Sie herausgefunden, dass wir Kunsterzieher sind?“

„In den frühen fünfziger Jahren kamen bei uns die jungen Lehrer an die Schulen, die nach dem Krieg studiert haben. Sie haben uns von den ewig brüllenden Paukern aus der Nazizeit befreit. Die Kunsterzieher unter ihnen haben mich an Sie erinnert.“

„Aber Sie waren doch bestimmt selbst noch in der Jugendorganisation der Nazis, der Hitlerjugend?“ bohrte er nach.

„Nein, ich war nicht in der Hitlerjugend, ich hatte keine Lust auf das Strammstehen und das Kriegsspielen. Ich bin 1944 einfach nicht hingegangen. Wir lebten auf dem Land und es passierte nichts. Es war keine große Heldentat, und mein Vetter Wolf hatte das Glück, gerade noch zu jung zu sein.“

„Ich habe es dir doch gleich gesagt, sie sind zu jung, um noch Nazis gewesen zu sein“, wiederholte sie.

Sie legte dann ihren Arm auf seine Schultern und es schien, als wäre jetzt sein Groll gegen diese Deutschen etwas verflogen. „Mein Mann war damals noch sehr jung, als er sich der Resistance anschloss. Viele seiner Kameraden sind von den Deutschen umgebracht oder gefoltert worden“, erklärte sie uns. „Aber das ist ja jetzt vorbei, Sie haben uns gerettet, und jetzt würden wir uns freuen, wenn Sie mit uns zu Abend essen würden.“

Diese plötzliche Einladung war mir nicht ganz geheuer. Ich wusste nicht, was ihr Mann alles unter der Besatzungsmacht erlebt hatte und ob es ihm nicht lieber gewesen wäre, wenn sich diese beiden Deutschen zu ihrem Zelt getrollt hätten.

„Vielen Dank für die Einladung, aber Sie haben doch gar keinen Platz mehr für uns“, wandte ich ein und zeigte auf den kleinen Campingtisch mit den vier Stühlen. Daneben auf einem zweiten türmten sich Baguettes, Käse, Schinken und Früchte.

Tatsächlich hatte die gespannte Stimmung vorhin mir den Appetit vertrieben. Für diese Bemerkung fing ich mir einen deutlichen Ellbogenrempler von Wolf ein.

„Aber das macht doch gar nichts, wir leihen uns einen Tisch und zwei Stühle von den Nachbarn und zu essen ist genug da“, meinte sie.

Tatsächlich verschwand ihr Mann, ohne ein Wort zu sagen, zwischen den Zelten und kam wenig später mit einem Klapptisch in der Hand und zwei Campingstühlen unter dem Arm, zurück. Es wurden noch zwei Gedecke herausgekramt, die beiden kleinen Mädchen kletterten auf ihre Stühle und betrachteten uns neugierig. Sie sahen aus, wie wohl auch die Mutter als Kind ausgesehen hatte, dunkel, zierlich und lebendig. Vom Vater war nicht viel zu erkennen. Als wir alle saßen und schon einiges auf unsere Teller geladen hatten, richtete er eine Frage an uns, die ich aber nur ansatzweise verstand. Sie hatte das sofort begriffen und meinte: „Von den jungen Herrn hat nur einer in der Schule etwas Französisch gelernt, der andere versteht gar nichts“. Sie sagte das sehr langsam und ich begriff, Französisch war tatsächlich nicht ihre Muttersprache.

„Ich weiß, wie das ist. Als ich aus Lima nach Paris an die Universität kam, hatte ich auch große Mühe, etwas zu verstehen, obwohl ich auch in der Schule Französisch gelernt hatte.“ Dann wiederholte sie sehr langsam, was ihr Mann von uns wissen wollte.

„Wie war das denn in der neuen deutschen Demokratie mit den alten Lehrern aus der Nazizeit?“

Es gab ein großes Misstrauen zwischen den Schülern und den älteren Lehrern. Wir erinnerten uns kaum oder gar nicht an die Friedenszeit. Nationalsozialismus, das war für uns Krieg, Bombennächte und industrieller Massenmord in den Konzentrationslagern. Wir dachten, wie können unsere Eltern und Lehrer nur so dumm gewesen sein, von

Hitlers Gefasel über Arbeit, Volksgemeinschaft und Frieden etwas anderes zu erwarten als eine Verschleierung seiner tatsächlichen Absichten. Natürlich wussten unsere Lehrer, dass wir so dachten, und so schwiegen sie sich lieber aus über die zwölf Jahre des Nationalsozialismus.

Ich hatte meine Gedanken mit meinem knappen Vokabular zusammengestoppelt. Aber die Peruanerin, gewohnt in zwei Sprachen zu leben, machte schöne französische Sätze daraus.

„Haben wirklich alle Lehrer über die Nazizeit gar nichts gesagt?“, wollte ihr Mann wissen.

Eine Ausnahme war mir eingefallen. Es war unser Physiklehrer gewesen, der als Meteorologe zur Luftwaffe eingezogen worden war. Er hatte die Aufgabe gehabt, den Jagdfliegern die Reichweite ihrer Maschinen je nach den gegebenen Wetterbedingungen zu erklären. Wenn die Piloten aber vom Jagdtrieb besessen waren, hatten sie sich allerdings für seine Vorgaben nicht mehr interessiert. Dann waren die Maschinen plötzlich mit stehenden Propellern wie Steine vom Himmel gefallen. Dass so viele Jagdflugzeuge abgestürzt waren, war auch auf die Missachtung der Vorgaben der Meteorologen zurückzuführen gewesen. Aber man habe natürlich kein Interesse daran gehabt, die Ursache für die vielen Abstürze zu untersuchen.

Diese Geschichte hatte uns Gymnasiasten gefallen, denn sie hatte dokumentiert: von den in Presse und Wochenschau zu Helden stilisierten Piloten der Luftwaffe müssen einige wohl etwas bescheuert gewesen sein.

Immer mehr spürte ich den starken Rotwein. Er legte sich wie Schaumstoff auf meine Gedanken und es kam mir vor, als ob sie sich darin verfangen würden. Es war an der Zeit aufzubrechen, auch wenn Wolf zur Erheiterung unserer Gastgeber immer noch freudig alles verdrückte, was ihm angeboten wurde. Wir verabschiedeten uns und wankten zu unserem Zelt zurück.

Am nächsten Morgen wachte ich von einem sehr hellen Sonnenstrahl auf. Er hatte seinen Weg durch die Blätter der Bäume und den offenen Schlitz unseres Zelteingangs bis zu meinem Kopf gefunden.

Wir spürten immer noch das ungewohnt reichliche Abendessen in unseren Mägen. So genügte ein kleines Frühstück aus ‚Bordmitteln‘, also Knäckebrot mit Marmelade und ein paar Tassen Pulverkaffee. Das heiße Wasser dafür lieferte unser kleiner Benzinkocher. Als wir alles eingepackt hatten und an unseren Gastgebern vorbeifuhren, winkten sie uns zu.

Wieder auf der Nationalstraße nach Süden, staute sich die Ferienkarawane, die dem Mittelmeer entgegenkroch, immer wieder hinter Traktoren. Wenn die Gespanne wegen des Gegenverkehrs oder einer unübersichtlichen Situation nicht überholt werden konnten, ging es nur im Schritttempo weiter. Auch die vielen alten LKWs der Marken Berliet, Saviem und Unic krochen die Steigungen asthmatisch keuchend hoch und waren kaum schneller.

Sehr häufig hemmte auch ein vollbepackter Citroën 2 CV, der später bei uns als Ente bekannt wurde, unseren Vorwärtsdrang. Die damals noch verbreitete erste 9-PS-Ausführung fiel an Steigungen unter dem lauten Heulen des kleinen Zweizylinders nahezu in Schritttempo. Wenn die Gegenfahrbahn frei war und es der zweite Gang noch packte, konnte ich mit meinen 20 PS souverän an diesen Fuhren vorbeiziehen.

Als wir bei Lyon auf die Route National 7 stießen, war es vorbei mit einem Fahren, bei dem man das Risiko des Überholens noch abschätzen konnte. Diese berühmte Ferienstraße der Franzosen führte von Paris bis nach Menton am Mittelmeer. Um dem Ferientross die Möglichkeit zu geben, sich etwas zu entflechten, hatte man zwischen beiden Fahrbahnen eine Überholspur eingerichtet, die gleichberechtigt von beiden Fahrtrichtungen benutzt werden konnte, die Selbstmord- oder Harakirispur. Nun hatte man die Wahl, mit fünfzig oder sechzig in der Geborgenheit der Ferienschlange dahin zu rollen oder sich dem Showdown auf der Harakirispur zu stellen. Risikofreudiger wurde ich durch das Gefühl, mein alter DKW hätte plötzlich ein paar PS mehr unter der Haube.

Aber bei einem Halt begriff ich, es war nur der Mistral. Das zurückgeschlagene Verdeck wirkte wie ein Segel, in das der Wind blies. ‚Was für ein wunderbares Land', dachte ich, ‚in dem der Wind den Menschen hilft, schneller ans Mittelmeer zu kommen'.

Solange ich so mit leichtem Gasfuß und etwa sechzig hinter einem Peugeot 201 aus den frühen dreißiger Jahren dahinrollte, den auch noch ein vollbepackter Dachgepäckträger in die Federn drückte, konnte nichts passieren. Wenn ich mich aber ein bisschen nach links schob, um zu sehen, ob die Überholspur frei war, und ich mich dann herauswagte, wurde es lebensgefährlich. Es konnte sein, dass ein 203 Peugeot auf der Gegenfahrbahn im gleichen Sekundenbruchteil den gleichen Entschluss gefasst hatte und nun rasten wir aufeinander los. Jetzt versuchten beide, dem Zusammenstoß zu entgehen, indem sie nach einer neuen Lücke in der Schlange suchten, in der man sich wieder in Sicherheit bringen konnte. Dass es damals auf diesen Strecken nicht noch viel mehr schwere Unfälle gab, hatte mit einer Art solidarischem Fahrstil der Franzosen zu tun. Man ließ die kühnen Fahrer, die sich da gleichzeitig aus ihren sicheren Schlangen herausgewagt hatten, nicht in den Tod rasen. Man machte ihnen eine Lücke frei und ließ sie wieder in die Geborgenheit der Schlange zurückschlüpfen. Wer es als Erster schaffte, hatte die schwächeren Nerven und auch deswegen verloren, weil nun für jeden anderen, wenn meist auch nur für kurze Zeit, die Überholspur frei war. Das funktionierte auch für die beiden jungen Deutschen mit ihrer alten Kiste. Es funktionierte ohne ein freundliches Handzeichen oder ein Lächeln, aber es funktionierte.

Einmal, als ich es mal wieder riskieren wollte, scherte gleichzeitig der Fahrer eines viermal so starken Citroën DS mit der ganzen Kraft, über die er verfügte, aus der Kolonne. Ich wollte wieder zurück, aber ein alter Renault Celtaquatre hinter mir hatte wohl etwas zu schnell aufgeschlossen und hinten krachte es. Ich gab dem Fahrer ein Handzeichen, dass ich bei der nächsten Möglichkeit anhalten würde, damit wir uns den Schaden anschauen konnten. Ich hatte Angst vor dieser Begegnung. Die Windschutzscheibe des Renaults, etwa so alt wie mein DKW, war so verstaubt, dass ich nicht erkennen konnte, wer am Steuer saß.

Eine Haltespur kam und wir scherten aus der Schlange. Die Tür des Renaults wurde aufgestoßen und heraus sprang ein junger Mann meines Alters, die Zigarette im Mundwinkel. Er murmelte eine Begrüßungsformel, die ich nicht verstand, sah sich dann meine hintere und seine vordere Stoßstange an. Beide waren etwas eingedrückt. Er machte eine wegwerfende Handbewegung und dann kam ein Satz, den ich verstand: „C'est rien!" Das ist nichts! Er winkte mir zu, nicht freundlich, aber auch nicht unfreundlich. Wir sollten versuchen, uns wieder in die Kolonne einzureihen. Ich war erleichtert. Natürlich hatte er mein D neben dem Nummernschild gesehen, aber es hatte ihn nicht interessiert.

An diesem Abend schafften wir es bis zu einem Campingplatz in der Nähe von Orange. Das Gelände war überfüllt und die Vögel hatten keine Chance gegen das vielstimmige Gedudel der Radios. Wir fanden noch einen Platz unter einem jahrhundertealten Olivenbaum. Unser Zelt passte gerade noch unter das dichte Geflecht von Zweigen und Blättern.

In der Nacht schlief ich schlecht. Es war, als hätten meine Ausbrüche auf die Harakirispur das Gefäß all meiner Albträume geöffnet, die mich schon lange nicht mehr geplagt hatten. Ich rutschte wieder mit dem nicht mehr steuerbaren Topolino den deutschen Soldaten entgegen, die ihre Maschinenpistolen auf mich richteten. Ich hatte vergessen, die Differentialsperre des Dieselrosses zu lösen, und der Koloss walzte alles nieder.

Als wir am späten Vormittag des nächsten Tages Aix-en-Provence erreicht hatten, waren die Schrecken der Nacht vergessen. Wir saßen im Schatten einer wahrscheinlich ein paar Jahrhunderte alten Platane und staunten. Die alte Stadt war vollkommen unzerstört. So etwas hatten wir noch nie gesehen. Das Leben im Schatten der alten Mauern und der riesigen Bäume bewegte sich in zeitloser gleichmäßiger Geschäftigkeit, so als hätte es hier nie einen Krieg gegeben. Wir saßen ein paar Minuten einfach nur da und staunten. Der alte DKW hatte uns in eine andere Welt getragen.

Wir waren in der französischen Mittelmeerprovinz Var angekommen und suchten uns auf der Karte den kürzesten Weg nach Bôrmes. Der Ferienverkehr zum Meer verteilte sich hier. Die Straße, die wir gewählt hatten, war schmal und nicht sehr befahren.

Die Landschaft hatte sich verändert. Es gab keine Orientierung mehr durch Flüsse und mit Weinstöcken bebaute Höhenzüge. Die Straße schlängelte sich zwischen Felsbrocken und kleinen Erhöhungen hindurch. Olivenbäume, deren Blätter von der Sonne zu einem fahlen Grün ausgeblichen waren, hatten sich in dem steinigen Boden verkrallt.

Um die Hitze der Mittagszeit zu überstehen, hatten wir die Seitenfenster heruntergekurbelt und die Windschutzscheibe nach außen geklappt, soweit es eben ging. Auf die Idee, dem Brennen der Sonne zu entgehen, indem wir das Verdeck schlossen, kamen wir nicht.

„Schau mal, wir sind bald da!" Ich rief das begeistert und erleichtert zu Wolf hinüber und verpasste ihm einen Stoß.

„Blödsinn, das Meer ist noch viel zu weit weg", maulte Wolf. Er hatte auf der Karte genau kontrolliert, welche Ortschaften wir schon passiert hatten. „Was du da siehst sind Luftspiegelungen. Erinnerst du dich an die Karl-May-Schinken, die wir im Sommer 45 gelesen haben?"

Ich erinnerte mich an diese Stelle. Es ging um Leute, die in der Wüste die Orientierung verloren hatten und immer den Luftspiegelungen nachliefen. Ob sie gerettet wurden oder verdursteten, wusste ich nicht mehr so genau.

Ich schaute auf den Thermometer für das Kühlwasser, aber der schwankte zwischen 70 und 80 Grad, also im normalen Bereich für den DKW. Offenbar war die Hitze allein kein Problem für das pumpenlose Kühlsystem, solange wir mit wenig Gas in den beiden oberen Gängen dahinrollten und genügend Fahrtwind wehte. Neben der Straße zogen flache Gebäude vorbei. Die Dächer waren aus allen möglichen Materialien zusammengeflickt. An manchen Stellen fehlte das Dach ganz. Da konnte man sehen, dass die Mauern aus Naturstein etwa einen Meter breit waren, wahrscheinlich um die Hitze abzuwehren.

Jetzt säumten rot, gelb und violett blühende Felder unseren Weg. Aber ein Mensch oder ein Tier war nirgends zu sehen. Auch Autos waren kaum unterwegs. Mir fiel ein, es war ja in südlichen Ländern üblich, während der heißesten Zeit eine Siesta zu halten.

„Wenn wir hier liegen bleiben und kein Fahrtwind mehr weht, wird es uns ganz schön heiß werden", meinte Wolf.

Ich fand, dass es eigentlich keinen Anlass für Wolfs pessimistische Bemerkung gab, und trat etwas mehr aufs Gas.

Eine Wolke hatte sich vor die Sonne geschoben und uns von der gleißenden Helle abgeschirmt. Es war, als hätte man einen Filter vor die Sonne geschoben und nun sah man alles viel schärfer. Die Straße lag hoch und plötzlich hatte man einen weiten Blick über die von der Sonne blass-grün gebleichte Landschaft mit ihren Hügeln und weißen Felsvorsprüngen. Da, wo unser Blick am weitesten reichte, war etwas sich bewegendes Blaues.

„Das ist jetzt aber wirklich das Meer", konnte ich gerade noch sagen, dann gab die Wolke die Sonne wieder frei und das, was ich eben noch so deutlich gesehen hatte, war kaum noch wahrzunehmen zwischen den Felsen und Hügeln. Es rückte wieder in eine ferne Verschwommenheit. Aber es war wirklich das Meer gewesen.

In den frühen Abendstunden hatte der DKW die Passstraße von Le Lavandou, dem Badeort am Mittelmeer, und Bôrmes, wo unser Quartier lag, unter den Rädern. Ich war sehr konzentriert bei diesen letzten Kilometern und behielt das Thermometer im Blick. Auf halber Höhe wurde es kritisch mit der Temperatur und ich musste den elektrischen Ventilator einschalten.

Bôrmes les Mimosas war ein provenzalisches Bergstädtchen wie aus dem Fremdenführer. Enge steile Gassen zogen sich den Berg hinauf. Immerhin gab es eine Schlossruine und eine Kirche unter jahrhundertealten Zypressen, an denen wir uns orientieren konnten.

Eine Skizze, die mir Yvonne geschickt hatte, half uns bei der Suche nach einem Parkplatz in diesem unübersichtlichen Städtchen mit seinen engen Straßen, kleinen Plätzen und steilen Treppen. Es dauerte etwas, bis wir uns sicher waren, den richtigen Aufstieg gefunden zu haben. Die enge Treppe führte an den Mauern von Naturstein entlang und mehrfach um die Ecken nach oben. Es ging an einigen Eingangstüren und kleinen Fenstern vorbei, bis wir vor einer massiver Holztür standen, hinter der lebhaft palavert wurde.

Ich klopfte, so laut es ging. Sehr plötzlich wurde es still, die Tür schwang auf und Yvonne stand vor uns in dem dämmrigen Gang. Ich hatte sie das letzte Mal bei meinem Besuch in Paris gesehen und sehr elegant in Erinnerung. Hier trug sie eine rote Bluse, verblichene weite Jeans und war barfuß. Hinter ihr erwartete uns ihr Mann Pierre in Shorts und kariertem Hemd. Dahinter das befreundete Paar, das wir noch nicht kannten. Das Licht des Ganges reichte nicht, um sie genau zu sehen.

Nach der üblichen französischen Begrüßung mit Küssen auf beide Wangen trat Pierre ein paar Schritte in den großen Raum zurück und deklamierte wie ein Schauspieler auf der Bühne.

„Maintenant le temps modern commence, les chevalier de la voiture sont arrivée“ (Jetzt beginnen die modernen Zeiten, die Ritter des Autos sind eingetroffen). Ich verstand den Satz und sofort plagte mich die Angst, meine alte Kiste könnte diese Erwartungen nicht erfüllen, weil irgendetwas zum Teufel ginge.

Wir wurden in den Salon gebeten, den ein großer Esstisch beherrschte. Er verschwand fast unter einer Fülle von Pfannen, Schüsseln, Obstschalen, Baguettekörben und Käsetellern.

Als wir am Tisch saßen, konnte ich mir auch das befreundete Paar ansehen, mit dem wir jetzt vier Wochen zusammen leben würden.

An François, mit seinem kurz gehaltenen blonden Lockenkopf, fiel mir als Erstes auf, wie schlank und schmal er war und wie er mit schnellen Bewegungen seinen Teller leeren konnte. Gleichzeitig verfolgten seine blauen Augen genau, was sich um den großen Esstisch so tat, und es waren im Moment wir, die Neuangekommenen, die die Szene beherrschten.

Sehr nah bei François saß seine Frau Chantal. Auf den ersten Blick war sie unauffällig, viel kleiner als ihr Mann mit rundem Gesicht und einem wuscheligen Lockenkopf, für dessen Farbe wir in der Schulzeit den Ausdruck straßenköterblond gebrauchten. Sie war die Stillste von den vieren, die sich an der Académie des Beaux Artes in Paris kennengelernt hatten. Aber sie war es wohl auch, die nachdachte, ehe sie mit einer frechen oder sarkastischen Bemerkung brillierte, mit der man hier zur Geltung kam. Es sah so aus, als stände sie in einer ständigen Verbindung mit ihrem Mann. ‚Was für eine sympathische Frau', dachte ich.

François schob nun seinen leeren Teller auf die Seite, griff sich einen Bogen Papier aus dem Regal hinter sich und ein paar Stifte und begann zu zeichnen. Dabei redete er ständig mit seiner Frau, die offenbar beteiligt war an dem Werk, das da entstand. Beide sahen immer wieder zu Wolf und mir herüber. Als die Tafel schon abgeräumt war, machte die Zeichnung die Runde.

François hatte aus Pierres Bemerkung zu unserer Begrüßung eine Art Comic gezeichnet. Zwei Figuren, ausgestattet mit mittelalterlichen Rüstungen und Speeren, standen in einem alten Cabriolet, für das wohl der 11 CV Citroën Cabrio Pate gestanden hatte. Die beiden Ritter waren gut als Wolf und ich zu erkennen.

Pierre schaute sich die Zeichnung lange an und meinte dann: „Sehr kreativ! Vor allem die beiden Ritter sind in ihren markanten Gesichtszügen gut erfasst."

Ich wurde neugierig. „Lebt ihr von euren Zeichnungen?", wollte ich wissen.

Sie erzählten, Pierre und François verdienten ihr Geld mit Illustrationen für die großen französischen Magazine wie ‚Paris Match' und ‚Elle' und Werbegrafik. Daneben entwarfen sie Verpackungen, was noch besser bezahlt wurde. Chantal arbeitete an der Gestaltung von Prospekten und versuchte sich als Malerin.

„Sie hat es gerade geschafft, einen renommierten Kunsthändler für ihre Bilder zu finden. Ich glaube sie wird sich mal durchsetzen als Malerin“, meinte Yvonne ziemlich leise. Chantal, die die Bemerkung doch gehört hatte, schüttelte energisch ihren Lockenkopf.

Nun wäre es aber Zeit zu erzählen, was wir auf unserer Reise erlebt hatten, fand François. Um bei dieser genialen Künstlertruppe mithalten zu können, mussten wir schon etwas Spannendes bieten, fand ich. Am meisten Eindruck könnten wir mit unserem Überholen auf der Harakirispur machen. Damit die Sache auch spannend wurde, überboten Wolf und ich uns noch mit der kreativen Erfindung von Details. Der alte LKW, hinter dem wir festgeklemmt waren, fuhr nicht nur langsam, er stieß auch noch eine schwarze giftige und stinkende Wolke von Abgasen aus, so dass wir bald ohnmächtig geworden wären. Es gab für uns also keine andere Möglichkeit, unser Leben zu retten, als uns auf die gefährliche Überholspur zu wagen. Und natürlich wurde es mit der Lücke, die sich dann doch gerade noch für uns auftat, so knapp, dass der Citroën DS ganz leicht an unserem Kotflügel entlang schrammte.

Wir erzählten das alles in Deutsch und Yvonne übersetzte es mit der Routine einer Konferenzdolmetscherin.

Kaum hatten wir angefangen, griffen Pierre und François wieder nach Zeichenpapier, und nun machte sich auch Chantal an die Arbeit. Was wir schließlich von Pierre und François zu sehen bekamen, war eine Variation des Grundmotivs von uns als mittelalterliche Ritter. Bei Pierre rasten sie mit ausgestreckten Lanzen in alten Cabriolets aufeinander zu. Aus den anonymen Schlangen in beiden Richtungen war ein begeistertes Publikum geworden, das in einer Art Arena den Gladiatoren applaudierte. Bei François schlichen zwei Schlangen anonymer Vehikel bis zum Horizont, während die Ritter mit Helmen, Lanzen und Hellebarden in der Mitte aufeinander zurasen.

Ganz anders hatte Chantal die Situation gestaltet. Da waren nur Köpfe zu sehen. Zwei ängstliche, als Wolf und ich zu erkennen, und ein dicker brutaler mit Zigarre. Ein Gesicht, wie es zu einem gehört, der rücksichtslos alles niederwalzt. Mit ein paar geschickt gesetzten Strichen entstand beim Betrachter der Eindruck, dass die Köpfe aufeinander zurasten.

„Ich glaube, wir sind hier unter lauter Genies geraten“. Ich brachte das nur noch auf Deutsch heraus, weil ich zu müde war, noch einen französischen Satz zu konstruieren, und machte Anstalten, mich zu verabschieden. Yvonne übersetzte und ich hatte den Eindruck, dass die drei Künstler zufrieden grinsten.

Yvonne zeigte uns unsere Kammer. Sie lag etwas tiefer, frische Luft drang durch einen engen Schacht, aber das Tageslicht fand wohl keinen Weg. Den kleinen Raum füllten zwei amerikanische Feldbetten und ein Waschtisch mit zwei Schüsseln und einer großen Kanne. Neben den Betten hatten gerade noch zwei Hocker Platz. „Lauft hier unten nicht barfuß, es gibt Skorpione. Die Stiche sind zwar nicht lebensgefährlich, wenn man rechtzeitig ins Krankenhaus kommt, aber unangenehm." Mit dieser Empfehlung ließ Yvonne uns allein.

„Weißt du, was mir aufgefallen ist", meinte Wolf, während wir uns auszogen. „Da versuchen die drei, sich mit ihren Ideen zu überbieten, weil sie davon leben müssen, und Yvonne sitzt dabei ruhig wie ein Buddha."

„Sie weiß doch, sie wird irgendwann eine reiche Frau sein. Sie ist das einzige Kind. Bloß, weil der Pierre aus dem falschen Milieu kommt, werden sie ihre Eltern nicht enterben. Das sah Wolf auch so und wir schliefen sehr schnell ein.

Beim Frühstück am nächsten Morgen erklärte uns Pierre, wie ihre Gemeinschaft funktionierte. Jeder hatte für jeden Tag einen bestimmten Betrag in die Gemeinschaftskasse zu legen. Davon wurde alles bezahlt, die Miete, das Essen und auch das Benzin, das wir verfahren würden. Wer nicht kochte, hatte Hilfsdienste zu leisten, also Gemüse putzen oder den Abwasch erledigen.

Schon während des Frühstücks machte ich mir Sorgen über das, was mir nun bevorstand. Wie bringe ich sechs Personen in meine alte Kiste, in die sich bestenfalls fünf hineinquetschen lassen. Und selbst wenn das irgendwie gelingen würde, wie werden die Bremsen auf der Straße nach Le Lavandou hinunter diese Überlastung verkraften. Das Beste wäre natürlich, zweimal zu fahren, aber würde ich es schaffen, das dieser euphorischen Gruppe von Individualisten zu vermitteln? Vielleicht hätte ich am Frühstückstisch noch eine Chance gehabt, ihnen zu erklären, dass ich zweimal fahren müsste. Als ich es dann am schon geöffneten Cabriolet versuchte, stieß ich auf entschiedenen Protest.

„Nein, zweimal fahren, das kann doch jeder, wir passen schon alle zusammen irgendwie rein", maulten sie. Tatsächlich schafften es die

Die 20 Jahre alte Technik des DKW hat die Reise ausgehalten und uns sicher bis in die Altstadt von Bôrmes gebracht.

drei schlanksten, Chantal, ihr Mann François und Wolf, sich auf die hintere Sitzbank zu quetschen. Yvonne thronte schon neben mir und ich dachte gerade, jetzt muss ihnen doch klar werden, dass es mit sechs Personen nicht geht. Da setzte sich Pierre auf den Türrahmen hinter dem Fahrersitz und drehte sich so, dass er seine Beine auch noch im hinteren Fußraum unterbringen konnte.

„Avance", riefen sie im Chor.

Ich fuhr an und der DKW zog die Fuhre im ersten Gang ein enges Gässchen hinauf auf die Hauptstraße. Da war unsere lustige Fahrt auch schon zu Ende.

Ein älterer Polizist der strengen Sorte, wie ich sie aus der Nazizeit kannte und die Franzosen wahrscheinlich aus der Epoche der Vichyregierung, trat vom Bürgersteig vor unseren Wagen und sperrte die Weiterfahrt.

In weißer Montur und Tropenhelm wirkte er martialisch. Ich trat auf die Bremse. Er kam auf meine Seite und sagte nur einen Satz, den aber sehr entschieden: „Pas plus que cinq."

Das war genau genommen schon großzügig, denn der Wagen war nur für vier Personen zugelassen.

Pierre sprang von seinem erhöhten Platz auf die Straße und François befreite sich aus dem Schraubstock des zu engen Rücksitzes. Es sah nicht so aus, als wollten sie sich auf eine Debatte mit dem Polizisten einlassen.

Aber Yvonne und Chantal gaben sich nicht so schnell geschlagen. Die beiden jungen Frauen wollten wohl ausprobieren, ob ihr Charme nicht ausreichte, den Polizisten zu bezwingen. Ich verstand fast nichts von der auf beiden Seiten schnell und engagiert geführten Diskussion. Es sah aber bald so aus, als verliefe sie nicht erfolgreich, denn der Polizist zog seinen Block aus der Tasche. Das konnte nur bedeuten, er wollte uns eine Strafzahlung verpassen. Ich war zwar erleichtert, dass die Staatsgewalt die gefährliche Fahrt mit dem überladenen Wagen die Passstraße hinunter verhindert hatte, aber eine Geldstrafe war etwas, was wir schlecht verkraften konnten. Der herausgezogene Block bewirkte aber nur, dass Yvonne und Chantal zu noch größerer Form aufliefen. Pierre und François standen daneben und ihnen gefiel, was ihre Frauen da boten. Schließlich steckte der Polizist sein Notizbuch wieder ein und grüßte formvollendet. Die beiden Ehemänner erklärten mir, sie würden bis zu einer Abzweigung, bei der ich wenden konnte, die Küstenstraße hinunterlaufen, und da warten, bis ich zurückkommen würde, um sie abzuholen.

„Wie habt ihr das bloß gemacht, dass wir keine Strafe zahlen mussten", fragte ich Yvonne, als der Wagen wieder angerollt war.

„Ganz einfach", begann Yvonne, und es war deutlich, dass sie wenigstens diesen kleinen Sieg über den Polizisten genoss.

„Chantal und ich haben ihm erzählt, dass wir dich so lange bearbeitet haben, bis du uns alle auf einmal mitgenommen hast. Wir fanden das einfach lustig. Wenn er also jemanden bestrafen wolle, dann müsse er uns beide bestrafen. Das wollte er aber dann doch nicht."

Die Fahrt auf der Küstenstraße nach Le Lavandou hinunter war weniger gefährlich, als ich mir das vorgestellt hatte. Im zweiten Gang mit gesperrtem Freilauf wurde der leichte Wagen nur vor den Kehren etwas zu schnell, so dass ein kurzer Tritt auf die Bremse notwendig war.

Als wir uns alle am Strand auf unseren Luftmatratzen eingerichtet hatten, verstummte unser Palaver. Die Wellen rauschten, die Möwen schrien und manchmal trug ein Windhauch Gesprächsfetzen der auf der Promenade ewig Boule spielenden Rentner zu uns. Auch die beiden ausgedörrten älteren Damen, die neben uns auf ihren Handtüchern lagen, konnten sehr ausdauernd schweigen. Ihre Haut war so braun, dass ihnen die Sonne wohl nichts mehr anhaben konnte.

Ich streckte mich auf meiner Luftmatratze aus und dachte: ‚Dieser erste Tag am Mittelmeer hat doch eigentlich sehr gut angefangen.' Aber ich hatte auch Angst, dies laut auszusprechen. Yvonne hatte sich schon in ihr Buch vertieft. Sie las „Bonjour Tristesse" von Françoise Sagan in der deutschen Übersetzung, um auch in dieser Sprache fit zu bleiben. Die junge Autorin war so alt wie Yvonne und ich und der Debutroman der abgebrühten jungen Französin hatte in den Feuilletons der deutschen Zeitungen der Adenauerrepublik zu sehr heftigen Kontroversen geführt.

Chantal studierte Frauenzeitschriften, und die Männer hatten ihre Schnorchelbrillen aufgesetzt und prüften, ob sie richtig saßen.

„Kommt ihr mit? Wir wollen uns mal das Meer aus der Perspektive der Fische anschauen", fragte Pierre.

Ich schloss mich an. Das Wasser war so warm. Ich hatte das Gefühl, mich sehr lange treiben lassen zu können.

Pierre und François zeigten uns schmale Unterwasserschluchten zwischen grün bewachsenen Felsen. Unter uns schwammen kleine Fische, rote, schwarze und braune, und kleine Krebse. Die dunklen Schatten unserer Körper schienen sie nicht zu stören. Auch die Pflanzen an den Felsen waren in ständiger Bewegung. Die Strömung zog sie ganz gleichmäßig in die eine oder die andere Richtung, so wie der Wind ein Kornfeld bewegte. Alles hier unten war lebendig.

Das Einzige, was mir hier unten Angst machte, waren die anderen meist mit Harpunen bewaffneten Schnorchler, die neben uns herumschwammen. Ich fürchtete mich vor ihren Harpunen, die vielleicht statt dem anvisierten Fisch mich treffen könnten. Tatsächlich war das aber nicht sehr wahrscheinlich, denn sie trieben wie ich meist an der Oberfläche und jagten ihre Harpunen nach unten in die grüne Tiefe. Was sie trafen, waren meist auch keine der kleinen oder etwas größeren schnellen Fische, sondern die schwarzen langsamen Tintenfische mit ihren vielen Fangarmen. Wenn es den Jägern gelungen war, sie an den Strand zu zerren, liefen die Leute zusammen.

Wir hatten am Strand nur ein bisschen gepicknickt und waren hungrig, aber bester Stimmung, als wir vom Strand hinauf nach Bôrmes aufbrachen.

Damit wir dem Flic nicht nochmal in die Arme liefen, kletterten nur Chantal, François und Wolf in den offenen Wagen. Yvonne und Pierre sollte ich bei der zweiten Tour am Supermarkt abholen. Sie wollten noch etwas für das Abendessen einkaufen.

Chantal und François waren wieder begeistert von der Fahrt im offenen Wagen. Sie spürten den Wind im Gesicht und den Duft von Pommes frites und gebratenen Fischen, der von den Restaurants in den Wagen wehte. Wir fanden, dass die alte Kiste für ihre 20 PS ganz flott die Küstenstraße hochzog, vor allem, wenn ich etwas aufs Gas trat. Die engen Kurven mit ihrer Steigung verlangten meine ganze Aufmerksamkeit. Die Lenkung versteifte sich und es erforderte viel mehr Kraft, den Wagen sauber im Bereich der rechten Spur zu halten.

So trafen mich die ersten Spritzer von kochendem Wasser, das der Fahrtwind über und unter der ausgestellten Windschutzscheibe vorbei wie ein feiner brennender Sprühregen auf unsere Gesichter und Arme wehte, wie ein Schock. Wir versuchten, uns zu ducken und die heißen Spritzer auf der Haut zu verreiben, aber es half nicht viel. Unsere Rettung war eine Standspur und die drei sprangen so schnell aus dem Wagen, dass die Zeit nicht einmal reichte, die Türen zu öffnen. Ich riss noch die Handbremse hoch und floh mit den anderen. Wir liefen ganz unsinnig weit. Nur weg von dem Auto, das sich plötzlich in einen Geysire verwandelt hatte.

„Du hast vergessen, den Thermometer im Auge zu behalten und den Ventilator einzuschalten", flüsterte Wolf mir zu.

Nach ein paar Minuten näherten wir beide uns vorsichtig dem DKW. Tatsächlich, die Luft war wieder rein. Um mir nicht auch noch die Finger zu verbrennen, nahm ich meine nasse Badehose zu Hilfe, um den Kühlerverschluss aufzuschrauben.

Der Wasserkasten des Kühlers war trocken, als wäre da schon länger keine Flüssigkeit mehr drin gewesen. Ich begann, eine Flasche Vichywasser nach der anderen in den Kühler zu kippen. Da trauten sich auch Chantal und François wieder näher heran. Schließlich umstanden wir zu viert den DKW und sahen zu, wie er das Mineralwasser soff, das eigentlich für unser Abendessen gedacht war.

Seit dieser Panne behielt ich den Thermometer an Steigungen immer im Auge. Es ging darum, eine Balance zu finden zwischen dem vom Ventilator verstärkten Fahrtwind und der Hitze, die ich mit meinem Tritt auf das Gaspedal erzeugte. Es gab keine zweite Flucht mehr aus dem kochendes Wasser spuckenden DKW.

Nach vielen faulen Tagen am Strand, die ich in meiner Erinnerung nicht mehr auseinander halten kann, äußerte Pierre beim Frühstück eine Bitte.

‚Les Artistes', damit meinte er sich, François und Chantal, seien ja nicht nur zum Faulenzen hierher gekommen, sie wollten auch malen. Ob ich sie ein bisschen zur Motivsuche herumfahren könnte. Da, wo sie hinwollten, gebe es keine Autobusverbindung. Sie hatten von einem verlassenen Weingut gehört, es wären ungefähr 25 Kilometer. Ich war neugierig, aber vorher musste ich Wolf und Yvonne am Strand absetzen.

Als ich zurückkam, hatten die drei schon Staffeleien Farbkästen und Farbpaletten auf den Parkplatz geschleppt. Pierre hatte sich eine Wanderkarte besorgt und darauf das alte Weingut markiert. Ein paar alteingesessene Ladenbesitzer hatten ihm den Tipp gegeben.

Nach etwa zwanzig Kilometern bogen wir von der asphaltierten Straße auf einen Waldweg ab. Vielleicht hatte er früher einmal zu einem Weingut geführt, aber jetzt hatte sich die alles überwuchernde Natur daran gemacht, ihn wieder in Besitz zu nehmen. Immer öfter streiften die Zweige von Büschen mit einem schleifenden Geräusch am Wagen entlang. Ein Kiefernstamm, der wie eine riesige Wurzelbürste quer über dem Weg lag, setzte dem bequemen Teil des Ausflugs ein Ende.

„Es kann nicht mehr weit sein." Pierre versucht, optimistisch zu klingen. Chantal und François hatten wohl Zweifel und alle drei studierten die auf der Motorhaube ausgebreitete Wanderkarte.

Es war Wind aufgekommen und die alten ausgetrockneten Kiefern knackten wie Knochen.

Schließlich waren die drei sich einig, in welcher Richtung wir uns durch die Wildnis schlagen mussten. Wir verteilten die Malerausstattung auf uns vier und suchten uns einen Weg durch die Wildnis. Die Buschlandschaft mit einigen Bäumen war in einen alten Kiefernwald übergegangen, der es unmöglich machte, etwas weiter zu sehen.

Aber nach einigen Minuten blieb Pierre, der uns anführte, plötzlich stehen und rief „Regarde". Wir schlossen auf und sahen das Weingut in einem Spalt zwischen den Stämmen. Die Mauern des Hauptgebäudes waren so breit und hoch, dass sie noch der Natur standhalten konnten. Von den Innenräumen war nicht mehr viel vorhanden, denn Büsche schoben ihre Zweige durch die Fensteröffnungen ans Licht. Die Nebengebäude waren weniger solide gebaut. Nur noch überwuchernde Steinhaufen mit herausragenden Balken erinnerten daran. Die ganze Anlage stand auf einem leicht abfallenden Gelände. Oberhalb des Gebäudes war einmal der Weinberg angelegt gewesen. Immer noch hielten sich die Stöcke gegen die alles überwuchernde Macchia.

Es musste einmal eine gut durchdachte Anlage gewesen sein. Unterhalb des Gebäudes hatte man einen Staudamm errichtet. Auch Teile des Erfassungssystems waren noch zu erkennen. Drei Wege aus abfallenden Steinplatten hatten die Aufgabe, das Regenwasser in den Stausee zu lenken. Auf den Steinplatten konnten die Büsche sich nicht festsetzen, so waren die Wege noch deutlich zu erkennen.

Innerhalb des Staudamms hatte schon viele Jahre kein Wasser mehr gestanden. Große Feigenbäume am Rand des Beckens hatten ihre Wurzeln zwischen die Steine des Mauerwerks geschoben. Teile waren herausgebrochen und lagen auf dem Grund des Sees zwischen den Feigenbäumen, die sich auch dort ausgebreitet hatten. Den Kessel erreichte kein Windhauch. Unter den breiten, dunkelgrünen Blättern der Feigenbäume war es so heiß, dass selbst die Eidechsen benommen erschienen. Sie hatten in ihren Bewegungen innegehalten, als sie unsere Schatten bemerkten, und verschwanden dann in einem Spalt des Mauerwerks.

Weniger ängstlich waren die Horden von kleinen Vögeln, wahrscheinlich Spatzen, die oberhalb der Ruine unter den Weinstöcken herumliefen und die heruntergefallenen Trauben aufpickten. Die Farbe ihrer Beine unterschied sich kaum von der ausgetrockneten Erde, so dass es mir einen Moment so vorkam, als würden sie schweben.

François baute seine Staffelei zwischen der Ruine und dem Stausee auf. Chantal kletterte in den Stausee hinunter und ich reichte ihr die Malutensilien.

Pierre hatte noch kein Motiv gefunden, das ihn überzeugte.

„Ich möchte mich noch weiter umschauen, kommst du mit?“, rief er mir zu.

Pierre hatte ein Gespür für Motive, aus denen sich etwas gestalten ließ. Das war mir schon bei unseren Streifzügen in Paris aufgefallen.

Geschafft und stolz, mit dem DKW an der Steilküste der Côte d'Azur!

Wir folgten einem Pfad, der mich an die vom Wild freigehaltenen Spuren erinnerte, wie sie sich auch durch die Wälder des Allgäus zogen. Nur die wild wuchernden Triebe der Brombeeren waren manchmal schneller als die Tiere. Sie hatten sich über den Pfad geschoben und kratzten am Stoff unserer langen Hosen.

Als Pierre stehen blieb, erkannte ich durch einen Spalt zwischen den Zweigen, was er entdeckt hatte. Autoskeletts hintereinander aufgereiht standen da, als ob es irgendwann, vor vielen Jahren nicht mehr weiter gegangen wäre. Wir kämpften uns durch das Gebüsch, um sie untersuchen zu können. Es waren Wagen aus den späten Zwanzigern und den frühen Dreißigern. Welche Farben sie einst geschmückt hatten, war nicht mehr zu erkennen. Alle Metallflächen überzog eine gleichmäßig braune Rostschicht.

Die Fahrzeuge waren bis zu den Achsen in den Waldboden eingesunken, eine halboffene Tür knarzte im Wind, der für ein wenig Bewegung in der fast stehenden Luft sorgte. Die Natur hatte es leicht gehabt, sich dieser Autos zu bemächtigen. Die Böden der Karosserien waren meist noch aus Holz und der innere Teil der Limousinendächer aus Kunststoff. Größere Blechflächen dröhnfrei zu fertigen, das beherrschte die Industrie damals noch nicht. So konnten Büsche und Bäume den Boden und das Kunststoffdach durchbrechen und dem Licht zustreben. Von den Sitzen war nur noch ein vom Rost dünn genagtes Gestänge übrig und ein paar Spiralfedern, die so aussahen, als könnten sie von der leichtesten Berührung zerbröseln. An einem Armaturenbrett war noch ein Tacho zu erkennen, aber eine Spinnwebe verdeckte die genaue Sicht auf das Instrument. Nur vor den schweren Metallteilen, wie Motor, Getriebe und Hinterachse, musste die Natur kapitulieren.

Ein kleiner viertüriger Peugeot 201 hatte einst die Kolonne angeführt. Dahinter war ein etwas größerer Renault aus den Zwanzigern versunken. Die Marke war damals leicht an der Blechfront zu erkennen, die sie dem Fahrtwind entgegenstemmt. Alle anderen Marken hatten eine offene Front, um die kühlende Luft in den Motorraum strömen zu lassen. Dem Renault war ein großer Berliet gefolgt, der an die amerikanischen Autos der zwanziger Jahre erinnerte. Ich kannte diese Marke nur als Hersteller von LKWs. Gefolgt waren noch zwei Wagen der Marke Citroën aus den Zwanzigern, eine Limousine, und ein kleiner offener 5 CV war am Ende der Kolonne gefahren.

„C'est vraiment un monument de la histoire, de la technique et de la nature“ (Das ist wirklich ein Denkmal der Geschichte, der Technik und der Natur.), fasste Pierre seine Eindrücke über unsere Entdeckung zusammen.

Pierre kniete sich hinter dem Peugeot auf den Waldboden und bemühte sich, das vom Rost zerfressene Kennzeichen zu entschlüsseln. Wenigstens die letzten beiden Ziffern, aus denen sich das Departement ergab, wo der Wagen einst zugelassen war, konnte er noch entschlüsseln. Es war eine 75, der Wagen hatte also aus dem Raum Paris seine Reise angetreten.

„Das war das Ende ihrer Flucht“, erklärte mir Pierre.

Er erzählte mir dann, was diese kleine Kolonne wahrscheinlich hierher geführt hatte. Als die Wehrmacht mit ihrem ganzen Zerstörungspotential durch Frankreich gestürmt war, hatten sich viele Franzosen auf eine weite Flucht begeben. Vielleicht sind sie in dem Weingut erst einmal untergekommen. Vermutlich waren sie immer weiter und weiter gefahren, bis es ihnen eines Tages nicht mehr gelang, noch Benzin aufzutreiben. Vielleicht hatte sie der Besitzer dieses heute verlassenen Weinguts erst einmal aufgenommen. Das sei ja auch kein schlechter Ort gewesen, um die Jahre der Okkupation zu überstehen, auch weil dieses Gebiet nach dem Waffenstillstand erst einmal nicht von deutschen Truppen besetzt worden war. Damals sei das hier auch noch nicht so verwildert gewesen. Erst in der Nachkriegszeit habe es die Menschen immer mehr in die großen Städte gezogen. Pierre hatte es geschafft, mir das mit einfachem Vokabular und langsam zu erzählen.

„Und was könnte aus den Leuten geworden sein, die so weit vor der Wehrmacht geflüchtet waren", wollte ich wissen.

„Die meisten sind in ihre Wohnungen zurückgekehrt, als sich die Zustände unter der Besatzung normalisiert hatten. Aber es gab auch viele, die von den Deutschen verfolgt wurden. Besonders die Juden. Sie hofften, auf dem Land besser untertauchen zu können. Und wie sieht es in Deutschland aus? Gibt es da auch solche Souvenirs an den Krieg?", wollte Pierre wissen.

„Bei Kriegsende sah es in unseren Wäldern genauso aus. Aber dann kamen die amerikanischen Pioniere mit ihrer modernen Technik und räumten auf. Was sie übersehen hatten, holten sich die Schrottsammler."

„Hier gab es keine amerikanischen Pioniere und auch keine Schrottsammler. Dafür ist unser Land einfach zu groß und zu dünn besiedelt", erklärte Pierre.

Nach weiteren faulen Tagen am Meer schlug das Wetter um. Die Luft war abgekühlt. Der Mistral hatte das kalte Wasser aus den Tiefen des Mittelmeeres nach oben gedrückt. Die Wassertemperatur war von 25 auf 18 Grad gefallen.

„Euch Deutschen macht das doch gar nichts", witzelte Pierre beim Frühstück. „Als die Wehrmacht im Winter 42/43 den anfangs noch unbesetzten Teil Frankreichs auch noch okkupiert hatte, sind die deutschen Soldaten am Strand von Cannes in das 17 Grad kalte Wasser gesprungen und losgeschwommen. ‚Verdammt harte Kerle sind das', dachten da die Franzosen. ‚Kein Wunder, dass wir den Krieg verloren haben'."

„Das waren eben harte Zeiten. Heute mögen wir drei Deutschen die Kälte genau so wenig wie ihr Franzosen", nahm Yvonne den Faden wieder auf. „Aber ehe der Urlaub zu Ende ist, sollten wir doch noch zur Isle des Levant übersetzen. Da soll es sehr exotisch sein, ein bisschen wie auf den französischen Überseeterritorien in der Karibik, Martinique und Guadeloupe."

„Eine sehr gute Idee", unterstützte sie ihr Mann. „Die Insel ist bestimmt interessant. Am einen Ende sitzt unsere Raketenversuchstruppe und macht einen mächtigen Feuerzauber, seit de Gaulle die Amerikaner rausgeschmissen hat und aus der Nato ausgetreten ist, und am anderen Ende sitzen die Nackten."

Die Aussicht auf die Nackten war aufregend. Ich wagte aber nicht, mein Interesse allzu deutlich zu bekunden, weil ich auch nicht als Voyeur dastehen wollte. Und die Idee, an einem so kühlen Tag zu den Nackten vorzustoßen, war mir auch nicht ganz geheuer. Aber in den Adenauerjahren hatte man nicht viele Gelegenheiten, nackte Frauen zu sehen. Selbst wenn man eine Freundin hatte, war es nicht so einfach, ein Nest für sexuelle Abenteuer zu finden, denn in der Bundesrepublik galt der Kuppeleiparagraph. So hatten unser Bild von nackten Frauen vor allem die Pornohefte geprägt, wie sie in den Gymnasien kursierten.

Dann sprach François an, was ich mir gedacht hatte: „Wenn wir auf der Isle des Levant bis zu den Nackten vorstoßen, müssen wir uns doch auch ausziehen, aber dafür ist es doch heute eigentlich zu kalt."

François war so groß und dünn, dass er wahrscheinlich am schlimmsten von uns allen frieren würde. Aber die Neugier der Gruppe war wohl größer, als ihre Angst vor der Kälte ohne schützende Kleider.

Was Pierre dann sagte, entsprach wohl dem, was die meisten dachten. „Wenn es uns zu kalt wird, können wir doch einfach abhauen und uns wieder anziehen."

Die kleine Fähre setzte uns in einer Idylle ab. Tatsächlich erinnerten die blühenden Büsche und Bäume mich an eine Landschaft in der Karibik, wie ich sie aus Filmen kannte. Aber hier gab es keine Autos, keine Mopeds und auch keine Leitungen für Strom und Telefon, wie sie sich überall in Frankreich an Masten durch die Landschaft zogen.

In dem kleinen Hafen gab es jedoch auch keine Nackten. Frauen und Männer, die uns über den Weg liefen, trugen Pullover, Windjacken, Jeans oder Shorts, so wie wir.

Pierre zeigte uns eine Karte der Insel, auf der die Reviere der Nackten und die der Raketentruppe eingezeichnet waren. Wir brachen auf. Es ging auf einem steinigen schmalen Pfad die Küste entlang. Der Pfad schlängelte sich um Felsen herum und durchschnitt Kakteenfelder. Manche streckten ihre langen stacheligen Arme der Sonne entgegen. Manche gingen mit vielen fleischigen Blättern in die Breite bis über unseren Pfad. Man musste vorsichtig gehen, wenn man nicht ein paar Stacheln einfangen wollte. Als ich gerade dachte, das geht wohl noch einige Zeit so weiter, schlängelte sich der Pfad um einen Felsvorsprung und wir standen vor einem unübersehbaren Schild am Rand des Pfades: „Nudisme intégral obligatoire", lasen wir.

„Wenn wir weiter gehen wollen, müssen wir uns jetzt ausziehen." Yvonne stellte das fest, als wäre das überhaupt nichts Besonderes. War es für sie auch nicht. Aktzeichnen hatte für alle vier zum Studium an der Beaux Artes gehört.

„Aber dafür ist es doch viel zu kalt", jammerte François.

Wir sahen Pierre an. Auch wenn das nie diskutiert worden war, sahen wir in ihm doch so eine Art Anführer. Pierre sah sich um und dachte nach.

„Seht ihr in dem Nacktenrevier, das hier beginnt, irgendwo einen Menschen?"

Wir sahen uns um, konnten aber nirgends einen entdecken.

„Also ich sehe niemanden und ihr seht auch niemanden. So lange das so ist, kann auch niemand kontrollieren, ob wir uns hinter diesem Schild ausziehen oder nicht. Wir müssen doch nicht mehr frieren als unbedingt notwendig."

Alle hielten das für eine weise Entscheidung und so gingen wir erst mal angezogen weiter. Aber sehr weit kamen wir nicht. Zwischen ein paar Felsvorsprüngen hatte man nun einen Blick auf den Strand und da weit unten bewegte sich etwas. Wir gingen hinter ein paar Felsen in Deckung und betrachteten die Wesen, die klein wie Käfer da am Wasser herumkrabbelten.

„Aber die sind doch gar nicht nackt, ich kann ganz deutlich erkennen, einer oder eine trägt einen roten Pullover, und ein weißes T-Shirt kann ich auch erkennen." François schien erleichtert.

Aber Pierre sagte nur: „Schau nochmal genau hin" und grinste. Ich bemühte mich so genau hinzusehen, wie es eben ging und begriff, was Pierre so lustig fand. Die Leute da unten am Strand hatten nur oben etwas an, damit sie nicht zu sehr froren, unten waren sie nackt.

Die kühle Luft fächerte über meine bisher immer verhüllten Geschlechtsteile und es kam mir vor, als würde sich mein Penis in der Kälte zusammenziehen. In dieser Situation waren die Frauen mit ihrem behaarten Dreieck zwischen den Beinen besser dran.

Am Strand richteten wir uns zwischen den anderen unten Nackten unseren Platz zum Picknicken ein. Wir fielen nicht auf. Um uns herum wärmten nur mit Pullover oder Blusen bekleidete junge Frauen auf kleinen Kochern Essen auf oder wickelten ihre Babys. Ich hatte mir das ganz anders vorgestellt, viel aufregender.

„Dreh dich mal um", flüsterte mir Pierre zu.

Ich tat das vorsichtig, um nicht aufzufallen, und sah, was Pierre meinte. Zwei übergewichtige Frauen mittleren Alters, die es wagten, ganz nackt der Kälte zu trotzen. Sie bewegten sich sehr souverän mit ihren wabbeligen Massen.

„Rubens hätte seine Freude gehabt, aber es soll auch heute noch Männer geben, die so etwas mögen", zischelte Pierre.

Aus einem der Kofferradios in der Nähe wehte ein Schlager herüber, den ich in Frankreich schon ein paarmal gehört hatte. Es wurden die Veränderungen der letzten Jahre beschrieben und dann folgte immer der Refrain: ‚Et toujours le même General.'

Adenauer war viel länger Kanzler der Bundesrepublik als de Gaulle Präsident von Frankreich. Aber dass über die deutschen Sender ein Schlager gelaufen wäre, mit dem Refrain ‚Und immer noch derselbe Kanzler', das konnte ich mir nicht vorstellen.

Wir waren schon auf dem Rückweg zum Hafen, als ein Fauchen uns stoppte. Nur ein paar Kilometer entfern stieg eine Rakete auf, zuerst fast senkrecht, dann schwenkte sie langsam in die Waagrechte und verschwand am Horizont.

„Da dürfte ein Zielobjekt liegen, das sie zu treffen versuchen", erklärte uns Pierre.

Unser Aufbruch nach Hause ein paar Tage später war überstürzt. Wir hatten uns so früh wie nie in der ganzen Zeit unseres Urlaubs an den Esstisch gesetzt und waren gerade dabei, alles Persönliche, das diese Wohnung für die letzten vier Wochen zu unserem Zuhause gemacht hatte, in unseren Taschen und Koffern verschwinden zu lassen, da drängte schon eine Truppe von vier angriffslustigen dunkelhäutigen Frauen herein. Sie waren mit Staubsaugern, Eimern, Lumpen und Reinigungsmitteln bewaffnet und erklärten uns, dass wir hier nichts mehr zu suchen hätten.

„Wenn das so ist, dann bekommen wir noch den früheren Bus“, entschied Pierre.

Die Haltestelle lag in der Nähe und wir benutzten den DKW zum Transport des ganzen Gepäcks.

Der Abschied war, als würde das schöne Leben, an das wir uns so gewöhnt hatten, plötzlich abgeschnitten. Als wir uns ‚Au revoir‘ sagten, hatte der Busfahrer schon gehupt. Die vier quetschten sich mit ihrem sperrigen Gepäck zur hinteren Falttür hinein. Der alte Saviem Diesel stieß eine schwarze Rauchwolke aus und die Falttüren schoben sich zu. Mir schien es so, als würden uns die vier durch das staubige Rückfenster des Busses zuwinken. Aber das Bild war sehr undeutlich, so wie das eines uralten Stummfilms. Der Bus war schnell in der flirrenden Hitze des letzten Augusttages verschwunden.

Ich stand immer noch an der Haltestelle und sah ihm nach. Ein sanfter Stoß von Wolf erinnerte mich an das, was uns nun bevorstand.

„Komm, wir haben heute noch viel zu fahren.“

Am frühen Nachmittag des dritten Tages hatten wir es bis zum Beginn der deutschen Autobahn hinter Basel geschafft. Der DKW war wie bei der Hinfahrt ohne Probleme gelaufen. Es hatte keine verdächtigen Geräusche und kein flackerndes Licht der Ladekontrolle gegeben. Das alte Auto zeigte keine Schwächen, nichts, was uns hätte Angst machen können.

Aber dieses Gefühl, es doch schon fast geschafft zu haben, verflog, als die Fugen zwischen den Betonplatten der Autobahn aus der Nazizeit begannen, gegen die alten Blattfedern zu hämmern. ‚Der Wagen lässt sich immer schlechter lenken‘, dachte ich. Zuerst versuchte ich mir einzureden, ich würde mir das nur einbilden. Aber langsam wurde es unübersehbar: Der Wagen reagierte nicht mehr so auf die Bewegung des Steuerrades, wie ich es gewöhnt war. Ich versuchte, das durch langsames Fahren zu kompensieren und kroch mit großem Abstand auf der rechten Spur hinter den LKWs her. Tatsächlich schafften wir es in dem dünnen Verkehr der späten Abendstunden noch bis nach Hause.

Am nächsten Tag fuhr Wolf doch lieber mit der Straßenbahn zum Bahnhof. Ich kroch mit dem DKW in meine Schwabinger Werkstatt. Nur unter allergrößter Anstrengung schaffte ich die enge Durchfahrt in den Hinterhof. Der alte Meister, der wusste, von welcher weiten Reise ich zurückkam, musste das Geblubber gehört haben und erschien in der Tür seiner Werkstatt. Er sah sofort, was los war.

„Mei, da ham Sie a Massel ghabt, dass Sies noch bis zu mir gschafft ham," begrüßte er mich.

Der Wagen wurde über die Grube gefahren und vorne angehoben. Die beiden Blattfedern hatten weiter nachgegeben. Ursprünglich waren sie nach außen hin, wo sie die Vorderräder trugen, nach unten gebogen. Nun sah es aus, als hätten sie sich sogar ein bisschen nach oben in die Karosserie zurückgezogen.

„Des wos Sie sehn, is net ois", begann der alte Meister seine Diagnose. „Mindesten oa Blatt is abbrochen. Bloß der Rost hat die Federn noch a bisserl zamghoilten. Des glaubt ma ja gar net, das der Rost auch für was guat sei ko."

Bei der Demontage zeigte sich, das längste Federblatt des oberen Pakets, das die Vorderräder führte, war durchgebrochen. Mir wurde flau, als ich das sah. Als ich abends meinen Vater anrief, erzählte ich nichts von der gebrochenen Feder.

Mein Vater sagte nur: „Ach, ihr seid tatsächlich heil wieder da? Ich war mir ziemlich sicher, dass der DKW in einem südfranzösischen Straßengraben verrottet und ihr nach Hause trampen müsst. Aber dann hättet ihr ja auch was gelernt fürs Leben."

Natürlich rief ich auch sofort Bernd an, um ihm zu erzählen, wir sind wieder da und es ist alles gut gegangen. Natürlich musste das Bernd mit kaum unterdrücktem Triumpf auch seinem Vater erzählen. Aber der habe nur gemeint: „Ach, der Autostudent ist tatsächlich wieder da, der hat auch mehr Glück als Verstand."

Die Reparatur der beiden vorderen Blattfedern hatte aus dem DKW wieder ein gut beherrschbares Auto gemacht. Als ich den Wagen gekauft hatte, war es vor allem die Aussicht auf die warmen Sommer gewesen, durch die ich mit meinem kleinen Cabriolet gleiten wollte wie mit unserem Mercedes in den letzten Jahren vor dem Krieg. Überrascht hatte mich aber, dass mir der alte Wagen auch im Winter genau so viel Spaß machte, wenn auch auf eine ganz andere Art.

Die kalten Wintertage begannen schon damit, dass der kleine alte Zweitakter noch zuverlässig startete, wenn neuere Nachkriegswagen schon in den Kältestreik getreten waren. Natürlich waren seine Scheiben vereist und der Wagen im Inneren eiskalt. Immerhin gab es aber auf der Fahrerseite eine Sichtluke. Eine elektrische Heizscheibe, die von innen an die Windschutzscheibe geklemmt wurde, sorgte für ein Minimum an Durchblick. Aber auch wenn das Fahren bei so eingeschränkter Sicht schwierig war, so hielt mir die Karosserie doch Matsch und Schnee vom Leib und nicht einmal Neuschnee oder kleine Schneeverwehungen vermochten meinen Wagen zu stoppen. Mit zwei grobstolligen Risa-Reifen aus ostdeutscher Produktion wühlte er sich durch. So ähnlich dürften sich Panzerfahrer gefühlt haben, dachte ich.

Gelegentlich wurde aber etwas notwendig, was mit einem Panzer wohl nicht zu machen gewesen wäre: den hinten ausbrechenden Wagen durch Gegenlenken und einen kräftigen Tritt aufs Gaspedal wieder einzufangen. Schließlich konnte ich das so gut, dass es anfing mir Spaß zu machen.

An einem dieser kalten Wintertage erlosch kurz nach dem Start das rote Licht der Ladekontrolle nicht mehr. Das bedeutete, die Batterie wurde nicht mehr geladen, und wenn sie leer war, blieb das Auto stehen. Der Defekt konnte zwei Ursachen haben. Es konnten die Reglerspulen sein, die man gebraucht für ein paar Mark beim Autofriedhof bekam, oder es war die Dynastartanlage, die als Lichtmaschine gleichzeitig als Anlasser diente, und dann würde es teuer werden, denn für diese Reparatur musste der Wagen in eine Fachwerkstatt.

‚Würde ich noch einmal mit ein paar Mark davonkommen oder drohte mal wieder eine finanzielle Katastrophe?' überlegte ich, während ich den nächsten Autofriedhof ansteuerte. Der Besitzer war freundlich und hatte die gebrauchten Spulen im Regal. Ich baute sie ein, trat ein bisschen aufs Gas und die Ladekontrolle erlosch, wie es sein musste. Ich hatte noch einmal Glück gehabt. Bester Laune trat ich die Kupplung, legte den ersten Gang ein und trat aufs Gas. Der Schlag unter der Motorhaube klang wie eine kleine Explosion. Mit gefährlich knackenden Geräuschen kam der Wagen zum Stehen. Als ich ausgestiegen war, kroch schwarz dampfendes Fett hinter dem linken Vorderreifen über den Schnee. Es stank nach verbranntem Motoröl.

Ich öffnete die linke Motorhaube. Alles war mit einer Schicht von schwarzem Fett überzogen. Der Besitzer des Schrottplatzes, der mir gerade die Reglerspulen verkauft hatte, war neben mich getreten und sagte: „Jetzt hots 'n zerrissen, den oiden Karrn. Des kommt scho amoi vor.“ Dann erklärte er mir, was passiert war.

Der Motor, der mich bisher immer so zuverlässig vorangetragen hatte, war mit seinen Gummilagern ziemlich fest im Rahmen verankert. Die Vorderräder wurden mit der Lenkung geschwenkt und Querfedern hatten die Aufgabe, die Unebenheiten der Straße zu dämpfen. Die Wellen, die die Motorkraft auf die beiden Räder übertrug, mussten also über Gelenke verfügen. Bei den inneren, die am Differential saßen, sorgte Gummi für die Beweglichkeit der Welle. Löste sich dieses Material durch Alter oder eindringende Fette auf, bekam die Metallkapsel, die das Ganze umschloss, Unwucht und scheuerte am Gehäuse des Getriebes, bis es krachte. Das war sie also, die Panne, vor der ich mich immer so gefürchtet hatte. In diesem ein wenig angerosteten Block wurden Explosionen in Vortrieb verwandelt. Da wurde gekühlt, geschmiert und Zahnräder ineinander verschoben. Ich hatte immer Angst davor gehabt, dass hier etwas zerbrechen und alles auseinanderfliegen könnte.

„Und wos moch ma jetzt“, schreckte mich der Autofriedhofsschlosser aus meinen Gedanken auf. Und es kam mir vor, als wäre da ein bisschen Mitgefühl in seiner Stimme.

Er habe einen DKW F 7 auf dem Platz stehen, den es bei einem Zusammenstoß zerlegt habe. Aber der Antriebsblock sei noch gut. Jedenfalls habe ihm das der Besitzer versichert. Den könne er mir für 150 DM einbauen, „weil Sie's san“.

Das hieß, wenn ich 150 DM zusammenbringen würde, konnte mein Leben mit Auto so weitergehen. Geben würde mir das Geld niemand, weil man Studenten mit Auto ohnehin für etwas verrückt hielt. Also hießen 150 DM für mich 50 Stunden LKW fahren und Eternit-Baustoffe schneiden, aufladen und wieder abladen. Immerhin hatte man bei meinem Baustoffhandel Verständnis für meine Finanznot und gab mir 150 DM Vorschuss.

Aber als ich ein paar Tage später meinen Wagen abholte, dem Autofriedhofbesitzer die 150 DM übergab und mich ans Steuer setzte, war es geschwunden, mein Vertrauen in die alte Technik. ‚Was wird wohl als Nächstes kaputt gehen‘, musste ich denken, als ich vom Hof fuhr. Aber tatsächlich funktionierte der DKW wieder einwandfrei und langsam wuchs mein Vertrauen in mein altes Auto wieder.

Auch den TÜV, den Schrecken aller Besitzer von alten Autos, hatte ich schon zweimal überstanden, jeweils beim zweiten Anlauf. Einmal hatten die scharnierartigen Antriebsgelenke, die die Kraft bei eingeschlagenen Rädern übertrugen, zu viel Spiel. Fast neue vom Autofriedhof waren dann aber akzeptiert worden. Einmal wichen die Anzeiger für die Bremswirkung der Hinterräder auch beim zweiten Durchgang immer noch in nicht tolerierbarer Weise voneinander ab. Ich war ratlos und verzweifelt. Der Prüfer im Alter meines Vaters sah mich kurz an. Könnte es sein, dass er Mitleid hatte mit dem armen Studenten. Dann zog er die Handbremse ein wenig an und sagte:

„Jetzt fahrns drei Moi um den Block, dann kommen's wieder."

Als ich mich wieder in die Schlange der zu prüfenden Autos einreihte, stank es nach verbrannten Bremsbelägen. Aber nun war die Abweichung der beiden Zeiger im noch hinnehmbaren Rahmen.

Es war im Lauf der Jahre immer schwieriger geworden, am Rondell vor der Universität einen Parkplatz zu finden. Neben den alten Mühlen, meist Fiat Topolinos und Dixies, machten sich jetzt die Autos der Studenten aus reichem Haus breit.

Ich hatte mich mit einer Kommilitonin zum Lernen für die volkswirtschaftlichen Klausuren zusammengetan. Michaela war eine dunkelhaarige Schönheit, sie hatte etwas Unnahbares, war aber tatsächlich nett und zuverlässig. Ich war stolz, wenn die Studenten stehen blieben und staunten, dass sie in meinen offenen alten DKW einstieg und nicht in das auch offene Opel-Rekord-Cabriolet, das hinter meinem Wagen geparkt war.

Als wir uns an diesem Herbsttag zum gemeinsamen Lernen getroffen hatten, fühlten wir uns nach etwa sechs Stunden konzentrierten Abfragens wie ausgebrannt.

„Wir könnten doch ins Studentenbad am Starnberger See fahren, weit rausschwimmen und dann nochmal loslegen", schlug ich vor.

Michaela fand, das sei eine gute Idee. Wir hatten die Seitenscheiben herunter gekurbelt und Michaelas schulterlange dunkelbraune Locken wirbelten im Wind. Der DKW hatte sich, jedenfalls zeigte der Tacho das an, zu fast 90 km/h aufgeschwungen. ‚Der neu eingebaute Motor war doch gar nicht so schlecht', dachte ich.

Es war einer dieser schönen Tage meist Anfang September, bei denen man nicht so genau wusste, ob es nicht der letzte in diesem Jahr sein würde. Der Herbst hatte sich schon mit einem morgendlichen Dunst über der Landschaft angekündigt, aber im Wasser des Starnberger Sees konnte man noch die Wärme des Sommers spüren. Jetzt am frühen Nachmittag traf die Sonne mit gleißender Kraft auf die in vollem Laub stehenden Bäume, doch konnte der Sommer plötzlich zu Ende sein.

Ich hatte, seit ich auf vier Rädern unterwegs war, nicht mehr diese schleichende Furcht vor dem Herbst als Ankündigung des Winters. Aber seit meiner Kindheit am Waldrand dachte ich manchmal darüber nach, ob die Tiere wohl Bescheid wussten, was da kommen würde. Dass es den Rehen schwer fallen würde, unter der dicken Schneedecke noch Futter zu finden, und dass die Füchse, die tief in ihren Höhlen dem Winter trotzten, nun noch gefährlicher für sie würden als im Sommer.

In Starnberg rollten wir mit gut 50 durch die engen Sträßchen in Richtung des Studentenbades. Ich hielt das Steuer mit beiden Händen fest. Das war notwendig, denn ich musste immer damit rechnen, einmal plötzlich bremsen zu müssen, und darauf pflegte der Wagen so zu reagieren, dass er nach rechts oder nach links zog. Es war nun ein kräftiges Gegensteuern notwendig, um ihn auf der Straße zu halten.

Plötzlich, ohne dass ich das Steuer irgendwie bewegt hatte, ließ sich das Rad sehr leicht bewegen und der Wagen schoss, ohne dass ich ihn noch in der Hand gehabt hätte, durch einen solide gemauerten Torbogen auf den Hof eines hochherrschaftlichen Grundstücks. Es ging alles schneller, als mich Angst und Panik packen konnten. Beides spürte ich erst, als ich hinter dem Torbogen auf die Bremse trat. Die Reifen knirschten im weißen Kies und der Wagen stand.

Wir hingen bleich und wie gelähmt in den Sitzen. Denn nach allen Regeln der Wahrscheinlichkeit hätte der Wagen rechts oder links gegen die sehr massive Toreinfahrt prallen müssen, die höchstens fünfzig Zentimeter breiter war als der DKW. Ich wäre dann sofort tot gewesen, aufgespießt von der Steuersäule, wie James Dean in seinem Porsche 550 Spyder, und Michaela auch tot oder mindestens schwer verletzt.

„Was war denn das?", kam es ganz leise von Michaelas Seite, so als ob der Schreck sich auf ihre Stimme gelegt hätte.

„Der Wagen ließ sich plötzlich nicht mehr steuern", es war auch nur ein Flüstern, was ich herausbrachte.

„Das war aber knapp". Dieser Satz von ihr kam mir mehr gehaucht vor als gesprochen. Also hatte sie sehr genau begriffen, was passiert war.

Wie bloß würde sie sich jetzt verhalten gegenüber einem Hasardeur von Fahrer, mit dem man dem Tod nur ganz knapp entkommen war. Würde sie einfach davonlaufen und nach München zurücktrampen, nachdem es ihr gelungen war, den Schreck etwas abzuschütteln. Für mich gab es jetzt nur eine Möglichkeit, aus dieser Situation herauszukommen. Ich musste mich in Aktionismus flüchten. Das war aber nicht so leicht, denn meine Knie waren so weich, dass sie einzuknicken drohten, als ich versuchte auszusteigen. Das Steuerrad, nach dem ich gewohnheitsmäßig griff, drehte sich leer und bot keinen Halt. Schließlich gelang es mir, mich an der geöffneten Türe und der Mitte des Steuerrades hochzustämmen und mit meinem bleichen Gesicht unter dem Wagen zu verschwinden, während ich noch ein „Ich muss herausfinden, was passiert ist", herausbrachte.

Ich rutschte auf dem Rücken unter den Wagen. Der weißliche Kies des feinen Anwesens war noch warm. Es beruhigte mich, so schnell unsichtbar geworden zu sein und so angenehm aufgefangen zu werden. Es war aber unmöglich, tiefer unter den Wagen zu rutschen. Das Lenkgestänge hatte sich abgesenkt und schwebte in einer Höhe von gut zehn Zentimetern über dem weißen Kies. Die Vorderräder waren ohne Führung in verschiedene Richtungen geschwenkt. Dann begriff ich, was passiert war. Die ganze Mechanik der Steuerung drehte sich um eine zentrale Welle. Eine mit einem Splint gesicherte Schraube sollte sie da fixieren. Diese Schraube hatte sich trotz des Sicherungssplints gelöst. Das bedeutete, diese ganze Katastrophe, die uns leicht beide hätte umbringen können, war ganz leicht zu reparieren. Ich musste nur die verlorene Schraube besorgen, die Bohrung in der Hebelei des Gestänges wieder auf die Welle schieben, die Schraube wieder festziehen und mit einem Splint sichern.

Michaela war nicht geflohen. Sie hatte sich auf das kleine Mäuerchen gesetzt, das die Einfahrt säumte. Ich sah nur ihre schlanken nackten Füße in den beigen Stoffschuhen mit den hohen Korkabsätzen.

Die Möglichkeit, dass die Auswirkungen dieser Fast-Katastrophe durch das Organisieren und Montieren einer einzigen Schraube beseitigt werden konnten, löste meine Schocklähmung ein wenig. Es war, als ob ich eine belebende Essenz einatmen würde. Ich hoffte, dass nun auch meine Stimme wieder etwas fester und überzeugender klingen würde. Es war aber wohl besser, Michaela meine Erkenntnisse von meiner

Unsichtbarkeit aus mitzuteilen und dann abzuwarten, wie sie reagieren würde.

„Es ist nicht wirklich etwas kaputt gegangen. Wir haben nur eine Schraube verloren. Ich werde jetzt zum Autofriedhof trampen, eine auftreiben, sie montieren und dann können wir weiterfahren ins Studentenbad."

Eine Reaktion konnte ich nur an ihren Füssen sehen. Sie rückten ein wenig näher zusammen und ich hörte ein leises „O.k.".

Nun wagte ich es, wieder unter dem Wagen hervor zu rutschen und meine schmierigen Hände zu präsentieren, mit denen ich versucht hatte zu ergründen, was da eigentlich passiert war.

Michaela saß immer noch auf ihrem Mäuerchen, sah auf meine schmierigen Hände und sagte nur: „Da haben wir ja nochmal Glück gehabt".

Ich stellte mich vor dem Torbogen auf und hob meine schwarz verschmierte rechte Hand um zu zeigen, dass ich mitgenommen werden wollte. Das erste Auto, das sich näherte, war ein gelber Lloyd Alexander. Der Fahrer hielt, am Steuer saß ein junger Mann, vielleicht ein bisschen älter als ich.

„Is wos verreckt?", fragte er. Es klang ein bisschen neugierig, aber auch mitfühlend.

„Die Schraube, die den Umlenkhebel beim DKW F 7 hält, ist abgehauen." Es sollte ein bisschen witzig klingen.

„Da hams aber Massel ghobt." Während er das sagte, sah er zu mir herüber, so als ob er überprüfen wollte, ob ich auch wirklich keine Verletzungen hätte.

„Und jetzt brauchen's an Autofriedhof", stellte er fest. „I woas oan, da fahr i Sie schnell hi", meinte er dann.

Als die Tür des Alexander auf dem Autofriedhof hinter mir ins Schloss fiel, hatte ich das beglückende Gefühl, es könnte nach der Fast-Katastrophe doch alles wieder in Ordnung kommen. Aber der Besitzer des Autofriedhofs in seinem ölverschmierten Overall, den ich schließlich in dem hinteren Teil seiner Baracken aufgespürt hatte, nahm keine Notiz von mir. Sein Schweißgerät fauchte. Er war dabei, den noch brauchbaren hinteren Kotflügel eines Ford 12 M auszubauen. So ein Ford war auch das Auto unseres Mathematiklehrers gewesen, das wir so erfolgreich verhext hatten. Ich stellte mich neben das Schweißgerät und wartete. Schließlich nahm der Mann seine Schutzbrille ab. Mit kleinen verkniffenen Augen sah er an mir vorbei auf seine Welt aus Autowracks. Ich war mir aber sicher, dass er mich längst wahrgenommen hatte. So versuchte ich einfach loszuwerden, warum ich hier war.

„Ich brauche die Schraube, die den Umlenkhebel vom DKW F 7 festhält und einen Splint."

Nun hob er den Kopf etwas, sah mich an, als wäre ich ein Gespenst und murmelte: „Die Schraub vom Umlenkhebel hams verloren und da leben's no?"

Darauf fiel mir keine Antwort ein.

„Unten am Zaun stehn zwoa F 7. Abmontieren müssen's eana die Schraub scho selber."

Er griff in ein Werkzeugwägelchen, das neben ihm stand, und gab mir einen Gabelschlüssel und eine Kombizange. Dann deutete er mit dem Kopf in die Richtung, wo ich einen Wagenheber finden könnte. Er schob seine Schutzbrille wieder vor seine Augen und das Schweißgerät fauchte.

Der Wagenheber war ein ausrangiertes Weltkriegsmodell der US-Army, wie wir es beim Klau der Hinterräder von unserem Mercedes benutzt hatten. Damit kannte ich mich aus.

Die beiden DKWs waren leicht zu finden. Ich suchte mir den aus, der etwas weniger mitgenommen schien. Ich schob den Wagenheber von vorne unter die Querblattfeder und fuhr die alte Kiste ziemlich weit hoch, um gut arbeiten zu können. Unter dem Wagen wuchs noch Gras. Die Vögel in den Büschen am Rand des Geländes zwitscherten. Ich lag ganz bequem und spürte jetzt, dass ich total kaputt war.

Am liebsten wäre ich hier einfach eine Weile liegen geblieben in der Hoffnung, dass sich der Schrecken in meinen Knochen etwas verflüchtigte. Aber das war unmöglich. Ich konnte Michaela nicht länger warten lassen.

Der Sicherungssplint ließ sich leicht gerade biegen und herausziehen. Da es unter Automotoren fast immer ölig war, hatte auch kein Rost die Schraube festgehalten. Ich steckte den Splint und die Schraube in meine Hosentasche, ließ den DKW wieder auf seine Räder sinken und zog den Wagenheber wieder auf seinen Platz.

Als ich zu dem 12 M zurückkam, war der Kotflügel herausgetrennt und das Schweißgerät schwieg. Ich gab dem Mann im Overall sein

Werkzeug zurück, griff in meine Hosentasche und zeigte ihm Sicherungssplint und Schraube.

„10 Markel“, sagte er, nahm mir den Splint aus der Hand und warf ihn in einen Abfallkübel. Dann griff er sich aus seinem Werkzeugwägelchen einen neuen und reichte ihn mir.

„Damit s no länger lebn. Könnt ja sein, dass der oide genau so von 1937 is.“

Auf dem Rückweg nahm mich ein junger Mann in seinem Fiat 500 C mit. Nach zehn Minuten setzte er mich an dem Torbogen ab.

„Das ging ja wirklich schnell“, begrüßte mich Michaela. Sie stand von ihrem Mäuerchen auf und erschien mir nicht mehr ganz so blass.

„Kann ich dir etwas helfen?“

„Gleich“, sagte ich. „Wenn ich den Wagen angehoben habe und darunter liege, kannst du das Steuer in die Mittelstellung bringen, dann krieg ich das Ding besser auf die Welle.“

Es dauerte nur wenige Minuten, dann war die Schraube festgezogen und mit dem neuen Splint gesichert.

Während des unfreiwilligen Aufenthalts im Hof dieses hochherrschaftlichen Anwesens hatten wir niemanden gesehen. Also versuchte ich, mit einem rasanten Wendemanöver zu starten, bei dem ein bisschen von dem feinen Kies zur Seite stob.

„Musste das denn sein?“, fragte Michaela.

In meinem Bemühen, alles, was passiert war, ungeschehen zu machen, hatte ich überzogen.

Im Studentenbad bemühte ich mich als Erstes, meine schwarzen Hände wieder sauber zu bekommen. Aber das seifenähnliche Zeug, das ich auf der Toilette fand, richtete wenig aus. Meine nächste Hoffnung war das noch warme Wasser des Starnberger Sees. Wir hatten vor, erst einmal weit hinaus zu schwimmen, ehe wir uns wieder an die Arbeit machten. Aber auch dem Wasser widerstand die schwarze Schmiere.

Wir nahmen uns dann die alten Prüfungsfragen vor und kamen gut voran. Es war, als würden wir von der Euphorie, dass wir noch am Leben waren, beflügelt. ‚Michaela hat doch ganz genau begriffen, was passiert ist‘, dachte ich.

Auf der Rückfahrt nach München ging ich bei knapp achtzig vom Gas. Der Motor brummte, als wäre er ganz zufrieden mit diesem Tempo. Die Abendsonne stach in die Wälder neben der Straße und schnitt grelle Achsen durch die Luft. Alles war wie immer. Aber meine immer noch schwarzen Hände erschienen mir auf dem in der Nachkriegszeit eingebauten elfenbeinfarbenen Steuerrad noch schwärzer. Sie erinnerten mich ständig daran, dass wir gerade noch einmal davongekommen waren. Was würde sich als Nächstes lösen oder brechen? Langsam sickerte eine Erkenntnis in mein Bewusstsein, so wie sich immer mehr Flüssigkeit in einem Eimer sammelt, den man unter ein gefährliches Leck gestellt hat. Nichts war wie immer: Meine Zeit mit dem DKW war abgelaufen.

Am Wochenende würde ich versuchen, den Wagen zu verkaufen. Ich hatte den Preis hoch mit 700 DM angesetzt. Das war das Minimum dessen, was man damals brauchte, um ein einigermaßen zuverlässiges Fahrzeug zu bekommen.

Es meldete sich nur ein Interessent, aber der, so schien es mir, war wirklich interessiert, obwohl er nicht in der Nähe wohnte. Sollte meine Glückssträhne nach der Fast-Katastrophe noch anhalten und es mir tatsächlich gelingen, die alte Kiste für 700 DM loszuschlagen?

Als es etwa zur angegebenen Zeit läutete, stand ein freundlicher stämmiger Mann vor mir. Er trug einen gepflegten Trachtenanzug. Ein sauber geschnittener roter Bart machte es nicht einfach, sein Alter genau zu schätzen. Als er mir die Hand gab, war mir klar, das ist einer, der mit den Händen in einer anspruchsvollen Weise arbeitet. Er könnte Geigenbauer aus Mittenwald oder Hergottsschnitzer aus Oberammergau sein, oder vielleicht einfach ein Steinmetz, der Grabmäler schuf. Im Gespräch stellte sich schnell heraus, dass ich damit falsch lag. Er war Präzisionsdreher in einer großen Maschinenfabrik.

„Das kann doch nur schiefgehen“, dachte ich, als ich den DKW aus der Garage fuhr. Der Mann dürfte etwas von alten Autos verstehen.

„Die Türen hängen, das Holzgerippe ist morsch“, war das Erste, was er bemerkte. „Die ganze Karosserie muss runter, damit das Holz erneuert werden kann. Aber dafür haben wir einen guten Schreiner im Dorf.“

Mit einer rasanten Vorführung versuchte ich, von diesen offensichtlichen Mängeln abzulenken.

„Läuft doch prima der Wagen“, meinte er. „Warum wollen’s denn den verkaufen?“

„Ich habe ein kleines Erbe gemacht und kann mir jetzt ein altes VW-Cabrio leisten“, log ich.

Er drehte auch ein paar Runden und kam mit der alten Kiste gut klar. Ich hatte das Gefühl, er wollte den Wagen tatsächlich kaufen, und so riskierte ich die Frage, warum ihn denn der alte DKW so interessiere.

Natürlich wäre ein F 8 mit Stahlkarosserie viel besser, aber wer den habe, der gäbe ihn nicht mehr her. Und ein altes Cabriolet, das müsste es schon sein. „Der junge Schmied im Dorf, der die landwirtschaftlichen Maschinen repariert, der hat sich ein zweisitziges Ford Eifel Cabriolet gekauft, das er langsam restauriert. Und mit dem macht er mächtig Eindruck auf die Frauen. Ich will dem Schmied doch nicht das Feld alleine überlassen."

Ohne einen Versuch, den Preis zu drücken, blätterte er mir die verlangten 700 DM hin und ich überreichte ihm Brief und Schein.

Einige Wochen lang las ich noch sehr sorgfältig die Berichte über Verkehrsunfälle im weiteren Umfeld, stieß aber auf nichts, was auf meinen DKW schließen ließ. Ich habe nie wieder etwas von ihm oder dem Käufer gehört.

Unter Elchen in Schweden

Gutbrod Superior

Ich hatte den DKW sehr schnell verkauft. Nach dem plötzlichen Verlust der Steuerbarkeit des Wagens fürchtete ich, die alte Kiste sei in einer nicht mehr kalkulierbaren Weise lebensgefährlich geworden. Es war alles so plötzlich passiert, dass ich erst nach und nach begriff: Nun stand ich ohne Auto da! Und das war, so fand ich, kein akzeptabler Zustand.

Ich stürzte mich jeden Morgen auf den Automarkt in den Tageszeitungen, aber für 700 DM wurde nichts angeboten, was mir vertrauenswürdig erschien. Dann, nach fast zwei autolosen Wochen, stieß ich auf eine Anzeige, die mich elektrisierte: „Gutbrod Superior, BJ 52, 700, 26 PS, guter Zustand von Rentner für DM 850 abzugeben."

Das mit seiner Pontonkarosserie modern und geräumig gestylte kleine Auto war zu meiner Schulzeit, am Beginn der fünfziger, einmal mein Traumwagen gewesen. Jetzt, nach den abenteuerlichen Jahren mit dem DKW, wusste ich auch noch, dass dieses Auto alles hatte, was meinem DKW fehlte: eine funktionelle Zahnstangenlenkung, hydraulische Bremsen, ein Getriebe mit Mittelschaltung, eine Elektrik von Bosch und einzeln aufgehängte und mit Schraubfedern abgefederte Räder. Der Zweizylinder-Zweitaktmotor war längs eingebaut und trieb auch einen Ventilator an, der dem Kühler Luft zufächelte. Absolut neu waren die Entfrostung der Windschutzscheibe und die Heizung des Innenraumes. Der kleine Wagen mit seinem Klappdach hätte zu einem Erfolg bei den jungen Leuten werden können. In der kurzen Zeit seiner Produktion hatte er sich sogar bei Rallyes bewährt. Dann war das Unternehmen Pleite gegangen und die Produktion eingestellt worden.

Ich wusste auch, dass der Motor des Gutbrod als empfindlich galt, aber für den Fall, dass etwas kaputt ging, war in München ein Ersatzteildepot eingerichtet worden. Nicht mitbekommen hatte ich, dass es auch Komplikationen beim Fahrwerk gegeben hatte, sonst hätte ich wohl die Finger von dem Wagen gelassen.

Damals gab es für mich nur ein Problem: Der Rentner wollte 850 DM für den Wagen, ich hatte aber nur meine 700. Ich verabredete also telefonisch einen Termin und fuhr mit dem Bus in einen der östlichen Vororte.

Der lindgrüne Wagen parkte vor den Eingangsstufen zur Tür eines kleinen Reihenhauses und machte einen gepflegten Eindruck. Ich läutete, aber es blieb still im Haus. Schließlich ging die Tür doch noch auf und ein glatzköpfiger älterer Herr in einer etwas abgetragenen Strickweste erschien im Türrahmen, den er in der Breite fast ganz ausfüllte.

„I komm scho", sagte er mit einer Stimme, in der mitschwang, dass ich schon etwas Geduld haben müsse.

Als er vorsichtig die Treppenstufen herunterkam, sah ich hinter ihm eine schlanke Frau vorbeihuschen. Sie war wohl nicht viel jünger als er, hatte aber, so schien es mir, keine Probleme mit dem Gewicht und der Beweglichkeit.

Der Mann kam mit dem schwankenden Gang des Übergewichtigen auf mich zu, er fühlte sich wohl nicht mehr so ganz sicher auf seinen Beinen. Als er bei seinem Auto angelangt war, stützte er sich mit der linken Hand auf die schöne lange Motorhaube und streckte mir die Rechte hin.

„Jetzt is es aus mit dem schönen Lebn. Des Autofahrn is ja no ganz guat ganga, aba des Laufen, des geht schlecht. Und jetzt hams mir den Führerschein weggnommen, die Sauhund." Mit den Sauhunden war wohl die Polizei gemeint. Seine Augen waren nass und die Tropfen hatten schon Streifen über seine Wangen gezogen.

„Und warum hat man Ihnen den Führerschein abgenommen?", versuchte ich in ein Gespräch mit ihm zu kommen.

„Weil i a rote Ampel übersehn hob. Un des hot ona gsehn und mi ozoagt. Der Drecksack war auch noch a Nachbar." Er wischte sich die Augen. „Dabei is goarnix passiert. War ja koa andas Auto auf der Kreuzung. Des hätt i ja gsehn. Aber die scheiß Ampel bei der hellen Sonn, die hob i net gsehn."

„Gibt es denn keine Möglichkeit, dass Sie den Führerschein wieder zurückbekommen?"

„Des hab i versucht, aber der Doktor sagt, die Augen machens nimmer."

Ich begriff, in welches Drama ich da geraten war. Der kleine Wagen war seine Bewegungsmöglichkeit gewesen und jetzt kam ich als eine Art Vollstrecker des Urteils, das die Ordnungsbehörde über ihn gesprochen hatte, um ihm seinen vielleicht letzten Spaß im Leben wegzunehmen. Wie kam ich bloß wieder heraus aus dieser Situation – und zu meinem Auto? Ich würde es doch nie schaffen, dem traurigen Mann sein geliebtes Auto schlecht zu machen, um den Preis zu drücken.

„Hams denn die 850 Mark?", schreckte er mich aus meinen Gedanken auf.

„Ich hab nur 700 dabei, aber ich könnte versuchen, den Rest vielleicht noch aufzutreiben", versuchte ich mich aus dieser Situation zu retten.

„Passt scho, es hot si fast nix grührt außer Eana!"

Ich griff in meine Brieftasche und zählte ihm die 700 DM in die Hand und er gab mir den Kraftfahrzeugbrief, den Schein und die Autoschlüssel.

„Ich bin sehr froh, dass ich jetzt so ein schönes Auto habe und werde es sorgfältig pflegen", versuchte ich die Sache versöhnlich zu Ende zu bringen. Er lächelte, aber seine Augen blieben traurig. Ich rutschte hinter das weiße Lenkrad auf den breiten Fahrersitz, zog die Tür zu und startete den Motor. Ehe ich den Wagen um die nächste Ecke zog, winkte ich dem Alten kurz noch einmal zu.

‚Was hast du denn jetzt gemacht? Dem Alten sein Auto weggenommen', dachte ich und fühlte mich schuldig. Dann aber kam mir ein entlastender Gedanke: Warum hat diese Generation von Männern nicht ihre Frauen ans Steuer gelassen. Warum haben die meisten darauf bestanden, dass Autofahren alleine ihre Sache sei? Die Männer hatten ja wirklich noch genug Vorrechte, sie konnten darüber entscheiden, ob ihre Frauen arbeiten und ob sie ein eigenes Konto führen durften.

Diese Gedanken halfen mir, mich wieder etwas besser zu fühlen. So konnte ich mich daran freuen, dass ich nun in einem modernen Auto saß. Der Wagen war kompakt und übersichtlich. Die Lenkung ging leicht und hatte kein Spiel. Die Bremsen griffen fest und gleichmäßig zu. Das Dreiganggetriebe ließ sich sehr gut schalten. Ich war sehr erleichtert, ich hatte zwar die Katze im Sack gekauft, aber nun auf der ersten Fahrt stellte sich nichts ein, was mir hätte Sorgen machen müssen. Trotzdem war es wohl das Beste, den Wagen gleich beim Gutbrod-Ersatzteillager durchsehen zu lassen. Die Adresse hatte ich mir schon aufgeschrieben.

Während der Fahrt versuchte ich, mich daran zu erinnern, was ich über den Wagen wusste. In den frühen fünfziger Jahren lagen die Gutbrod-Verkaufsräume im Zentrum Münchens, wo auch die anderen großen Automobilwerke ihre schon wieder repräsentativen Niederlassungen hatten. Die Verkaufsräume von Gutbrod lagen an meinem Schulweg, und so kam ich jeden Tag vorbei. Immer wenn es etwas Neues gab, unterbrach ich meine Fahrt und schaute durch die Schaufenster auf die modernen glänzenden Wagen. Hinein traute ich mich nicht. Ich erinnerte mich aber noch, das Modell mit dem 700-ccm-Vergasermotor galt als das ausgereifteste. Und so einen Wagen hatte ich erwischt. Es gab den Wagen auch schon mit einem Einspritzmotor, aber mit dem waren die Autotester nicht zufrieden gewesen.

Das Ersatzteildepot lag auf einem weitläufigen Industriegelände. Es bestand aus einer flachen fensterlosen Holzbaracke von den Ausmaßen eines Tennisplatzes. Niemand war zu sehen. ‚Hoffentlich gibt es hier tatsächlich noch jemanden und das Ganze ist kein menschenloses Phantom', dachte ich beim Aussteigen.

Immerhin war die Eingangstür nicht versperrt und am Beginn des schmalen Ganges, den man zwischen den Ersatzteilregalen freigelassen hatte, saß tatsächlich ein Wesen im schummrigen Licht. Bis er mich wahrnahm, konnte ich nicht erkennen, ob er irgendetwas tat. Von mir aufgeschreckt, erhob er sich sehr schnell. Ein Herr, vielleicht Mitte vierzig in einem grauen frisch gewaschenen und gestärkten Kittel, kam auf mich zu. Aber diese Montur passte nicht richtig zu ihm. Er hatte immer noch das joviale Auftreten eines Autoverkäufers und nicht das sachliche eines Mechanikers oder Lageristen.

Vielleicht war es einer von denen, die hinter den Glasscheiben die Kunden berieten, während ich, der Gymnasiast, mich nicht durch die Tür traute. Damals, in den frühen fünfziger Jahren, hatte er für ein erfolgreiches Werk gearbeitet und mir kam es vor, als fiele es ihm immer noch schwer zu begreifen, dass das alles vorbei war.

Er gab mir die Hand und wurde mit dem Satz „Wie kann ich Ihnen helfen“ wieder zu dem Autoverkäufer aus früheren Zeiten.

„Ich habe mir gerade einen 700 mit Vergasermotor gekauft. Können Sie sich den mal anschauen, ob alles in Ordnung ist oder irgendwelche Reparaturen sinnvoll wären?“

„Aber natürlich, wir freuen uns über jeden Kunden, der unser Auto noch fährt und den Weg zu uns findet.“ Er bewegte sich auf mein Auto zu, so wie er es wohl damals hinter den großen Schaufensterscheiben getan hätte.

„Wissen Sie eigentlich, warum unser Wagen, gerade auch das Fahrwerk, so modern und aufwändig konstruiert ist, dass man eher an einen Mercedes denkt als an einen Kleinwagen?“

Ich schüttelte den Kopf.

Erzählt wurde mir dann die Geschichte eines der bedeutendsten Ingenieure von Daimler-Benz. Der habe zeitweise im Konzern nicht mehr arbeiten dürfen und sozusagen bei Gutbrod überwintert. Er machte eine bedeutungsvolle Pause. In dieser Zeit habe er den Gutbrod Superior entwickelt, den es auch mit einem Direkteinspritzer gegeben hatte. Das sei damals der erste Direkteinspritzer auf der Welt gewesen. Dieser Ingenieur habe aus dem Flugmotorenbau Erfahrungen mit Einspritzmotoren mitgebracht.

Ohne seine Geschichte zu unterbrechen, setzte er sich ans Steuer und ich nahm neben ihm Platz. Er drehte ein paar Runden. Dabei prüfte er die Bremsen, die Antriebsgelenke, das Spiel in der Lenkung, aber über den Zustand meines Wagens fiel kein Wort.

Stattdessen beschrieb er mir ausführlich das Drama seines Werkes, das auch das Drama seines Lebens zu sein schien. Ich erfuhr, dass es irgendwann nur noch Autos mit Benzineinspritzung geben werde, weil sich so der Verbrennungsvorgang besser steuern lasse, dass Gutbrod mit den Norwegern, die keine eigene Automobilindustrie hätten, ein Automobilwerk aufbauen wollte, aber die hätten das mit der vorgesehenen Kunststoffkarosserie nicht schnell genug in den Griff bekommen. Irgendwann würden alle Karosserien aus Kunststoff sein, das sei leichter und könne nicht rosten. Sie seien überhaupt mit allem zu früh dran gewesen und nun würden die großen Aktiengesellschaften die kleinen Pioniere kaputt machen und die Entwicklungen klauen. Es werde auch noch Glas und Borgward erwischen!

Ich hatte diesem engagierten Monolog aufmerksam zugehört, hatte aber doch Sorgen, dass ihm dabei ein Mangel meines neuen Autos verborgen bleiben könnte.

Ziemlich abrupt stellte er dann fest: „Sie sollten die Gummigelenke am Differential erneuern lassen. Das sind vermutlich noch die ersten. Ich gebe Ihnen die Teile mit. Sonst ist alles in Ordnung."

Tatsächlich hat mich mein neuer Wagen trocken und warm durch den Winter gebracht und im Frühjahr war das Fahren mit dem offenen Klappverdeck fast wie in einem Cabriolet.

Zu Beginn des Sommers rief mich Wolf an. Er hätte eine ziemlich verrückte Idee, aber ich könne ja einfach ‚nein' sagen, begann er das Gespräch. Er hatte sein Studium etwas konsequenter als ich durchgezogen und das Ende war absehbar. Ich wusste, dass er sich auf ein Leben als Jurist in der Bonner Ministerialbürokratie vorbereitete.

„Ehe ich mich in diese Mühle begebe, in der ich dann wohl mein ganzes Leben verbringen werde, würde ich gerne mit dir und deinem unerschütterlichen DKW noch eine Reise nach Schweden machen."

Ich musste Wolf erst einmal erzählen, dass der DKW, den er als so unerschütterlich erlebt hatte, mich gewaltig erschüttert hatte. „Ehe er mich ganz ins Jenseits befördert hätte, wollte ich ihn doch lieber los sein", resümierte ich den Schluss der Geschichte. „Und jetzt habe ich einen Gutbrod."

„Gutbrod, die Firma gibt's doch gar nicht mehr."

Das hatte sich also bis zu Wolf herumgesprochen, der sich nicht sehr für Autos interessierte. „Das Autowerk gibt es nicht mehr, aber meinen Wagen gibt es noch!", reagierte ich etwas beleidigt.

„Dann fahren wir eben mit deinem Gutbrod nach Schweden." Nach Schweden wollte er also unbedingt. Spukten vielleicht die schönen Frauen aus den schwedischen Filmen in seinem Kopf herum?

„Warum muss es denn unbedingt Schweden sein?", fasste ich nach.

„Schweden muss ein sehr schönes weites Land sein, mit riesigen Wäldern und schönen klaren Seen, in dem es keinen Krieg gegeben hat. Ich stelle es mir ein bisschen so vor wie die Wälder um euren Hof, ehe die Wehrmacht kam und überall ihren Schrott liegengelassen hat. Selbst das Meeresufer soll an einigen Stellen noch so einsam sein, dass man mit dem Auto auf dem feuchten Sand am Wasser entlang fahren kann."

Ich versprach Wolf, über seinen Vorschlag nachzudenken.

Ich begriff schnell, dass er mir da eine Idee eingepflanzt hatte, der nun schwer zu widerstehen war. Wir hatten im Chaos des Kriegsendes soviel zusammen ausgeheckt und überstanden, wir waren auch von unserer Reise an die Côte d'Azur heil zurückgekommen. Was sprach dagegen, die letzte, nicht so streng reglementierte Phase unsers Lebens mit einer Reise nach Schweden zu beenden.

Der Wagen gab sein Bestes, uns mit Campingausrüstung und Lebensmittelkonserven durch Deutschland und Dänemark bis auf die Fähre nach Göteborg zu tragen. Ich hatte dem Benzin einen Molybdänzusatz für Zweitakter beigegeben, um den gefürchteten Kolbenklemmern vorzubeugen, und mich bemüht, den Motor nicht zu überanstrengen.

Wir standen am Bug der Fähre, als am Horizont Göteborg auftauchte. Über den Himmel zogen Wolkenfelder und es war auch nicht gerade warm. Aber wie verwandelt war alles, wenn die Wolkenfelder aufrissen und das Deck plötzlich in hellem Licht lag. Dann leuchteten die Gesichter und die farbigen Windjacken der in südlichen Ländern braun gebrannten Paare auf und es war, als würden auch ihre etwas stoisch gelassenen Gesichtszüge ein wenig mit leuchten.

Von ihren Unterhaltungen verstand ich kein Wort. Auch die Durchsagen über die Bordlautsprecher kamen nur auf Schwedisch. Wir mussten also beobachten, ob sie bei den Leuten auf Deck zu irgendwelchen Bewegungen führten oder nicht. Nach einer Durchsage begannen einige, die engen eisernen Treppen anzusteuern, die in die Tiefe der Fähre zu den niedrigen Parkdecks führten, wo es nach Schiffsdiesel stank. Unser kleiner Wagen war eingerahmt von glänzenden Volvos, die eine Fertigungsqualität ausstrahlten, bei der man sich nicht vorstellen konnte, dass diese wunderschönen Wagen jemals auf dem Autofriedhof landen würden.

Die Leute stiegen ein und die Sicherungsgurte klackten in ihre Schlösser. Der graue Gurt lief von der Seitenverkleidung quer über den Oberkörper zum Schloss am Kardantunnel. So etwas hatte ich noch nie gesehen, ich kannte nur die Beckengurte aus dem Flugzeug. Wir reihten uns nach den Zeichen der Anweiser in die Schlange zur Rampe ein. Unser kleiner Wagen wirkte mickrig neben diesen glänzenden Wohlstandssymbolen, besonders wenn sie ihre Motoren mit den Doppelvergasern ein wenig aufheulen ließen.

Göteborg, die Heimat von Volvo, ist eine Industriestadt aus rotem Backstein und graugrünen Zinkdächern. Man fährt an Fabrikgebäuden, Lagerhallen und Werften vorbei, die einen breiten Fluss säumen. Der Göta Älf windet sich aus der Stadt heraus und durchzieht eine karge Landschaft aus Felsen, Fliederbüschen und Kiefern.

Eine provisorische Ampel an einer Baustelle stoppte uns. Wolf stieß mich an und zeigte mir, wo ich hingucken sollte. Verstehen konnte ich ihn nicht, weil das dumpfe Dröhnen eines gelben Volvo Bulldozers neben uns alle anderen Geräusche erstickte. Dann begriff ich, was Wolf meinte: Unter dem Helm der Person, die dieses Riesending steuerte, wehten blonde Locken im Wind. Auf dem Bulldozer saß eine Frau!

Wir hatten unser Dach geöffnet und sie musste mitbekommen haben, wie wir sie bestaunten. Sie schaute kurz zu uns herunter, winkte uns zu und lachte. Sie steckte in einem blauen Overall, so dass man ihre Figur nicht einmal erahnen konnte. Ihr braungebranntes Gesicht war jung und hatte etwas von der kraftvollen Schönheit der Frauen aus den schwedischen Filmen, die uns so fasziniert hatten.

Sie hatte allenfalls eine Sekunde von ihrem hohen Sitz zu uns herunter geschaut. Dann konzentrierte sie sich wieder auf ihr Monstrum und ließ vielleicht nochmal 50 PS mehr los. Der Auspuff hoch über ihr stieß eine dicke schwarze Wolke aus und die Schaufel schob sich durch das Geröll, so dass die kleinen Steine spritzten. Wie Hagel flogen sie durch die Luft und müssen auch auf der Karosserie unseres Autos so geklungen haben wie ein leises Trommeln. Aber der Krach des großen Motors überdeckte alles.

Wir hatten vor, die Küste entlang nach Süden zu fahren, wo es einsame Campingplätze am Meer mit breitem Sandstrand geben sollte.

Als die meist rot gestrichenen Häuser die gerade Straße nicht mehr säumten und man schon etwas genauer hinsehen musste, um sie in den Kiefernwäldern zu entdecken, trat ich etwas mehr aufs Gas. Wahrscheinlich war das Stadtgebiet mit seiner Geschwindigkeitsbeschränkung hier zu Ende.

Als ich die beiden Motoradpolizisten im Rückspiegel entdeckte, ging ich vom Gas, aber es war zu spät. Sie heulten auf ihren schwarz glänzenden BMW R 50 Maschinen heran. Der eine setzte sich vor uns und zeigte die Stoppkelle, der andere hatte sich hinter uns geklemmt. In ihren schwarzen Monturen und Sturzhelmen, die nur einen schmalen

Spalt für die Augenpartie frei ließen, kamen sie mir vor wie Wesen aus einer anderen Welt. So futuristische Monturen hatte ich noch nie gesehen. Ihr Auftreten war ähnlich wie das der Motorradvollstrecker in Cocteaus Film Orphée. Da tauchen immer wieder modern uniformierte Todesboten auf ihren Harley-Davidsons auf, um die Protagonisten in eine andere Welt zu geleiten. In Orphée waren die Polizisten stumm. Diese hier waren nicht stumm, aber wir verstanden nichts von dem, was sie sagten. Die Augen aus dem Spalt ihrer Helme sahen uns genau so kühl und unerreichbar an wie die Todesboten in Cocteaus Film.

Ich vermutete, dass sie Fahrzeugpapiere und Pass sehen wollten und zog beides heraus. Sie blickten darauf und ich dachte, wahrscheinlich können sie damit so wenig anfangen wie ich mit ihrer Sprache. Während der eine die Papiere noch in der Hand hielt, erteilte uns der andere eine Belehrung, die ich nicht verstand. Vermutlich des Inhalts, dass hier noch Stadtgebiet sei und sich auch deutsche Touristen an die schwedischen Geschwindigkeitsbeschränkungen zu halten hätten. Der andere gab mir die Papiere zurück. Beide grüßten sehr formell, wie in einem Science-Fiction-Film. Sie stiegen auf ihre Motorräder und brausten davon, indem sie ihre Motoren in den unteren Gängen hochdrehen ließen. Für sie galt offenbar keine Geschwindigkeitsbeschränkung!

Seit dieser Begegnung habe ich mich in Schweden sehr genau an die Geschwindigkeitsvorschriften gehalten.

Gegen Abend hatten wir einen Campingplatz gefunden, der unsere schönsten Vorstellungen vom Zelten am Meer in Schweden Realität werden ließ. Das sandige mit alten Bäumen bestandene Gelände war so groß, dass einem die paar Volvos und Saabs am anderen Ende schon klein erschienen. Die Sanitärblocks mit warmen Duschen, Waschbecken und Toiletten waren von metallisch glänzender Sauberkeit und Funktionalität.

Als wir das weite Gelände erkundeten, entdeckten wir Zufahrten zum Strand und Autospuren. Es musste also tatsächlich möglich sein, auf dem feuchten Sand direkt am Wasser entlang zu brausen. Aber so ganz einfach da hinzukommen war es nicht, denn man musste einen Streifen lockeren Sandes zwischen dem bewachsenen Ufer und dem feuchten Streifen am Wasser überwinden.

Wir stellten unser Zelt unter einer der alten Kiefern auf, deren Rinde schon ganz grau war von den salzigen Meerwinden. Als wir gerade unsere Luftmatratzen aufgeblasen hatten, rollte eine graue Renault Estafette auf den Platz und schlug die Richtung auf unser Zelt ein. Eine Frau um die dreißig mit sehr blauen Augen und langen wehenden blonden Haaren stieg aus und kam mit einem Block in der Hand auf uns zu. In ihren sehr gut sitzenden Jeans und dem roten Pullover sah sie schlank und attraktiv aus. Als sie vor uns stand, kam ich mir klein vor. Sie war einen ganzen Kopf größer als ich. Sie begrüßte uns freundlich auf Schwedisch und ich verfluchte mich, dass ich nicht die Zeit gefunden hatte, wenigstens ein paar Brocken Schwedisch zu lernen, um sie zu erfreuen. Vermutlich wollte sie die Campingplatzgebühren kassieren.

Ich reichte ihr einen der auf der Fähre eingewechselten Kronenscheine, sie füllte ein Blatt auf ihrem Block aus und gab es mir. Auch das Wechselgeld kramte sie aus ihrem Portemonnaie. Mit einer einladenden Bewegung drehte sie sich zu ihrem Lieferwagen um und schob eine rappelnde Jalousie nach oben, die den ganzen Ladenbereich der Estafette öffnete. In kleinen Abteilungen, rutschsicher gelagert, hatte sie alles an Bord, was der Camper brauchen konnte: Brot, Butter, Käse, Milch, Obst und Gemüse. Wir stockten unseren mitgeschleppten Vorrat auf. Sie addierte die Preise auf einem Zettel und zeigte auf die Endsumme. Sie war es gewohnt, mit Campern umzugehen, die ihre Sprache nicht verstanden. Aber bis morgen würde ich ein paar Brocken schwedisch lernen!

Sie fuhr dann noch zu den anderen Zelten neben den Volvos und Saabs auf der anderen Seite des Platzes, wurde wohl auch dort einiges los und schließlich verschwand der Renault hinter den Bäumen in der Abenddämmerung, die sich endlos lang hinzuziehen schien.

Wir entschlossen uns, noch schwimmen zu gehen. Die Ostsee und das Kattegat hatten im Sommer eine Temperatur von 18 Grad, was wir damals noch als akzeptabel ansahen. Das Wasser, bei unserer Ankunft noch leuchtend grün, war nun fast schwarz, es war ruhig, immer wieder glitzerte noch ein wenig Licht auf den kleinen Wellen. An der Oberfläche spürte man noch die Sonnenwärme des Tages, stieß man aber mit den Füßen in tiefere Regionen, wurde es schnell kälter.

Wir hatten eigentlich vorgehabt, weit hinaus zu schwimmen, kehrten dann aber doch bald um, weil wir fühlten, wie die Kälte des Wassers immer tiefer in unsere Körper eindrang.

Unter den Duschen heizten wir uns wieder auf, aßen ein wenig, tranken eine Menge heißen Tee und unterhielten uns über die schönen Schwedinnen aus den Filmen und der Realität. Dann krochen wir ins Zelt, legten uns auf unsere Luftmatratzen und schliefen sofort ein.

Wir hatten schon ein paar Stunden geschlafen, als uns das Hochdrehen eines Automotors aufschreckte.

„Hört sich an, als hätte sich da einer festgefahren." Wolf war wohl etwas früher wach geworden als ich.

Seit meiner Kindheit hatten festgefahrene Autos oder Traktoren für mich etwas Aufregendes. So sagte ich: „Bei dem Geheule können wir doch nicht schlafen. Also schauen wir doch lieber, was da los ist."

Wir zogen Jeans und Anoraks über unsere Schlafanzüge und krochen aus dem Zelt.

Der Wagen musste sich auf einer der Zufahrten zum Meer festgefahren haben. Die Scheinwerfer waren aufgeblendet und schnitten einen Tunnel von Licht in die Nacht, bis über das Wasser. Es war Wind aufgekommen, die kleinen Wellen trugen Schaumkronen, die auf dem dunklen Meer weiß tanzten.

‚Immerhin, soweit haben sie es geschafft. Ihr Licht beleuchtet den Strand, an den sie wahrscheinlich wollten', dachte ich.

In dem Streifen lockeren Sandes hatte sich ein älterer Saab so tief in den lockeren Untergrund gewühlt, dass er bereits mit dem Chassis aufsaß. Die sich rasend mal in die eine, mal in die andere Richtung drehenden Räder konnten den Wagen nicht mehr bewegen.

Das war wohl auch der jungen Frau klar, die auf dem Beifahrersitz saß. Sie stieg aus und kam auf uns zu. Ein bisschen stämmig sah sie aus, sie hatte sich mit einem schicken roten Kleidchen wohl für eine Party schön gemacht, sorgfältig geschminkt und ihre Wuschellocken zu zähmen versucht. Sie dürfte ungefähr so alt wie wir gewesen sein. Wahrscheinlich eine Studentin, denn sie erkannte uns als Ausländer und sprach uns englisch an.

„Can you help us?"

Sie sah wütend aus, versuchte aber ein Lächeln. Gleichzeitig deutete sie mit einer Bewegung an, was sie meinte, wir sollten ihr helfen, den Wagen durch Schieben wieder aus der Umklammerung des Sandes zu befreien.

„Impossible", antwortete ich, „we all together are much too weak."

Ihr mühsames Lächeln erlosch. Aber dann erklärte ich ihr schnell, dass wir die nötige Ausstattung, um ihr Auto frei zu bekommen, in unserem Wagen hätten. Zuerst müsse sie aber dafür sorgen, dass der Fahrer mit seinen unsinnigen Bemühungen aufhöre. Sonst ginge noch was an dem Wagen kaputt.

Sie verstand, was ich meinte, stürmte zur Fahrertür, riss sie auf und fauchte ein paar schwedische Sätze. Der Motor ging aus und die Scheinwerfer erloschen.

„Kannst du mir mal sagen, was das für eine Ausrüstung sein soll, die wir dabei haben? Ich habe davon nichts gesehen“, maulte Wolf.

„Kannst du auch nicht. Das Zeug ist nicht ganz leicht und liegt unten im hinteren Fußraum. Das verbessert die Straßenlage.“

„Und was ist das?“

„Zwei Lattenrollen, eine Schaufel mit kurzem Stiel und der Wagenheber.“

„Woher hast du denn die Lattenrollen?“

„Aus einem Depot. Da wurde Anfang der fünfziger Jahre Wehrmachtsausstattung verramscht. Die beiden Rollen waren so billig, die musste ich einfach mitnehmen.“

Es war nicht sehr dunkel in der schwedischen Nacht. Mit der Hilfe unserer funzeligen Zeltleuchte, die an der Autobatterie hing, ließ sich der Wagen gut so weit leerräumen, bis wir an die Lattenrollen und die Schaufel kamen.

„Verdammt schwer, das Zeug“, fand Wolf, als er sich die eine unter den Arm klemmte.

„Hartholz, für unser Afrikakorps nur das Beste. Das weißt du doch noch“, witzelte ich.

Auf dem Weg zurück zu dem festgefahrenen Auto stellte ich mir vor, wie das alles gewesen sein könnte. Sie waren auf einer Party und wollten den schönen Abend mit einer Knutscherei am Strand und vielleicht auch Sex beenden und wenn er nicht zu viel getrunken hätte, hätte das ja auch alles ganz schön werden können. Als er dann den Wagen festfuhr und ihm nichts Besseres einfiel, als fluchend in sinnloser Weise auf dem Gaspedal herum zu trampeln, hatte sie genug von ihm und dem ganzen Unternehmen.

Als wir zu der Stelle zurückkamen, war der blaue Saab nur noch schattenhaft zu erkennen. Aber das rote Partykleid der jungen Frau schimmerte wie ein großes herbstliches Blatt. Sie wartete an die Motorhaube gelehnt. Ich ließ den Lichtkegel meiner Taschenlampe wie zufällig den Fahrersitz streifen, er war leer.

Wolf hielt die Taschenlampe und ich machte mich an die Arbeit. Ein kleines quadratisches Brett gab dem Wagenheber einen sicheren Stand. Ich setzte ihn am Rahmen an und kurbelte. Langsam hoben sich die Vorderräder aus dem lockeren Sand. Als sie über den Kuhlen schwebten, in die sie sich hineingewühlt hatten, ebneten wir den Boden wieder ein und schoben die Lattenrollen unter die Räder.

Sie stand neben uns und sah fasziniert zu.

„Forward or back?“, fragte ich sie, als wir fertig waren und der Wagen sicher mit den Vorderrädern auf den ausgerollten Matten stand. Ich wollte wissen, ob sie das Unternehmen fortsetzen oder beenden wollte.

Ihre Antwort kam ohne Zögern: „Back!“

Ich setzte mich ans Steuer, startete den Motor und suchte bei der Lenkradschaltung den Rückwärtsgang. Als rolle er auf einer festen Fahrbahn, bewegte sich der Wagen über die Latten zurück auf sicheren Grund.

Ich stieg aus und fragte: „Are you able to drive?“

Sie nickte, bedankte sich und rutschte hinter das Steuer. Es kam mir vor, als hätte sie es eilig. Die Tür fiel ins Schloss und sie startete, als wollte sie ihren Gefährten, der ja noch irgendwo sein musste, mit diesem Manöver abschütteln. Einen Sekundenbruchteil zu spät stürmte er aus seinem Versteck. Er war aber hinter dem Wagen und konnte ihn nicht mehr aufhalten. Er nahm die Verfolgung des Autos auf und rief etwas, was eher nach Gejammer als nach Beschimpfung klang. Sie fuhr ungefähr in dem Tempo, in dem er sie verfolgte.

‚Warum tritt sie nicht einfach aufs Gas und verschwindet‘, fragte ich mich. Dann schließlich hielt sie doch noch an und ließ ihn einsteigen.

„So eine blöde Nuss“, war Wolfs Kommentar.

Natürlich mussten wir am nächsten Morgen versuchen, ob der Streifen lockeren Sandes nicht doch zu überwinden war, wenn man es richtig anstellte. Wir machten den Wagen ganz leer und auch Wolf wollte für die Sandpasssage aussteigen. Ich beschleunigte den Wagen im zweiten Gang auf etwa fünfzig und hielt das Steuer fest. Kurz ehe der lockere

Sand begann, ging ich vom Gas, um jedes Durchdrehen der Räder zu vermeiden. Ich spürte deutlich, wie der Sand den Wagen abbremste, aber als die Räder wieder feuchten, festen Grund unter sich hatten, rollten sie noch.

Ehe wir zu unserer Tour am Ufer entlang aufbrachen, stoppte ich nochmal, um für alle Fälle unsere Wüstenausstattung wieder einzuladen. Ein kühler Wind trieb die Wolken nach Norden. Nur der Dieselmotor eines Fischkutters weit draußen und das Geschrei der quer über uns treibenden Möwen war zu hören. Als wir losgefahren waren, interessierten sie sich mehr für uns. Sie stießen zum offenen Wagen herunter und manchmal schienen sie mit uns um die Wette zu fliegen. Sie kamen uns so nahe, dass wir ihre kleinen scharfen Augen deutlich sehen konnten.

Wir fuhren bis zu der Einmündung eines Baches. Man konnte ihn schon von weitem erkennen, denn die Krüppelkiefern zogen sich etwas weiter dem Wasser entgegen. Der Strand war leer. Nur ein paar junge Leute in einem Buckelvolvo kamen uns entgegen. Ich wich etwas ins Wasser aus und sie in den lockeren Sand. Während des Manövers riefen sie etwas, was nach Begeisterung klang, aus den heruntergekurbelten Fenstern und winkten uns zu.

Wir gingen jeden Tag ein paar Mal schwimmen und gewöhnten uns an das kühle Wasser. Wir erkundeten die kleinen Städtchen der Gegend mit ihren ländlichen Museen und mittelalterlichen Wehrkirchen.

Ich bemühte mich jeden Tag, mir ein paar Brocken Gebrauchsschwedisch einzuprägen, um der stattlichen Schwedin ein bisschen zu gefallen, die jeden Abend vorfuhr. Sie kassierte die Campinggebühren für die folgende Nacht und öffnete ihren fahrbaren Laden für uns.

Als wir das Gefühl hatten, die Tage ließen sich bald nicht mehr voneinander unterscheiden, brachen wir wieder auf. Ein Campingplatz im Schärengebiet zwischen Kalmar und Stock war in unserem Führer sehr empfohlen worden.

Wir hatten die grüngraue Landschaft des Sandstrandes verlassen und waren auf dem großen Campingplatz angekommen, der an einen etwas verwilderten Park erinnerte. Kleine Blumenwiesen durchzogen das Areal und die Sanitärblöcke versteckten sich hinter blühenden Büschen. Die mit einem leuchtenden Rot angestrichenen schwedischen

Mit dem Gutbrod am Strand, die weite Landschaft in Schweden war so grenzenlos, wie wir uns das vorgestellt hatten.

Sommerhäuser umgaben den Campingplatz wie eine Halskette aus dicken roten Steinen. Die Buchten der Ostsee, die Schären, reichten weit in das Campinggebiet hinein. Kleine Wellen plätscherten über den rötlichen Fels.

Als Erstes gingen wir schwimmen. Das Wasser in den flachen Felsbuchten war warm. Es war, als hätten die Felsen und das Wasser etwas von der Sonnenenergie des Tages aufgenommen und jetzt, da die Sonne schon nicht mehr so hoch stand, spürten wir sie noch auf unserer nassen Haut, als wir uns auf den Felsplatten ausstreckten.

Wir liefen zu unserem ausgewählten Zeltplatz zurück. Ein Mann Mitte dreißig interessierte sich offenbar für unseren Gutbrod oder wartete er auf uns?

„Ich freue mich sehr, dass ich endlich mal wieder Deutsch sprechen kann", begrüßte er uns und schüttelte kräftig unsere nassen Hände. „Mit einem Auto, das es eigentlich nicht mehr gibt, nach Schweden, Respekt!", begann er das Gespräch.

Gutbrod hätte auch in Schweden ein paar Vertretungen aufgebaut, aber ehe es richtig lief, war es aus mit der Firma. „Schade, die Schweden lieben Zweitakter, weil sie bei der Kälte so gut anspringen, und Vorderradantrieb ist bei verschneiten Straßen einfach besser. Aus diesem Grund war DKW vor dem Krieg sehr erfolgreich in Schweden. Und da wollte sich dann nach dem Krieg Saab dranhängen."

Er hatte mich neugierig gemacht. „Sind Sie aus der Autobranche?", wollte ich wissen.

„Ich leite die Werkstatt einer großen Volvo-Vertretung. Ich hatte in Deutschland eine KFZ-Lehre begonnen. Dann haben sie mich eingezogen und wollten mich noch an der baltischen Front verheizen. Ich hab es geschafft abzuhauen und mich nach Schweden durchgeschlagen. Ich hatte die Schnauze voll vom deutschen Reich, ich bin hier geblieben und habe es nie bereut!"

Dann realisierte er, dass es uns kalt wurde. „Aber Sie sollten jetzt erst mal unter die warme Dusche. Hätten Sie nicht Lust, zum Abendessen zu uns rüber zu kommen. Im Wohnwagenbereich ein kirschroter Amazon mit großem Anhänger. Meine Frau und ich würden uns freuen."

Natürlich sagten wir zu. Uns hätte doch gar nichts Besseres passieren können.

Im Wohnwagenbereich des Campingplatzes hatten die Gespanne meist unter alten Bäumen geparkt. Es gab viel Abstand zwischen den einzelnen Wagen. Es gab nur einen kirschroten Volvo Amazon mit einem schönen neuen Wohnwagen. Unter dem Vorzelt war ein Klapptisch für sechs Personen gedeckt. Zwei kleine Mädchen, vielleicht vier und fünf Jahre alt, öffneten die hintere Tür, spitzten neugierig zu uns her und verschwanden sofort wieder, als wir sie entdeckt hatten.

„Nehmen Sie doch schon mal Platz, wir sind gleich so weit", hörten wir die Stimme des Mannes.

„Sieht so aus, als würden sie zusammen kochen!", wunderte sich Wolf ziemlich leise.

Das Ehepaar kam mit dampfenden Schüsseln aus dem Wohnwagen. Unser Gastgeber stellte sich als Werner Cordes und seine Frau als Inga vor. Sie hatte nichts von dem Hausmütterchentyp, der sich in den besser verdienenden Kreisen der Wirtschaftswunderrepublik wieder breit gemacht hatte. Sie war schlank und so groß wie ihr Mann. Ihre großen dunklen Augen sahen uns freundlich, aber auch ein bisschen distanziert an. Ihre schulterlangen kastanienfarbigen Locken gerieten durch einen

Unsere Camping-Ausstattung war sehr einfach, getrunken wurde auch mal aus dem Wasserkanister.

Windhauch ein wenig aus der Fasson. Sie war ungeschminkt, aber sie sah sehr chic aus in ihrer karierten Bluse und den aufgekrempelten Jeans. Sie hatte etwas von den attraktiven Frauengestalten aus den schwedischen Filmen, die gar nicht daran dachten, sich unterzuordnen.

„Meine Frau ist Krankenschwester, sie leitet den Pflegebereich einer Station in einer großen Klinik", erzählte uns Herr Cordes. Schließlich, auf Schwedisch mehrfach herbeigerufen, erschienen auch die beiden kleinen Töchter. Uns neugierig musternd, kletterten sie auf ihre Stühle.

„Leider ist es mir nicht gelungen, meine Familie dazu zu bewegen, ein bisschen Deutsch zu lernen. Die Schweden begreifen zwar langsam, dass sie mit ihrer Sprache im Ausland und auf Kongressen nirgends verstanden werden. Aber da lernen sie lieber Englisch. Das kann auch meine Frau ganz gut, sie braucht es für die internationale Fachliteratur. Ich werde also heute Abend alles, was wir sprechen, ins Schwedische übersetzen, damit sich meine Familie nicht ausgeschlossen fühlt."

Es entstand eine Pause. Ein Lufthauch blies eine kleine Wolke von Löwenzahnsamen über den gekiesten Platz. Die Sonne schien noch durch die Blätter und zeichnete helle Flecken auf den Boden, die der Wind in ständiger Bewegung hielt.

„Wie haben Sie sich denn in Schweden eingelebt?", begann Wolf das Gespräch.

„Wissen Sie, wie ich begriffen hab, wie man in diesem Land lebt? In den ersten Jahren war ich in einem Dorf untergekommen und meine Arbeitsstelle war 20 Kilometer entfernt. Das war kein Problem, solange kein Schnee lag. Im Winter aber kam keiner mehr alleine durch. Alle aus dem Dorf trafen sich jeden Morgen auf die Minute pünktlich und dann ketteten wir unsere Autos zu einem Konvoi zusammen. Dieser Autozug kam immer durch, schlimmstenfalls müssten wir mal alle zusammen eine Schneewehe wegschaufeln. Da habe ich begriffen, wir alle zusammen schaffen etwas, was man alleine nicht schaffen kann. So funktioniert dieses Land. Wenn du irgendwo liegen bleibst, wird keiner vorbeifahren, ohne seine Hilfe anzubieten. Aber es kann natürlich sein, dass man sehr lange warten muss, bis einer vorbeikommt."

Ich war sehr beeindruckt, weil ich so eine Art von Zusammenhalt nicht kannte.

Er fuhr fort: „Ich bin für die Werkstatt einer großen Volvo-Vertretung verantwortlich. Ich habe sehr viel Glück gehabt in diesem Land, besonders mit meiner Frau!" Während er den Satz ins Schwedische übersetzte, sahen sie sich an und lächelten.

‚Ein Paar, das sich gut versteht', dachte ich.

„Mein Schwiegervater ist ein erfolgreicher Bauunternehmer. Der hätte natürlich lieber einen Schwiegersohn gehabt, der auch was mit in die Ehe gebracht hätte. Aber ich glaube, inzwischen hat er mich akzeptiert." Seine Frau nickte.

Herr Cordes erzählte dann eine Geschichte, die typisch sei für seinen Schwiegervater: „Im Krieg war der ganze schwedische Privatverkehr auf Holzgas umgestellt. Da die Schweden ihre schönen, oft amerikanischen Wagen nicht mit den eingebauten Generatoren verunstalten wollten, zogen sie den Generator auf zwei Rädern hinter sich her. Mit seinem schönen neuen 39er Chevrolet so langsam durch die Gegend zu schleichen, kam für meinen Schwiegervater aber nicht in Frage."

Er habe sich deutsches Flugbenzin aus dem besetzten Norwegen für einen stolzen Preis auf dem schwedischen Schwarzmarkt verschafft. Das war natürlich verboten. So kroch er nur dort langsam wie ein

Holzvergaser, wo er die Polizei fürchtete, sonst brauste er wie bisher flott durch das Land. Den Holzgasanhänger zog er nur zur Tarnung hinter sich her.

Einmal stand die Polizei am Ende einer Steigung zu gut versteckt. Er wurde angehalten: „Sie haben bestimmt den besten Holzvergaser von ganz Schweden", begrüßten ihn die Polizisten in einem ironischen Ton, der ihn misstrauisch machte. Er ahnte, was los war, schaute sich um und sah die Katastrophe. Er hatte seinen Holzgasanhänger zu Hause vergessen.

Nun bekam er richtig Ärger und musste eine hohe Strafe bezahlen, aber das beeindruckte ihn überhaupt nicht. Er vergaß den Holzgasanhänger nie mehr und fuhr weiter mit deutschem Flugbenzin. Doch seit die Polizisten den Schwiegervater ohne Holzgasanhänger erwischt hatten, waren sie besonders aufmerksam geworden. Als sie ihn das nächste Mal stoppten, fassten sie als Erstes den Generator an. Der war kalt und schon hatten sie ihn wieder erwischt und die Strafe wurde noch höher.

„Mein Schwiegervater hatte aber gar keine Lust, sich vor der Obrigkeit zu beugen. Also wurde vor jeder Fahrt der Generator kräftig angeheizt und das entstehende Gas durch eine Öffnung in die Natur entlassen. So fuhr er weiter mit Benzin, bis der Krieg endlich zu Ende war und der Holzgasanhänger wieder abgehängt werden konnte."

Diese Geschichte, zur Charakterisierung des Schwiegervaters erzählt, hatte für mich noch einen anderen, höchst interessanten Aspekt. Ich hatte geglaubt, dass es der Nazidiktatur mit brutalsten Mitteln gelungen war, zu unterbinden, dass kriegswichtige Güter auf dem Schwarzen Markt vertrieben wurden. Z. B. hatte ich gehört, dass ein Soldat erschossen wurde, weil er sich eine Tafel Schokolade auf dem Schwarzmarkt gekauft hatte.

„Wie war es denn möglich, den ganzen Krieg über das äußerst knappe Flugbenzin auf den Militärflughäfen im besetzten Norwegen abzuzweigen und über der Grenze auf den schwedischen Schwarzen Markt zu schaffen?", wollte ich wissen.

„So etwas schafft nur eine Organisation mit Verbindungen in die Führungsebene. Wahrscheinlich war die SS auch mit im Boot und hat kräftig kassiert. Die waren doch nicht so dumm, nach Stalingrad noch an den Endsieg zu glauben. Ein Packen harter schwedischer Kronen

Dem Gutbrod wurde nichts geschenkt, bis es in der tiefsten Wildnis fast nicht mehr weiterging.

für den Neustart nach dem Ende der Nazis war ihnen wichtiger als ein paar Feindflüge in einem verlorenen Krieg."

Das Thema unseres Gespräches wechselte dann zu unserem Wirtschaftswunderland. Herr Cordes hatte Deutschland verlassen, als es schon weitgehend zerstört war und noch fast jede Nacht bombardiert wurde. Die Berichte vom märchenhaften Aufstieg aus den Trümmerlandschaften hatten auch die Schweden beeindruckt.

„Ich wüsste aber doch gerne, wo sie alle geblieben sind, die Nazis, die uns schikaniert und in den Tod gehetzt haben. Von den Alliierten hingerichtet wurden doch nur ganz wenige", fragte er.

„Sie sind alle noch da. Sie haben sich in den demokratischen Strukturen der Bundesrepublik festgesetzt und geben sich als über Nacht geläuterte Demokraten aus. Dass sie es nicht sind, merkt man an den Skandalen, die immer wieder hochkochen, weil den alten Nazis die demokratischen Spielregeln lästig sind. Man merkt es auch an ihrem Umgang mit den zurückgekehrten Emigranten, denen machen sie es schwer, wieder in Deutschland Fuß zu fassen."

Herr Cordes erzählte uns noch, wie froh er sei, als Deutscher in diesem Land leben zu können, und dass er eine attraktive, gescheite und verlässliche Frau gefunden habe. Vielleicht habe er das auch dem zu verdanken, dass die schwedischen Männer in den langen Winternächten den Schnaps so sehr lieben.

Dann war es für uns Zeit geworden, zu unserem Zelt aufzubrechen. Als nächste Station hatten wir uns einen kleinen See ausgesucht, der so abgelegen war, dass man dort risikolos wild campen konnte. Wir parkten das Auto auf einer Waldlichtung und entdeckten einen etwas zugewachsenen Trampelpfad zum See. Er endete vor einer Felsplatte, die langsam zum See hin abfiel. Von hier konnte man gut die Temperatur überprüfen und tief hinunterschauen in das helle Grün des Wassers, das in der Tiefe immer dunkler wurde. Ein grünlich schimmernder großer Fisch, dessen gelbe Augen gerade noch auszumachen waren, zog langsam seine Bahn. Er war gut einen halben Meter lang.

„Wahrscheinlich ein Hecht“, vermutete ich.

„Würde der uns angreifen, wenn wir jetzt hinein gingen?“, wollte Wolf wissen.

„Ich glaube, wir gehören nicht in sein Beuteschema. Solange wir ihm nichts tun, wird er uns auch nichts tun“, beruhigte ich Wolf.

„Aber wenn ich mir so sein Maul anschaue, den kleinen Zeh könnte er mir doch gut abbeißen“, fand Wolf.

‚Was den Großstädtern alles so einfällt?‘ dachte ich, sagte aber nichts.

Der Hecht schoss jetzt sehr plötzlich auf einen kleinen Fisch zu, der sich aber in einer Felsspalte retten konnte.

Ich steckte die Hand ins Wasser. „Wir müssen jetzt nicht klären, ob er uns anbeißen würde oder nicht. Das Wasser hat höchstens 16 Grad und das ist mir zu kalt.“

Ich wusste, die sehr tiefen schwedischen Seen wurden im Sommer nicht richtig warm.

Aber Wolf ließ der große Hecht nicht los. „So groß wie der werden Hechte bei uns nie, da hat sie vorher immer schon einer an der Angel“, blieb Wolf bei dem Thema.

‚Der hier muss schon eine ganze Reihe langer kalter schwedischer Winter erlebt haben‘, dachte ich. Monatelang liegt dann eine dicke Eisschicht auf dem Wasser. Die Fische sehen nur ganz wenig Licht, so wie wenn man durch eine Porzellanschüssel guckt.

„Kann ein Heckt denn noch was fangen, wenn es so dunkel ist und das Wasser nur so gerade nicht gefroren ist?“ überlegte Wolf.

„Es kann doch sein, dass auch ein Hecht bei einer Dauertemperatur von knapp über 0 Grad Celsius seinen Organismus auf Sparflamme schalten kann“, versuchte ich eine Antwort.

Während wir an dem kleinen See Station machten, mussten wir immer wieder auf dem Felsen hinunter ans Wasser gehen und den Hecht beobachten, der hier sein Revier hatte. Wenn er nicht gerade nach den Fischen an der Felsküste jagte, schwamm er hinüber zu den Schilfrändern und sorgte dort für Panik unter Fröschen und kleineren Fischen.

Die Sonne spiegelte sich in der glatten Wasseroberfläche und als etwas Wind aufkam, glitzerte und blinkte der See. Vögel glitten im Gleitflug über die Wasseroberfläche um zu trinken.

Am nächsten Morgen brachen wir Richtung Stockholm auf. Die geschotterte Straße war kaum breiter als die beiden eingefahrenen Spuren. Links und rechts hatte das Gras fast die Höhe unseres Autos. Wir fuhren gemütlich, um die Vögel beobachten zu können, die unser dahinblubbernder Gutbrod aufschreckte.

Plötzlich brach von vorne ein anderes Geräusch in die friedliche Stille. Es war das tiefe Brummen eines schweren Motors. Es dauerte noch ein paar Sekunden, dann sahen wir einen riesigen Traktor um eine Biegung auf uns zukommen.

‚Du wirst wohl doch ein bisschen in das hohe Gras hinein ausweichen müssen‘, dachte ich, als der Schlepper direkt auf uns zukam. Der Fahrer thronte ziemlich hoch, abgeschottet in seiner Kabine. Ich steuerte also noch ein bisschen weiter nach rechts, um an dem gewaltigen Ding vorbeizukommen. Als der große Traktor genau neben uns war, kippte unser Gutbrod nach rechts und Wasser sickerte in den Wagen. Da, wohin ich hatte ausweichen wollen, war gar keine Wiese, sondern ein vom hohen Gras verdeckter Sumpf, auf dem das Wasser stand. Als der Traktor an uns vorbei war, gab er Gas und verschwand hinter der letzten Biegung. Der Fahrer hatte offenbar gar nicht mitbekommen, was uns passiert war.

Wir kletterten beide aus der linken Tür heraus auf die Fahrbahn und versuchten, den kleinen Wagen zurück auf die Straße zu schieben, aber er bewegte sich um keinen Millimeter. Halb im Sumpf saß er mit seinem Chassis auf dem Rand der Straße wie festzementiert. Wir versuchten den alten Trick, das Auto durch Anheben mit dem Wagenheber aus seiner Umklammerung zu befreien, aber auch das misslang. Da, wo wir den Wagenheber hätten ansetzen müssen, gab es nur Wasser und grundlosen Sumpf.

Panik kroch in mir hoch, die ich mit Aktivitäten zu bekämpfen versuchte. Wir brachen von allen erreichbaren Bäumen Zweige ab und versenkten sie, um so vielleicht doch noch eine feste Unterlage für unseren Wagenheber zu bekommen, aber alles verschwand in den grundlosen Sumpf. Die Zeit verstrich und unsere Verzweiflung wuchs.

Völlig verdreckt, durchnässt und erschöpft hockten wir hinter unserem Wagen auf der Straße. Wir wollten nicht aufgeben, wussten aber auch nicht, was wir noch hätten tun können, als wir plötzlich von einer Menge kräftiger Frauenarme auf die Seite geschoben wurden.

Vier stämmige junge Frauen in Latzhosen und hohen Gummistiefeln, die Haare unter bläulichen Kopftüchern versteckt, umstanden nun unseren Wagen. Etwas entfernt stand ein verblichener roter Volvo 444, mit dem sie gekommen waren.

Sie bedeuteten uns sehr bestimmt, dass die Rettung des Wagens nun ihre Sache sei. Dann hockten sie sich, zwei nebeneinander, rechts hinter dem Gutbrod auf die Straße und nahmen die Stoßstange in ihren festen Griff. Die anderen beiden stiegen mit ihren Gummistiefeln bis zu den Knien in den Sumpf und suchten mit ihren Füßen in der Tiefe, am Rand der Straßenaufschüttung nach einem festen Stand. Als sie ihn gefunden hatten, griffen sie unter die Karosserie und in den Radkasten. Als alle vier fest standen und die Karosserie sicher im Griff hatten, riefen sie zwei Worte, die man wahrscheinlich mit „hau-ruck" übersetzen könnte, und das Hinterteil unseres Wagens stand wieder auf fester Straße. Dann stellten sie sich in der gleichen Aufstellung an der vorderen Seite unseres Autos auf und nach dem schwedischen „hau-ruck" hatte unser Gutbrod wieder die feste Straße unter seinen Rädern.

Wir konnten uns gerade noch auf Schwedisch mit ‚tack' bedanken, da kletterten die vier schon wieder in ihren alten Volvo, kamen knapp an unserem Auto vorbei, winkten uns kurz zu und waren schnell verschwunden.

Wolf und ich hockten noch ein paar Minuten staunend und völlig erschöpft am Straßenrand. Die Frauen waren genau so schnell verschwunden, wie sie unsere Rettung in die Hand genommen hatten.

„Verdammt starke Frauen, die Schwedinnen", brummte Wolf. Ich wusste nicht, ob er das toll oder auch ein bisschen erschreckend fand.

Als wir unser nächstes Ziel, einen großen Campingplatz in den Außenbezirken von Stockholm erreichten, dämmerte es schon. Zu unserem Glück gab es an der Einfahrt ein Häuschen, von dem aus die Schranke bedient wurde. So konnten die Formalitäten vom Auto aus erledigt werden und niemand sah, wie verdreckt wir waren. Wir suchten uns im hinteren Teil einen abgelegenen Platz und gingen erst einmal in der Badehose unter die warmen Duschen. Dabei entdeckten wir auch eine Münz-Waschmaschine, groß genug, um unsere verschmutzten Kleider zu schlucken. So konnten wir am nächsten Tag zwar mit ungebügelten, aber sauberen Sachen in die Stadt fahren.

Die schwedische Hauptstadt hat sich über Ostseeinseln ausgebreitet. Auf der Altstadtinsel gab es schmale autofreie Gassen, die waren so unberührt dunkel und leer, dass man sich vorstellen konnte, wie die Menschen im Mittelalter hier gelebt hatten. Der Spaziergang von der Altstadt ins Zentrum war wie ein Weg durch die Entwicklung der Baustile vom Mittelalter bis in die Moderne. So etwas hatten wir noch nie gesehen. Die Altstädte, die wir kannten, waren von den Bomberflotten der Alliierten zersprengte und ausgebrannte Ruinenfelder mit Häuserskeletten.

Stockholm war eine Stadt, die sich auf die Gegenwart des Kalten Krieges eingerichtet hatte. Wir begriffen das, als wir auf der Suche nach einem Parkplatz tief unter der Erde in einem riesigen Raum landeten, den man in den Fels gesprengt hatte. Nur der Boden war ein wenig mit Beton begradigt, aber am Felsgewölbe über uns war noch zu erkennen, wie weit die Kraft der einzelnen Sprengladungen gereicht hatte. Das Areal hatte riesige Ausmaße und es standen nur wenige Autos da.

Das Ganze sei angelegt worden, um der Bevölkerung Stockholms im Falle eines Atomkriegs Schutz zu bieten, erklärte uns später eine Ladeninhaberin, die etwas Englisch sprach.

Auch bei der Ehrenwache vor dem königlichen Schloss war die moderne Zeit angekommen. Wir hatten ein ähnliches Zeremoniell erwartet wie in London vor dem Buckingham Palace. Aber die Uniformen der Ehrenwache schienen von dem zweckmäßigen Schnitt der US-Army inspiriert und statt eindrucksvoller Gewehre präsentierten die Wachen Maschinenpistolen.

Wir verließen Stockholm schon nach zwei Tagen in Richtung Norden. Wir wären gern noch länger geblieben, konnten uns aber die Preise hier nicht länger leisten. Unser Ziel war der Siljansee in einer idyllischen Landschaft.

Wir wählten Nebenstraßen, da konnte man so schnell oder so langsam fahren, wie man wollte. Die Landstraße führte gerade durch ein riesiges Waldgebiet und wir hatten schon länger keines der meist rot gestrichenen Bauernhäuser mehr gesehen. Die Straße war zwar asphaltiert, aber es gab viele etwas grob ausgebesserte Frostaufbrüche, deren Unebenheiten die Federung unseres vollbepackten Autos wunderbar schluckte. Es begegneten uns kaum andere Autos. Als wir gerade abzuschätzen versuchten, wann wir wohl am Siljansee eintreffen würden, da sackte der Gutbrod am rechten Vorderrad langsam ab. Es gab ein schleifendes Geräusch und der Wagen zog nach rechts. Wir waren wie gelähmt vor Schreck.

„Da ist was gebrochen und jetzt ist alles aus", sagte Wolf ganz leise.

„Das war kein Bruch, dafür ging das zu langsam. Da hat irgendein Teil nachgegeben", versuchte ich eine Diagnose.

„Ist doch egal, Bruch oder kein Bruch, jedenfalls sind wir am Arsch der Welt und kommen nicht mehr weg."

Wolfs pessimistische Schwarzmalerei ging mir auf die Nerven. Wir stiegen aus und öffneten die Motorhaube. Es war sofort zu erkennen, was passiert war. Die Vorderräder des Gutbrod wurden, wie das bei modernen Autos üblich geworden war, von zwei Querlenkern geführt. Die Schraubfedern der Vorderachse waren zwischen dem oberen Querlenker und einer Schiene eingespannt, auf der auch der breite Kühler montiert war. Auf der rechten Seite war diese Schiene nach oben verbogen und es hatte auch den Kühler mit nach oben gedrückt. So hatte es das rechte Vorderrad so tief in den Kotflügel gedrückt, dass es an dem Blech schliff.

„Wir haben noch Glück gehabt, dass es nicht auch noch die Kühlerschläuche abgerissen hat, dann hätten wir gar nicht mehr fahren können", versuchte ich das Positive an der Katastrophe zu sehen.

„Du bist wirklich ein unerschütterlicher Optimist. Wir können doch sowieso nicht mehr fahren. Das haben wir jetzt davon, dass du unbedingt die schwere Afrikacorps-Ausstattung mitnehmen musstest", maulte Wolf.

Ich wusste, dass er mit diesem Vorwurf Recht hatte, wollte das aber im Moment nicht zugeben.

„Die Schiene ist ja nicht gebrochen, sondern nur nach oben verbogen. Es könnte doch sein, sie steht noch ein wenig unter Spannung. Vielleich bewegt sie sich wieder ein wenig nach unten, wenn wir den Wagen leer machen, vorne mit dem Wagenheber anheben und so den Druck von der Feder nehmen. Ein paar Millimeter würden ja reichen. Dann kann ich vorsichtig wieder fahren und einen suchen, der die Sache repariert."

Wolf glaubte nicht an eine solche Rettung. Er sah skeptisch und verzweifelt aus, sagte aber nichts.

Auch bei mir machte sich Verzweiflung breit. Ich musste mir ausmalen, wie wir mit unseren wichtigsten Gepäckstücken, in ärmlichen Taschen und Rucksäcken verstaut nach Hause trampen mussten und unser Auto langsam vom Unterholz der schwedischen Wälder überwuchert wurde.

Wir bekämpften unsere Ängste durch Aktivität.

Ein Platz im Wald, frei von Bäumen und Gebüsch musste gefunden werden, groß genug, um unser Zelt aufzustellen. Dann musste ein Platz für den Wagen gefunden werden. Beides sollte von der Straße aus nicht zu sehen sein, damit wir nicht auch noch Ärger wegen wilden Campens bekamen.

Als ich den leeren Wagen hinter ein Gebüsch fuhr, hatte das schleifende Geräusch des Vorderreifens etwas von seiner Intensität verloren.

Wolf half mutlos und schweigend. Ich wusste genau, dass er nicht an eine Rettung glaubte.

Wir bauten unser Zelt auf, brachten wieder etwas Ordnung in unser Gepäck und die Lebensmittel, bauten den Esstisch und die Stühle auf und deckten den Tisch. Vielleicht half uns dieses Ritual, das Chaos auszuhalten.

Als wir den Tisch abräumten, dämmerte es schon. Eine Elchkuh kam aus der Tiefe des Waldes direkt auf unseren Lagerplatz zu, beschnüffelte unser Zelt und sah uns mit ihrem tausend Jahre alten Blick an. Wir bewegten uns nicht. Das Tier war viel größer als die Hirsche, denen wir auf unseren Streifzügen durch die Wälder des Allgäus immer wieder begegnet waren, wirkte aber viel plumper und hatte nichts von der schnellen Eleganz, mit der sich Hirsche bewegen.

Schließlich hatte sie das Zelt genug erforscht und gemerkt, dass es sich nicht bewegte. Sie hob den Kopf, ging um uns herum, überquerte die Straße und verschwand auf der anderen Seite in den unendlichen schwedischen Wäldern.

Wir begriffen, der Zugang zum Wald, auf dem wir unser Zelt aufgestellt hatten, war ein Wildpfad. Wir hatten uns auf dem Weg der Elchkuh breit gemacht.

„Jetzt sind wir wirklich am Arsch der Welt, wo einem die Elche gute Nacht sagen", hatte sich Wolf wieder etwas gefasst.

In meiner Erinnerung habe ich in dieser Nacht nicht geschlafen. Ich weiß, das stimmt nicht. Mir kommt es aber so vor, als hätte ich die Nacht darüber gebrütet, ob es mir gelingen könnte, wieder zu fahren und ohne die Sprache zu sprechen eine Werkstatt zu finden, die die verbogene Schiene wieder in ihre ursprüngliche Form bringen könnte. Natürlich hätte das jede Autowerkstatt erledigen können. Aber wie weit war die entfernt und wie viel würden sie für die Reparatur verlangen?

Meine Idee, die in dieser Nacht entstand, war, auf die Suche nach einem Schmied zu gehen. So ein Schmied, wie ich ihn aus meiner Kindheit im Allgäu kannte, musste es auch im ländlichen Schweden geben. Unser Dorfschmied konnte alles: Er beschlug schwere Zugpferde, die so stark waren, dass sie ihn durch die Werkstatt hätten schleudern können, wenn er ihnen die heißen Hufeisen anpasste und die ganze Werkstatt nach verbranntem Horn stank. Aber der Schmied sprach freundlich mit ihnen und die Pferde hielten still.

Ich war immer gern mit ins Dorf gefahren, wenn irgendwelche Dinge zu erledigen waren, dann ließ ich mich an der Schmiede absetzen und schaute dem alten Meiser Burghofer bei der Arbeit zu. Er erklärte mir alles, was er tat.

So einen Schmied musste ich finden und ich musste ihn dazu bringen, mein Auto zu reparieren, ohne mit ihm reden zu können!

Aber hatten denn die Allgäuer Bauern viel geredet, wenn sie dem Burghofer eine kaputte Maschine in den Hof geschleppt hatten? Sie waren in die Werkstatt gekommen, hatten dem Schmied gewinkt, sich den Schaden anzusehen. Dann hatte er geschaut, was kaputt war und sich an die Arbeit gemacht.

Als sich die aufgehende Sonne durch eine fein gelb leuchtende Linie am Horizont ankündigte, war ich noch einmal eingeschlafen. Dann wachte ich wieder auf, weil es im Zelt sehr hell geworden war. Nebelschwaden hingen über den vom Tau nassen Büschen und Bäumen und die Tropfen glitzerten in der Sonne.

Ich wusste jetzt, wie ich versuchen würde, aus der Katastrophe herauszukommen, sofort und ohne Frühstück. Dafür hatte ich keine Nerven. Ich war schon dabei, den Wagenheber herunter zu kurbeln, da war auch Wolf aufgewacht und steckte den Kopf aus dem Zelt.

„Und jetzt?“, fragte er.

„Jetzt fahr ich los, bis ich eine Werkstatt gefunden habe, die das repariert.“

„Und wenn der Reifen immer noch schleift und schließlich platzt?“, kam Wolfs Einwand, den ich erwartet hatte.

„Dann habe ich ja noch das Reserverad.“

Ich hatte Wolf dann erklärt, dass ich alleine fahren wollte. Begründet hatte ich es damit, dass die abgebogene Schiene möglichst wenig belastet werden sollte. Tatsächlich wollte ich mir seine pessimistischen Kommentare ersparen, wenn nicht alles so lief, wie ich mir das vorgestellt hatte.

Tatsächlich gab es Anlass zu hoffen. Beim Ablassen des Wagens war das rechte Vorderrad zwar immer noch in die Tiefen des Kotflügels versackt. Aber als ich den Wagen rückwärts aus dem Wald auf die Straße fuhr, gab es kein schleifendes Geräusch mehr.

Ich rollte langsam durch die unendlichen Wälder und beobachtete genau, wie sich der Wagen bewegte und ob sich die Tonlage der Mechanik irgendwie veränderte. Endlich, ich war schon länger als eine Stunde unterwegs, tauchten ein paar der rotgestrichenen Hofgebäude auf, und die Wälder lichteten sich. Aber der Weiler war zu klein, da gab es keine Schmiede.

Schließlich säumten gemähte Wiesen und Kornfelder die Straße. Die Hofgebäude wurden ausladender und standen etwas enger zusammen. Vor den Gebäuden standen landwirtschaftliche Maschinen und Traktoren. Der Wind trug mir das Singen einer Kreissäge entgegen. Auf einer verblichenen Bank am Straßenrand saß ein verschrumpeltes Männchen. ‚Er ist schon mehr bei den Toten als bei den Lebenden und sucht in der sich schnell verändernden Zeit nach Leuten und Dingen, die er noch kennt‘, dachte ich. Alles war ganz anders hier, aber manches war doch so, wie ich es aus meiner Kindheit kannte.

In der Hektik des Aufbruchs hatte ich mein Schwedischlexikon vergessen. So konnte ich niemand nach der Schmiede fragen, sondern musste kreuz und quer das Dorf abfahren.

Am Ende des Dorfes entdeckte ich schließlich etwas, das vielversprechend aussah. Es war eine Ansammlung von alten Dreschmaschinen, Pflügen, Rechen, Mähmaschinen, Traktoren und Holzgasgeneratoren. In der Mitte dieser zum Teil museumsreifen Geräte stand ein älteres ebenerdiges Gebäude mit flachem Dach, großen Metallfenstern und einem Schornstein. Das war offensichtlich eine Werkstatt.

Noch ehe ich die Tür öffnen konnte, hörte ich das mir so vertraute Zischen des Schweißgeräts. Was für ein wunderbares, hoffnungsvolles Geräusch!

Am großen Schraubstock der Werkbank am gegenüberliegenden Fenster stand leicht gebückt ein Mann im blauen Monteuranzug. Über seine weißen kurzen Haare zog sich das schwarze Band der Schutzbrille. Er schweißte an der Führung eines Stützrades für einen Rechen. Es war tatsächlich alles so, wie ich es kannte, das machte mir Hoffnung.

Der Schmied hatte mich bemerkt und sah auf. Ich versuchte ihm zu bedeuten, dass er erst seine Arbeit fertig machen solle. Ich wollte auf gar keinen Fall seine Bereitschaft mir zu helfen durch ein forderndes Auftreten stören.

Schließlich war die Radführung sauber wieder zusammengeschweißt und er löschte den Brenner. Der Schmied nahm seine Brille ab und sah mich fragend an. Er hatte sehr helle blaue Augen und eine dunkle Haut, wahrscheinlich von der Hitze des Schweißens und der Esse. Ich konnte aus seinem Gesicht gar nichts herauslesen. War er freundlich oder unfreundlich, hatte er gute oder schlechte Laune?

Ich sah ihn mit meinem freundlichsten Lächeln an und deutete nach draußen. Sein Gesicht blieb ausdruckslos, aber er folgte mir.

Er sah den schief in seinen Federn hängenden Gutbrod vor seiner Werkstatt stehen und hatte wahrscheinlich sofort erfasst, was da zu reparieren war. Er bedeutete mir, die Motorhaube zu öffnen, das war immerhin ein Hoffnungsschimmer. Aber würde er nach dem, was er da sah, mit dem Kopf schütteln oder würde es weitere Anzeichen dafür geben, dass er sich an die Reparatur machen würde?

Er sah sich die nach oben gebogene Schiene und den nach oben geschobenen Kühler genau an, schloss die Motorhaube wieder, ging aber dann zum großen Schiebetor seiner Werkstatt, zog es auf die Seite und bedeutete mir, den Wagen über die Grube zu fahren.

Was hatte ich für ein unglaubliches Glück nach diesem Pech!

Ich fuhr äußerst vorsichtig in die Werkstatt. Ich öffnete die linke Autotür und so gelang es mir, das Vorderrad exakt am Rand der Metallschiene der Grube entlang zu manövrieren.

Der Schmied stieg die Stufen in die Grube hinunter und besah sich den katastrophalen Defekt mit zusammengekniffenen Augenbrauen von unten. Dann kam er wieder herauf und drückte mir einen Eimer in die Hand und deutete auf den Kühler. Ich sollte das Kühlwasser ablassen. Ich war tatsächlich gerettet.

Während der feine gelbe Strahl der Kühlflüssigkeit in den Eimer lief, hatte er den Wagen von vorne angehoben und das rechte Vorderrad abmontiert. Dann baute er den Kühler ab und die verbogene Schiene lag frei vor ihm. Er ging zu einer Wand voller Werkzeug und kam mit einer Art Schraubstock mit schmalen Backen zurück. Damit presste er die Schraubfeder zusammen, so dass sie sich abmontieren ließ. Nun war das offenbar zu schwach dimensionierte Teil gut zugänglich. Er rollte das Schweißgerät mit den schweren Flaschen an die Grube, entzündete die fauchende rot-bläuliche Flamme und begann, die deformierte Schiene vorsichtig zu erwärmen. Ich versuchte mich als Assistent und reichte ihm die Werkzeuge, auf die er deutete. Dann gab es einen Moment, in dem ein wenig Freundlichkeit über sein Gesicht huschte, er griff in die Tasche seines Overalls und reichte mir eine Schutzbrille, wie seinem Lehrling.

Als die deformierte Stelle rötlich schimmerte, brachte er die Schiene mit ein paar genau gezielten Schlägen wieder in ihre ursprüngliche Form und goss Wasser über das heiße Metall, dass es zischte. Der ursprüngliche Zustand war wieder hergestellt. Aber vor einer Wiederholung dieser Panne waren wir nur sicher, wenn die offenbar unterdimensionierte Schiene verstärkt würde. Aber wie sollte, konnte ich ihm das bloß verständlich machen?

Er ging zu seiner Werkbank, und es kam mir so vor, als hätte er meine Gedanken erraten. Er schmiedete ein Stück aus sehr starkem Blech, das genau auf die deformierte Stelle der Schiene passte, und schweißte es fest. Die sauber aufgetragenen Schweißnähte glühten noch kurz orange nach, ehe sie wieder unter dem darüber geschütteten Wasser erkalteten. Seine Schweißkunst stand der unseres Dorfschmiedes in nichts nach. Ich nickte begeistert mit dem Kopf und hatte das Gefühl, es mache dem Schmied Spaß, seine Künste jemandem vorzuführen, der von weither gekommen war.

Als das Werk auf der rechten Seite vollendet war, deutete er auf die entsprechende Stelle auf der Fahrerseite und sagte einen Satz, den ich zu verstehen glaubte, obwohl ich von der Sprache keine Ahnung hatte. Ich war mir ziemlich sicher, er hatte ungefähr gesagt: „Ich glaube, dass man das deutsche Auto auch auf der anderen Seite verbessern sollte." Ich nickte und bemühte mich zu zeigen, wie begeistert ich von seiner Arbeit war.

Er fertigte ein zweites Stück Blech, legte es über die kritische Stelle, und schweißte es exakt an. Als alles fertig montiert und die Kühlerflüssigkeit wieder eingefüllt war, bedeutete er mir, wir sollten doch noch eine Probefahrt durch das Dorf machen. Der große Mann zwängte sich auf den für ihn kleinen Beifahrersitz, und so bekamen die so sorgfältig verstärkten Schienen gleich richtig Druck.

Ich bemühte mich, durch die leeren Dorfstraßen zu rasen, so gut es ging und zog den Wagen mit quietschenden Reifen um ein paar Ecken, so dass die Leute die Fenster aufrissen und sehen wollten, wer da in dem sonst so stillen Dorf verrückt spielte. Der Schmied winkte ihnen würdevoll durch das offene Rolldach zu.

Als wir wieder auf dem Hof der Werkstatt waren, bedeutete er mir nochmal, die Motorhaube zu öffnen. Er warf einen letzten Blick auf seine Arbeit und kontrollierte auch noch, ob die Schlauchbinder dicht waren. Dann zog er einen kleinen Block aus seiner Hosentasche und schrieb darauf eine Zahl. Ich war heilfroh, das konnte ich bezahlen. Ich fand, ich war sehr günstig davongekommen, und wäre ihm am liebsten um den Hals gefallen.

Als ich durch das Spalier von alten Maschinen auf die Dorfstraße rollte, drehte ich mich noch einmal um und winkte ihm zu. Wir beide strahlten.

Ich fuhr sehr flott zurück zu unserem im Wald versteckten Lager. Ich hatte das Auto nun viel sicherer in der Hand. Wolf hatte den Wagen in der Stille der einsamen Wälder schon von Weitem gehört und war auf die Straße getreten. Das war ein Glück, sonst hätte ich den Einstieg zu unserem Zelt nicht gefunden. Als der Wagen Wolf erreicht hatte, trat ich kräftig auf die Bremse, so dass der Gutbrod vorne in die Knie ging. Wolf sollte sehen, wie gut alles repariert worden war.

„Der schwedische Dorfschmied war genau so gut wie unserer. Da staunst du wohl?", musste ich triumphieren.

Und Wolf gab es zu: „Ehrlich gesagt hab ich nicht gedacht, dass wir hier nochmal mit unserem Auto wegkommen."

Wir blieben noch knapp zwei Wochen in Schweden und genossen die Zeit. Wir waren uns nun beide sicher, ohne weitere Pannen nach Hause zu kommen, und dieses Gefühl trog uns nicht.

Durch die Drehtür – Anfangsredakteur beim Bayerischen Rundfunk

Der Gutbrod hatte mich noch warm und sicher mit entfrosteter Windschutzscheibe durch den nächsten Winter begleitet. Auch beim Beginn meines neuen Lebens als Anfangsredakteur beim Bayerischen Rundfunk fuhr ich ihn noch, komfortabel und ohne weitere Pannen.

Voraussetzung für dieses neue Leben war eine gefürchtete Eignungsprüfung gewesen. Gefürchtet, weil niemand so genau zu sagen wusste, wie man sich darauf vorbereiten konnte. Wenn die eingereichten Arbeitsproben akzeptiert worden waren, wurde man dafür zugelassen. Man saß zwei altgedienten Redakteuren gegenüber, die sich bemühten einen ‚einzugraben', wie das im Jargon hieß. Etwa zwei Stunden lang

Die ersten Gehälter als Anfangsredakteur beim Bayerischen Rundfunk wurden in die Garderobe investiert. Anfang der sechziger Jahre sind die Straßen in München noch leer.

fragten sie das politische Wissen des Probanden ab und versuchten nebenbei, Motivation und Eignung für den Beruf des Rundfunkredakteurs und Reporters zu ergründen. Sie fragten sehr distanziert. Es war nicht zu erkennen, ob meine Antworten richtig oder falsch waren. Schließlich hatten sie sich eine Meinung gebildet. Ich wurde akzeptiert.

Ich hatte mich, seit nach dem Kriegsende die neuen Zeitungen herauskamen, täglich darin vertieft und eine Reihe von Büchern über die neuste Geschichte gelesen. Das war mein Glück. Ohne diese Lektüre wäre es unmöglich gewesen, diese Prüfung zu bestehen.

Nun war das freie, aber ärmliche Studentenleben vorbei. Wolf verschwand jeden Morgen im Bonner Wirtschaftsministerium und befasste sich mit Tarifvertragsrecht, während mich die Drehtür des Bayerischen Rundfunks verschluckte. Sie war der Eingang zu dem neuen Gebäude der Rundfunkanstalt im Münchner Bahnhofsviertel. Das mächtige Hochhaus besaß alles, was Ende der fünfziger Jahre architektonisch und technisch möglich war, faszinierend, aber auch beängstigend.

Für einen Anfangsredakteur hielten sich die Möglichkeiten, in diesem riesigen Komplex mit genialen Beiträgen über den Sender zu kommen, in engen Grenzen. In einem durch den Mauerbau in Berlin sehr aufgeheizten politischen Klima habe ich in den Tiefen der Tontechnikräume auf eine sehr solide Weise mein Handwerk gelernt. Oben in der Redaktion wurde heftig darüber diskutiert, was nun passieren würde. Würden die Westalliierten sich das gefallen lassen? Warum war Adenauer nicht sofort nach Berlin geflogen? „Es könnte doch sein, dass die Amerikaner ihm das verboten haben, um die Eskalation besser unter Kontrolle zu behalten", meinte einer der Redakteure. „Und weil niemand will, dass herauskommt, dass wir gar nicht so souverän sind, wie wir geglaubt haben, hält man das geheim."

Viele Stockwerke tiefer in den Kellergeschossen der Schneideräume arbeitete ich mein Ausbildungsprogramm ab. Ich saß stundenlang mit einer Cutterin im Schneideraum und lernte das Cutten von Bändern. Ein Redakteur hatte mir einen Karton mit Füllern in die Hand gedrückt. Das waren Tonbänder ohne Tagesaktualität, teilweise von bekannten Autoren und Reportern aus der ganzen Welt, die ich von diversen Längen auf das Einheitsmaß von drei Minuten zu kürzen hatte. Dabei sollten die wesentlichen Aussagen erhalten bleiben, und von den Schnitten sollte man auch nichts merken.

Ich lernte in der Nachrichtenredaktion, wie man Nachrichten formuliert. Ich lernte in der Wirtschaftsredaktion, wie man Wirtschaftsnachrichten verfasst und Bücher mit wirtschaftlichem Inhalt bespricht. Ich lernte, wie man ein Archiv benutzt, und entwickelte eine Art Kalenderblatt. Da wurden, wenn noch Sendezeit übrig war, Ereignisse, die vor zehn, zwanzig oder fünfzig Jahren wichtig gewesen waren, in die aktuellen Sendungen eingebaut.

Gelegentlich wurde ich auch als Reporter losgeschickt. So bekam ich den Auftrag, die ältesten noch lebenden Hörer des Bayerischen Rundfunks aufzuspüren und zu interviewen. Die Aufgabe, diese lebenden Geschichtsbücher zu befragen und aus ihren ausführlichen und teilweise undeutlich gesprochenen Erzählungen gut verständliche Drei-Minuten-Beiträge zu machen, faszinierte mich und lief über den Sender. Ich saß im Auto, hörte meine Stimme, fand, dass ich gut und flüssig gefragt hatte, und war sehr stolz.

Aber man konnte sich auch leicht blamieren.

Ein junger polnischer Filmregisseur, der als genial galt und auch leidlich deutsch sprechen sollte, war für ein Interview der Kollegen von der Kultur im Haus. Der Redaktionsleiter meinte, auf diesen Anfänger könnte man doch auch den anderen Anfänger, nämlich mich, loslassen.

Der polnische Regisseur, ein schlaksiger Typ meines Alters, wurde gerade von dem Kollegen aus der Kulturredaktion verabschiedet, als ich durch die dicke, schallisolierte Tür ins Aufnahmestudio kam. Ich hatte mich im Archiv vorbereitet, und es gelang, dem Polen ein paar Interpretationen zu seinem Film zu entlocken, die von der Redaktion akzeptiert wurden und als letzter kleiner Beitrag über den Sender liefen. Aber das war leider nicht das ganze Interview gewesen. Ich hatte immer noch sehr beeindruckt von dem Funkhochhaus und seinen technischen Möglichkeiten auch noch gefragt, was ihn denn an diesem neuen Funkhaus besonders beeindruckt hätte.

Die Antwort kam prompt: „Dass hier auf jedem einzelnen Blatt der Klopapierrollen ‚Bayerischer Rundfunk' aufgedruckt ist."

Die Tontechnikerin hinter der dicken Studioscheibe fing an zu lachen, und so blieb mir nichts anderes übrig, als bei der Verabschiedung des jungen Regisseurs so zu tun, als wäre ihm da ein sehr guter Witz gelungen. „Die letzte Frage und die Antwort schneiden Sie natürlich raus", sagte ich zur Technikerin. Der Pole war von einem anderen Redakteur in Empfang genommen worden und die Technikerin grinste immer noch über diese originelle Bemerkung.

Sie schnitt die letzte Frage und die Antwort ab, aber ich wusste genau, was damit passieren würde. Sauber beschriftet mit dem Namen des Regisseurs und dem Zusatz ‚Klopapier' würde das Bändchen in einer Kiste mit lauter Pannen und lustigen Versprechern landen. Aus diesem Material bauten die Technikerinnen in den Wartezeiten Bänder zusammen, die bei Festivitäten für große Heiterkeit sorgten.

Manche Technikerinnen hatten, da sie den ganzen Tag mit unterschiedlichen Redakteuren und Reportern zusammenarbeiteten, den Ruf von Nachrichtenbörsen.

Wie ich befürchtet hatte, war der Redaktionsleiter in der nächsten Konferenz schon darüber informiert, welche originelle Antwort meine verunglückte Frage ausgelöst hatte. Sein asketisch strenges Gesicht zeigte weder Lob noch Missbilligung, stattdessen führte er der Redaktion vor, dass er auch in der Lage war, diese Panne satirisch zu sehen.

Er sagte: „Ihre Frage war uninspiriert, aber mit der Antwort, die Sie bekommen haben, hätte man das doch senden sollen. Da hätten sich vielleicht ein paar Leute im Haus Gedanken darüber machen können, wozu dieser große drucktechnische Aufwand schließlich führt."

In dem angespannten politischen Klima dieser Zeit konnte es aber auch schnell gefährlich werden.

Anfänger wie ich und ein Volontär, der auch durch die Abteilungen wanderte, durften nicht live ans Mikrophon, sollten aber, wenn möglich, bei Livesendungen dabei sein, um mitzubekommen, wie so etwas ablief. Livesendungen bestanden damals noch zum größten Teil aus vorher überspielten und bearbeiteten Bändern, die live anmoderiert wurden. Live-Schaltungen mit Korrespondenten zu aktuellen Themen dominierten die Sendungen damals nicht. Die Übertragungsqualität der schnell zu bekommenden Telefonleitungen war noch wenig überzeugend.

An diesem Tag war der Redakteur am Mikrophon ein meist schlecht gelaunter Veteran des Rundfunks, dem Magengeschwüre tiefe Kerben in sein Gesicht gezogen hatten. So fuhren wieder einmal der Redakteur, ein Volontär und ich mit dem Lift hinunter in die Tiefen des Sendekomplexes.

Der Volontär warf einen Blick auf den Ablaufplan der Sendung und musste dann eine freche Bemerkung loswerden. Die bezog sich auf einen Beitrag des ‚Kuratoriums unteilbares Deutschland', das sich in dem aufgeheizten politischen Klima wieder einmal zu Wort gemeldet hatte.

„Passen Sie bloß auf, dass Sie nicht aus Versehen ‚Krematorium unheilbares Deutschland' sagen, riet er dem Redakteur und grinste.

Mir gefiel diese Verunstaltung des Namens dieser Institution. Der verbrecherische Krieg des Nationalsozialisten hatte zur deutschen Teilung geführt und ich fand eine Organisation, deren Ziel die deutsche Wiedervereinigung war, konnte sich nicht einen Namen geben, der so tat, als wäre diese bestehende Teilung gar nicht möglich. So musste ich noch im Sendekomplex nachsetzen: „Passen Sie bloß auf, dass Sie nicht ‚Krematorium unheilbares Deutschland' sagen, sonst gibt es richtig Ärger mit den Vertriebenenverbänden."

„Passt ihr bloß auf, dass ihr nicht richtig Ärger kriegt", zischte der Redakteur, dann fiel die Tür des Sendestudios ins Schloss.

Die Sendung lief routiniert ab, blieb genau im zeitlich vorgegebenen Rahmen, bis der Beitrag über das ‚Kuratorium unteilbares Deutschland' anmoderiert werden musste. Da passierte es! Der Redakteur sprach vom ‚Krematorium unheilbares Deutschland'. Er korrigierte sich zwar sofort, aber diese subversive Verballhornung des Namens dieser Institution war über den Sender gegangen.

„Heiland Zack, hat des jetzt sein müssen?", entfuhr es der Sendetechnikerin. Der Volontär und ich wurden bleich und wie gelähmt vor Schreck. Der Beitrag war als letzter gelaufen. Der Redakteur stürzte aus dem Studio und brüllte uns an.

„Glaubt bloß nicht, dass ihr da so einfach davonkommt." Damit verschwand er und schleuderte die schwere Tür des Sendekomplexes ins Schloss.

Die Sendetechnikerin hatte Mitleid mit uns. Die etwas stämmige Münchnerin mit dem schwarzen, kurz geschnittenen Lockenkopf war zwar kaum älter als wir. Aber sie war schon viele Jahre im Beruf und wir bewunderten ihre Sicherheit und Souveränität.

„Den Kopf wird ma euch scho net abreißen. Ihr hobts des ja net übern Sender blosen, sondern er", versuchte sie uns zu trösten. Wir schlichen in unser Büro zurück und ich wusste, wir waren für diese Panne und den ganzen Ärger, der nun heraufziehen würde, alleine verantwortlich.

Ich hatte diese heimtückische Veränderung des Namens dieser Institution nicht gekannt und der Redakteur wahrscheinlich auch nicht. Also hätte es diesen Versprecher nicht geben können, wenn wir dem Redakteur nicht diese Verballhornung des Namens vorgesagt hätten.

In der Redaktionssitzung an nächsten Tag verkrochen wir uns in die hinterste Ecke, aber es half nichts. Der Redaktionsleiter begann die Tagesordnung mit unserer sehr ‚gravierenden Unkollegialität', die zu dieser Panne geführt habe. Zwar würde man nach außen bei der Lesart bleiben, bei Livesendungen kämen nun einmal Versprecher vor, aber über die angemessenen internen Sanktionen sollte der Chefredakteur entscheiden, bei dem wir morgen um zehn anzutanzen hätten.

In der folgenden Nacht schlief ich kaum. Würde ich nun rausgeworfen? Und mein Traumberuf? Würde er verschwinden, wie Träume verschwinden, wenn man aufwacht?

Der Chefredakteur war eine imponierende Persönlichkeit. Sehr groß, sehr gut angezogen, sehr souverän. Ich hätte es nicht gewagt, ihm zu widersprechen, und wir bekamen auch keine Gelegenheit dazu.

Er wies uns an, am Besprechungstisch ihm gegenüber Platz zu nehmen. Es sei schon ein sehr gravierender Fall von Unkollegialität, der hier zur Diskussion stehe. Livesendungen seien, weil jedes gesprochene Wort nicht mehr rückholbar sei, ein ganz besonderer Stress für den Moderator. Und wer unter Stress stehe, mache nun einmal mehr Fehler, als wenn man nicht unter Stress stehe. Unter diesen Umständen sei es absolut unverantwortlich, gegenüber einem Live-Moderator solche Bemerkungen zu machen, die geeignet seien, eine politische Organisation auf das Schwerste zu diskriminieren. Zu unseren Gunsten wäre nur anzuführen, dass wir beide Anfänger seien und uns nicht klar gewesen sei, welche schwerwiegenden Folgen dieser diskriminierende Scherz haben würde. Er gehe aber davon aus, dass uns der Schreck, über das, was wir angerichtet hätten, so in die Knochen gefahren sei, dass wir uns in Zukunft sehr genau überlegen würden, was man zu einem Kollegen sagt, der eine Live-Moderation vor sich hat. Damit sei die Sache für ihn erledigt, der Redaktionsleiter werde entsprechend informiert. Damit waren wir entlassen.

Der Redaktionsleiter sagte in der nächsten Sitzung zu der Angelegenheit nur einen Satz: „So viel Glück wie Sie möchte ich auch mal haben."

In der Ruhe liegt die Kraft – nach Berlin zum Rias

Mercedes 170 DS

Die Einbestellung zum Chefredakteur hatte mich vorsichtig gemacht. Es sind keine Pannen oder Auffälligkeiten mehr passiert, in die ich verwickelt war.

Aber mein neues geregeltes Leben als Anfangsredakteur blieb spannend und hatte auch einen großartigen Nebeneffekt, der für mich vollkommen neu war. Auf meinem Konto, das ich entsprechend der dringenden Empfehlung der Personalabteilung einzurichten hatte, sammelte sich langsam Geld an. Jeden Monat überwies der Bayerische Rundfunk 800 DM, und ich war weder ans Geldausgeben gewöhnt noch hatte ich viel Zeit dafür.

Mein Gutbrod war zwar auch unter den Autos der Anfänger beim Bayerischen Rundfunk eine Kuriosität. Die jungen Kollegen hatten es mindestens zu einen 4CV Renault oder Fiat Topolino gebracht, aber mit diesem seltenen Wagen fiel ich auf, und er hatte auch seit der Reparatur in Schweden keinen weiteren Ärger gemacht. Natürlich war jetzt, da ich genügend Geld für einen zuverlässigen Gebrauchtwagen auf dem Konto hatte, der Gebrauchtwagenmarkt der Süddeutschen Zeitung am Samstag eine ständige Verführung. Der konnte ich standhalten, bis ich diese Anzeige las:

„Mercedes 170 DS, Bj 53, 100.000 km, 2 Jahre TÜV, Schiebedach, Liegesitze, Becker Mexico erstklassiger Zustand, aus Besitz von Opernsänger für 1.650 DM zu verkaufen."

Da musste ich sofort anrufen.

Der Opernsänger hatte es zu etwas gebracht. Er wohnte in dem feinen Vorort Grünwald. Als ich ihn etwas übergewichtig in der Eingangstür seines Hauses aus den Dreißigern stehen sah, konnte ich mir sehr gut vorstellen, wie er auf der Bühne stand und seine Arien schmetterte.

Ob ich denn auch die 1.650 DM hätte, die er für seinen wunderbaren Wagen haben wollte, begrüßte er mich. Es wären schon eine Menge Leute dagewesen, aber alle hätten versucht, seinen Preis herunterzuhandeln. Er sah mich sehr skeptisch an. Der Zustand, kein Geld zu haben, musste noch in meinen Kleidern hängen, obwohl die komplett neu waren.

„Der Preis ist für mich gar kein Problem", stellte ich klar und bemühte mich, möglichst viel Überzeugungskraft in die Stimme zu legen.

Der hellgraue Wagen machte einen sehr gepflegten Eindruck. Sofort nach dem Kauf war der Innenraum mit grünen Kordschonbezügen veredelt worden. Überall im Auto waren Lautsprecher verteilt. Die Vorführung des Radios verlief eindrucksvoll. Damit ließ sich leicht das laute Genagel des Diesels nach dem Kaltstart unter Musik begraben. Das Schiebedach bot in geöffnetem Zustand fast so viel freien Himmel wie das Rolldach des Gutbrod. Das Reserverad war an einem Bügel außen montiert, so dass sich ein brauchbar großer Kofferraum ergab.

Der Besitzer glaubte nun doch an meine Zahlungsfähigkeit und ließ mich sofort ans Steuer.

Der Motor war vermutlich noch warm von der letzten Vorführung, denn nach dem Start gab es kein hässliches Kaltstartnageln. Der Sound erinnerte an das Dieselross, auf das ich mit neun Jahren gesetzt worden war: beruhigend, langsam, wie der menschliche Herzschlag, dabei souverän und kraftvoll. Der schwere Wagen beschleunigte ungefähr so, wie ich es gewohnt war, aber da schepperte und klapperte nichts. Die Federung schluckte alle Unebenheiten der Straße und die Bremsen griffen fest und gleichmäßig zu. Besonders beeindruckte mich das vollsynchronisierte Getriebe. Der Hebel am Lenkrad ließ sich von einem Gang zum nächsten führen, ohne dass noch irgendetwas zu beachten war. Als der Sänger das Radio einschaltete, war es, als hätte man in dem Wagen auch noch eine Musiktruhe versteckt.

Mit diesem Mercedes würde ich so etwas wie mein rollendes Zuhause für die nächsten Jahre erwerben, denn ich hatte vor, München zu verlassen. „Da wo man gelernt hat, soll man nicht bleiben. Da bleiben die Eierschalen des Anfängers an einem haften", hatte mir ein älterer Kollege geraten.

Ich unterschrieb sofort den Kaufvertrag. Ich würde nur das Geld holen, dann sofort wiederkommen und den Wagen in Empfang nehmen.

„A bisserl Geduld mit dem Wagen solltens scho ham. Am Berg is er net grad der schnellste, drum hat a 220 her müssen“, verabschiedete sich der Sänger.

Ich merkte schnell, dass er mit dieser Bemerkung Recht gehabt hatte. Mein neuer Wagen war nicht gerade der schnellste, nicht nur am Berg, sondern überhaupt. Wenn ich mit ihm unterwegs war, hatte ich den Verdacht, dass er, sobald eine Steigung vor seinen schönen großen Scheinwerfern mit den Chromringen auch nur sichtbar wurde, schon prophylaktisch ein bisschen in seiner Leistung nachließ. Aber der behäbige Diesel gab mir von Anfang an das Gefühl, er würde mich, egal ob es stürmte, schneite, brütende Hitze oder arktische Kälte herrschte, immer verlässlich ans Ziel bringen. Dafür musste man ihm einfach etwas mehr Zeit lassen.

Wider Erwarten war der Gutbrod schnell verkauft. Ein junger Koch brauchte sofort ein Auto. Der Dienst in seiner neuen Stelle zog sich so weit in die Nacht, dass er nicht mehr mit der Straßenbahn nach Hause fahren konnte. Ich überzeugte ihn mit einer rasanten Probefahrt und wies danach auf die solide Arbeit des schwedischen Schmiedes hin. Er handelte meinen Preis von 500 auf vierhundertfünfzig herunter, zählte mir das Geld in die Hand und ich übergab ihm die Papiere. Der Koch stieg ein und der Gutbrod verschwand aus meinem Leben.

Der Mercedes brachte mich noch ein paar Monate zuverlässig und komfortabel zum Bayerischen Rundfunk. Die vierzig PS reichten völlig aus, um im Münchner Großstadtverkehr mitzuschwimmen. Ich hatte ein paar Bewerbungen mit Arbeitsproben unter anderem an den Rias geschickt. Die Antwort kam schnell, man bot mir eine Redakteursstelle in der Nachrichtenredaktion an. Ich war glücklich. Während der letzten Jahre im Gymnasium hatte ich meist diesen Sender unter amerikanischer Leitung eingestellt. Die Berichte aus der früheren Hauptstadt, in der sich die Ost-West-Konfrontation in ständig neuen Krisen zeigte, waren spannender und interessanter als das, was die Radiosender im Westen berichteten.

Dazu passte das Musikprogramm, in dem sich noch etwas von dem unwiderstehlichen Schwung aus Swing, Jazz und Glenn Miller erhalten hatte, der uns seit 1945 so begeisterte. Die Musik, bei der man mitwippen konnte, hatte die abgelöst, die einem beim Marschieren Schwung geben sollte.

Ich rief bei RIAS an und wurde mit der Redaktionsleiterin verbunden. Meine Arbeitsproben hatten ihr gefallen, ich könnte sofort anfangen. Ob ich denn mit meinem Wagen durch die DDR fahren könnte, wollte ich noch wissen. Da sehe sie keine Bedenken. Ich müsse mich aber genau an die Vorschriften der Volkspolizisten halten.

Dass beim RIAS eine Frau die Nachrichtenredaktion leitete, gefiel mir. Beim Bayerischen Rundfunk hatte ich keine Frauen als Redaktionsleiter erlebt.

Mir war klar, dass ich dieses schnelle Angebot der heraufziehenden Kubakrise verdankte. Die Amerikaner hatten zwar längst ihre Jupiter-Mittelstreckenraketen an der russischen Grenze in der Türkei stationiert, wollten aber verhindern, dass die Sowjetunion ihre auf Kuba installieren konnte. Ihre Luftaufklärung hatte die entsprechenden Beweise geliefert. So drängten sich die Bewerber nicht nach Berlin, wo die Blöcke aufeinander stießen, und das war meine Chance.

Als ich dann den mürrischen Vopos an der Grenze zur DDR gegenüberstand, wurde es mir doch etwas mulmig. Mein Wagen wurde gründlich untersucht. Die Vopos in ihren grünen Uniformen im Schnitt der Wehrmacht knurrten mich an, mich in irgendwelchen Baracken an irgendwelchen Schaltern anzustellen. Meine Papiere verschwanden schließlich an einem Schalter mit Sichtblende. Die Vertreter der Staatsmacht wollten unsichtbar sein. So taten sie einiges dafür, den Vorurteilen gerecht zu werden, die sich im Westen verbreitet hatten.

Während des Wartens musste ich an eine Geschichte denken. Ein alter russischer Immigrant, ein Bekannter meiner Familie, hatte sie lebendig und detailliert erzählt. Es ging um die frühe Nachkriegszeit und einen Schweizer Geschäftsmann, der in einem schweren Konflikt steckte. In Warschau lockte ein glänzendes Geschäft mit seinen Schweizer Präzisionsmaschinen, aber zu den Verhandlungen hätte er in die polnische Hauptstadt reisen müssen. Das aber hieß: Reisen durch russisch besetztes Gebiet und da fühlte er sich schon mit einem Fuß im russischen Straflager in Sibirien.

In Berlin kidnappten die Russen am helllichten Tag Leute, die gegen den Kommunismus arbeiteten und verschleppten sie in rasender Fahrt über die Sektorengrenze nach Ostberlin. Auch als Bürger eines traditionell neutralen Landes war man nicht vor den Russen sicher. Ein schwedischer Diplomat, der in Budapest während der letzten Kriegsmonate Tausenden von Juden das Leben gerettet hatte, war spurlos in den sibirischen Todeslagern verschwunden.

Aber die in Aussicht stehenden großen Gewinne des Geschäftes waren so stark, dass es ihm schließlich doch gelang, seine Angst zu besiegen. Er stieg in den Zug nach Warschau. Die russischen Grenzposten, die bei der Einreise seinen Pass und die Dokumente kontrollierten, trugen den gefürchteten roten Stern auf ihren Schirmmützen und hatten asiatische Gesichtszüge; fremd und unergründlich. Genau so hatte er sich die Schergen in den sibirischen Straflagern vorgestellt. Sie studierten seinen Pass und die Reisedokumente sehr gründlich und verließen das Abteil wieder.

Nun ist es überstanden, dachte er erleichtert, begriff aber gleichzeitig, dass es nicht so war. Solange sein Zug nicht auf der Heimreise nach Zürich die Grenze zwischen der Bundesrepublik und der DDR überquert hatte, konnte man ihn verhaften. Er drehte und wendete seine Entscheidung, die ihn in diese gefährliche Situation gebracht hatte. Als er gerade zu dem Schluss gekommen war, es sei wohl doch auch für einen Schweizer zu gefährlich gewesen, sich für ein gutes Geschäft in den kommunistischen Machtbereich zu begeben, wurde die Tür seines Abteils wieder aufgerissen und eines dieser asiatischen Gesichter mit dem roten Sowjetstern an der Stirnseite seiner Mütze befahl ihm ‚mitkommen!'.

‚Jetzt ist alles vorbei', dachte er. Er spürte, wie das Blut aus seinem Kopf wich und er blass wurde. Seine Knie versagten ihm fast den Dienst, so dass er Mühe hatte, aus den bequemen Polstern hochzukommen. Am nächsten Bahnhof würde eine dieser großen russischen Limousinen mit verdunkelten Scheiben stehen, wie sie die GPU oder der NKWD oder wie der russische Geheimdienst jetzt gerade hieß, sie benutzten. Man würde ihn hineinstoßen und dann würde er in den sibirischen Lagern verschwinden, so wie der schwedische Diplomat und all die anderen.

Der Posten führte ihn durch eine Reihe von Wagen und schob schließlich die Tür eines Abteils mit verdunkelten Scheiben auf, offenbar das Dienstabteil der russischen Begleitkommandos. Aber was er sah, als der Posten die Tür ganz geöffnet hatte, war eine Runde von lachenden Uniformierten mit Wodkagläsern in der Hand. Man reichte ihm auch ein gut gefülltes und alle prosteten ihm zu.

„Wir haben in deinem Pass gesehen, dass du heute Geburtstag hast, da wollen wir ein bisschen mit dir feiern", begrüßte ihn ein Offizier und wieder prosteten alle ihm zu. Da begriff er, dass er aus lauter Angst, von den Russen verhaftet zu werden, vollkommen vergessen hatte, dass heute sein Geburtstag war.

Schließlich wurde hinter einer der Sichtblenden mein Name gerufen und meine Papiere wurden durch einen Schalter geschoben. An meinem Wagen musste ich sie noch einmal vorzeigen. Der Volkspolizist studierte sie mit einem Gesicht, das darin trainiert zu sein schien, keinerlei Regungen zu zeigen. Ich bekam meine Papiere zurück, und ein Wink bedeutete mir, dass ich losfahren könnte. Die Schranke öffnete sich und ich rollte in die DDR hinein.

Ich musste mich nicht sehr bemühen, die auf der Transitautobahn vorgeschriebene Höchstgeschwindigkeit von 100 km/h einzuhalten. Viel schneller konnte ich gar nicht fahren und die anderen auch nicht, jedenfalls die Autos aus der DDR. Es kam mir vor, als wäre ich in ein lebendiges Automuseum eingereist: Vorkriegswagen, die man bei uns am Anfang der sechziger Jahre nicht mehr auf den Straßen sah, wie Opel P4, Ford Eifel, Adler Junior Trumpf und natürlich viele alte DKWs krochen mit vielleicht 60 bis 70 auf der rechten Spur entlang. Es kam auch vor, dass sie von der Fahrbahn in die Wiese gerollt waren und sich offenbar sachkundige Besitzer unter den geöffneten Motorhauben zu schaffen machten.

Etwas schneller unterwegs waren die neuen Autos aus der Produktion der DDR. Von Trabant, P70, der IFA F8, einem Nachbau des Vorkriegs-DKW oder einigen Wartburgtypen wusste ich zwar, dass es sie gab, gesehen hatte ich diese Wagen aber noch nie. Natürlich war mir bekannt, dass für westdeutsche Transitreisende ein strenges Verbot bestand, auf dem Gebiet der DDR anzuhalten. So konnte ich nicht bei den streikenden Veteranen stoppen und fragen, ob ich mit meiner umfangreichen Werkzeugsammlung vielleicht helfen könnte. Schade, aber gerade die Kontaktaufnahme zu den Menschen auf der anderen Seite der Grenze sollte ja durch das strenge Halteverbot unterbunden werden.

Wenn ich bei einem westdeutschen Auto halte, wird es schon nicht so schlimm sein, dachte ich, als ich auf einem Parkstreifen einen Brezelfenster-VW mit Münchner Kennzeichen stehen sah. Ein junges Paar, wahrscheinlich Studenten, stand hinter der geöffneten Heckklappe. Sie sahen ziemlich verzweifelt in die für sie fremde Welt aus Leitblechen, Gussteilen, Kabeln und Schläuchen, die plötzlich nicht mehr funktionierten.

Im Westen waren die Autos aus der frühen Nachkriegszeit, wie VW Standard, Renault 4CV und Fiat Topolino nun billig zu haben. Studenten kauften sich die alten Kisten. Einige hatten aber wenig Ahnung von Autotechnik und kein Geld für die Wartung. So fuhren sie, bis sie irgendwann liegen blieben.

Ich hielt vor dem VW, stieg aus und fragte, ob ich ihnen helfen könnte. „Plötzlich wollte die verdammte Kiste nicht mehr, ich bin froh, dass ich es wenigstens bis auf diesen Parkstreifen geschafft habe", jammerte der junge Mann.

Wahrscheinlich war es ein Student auf dem Weg nach Berlin, um der Wehrpflicht zu entgehen. Dafür hatte ich Verständnis.

„Dass uns das gerade hier passieren muss. Das wird furchtbaren Ärger mit den Vopos geben", brachte seine Freundin gerade noch heraus, da waren sie schon da. Es war mir rätselhaft, wie die drei Volkspolizisten so schnell hatten auftauchen können. Sie kletterten aus ihrem grünen Trabant Kübelwagen, der blechern rappelte, obwohl seine Karosserie aus Kunststoff war, und fuhren uns in spröder Korrektheit an: „Sie dürfen hier nicht stehen bleiben."

„Der VW meiner Landsleute ist liegen geblieben und ich wollte versuchen, ob ich ihn nicht wieder zum Laufen bringen kann."

„Sie werden hier gar nichts versuchen, steigen Sie in Ihren Wagen und fahren Sie weiter", kommandierte der Anführer.

Wie die drei in ihren grünen Wehrmachtsuniformen mich verjagen wollten, so etwas hatte ich schon einmal erlebt: Ich war damals zehn Jahre alt und die Wehrmacht hielt auf unseren Wiesen ein Manöver ab. Eine größere Gruppe von Soldaten, ältere Männer in abgetragenen Uniformen, hetzten und keuchten nach gebrüllten Kommandos über unsere Wiesen. Oberhalb der Straße war ein MG aufgebaut, das immer wieder losratterte und gelbe Messingpatronenhülsen in das nasse und noch grüne Gras spuckte. An dieses MG musste ich unbedingt näher herankommen. Ich versuchte mich in gebückter Haltung anzuschleichen, aber es half nichts. Sie hatten mich sofort entdeckt. Ein noch für den Wüstenkrieg in Afrika sandfarben lackierter VW-Kübelwagen näherte sich von hinten. Im kleinen Gang heulte das Gebläse bedrohlich. Fahrer und Beifahrer sprangen heraus. Der Beifahrer baute sich vor mir auf und brüllte: „Du hast hier gar nichts zu suchen, verschwinde, und zwar dalli, dalli!" Natürlich war ich davongelaufen und hatte mich erst mal im Wald versteckt. Ich war mir klein und armselig vorgekommen.

Aber jetzt wollte ich mich nicht ein zweites Mal von diesen Typen in ihren Wehrmachtsuniformen vertreiben lassen.

Ich baute mich nun ebenfalls vor ihnen auf und argumentierte: „Wenn es mir gelingt, den Wagen der beiden Landsleute wieder zum Laufen zu bringen, haben Sie doch viel weniger Ärger, als wenn Sie den Wagen in eine Werkstatt schleppen lassen und die beiden Passagiere so lange in Ihrer Obhut behalten müssen, bis der Wagen wieder läuft."

Zu meiner Überraschung lehnten die drei Uniformierten mein Angebot nicht sofort ab. Sie zogen sich, ohne etwas zu sagen, so weit zurück, dass wir nicht verstehen konnten, was sie berieten. Dann rappelte auch noch ein zweiter Trabantkübelwagen mit einer Dreierbesatzung heran. Die Vopos stiegen aus und schlossen den Kreis mit den drei anderen.

Soweit wir die Gesichter der beratenden Vopos sehen konnten, waren sie so kontrolliert, dass es unmöglich war, daraus zu schließen, ob sie für meinen Vorschlag waren oder nicht.

„Das sieht aber nicht gut aus", flüsterte mir der junge Mann zu. „Jetzt müssen auch noch die anderen drei mitspielen."

Ich war nicht so pessimistisch. Dass sie überhaupt so lange berieten, war ein gutes Zeichen. Schließlich löste sich einer aus der Runde und kam schnell und entschieden auf uns zu.

Er zeigte mir seine Armbanduhr und verkündete: „Sie haben 15 Minuten. Wenn die abgelaufen sind, haben Sie zu verschwinden und Ihre Landsleute nehmen wir in Gewahrsam."

Dann bauten sich die sechs im Halbkreis hinter der offenen Motorhaube des VWs auf und warteten neugierig und gespannt darauf, wie das ausgehen würde, diese Autoreparatur in 15 Minuten.

‚Die denken, dass ich das nicht schaffe', dachte ich, während ich zu meinem Wagen lief, meine US-Army-Werkzeugrolltasche griff und sie auf die Straße warf.

Ich rollte sie auf und fragte: „Hat der Motor mit einem Schlag ausgesetzt oder hat es noch ein bisschen geruckelt, ehe es aus war?"

„Es war ganz plötzlich aus, so als ob man ein Kabel durchgeschnitten hätte." Die Antwort kam sehr leise und der Student sah blass aus.

„Ja, es kam ganz plötzlich", flüsterte seine Freundin.

„Und Benzin ist noch genug drin?", versuchte ich mir ein Bild zu machen.

„Etwa drei Viertel voll muss der Tank noch sein", kam die Antwort.

Was die beiden sagten, deutete darauf hin, dass der Unterbrecherkontakt nicht mehr funktionierte. Ich zog den Zündverteiler ab und tatsächlich: Die Unterbrecherkontakte waren verschmort. Ich nahm feines Sandpapier aus meiner Werkzeugtasche, schmirgelte die Kontakte wieder sauber und plan so gut es ging und stellte den Abstand nach Gefühl etwas enger. Als ich den Eindruck hatte, so könnte es funktionieren, setzte ich den Verteilerdeckel wieder an seinen Platz und drückte die beiden Befestigungsbügel in die Aussparungen.

„Probieren Sie's mal", sagte ich ziemlich leise, die Vopos sollten möglichst wenig von unserer Verständigung mitbekommen.

Der junge Mann sprang hinter das Steuer. Der Anlasser drehte den Motor ein paarmal durch. Es qualmte ein bisschen aus dem Auspuff und der Wagen war angesprungen.

Ich sah auf meine Armbanduhr, ich hatte zwölf Minuten gebraucht.

Die junge Dame fiel mir spontan um den Hals, so erleichtert war sie, dass ich sie aus der Gewalt der Vopos befreit hatte.

Ich schmiss die Motorhaube des VW zu und sagte zu dem Fahrer: „Das war aber nur eine provisorische Reparatur".

Er trat immer wieder begeistert auf das Gaspedal, so dass das Gebläse aufjaulte. Ich schmiss meine Werkzeugtasche in den Kofferraum und warf den Deckel zu. Die Türen knallten in ihre Schlösser, wir winkten uns noch einmal kurz zu und starteten so eindrucksvoll, wie das unsere beiden etwas schwerfälligen Autos eben hergaben. Die sechs Volkspolizisten schaute ich mir noch einmal im Rückspiegel an. Sie standen etwas überrascht immer noch in einer Reihe.

Bis zu unserem nächsten Stopp, dem Kontrollposten Drei Linden, hatte ich den VW immer im Auge behalten.

Die zweite Untersuchung unserer Wagen vor der Einreise nach Westberlin verlief sehr unterschiedlich. Die Überprüfung des VWs ging

Der Mercedes 170 DS, mein „Zuhause auf vier Rädern", in unruhigen Zeiten.

routinemäßig zügig, während sich die Volkspolizisten sehr lange und gründlich mit meinem Mercedes beschäftigten. Mit einem etwas größeren Wagen stand man offenbar kollektiv im Verdacht, in irgendwelchen versteckt eingebauten Hohlräumen Bürger aus der DDR nach Berlin zu schleusen.

Die Vopos räumten mein Gepäck aus dem Kofferraum und packten es auf den Asphalt. Dann suchten sie mit Spiegeln die Unterseite meines Wagens ab. Sehr lange hantierten sie mit Messlatten im Innenraum, irgendetwas schien nicht zu stimmen. Auch der Ausbau der hinteren Sitzbank brachte offenbar keine Klarheit.

Schließlich wurde die Prozedur doch für beendet erklärt und ich durfte mein Gepäck wieder einladen. Ich setzte mich ans Steuer und wartete auf das Kommando zur Einreise und das Öffnen des Schlagbaumes, da erschien nochmal ein Kopf mit Schirmmütze an meiner noch heruntergekurbelten Scheibe. Mit unverkennbar sächsischem Tonfall wurde mir geraten: „Sie sollten sich aber auch mal ein neues Auto kaufen."

Diese Herabwürdigung meines wunderbaren, wenn auch nicht mehr ganz neuen Wagens durch den Volkspolizisten ärgerte mich. Wie kam der bloß dazu, einem Westdeutschen zu raten, sich doch ein neues Auto zu kaufen?

Es dauerte etwas und ich hatte schon Westberliner Asphalt unter den Reifen, da begriff ich, was den Volkspolizisten zu dieser Bemerkung veranlasst hatte. Sie hatten für meinen Wagen keine Messlatten, mit denen sie im Innenraum nach Umbauten fahndeten, in denen Menschen aus der DDR herausgeschleust werden konnten.

In der Nachrichtenredaktion des RIAS wurde ich sehr freundlich und kollegial aufgenommen. Die Angst, nach meiner Lehrzeit vielleicht doch nicht gut genug zu sein und die Abläufe zu stören, hatte ich auf der Fahrt von München nach Berlin abgeschüttelt.

Hier saß ich einer attraktiven blonden Frau um die vierzig mit Kurzhaarfrisur im blauen Kostüm gegenüber. Sie sah mich mit ihren grauen Augen über ihren vollkommen leeren Schreibtisch freundlich an. Sie sprach leise und in kurzen klaren Sätzen. Sie brauchte kein männliches Gehabe, um ihre Autorität zu unterstreichen. Ich war fasziniert.

Ich würde zwei Tage in der Tagesschicht mitlaufen, um eine Vorstellung davon zu bekommen, wie die stündlichen Nachrichtensendungen des RIAS aufgebaut und formuliert seien. Sie ginge nach meinen Arbeitsproben davon aus, dass sie mir dann die Nachtschicht anvertrauen könne. Dann sei ich Alleinherrscher.

Tatsächlich saß ich nach diesen zwei Tagen alleine mit der Sekretärin von Mitternacht bis sechs Uhr morgens in der Nachrichtenredaktion. Die Fernschreiber der verschiedenen Agenturen ratterten, als wollten sie sich gegenseitig mit den wichtigen Meldungen überbieten, die sie ausspuckten.

Die Papierfahnen, die sie ausstießen, hatten die Tendenz sich wieder einzurollen. Aber dem machte die Sekretärin ein schnelles Ende. Sie zertrennte die Fahnen nach den einzelnen Meldungen, strich das Papier glatt und packte es auf den Stoß, der sich auf meinem Schreibtisch auftürmte. Ich suchte mir die Meldungen heraus, die wichtig waren, und überlegte mir, wie ich sie so umformulieren und kürzen könnte, dass sie dem Nachrichtenstil des RIAS entsprachen. Die Topmeldungen aus dem Stapel der Fernschreiben herauszufischen, war einfach im Herbst 1962. Seit die amerikanische Luftaufklärung Mitte Oktober Beweise geliefert hatte, dass die Sowjetunion Atomraketen auf Kuba installierte, eskalierte die Krise.

Die Sekretärin saß schon hinter ihrer IBM-Kugelkopfmaschine und wartete darauf, dass ich die dramatische Entwicklung mit kurzen, gut verständlichen Sätzen in Form brachte. Die Sekretärin war eine zierliche Frau. Ihre dunkel gefärbten Haare passten nicht zu ihrem Gesicht, das in den Nachtdiensten etwas fahl und grau geworden war. Sie schrieb schnell und perfekt, und dem hatte ich zu entsprechen.

Wenn sie den Eindruck hatte, ich wäre bereit zu diktieren, schaltete sie die IBM-Kugelkopf ein und ein leises Summen hing im Raum. Nun hatte ich das Gefühl, einem Trichter gegenüber zu sitzen, der meine Formulierungen mit Schallgeschwindigkeit in sich hinein saugte. Wenn meine Formulierungen nicht flossen oder ich gar zu einer Korrektur ansetzte, sah sie mich an und ich war mir sicher, ich hatte diese Blicke auch als Kritik zu verstehen.

Die Meldungen begannen mit der amerikanischen Seeblockade, die nun in Kraft getreten war. In einer Fernsehansprache hatte Präsident Kennedy die Maßnahme angekündigt. In dieser Rede hatte er auch volle Vergeltung gegen die Sowjetunion angedroht für jede Atomrakete, die von Kuba aus gegen die USA abgefeuert würde.

In der nächsten Meldung ging es dann um die Einberufung des UN-Sicherheitsrates. Sie wurde von den USA, der Sowjetunion und Kuba beantragt, weil der Kubakonflikt einen Atomkrieg heraufbeschwöre.

‚Es war wohl doch keine gute Idee gewesen, gerade in diesen gefährlichen Zeiten nach Berlin zu gehen', dachte ich, als die Nachrichten für die Sendung komplett waren, die Zeilenzahl stimmte und die Sekretärin sie zum Sprecher in den Sendekomplex gebracht hatte. Anderseits, wenn es wirklich zu einem atomaren Weltkrieg kommen würde, war es ziemlich gleichgültig, wo man gerade war. Aber ich war Optimist. Ich hoffte, dass es zu diesem atomaren Weltuntergang nicht kommen würde. Und jetzt kam es darauf an, weiter gute Arbeit zu leisten.

Immer, wenn ich die Meldungen für die Sendung abgegeben hatte, konnte ich eine kleine Pause einlegen. Ich schaltete den Lautsprecher auf meinem Schreibtisch ein, der das laufende Programm übertrug. Ich verfolgte dann sehr genau, wie sich das anhörte, was ich da gerade diktiert hatte. Wer verfolgte das außer mir noch um zwei Uhr in der Nacht? Waren es Taxifahrer, Klinikpersonal im Nachtdienst, Polizisten, die auf ihren Revieren Nachtdienst schieben mussten, oder Arbeiter in den Fabriken, deren Produktion nicht unterbrochen werden durfte?

Fühlten sich die, die meine Nachrichten anhörten, bedroht von der immer gefährlicher werdenden militärischen Konfrontation? Ohne Optimist zu sein, konnte man das kaum aushalten. Ein Mitstudent fiel mir ein. Thema eines Seminars über Wirtschaftsgeschichte war eine ausweglose wirtschaftliche Situation eines Staates. Da sorgte ein Kommilitone aus Köln mit einem Spruch aus seiner Heimatstadt für Erheiterung. „Es kommt, wie es kommt und es ist noch immer gut gegangen."

Die Sekretärin war aus dem Sendekomplex zurückgekommen. Sie riss die inzwischen wieder neu eingelaufenen Agenturmeldungen ab, strich sie glatt und packte den Stoß auf meinen Schreibtisch.

Ich hatte jetzt die erste Stufe der Leiter erreicht, auf der ich weiter nach oben klettern und Erfolg haben wollte. Aber war das alles tatsächlich noch etwas wert?

Aber am nächsten Tag ging das Leben in Berlin weiter.

Wenn man auf eines der Holzgestelle kletterte, von denen aus man über die Mauer nach Ostberlin schauen konnte, sah man nur ein paar Vopos, die auf den geräumten flach planierten Grenzstreifen vor der Mauer entlang patrouillierten. Der Lautsprecherkrieg tobte. Im Westen waren Hochleistungslautsprecher aufgestellt worden, die ihre Informationen in den abgeschnittenen Teil der Stadt hineinbrüllten, aber auch das war schon immer so gewesen und keine Veränderung.

Eines Abends begriff ich, was es bedeutet, in einer eingemauerten Stadt zu leben. Ich war bei einem Kollegen eingeladen und hatte mich auf der Heimfahrt verfahren. Plötzlich war die Straße zu Ende und ich war an der Mauer gelandet. Ich versuchte es auf einem anderen Weg, aber auch der endete wieder an der Mauer. Es gab auch keinen Menschen hier, den ich hätte fragen können. Schließlich hatte ich das Gefühl einer totalen Ausweglosigkeit. Welche Richtung ich auch einschlug, immer endete meine Fahrt damit, dass ich von dieser monumentalen grauen Sperrmauer gestoppt wurde. Schließlich stellte ich den Motor ab, stieg aus und versuchte in Ruhe zu überlegen, wie ich wieder herauskommen könnte aus dieser Falle, in der ich mich fühlte.

Da sah ich zum ersten Mal sehr genau den Stacheldrahtverhau, der sich oben auf der Mauer entlang zog. Die Drähte lagen im hellen Mondlicht und ich konnte sehr gut die vielen scharfen Spitzen erkennen. Es war hier so still, als wäre alles Leben vertrieben worden. Ich lehnte mich an mein Auto und versuchte mich zu beruhigen und neu zu orientieren. Und dann war es gar nicht mehr so unmöglich, mit Hilfe des Stadtplans den Weg zurück zu der riesigen Altbauwohnung in der Nähe des RIAS zu finden, in der ich ein Zimmer gemietet hatte.

Die Nachtdienste waren anstrengend, weil man versuchen musste, tagsüber zu schlafen, was aber nicht immer gelang. Diese Dienste gaben einem aber, weil man alleine mit der Sekretärin in der Redaktion war, das Gefühl wichtig zu sein. Bestätigt wurde das durch den schwarzen Chevrolet, der immer am Schichtende auf mich wartete, um mich sicher nach Hause zu bringen. So endete meine Arbeit immer damit, dass ich mich entspannt in die schwarzen Kunstlederpolster des großen Wagens sinken lassen konnte.

Dieses von den Schichtdiensten in der Nachrichtenredaktion des RIAS bestimmte Leben ging sehr überraschend zu Ende. Bei meiner Post, die immer jemand auf dem Küchentisch der großen Wohnung hinzulegen pflegte, fand ich einen Brief der Rundfunkanstalt aus dem Südwesten. Auch dort hatte ich mich wie beim RIAS beworben. Der Brief enthielt ein Stellenangebot als Redakteur und Reporter in der landespolitischen Redaktion der Anstalt in Stuttgart. Zu meinen Aufgaben gehörte die Berichterstattung aus dem Landtag, über die Arbeit der Landesregierung und über alle wichtigen Ereignisse aus der Landeshauptstadt und dem Land.

Dieses Angebot war genau das, was ich mir erträumt hatte.

Aber wie konnte ich es schaffen, dass mich der RIAS schon wieder gehen lassen würde. Ich war so freundlich aufgenommen worden und gerade gut eingearbeitet.

Ich steckte den Brief ein, fuhr zum Sender und bat um ein Gespräch mit der Redaktionsleiterin. Ich konnte sofort eintreten.

Ich reichte ihr den Brief und sagte: „Ich wüsste gerne, was Sie von diesem Angebot halten."

Sie las den Brief und sagte, ohne einen Moment zu überlegen: „Das müssen Sie machen. Das ist eine Aufgabe, die Ihnen den Weg zu einer Karriere eröffnet. Aus einer Nachrichtenredaktion ist das sehr viel schwieriger."

Ich blieb noch ein paar Tage, bis es gelungen war, mich im Dienstplan zu ersetzen.

Die Gefahr eines Atomkrieges war vorüber. Die amerikanische Seeblockade Kubas hatte ihr Ziel erreicht, die russischen Schiffe mit den Raketen für Kuba hatten abgedreht und fuhren nach Europa zurück. In diesen glücklichen Tagen hatte mich das Stellenangebot der Rundfunkanstalt aus dem Südwesten erreicht. Das waren genug Gründe für eine euphorische Stimmung.

Natürlich wusste ich, dass es neben mir noch andere Bewerber auf diese interessante Stelle geben würde, aber ich war mir völlig sicher, sie alle auszustechen. So ein Gefühl hatte ich bisher nicht gekannt.

Der Chefredakteur der Anstalt, der über meine Bewerbung entschied, war ein freundlicher eloquenter Veteran der politischen Berichterstattung. Er hatte seine journalistische Karriere in der Weimarer Republik als Auslandskorrespondent großer Zeitungen begonnen. Und irgendwie hatte er es geschafft, die Nazizeit ohne größere Verstrickungen zu überstehen. In der frühen Nachkriegszeit hatte er sich als Berichterstatter bei den Nürnberger Kriegsverbrecherprozessen einen Namen gemacht. Aus dieser Zeit war mir sein Name vertraut. Der Chefredakteur saß an einem ziemlich großen Schreibtisch, auf dem sich Bücher und Manuskripte stapelten. Es kam mir vor, als hätte er sich gerade noch eine kleine Arbeitsfläche freigehalten, und dort lagen meine Bewerbungsunterlagen.

Aus dieser Umrahmung aus Stapeln von Manuskripten und Büchern musterte mich der Chefredakteur, von dem meine Zukunft abhing, sehr gründlich. Es war, als wolle er den Eindruck, den diese Person vor seinem Schreibtisch auf ihn machte, immer wieder abgleichen mit einem Blick in meine Bewerbungsunterlagen. Ich bemühte mich, freundlich und selbstbewusst dieser Prüfung standzuhalten.

Schließlich sagte er: „Ich glaube, Sie sind der richtige Mann für uns. Sie haben bei einer großen Anstalt ihr Handwerk gelernt. Dann haben

Sie mit Ihrem Wechsel zum RIAS in dieser angespannten politischen Situation bewiesen, dass Sie auch etwas vom Nachrichtengeschäft verstehen, dass Sie beweglich und auch nicht ängstlich sind. Ich will Sie haben und gehe davon aus, dass von den Kollegen, mit denen Sie arbeiten werden, keine Einwände kommen."

Glückliche Jahre im Südwesten als Redakteur beim SWF

Die Kollegen hatten keine Einwände. Sie waren froh, einen Reporter zu bekommen, der eine einschlägige Ausbildung hatte, und den man vom ersten Tag an einsetzen konnte. Dem entsprach die technische Ausrüstung, die mir anvertraut wurde. Beim Bayerischen Rundfunk war ich mit einem Aufnahmegerät losgezogen, das durch ein aufzuziehendes Laufwerk in Bewegung gesetzt wurde. Mit etwas Ähnlichem, so erzählten mir ältere Kollegen, hätten sie schon aus den deutschen HE 111 Bombern Reportagen von der Luftschlacht über England gemacht.

Nun bekam ich ein Nagra, teuer wie ein Volkswagen, so wurde mir bei der Einweisung erklärt, aber absolut perfekt. Eine ganze Generation von Film-, Fernseh-, Wochenschau- und Rundfunkleuten haben mit diesem Gerät ihre Tonaufnahmen gemacht.

Auch eine Unterkunft in einem verschlafenen Vorort auf den Höhen um Stuttgart hatte ich schnell gefunden. Eine Zwei-Zimmer-Souterrain-Wohnung mit Dusche und Küchenzeile. Nicht verschwiegen hatte mir die Vermieterin, dass Damenbesuche nicht gestattet seien, schon gar nicht während der Nacht! Um mich damit nicht zu verschrecken, lockte sie gleichzeitig mit einem Privileg. Die Kehrwoche brauche ich nicht zu machen, das werde „bei Reingeschmeckten ohnehin nichts Rechts". Monatelang war ich so sehr damit beschäftigt, mich auf dieses neue Leben einzustellen, das von immer drängenden Aktualitäten und Vorbereitungen auf größere Sendungen beherrscht wurde, dass mich dieses Verbot von Damenbesuchen nicht störte.

Ich war von meiner Arbeit fasziniert. Ganz besonders gefiel mir die Berichterstattung über die Tätigkeit des Landesparlaments. Wenn Plenarsitzungen anstanden, verbrachte ich ganze Tage dort. Die Landtagsstudios von SDR und SWF waren wie neonbeleuchtete Höhlen, von denen aus man, etwas erhöht, den Plenarsaal gut übersehen konnte. Besonders an nasskalten Herbst- und Wintertagen war ich froh, in dem niedrigen holzgetäfelten Raum verschwinden zu können. Hier bekam man nichts mit von der unfreundlichen Witterung der winterlichen Jahreszeit.

Ich sah die Debatten in der Tiefe des honiggelben Plenarsaals durch große schalldichte Scheiben. Die Redner, die sich wegen der neuen Universitäten, abzuschaffenden Konfessionsschulen, Verkehrsentwicklung, Wirtschaftsförderung und mittelfristiger Finanzplanung attackierten, waren ziemlich weit weg. Aber im Plenarsaal waren Mikrophone verteilt, denen kein Zwischenruf entging. So übertrugen die Lautsprecher im Studio jede Nuance, jedes angestrengte Luftholen. Auch wenn ich zwischen den Abgeordneten gesessen wäre, hätte ich nicht besser zuhören können.

Die Sekretärin des Studios, Frau Putzmeister, fungierte auch als Tontechnikerin. Sie ging auf die vierzig zu, war meist gut gelaunt und erledigte alle anfallenden Arbeiten gut und zuverlässig. Bei Landtagssitzungen hatte sie die Hand am Regler der mächtigen M-5-Tonbandgeräte und versorgte mich nebenbei in schwäbisch gefärbtem Hochdeutsch mit Hinweisen über die Abgeordneten am Rednerpult.

„Der scho wieder“, flüsterte sie etwa, „muss das jetzt sein?“, oder: „Der ist gut, der bringt die Sach’ auf den Punkt!“, oder: „Passen’s auf, der drückt auf die Tränendrüsen!“

Sie schob, während das Band lief, nach meinen Angaben Markierungen in die großen Tonbandspulen. Ich machte mir Notizen zu diesen durchnummerierten Markierungen, mit deren Hilfe ich bei der Produktion der Sendung geeignete Redeabschnitte für die Sendung wiederfinden konnte.

Nach Plenarsitzungen hatte ich abends eine 15-minütige Sendung. In dieser Zeit musste es mir gelingen, mit meinem Moderationstext und den Redeausschnitten, eine Plenarsitzung, die viele Stunden gedauert hatte, so zusammenzufassen, dass die wichtigsten Themen enthalten waren und der Hörer einen lebendigen Eindruck vom Verlauf der Sitzung bekam. Diese Arbeit war so interessant, dass es mir keine Mühe machte, den ganzen Tag hochkonzentriert zu sein.

Auch über Prozesse, Parteitage und Tarifverhandlungen zu berichten, war faszinierend. Wenn der Vertreter von Gesamtmetall, der Daimler-Benz-Direktor Schleyer und der Vorsitzende der IG Metall Bleicher in einer gemeinsamen Pressekonferenz aufeinander trafen, sorgte schon die jüngste Geschichte für ein äußerst gespanntes Verhältnis zwischen den Kontrahenten: Schleyer war Mitglied der SS und Wehrwirtschaftsführer in der Tschechoslowakei gewesen, Bleicher hatte mehrere Konzentrationslager überlebt, das schlug sich in der Stimmung nieder.

Besonders gern machte ich Interviews mit Leuten, die außerhalb der Landeshauptstadt durch politische, technische oder wissenschaftliche Entwicklungen für die aktuelle Berichterstattung interessant geworden waren. Die Übertragungsqualität der Telefonleitungen reichte damals noch nicht aus, um längere Interviews in zumutbarer Qualität aufzunehmen. Also musste man die Interviewpartner aufsuchen. Schon die Vereinbarung des Termins machte mir Spaß. Der Name der Rundfunkanstalt öffnete mir die Türen. Ich hatte mich in unserem Archiv vorbereitet, fuhr mit meinem gemütlichen Mercedes über Land, freute mich an der Landschaft und dachte über meine Fragestellungen nach. Ich habe mir die Fragen nie aufgeschrieben, das hätte nicht zu den meist frei formulierten Antworten des Interviewpartners gepasst. Ich hatte von älteren Kollegen gelernt kritisch zu fragen, aber nicht destruktiv, vorbereitet, aber nicht voreingenommen zu sein, zugewandt, aber nicht unterwürfig. Wenn ich an diese Jahre zurückdenke, kommt es mir aber so vor, als wäre die Zeit damals mit einer anderen Geschwindigkeit vergangen. Ganz langsam hatte sich dann alles beschleunigt, aber damit hatte ich keine Probleme. Die Rundfunkanstalten bemühten sich um eine Aktualisierung ihrer Programme. Redakteure, die frei sprechen und unter Zeitdruck texten und cutten konnten, waren gefragt. Das waren meine Stärken und so bekam ich immer mehr Aufträge.

Als ich eines Abends von einem Interview mit dem Leiter einer neu gegründeten Klinik für psychosomatische Erkrankungen nach Stuttgart zurückfuhr und die erleuchtete Stadt im Talkessel unter mir sah, kam mir mein Leben vor wie ein Traum. Ich hatte das Bedürfnis, mich in den Arm zu zwicken um zu begreifen, dass dies wirklich mein ganz reales Leben war.

„Sie sehen ja richtig glücklich aus", begrüßte mich ein Kollege aus einer der Fernseh-Redaktionen, den ich in der Kantine traf. „Kein Wunder, Sie sind ständig im Programm, dann ist man ja wohl mit Ihnen zufrieden. Aber um zu wissen, was wirklich Glück ist, dafür sind Sie zu jung. Wissen Sie, was für mich Glück war? Ich war endlich aus russischer Gefangenschaft entlassen worden und hatte gehört, dass man beim Südwestfunk erfahrene Leute sucht. Ich stellte mich vor, noch in den schäbigen Klamotten. Und dann sagt man mir: Im Hof der Fahrbereitschaft steht ein 327 BMW, mit dem fahren Sie jetzt nach Cannes und berichten uns über die Filmfestspiele." So sei das wirklich gewesen und er strahle noch heute über sein Glück.

Als ich zum Südwestfunk kam, war dieses Glück noch zu spüren. Die Aufbruchsstimmung, die Freude daran neu anzufangen und gestalten zu dürfen, war ungebrochen. Der Sender wurde noch von den Männern und Frauen der ersten Stunde geleitet. Es waren erfahrene und kreative Redakteure für Politik, Wirtschaft, ernste Musik, Unterhaltungsmusik und Jazz, die sich in dem idyllischen Kurort Baden-Baden zusammengefunden hatten, um für die von den französischen Truppen besetzten Gebiete einen neuen Sender aufzubauen.

Es sollte eine Anstalt der Kunst und der Kultur werden. Die französische Besatzungsmacht sah in Kunst und Kultur ein geeignetes Mittel, die Deutschen von der Demokratie zu überzeugen, und so sollte beides in ihrem Sender eine entscheidende Rolle spielen. In die Realität umsetzen sollte diese Vorstellungen der Gründungsintendant Friedrich Bischof, ein Dichter und Rundfunkpionier der Weimarer Republik. Zu seinen Lebenserfahrungen gehörte auch der Zugriff der Nationalsozialisten auf den Rundfunk und die Lehre daraus, seine Redakteure vor politischen Pressionen abzuschirmen. Die so abgeschmetterten Einflussversuche der Politik verbreiteten sich durch den ‚Flurfunk' sofort im Haus.

Zu diesen Vorstellungen der Besatzungsmacht und des Gründungsintendanten passte der politische Kommentator der Anfangszeit, der Schriftsteller Alfred Döblin. Er war noch als französischer Besatzungsoffizier zum Südwestfunk gekommen und blieb bis 1951 der wichtigste Kommentator des Senders.

Dieses angstfreie Klima konnte man damals auch bei den mittäglichen Diskussionen in der Kantine spüren. In diesen Gesprächsrunden wurde mal ernst, mal witzig, mal sarkastisch diskutiert. Es konnte um die wichtigen Entwicklungen im Funk gehen, um die Politik oder einfach um das Leben. Zur Spiegelaffäre, die mit der Verhaftung der Führungsmannschaft, teilweise im Ausland, ihren Höhepunkt erreicht hatte, stellte ein Kollege lapidar fest: „Diese Affäre werden letzten Endes weder Strauß noch Adenauer überleben."

Damals, als das Fernsehen immer mehr an Bedeutung gewann, gehörten die Fernsehspiele des SWF zu den besten der Bundesrepublik. Chef der Fernsehspielabteilung war Hubert von Bechtolsheim. Sein Hausregisseur war der aus der Emigration in Südamerika zurückgekehrte Peter Lilienthal. In dieser Zeit lernte der Kameramann Michael Ballhaus beim SWF sein Handwerk. Er stand später auch für Fassbender, Schlöndorf, Scorsese, Coppola und Nichols hinter der Kamera und zählt zu den besten seines Fachs im deutschen und amerikanischen Film.

In diese glückliche und kreative Phase meines Lebens fiel die Ermordung von US-Präsident Kennedy. Ich war in Baden-Baden, um eine längere Sendung mit den besseren technischen Bedingungen, die es dort gab, fertig zu machen und fuhr mit dem Lift aus den Tiefen der Schneideräume in den Kellergeschossen hinauf zu den Ebenen der Redaktionen. In der Mitte hielt der Lift, ein Kollege stieg ein und sagte zu mir: „Wissen Sie es schon, Präsident Kennedy ist ermordet worden!" Ich brauchte einige Zeit um zu begreifen, was das bedeutete. Seltsam, gerade hatte ich mich so wohl in dieser Welt gefühlt! Und nun war der Präsident, dem man damals zugetraut hatte, sein Land in eine friedlichere und bessere Zukunft zu führen, und der die Welt gerade vor dem drohenden atomaren Untergang gerettet hatte, einfach abgeknallt worden!

In dieser Zeit konnte man aber auch erste Anzeichen dafür erkennen, dass die glückliche und kreative Phase des Südwestfunks von der politischen Entwicklung bedroht war, denn das Ende der Periode, für die der Intendant und seine Führungsmannschaft gewählt worden waren, konnte man absehen. Bei Abendveranstaltungen mit Abgeordneten und den Mitarbeitern der Parteizentralen ließ sich heraushören, dass schon damit begonnen worden war, hinter den Kulissen die Fäden für eine neue Führungsmannschaft des Senders zu ziehen. Besonders, wenn man mit Mitgliedern der Regierungspartei sprach, deren Selbstkontrolle schon durch ein paar Gläser Wein beeinträchtigt war, bekam man eine Vorstellung davon, wie diese neue Mannschaft aussehen sollte. „Die Zeit dieser Herrschaften, die sich für so unersetzlich und unangreifbar halten, gehe ihrem Ende entgegen", konnte man da hören.

Den Mitgliedern der Landespressekonferenz wird das neue Fernsehstudio des Süddeutschen Rundfunks auf der Villa Berg vorgestellt.

Die von der Unabhängigkeit des Rundfunks und des Fernsehens überzeugte Gründergeneration sollte durch etwas geschmeidigere Führungskräfte abgelöst werden, die es nicht mehr als ihre Aufgabe ansahen, Widerstand gegen politische Pressionen zu leisten. Diese Entwicklung, die sich wie ein Krebsgeschwür durch die Bundesrepublik fraß, würde in absehbarer Zeit sicher auch den Südwestfunk erreichen. Aber ich hoffte, es würde nicht „so schlimm" kommen.

Mittlerweile fiel ich unter den Kollegen mit meinem alten Wagen auf. „Sie könnten sich jetzt doch ein schnelles und modernes Auto leisten", hieß es, wenn sie meinen Mercedes zwischen den Badewannenfords, den neusten Opel Rekords, dem Peugeot 404 und den neuen 1500 und 1800 BMWs in der Landtagstiefgarage stehen sahen. Aber ich brachte es nicht fertig, mich von diesem Wagen zu trennen. Er war für mich wie ein Stück Zuhause, das mich begleitete. In dem von dem Opernsänger komfortabel ausgestatteten Innenraum fühlte ich mich wohler als in meiner spießigen Souterrainwohnung. Er erinnert mich an meine gemütliche kleine Dienstmädchenkammer, die ich in München bewohnt hatte. Klein, wie eine Klosterzelle! Dazu kam, dass dieses Stück Zuhause auf Rädern für mich Unzerstörbarkeit und absolute

Zuverlässigkeit verkörperte, deren Ende nicht absehbar war. Ich hatte in meinem Vorort eine kleine Mercedeswerkstätte gefunden, die mein Auto betreute. „So, wie Sie sich um das Auto kümmern, hält der ewig", hatte mir der alte Meister gesagt. In dem Satz schwang mit, dass er damit nicht so ganz glücklich war, weil er mir gerne einen neueren Mercedes verkauft hätte. Aber so lange es Wetterbedingungen gab, bei denen mein alter Diesel ansprang, während neuere Autos den Dienst verweigerten, gab es für mich auch keine technischen Gründe, mich von dem Wagen zu trennen.

So zeigte er seine Überlegenheit, wenn sich bei extrem hoher Luftfeuchtigkeit ein nasser Film auf den Zündkabeln niederschlug und die Impulse für die Funken erstickte. Auch neuere Autos sprangen dann nicht mehr an. Meinen Diesel, der nicht durch Funken, sondern durch hohe Verdichtung und Glühspiralen zündete, störten solche Wetterbedingungen nicht!

Noch mehr bewundert wurde mein alter Mercedes, wenn die Nachttemperaturen deutlich unter zwanzig Grad minus gesunken waren und es vor dem Temperatursturz stark geschneit hatte. Die eisige Kälte hatte die nassen Schneemengen hart wie Beton gefroren und die Unglücklichen, die gerade mit der Kehrwoche dran waren, kämpften erbittert gegen die Schicht von Schnee und Eis auf den Bürgersteigen. Stumm und verbissen wurde geschafft. Dazwischen hörte man die schwächlichen Bemühungen eines Anlassers, den kalten Motor auf Schwung zu bringen, aber für einen kräftigen Zündfunken reichte die Kraft der Batterie nicht mehr.

Meinen alten Diesel konnte so große Kälte nicht beeindrucken. Im Motorraum saßen nicht eine, sondern zwei Batterien. Wenn ich den Dieselkraftstoff etwas mit Benzin verdünnte, damit er nicht stockte und etwas länger vorglühte, würde er auch jetzt zuverlässig anspringen. Dabei stieß er eine ziemlich große schwarze Rauchwolke aus und das laute Genagel schnitt so hart durch die Stille des Vororts, dass es die noch Schlafenden in den umliegenden Häusern aus ihren Träumen riss. Es wurden Fenster aufgerissen, Verwünschungen ausgestoßen und drohende Fäuste erschienen! An so kalten Tagen war es aber auch möglich, dass Nachbarn, die den geräuschvoll startenden Wagen eben noch verflucht hatten, jetzt freundlich an mein noch vereistes Seitenfenster kamen und fragten, ob ich sie nicht anschleppen könnte.

Als ich an einem solchen Wintertag mit starkem Schneefall und Temperatursturz das Gebäude betrat, in dem neben Büros und Arztpraxen im obersten Stockwerk auch unser Studio untergebracht war, kam der Lift nicht. Also machte ich mich mit meinem schweren Nagra an den Aufstieg. Aber ich kam nur bis zum vierten Stock, die letzten Treppenstufen und der Treppenabsatz war von Wartenden blockiert. Von einem Hexenschuss krumm oder schief gezogen, stützten sie sich an den Wänden oder am Treppengeländer ab. Aus dem Gemurmel der Wartenden war immer wieder auch ein lautes Stöhnen herauszuhören, und als ich mich schließlich durch die auf der Treppe Hockenden hindurchgezwängt hatte, glaubte ich, durch die Polstertüren nur unzureichend gedämpfte Schmerzensschreie zu hören.

Die Leute waren meist älter und warteten vor der Praxis eines Chiropraktikers. Mir war sofort klar, was sie alle hierher getrieben hatte. Es war der Kampf gegen die großen Schneemengen, den man nach den gnadenlosen Regeln der Kehrwoche gewinnen musste. Es kam mir vor, als wären in den Häuserecken der Stadt Hexen mit Maschinenpistolen versteckt, die die untrainierten älteren Stuttgarter, die ihren Kehrwochenpflichten nachkamen, gnadenlos niederstreckten.

Als ich ins Büro kam, saß Frau Putzmeister schon an ihrem Schreibtisch und grinste zufrieden. Offenbar hatte sie beim Kehrwochenroulette gewonnen.

„Du bist wohl nicht dran mit der Kehrwoche?“, wollte ich wissen.

„Ich habe eben Glück“, meinte sie und streckte sich.

„Aber die da unten hatten wohl Pech.“

„Das ist eben so. Wenn nachts viel Schnee fällt, sieht es da unten immer so aus“, meinte sie lakonisch.

Ich wollte wissen, ob der Arzt den Leuten helfen könne.

„Meistens schon, entweder er renkt sie wieder ein, oder im schlimmsten Fall gibt's Spritzen. Er muss sie ja wieder auf die Beine stellen, damit sie die Kehrwoche weitermachen können!“ Hier kannte Frau Putzmeister keine Gnade.

„Und wenn einer mal nicht weitermachen könnte mit der Kehrwoche, würde dann die Welt untergehen?“, wollte ich sie ein bisschen provozieren.

„Weißt Du“, und nun gab mir die geborene Stuttgarterin einen Einblick in die schwäbische Seele, „für uns Schwaben ist die äußere

Ordnung und Sauberkeit die Voraussetzung für die innere, das ist eben so!“

An einem dieser kalten Wintertage hatte ich mich wieder einmal mit dem spektakulärsten Projekt der sechziger Jahre zu befassen, der ENI-Pipeline, die die Raffinerie in Ingolstadt mit Öl aus dem Mittelmeer versorgen sollte. Hier kollidierten zwei Interessen, die beide für die Industrieregion im Südwesten von elementarer Bedeutung waren: die Versorgung mit Wasser und die Versorgung mit Öl. Um die Versorgung mit Wasser zu sichern, hatte man den Bodensee angezapft und ein Leitungssystem geschaffen, durch das dieses Wasser im Land verteilt wurde. Vorausgegangen war der Bau einer gewaltigen Ring-Kanalisation um den ganzen See. Sie nahm die Abwässer auf, die vorher in den See geflossen waren, und leitete sie in Kläranlagen. Diese gut funktionierende Wasserversorgung sahen Politiker der Opposition, unterstützt von Gemeinden, Umweltschützern und Vereinen durch das Projekt der ENI-Pipeline, bedroht. Diese Pipeline führte nämlich auf einer Länge von 1,8 Kilometern direkt am Bodensee entlang.

Diese Trassenführung war ursprünglich aus Kostengründen gewählt worden. Tatsächlich aber hatte sie die Kosten für das Projekt enorm in die Höhe getrieben, da man die Wasserversorgung von großen Teilen des Landes aus dem Bodensee gefährdet sah. Das hatte immer wieder zu einer Verzögerung des Projekts geführt. Schließlich war versucht worden, die Bedenken, eine Leckage an der Öl-Pipeline könnte die Wasserversorgung von Millionen Menschen gefährden, durch den Hinweis auf die eingesetzte perfekte Technik zu entkräften. Es waren auch schon 500 Millionen DM investiert und schließlich war die Baugenehmigung erteilt worden. Dagegen hatten nun einige Ufergemeinden vor dem Verwaltungsgericht Ulm geklagt. Soweit hatte ich mich aus unserem Archiv informiert, als ich früh morgens in meinen Mercedes stieg, um nach Ulm zu fahren.

Der Zugverkehr war erheblich verspätet, während die Autobahn Stuttgart–München als geräumt bezeichnet wurde. Ich machte mich sehr vorsichtig auf den Weg. Der schwere und nicht sehr stark motorisierte Diesel war unter winterlichen Bedingungen ganz gut zu fahren, weil die Räder nicht so leicht die Bodenhaftung verloren. Ich fuhr durch eine weiße Welt. Die feinen Schneeflocken trieben wie Rauch vor mir über die Fahrbahn. Der leichte Schneefall dämpfte alle Geräusche der

Pressekonferenz der Villa Reitzenstein, ein Minister wird interviewt.

Reifen, so dass die Kilometer geräuschlos unter dem Wagen durchzogen. An manchen Stellen überdeckte der dünne Schnee einen eisigen Untergrund. Als ich das begriff, war es schon zu spät. Blitzartig drehte sich der Wagen und wurde in der falschen Fahrtrichtung von einem auf die Seite geschobenen Schneewall aufgefangen. Es war nichts passiert. Ich war in diesem Moment alleine auf der Autobahn. Ich wendete den Wagen wieder und fuhr sehr vorsichtig und langsam weiter.

Ein paar Kilometer weiter war ein Lastwagen mit dem Pfeiler einer Autobahnbrücke kollidiert. Dampf stieg aus dem aufgerissenen Kühler in die kalte Luft, als läge da ein feuerspeiender Drache. Ich hielt an, ging zu dem Fahrer und fragte, ob er Hilfe brauche. Es war ein Schneesturm aufgekommen, der einem die kleinen trocknen Kristalle ins Gesicht blies und die Worte des da hoch oben in seiner Kabine offenbar unverletzten Fahrers immer wieder verwehte. Er hatte schon Hilfe über eine der Notrufsäulen herbeigerufen.

Ich erreichte das Verwaltungsgericht in Ulm gerade noch rechtzeitig. Bei vielen Gerichtsverhandlungen hatte ich schon im Zuschauerraum gesessen. Ich hatte in Strafprozessen aufbrausende Richter erlebt, die die Angeklagten auch mit Kleinigkeiten spüren ließen, was sie von ihnen hielten. Ich kannte einfühlsame Zivilrichter, die sich darum bemühten, sich in die Kontrahenten hineinzudenken. Das vergrößerte die Chancen für einen Vergleich und sparte ihnen viel Arbeit.

Die drei Verwaltungsrichter, die hier den Saal betraten, verkörperten einen ganz anderen Typ. Grauhaarig waren sie und etwas vertrocknet, und man sah ihren Gesichtern an, wie schwer es war, den unendlichen Gang der Verwaltung durch Urteile am Laufen zu halten. Da war die Zulassung von Widersprüchen wohl nicht ihre Sache. Schon bei dem die Verhandlung einleitenden Vortrag des Berichterstatters wurde klar: Die Kammer würde die Einsprüche einiger Bodenseegemeinden gegen die Baugenehmigung für die Pipeline ablehnen. Und so kam es.

Aber in dieser Verhandlung vor dem Verwaltungsgericht lernte ich noch einiges über den Bau von Pipelines. Die Ölleitung würde von dem US-Unternehmen Bechtel gebaut, das in den USA schon viele Tausend Kilometer solcher Leitungen errichtet hatte. Der sogenannte Sicherheitsbeiwert sei an der Streckenführung am Bodensee entlang mit 2,4 annähernd doppelt so hoch, wie es in den USA üblich sei. Außerdem sei die Bodenseepassage zusätzlich noch mit den neusten Erkenntnissen der Sicherungstechnik, wie elektronische Messgeräte, Doppelmantelrohr und Schiebern, gesichert. Das alles aber befriedigte die Kläger nicht, auch mir war das nicht geheuer. Aber das Urteil wurde rechtskräftig und ich muss zugeben, dass bis heute keine Leckagen bekannt geworden sind.

Nach der Verhandlung suchte ich mir ein ruhiges Café und schrieb den Text meines Berichts. Der Abspielraum der örtlichen Post war muffig kalt und staubig, aber still. Ich sprach die vereinbarten Beiträge auf mein Nagra, hängte meine Moderationsvorschläge dahinter und überspielte alles. Es wäre alles gut angekommen, bestätigte Frau Putzmeister über die Standleitung. Nun konnte ich mich auf den Heimweg machen und die Beiträge würden über die Sender laufen, gleichgültig ob ich in einer Schneewehe stecken bleiben würde oder nicht. So hatte ich Zeit nachzudenken.

Bisher war es mir nie leicht gefallen, die Frauen zu gewinnen, die mich faszinierten, aber der Erfolg im Beruf hatte, das nahm ich mit Erstaunen wahr, auch meine Chancen bei den Frauen verändert.

In der Hektik meines von der Jagd nach Aktualitäten geprägten Alltags nahm ich diese Chancen allerdings nicht wahr und ärgerte mich oft darüber. Als aber auf einer Pressekonferenz ein neues Gesicht auftauchte, war das anders, ich wollte wissen, wer sie war. Von einem Kollegen erfuhr ich, die schlanke, ziemlich große Frau mit den grünen Augen und den rötlichen langen Locken war die neue Redakteurin einer der beiden großen Stuttgarter Zeitungen. Sie sei in begüterten Verhältnissen in einer mittelgroßen Provinzstadt aufgewachsen, ihr Vater leite die dortigen Stadtwerke und die Verwandtschaft ziehe die Strippen in der Kommune.

Bei einem geselligen Zusammensein, zu dem die CDU-Fraktion ins Landtagsrestaurant eingeladen hatte, entdeckte ich sie wieder trotz der Rauchschwaden, die über den Tischen hingen und ihr Gesicht, ihre grünen Augen und ihre rötlichen Locken verschleierten. Sie hatte ihre Garderobe dem offiziellen Anlass angepasst. Aber auch in grauem Rock, weißer Bluse und schwarzem Blazer sah man, sie war eine Frau mit weiblicher Figur. Ich fragte sie, ob ich mich zu ihr setzen dürfte. Sie lachte mich an und nahm ihre Handtasche vom Stuhl neben sich.

„Sie sind Charlotte Dengler und wahrscheinlich sind Sie mit diesem bürgerlichen Vornamen genau so unzufrieden, wie mit dem nach Bauernhof klingenden Nachnahmen."

Sie sah mich überrascht an: „Wie haben Sie das alles so schnell herausgefunden?"

„Ich habe einfach die richtigen Kollegen nach Ihnen gefragt und jetzt so lange gesucht, bis ich Sie entdeckt habe." Diese Antwort schien ihr zu gefallen.

Es stellte sich schnell heraus, dass sie über mich genauso gut informiert war wie ich über sie. Sie wusste sogar, dass ich einen alten Mercedes fuhr, von dem ich mich nicht trennen wollte.

An diesem Abend kamen zwar die Kontakte zu den Abgeordneten der CDU-Landtagsfraktion, deren Pflege die Veranstaltung ja eigentlich dienen sollte, etwas zu kurz. Aber mir wurde bewusst, wie sehr ich mich verliebt hatte. Ich war der Frau begegnet, die die Macht hatte, mich glücklich zu machen.

Sie war darauf eingegangen, den nächsten Samstag mit mir zu verbringen. Ich hatte für die Dienstreisen immer einen kleinen Koffer mit dem, was man für eine Übernachtung braucht, im Kofferraum. Als ich ihr Haus gefunden, den Motor abgestellt hatte und ausgestiegen war, brauchte ich nicht zu läuten. Die Tür schwang auf, wie ein Bild stand sie im Rahmen vor dem dunklen Hintergrund des Flures. Aber, wie sie auf dem schmalen Betonweg zwischen den Beeten mit ordentlich blühenden Blumen auf mich zukam, erschien sie mir ganz anders, als ich sie aus dem verräucherten Restaurant in Erinnerung hatte. Sie trug eine grüne Bluse, in der Farbe ihrer Augen, ein Band in der gleichen Farbe hielt ihre Locken etwas in Zaum. Ihre Jeans saßen nicht eng, brachten aber die wohlproportionierten Rundungen ihres Körpers zur Geltung.

Ich war so begeistert, dass ich sie am liebsten umarmt hätte, aber sie brachte gerade noch ein „Nicht hier, die Fenster haben Augen" heraus, so dass meine Arme wieder nach unten sackten. Ich riss ihr die Autotür auf. Als ich hinter dem Steuer saß, flüsterte sie, noch ehe ich den Motor hatte starten können. „Jetzt fahr erst mal los."

„Du bist wunderschön", war das Erste, was ich herausbrachte.

Sie warf eine Tasche, die sie bei sich getragen hatte, auf die hintere Sitzbank und meinte. „Wie schön, dass du das findest. Ich habe mich nie hübsch gefunden. Ich habe immer gedacht, ich bin zu groß, alles ist ein bisschen zu kräftig, mein Gesicht ist auch nicht wirklich schön. Die Männer mögen doch keine Frauen, die so groß sind wie sie."

„Und ich mag keine kleinen Frauen! Ich habe während meines Studiums in Psychologie etwas gehört, was meinen Beobachtungen entspricht: Kleine Frauen hätten häufig eine ‚Stahleinlage'. Das heißt, sie setzen sich besonders gut durch, um nicht übersehen zu werden. Und das ist mir nicht geheuer. Und außerdem hab ich mich als 15-Jähriger ganz schrecklich in eine Schauspielerin verliebt, die war dir ähnlich."

Sie hatte mir nachdenklich zugehört: „Du hast immer so plausible Antworten. Weißt du, was meine Eltern sagen, wenn sie deine Berichte oder Kommentare hören? Warum lässt man einen so jungen respektlosen Mann ans Mikrophon?"

„Wenn sie mich respektlos finden, haben sie mir nicht ganz richtig zugehört, aber Sie haben mir wenigstens zugehört. Das Schlimmste für uns Hörfunkleute ist, dass man uns nicht zuhört und sich unsere Bemühungen um gute Arbeit als Geräuschkulisse versendet."

Sie erklärte mir, dass nicht alle in ihrer Familie so seien. Ihr Onkel, ein SPD-Mitglied, sei das schwarze Schaf der Familie: „Er ist eigentlich ein rotes Schaf, er sitzt im Gemeinderat zwischen den CDU-Familienmitgliedern, und immer wenn es bei Abstimmungen knapp wird, hängt der Haussegen in der weiteren Familie schief."

Das Schiebedach war ganz zurückgeschoben. Ein bisschen warme Sommerluft mit dem Duft von Heu wirbelte durch den Wagen. Charlotte hatte das Radio eingeschaltet und spielte mit dem Sendersuchlauf, bis Benny Godmans „Sing, Sing, Sing" den Wagen füllte. Sie wippte mit einem Fuß mit und fand: „Was für ein schöner alter Wagen, den würde ich auch nicht hergeben."

Unser erstes Ziel war ein Mineralbad am Fuß des Schwarzwaldes. Wir schwammen um die Wette und machten Pausen auf dem Rand des Beckens. Wir sahen den anderen zu und Charlotte erzählte von ihrer Familie. Von den schweigenden Eltern, die beide in der NSDAP und heute in der CDU waren. Vom Vater, den sie, als im Krieg Geborene, erst mit sechs Jahren kennengelernt habe und mit dem sie nie etwas anfangen konnte. Sie war froh, als es ihr nach dem Abitur endlich gelang, das Elternhaus zu verlassen. Den Platz bei der Zeitung für ihre Volontariatsausbildung hatte sie weit weg von zu Hause gefunden. Eine Art Vaterfigur war für sie der Onkel, ein Apotheker. Er war schon zu Beginn des Krieges schwer verwundet nach Hause gekommen. So konnte er nicht mehr eingezogen werden. Dieser stark hinkende Onkel war wegen seiner Hilfsbereitschaft auch gegenüber Kriegsgefangenen und Zwangsarbeitern immer in Opposition zur Naziobrigkeit. Wegen seiner Kriegsverletzung hatte man sich aber dann doch nicht getraut, ihn in ein KZ zu sperren. Der Onkel hatte auch verstanden, dass sie aus ihrer Freude am Schreiben einen Beruf machen wollte. Ihre Eltern konnten damit nichts anfangen. Lehrerin oder Ärztin oder auch Apothekerin hätte sie werden sollen, wenn es nach ihnen gegangen wäre.

Wir fuhren weiter. Die steileren Strecken der Schwarzwaldhochstraße bauten sich ohne Erbarmen vor dem schweren Wagen auf und erzwangen immer wieder den zweiten Gang. Es war das richtige Tempo, um sich den Wald, die Lichtungen und Bäche in Ruhe anzuschauen, wie sie an den steilen Scheiben des alten Diesels vorbeizogen. Wir entdeckten einen Wegweiser zu einem Gasthof an einem schattigen Wanderweg und stellten dort den Wagen ab, um etwas zu essen.

„Wann bin ich dir zum ersten Mal aufgefallen?", wollte Charlotte wissen, als wir bestellt hatten.

„Bei der Pressekonferenz des Künstlerbundes. Ich hatte aber keine Zeit, dich anzusprechen, weil ich einen Beitrag für die Mittagssendung machen musste. Ich hatte das Thema in der morgendlichen Schaltkonferenz unter dem Titel ‚Künstler wollen keine Hungerkünstler sein' angeboten und die Redaktion fand das interessant. Ich habe dich beobachtet, wie du deine Notizen gemacht hast und gedacht, was für eine tolle Frau."

„Und weißt du, was ich über dich gedacht habe? Der junge Typ, mit dem großen Aufnahmegerät, der hat es einfach. Der braucht nicht viel mitschreiben. Der nimmt einfach alles auf und sucht sich ein paar interessante Stellen raus und macht daraus seine Sendung."

„Wenn ich genug Zeit hätte, wäre es wirklich einfach. Die habe ich aber nicht. Um elf war die Pressekonferenz zu Ende und um zwölf beginnt meine Sendung, deshalb konnte ich dich ja auch nicht ansprechen."

Wir hatten über unsere Berufe gesprochen, über die weitgehende technische Autonomie, die man im Hörfunk hat und an der mir so viel lag. Auch dass mich das Fernsehen nicht so sehr interessierte, weil man da immer auf die optischen Einfälle des Kameramanns und die gute Arbeit des Tontechnikers angewiesen ist.

Charlotte erzählte von ihrer Arbeit in der Zeitung, von den Redaktionssitzungen, von den Debatten über die Platzierungen der Themen, über Titel, Untertitel, Zwischentitel, den Umbruch und wie stolz sie immer sei, wenn die riesigen Druckmaschinen schließlich die Zeitungen ausspuckten, in denen ihr Artikel gut oder weniger gut platziert war.

Wenn wir eine romantische Stelle entdeckt hatten, unterbrachen wir unseren Spaziergang und legten uns ins Gras. Wir hörten dann den Vögeln zu, berührten uns und unsere Körper machten sich miteinander vertraut. Als die tiefer stehende Sonne die Vogesen auf der anderen Seite des Rheintals im blauen Dunst verschwamm, brachen wir wieder auf. Wir wollten die Nacht zusammen verbringen, aber das war nicht so einfach!

Meine kleine Wohnung kam nicht in Frage: Kein Damenbesuch nach zehn Uhr abends. Charlottes Zimmer schied genau so aus: Kein Herrenbesuch nach zehn Uhr abends. Ich schlug vor, in die Rheinebene hinunter zu fahren und uns dort in einer der größeren Städte ein teures Hotel zu suchen, die wären großzügig.

„Glaubst du, dass das gut geht?", zweifelte Charlotte. Es klang, als hätte sie bei solchen Unternehmungen schon schlechte Erfahrungen gemacht.

„Ich zeige ihnen nur meinen Personalausweis und verlange ein Zimmer für mich und meine Frau. Du hast deinen nicht dabei, deswegen werden sie uns nicht abweisen."

„Versuchen wir es", sagte Charlotte. Es klang etwas zaghaft.

Im scharf konturierenden Licht des Sommerabends suchten wir nach dem Hotel mit den meisten Sternen und stellten den Wagen auf dem Hotelparkplatz ab. Wir schlenderten, unser leichtes Gepäck schwenkend, durch die Hotellobby zur Rezeption. Der Mann hinter der Theke trug eine Uniform in dunklem Lila, war mittleren Alters und kam uns vor wie eine lebendig gewordene Schaufensterpuppe für Berufskleidung.

Ich zog meinen Personalausweis aus der Tasche, schob ihn über den Tresen und sagte, um Selbstverständlichkeit und Souveränität bemüht: „Für meine Frau und mich brauchen wir ein schönes Zimmer. Meine Frau hat ihren Ausweis nicht dabei, aber meiner wird ja wohl reichen."

„Geht in Ordnung", sagte der Uniformierte. Er suchte in seinen Listen nach einem freien Zimmer, trug die Daten von meinem Ausweis ein, griff hinter sich nach dem Schlüssel und schob ihn zu uns über den Tresen.

‚Es ist geschafft', hatte ich gerade noch gedacht, da kam doch noch etwas nach: „Sie sollten aber mal daran denken, ihren neuen Persönlichkeitsstatus in ihren Personalausweis eintragen zu lassen."

Ich spürte Charlottes wütende Anspannung. Sie konnte sich nur beherrschen, bis sich die Lifttür hinter uns zugeschoben hatte. Dann zischte sie: „Musste dieser aufgeblasene Popanz uns unbedingt noch einen reinwürgen?"

„Er wollte uns doch nur sagen, ich durchschaue euer Spielchen, aber da wir ein feines teures Hotel sind, reicht es uns, wenn ihr zahlen könnt", versuchte ich sie zu beruhigen.

Unser Zimmer war schön, groß und funktional eingerichtet. Charlotte griff sich ihre Tasche und verschwand im Bad. Die Dusche rauschte. Nach einiger Zeit stand sie in einem leichten weißen Nachthemdchen in der Tür, in dem sich ihre festen runden Brüste abzeichneten und das nur so lang war, dass ich ihre langen schlanken Beine bewundern konnte. Ich musste sie umarmen, an mich ziehen und ihren Körper spüren.

Nun ging ich ins Bad und breitete meine Toilettenutensilien an dem Doppelwaschbecken aus. Auf der Glasplatte vor dem Spiegel stand offen Charlottes bunt gestreiftes Necessaire. Neugierig musste ich einen Blick in das Chaos aus Lippenstiften, Hautcremes, Nagelfeilen und Zahnputzutensilien werfen. Dabei entdeckte ich die runde Packung der heftig diskutierten Pille.

Ich duschte mich und zog meinen Schlafanzug an und ging zu ihr ins Zimmer zurück. Wir umarmten und küssten uns und ich flüsterte: „Jetzt musst du mir aber noch verraten, wie du an die Pille gekommen bist. Sie soll es doch nur für verheiratete Frauen geben, die schon Kinder haben." Sie kam meinem Ohr ganz nah, so, als fürchtete sie, hier könne jemand mithören: „Mein Onkel hat sie mir zum Abschied geschenkt. Da hat er gesagt, es müsse aufhören, dass nur immer die Männer den Spaß haben und die Frauen die Angst."

Wir zogen uns aus und es war alles so selbstverständlich. Ich kam viel zu schnell und schämte mich. aber mit Charlotte war es ganz einfach sich weiter zu lieben. Und so wurde es ein leidenschaftlicher langer Akt. Da hatte sich eine Welt der Freuden und des Glücks aufgetan, die ich so nicht kannte. Wir hatten das Leben entdeckt.

Während wir uns liebten, hatte ich alles um mich vergessen. Wir lagen matt und glücklich nebeneinander geschmiegt, da setzte Charlotte sich plötzlich auf und griff nach ihrer Handtasche, die sie auf dem Nachtschränkchen abgestellt hatte. Sie griff sich eine Zigarettenpackung, zog eine Zigarette heraus und zündete sie sich an. Die nackte Frau, die da neben mir im Bett saß und gierig an ihrer Zigarette zog, erschien mir plötzlich fremd. Ich schmiegte mich an sie und war sehr schnell eingeschlafen.

Als ich in der Nacht aufwachte, lag sie auf dem Rücken, den Kopf in ihrer Armbeuge. Das Licht der Leuchtreklame flackerte immer wieder durch die Gardinen und warf einen warmen Schimmer auf ihre Haut. Wenn ich sie vorsichtig streichelte, murmelte sie irgendetwas Unverständliches, vielleicht einen Namen.

Beim Frühstück in einem Teil des großen Speisesaals bemühten wir uns wieder sehr, wie ein ganz normales Ehepaar aufzutreten. Charlotte trug ihre rotblonden Locken jetzt offen und hatte sich sorgfältig geschminkt.

„Du warst gestern irritiert, dass ich unbedingt eine rauchen musste. Findest du es schlimm, dass ich rauche? Ich habe mir das in den Redaktionssitzungen angewöhnt. Alle waren so viel älter und erfahrener als ich. Ich habe gedacht, wenn ich mitrauche, fühle ich mich ein bisschen weniger wie eine Anfängerin."

„Ich werde mich schon daran gewöhnen", versuchte ich das Thema zu entschärfen.

„Und ich werde bald versuchen, damit aufzuhören", kam mir Charlotte entgegen.

Dann erzählte ich ihr, warum ich außer einem Versuch im Jeep 1945, der katastrophal endete, nie geraucht hatte.

Im Spätherbst 1945 hatte mich mein Vater an einem Sonntagvormittag sechs Kilometer weit durch den Nebel ins Dorf geschickt. Es ging nur darum, in der Kirche nach dem Gottesdienst einen Schwarzhändler abzupassen, dem mein Vater am Telefon eine Packung Lucky Strike abgeschwätzt hatte. Auf diesem kalten Zwei-Stunden-Fußmarsch hatte ich mir geschworen, mich niemals in eine solche Abhängigkeit zu bringen.

Bei Charlotte war es genau umgekehrt. Ihre Eltern hatten sich sehr darüber aufgeregt, dass sie rauchend aus der Volontariatsausbildung nach Hause kam. Sie aber hatte gerade deshalb weiter geraucht, um ihnen zu demonstrieren, dass sie ihr nichts mehr zu sagen hatten.

In meinem Leben schien die Zeit immer schneller zu vergehen. Das hatte auch damit zu tun, dass mir die Strukturierung der verlaufenden Zeit durch die Wochenenden häufig verloren gegangen war. Partei-, Gewerkschaft-, Verbandstage wurden meist auf die Wochenenden gelegt und darüber zu berichten, gehörte zu meinen Aufgaben. Früher hatte ich versucht, an den freien Tagen, die ich nehmen konnte, etwas Ruhe zu finden, aber jetzt benutzte ich sie, um Charlotte in ihrer Redaktion zu besuchen und mit an ihren Artikeln zu feilen.

Manchmal begleitet sie mich auch zu den Parteitagen, obwohl ihre Redaktion ihr diese hochpolitischen Themen noch nicht anvertrauen wollte. So bot sich aber die wunderbare Möglichkeit, die Nacht zusammen zu verbringen. Da der Funk das Zimmer bestellt hatte, wagte es niemand, Fragen zu stellen oder Bemerkungen zu machen! Wir hatten auch unseren Auftritt als Ehepaar bei Hotelbesuchen verbessert. Ich zeigte nur noch meinen Reisepass vor, der enthielt keinen Eintrag über den Persönlichkeitsstatus.

Manchmal riskierten wir es auch, Charlotte am späten Abend durch die Kellertür in meine Wohnung einzuschleusen. Aber der Zwang uns geräuschlos zu lieben, schränkte das Vergnügen, das wir aneinander hatten, stark ein. Es war, als müssten wir eine Schallschluckdecke über unsere Leidenschaft legen.

Als ich Charlotte noch nicht begegnet war, hörte ich mir die Klatschgeschichten, die in der Kantine und den Cuträumen erzählt wurden, interessiert an. Häufig ging es um die Probleme bei der Ausübung der Liebe, die durch eine Bestimmung im Strafgesetzbuch, den Kuppeleiparagraf[1], entstanden. Dass diese Bestimmung nicht ein im Gesetzbuch schlummerndes Relikt aus vergangenen Zeiten war, sondern durchaus noch angewandt wurde, hatte ich schon in München erfahren. Dem Chefredakteur der Süddeutschen Zeitung war von seinem Kolumnisten dessen Wohnung als Liebesnest zur Verfügung gestellt worden. Der Chefredakteur wurde angezeigt und aus der Redaktionskonferenz heraus von der Polizei abgeführt. Beide wurden angeklagt. Der Chefredakteur erhielt wegen Anstiftung zur Kuppelei eine Bewährungsstrafe und legte sein Amt nieder.

So hielt ich in der Kantine kolportierte Geschichten, wie die über eine beliebte Sachbearbeiterin in der Personalabteilung, für glaubhaft. Sie habe, so wurde erzählt, einen wirklich unmöglichen Mann geheiratet. Als sie es schließlich geschafft hatte, sich wieder von ihm zu trennen, wurde sie gefragt, warum sie denn diesen furchtbaren Mann unbedingt habe heiraten müssen.

„Wir hatten einfach den ewigen Ärger mit den Vermietern satt“, war ihre Erklärung.

Eine junge Maskenbildnerin erzählte in der Kantine, ihr Freund habe sich genau an die Anweisung der Vermieterin gehalten, ihr Zimmer um zehn Uhr verlassen und sich in sein Auto, das vor dem Haus geparkt war, zurückgezogen. Das führte nun zu Redereien in der Nachbarschaft und ihr wurde das Zimmer gekündigt.

Aus einer anderen Geschichte, die ich in den Cuträumen hörte, konnte man aber auch lernen, dass die Erschwernisse der Liebe durch den Kuppeleiparagrafen helfen konnten, eine Ehe zu retten.

[1] Der Kuppeleiparagraf wurde erst im Zuge der Strafrechtsreform der Sozialliberalen Regierung aufgehoben. Die CDU hatte dies während der fünf Legislaturperioden ihrer Regierungsverantwortung nicht für notwendig gehalten.

Eine sehr attraktive, verheiratete Kollegin, Anfang vierzig, brünett mit flottem Kurzhaarschnitt und großen dunklen Augen hatte eine heftige Liebesbeziehung mit dem Direktor eines Gymnasiums begonnen. Den hatte sie auf einem Elternabend kennengelernt, auf dem sie wegen ihres 12-jährigen Sohnes gewesen war. Ihrem Mann, einem etwas stoisch veranlagten E-Musik-Redakteur, wurde die Untreue seiner Frau schließlich hinterbracht. Damit waren alle ihre lange Zeit erfolgreichen Bemühungen, die Treffen mit dem Lehrer in ihren unregelmäßigen Diensten zu verstecken, geplatzt. Der Ehemann verhielt sich erst einmal still und hörte sich um. Dabei erfuhr er dreierlei: Der Gymnasialdirektor besaß das Parteibuch der CDU, würde sich also wahrscheinlich nicht scheiden lassen. Als Liebesnest der beiden diente ein Badewannenford mit Liegesitzen, den Spaziergänger in den stadtnahen Wäldern bei der Anfahrt beobachtet hatten. Dieses rollende Liebesnest würde, da war sich der Ehemann sicher, nicht auf Dauer den Komfortvorstellungen seiner Frau entsprechen. Und schließlich gab es da noch die Polizisten der Verkehrsstreifen. Wenn sie Lust auf einen Gratisporno hatten, fuhren sie auf den nahen Waldwegen herum und machten sich einen Spaß daraus, Liebespaare mit ihren hellen Taschenlampen aus ihrer erotischen Versunkenheit aufzuschrecken.

Der E-Musik-Redakteur, der immer so stolz auf seine schöne Frau gewesen war, entschied sich also fürs Abwarten. Eine, zwei oder alle drei dieser Gegebenheiten, unter denen seine Frau ihre außereheliche Leidenschaft pflegte, würde sicher zu ihrem Ende führen. Und mit dieser Einschätzung sollte er Recht behalten.

In den Cuträumen wurde erzählt, dass es schließlich die grellen Taschenlampen der Polizisten waren, die der Affäre ein Ende setzten. Nun konnte der E-Musik-Redakteur sich wieder in seine Arbeit versenken und ungetrübt stolz sein auf seine schöne Frau.

Ich war mir nie ganz sicher über den Wahrheitsgehalt aller Details solcher Geschichten, denn die Cutterinnen liebten es, sie etwas auszuschmücken.

Schon seit einiger Zeit hatten wir uns angewöhnt, den Wohnungsteil der Zeitungen nach vermieteten kleinen Eigentumswohnungen in Hochhäusern zu durchforsten. Aber das Angebot war klein und der Andrang so groß, dass wir immer zu spät kamen. Die Preise für Wohnungen in solchen Gebäudekomplexen lagen weit über denen für Mietswohnungen in kleinen Häusern. Viele wollten jeden Preis zahlen, um der Kontrolle durch die Vermieter und der Kehrwoche zu entgehen.

Die Spiegelaffäre hatte das politische Klima verändert. Der Drahtzieher, Verteidigungsminister Franz Josef Strauß, hatte schon während der Affäre zurücktreten müssen und schließlich hatte auch Bundeskanzler Adenauer seinen Platz für Ludwig Erhardt räumen müssen, dem Adenauer immer die Eignung als Kanzler abgesprochen hatte. Mit der Ära Adenauer war die Epoche der Nachkriegszeit zu Ende gegangen.

Auch das Ende der Ära des 1. Intendanten der Rundfunkanstalt war absehbar und die Gespräche über die Nachfolge waren schon weit gediehen. Vorgeschlagen war ein bekannter Fernsehjournalist mit dem Parteibuch der Regierungspartei. Diese Lösung war ausreichend großen Teilen des Rundfunkrates zu regierungslastig, sie verlangten als Gegengewicht, dass dem Intendanten ein Programmdirektor beigeordnet würde, der mehr Unabhängigkeit repräsentierte. Man einigte sich auf einen vielseitigen Journalisten, der eher der Oppositionspartei nahestand. Ich hatte seine Kommentare schon als Gymnasiast mit großem Interesse gelesen.

Als der Wechsel zu dem neuen Intendanten vollzogen worden war, änderte sich zuerst einmal wenig in unserem Berufsalltag. Allerdings hatte die neue Leitung eine Leistungsbeurteilung eingeführt, in der die im Programm gesendeten Beiträge abgehört und bewertet wurden. Das hatte zuerst einmal Nervosität ausgelöst. Die legte sich aber schnell, als sich herausstellte, diese Beurteilung der Leistung werde in die Personalakte eingefügt, so dass man sich ein Bild davon machen konnte, wie die Vorgesetzten die eigene Leistung beurteilten. Das ganze Unternehmen, so wurde es im Flurfunk verbreitet, sei eine Idee des neuen Programmdirektors.

Meine Nervosität legte sich schnell. Ich wurde positiv beurteilt, höher eingestuft und damit stieg mein Gehalt.

Den nun abgelösten Gründungsintendanten hatten die Mitarbeiter meist nur auf den jährlichen Personalversammlungen zu sehen bekommen. Zu den Sitzungen, die er geleitet hatte, gehörten nur die, die in der Hierarchie des Funkhauses oben angekommen waren.

Den neuen Intendanten kannten wir bisher nur von Zeitungsfotos. So waren Frau Putzmeister und ich überrascht, als plötzlich, während einer Plenarsitzung des Landtags, die dicke gut gedämmte Holztür unseres Studios aufschwang und der neue Intendant im dämmrigen Licht hinter uns stand.

„Ich sehe, Sie sind bei der Arbeit. Bleiben Sie sitzen und lassen Sie sich nicht stören“, begrüßte er uns.

Ich versuchte, weiter der Debatte zu folgen und Frau Putzmeister zu sagen, an welchen Stellen des großen Mitschnittbandes sie die roten Markierungsschnitzel platzieren sollte. Gleichzeitig erklärte ich dem Intendanten, wie ich die abendliche Sendung aufbauen und welche Schwerpunkte ich setzen würde. Er hörte eine Weile zu und wollte dann plötzlich wissen: „Haben Sie auch daran gedacht, dass die einzelnen Redeausschnitte in ihrer Länge ungefähr der Fraktionsstärke der Parteien entsprechen sollten?“

Dieses Problem hatte mich bei meiner bisherigen Arbeit nicht sonderlich beschäftigt. Das Einzige, was mir als Antwort einfiel, war ein ‚Natürlich‘.

Irgendwo hatte ich so ein Gesicht schon einmal gesehen. Es war hager, die Augen klein, die Haare kurz, aber ein Unterkiefer, der etwas von einer Keule hatte. Das ist keiner, mit dem man diskutieren kann, das ist einer, dem es um die Ausübung der Macht geht, dachte ich.

„Nun will ich Sie nicht weiter stören“, sagte er schließlich und die Studiotür fiel hinter ihm ins Schloss.

„Der spinnt doch mit seiner Fraktionsstärke“, fand Frau Putzmeister und ließ das Band zurücklaufen.

Wir waren wieder alleine und nun fiel mir ein, wo ich so ein Gesicht schon einmal gesehen hatte. So ähnlich hatte der amerikanische Offizier ausgesehen, der auf der Suche nach unserem 328 BMW in die Trauergesellschaft zu Opas Beerdigung eingebrochen war und mit dem Abbrennen unseres Hauses für den Fall gedroht hatte, dass sie den Wagen finden würden.

Wir machten unsere Sendung fertig wie immer, und die erste Begegnung mit dem neuen Intendanten verlor in meiner Erinnerung etwas von ihrer Schärfe, denn es ging alles weiter wie bisher.

Kurz vor Stuttgart ... Ende mit Schrecken

Wenn man in einem Krankenhausbett aufwacht ohne zu wissen, wie man da hingekommen ist, fühlt man sich ausgeliefert und hilflos. Wenn dann der erste Satz, den man wahrnimmt, unverständlich ist, befallen einen Zweifel, ob das Gehirn noch richtig funktioniert. Die Schwester sagte: „Was haben wir für ein Glück, dass jetzt jemand da ist, der ins Französische übersetzen kann", und dabei schaute sie mich an. Im Bett neben mir lag ein Mann mit Schnurrbart und kurzen schwarzen Haaren, er winkte mir zu. Außer ihm und der Schwester war niemand im Zimmer.

„Wer kann denn hier ins Französische übersetzen?", wollte ich wissen und war froh, dass mir die Sprache noch gehorchte.

„Na Sie", sagte die Schwester. Ich hätte schon seit gut einer Stunde für den Franzosen neben mir gedolmetscht, offenbar ohne eine Erinnerung daran zu haben. Ich hätte einen Autounfall gehabt und wäre mit einer schweren Gehirnerschütterung bei ihnen eingeliefert worden. Ich sei zwei Tage ohne Bewusstsein gewesen. Meine Armbanduhr zeigte elf Uhr und es war hell.

Die Schwester verließ das Krankenzimmer und kam mit dem Chefarzt zurück, einem freundlichen rundlichen Herren mit randloser Brille und einem sehr weißen gestärkten Kittel.

„Na schön, dass Sie endlich wieder bei uns sind", begrüßte er mich. „Sie hatten einen Verkehrsunfall. Durch die Gehirnerschütterung ist Ihre Erinnerung ausgelöscht. Die zwei Tage, die Sie schon bei uns liegen, wird es in Ihrem Bewusstsein nie geben."

„Und wie ist das passiert?"

„Sie waren auf der linken Spur. Dann muss direkt vor Ihnen ein kleiner Lieferwagen so plötzlich ausgeschert sein, dass Sie nicht mehr bremsen konnten. Sie müssen sich mit aller Kraft am Steuerrad abgestützt haben, so ist Ihr Kopf nicht mit voller Wucht gegen den Rahmen der Windschutzscheibe geschleudert worden. Das war schon eine Leistung. Das massive Steuerrad ist völlig deformiert. Wenn man sich den Wagen anschaut, wundert man sich, dass Ihnen nicht mehr passiert ist."

„Wird alles wieder normal werden mit meinem Kopf und meinem Körper?"

„Wahrscheinlich schon, aber etwas Geduld müssen Sie haben."

Am Nachmittag kamen die beiden Polizisten vorbei, die für meinen Transport ins Krankenhaus gesorgt hatten.

„Sie haben uns vielleicht Sorgen gemacht!" begrüßten sie mich. „Wir hatten Sie gerade aus ihrem zusammengestauchten Auto herausgezogen und in unser Polizeiauto gesetzt, da sind Sie wieder ausgestiegen und über die Autobahn zu ihrem Auto gelaufen. Ich hätte Sie am liebsten mit Handschellen am Polizeiauto festgeschlossen. Aber mein Kollege hat gesagt: ‚Das kannst du nicht machen. Der Mann hat doch nichts verbrochen.' Da musste ich Sie festhalten, bis wir Sie endlich in den Krankenwagen verfrachten konnten."

„Und was ist mit meinem Aufnahmegerät?" Das interessierte mich vor allem.

„Das hatten Sie ja hinter Ihrem Sitz sehr gut untergebracht. Das dürfte in Ordnung sein. Wir haben es in der Klinik abgegeben."

„Und wie sieht mein Auto aus?"

„Schrott! Steht hier in der Nähe. Aber warten Sie noch etwas, bis Sie es sich anschauen, da kriegen Sie nochmal einen Schreck."

Die beiden Polizisten wollten noch wissen, ob ich tatsächlich keinerlei Erinnerung an den Unfall hätte, und verabschiedeten sich.

Später versuchte ich, bis auf die Toilette zu kommen. Es gelang mir, sehr langsam am Gestell des Bettes abgestützt auf die Beine zu kommen, aber ich fühlte mich fremd und unsicher in meinem Körper. Ich hatte Angst davor, über die kleinsten Schwellen zu stolpern und streifte mit den Schultern an Türrahmen und Fenstern entlang.

Als ich wieder im Bett lag, quälte mich die Vorstellung, dass mein Gehirn durch den Aufschlag und die tagelange Bewusstlosigkeit doch Schaden genommen haben könnte.

Ein Gespräch mit einem älteren Kollegen aus dem Regionalen Hörspiel fiel mir ein und kreiste in meinem Kopf. Er hatte mir sehr lebendig und detailliert erzählt, wie das ist, wenn man nach einem Schlag-

Als ich mir endlich meinen zerstörten Mercedes anschauen konnte, packte mich der Schrecken, kaum zu glauben, dass mir nicht mehr passiert war!

anfall in der Klinik aufwacht und nicht mehr sprechen kann. In dem ländlichen Krankenhaus hätte es erst mal einige Zeit gedauert, bis sich ein Arzt gefunden hätte, der in der Lage war, die richtige Diagnose für diesen Stummen zu stellen. Der Kollege hatte erzählt, wie das ist, wenn man alles neu lernen muss, weil es noch ungenutzte Kapazitäten in unserem Gehirn gibt, die die Aufgaben der zerstörten Teile übernehmen können. Dann schließlich, als er wieder sprechen konnte und auch sonst alles neu gelernt hatte, musste er begreifen, dass er eine seiner Fähigkeiten unrettbar verloren hatte: die Liebe und das Verständnis für die Musik und damit die Fähigkeit, die Musik für seine Hörspiele selbst zu komponieren. Er hatte immer viel Freude daran gehabt, seine Hörspiele und Features selbst musikalisch zu begleiten und nun musste er mit Komponisten zusammenarbeiten. „Ich bin dankbar, dass man so viel neu lernen kann, aber man wird doch nicht mehr ganz der, der man mal war!“, hatte er geendet.

Schließlich war ich zwischen den kleinen Mahlzeiten wieder etwas weggedämmert. Ich wachte von einem Duft auf, der auf mich zu trieb. Charlotte saß an meinem Bett. Als wir uns umarmten und küssten, sprang etwas von ihrer Lebenskraft auf meinen angeschlagenen und verstörten Körper über.

Der Franzose im Nebenbett drehte sich diskret zur Seite.

Charlotte erzählte, wie besorgt sie war, als sie zwei Tage lang nichts von mir gehört hatte. Schließlich hatte sie im Studio angerufen und von Frau Putzmeister erfahren, ich hätte einen schweren Autounfall gehabt, wäre zwei Tage bewusstlos gewesen und würde jetzt mit einer Gehirnerschütterung in einer ländlichen Klinik liegen. Die Polizei hatte meinen Dienstausweis gefunden und im Funk angerufen.

„Interessiert es dich, was ich über schwere Gehirnerschütterungen herausgefunden habe?“, wollte sie wissen.

„Ist es schlimm?“

„Nicht so sehr, aber für dich schon.“

Sie hatte gelesen, dass man nach einem solchen Unfall so traumatisiert sein könne, dass man große Angst hat, sich wieder ans Steuer zu setzen. „Und ganz besonders wirst du Angst haben, auf der Autobahn zu fahren. Es bedeutet auch gar nichts, dass du dich nicht erinnerst, dein Gehirn weiß es trotzdem!“ Aber wie sollte ich, ohne Auto zu fahren, meinen Beruf ausüben?

„Du musst dich sofort, wenn sie dich hier rauslassen, wieder ans Steuer setzen und versuchen, dieses Trauma aufzulösen. Ich leih dir, bis du ein neues Auto hast, meine alte Kiste, Zwischengas geben wirst du ja noch können."

Ich brauchte mir nur vorzustellen, mich wieder hinter ein Steuerrad zu setzen, da begriff ich, wie Recht Charlotte hatte. Zum ersten Mal in meinem Leben hatte ich Angst davor, Auto zu fahren.

Als der Chefarzt mir nach ein paar Tagen erlaubte, für eine Viertelstunde die Klinik zu verlassen, fragte ich an der Pforte nach dem Mercedeshändler in der Nähe. Ich machte mich mit sehr vorsichtigen Schritten und sehr konzentriert auf den Weg. Mein Auto stand am Rand des Platzes. Es sah fürchterlich aus.

Der Wagen war mit der rechten Vorderseite auf den plötzlich ausscherenden Lieferwagen geprallt. Der Stoß auf Kotflügel, Vorderrad und Vorderachse war so heftig gewesen, dass die ganze massive Konstruktion des Autos zusammengeschoben worden war. Im Innenraum sah ich das demolierte Lenkrad, von dem der Doktor gesprochen hatte, und mein Blut am Rahmen der Windschutzscheibe. Der Aufschlag hatte meine Nasenwurzel gebrochen. „Wächst wieder zusammen", hatte der Doktor noch gemeint, „und gibt Ihnen ein charakteristisches Aussehen."

Der Diesel war seit meinem Aufbruch aus München so etwas wie ein Zuhause gewesen. Ein Zuhause, das mit mir unterwegs war. Ich hatte mich sehr wohl gefühlt in diesem soliden Luxus, den sich der Opernsänger geleistet hatte. Wenn seine Arien über einen der Sender liefen, fühlte man sich auf den grünen weichen Kordsitzen wie in der Oper. Auch das große Schiebedach, das den Wagen fast in ein Cabriolet verwandelte, hatte ich geliebt. Mit dem sehr behäbigen Temperament des Wagens hatte ich mich im Lauf der Jahre angefreundet. Ich hatte meinen Fahrstil angepasst. Tatsächlich hatte ich mich in meinem Wagen viel wohler gefühlt als in meinem Zimmer in Berlin und in meiner bescheidenen Wohnung in Stuttgart. Und nun wanderte er in die Schrottpresse. Es blieb nichts übrig als ein großer Klumpen Metall.

Als ich ein paar Tage später entlassen wurde und das vom Pförtner herbeitelefonierte Taxi vorfuhr, spürte ich wieder, dass Charlotte Recht hatte. Meine Angst in ein Auto einzusteigen, musste überwunden werden. Es dauerte ein paar Sekunden. Der Taxifahrer sah mich schon erstaunt an. Das half! Ich setzte mich ins Fond und überprüfte, wie weich und wie gepolstert die Rückseite der Vordersitze war. Wenn es kritisch werden sollte, könnte ich mich in den Fußraum fallen lassen, da würde mir nicht viel passieren!

In Stuttgart ersparte ich mir eine weitere Taxifahrt und nahm die Straßenbahn bis zum Studio. Frau Putzmeister war total erschreckt über diesen Mann, der da ganz plötzlich mit dem Pflaster über der ramponierten Nase vor ihr stand. Sie bemühte sich, sich nichts anmerken zu lassen.

Sie erzählte, wie es ohne mich gelaufen wäre. Bei wichtigen Anlässen hätten sie freie Reporter aus der Zentrale geschickt. Es hatte alles so recht und schlecht geklappt. Aber nun wären alle froh, dass ich wieder da sei!

Dann verschwand sie in dem Technikraum, der auch als Kaffeeküche diente, um uns einen Kaffee zu machen. Ich hörte, wie sie telefonierte. Das war nichts Besonderes für mich. Sie telefonierte häufig und lang.

Ich hatte mich schon in die Stöße von Zeitungen vertieft, die sich während meiner Abwesenheit angesammelt hatten, da läutete es.

„Überraschung, Überraschung!“, rief Frau Putzmeister und drückte den Öffner der Metalltüre, die das Studio vom Treppenhaus abschloss.

„Charlotte?“ Sie nickte: „Richtig raten kannst du ja noch!“

Mit Schwung öffnete Charlotte die schwere Türe. Wie mir diese Frau gefiel!!

Der Schleier, der sich seit dem Unfall über meine Wahrnehmung gelegt hatte, war durchsichtiger geworden, ich konnte ihre Lebendigkeit wieder spüren.

Sie blieb stehen. „Du siehst schon viel besser aus. Wenn dieses blöde Pflaster auf deiner Nase erst mal weg ist, wird man dir den Unfall nicht mehr ansehen.“

Wir setzten uns an den Besprechungstisch und tranken Kaffee. Charlotte und Frau Putzmeister bemühten sich, mich mit dem neuesten Tratsch aufzuheitern. Beide besaßen ein feines Gespür für unglückliche Formulierungen der Kollegen und sonstige Pannen und konnten sehr lebendig darüber erzählen.

„Und jetzt beginnt für dich die Härte des Lebens, ich werde dich nach Hause fahren“, verkündete Charlotte, als sie auf die Uhr geschaut hatte. „Ich werde aber nicht mit hinein kommen und deine Wirtin in Aufregung versetzen, weil ich noch einen Interviewtermin habe.“

Ich war noch nie in Charlottes VW mitgefahren. Ihr grüner 51er Export hatte zwar schon hydraulische Bremsen, aber das Getriebe war noch unsynchronisiert. Wir knallten die Türen in die Schlösser, um sicher zu sein, dass sie auch wirklich zu waren. Charlotte zog an dem L-Knopf, das L stand für Luft, es handelte sich um den Choke. Sie drückte den weißen Knopf unter dem Aschenbecher und die 24,5 PS gingen brabbelnd in Wartestellung.

Charlotte startete schwungvoll, das fauchende Gebläse überlagerte den harten Ton des luftgekühlten Boxers. Der kleine Innenrückspiegel zitterte, bot aber immer noch mehr Sicht nach hinten als die schmale Luke von Inge Bergers Hebmüller Cabriolet. Die steilen Straßen aus dem Talkessel der Stuttgarter Innenstadt schaffte der alte VW nur in den geräuschvollen unteren Gängen. Wir mussten laut sprechen, wenn wir uns verständigen wollten. Gelegentlich kratzte auch hinten das Getriebe unüberhörbar, wenn Charlotte die richtige Dosis Zwischengas nicht ganz genau erwischt hatte. Sie hatte beobachtet, wie mir dieses Geräusch in die Knochen fuhr, meinte aber nur: „Schalten ist kein Geheimnis, das kann jeder hören.“

Ich musste mich zwingen, mich bei dieser rasanten Fahrerin nicht vorsichtshalber mit den Händen am Armaturenbrett abzustützen. Die Lichter der vorbeiflitzenden Häuser hinter den beschlagenen Scheiben nahm ich immer weniger wahr, ich schaute nur noch zu dieser Frau hinüber, die neben mir saß, den Wagen steuerte und schaltete.

Charlotte war keine Schauspielerin, sondern eine Journalistin. Im Gespräch erinnerte sie mich kaum an Inge Berger. Aber sie war der gleiche Frauentyp. Sie war jetzt etwa so alt, wie Inge Berger damals und sie trug einen dunklen Mantel, wie ihn Inge Berger getragen hatte. Es war vieles wie damals, nur der Volkswagen und ich waren gut 15 Jahre älter geworden.

„Du schaust mich an, als wäre ich ein Wunder“, meinte Charlotte.

„Das bist du doch auch und außerdem erinnerst du mich an die Schauspielerin Inge Berger. Die wohnte neben uns und war mein Jugendschwarm. Manchmal hat sie mich in ihrem VW mitgenommen. Und wenn du neben mir im gleichen Auto sitzt, kommen mir Erinnerungen.“

„Es sieht ja so aus, als hätte ich mit dir einmal Glück", murmelte sie.

„Und ich schaue dich an wie ein Wunder, weil du für mich wie ein Wunder bist."

Als Charlotte vor meiner Wohnung hielt, tauchte oben am Fenster der Schatten meiner Vermieterin auf. Wir rutschten zu unserer Verabschiedung in der Mitte des Wagens zusammen, so dass sie nichts sehen konnte.

„Wenn sie mitgekriegt hat, dass eine Frau am Steuer gesessen hat, herrscht ab jetzt verschärfte Überwachung", sagte ich beim Aussteigen.

Charlotte wollte am nächsten Tag nach dem Dienst vorbeikommen. Ich sollte mit ihr zusammen ein bisschen in der Stadt herumfahren, um meine Angst vor dem Fahren zu verlieren. Dann wollte sie mir den Wagen überlassen, so lange, bis ich einen neuen hätte. Ich fürchtete mich den ganzen Tag vor diesem Moment.

Aber die Angst wollte ich Charlotte nicht zeigen. Ich fühlte mich ohnehin noch so schwach, dazu noch ängstlich wollte ich nicht sein! Also ging ich so forsch wie möglich auf das Auto zu und stieg ein.

Charlotte hatte die Vermieterin schon wieder am Fenster entdeckt und vermied jede Art von Begrüßung, die Verdacht erregen konnte. Sie winkte mir distanziert zu und setzte sich auf den Beifahrersitz.

„Denk immer daran, du kannst viel besser Autofahren als ich und geräuschlos schalten", meinte sie, als sie die Tür ins Schloss gezogen hatte.

Ich setzte den alten VW Export sehr vorsichtig und langsam in Bewegung und er reagierte normal auf die Bewegung des Steuers und den Druck auf Gas, Bremse und Kupplung. Aber es war, als lauerten überall Gefahren, die plötzlich auftauchen und zu einem Unfall führen konnten. Ein paarmal blieb ich vor Angst stehen, aber Charlotte tat, als habe sie es nicht bemerkt. Tatsächlich aber passierte nichts und ich spürte mehr und mehr, dass ich das Auto in der Hand hatte. Ich hielt sehr großen Abstand von den anderen Autos, schaltete viel und völlig geräuschlos!

„Geht doch prima", fand Charlotte. „Bloß nicht so langsam werden, dass du den Verkehr aufhältst!" Ich schaltete herunter und beschleunigte etwas. Wir fuhren gut eine Stunde in den Höhenvororten herum und leisteten uns dann ein Abendessen.

„Schaffst du es morgen allein zu fahren oder willst du warten, bis ich dich wieder begleiten kann?“, wollte Charlotte beim Abschied wissen.

Ich entschied, dass ich es allein versuchen wollte.

In den nächsten Tagen waren mir die Autofahrten das Wichtigste. Vorsichtig tastete ich mich aus den Vororten in den Höhenlagen in die Innenstadt hinunter.

Als ich wieder anfing zu arbeiten, hatte ich mir vorgestellt, wieder ganz normal mit der Arbeit beginnen zu können. Aber die Moderationstexte flossen mir nicht mehr so flüssig in die Maschine, wie ich das gewöhnt war. Besonders auffällig wurde es beim Cutten. Als mir Frau Putzmeister ein zu kürzendes Band mit einem Bericht zum dritten Mal vorspielen musste und ich immer noch zögerte, sagte sie: „Vor deinem Unfall wärst du bei ‚Mittelfristiger Finanzplanung‘ raus und bei ‚Umgehungsplan für Landesstraßen‘ wieder reingegangen.“

Vielleicht hatte mein Kopf doch einen bleibenden Schaden abbekommen? Ich rief, unsicher geworden, den Betriebsarzt an. Der erklärte mir aber, nach einer schweren Gehirnerschütterung müsse man schon etwas Geduld haben. Wenn ich die nicht hätte, sollte ich mich bei einem Neurologen vorstellen. Der würde ein Elektroenzephalogramm machen. Daraus könne man dann genau ersehen, ob alles wieder wie vorher werden würde oder nicht, was er aber für sehr unwahrscheinlich halte. Das beruhigte mich etwas, aber das Arbeiten blieb noch einige Wochen mühsam.

Auch, als ich es geschafft hatte, mit weniger Angst im städtischen Verkehr mitzuschwimmen, blieb die Furcht vor Fahrten auf der Autobahn. So nahm ich für eine in der Zentrale angesetzte Sitzung den Zug. Ich fuhr so früh, dass ich Zeit hatte für ein Kantinenpalaver mit den Kollegen, um alles zu erfahren, was der Flurfunk der letzten Zeiten zu bieten hatte.

An der Glastür der Kantine zögerte ich einen kurzen Moment einzutreten. Wenn man einfach nur hineinsah in den großen Saal mit den parallel angeordneten Tischen, die fast voll besetzt waren, schien fast alles wie immer. Der Schwall von unzähligen Einzelgesprächen schlug einem entgegen und die Rauchschwaden trieben mal dicht, mal weniger dicht über den Köpfen. Aber es lag eine nervöse Aufgeregtheit in der Luft.

Ich holte mein Essen an der Selbstbedienungstheke und steuerte den Tisch an, wo ich ein paar Kollegen aus den aktuellen Redaktionen von Hörfunk und Fernsehen entdeckt hatte. Die waren immer am besten informiert.

Ich saß noch gar nicht richtig auf meinem Stuhl, da rief mir schon ein Redakteur aus der tagesaktuellen Hörfunkredaktion zu: „Haben Sie schon gehört? Es gibt Gerüchte, dass der Programmdirektor den Sender verlassen will, um Chefredakteur beim Spiegel zu werden."

Tatsächlich war mir schon aufgefallen, dass der Programmdirektor, der bei seinem Amtsantritt für Fernsehen und Hörfunk zuständig war, den Bereich Hörfunk mehr und mehr dem Intendanten überlassen hatte. Er hatte schon vor seiner Aufgabe beim SWF zu den renommiertesten Leitartiklern der Republik gehört.

Beim SWF hatte er als Moderator eines politischen Magazins in einem neuen Medium Erfahrung gesammelt und war schnell zum besten Interviewer der Republik aufgestiegen. Er schaffte es, auch den rüpelhaftesten Politiker so zu interviewen, dass ihm der Angstschweiß über das Gesicht lief. Ihm war es gelungen, den von genialen Einzelkämpfern geprägten Sender vorsichtig in die Gegenwart zu führen, die von Schnelligkeit und Expansion geprägt war.

Es war also kaum möglich, diese Gerüchte positiv zu bewerten. Man konnte nur darauf hoffen, dass sie wie das schon öfter der Fall gewesen war, der Realität weit vorauseilten.

Es war eine Pause eingetreten, wahrscheinlich versuchten die Kollegen abzuschätzen, was diese Veränderung in der Leitung des Senders für ihre Arbeit bedeuten konnte.

Dann wechselte das Thema.

„Sie hatten doch einen schweren Autounfall? Haben Sie den einigermaßen überstanden?", wollte ein Fernsehreporter der Abendschau wissen.

„Die Gehirnerschütterung steckt mir noch in den Knochen. Das Texten und das Cutten geht immer noch nicht so gut wie vor dem Unfall. Was mich aber ganz besonders irritiert: Ich trau mich nicht mehr auf die Autobahn."

„Sie müssen Ihren Unfall mal aus einer etwas höheren Warte betrachten", meldete sich ein Kollege, der für die aktuelle Politik im zweiten anspruchsvolleren Hörfunkprogramm arbeitete.

„Sie wollten sich mit Ihrem schönen alten Mercedes etwas aus den gemütlichen fünfziger Jahren erhalten. Und das führte zum Zusammenstoß mit den schnellen sechziger Jahren. Sie werden das Unfalltrauma am schnellsten los, wenn Sie sich einen Wagen mit Überholprestige zulegen, mit dem Sie freie Bahn auf der linken Spur der Autobahn haben."

„Zum Beispiel eine Alfa Romeo Giulia TI", schlug der Reporter der Fernsehabendschau vor, der auf diese Marke schwor.

„Mit dem Alfa Romeo wird man nur glücklich, wenn man ihn so liebevoll behandelt wie Sie das tun", meldete sich wieder der Hörfunkredakteur. „Aber wie wäre es denn mit dem 1800 BMW oder einem Volvo?"

„Der 1800 BMW ist doch noch ganz neu. Den würde ich gebraucht noch nicht auftreiben können und für einen Neuen würde es nicht reichen, auch wenn ich den Kredit des Senders ziemlich ausschöpfen würde."

„Ein Volvo wäre doch was", kam der Hörfunkkollege auf seinen Vorschlag zurück. „Der ist schnell und hat ein hohes Überholprestige, weil er in Rallyes auf der ganzen Welt die Konkurrenz in Grund und Boden fährt."

Die Idee, mir einen Volvo zuzulegen, setzte sich in meinem Kopf fest. Ich dachte an die schönen soliden Autos, die uns in Schweden begegnet waren. Später beim Bayerischen Rundfunk hatte ich schon mal in einem gesessen und war fasziniert von den bequemen Sitzen und der Funktionalität dieser sportlichen Limousine.

Der Kollege, der den Wagen besaß, gehörte zu den freien Reportern. Er verdiente sein Geld mit viel Warten und Anspannung im Haifischbecken. So nannte man im Haus die Zeitfunkredaktion, in der die aktuellen Aufträge an den freien Reporter vergeben wurden, der am schnellsten zuschnappte. Der Volvo war, so hieß es, alles was er hatte. ‚Der braucht keine Frau, der ist ja mit seinem Volvo verheiratet', hatten die Redaktionssekretärinnen gelästert.

Die Idee des Kollegen, meine Angst vor der Autobahn durch einen schnellen Wagen mit Überholprestige zu besiegen, hatte etwas Bestechendes. Mit meinem Auto im Land herumzufahren und Aufnahmen zu machen, war ein Teil meiner Aufgaben, und ohne die Benutzung der Autobahn war das nicht zu schaffen.

Es war wohl das Beste, den Aufenthalt in der Zentrale zu benutzen, um den Autokredit zu beantragen und sicherheitshalber die mir maximal zustehende Summe mit der längsten Laufzeit.

Auf der linken Spur wird es gefährlich – auf der Autobahn und in der Karriere

Volvo 122 S

Als ich in Stuttgart ankam, war die Geschäftszeit vorbei und die Läden geschlossen. Trotzdem musste ich noch bei der Volvovertretung vorbeischauen, die ich bei meinen Trainingsfahrten mit Charlottes VW entdeckt hatte. Vielleicht stand ja ein 122 S da, der zu verkaufen war.

Als ich die Niederlassung wieder gefunden hatte, brannte in der Werkstatt noch Licht. Ein Mechaniker arbeitete an einem älteren 122 S. Er tauschte die vorderen Trommelbremsen gegen moderne Scheibenbremsen aus. Dass so etwas möglich war, hatte ich noch nie gehört. Der Mechaniker war vielleicht Ende vierzig, ein zierlicher Mann in einem zu großen verölten Overall. Seine blond-grauen Haare waren kurz geschnitten, sein Gesicht hatte etwas Asketisches. In seinem Mundwinkel glomm eine Zigarette. ‚Vielleicht war er im Zweiten Weltkrieg Pilot', dachte ich. Auf jeden Fall war er ein begeisterter Techniker, den das Ende seiner Arbeitszeit nicht interessierte. Er musste mich längst bemerkt haben, reagierte aber nicht.

„Guten Abend, ich suche einen sehr guten gebrauchten 122 S", sagte ich ziemlich laut, um ihn zu erreichen.

Lange kam keine Antwort, dann: „Gebrauchte 122 S gibt es nur sehr wenige. Wer den Wagen hat, will ihn nicht mehr hergeben", sagte er, ohne aufzusehen.

Dann schaute er mich doch kurz an und es kam mir vor, als hätte er mich taxiert und als zahlungskräftigen Kunden erkannt. Es war keine fünf Jahre her, da hatte der Opernsänger noch daran gezweifelt, dass ich in der Lage sein könnte, seinen Mercedes zu bezahlen!

Der Mechaniker zog eine Schraube fest, legte den Schraubenschlüssel auf den Werkzeugwagen und sagte: „Vielleicht gibt es doch eine Möglichkeit. Kommen Sie mal mit."

Ich folgte ihm in das Büro neben dem Verkaufsraum. Er griff sich das Kundenverzeichnis und wählte eine Nummer. Sehr kurz und geschäftsmäßig wollte er wissen, ob der Kunde am anderen Ende der Leitung noch am Verkauf seines Wagens interessiert sei. Wenn ja, hätte er möglicherweise einen Käufer.

„Sollen morgen Abend vorbeikommen", sagte er zu mir, setzte sich an den Schreibtisch und schrieb mir Name, Anschrift und Telefonnummer auf einen Zettel.

Ich war neugierig geworden: „Warum will der Kunde denn seinen Volvo verkaufen?"

Nun setzte sich der Mechaniker auf den Rand des Schreibtisches, um mir dann ausführlich zu erklären, um was für ein Auto und um was für einen Besitzer es hier ging. Der Kunde sei Generalvertreter einer großen Papierfabrik, wohl situiert und sehr viel unterwegs. Er sei aber der Meinung gewesen, ein paar PS mehr könnte der Wagen schon noch vertragen, besonders für seine weiten Fahrten auf der Autobahn. Als er dann auch noch in der Werkstatt ein 100-PS-Sportcoupé entdeckte, dessen Karosserie Schrott war, habe er nicht locker gelassen, bis er ihm diesen Motor eingebaut hätte. Der Wagen sei also ein Unikat, ein älteres Modell, aber aufgerüstet mit servounterstützten Scheibenbremsen vorne, Overdrive, Drehzahlmesser und Transistorzündung, technisch auf dem letzten Stand. Nur eines haben der Besitzer und er bei der Umbauaktion nicht bedacht. Der 100-PS-Motor sei sehr empfindlich gegen schlechten Sprit. In den Ländern des Ostblocks, die auch zum Gebiet des Generalsvertreters gehörten, klingle der Motor und lasse sich nicht mehr abstellen. Das war also der Grund, warum sich der Besitzer von seinem Wagen, in den er so viel investiert hatte, trennen wollte.

Der Mechaniker stand auf und ging in die Werkstatt zurück. In der Türe drehte er sich noch einmal um und meinte: „Wenn Sie sich morgen über den Preis einig werden sollten, dann können Sie ihm ausrichten, wir würden ihm einen Leihwagen zur Verfügung stellen, bis sein Neuer geliefert wird."

Als ich bei Charlotte ankam, feilte sie noch in ihrer Redaktion an einem Artikel.

„Du siehst ja richtig euphorisch aus, so habe ich dich ja noch nie gesehen."

Ich erzählte ihr begeistert von dem Rat der Kollegen, vom beantragten Autokredit und meinem Besuch bei der Volvovertretung. Meine Euphorie sprang nicht auf sie über.

„Muss das sein, von deinem gemütlichen Diesel auf einen Rennwagen umzusteigen? Geht es nicht auch eine Nummer kleiner?"

„Ich glaube, dass die Kollegen Recht haben; mit einem schnellen Wagen mit viel Überholprestige werde ich mich leichter wieder auf die Autobahn trauen!"

„Na, wenn es bei deinem neuen Auto vor allem um ein Therapieinstrument geht, darf ich dazu natürlich nichts sagen."

Ich griff in meine Tasche, um ihr Autoschlüssel und Kraftfahrzeugschein zurückzugeben.

„Ich glaube, die Antiangsttherapie ist fast zu Ende. Nur die Autobahn muss ich mir noch zurückerobern. Ich weiß nicht, wie ich das ohne dich und deinen Wagen geschafft hätte."

„Jetzt fährst du erst mal dich und mich in deine Wohnung, dann steige ich wieder in meine alte Kiste und überlasse dich der heilenden Wirkung der 2 ½-fachen PS."

Darauf fiel mir nichts ein, aber ich dachte: ‚Was für eine faszinierende Frau'.

Am späten Nachmittag des nächsten Tages leistete ich mir ein Taxi, um zum Besitzer des schnellen Volvos zu fahren. Das Taxi hielt vor einem gepflegten Einfamilienhaus aus den dreißiger Jahren mit großen Fenstern und einem runden Balkon über der Eingangstür.

Ich stieg aus und stand einen Moment in der warmen Frühlingssonne. Aber schon der kurze Weg durch den Garten zur Treppe lag im Schatten, und hier wehte ein kalter Wind. An einem Vogelhäuschen, das von einem Baum herunterhing, bedienten sich ein paar Elstern.

Neben dem Haus gab es eine Doppelgarage, die Türen waren nach oben geschwenkt und da stand er: ein roter Volvo 122 S neben einem Karmann Ghia. Ich stieg die Stufen zur Eingangstür hinauf und läutete. „Büttner" stand auf dem Klingelschild. Ein schlanker grauhaariger Herr erschien im Türrahmen. Im dunkelblauen Anzug mit roter Krawatte wirkte er sehr distinguiert und distanziert, als er mich begrüßte.

‚Wie finde ich bloß den Zugang zu so jemandem?' dachte ich, als wir zur Garage gingen. Herr Büttner stieg in den Volvo, ließ den Motor kurz hochdrehen, so dass man die hundert PS erahnen konnte und fuhr den Wagen ans Licht. Er öffnete die vier Türen und die Motorhaube. Alles war so solide dimensioniert, als ginge es hier nicht um ein Auto, sondern um einen Tresor. Die Technik glänzte, als wäre das Auto gerade erst aus dem Laden gerollt.

Ich sah auf den Tacho, der zeigte 65 000 km. So viel war der Wagen also gelaufen, ohne dass es Spuren hinterlassen hätte.

„Phantastisch! Wie haben Sie es geschafft, 65 000 km mit dem Wagen zu fahren, ohne das man davon etwas sieht?", wollte ich wissen.

„Das ist eben Qualität, so etwas gibt es zurzeit sonst nirgends", erklärte Herr Büttner. Er habe ja schon geahnt, dass es wegen dem starken Motor Probleme mit dem schlechten Sprit im Ostblock geben könnte, aber er habe gedacht, mit ein paar Kanistern West-Sprit im Kofferraum sei das Problem zu lösen. Aber die Entfernungen dort seien einfach zu groß, hatte er nachgeschoben.

„Und wie wirkt sich das aus?", wollte ich wissen.

„Man kann den Motor nicht mehr abstellen, auch ohne Zündung dieselt er einfach weiter", beschrieb Herr Büttner das Problem.

„Und wie haben Sie ihn dann doch zum Stehen gebracht?"

„Handbremse anziehen, zweiter Gang rein, Kupplung langsam kommen lassen und so den Motor abwürgen. Macht keinen großen Spaß!"

Während er sprach, sah er versonnen auf den roten Motorblock mit der metallisch glänzenden Abdeckung des Zylinderkopfes. Dann sah er zu mir auf und fragte: „Wie war noch mal Ihr Name?"

Ich nannte ihn.

„Hab ich's mir doch gedacht. Ich kenne Sie. Sie sind beim Funk, ich habe Ihre Berichte in der Abendsendung gehört."

Es kam mir vor, als hätte ich mich in seinen Augen plötzlich verwandelt. Aus einem jungen Mann, von dem man nicht so genau wusste, ob er den schnellen Wagen wirklich kaufen oder nur ein bisschen durch die Gegend rasen wollte, war ein ernst zu nehmender Interessent geworden.

„Also fahren wir ein bisschen", meinte er jetzt sehr freundlich und wies auf den Platz hinter dem Lenkrad.

Ich war noch nie am Steuer eines so starken und schnellen Wagens gesessen, also steuerte ich den Wagen sehr vorsichtig aus der Stadt hinaus. Man saß tief und gut abgestützt auf den schwarzen, stark profilierten Kunstledersitzen. Wenn man etwas stärker aufs Gas trat, erinnerte das Klangbild an die aufregenden Fahrten mit unserem 328 BMW auf den Allgäuer Straßen im letzten Jahr vor dem Krieg. Auch bei diesem Motor hatte man nicht viel getan, um das Ansauggeräusch zu dämpfen. Der Motor schlürfte die Luft einfach durch Papierfilter, und dieses Ansauggeräusch mischte sich mit dem Trompeten des Auspuffs zu einem Sound von gewaltiger Kraft. Aber, anders als beim BMW, ließ sich der Schalthebel ohne Zwischengas durch die Ebenen ziehen und die servounterstützten Scheibenbremsen an den Vorderrädern packten fest und gleichmäßig zu. Ich saß in einem mechanischen Meisterstück, das einen spüren ließ, wie perfekt man es beherrschte.

Mir fiel ein, dass ich erst kürzlich eine Einweisung über den Umgang mit schnellen Autos von einem Fachmann erhalten hatte. Eine Sendung vom Nürburgring wurde vorbereitet und ein bekannter Rallyefahrer war mit mir auf dem Beifahrersitz den Ring abgefahren.

„Slow in, fast out", das sei das Rezept für schnelles Kurvenfahren. Ohne Gas oder auch leicht angebremst in die Kurve hinein und dann vor dem Scheitelpunkt wieder aufs Gas und leicht übersteuernd wieder heraus aus der Kurve.

Ich versuchte sehr vorsichtig, dieses Rezept anzuwenden. Der Wagen lag sehr sicher auf der Straße, als wäre es die Rallyeausführung und nicht eine Straßenversion. Herr Büttner sah zu mir herüber.

„Sie machen das gut. Ich glaube, der Wagen ist genau das Richtige für Sie."

Dieser Volvo hatte wie unser BMW 328 ein Leistungsgewicht von 10 kg pro PS. Das galt vor dem Krieg als hervorragender Wert und war Mitte der Sechziger immer noch akzeptabel. 100 PS waren in einem Test, den ich noch während meiner Abiturzeit gelesen hatte, als die Obergrenze dessen bezeichnet worden, was ein Fahrer noch sinnvoll einsetzen könnte. Dabei war es um den neuen Mercedes 220 S gegangen. Der Volvo war aber kleiner und leichter, und so lag seine Spitzengeschwindigkeit über der des sehr repräsentativen Mercedes. Das waren meine Gedanken während der ersten paar Kilometer am Steuer des Volvo.

„Sie haben mit diesem Wagen auf der Autobahn ziemlich freie Fahrt. Nur der große Mercedes, der V8 BMW und natürlich die neuen Modelle von Porsche sind schneller", bestätigte Herr Büttner meine Überlegungen.

‚Du musst diesen Wagen unbedingt haben', dachte ich, als er wieder vor der Garage stand und wir ausgestiegen waren. Das bedeutete: Herrn Büttner herunter zu handeln, sollte ich genau wie beim Kauf des Mercedes gar nicht erst versuchen. Hoffentlich sprengte seine Preisvorstellung nicht den Rahmen dessen, was ich flüssig machen konnte.

„Was wollen Sie denn für den Wagen?", fragte ich.

Der Preis, den er nannte, lag etwa 25 Prozent unter dem Neupreis. Das war für diesen Kilometerstand viel, aber für den Zustand und den 100-PS-Motor vielleicht gerade noch akzeptabel. Die Summe war die Obergrenze dessen, was ich bezahlen konnte. Ich unterschrieb den Kaufvertrag.

Drei Tage später hatte ich das Geld beisammen und konnte den Wagen übernehmen. Ich zog die tresorähnlichen Türen zu, stellte den Sitz auf meine Körpergröße ein und legte den Sicherheitsgurt an. Der würde im Fall eines Unfalls dafür sorgen, dass ich nicht mehr gegen die Windschutzscheibe geschleudert würde. So hatte ich weniger Angst und konnte versuchen, mich wieder auf die Autobahn zu wagen.

Der neue Wagen hatte tatsächlich zweieinhalb mal so viel PS wie mein alter. Das bedeutete: Während ich es gewohnt war, meinen braven Diesel durch einen kräftigen Tritt aufs Gaspedal in Bewegung zu setzen, reichte nun ein zartes Antippen.

Obwohl ich sehr gemütlich fuhr, war die Autobahnauffahrt viel schneller erreicht, als ich mir das vorgestellt hatte. Nun gab es aber kein Zurück mehr. Ich hatte zwar keinerlei Erinnerung an den Unfall, war aber von der Vorstellung besessen, auf der linken Spur drohe ständig das plötzliche Ausscheren eines rechts fahrenden Wagens. Erst einmal ordnete ich mich mit großem Abstand zu dem voranfahrenden Auto auf der rechten Spur ein. Die Kolonne rollte mit etwa hundert km/h dahin, so wie ich das von meinem Diesel gewöhnt war. Die überholenden Wagen fuhren vielleicht zehn oder zwanzig km/h schneller, trotzdem scherte keiner aus der rechts fahrenden Kolonne aus. Schließlich, als die linke Spur hinter mir frei war, traute ich mich heraus und trat aufs Gas. Aber tatsächlich scherte niemand aus, wenn mein roter Volvo im Rückspiegel auftauchte, und die, die vor mir auf der linken Spur gefahren waren, zogen sich auf die rechte Spur zurück, sobald sich mein Wagen näherte. Nur ein Porsche spielte nicht mit, er machte sich einfach davon.

Ich hatte aber Angst davor, die Spitzengeschwindigkeit meines neuen Wagens auch nur annähernd auszuprobieren. Es reichte mir, auf der linken Spur mit deutlich höherem Tempo zu überholen. Es war, als säße ich in einem schnellen, funktionalen Tresor und das auch noch angeschnallt! Nach gut zwanzig Kilometern war ich zufrieden, fuhr von der Autobahn ab und auf Landstraßen in die Stadt zurück.

Als ich Charlotte den neuen Wagen vorführte, hatte ich mir fest vorgenommen, gemütlich im Verkehr mitzuschwimmen, um ihr keine Angst einzujagen. Das ging so lange gut, bis ich auf die Abbiegespur wechseln musste, der Opel Rekord schräg hinter mir aber trotz gesetztem Blinker keine Anstalten machte, kurz vom Gas zu gehen, um mir diesen Wechsel zu ermöglichen. Also legte ich den zweiten Gang ein und gab Vollgas. Wir wurden in die Sitze geschoben, hatten die richtige Spur erobert und der Rekord war plötzlich weit hinter uns.

„Der hat aber ziemlich dumm geguckt", meinte Charlotte völlig unerschrocken. „Jetzt habe ich kapiert, warum du unbedingt diesen Wagen haben musstest."

In den nächsten Wochen gewöhnte ich mich an den neuen Wagen und die viel höheren Geschwindigkeiten, über die ich nun verfügte. Aber wenn ich für Interviews über Land fuhr, machte ich meist davon keinen Gebrauch. Ich war es gewohnt, bei diesen Fahrten über die Fragen nachzudenken, die ich meinen Gesprächspartnern stellen wollte, und wenn ich durch die Gegend brettern würde, war das ausgeschlossen.

Als ich von einer Aufnahme ins Studio zurückkam, empfing mich Frau Putzmeister mit der Nachricht: „Du musst morgen um 15 Uhr in der Zentrale sein. Der oberste Chef hat sich etwas ganz Neues ausgedacht: die Teekonferenz. Alle, die mit der Gestaltung des Hörfunkprogramms zu tun haben, müssen erscheinen. Es werden Beiträge vorgeführt und anschließend diskutiert. Ein Beitrag von dir ist auch dabei."

„Aber wir sind in der Mittagssendung! Das ist doch kaum zu schaffen", wandte ich ein.

„Das habe ich denen auch gesagt, aber die haben nur gemeint, du hättest doch jetzt ein schnelles Auto."

Ich habe es immer gehasst, bei Sitzungen zu spät zu kommen und dann alle Augen auf mich zu ziehen. Also blieb mir nur übrig, das zu tun, was die Kollegen von mir erwarteten: schnell zu fahren.

Je schneller ich fuhr, desto lauter wurde der Motor. Die Reporterstimme unserer Nachmittagssendung, die ich eingeschaltet hatte, ging in seinem Tosen unter. Die Konzentration auf ein Tempo von fast 170 erzwang einen Tunnelblick. Ich nahm nichts mehr wahr von den blühenden Kirschbäumen und den bunten Wiesen der Frühlingslandschaft. Aber die Autouhr zeigte an, dass der 15.00-Uhr-Termin noch zu schaffen sein würde.

‚Es hat aber doch Spaß gemacht, alle zu überholen', hatte ich gerade gedacht, als ich in die Straße zur Funkhöhe hinauf einbog. Genau in diesem Augenblick wurde die Steuerung unruhig. Ein Geräusch vom rechten Vorderrad signalisierte, dass da etwas nicht stimmte. Aber der Wagen blieb steuerbar und sackte auch nicht ab. Also konnte es kein Plattfuß sein und ich würde es trotzdem noch zum Beginn der Teekonferenz schaffen.

Der große Sitzungssaal lag am Ende des Flurs im obersten Stockwerk des Gebäudes, in dem auch der Intendant residierte. Um einen den Raum füllenden Tisch standen etwa 60 bequeme Stühle mit Armlehnen, die Wände waren mit dunklem Holz getäfelt. In diesem Saal berieten auch der Rundfunk- und der Verwaltungsrat des Senders. Diese Kontrollgremien bestehen aus den Vertretern der gesellschaftlich relevanten Kräfte, wie Gewerkschaften, Verbände, Kirchen und Parteien, und von dieser Bedeutsamkeit spürte man etwas in diesem Raum, an dessen Stirnseite Vorführgeräte für Hörfunk- und Fernsehprogramme installiert waren.

Ich hatte es gerade noch geschafft. Die Plätze waren schon zum großen Teil besetzt, als ich eintrat. Der Intendant hatte in der Mitte der Stirnseite Platz genommen, flankiert wurde er vom neuen Programmdirektor, dem Chefredakteur und den Leitern der einzelnen Hörfunkredaktionen. Er leitete seine Konferenz mit einer Grundsatzerklärung ein: Diese Teekonferenz solle eine regelmäßige Institution werden. Er verbinde damit das Ziel, das zugegeben manchmal genialische Arbeiten der einzelnen Redakteure und Reporter auf ein einheitlich hohes Niveau zu bringen. Dabei solle auch eine bessere Verständlichkeit des Programms erreicht werden. In diesem Gremium würden Beiträge präsentiert und nach der Vorführung die Diskussion eröffnet. Er bitte um eine offene Aussprache.

Dann war der erste Beitrag gelaufen, aber die Diskussion kam nur sehr stockend in Gang.

Das Fußvolk, wie sich die Redakteure und Reporter nannten, die täglich das Programm füllten, traute sich nur sehr vorsichtig aus der Deckung. Auch der Intendant hielt sich zurück. Es wurde die Frage gestellt, ob das Einblenden von Musik über das gesprochene Wort nicht der Verständlichkeit schade, und die komplizierte Sprache des Kollegen, der von der Zeitung zum Sender gestoßen war, wurde kritisiert. Ein paarmal wurde auch angeschnitten, ob es an diesem Tag nicht Wichtigeres gegeben habe als die Themen, die da eines Beitrags für würdig befunden worden seien.

Ich war mit einem Beitrag über eine große Demonstration gegen den Vietnamkrieg in der Stuttgarter Innenstadt vertreten. Der Beitrag begann mit den wie immer weit auseinander liegenden Angaben über die Teilnehmerzahl von Veranstaltern und Polizei. Ich berichtete über das Ausmaß der Polizeiabsperrungen und das Anliegen der Demonstranten, die „Ho, Ho, Ho, Chi Minh" brüllend durch die Stuttgarter Einkaufsmeile gerannt waren.

Um den Hörern einen Eindruck von der Demonstration zu vermitteln, hatte ich das Gebrüll der Demonstranten von meinem Standort hinter der Absperrung mit dem neuen Richtmikrofon aufgenommen. Mein Versuch, auch noch ein paar Stimmen der Demonstranten zu den Zielen der Demonstration aufzunehmen, scheiterte. Ich war wegen des Sendetermins in Eile und die Polizei ließ mich nicht nah genug an die Demonstranten heran.

Kaum war ich wieder im Studio, erschien, noch von der Anti-Vietnamdemonstration völlig außer Atem, eine Kollegin aus unserer Freiburger Schulfunkredaktion und bat um einen Kaffee. Ich packte schnell mein Nagra aus und hielt ihr das Mikrophon hin. Sie erzählte, die langsam abebbende Ekstase noch in der Stimme, warum sie an der Demonstration teilgenommen habe. Es könne doch nicht einfach so weitergehen, dass die Amerikaner ein ganzes Volk, auch Frauen und Kinder, ermordeten und auch noch mit tödlichem Gift den Dschungel entlaubten. Das war es genau, was mir zu meiner Reportage noch gefehlt hatte.

Der Beitrag sah nun so aus: Ich sprach meinen Einleitungstext. Darüber blendeten wir das „Ho, Ho, Ho, Chi Minh"-Gebrüll ein. Erst ziemlich leise, dann durch den hochgezogenen Regler immer lauter, so dass für den Hörer der Eindruck entstand, die brüllenden Demonstranten kämen immer näher. Die Stimme der atemlosen Kollegin beendete den Beitrag.

Ja, so könne man das machen, meinte der Intendant. Eine weitere Diskussion meines Beitrags gab es nicht.

Der nächste Beitrag war ein kritischer Kommentar. Es ging um die Bemühungen der SPD im Landtag, die Regierung endlich zur Abschaffung der Konfessionsschule zu bewegen, die nach der Meinung des Kommentators nun wirklich nicht mehr in die Zeit passe. Denn heute gehe es darum, gerade die Grundschulen den neuen Erkenntnissen der Pädagogik zu öffnen, und dabei sei die Konfessionsschule als Regelschule hinderlich. Im Saal war es sehr still geworden. Der Kollege hatte so kommentiert, wie es vor dem Wechsel in der Leitung des Hauses üblich gewesen war. Sollte das auch weiterhin möglich sein? Die meisten im Saal ahnten wohl, dass nun etwas passieren würde, aber was?

„Könnten Sie uns bitte erklären, was Sie sich bei diesem Kommentar gedacht haben?“, eröffnete der Intendant die Diskussion.

Der Kollege kannte sich in diesem Thema aus. Er verwies auf den Sputnikschock und erwähnte Georg Pichts Buch „Die deutsche Bildungskatastrophe“. Mit der Lösung dieser Probleme müsse in den Grundschulen angefangen werden und da sei das Festhalten an der Konfessionsschule als Regelschule hinderlich.

„Es tut mir Leid, aber ich habe Ihre Argumentation nicht verstanden“, meldete sich der Intendant als Erster zu Wort und lehnte sich erwartungsvoll zurück. Der Kollege wurde nervös, und der Intendant konnte die nun nicht mehr ganz so schlüssigen Rechtfertigungen des Kommentars gezielt auseinandernehmen und den Verfasser heftig kritisieren, ohne dass noch thematisiert worden wäre, was der ursprüngliche Inhalt des Kommentars war.

Keiner der Redakteure hatte den Mut, sich zu äußern. Mir kam es vor, als solle uns hier vorgeführt werden, wieviel Lust man dabei haben kann, den Sender zu beherrschen, und als hätte sich beim Abkanzeln des Kollegen auch noch ein bisschen Sadismus eingeschlichen.

Als die Konferenz beendet war und alle schweigend und unsicher geworden den Saal verließen, war der Chefredakteur, der mich eingestellt hatte, hinter mir.

„Wirklich gut, wie Sie das Thema angepackt haben, das war richtiger Hörfunk“, hörte ich ihn sagen. Das freute mich sehr. Aber leider gab es im Flurfunk schon Gerüchte, dass er auf der Abschussliste der neuen Leitung stehe.

Auf der Treppe flüsterte mir ein Kollege aus der Zentrale zu: „Wir hier kennen den Trick seiner momentanen Begriffsstutzigkeit alle schon. Aber er funktioniert immer wieder. Und wissen Sie warum? Einfach, weil er die Macht hat."

Das Klima im Haus war umgeschlagen. Früher standen nach Sitzungen immer noch ein paar Grüppchen zusammen und man trank mit Kollegen in der Kantine einen Kaffee. Jetzt strebten alle auseinander.

Als ich zu meinem Wagen ging, war es noch warm und die Sonne über den bewaldeten Höhen begann farbenprächtig unterzugehen. Es war noch nicht so lange her, da konnte man sich an diesem farbigen Panorama uneingeschränkt freuen. Jetzt wusste man, dass die Verunreinigung der Luft zu dieser Vielfalt der Farben beitrug.

Nun musste ich herausfinden, was mit meinem Auto los war. Vor dem rechten Vorderreifen ging ich in die Knie. Da, wo die Lauffläche des Reifens hätte sein müssen, schimmerte es silbrig. Das Geflecht aus Stahldrähten, das unter der Lauffläche den Gürtel bildete, war deutlich zu erkennen. Mein hohes Tempo bei der Herfahrt hatte vermutlich die Lauffläche gelockert, so dass sie schließlich weggeflogen war. Das Wechseln des Rades war Routine.

Eine der großen Tankstellen unten im Zentrum der Stadt war noch besetzt. Der Tankwart sah sich meinen vom Gummi entblößten Reifen an und meinte nur: „Da haben Sie aber Glück gehabt."

Er hatte die passende Größe eines neuen Textilgürtelreifens einer französischen Firma da, mit denen man gefahrlos länger ein hohes Tempo fahren könnte. Er war sich ziemlich sicher, dass er diese Reifen bald an die schnellen Herren vom Funk da oben loswerden würde.

Die Autos waren so schnell geworden, dass es Probleme mit den Reifen gab. Zu meinen frühen Erinnerungen gehörten Geschichten über Dauertests mit dem 1939 herausgekommenen BMW 335. Der Wagen war so konstruiert, dass er die Höchstgeschwindigkeit von 145 km/h auf den neuen Autobahnen beliebig lange aushielt. Aber die Reifen, die diesem hohen Dauertempo nicht standhielten, waren geplatzt, was zu gefährlichen Unfällen geführt hatte. Davor hatte mich die Technik der Gürtelreifen bewahrt.

„Lassen Sie es piano angehen, die neuen Reifen müssen sich erst noch einlaufen“, meinte der Tankwart, als er meinen Scheck für die vier neuen Reifen entgegennahm.

Ich fuhr gemütlich im Pulk auf der rechten Spur nach Hause. Ich erzählte Charlotte nichts von der davongeflogenen Lauffläche. Das hätte nur ihre Sorgen verstärkt, der schnelle Wagen könne mich doch noch ins Jenseits befördern.

Knapp zwei Wochen nach der Teekonferenz rief die Intendanz im Studio an, der oberste Chef wünschte mich zu sprechen.

„Aus dem Beitrag, den wir kürzlich von Ihnen gehört haben, konnte man schließen, dass Sie erfolgreich mit dem neuen Richtmikrofon arbeiten“, begann er das Gespräch. Dann wurde es geheimnisvoll. Es gehe um eine etwas knifflige Aufgabe, die aber für ihn wichtig sei. Die Leute, die er eigentlich mit dieser Aufgabe habe beauftragen wollen, hätten mehr Angst als Fantasie. Mir würde er aber zutrauen, die Sache in die Hand zu nehmen und zu seiner Zufriedenheit zu Ende zu bringen.

Erst nach dieser Vorrede verriet er, worum es ging. Der kommende Ministerpräsident des Nachbarlandes, der demnächst sein Amt antreten sollte, habe zu einem Hintergrundgespräch über die Rundfunkpolitik geladen. Die auf dieser Veranstaltung gemachten Ausführungen seien aber nicht für die Veröffentlichung bestimmt und es dürfe auch nicht mitgeschnitten werden. Das sei ausdrücklich so verlautbart worden. Um sich mit den Überlegungen dieses neuen Hoffnungsträgers der Konservativen vertraut machen zu können, brauche er aber unbedingt einen kompletten Mitschnitt dessen, was bei diesem Hintergrundgespräch gesagt werden würde. Dieser Mitschnitt sei aber ausschließlich zu seinem Gebrauch bestimmt. Das Problem bestehe darin, dass niemand dahinter kommen dürfe, dass mitgeschnitten werde. Und aus diesem Grund hätten die Leute, an die er eigentlich gedacht hatte, die Hosen voll. Mir traue er aber zu, diese Sache für ihn zu erledigen.

Ich war einerseits geschmeichelt, dass der Intendant mich bei einer so kniffligen Sache ins Vertrauen zog. Anderseits war mir diese Aufgabe nicht ganz geheuer. Aber was konnte dabei schon passieren, wenn alles sorgfältig vorbereitet würde. Eine wichtige Sache ausschlagen, bloß weil ich Angst hatte, es könnte vielleicht schief gehen, das kam nicht in Frage. Aber ich musste etwas Zeit gewinnen um zu überlegen, wie die Aktion anzupacken war.

Darum hatte ich gegenüber dem Intendanten argumentiert: „Ich werde etwas experimentieren müssen um herauszufinden, ob so ein unbemerkter Mitschnitt technisch zu schaffen ist. Geben Sie mir dafür zwei Tage Zeit."

„In Ordnung, ich gehe aber davon aus, dass Sie die Sache für mich hinbekommen", beendete der Intendant das Gespräch.

Das besagte Hintergrundgespräch war vier Tage später in Mainz angesetzt worden. Die Übertragungstechnik schickte mir noch am Nachmittag zwei der modernsten Richtmikrofone, die es gab. So empfindliche Dinger hatte ich noch nicht im Gebrauch gehabt. Frau Putzmeister und ich machten uns sofort an die Arbeit und gerieten in den Sog des technisch Machbaren. Das Nagra-Aufnahmegerät wurde in einer unauffälligen Reisetasche versteckt. Das Richtmikrofon wurde darauf gelegt und unter Papieren und Übernachtungstextilien verborgen. Nur die Aufnahmemembran blieb frei. Dann verschwand die Tasche unter einem Stuhl, etwa acht Meter entfernt vom Vortragstisch.

Das Nagra wurde auf die langsamste Geschwindigkeit geschaltet, so konnte ich zwei Stunden lang aufnehmen. Starten würde ich das Gerät möglichst kurz vor dem Beginn des Gespräches auf der Toilette. Dann würde es genau wie bei unserer Erprobung unter meinem Stuhl in etwa acht Metern Entfernung vom Vortragstisch verschwinden.

„Jetzt setz dich an den Tisch und erzähl mir irgendwas, damit ich die richtige Einsteuerung für das Mikrofon herausfinden kann."

Frau Putzmeister erzählte voller Empörung, sie sei heute auf der kleinen Bankfiliale mit lautem Hallo und der Verlautbarung empfangen worden, Geld gebe es keines mehr, weil ihr Konto zu weit überzogen sei. Das empfinde sie als eine ‚Granatensauerei'!

Wir nahmen das Band heraus, legten es auf die M5-Maschine und hörten es ab. Die Aufnahmequalität war tadellos. Man verstand jedes Wort von Frau Putzmeisters empörender Geschichte. Wir beide waren sehr stolz, wie wir es geschafft hatten, alle technischen Probleme zu lösen. Je besser uns das gelang, desto mehr waren die Skrupel, dass die Sache doch nicht ganz sauber war, in den Hintergrund getreten.

Aber ehe ich dem Intendanten zusagte, wollte ich doch noch mit Charlotte über die ganze Sache sprechen. Wir verabredeten uns in einem Café in der Nähe ihres Verlagsgebäudes, das ich gut zu Fuß erreichen konnte. Die Hitze stand wie oft an Sommertagen bewegungslos in der Innenstadt, die noch etwas tiefer im Kessel lag als das Studio. Es war so heiß, dass die Luft über den Steinen der Bürgersteigumrandung flimmerte. Die Absätze der Frauen in ihren bunten Fähnchen klackerten über den Asphalt.

‚Wieso wurde gerade ich für diese geheime Aktion ausgewählt?', überlegte ich auf dem Weg. Es war ja nicht das erste Mal, dass man mich für geeignet hielt, geheime Aufgaben zu übernehmen.

Während meines Studiums hatten mich die Talentsucher des Bundesnachrichtendienstes als interessantes Objekt ausgespäht und angesprochen. Sie wären auf der Suche nach jungen Intellektuellen für den ‚Dienst', hatten sie mich zu locken versucht. Sie hätten eine interessante und gut besoldete berufliche Perspektive für mich. Sie hatten bereits, wie weiß ich nicht, herausgefunden, dass ich Journalist werden wollte und einigermaßen gut englisch sprach.

Neugierig auf einen Blick in die verborgene Welt des Geheimdienstes, hatte ich mich auf ein weiteres Gespräch in einer unauffälligen Wohnung in Schwabing eingelassen. Die beiden Agenten, die dort auf mich warteten, trugen keine Schlapphüte und wären auch sonst nicht wirklich zu erkennen gewesen. Sie sahen aus wie ganz normale Bankangestellte.

Sie offerierten mir einen Posten in Honkong. Schwerpunkt meiner Aufgabe sei die Beschaffung von Nachrichten aus dem kommunistischen China. Natürlich hätten sie auch in China selbst Agenten positioniert, das aber sei viel gefährlicher, insbesondere wegen der Übermittlung der Berichte. Meine Tarnung in Honkong sei die eines Korrespondenten für eine große deutsche Tageszeitung, mit der sie zusammenarbeiteten. Sie gingen davon aus, dass ich in der Lage sei, auch gute Artikel zu schreiben. Die beste Tarnung sei nun einmal die Position eines Zeitungskorrespondenten, der auch tatsächlich Artikel schreibe! Ich wollte wissen, wie denn die Übermittlung meiner Berichte von Honkong in die Zentrale in München funktionieren würde. Das geschehe auf dem Funkweg mit der modernsten Technik. Zu meiner Ausstattung gehöre ein Sender, der aber aussehe wie ein kleiner Kühlschrank. Das Gerät wäre in der Lage, einen Bericht von mehreren Schreibmaschinenseiten so zu verschlüsseln und zu verdichten, dass er von den lauschenden Diensten der anderen Seite nur als eine Art kurzer Pfiff wahrgenommen werden könnte. Das Auffangen und Entschlüsseln sei praktisch ausgeschlossen.

„Hier bin ich!", riss mich Charlotte aus meinen Gedanken. Fast wäre ich an ihr vorbeigelaufen.

Charlotte trug ein blaues schulterfreies Sommerkleid, ihre nackten Schultern leuchteten in der Sonne. Ich redete so gerne mit ihr, ich freute mich über ihr Lächeln. Was war das für ein Glück, ihr begegnet zu sein!

Wir bestellten uns ein knallrosa Softeis. Ich berichtete Charlotte von dem Geheimauftrag des Intendanten und ich erzählte ihr auch, welche Erinnerungen das bei mir ausgelöst hatte. Ich sprach über meine Zweifel an der Sache und erwähnte auch die Rückzugsmöglichkeiten, die ich mir offengelassen hatte.

„Davon wirst Du aber keinen Gebrauch machen!", sagte sie sehr betont.

„Und woher willst du das so genau wissen?", fragte ich überrascht.

„Weil du von technischen Möglichkeiten fasziniert bist, besonders wenn du sie beherrschst, und weil es dich auch nicht stört, wenn es mal etwas gefährlich wird."

„Ich will keiner sein, der kneift, wenn es ein bisschen gefährlich wird." Ich war überrascht, wie gut sie mich schon kannte, und versuchte eine weitere Rechtfertigung. „Es wäre doch kein so gravierender Verstoß gegen die journalistischen Regeln. Über dieses Hintergrundgespräch darf nichts veröffentlicht werden, aber mein Mitschnitt soll ja auch gar nicht veröffentlicht werden!"

„Dein Problem ist nur, dass du so nicht argumentieren kannst, soll test du auffliegen. Du kannst nämlich niemandem sagen, warum du diesen Regelverstoß begangen hast, weil dann dein Intendant gravierende Probleme hätte."

Charlotte hatte Recht. Das ärgerte mich. Gleichzeitig wusste ich, dass ich gerade ihre unbestechliche Intelligenz liebte.

„Wenn du diesen Auftrag annimmst, musst du es so machen, dass es nicht rauskommt. Sonst bist du für unsere Arbeit erledigt. Du weißt ja, wie schnell sich sowas unter unseren Kollegen herumsprechen würde. Aber warum ist dieser Mitschnitt so wichtig für euren neuen Intendanten?"

Ich erklärte Charlotte, worum es ging: Dieser Intendantenwahl waren Diskussionen um den Bestand des Südwestfunks und der Neuordnung des Rundfunks in Südwestdeutschland vorausgegangen. Ein Modell war ins Spiel gebracht worden, das das Ende des Südwestfunks bedeutet hätte. Es sah vor, in Mainz für Rheinland-Pfalz eine eigene Rundfunkanstalt zu errichten und eine enge Zusammenarbeit oder eine Verschmelzung mit dem benachbarten Saarländischen Rundfunk zu prüfen. Dann könne der baden-württembergische Teil des Sendegebiets dem Süddeutschen Rundfunk zugeschlagen werden. Zwar war bekannt, dass Ministerpräsident Kiesinger für den Erhalt des Status quo und damit den Erhalt des Südwestfunks eintrat, aber Kiesinger war durch Filbinger abgelöst worden, und auch die Ablösung des rheinland-pfälzischen Ministerpräsidenten Altmeier, der ebenfalls für den Erhalt des SWF eintrat, stand an. Der junge, als dynamisch und reformorientiert geltende Fraktionsvorsitzende im Mainzer Landtag, Helmut Kohl, hatte Altmeier das Versprechen abgepresst, ihn nach Ablauf der halben Legislaturperiode abzulösen. So hing nun die Gefahr eines rundfunkpolitischen Meinungsumschwungs bei jeder notwendigen Verlängerung des Staatsvertrags wie ein Damoklesschwert über der Existenz des Senders und bedrohte die Position des neu gewählten Intendanten.

„Er geht wohl davon aus, dass er, wenn ich ihm einen Mitschnitt dieses Hintergrundgespräches liefere, den neuen Mann in Mainz besser einschätzen und sich auf das vorbereiten kann, was auf ihn zukommt", fasste ich zusammen, worum es bei der Sache vermutlich gehen würde.

„Dann mach es, ich kann dich sowieso nicht davon abhalten, aber sei vorsichtig!", meinte Charlotte.

„Jetzt würde ich aber doch gerne noch wissen, warum du kein als Korrespondent getarnter BND-Agent in Honkong geworden bist?", fragte Charlotte verschwörerisch leise.

„Ich wollte kein Journalist von Gnaden des Geheimdienstes werden!"

„So wirst du es denen aber nicht gesagt haben", bohrte Charlotte weiter.

Ich erzählte Charlotte also, dass ich von den beiden wissen wollte, wie denn mein als Kühlschrank getarntes Funkgerät nach Honkong kommen sollte. Aber da hätten die beiden gar keine Probleme gesehen. Das könne man doch bei meinem Umzugsgepäck mitschicken, hätten sie gemeint. Das sei mir dann aber doch nicht ganz geheuer gewesen und ich forschte weiter, was mir denn passieren würde, wenn der Zoll dahinter käme. Dann sei ich eben für sie verbrannt, aber meinen Kopf würde es ja nicht kosten, weil sie mit den britischen Diensten verbündet seien.

Unter diesen Voraussetzungen wollte ich doch kein als Korrespondent getarnter BND-Agent in dem feuchten Hochhauslabyrinth von Honkong werden. So habe ich den beiden abgesagt.

Wieder im Studio, rief ich in der Intendanz an und erklärte, ich könne den Auftrag übernehmen. Ich müsse mich aber absolut darauf verlassen können, dass der Mitschnitt in der Intendanz verbleibe und niemand außer dem Intendanten etwas davon erfahre.

Der erste Auftritt des neuen Hoffnungsträgers der CDU mit einem überregionalen Thema hatte auch Kollegen aus anderen Bundesländern angelockt. Vermutlich war er als eine Art Probelauf geplant und aus diesem Grund waren Mitschnitte unerwünscht.

Als die herumstehenden Journalisten begannen, in den Veranstaltungssaal zu strömen, steuerte ich die Toilette an, um das Nagra einzuschalten. Bei meiner Rückkehr war der beste Platz für eine unbemerkte Aufnahme direkt vor dem Vortragstisch in der zweiten Reihe noch frei. Ich nahm meine metallene Klemmmappe aus dem kleinen Koffer, ließ ihn wie aus Versehen etwas offen und schob ihn unter meinen Stuhl. So konnte das Mikrophon auch aus nächster Nähe nicht entdeckt werden.

Der künftige Ministerpräsident betrat mit seinem Gefolge Pfeife rauchend den Saal. Er überragte seine ebenfalls an ihren Tabakspfeifen saugenden Mitarbeiter um gut einen Kopf. Der Auftritt wirkte wie choreographisch geplant und erinnerte mich an englische Filmklamot ten. Der Politiker, dem seine Mitarbeiter, einige CDU-Größen und einige Journalisten eine große Zukunft und sogar das Zeug zum Kanzler prophezeiten, erschien etwas ungelenk, was auch an seiner Größe gelegen haben könnte. Die heimatliche pfälzische Mundart wirkte auf mich unbeholfen. So sagte er „nit" statt „nicht", aber er schien mit seinem provinziellen Habitus im Reinen zu sein. Auch das Bemühen, seine Gedanken möglichst eloquent vorzutragen, wie ich es von vielen Politikern kannte, hielt er wohl nicht für notwendig. Und das sollte die große Hoffnung der CDU sein, der Mann, der die Partei reformieren und auch für die Intellektuellen attraktiv machen wollte? Diese Hoffnungen der Partei waren für mich nicht nachvollziehbar.

Der Riese, etwa sechs Meter vor mir, bemühte sich, gewinnend und überzeugend zu wirken, aber es wurde erzählt, dass er blitzartig in einen rüden Ton verfallen konnte, wenn ihm etwas nicht passte. Das war einer, der an die Macht strebte, und wenn er es geschafft hatte, da auch bleiben wollte. Dem wurde alles andere untergeordnet. Wahrscheinlich war das eine gute Voraussetzung für die höchsten Positionen in der Politik.

Als er mit seinen Ausführungen begann, wurde schnell klar, worum es ihm ging. Der künftige Ministerpräsident hatte begriffen, dass sich durch den Intendantenwechsel des Senders seine Chancen zur Profilierung in der Rundfunkpolitik erhöhten. Auch der neue Intendant wollte behalten, was er gerade errungen hatte, und so konnte man ihn unter Druck setzen. Im Kern seiner Ausführungen ging es um die Bedingungen für die Erhaltung der eineinhalb Länder-Anstalt SWF.

Diese sahen so aus: Die historisch entstandene Bevorzugung der Zentrale Baden-Baden bei der Infrastruktur des Senders müsse ein Ende haben. Damit verglichen seien, was in seinem Land an Hörfunk- und Fernsehgebäuden bestehe, nur Improvisation. Es müsse ein der Größe des Landes und seiner Einwohnerzahl entsprechendes Landesstudio für Hörfunk und Fernsehen in Mainz errichtet werden.

'Da setzt ein Machtmensch, der künftige Ministerpräsident von Rheinland-Pfalz, den anderen, den neuen Intendanten des SWF, unter Druck', dachte ich. Wahrscheinlich würde der neue Intendant diesem Druck sehr bald nachgeben und die neuen Studiogebäude in Mainz würden entstehen.

Als nach knapp zwei Stunden die Fragen immer spärlicher tröpfelten, durchzuckte mich ein Schreck. Ich hatte bei der ganzen Planung eine Möglichkeit außer Acht gelassen. Was passierte, wenn die zwei Stunden, die das im Koffer versteckte Nagra nahezu geräuschlos aufnehmen konnte, abgelaufen waren und das Gerät nicht abgeschaltet wurde?

Vermutlich würde ein verdächtiges Schleifgeräusch entstehen, denn das lose Ende der abgerollten Spule würde im Gehäuse herumgeschleudert werden. Das könnte einem der im Saal verteilten Pfeifenraucher auffallen. Mir wurde es heiß und mein Herz schlug immer schneller. Aber es ging gerade noch gut. Als das Gespräch dann für beendet erklärt wurde, war ich unter den Ersten, die den Saal verließen. Im Wagen zog ich das Gerät aus der Tasche und schaltete es ab. Das Band hätte gerade noch für ein paar Umdrehungen gereicht.

Ich hielt an der nächsten Telefonzelle und rief Frau Putzmeister an. Ich bat sie im Studio auf mich zu warten. Ich wollte auf jeden Fall heute noch wissen, ob alles geklappt hatte.

Ich freute mich über mein schnelles Auto und kam sogar noch innerhalb der üblichen Dienstzeit im Studio an. Die Tonqualität der Aufnahme war besser als ich es erwartet hatte. Es gelang Frau Putzmeister sogar, die Stimmen der einzelnen Fragesteller noch etwas hoch zu ziehen, so dass man auch sie verstehen konnte.

Für den nächsten Morgen bestellten wir den Boten nach Baden-Baden. Am Nachmittag meldete sich die Intendanz, der Intendant wollte mich sprechen. Er bedankte sich für die glänzende technische und organisatorische Leistung, die ich da abgeliefert hätte. „Das ist der Beweis, dass Sie nicht zu den ängstlichen Bedenkenträgern gehören, von denen es im Haus leider eine Menge gibt!“

In diesem Moment war ich stolz und froh über diese Anerkennung von höchster Stelle. Auch Frau Putzmeister war beeindruckt: „Bei dem hast du jetzt aber einen Stein im Brett!“

Am Abend war ich mit Charlotte im Stuttgarter Theater verabredet. Wir wollten „Herr Puntila und sein Knecht Matti“ in der Inszenierung von Peter Palitzsch sehen. Zuvor war ich noch kurz in meiner Wohnung gewesen, um mich umzuziehen. Dabei hatte ich die Idee gehabt, für alle Fälle die Kellertür aufzusperren und die alten Scharniere noch etwas besser zu ölen. Während die Haustür unüberhörbar knarzte, ließ sich die hintere Kellertür nahezu lautlos öffnen. So hatte ich die Möglichkeit, Charlotte einzuschleusen und einen Teil der Nacht mit ihr zu verbringen, ohne dass die Sittenwächter in der oberen Etage es mitbekamen.

Charlotte war, wie ich es erwartet hatte, im Theaterfoyer leicht zu finden. Sie stand vor einem Spiegel und ihre rotblonden Locken leuchteten im Neonlicht. Sie überprüfte kritisch ihre Schminke und ob ihr das kleine Schwarze, das wir zusammen gekauft hatten, richtig saß. Es unterstrich ihre schönen schlanken Beine, die sie meist unter langen Hosen versteckte. Wenn sie, wie jetzt, Schuhe mit hohen Absätzen trug, war sie so groß wie ich. Aber das störte mich nicht. Ich fand sie schön und erotisch. Aber wahrscheinlich war sie wieder einmal der Meinung, dass sie mit dem Schönheitsideal der Zeit, dem Mannequin Twiggy, nicht konkurrieren konnte.

„Du siehst wunderschön aus“, begrüßte ich sie.

„So oft, wie du das sagst, muss ich es ja wohl irgendwann einmal glauben.“ Sie näherte sich meinem Ohr und flüsterte verschwörerisch: „Hat denn bei deiner hoch geheimen Mission alles geklappt?“

Ich nickte: „Ich bin heute Nachmittag schon von höchster Stelle gelobt worden."

„Und wie fühlst du dich als Gelegenheitsgeheimagent?", fragte sie.

„Wie zwischen zwei Mühlsteinen." Ich erzählte Charlotte, was das Thema des Hintergrundgesprächs gewesen war.

„Möglicherweise hat dich diese Aktion auf die Liste derer gebracht, mit denen euer Intendant den Sender umbauen will."

„Ich bin mir nicht so sicher, ob ich gerne auf dieser Liste stehe. Manchmal denke ich, es wäre besser, diesen Intendanten im Fußvolk der Redakteure möglichst unauffällig zu überstehen."

„Dazu hast du aber jetzt schon die falsche Position. Das hättest du vielleicht als Nachrichtenredakteur im Schichtdienst wie beim RIAS schaffen können."

Wir fanden, während wir uns leise unterhielten, unsere Plätze. Der Vorhang ging auf und Traugott Buhre hatte sich in einer Weise in diese Rolle eingelebt, dass man sich nicht mehr so sicher war, wie Brecht diese Person gesehen hatte. War es nur der Alkohol, der den Gutsherren, Kapitalisten und Ausbeuter immer wieder in einen Menschenfreund verwandelte oder war Herr Puntila tatsächlich schizophren und seine Betrunkenheit löste einen Schub aus. Wir waren fasziniert von dem Witz und der Weisheit der Brecht'schen Dialoge, der Klugheit der Unterdrückten, wie sie der Knecht Matti besaß, und der Melancholie Brechts, die immer aufschimmerte. Dagegen fanden wir das Ende des Stücks sehr konstruiert. Herr Puntila entscheidet sich für seinen Knecht Matti als Schwiegersohn. Der will aber erst prüfen, ob sich das reiche Fräulein als Frau für ihn eignet, und die Tochter besteht diesen Test nicht. Reich und arm passen nicht zusammen. So das Resümee des Stückes.

„Aber für uns wäre dieser Brecht'sche Test doch positiv ausgegangen", witzelte Charlotte, als wir die Stufen vor dem Theater hinuntergingen. „Wir passen zusammen, weil wir beide nichts haben, außer dem, was wir können und unsere Autos."

Wir tranken in einer Bar noch ein Glas Wein und ich spürte, auch Charlotte hatte Lust, wenigstens einen Teil der Nacht mit mir zu verbringen. Ich erzählte ihr, wie perfekt ich alles in meiner Wohnung vorbereitet hätte, da könne gar nichts schiefgehen.

Charlotte war unentschieden. Sie hatte große Angst vor der Peinlichkeit, wenn solche Unternehmungen auffliegen würden.

„Du weißt doch jetzt, wie erfolgreich ich eine Mission durchziehen kann, die geheim bleiben muss“, versuchte ich einen Witz.

„Ich komme gerne mit, aber wir müssen einen Weg finden, dass dieser verdammte Zirkus ein Ende hat!“

Die Autos wurden ein paar Ecken von meiner Wohnung entfernt geparkt. Es war ziemlich dunkel und die Straßenlaternen leuchteten nicht in den Garten mit seinen wie zu einer Parade aufgestellten Blumen. Der schmale mit Sandsteinplatten gepflasterte Weg war auch, wenn man fast nichts sah, gut zu verfolgen. Die Kellertür öffnete sich lautlos. Die funzelige Beleuchtung warf ein schwaches Licht auf den rauen Betonboden, der ein wenig feucht zu sein schien. Charlotte blieb einen Augenblick in der Türe stehen, so als ob sie überlegen würde: ‚Sollte sie, um Geräusche zu vermeiden, ihre Schuhe ausziehen und dabei vielleicht ihre Strümpfe auf dem Betonboden ruinieren oder sie doch lieber anbehalten und auf Spitzen zu der Souterrainwohnung schleichen?‘ Sie behielt ihre Schuhe an und durchquerte elegant und lautlos den Keller. Ich schloss die Wohnungstür langsam und lautlos. Auch im Schlafzimmer trauten wir uns nicht, das Licht anzuschalten. Aber das hinderte uns nicht. Wir liebten uns schnell, heftig und immer von der Entdeckung bedroht.

„Weißt du, warum ich gerne mit dir schlafe?“, flüsterte sie, während wir uns anzogen. „Weil ich dann fühle, wir sind wirklich zusammen.“

Beschwingt und glücklich, wie zwei Kinder, denen ein erfolgreicher Streich gelungen ist, schlichen wir durch den Keller zurück zu unseren Autos. Wir starteten die Wagen, so leise es eben ging, dann fuhr Charlotte in ihre Wohnung und ich parkte wie immer vor meinem Haus. Ich sperrte die Tür auf und bewegte sie so langsam wie möglich, um das Knarzen des alten Holzes in die Länge zu ziehen. Erst als ich am oberen Treppengeländer einen Schatten wahrnahm, strebte ich schnell in meine Wohnung und schlich mich dann noch einmal hinaus, um die Kellertür von innen zu versperren.

Am nächsten Abend war es wegen einer gesellschaftlichen Veranstaltung wieder einmal später geworden. Wie immer tauchte die Vermieterin am Treppengeländer des oberen Flurs auf um zu überprüfen, ob ich auch alleine war. Diesmal aber verschwand sie nicht wie gewöhnlich wieder in ihren Räumen, sondern kam mit einer Beweglichkeit die Treppe herunter, die ich der dicklichen Frau nicht zugetraut hätte. Mit einem zu einer bösen Grimasse verzogenen Gesicht fauchte sie mich an: „Kommen Sie mal mit!"

Natürlich ging ich davon aus, dass sie tagsüber in meiner Wohnung herumschnüffelte, war mir aber sicher, dass Charlotte nichts Verräterisches in der Wohnung vergessen hatte. Die Vermieterin riss meine Wohnungstür auf, schaltete das Licht ein und deutete auf den Linoleumboden der beiden kleinen Zimmer. Ich begriff sofort, was uns verraten hatte. Charlotte hatte mit ihren Pfennigabsätzen eine verräterische Spur durch die Wohnung und zum Bett in das weiche Material gestempelt.

Die Wirtin wollte jetzt nur eines wissen und fragte mit erhobener Stimme: „Wie kommt eine Frau in ihre Wohnung? Das isch verbote."

Ich fand das unglaublich entwürdigend! „Das geht Sie gar nichts mehr an! Ich kündige die Wohnung fristlos. Ich werde meine Sachen sofort zusammenpacken und verschwinden."

Damit griff ich in meine Hosentasche und knallte ihr den Wohnungsschlüssel auf den Tisch. Damit hatte sie nicht gerechnet. Plötzlich meinte sie, ich solle doch nichts überstürzen und es sei auch schon viel zu spät, eine andere Unterkunft zu finden.

„Das lassen Sie mal meine Sorge sein!", fauchte ich voller Wut und begann, meine Sachen in Taschen und Koffer zu werfen.

Sie blieb noch neben der Tür stehen, so als könnte sie es nicht fassen, dass sie ihre Macht über meine Moral verloren hatte. Erst als ich mit dem ziemlich schweren Fernseher vor dem Bauch den Raum verließ, gab sie auf und verschwand.

Der Volvo war groß genug, meine Habseligkeiten zu schlucken. Während ich die Sachen verstaute, spürte ich ein Gefühl von Tatkraft, Befreiung und Leichtigkeit darüber, dass dieser Zirkus nun ein Ende hatte.

Ich wusste schon, wo ich ohne irgendwelche Probleme die Nacht verbringen konnte: auf der Besuchercouch im Aufnahmeraum unseres Studios. Die Schlüssel für alle Türen hatte ich in der Hosentasche. Ich schlief erleichtert ein und so tief, dass ich es gerade noch schaffte, mich in der Toilette provisorisch zu waschen und anzuziehen, da hörte ich schon das Knacken des Schlüssels in der schweren Metalltür.

Frau Putzmeister sah mich und begriff sofort, was passiert war. „Seid ihr aufgeflogen? Ich habe mich gewundert, wie lange das gut geht."

Ich erzählte ihr, was passiert war, und nun hatte ich die geborene Stuttgarterin, die die Kehrwoche als etwas Gottgegebenes hinnahm, auf meiner Seite.

„Wir müssen erst mal eine nicht zu teure Pension für dich finden, wo man nicht so scharf drauf ist, Damenbesuche zu erwischen", meinte sie und griff sich das Branchentelefonbuch. Sie führte einige Telefonate, bei denen sie erzählte, sie suche für einen Kollegen vom Funk ein Zimmer. Dabei unterzog die Hörfunkcutterin offenbar die Stimmen der Angerufenen einem Toleranztest. Schließlich gab sie mir einen Zettel mit drei Anschriften, da könnte ich es versuchen.

Als ich mich abends aufmachte, Frau Putzmeisters Zettel neben mir auf dem Sitz, zeigte sich schnell, sie hatte gute Arbeit geleistet. Schon die erste Wirtin machte einen pragmatischen, freundlichen Eindruck. Als ich die Testfrage losließ, es könne sein, dass ich einmal Besuch von meiner Freundin bekäme, sah sie mich nur kurz an und sagte: „So etwas sehe ich gar nicht".

Vom Telefon im Flur vor meinem Zimmer erwischte ich Charlotte noch in ihrer Redaktion und erzählte ihr, was passiert war.

Eine Woche später standen Landtagswahlen an, die mit großer Spannung erwartet wurden. Die stabilen politischen Verhältnisse im Südwesten waren in den Sog der neuen Machtverhältnisse in der Bundeshauptstadt Bonn geraten. Dort hatte sich eine große Koalition aus CDU und SPD gebildet, die der bisherige Ministerpräsident des Landes Baden-Württemberg, Kiesinger, führte.

Die meisten Kollegen aus der Landespressekonferenz hatten bedauert, dass Kiesinger nach Bonn ging. Wir Journalisten hatten uns von ihm ernst genommen gefühlt, weil er die landespolitischen Korrespondenten als eine Art Beratergremien zu nutzen pflegte. Wenn er neue Ideen umsetzen wollte, trug er sie zuerst als nicht zur Veröffentlichung gedachtes Hintergrundgespräch der Landespressekonferenz vor und setzte sich dann mit unseren Einwänden auseinander.

Als Nachfolger des brillanten Redners Kiesinger, im Kollegenkreis auch „König Silberzunge" genannt, hatte sich der Innenminister Filbinger durchgesetzt. Mit Kiesinger verglichen erschien er uns blass. Er hatte sich nach dem Weggang Kiesingers an Bonn orientiert und ebenfalls eine große Koalition mit der SPD gebildet. Das war im Herbst 1966 gewesen. Diese Koalition hatte sich nun auch den Wählern zu stellen.

Die technischen Vorbereitungen für die Landtagswahl 1968 hatten schon Tage vor dem Wahltermin in den letzten Apriltagen begonnen. Das Foyer des Landtags war nach und nach in ein Hörfunk- und Fernsehstudio verwandelt worden, in dem die beiden Hörfunksender des Landes kollegial zusammenarbeiteten, auch wenn sie von der immer weiter ausufernden Fernsehtechnik an den Rand gedrängt wurden.

Etwa eine Stunde vor der Schließung der Wahllokale waren die Teams von Fernsehen und Hörfunk, die sich mit ihren improvisierten Studios im Landtagsfoyer breitgemacht hatten, mit der Überprüfung ihrer Technik beschäftigt. Scheinwerfer flammten auf, Verstärkeranlagen wurden getestet und gaben Prüftöne von sich. Am Eingang hatten sich einige Uniformierte eines Ordnungsdienstes aufgebaut. Sie ließen nur Personen ins Foyer, die eine unübersehbare Zugangsberechtigung trugen. Trotz dieser strengen Reglementierung gab es im Foyer ein nervöses Gedränge. Es war, als hätte sich die Stimmung der Abgeordneten, die nicht wussten, ob ihre politische Karriere weitergehen würde oder ein Ende hätte, auf die sich im Foyer Drängenden übertragen.

Mir hatte die Zentrale eine Schlüsselaufgabe übertragen, mit der ich noch keine Erfahrung hatte: die Regie der Hörfunksendungen! „Sie kennen sich da am besten aus", war die kurze telefonisch gegebene Begründung. Das bedeutete, bei mir liefen alle Ergebnisse zusammen, und ich hatte die jeweilige Bedeutung abzuschätzen und danach zu entscheiden, was über die Sender lief.

Die Studiotechnik mit ihren Schaltpulten, Verstärkern und Mikrofonen war noch ein letztes Mal überprüft worden. Es würde noch dauern, bis die ersten Ergebnisse aus den Wahlkreisen eingehen würden, und so machte ich mich im Gedränge des Foyers auf die Suche nach Charlotte. Ich entdeckte sie an der Treppe. Sie war im Gespräch mit zwei Abgeordneten der SPD, die guter Stimmung zu sein schienen. Sie hofften offenbar, dass die Wähler die erste Beteiligung ihrer Partei an der Regierung einer großen Koalition honorieren würden.

Ich kam aber nicht bis zu Charlotte. Der Intendant hatte das Foyer betreten, mich entdeckt und war auf mich zu gesteuert. Ich blieb stehen. Etwas irritierend war, dass er nicht mich ansah, sondern auf den Zugangsausweis schaute, der unübersehbar an meinem Revers festgesteckt war. Direkt vor mir blieb er stehen und nahm ihn mir ab. Dann erst sah er mich an: „Den brauchen Sie hier nicht, hier kennt Sie jeder", meinte er und verfiel in ein kumpelhaftes Lachen. Aber es war kein echtes Lachen, denn seine Augen lachten nicht mit. „Ich brauche den Ausweis für meinen Sohn, den lassen sie sonst nicht rein“, schob er noch nach, dann drehte er sich um und ging zum Ausgang zurück.

Charlotte hatte alles beobachtet. Sie beendete ihr Gespräch mit den Abgeordneten und kam auf mich zu.

„Was war denn das da eben? Der nimmt dir einfach deinen Zugangsausweis ab und du lässt dir das gefallen?“, zischte sie.

„Das ging so schnell, ich hab nicht geschaltet und es stimmt ja, dass mich hier alle kennen und ich auch ohne Ausweis meine Arbeit machen kann. Aber dass sein Sohn jetzt mit meinem Ausweis hier überall rumstiefelt, das finde ich nicht in Ordnung.“ Ich versuchte mich dann noch damit zu verteidigen, dass die meisten, die die Szene beobachtet hätten, wüssten, dass er mein oberster Chef ist und ich aus diesem Grund kaum anders handeln konnte.

Charlotte kam meinem Ohr nahe, so als wollte sie sicher gehen, dass außer mir niemand ihre Bemerkung mitbekommen würde und flüsterte: „Das ist ein autoritärer Knochen! Ich habe ihn von dem Moment an, als er den Landtag betrat, im Auge gehabt. Und er ist nicht nur ein autoritärer Typ, er ist auch einer, der glaubt, dass er jede Frau kriegt.“

„Wie hast du denn das herausgefunden?“, wollte ich wissen.

„Ich bin eine der wenigen Frauen in einem ganz von Männern dominierten Betrieb. Da entwickelt man ein Gespür für solche Typen.“

Schon bald nach dem Einlaufen der ersten Ergebnisse zeichnete sich ein für die SPD enttäuschender Trend ab. Sie verlor mehr als acht Prozent. Ihr Partner in der großen Koalition, die CDU, büßte auch zwei Prozent ein, die FDP, die einzige Oppositionspartei in der Zeit der großen Koalition, gewann etwas mehr als ein Prozent hinzu, aber die erschreckende Sensation war das Abschneiden der NPD: Sie erhielt knapp zehn Prozent der Stimmen und zog mit zwölf Abgeordneten in den Stuttgarter Landtag ein! Wie wir Korrespondenten es erwartet hatten, nahmen CDU und SPD sofort Koalitionsverhandlungen auf. Die zogen sich immer wieder weit in die Nacht hinein und die Berichterstatter von Presse, Hörfunk und Fernsehen mussten auf dem Teppichboden vor dem Verhandlungsraum im Landtagsgebäude ausharren, in der Hoffnung, von Abgeordneten, die den Saal kurz verließen, etwas zu erfahren. So wurde uns schnell klar, dass nicht die Einigung über die angedachte Kreis- und Gemeindereform das schwer zu knackende Problem war, sondern die Abschaffung der Konfessionsschule. Darauf hatte die SPD immer bestanden.

Als sich, sehr spät in der Nacht, die Parteien schließlich doch noch geeinigt hatten und den Verhandlungssaal verließen, hatten einige Abgeordnete Tränen in den Augen. Ob der Grund die Abschaffung der Konfessionsschule war, oder ob sie nur zu viel geraucht hatten, war nicht zu erfahren.

Das Attentat auf Rudi Dutschke im gleichen Frühjahr 1968 und die sich daraus entwickelnden Osterunruhen brachten einen Vorgeschmack auf unruhige Zeiten.

Der Umgangston der morgendlichen Schaltkonferenz, in der sich die Redaktionen über die Programme des Tages berieten, war nervöser und angespannter geworden. Die Witzeleien, mit denen sich die Kollegen früher gerne ein bisschen in Szene zu setzen pflegten, gab es nicht mehr. Dabei konnte auch der Unfalltod des Leiters der aktuellen Redaktion in Mainz eine Rolle gespielt haben. Er hatte sich, wie es hieß, mit seinem neunen BMW 1800 um einen Baum gewickelt. Wenn man mit Kollegen aus seinem beruflichen Umfeld über diesen Tod sprach, klang manchmal durch, dass es vielleicht auch ein Selbstmord gewesen sein könnte.

In diesen Tagen machte der Pariser Korrespondent des Senders einen, wie ich fand, sehr interessanten Vorschlag für einen Beitrag. Er hatte ein Interview mit Daniel Cohn-Bendit geführt, der sich mehr und mehr zum Wortführer der Pariser Studentenproteste entwickelte. ‚Dany le Rouge', wie er in Frankreich wegen seiner roten Haarfarbe genannt wurde, studierte in Nanterre, einer riesigen Dependance der Pariser Universität am Rande der Stadt. In dem Interview hatte Cohn-Bendit die These aufgestellt, dass es einen Zusammenhang zwischen den Studentenprotesten und ihrer sexuellen Frustration gebe. In den großen Studentenheimen in Nanterre seien Männer und Frauen strikt getrennt, und es bestehe eine streng überwachte Zugangsbeschränkung für das jeweils andere Geschlecht. Diese große sexuelle Frustration sei eine der wesentlichen Ursachen der Studentenproteste, die sich in Frankreich immer weiter ausbreiten würden und auch auf die Arbeiter überspringen könnten.

Die Redaktion in Baden-Baden lehnte ab. Das sei doch wohl eine etwas zu spezielle Sicht auf das Problem. Ich versuchte, dagegen zu argumentieren. Sexuelle Frustration als verstärkendes Moment von Protesten, die zu revolutionären Zuständen führen könnten, das wäre doch ein interessantes Thema. Aber ich konnte mich nicht durchsetzen, es blieb bei der Ablehnung des Themenvorschlags aus Paris.

Nach dem Ende der Schaltkonferenz überlegte ich. Was war da eben abgelaufen? War das wirklich die Meinung der Redakteure in der Zentrale oder wussten sie, so wie ich auch, dass konservative Kreise, insbesondere ihr Wortführer Ministerpräsident Filbinger, Tendenzen zur Befreiung der Sexualität für ein Grundübel der Gegenwart hielten. Somit wäre Ärger durch so einen Beitrag zu erwarten, den man lieber vermeiden wollte.

Ich rief Charlotte an, erzählte ihr, was gerade in der Schaltkonferenz abgelaufen war, und fragte sie, ob ihre Zeitung Interesse an diesem Thema haben könnte.

„Interessant", fand sie. „Ich werde es mal in der Politik versuchen. Aber sicher, dass die es nehmen, bin ich mir auch nicht. Aber wir haben ja noch das Feuilleton, da bring ich es bestimmt unter."

Damals fing das an, dass man heiße politische Themen im Feuilleton verstecken musste.

Ein paar Tage später rief mich der neue, vom Intendanten ausgewählte Programmdirektor Hörfunk an. Er kam sofort zum Grund seines Anrufes.

„Wir hätten Sie gerne als neuen Leiter der aktuellen Redaktion im Landesstudio Mainz." Er führte dann meine große Erfahrung als Redakteur und Reporter im Bereich der Landespolitik an. Wies auf die große Bedeutung des Landsstudios und der aktuellen Redaktion für den Sender hin. Ließ auch eine Bemerkung fallen, dass die alte Führung des Senders hier die Dinge etwas habe schleifen lassen. Schließlich lockte er mich mit der Möglichkeit, die aktuelle Redaktion neu auszurichten und zu erweitern, da auch Stellen neu zu besetzen seien. Als Letztes kam der Hinweis auf ein beträchtlich angehobenes Gehalt, und darauf, dass dies ja nicht die letzte Station meines Berufsweges sein müsse.

Das Angebot hatte mich völlig überrascht und war mir nicht geheuer. War eine Blitzkarriere von Gnaden eines autoritären Machtmenschen das, was ich wollte? Auch die Gerüchte über den Tod des Vorgängers auf dieser Position schossen mir durch den Kopf. Erst wollte ich einmal Zeit gewinnen.

In dieser Aufgabe würde ich eine große Anerkennung meiner Arbeit sehen, sagte ich dem Programmdirektor, ich sei aber mit meiner bisherigen Aufgabe sehr zufrieden und würde um etwas Bedenkzeit bitten.

„Das geht in Ordnung, in einer Woche sagen Sie mir Bescheid", akzeptierte er.

Frau Putzmeister war die Erste, die ich ins Vertrauen zog.

„Verdammt, finden die keinen anderen für den Job", schimpfte sie.

Ich schloss die Tür zu meinem Büro, setzte mich an meinen Schreibtisch und versuchte, mir darüber klar zu werden, ob ich diesen beruflichen Aufstieg wollte oder doch lieber nicht.

Die Jahre in Stuttgart waren die besten und glücklichsten in meinem bisherigen Leben gewesen. Ich hatte mich mühsam bis zum Abitur durch das Gymnasium geschlagen und war die Angst vor Prüfungen auch in der Universität nie losgeworden. Und hier hatte die Zeit begonnen, in der mir plötzlich alles gelang. Meine Arbeit wurde gelobt und anerkannt.

Ich würde die Fahrten über Land zu den interessanten Interviewpartnern vermissen, die nicht immer spannenden Landtagssitzungen, die spektakulären Gerichtsverhandlungen und die Tarifgespräche, bei denen es auch darum gehen konnte, ob Teile des Landes durch einen Streik stillstehen würden oder nicht. Sicher würde ich auch den Triumpf vermissen, mal wieder gegen den Ablauf der Zeit gewonnen zu haben, wenn ich es geschafft hatte, mit einem Vormittagstermin noch in die Mittagssendung zu kommen.

Das alles wären nicht mehr meine Aufgaben. Ich würde eine große Redaktion leiten, in der die anderen die interessante Arbeit machten. Das Leben, in dem man unterwegs ist, wäre vorbei. Der Tag würde mit Schaltkonferenzen, Redaktionsberatungen, Koordinationssitzungen und mit Arbeitskreisen über die Etatausstattung und technische Probleme vergehen. Natürlich würde ich mir interessante Themen vorbehalten können, aber dafür würde dann doch die Zeit fehlen.

Aber mit dem neuen Intendanten hatte eine andere Zeit begonnen. Konnte es da tatsächlich gelingen, die glücklichen Jahre dadurch zu verlängern, dass man ein solches Angebot ablehnt?

Ich rief einen Kollegen in der Zentrale an, mit dem ich mich immer gut verstanden hatte. Er zeigte sich nicht überrascht. Da habe der neue oberste Chef schon viel schlechtere Entscheidungen getroffen, meinte er, um dann noch nachzuschieben, die Vertrauten des Intendanten würden verbreiten, wer seine Angebote ablehne, der könne, solange er Intendant sei, und das könne lange dauern, nicht mehr mit einer Beförderung rechnen.

Vielleicht konnte ich leichter Klarheit über die anstehende Entscheidung gewinnen, wenn ich ein paar Tage aus allem aussteigen würde. Ich hatte viele Urlaubstage angesammelt, die längst hätten genommen werden müssen.

Ich rief Charlotte an, erzählte ihr von dem neuen Angebot und fragte sie, ob sie sich doch ein paar Tage frei machen könnte, um mit mir nach St. Peter-Ording zu fahren. Ein Kollege war dort aufgewachsen und hatte in der Kantine immer begeistert über den weiten Nordseestrand erzählt und der Möglichkeit, dort mit dem Auto herumzuflitzen.

Am nächsten Morgen fuhren wir los. Wir freuten uns auf unseren ersten gemeinsamen Urlaub. Als wir nach etwa einer Stunde eine Kaffeepause einlegten, fragte Charlotte auf dem Weg zurück zum Auto: „Kann ich dich nicht mal ablösen oder hast du Angst, dass ich mit deinem tollen Auto nicht klar komme?"

Ich gab ihr den Schlüssel und meinte: „Natürlich geb ich dir mein Auto! Wer einen uralten Volkswagen fahren kann, kommt auch mit einem schnellen Wagen klar."

Schon nach ein paar Kilometern konnte ich mich entspannt zurücklehnen. Charlotte beherrschte den Wagen sicher und fuhr auch nicht viel langsamer als ich.

Ich dachte darüber nach, wie angenehm und schön es doch ist, wenn man so sicher chauffiert wird und sich die vorbeifliegende Landschaft betrachten kann. Da näherte sich an der weiten Kurve einer Gefällstrecke ein Opel Kadett mit quietschenden Reifen und zog vorbei. Kurz vorher hatte Charlotte den jungen Mann überholt.

„Idiot", murmelte Charlotte und trat, kaum war der Kadett wieder auf der rechten Spur, aufs Gas. Auf der folgenden Geraden beschleunigte sie den Wagen bis auf 160 und beobachtete im Rückspiegel, wie der Kadett langsam hinter uns am Horizont verschwand.

„Sehr gut", fand ich. „Dem hast du es aber gegeben. Wir sind uns viel ähnlicher, als ich gedacht habe."

„Bloß die Anlässe sind verschieden. Der musste uns doch nur überholen, weil eine Frau am Steuer sitzt."

Das Autoradio des Volvo besaß ein Kassettendeck und ich hatte mir Aufnahmen mit meinen Lieblingsliedern von Bob Dylan, wie ‚Knockin' on Heaven's Door' und von Simon and Garfunkel mit ‚Sound of Silence' und ‚Homeward Bound' besorgt und schob sie ein. Das war unsere gemeinsame Musik und sie beschwingte uns so, dass wir eine Zeitlang vergaßen, was auf dieser Reise entschieden werden musste.

Als eine Kassette zu Ende gelaufen war, fragte Charlotte: „Kannst du nicht das ganze Problem einfach dadurch lösen, dass du zu einem anderen Sender gehst, so gut wie du bist?"

„Unsere Arbeit ist eine flüchtige Angelegenheit. Hier habe ich mir meine Reputation erarbeitet, und nur hier wissen sie, wie gut ich bin. Es wäre auch unmöglich, jemandem zu erklären, dass man den Sender verlässt, weil man ein Karriereangebot erhalten hat. Es gibt nur zwei Möglichkeiten: Die eine, sich auf meiner jetzigen Position einzubunkern und so den Groll des obersten Chefs auf sich zu ziehen. Die andere, das Angebot annehmen, die Chancen, die darin stecken, nutzen und hoffen, dass man ihn auf seiner Seite hat", fasste ich zusammen.

„So wie ich den einschätze, kann man nie wissen, wie lange man ihn auf seiner Seite hat", meinte Charlotte.

„Ich sehe das genau so, wie du. Aber ich kann mir meinen Intendanten nicht aussuchen. Er hat für die Periode, für die er gewählt wurde, eine Macht über seine Angestellten, fast wie ein absolutistischer Fürst. Aber wenn er diese Macht missbraucht, wird er nicht mehr gewählt. Ich kann mir nicht vorstellen, dass er seine Macht über den Sender, an der ihm so viel liegt, aufs Spiel setzt."

„Ich habe deinen Intendanten bei der Landtagswahl ja nur ganz kurz gesehen, wie er dir deine Zugangsberechtigung abgenommen hat. Ich halte ihn für völlig unberechenbar."

„Die guten Zeiten des Rundfunks sind vorbei und kommen nicht wieder. Es ist aber schwer, sich an die schlechten zu gewöhnen, wenn man die guten noch erlebt hat", wurde ich grundsätzlich. Dann musste ich Charlotte noch ein bisschen von den guten Zeiten erzählen. Von den umfassend gebildeten Chefredakteuren und Programmdirektoren, denen es nicht nur um die Unabhängigkeit von Rundfunk und Fernsehen ging, sondern auch um den Kultur- und Bildungsauftrag der gebührenfinanzierten Medien.

Als wir am Strand von St. Peter-Ording den Wagen abstellten, stand die Sonne schon tief. Die von der letzten Flut noch übrig gebliebenen Wasserstreifen leuchteten in glitzerndem Gold.

Wir suchten uns ein Lokal, bestellten Fisch, Chips und Salat und schauten in die untergehende Sonne. Das Leben war schnell geworden, aber die Autos auch. Mit keinem meiner bisherigen Autos wäre es auch nur annähernd möglich gewesen, in einem knappen Tag von Stuttgart nach St. Peter-Ording zu kommen.

Wir hatten bald eine Pension gefunden. Den schwäbischen Vorstellungen von Sauberkeit entsprach sie nicht ganz, aber es interessierte sich niemand dafür, ob wir verheiratet waren oder nicht. Wir stellten unser Gepäck ins Zimmer und machten uns zu einem Strandspaziergang in der Dämmerung auf. Es waren kaum noch Leute unterwegs. Die Luft war stark abgekühlt. Ein böiger Wind fuhr immer wieder in unsere Kleider.

„Weißt du, was eines meiner Probleme ist?", kam ich wieder auf die anstehende Entscheidung zurück. „Ich habe in den letzten Jahren gelernt, wie sich das anfühlt, wenn man wirklich gut ist. Die Leitung einer großen Redaktion ist aber was ganz Neues für mich. Ich weiß nicht, ob ich das genau so gut hinbekommen werde."

Charlotte blieb stehen und sah mich an. „Eine Redaktion gut zu leiten, das trau ich dir zu. Ich glaube, dein Problem ist ein anderes! Du fürchtest den politischen Druck, der dazu führt, dass man sich selbst zensiert."

Charlotte erinnerte mich an das Interview mit Daniel Cohn-Bendit, in dem er behauptet, die sexuelle Frustration der Studenten sei eine der Ursachen für die Studentenunruhen gewesen.

„Wenn du das hättest entscheiden können, wäre das gesendet worden. Und du hättest Ärger gekriegt!"

Das hatte sie genau erfasst. Natürlich wäre das bei mir gesendet worden, denn wenn man ein Programm nur danach ausrichtet, keinen Ärger zu bekommen, wird es einseitig und langweilig.

Charlotte überlegte weiter: „Kann doch sein, dass dein neuer Chef genau das von dir in Mainz erwartet."

So konnte man mich aber doch nicht einschätzen: „Meine bisherige Arbeit in Stuttgart wurde in der Zentrale immer genau beobachtet und Hofberichterstattung habe ich bisher nicht geboten!" Es kam mir aber noch ein anderer Gedanke: „Der neue Ministerpräsident und Hoffnungsträger der CDU hat doch verlauten lassen, dass er seine Partei reformieren und auch für Intellektuelle attraktiv machen will. Ich trau dem das zwar nicht zu, aber könnte doch sein, dass ein Programm, wie ich es bisher gemacht habe, genau zu diesen Vorstellungen passt."

„Es könnte sein ...", wiederholte Charlotte. Aber so zögerlich, wie sie das sagte, war mir klar, dass sie das für wenig wahrscheinlich hielt. Ihre Worte gingen auch fast im Pfeifen des Windes unter.

Dann holte sie noch weiter aus und sprach lauter, als wären Wind und Meer gegen sie: „Der Intendant hat dich doch dazu gebracht, das Gespräch verbotenerweise aufzuzeichnen, damit war es ihm genau genommen doch gelungen, dich zu korrumpieren. Der schließt vielleicht daraus, dass du dich für eine Karriere korrumpieren lässt. Du weißt doch, wie so was läuft. Du hast doch oft genug über Korruptionsprozesse berichtet."

So hatte ich das überhaupt noch nicht gesehen, aber man konnte es so sehen, das musste ich zugeben. Etwas beschämt versuchte ich Charlotte zu erklären, dass ich in der Aktion keine Korrumpierung, sondern so eine Art Mutprobe gesehen hatte. So was war mir aus der Zeit des Nachkriegschaos vertraut. Diesmal war es eine, bei der ich auch noch ein guter Tontechniker sein musste, was die Sache besonders spannend machte.

Wind und Meer hatten sich etwas beruhigt, als Charlotte meinte: „Dein oberster Chef dürfte aber kaum etwas über dein Leben wissen. Er kann sich doch einfach gedacht haben, da habe ich einen, der ohne Furcht und mit großem Geschick das umsetzt, was man von ihm erwartet. Auch wenn es nicht ganz den üblichen Regeln entspricht.

„Also gut", räumte ich ein. „Dieser unerlaubte Mitschnitt war etwas außerhalb der Legalität. Aber ich würde mich nie aus Gründen der Karriere korrumpieren lassen und ein Programm so machen, wie es den Politikern angenehm ist."

Charlotte überraschte mich mit: „Mir brauchst du das nicht zu erzählen. Ich kenne dich doch mittlerweile ein bisschen. Ich weiß, dass das so ist!"

Ich wurde neugierig „Wieso bist du da so sicher?"

„Ich habe mich in unserem Archiv etwas über deinen Vater informiert. Er hat sich von den Nazis korrumpieren lassen. Damit hast du dich immer wieder beschäftigt. So etwas kommt für dich nicht in Frage. Du kämst dir käuflich vor."

Charlotte hatte ausgesprochen, was in den letzten Tagen immer wieder wie ein nicht richtig zu fassender Gedankenfetzen durch mein Bewusstsein gezogen war.

„Du hast Recht", musste ich ihr zustimmen. „Wenn er meint, mit mir hätte er einen gefunden, den er mit einer Karriere korrumpieren kann, dann hat er sich den Falschen ausgesucht."

Wir blieben stehen, zogen Schuhe und Strümpfe aus und krempelten unsere Hosen auf, um in den kleinen Wellen der herannahenden Flut laufen zu können. Von der Sonne war nur noch ein heller Streifen am Horizont zu sehen.

Wir hatten alles Brot eingesteckt, das in einem Körbchen auf unserem Tisch stand, um die Möwen zu füttern. Die hatten das wohl geahnt. Ein kreischender Schwarm, der immer größer wurde, verfolgte uns. Sie schossen knapp an uns vorbei bis fast auf den feuchten Sand, stiegen dann wieder auf, flogen ganz nah aneinander vorbei, streiften aber im Flug weder sich noch uns. Wir fingen an, unser Brot zu verteilen. Es war schon ziemlich dunkel, aber das helle Gefieder der Möwen leuchtete noch in der grauen Dämmerung. Wir konnten genau beobachten, wie sie auf unser Brot hinunterstießen und es sich gegenseitig abzujagen versuchten.

„Schau mal", rief Charlotte. „Da ist eine Möwe, die hat nur ein Bein, die kriegt ja kaum was ab. Die muss extra was bekommen."

Charlotte bemühte sich, das Brot so zu werfen, dass die einbeinige Möwe es sich schnappen konnte, und ich versuchte, die anderen zu verjagen. Das gelang uns ganz gut, weil wir uns sehr engagierten. Die Möwe tat auch, was sie konnte, sie hüpfte auf ihrem einen Bein sehr geschickt auf die Brocken zu und schnappte sich viele. Wir waren richtig froh, dass wir dem armen Tier helfen konnten! Gesättigt flog sie dann auf und plötzlich, ganz kurz vor der Landung, zauberte sie ihr zweites Bein hervor!

Charlotte lachte: „Guck dir die an, was die sich ausgedacht hat! Beim nächsten Mal kommt sie wahrscheinlich im Rollstuhl!"

Das langsame Verschwinden des Lichts nahm dem Ufer seine Weite. Wir konnten die Möwen nur noch schwer erkennen, und das Wasser war ganz schwarz geworden. Die Wellen kamen immer näher, stiegen auf und zeigten ihre weißen Zähne. Das Geräusch der Wellen hatte etwas Gleichmäßiges und Beruhigendes. Ich umarmte Charlotte, zog sie an mich und spürte ihre Wärme.

Wir gingen auf die erleuchteten Häuser am Strand zu, eines davon war unser Hotel. Wir waren hundemüde und Charlotte schlief sofort ein. Ich lag neben ihr und meine Gedanken kreisten um die anstehende Entscheidung. Charlotte schlief auf dem Rücken. Sie verfiel immer wieder in ein feines sägendes Schnarchen. Sie sah so friedlich aus. Ich wagte nicht sie anzutippen, damit sie aufhört.

Als ich doch noch in einen tiefen Schlaf versank, schreckte mich bald ein Alptraum wieder auf, der mich früher schon so oft, meist wenn Prüfungen anstanden, überfallen hatte. In den glücklichen letzten Jahren hatte ich das Gefühl, ihn nun endlich losgeworden zu sein. Als ich wieder einmal aufwachte, war es schon hell und Charlotte stand geduscht in Jeans und dem schönen rotem Rollkragenpullover neben meinem Bett.

„Was hast du denn so Fürchterliches geträumt?“, wollte sie wissen. „Du hast etwas Unverständliches gesagt, aber so laut, dass ich davon aufgewacht bin.“

Ich erzählte ihr von meinen Alptraum und seinem realen Hintergrund: Mein Vater hatte mich im Alter von neun Jahren zum Traktorfahren eingesetzt, die russischen Kriegsgefangenen durften nicht fahren. Ich hatte davor großen Respekt, ich konnte den Traktor nur auf ebenem Gelände unter Einsatz aller meiner Kräfte zum Stehen bringen, das Gelände war aber sehr bergig. Außerdem musste man auf dem matschigen Gelände oft die Differentialsperre einlegen, weil ein Rad durchdrehte, und dann war der Traktor auch nicht mehr steuerbar. Davon hab ich immer wieder geträumt, ich bin dann mit einem nicht mehr zu steuernden Traktor, den ich auch nicht bremsen konnte, auf einen Abgrund zugefahren, das war furchtbar. Aber immer, ganz knapp vor dem Sturz in die Tiefe, bin ich schweißgebadet aufgewacht.“

Charlotte schaute mich nachdenklich an: „Dann haben deine Eltern also hingenommen, dass du beim Einbringen der Ernte in großer Gefahr warst?!“

Ich versuchte ihr zu erklären, wie es damals war, dass man in einer Zeit, in der Millionen an den Fronten krepierten oder in den Konzentrationslagern umgebracht wurden, wohl mit Gefahren etwas anders umgegangen ist, auch wenn es die eigenen Kinder betraf. Von meinen Eltern hätte sich auch keiner richtig um mich kümmern können. Mein Vater war nicht ansprechbar, ab 1941 war er mit der Angst beschäftigt, dass er nach dem verlorenen Krieg und mit dem Ende des Nationalsozialismus seine Reputation als Schriftsteller und damit die Basis seiner Existenz verlieren könnte. Auch meine Mutter war kaum ansprechbar, die Leitung des großen Betriebes hat sie überfordert und tatsächlich war sie vorwiegend damit beschäftigt, wie sie sich von meinem Vater trennen könnte.

„Ich habe in den Kriegsjahren in zwei Welten gelebt. Die eine war mein Zuhause mit einem Vater, der jeden Abend BBC hörte und Hitler nun für einen wahnsinnigen Verbrecher hielt. Die andere war die Volksschule im Dorf, in der jeden Tag vom Endsieg gefaselt wurde, bis die amerikanischen Panzer vor der Tür standen."

Niemand hatte mir erklären müssen, dass ich nichts von der einen Welt in die andere tragen durfte. In dieser Zeit hatte ich einfach gelernt, Dinge zu tun, die notwendig waren, auch wenn es gefährlich wurde. So hatte ich die Handhabung von vielen gefährlichen Dingen gelernt, das war nicht nur der Traktor, das waren auch Panzerfäuste, Flakgranaten oder Pistolen, die bei Kriegsende überall herumlagen.

„Viele Jugendliche haben damals diese Spielereien nicht überlebt oder sind schwer verletzt worden. Mein Vetter und ich haben auch einiges hochgehen lassen, aber wir haben unheimlich aufgepasst und zum Glück ist uns dabei nichts passiert. Mein Charakter muss sich in dieser Zeit irgendwie von alleine entwickelt haben", versuchte ich ein Resümee.

Charlotte hatte sehr aufmerksam zugehört, während sie vor dem Spiegel saß und sich schminkte. „Und weil dir bei diesen ganzen riskanten Unternehmungen nichts passiert ist, nimmst du es deinen Eltern nicht übel, dass sie einfach zugelassen haben, dass du dich gefährdet hast?", wollte sie wissen.

„Bestandene Abenteuer sind doch für das Lebensgefühl besser, als wenn du von der Möglichkeit, Abenteuer zu bestehen, ferngehalten wirst", argumentierte ich.

„Typisch männliche Sicht der Dinge!", maulte Charlotte.

Wir fanden im Frühstücksraum einen Tisch mit Blick auf den Strand. Der Wind riss die Wolkendecke immer wieder auf und die Sonne drückte ihre Strahlen durch die Spalten, so dass sie wie leuchtende Finger auf den Strand zeigten.

Nach dem Frühstück lockten die Weiten des befahrbaren Strandes unwiderstehlich. Hier einfach loszubrausen, das war noch viel faszinierender als das Entlangrollen auf den schmalen Passagen an den schwedischen Ostseestränden.

Charlotte ließ das Schloss ihres Gurtes zuschnappen und sah mich an, als ob ihr das alles doch nicht ganz geheuer wäre, sagte aber nichts. Der feuchte Sand war so fest, dass sich der Wagen gut beschleunigen ließ. Es war herrlich, so ohne Grenzen schnell über eine weite Fläche auf den Horizont zu zu flitzen. Die Flut war weit weg, die Freiheit war grenzenlos! Markierungen, die den befahrbaren Teil des Strandes von dem nicht befahrbaren abgrenzten, hatte ich nicht wahrgenommen.

Wir waren ziemlich weit hinausgefahren, als ich spürte, wie der Widerstand des Sandes wuchs. Also einen Gang herunterschalten und noch mehr Gas, wozu hatte ich schließlich 100 PS. Dann fühlte es sich plötzlich so an, als ob ich den Wagen in einen Betonbrei gesteuert hätte, genau in den Sekunden, als er fest wurde.

Wir stiegen aus. Der Wagen war so schnell eingesunken, dass er mit dem ganzen Chassis aufsaß. Es war für uns völlig aussichtslos, ihn wieder frei zu bekommen. Und von hier aus schien die Flut auch nicht mehr so fern. Die Wellen eroberten mit jedem neuen Anlauf einen weiteren Streifen des feuchten Sandes.

Ich musste einen Abschleppwagen auftreiben, und das musste sehr schnell passieren!

Charlotte schaute auf die Brandung, die so harmlos anfing, aber weiter hinten einen Meter hoch mit weißen Schaumkronen heranrollte. Sie zog ihre Schuhe aus und krempelte ihre Jeans bis zu den Knien auf.

„Ich werde mich aufs Dach setzen und euch winken. Aber wenn das Wasser vor dir und dem Abschleppwagen kommt, hau ich ab, ich bin nämlich ein Angsthase."

Ich spurtete los. Ich war zwar ein ausdauernder Schwimmer, aber schon aus meiner Schulzeit gehörte der Tausendmeterlauf zu den unangenehmen Erinnerungen. Aber wie weit war es bis zu dem Restaurant, das als eine etwas schiefe graue Holzbude auf hohen Pfählen am Hori-

Mit dem Volvo an der Ostsee

zont zu sehen war? Die weite Sandfläche machte es fast unmöglich, Entfernungen abzuschätzen. Wie weit war die Flut noch vom Auto entfernt? Waren es 200 oder 500 Meter? Langsam wurde meine Kehle trocken und ein Seitenstechen krümmte mich.

Natürlich war mir klar, dass ich da kapitalen Mist gebaut hatte, die Versicherung würde es als ‚grob fahrlässig' titulieren. Sie würde also nicht zahlen, wenn das Auto nicht zu retten war, aber meine Raten würden trotzdem weiter laufen.

Ich warf einen Bick zurück. Charlotte saß als roter Punkt auf dem weißen Dach, ihre nackten Füße auf der roten Motorhaube und winkte mir zu. Immerhin war sie schon etwas kleiner geworden, die graue Stelzenbude vor mir aber noch nicht viel größer!

Ich spürte, wie ich langsamer wurde. ‚Du läufst jetzt weiter, bis du ankommst oder ohnmächtig zusammenbrichst', entschied ich. Von den verhassten Tausendmeterläufen wusste ich, dass man doch mehr aushält, als man es sich vorstellt.

Als ich schließlich die leiterähnliche steile Treppe des Stelzenrestaurants erklommen hatte, war ich so ausgepumpt, dass ich kein Wort mehr herausbrachte. Aber das war auch gar nicht notwendig. Kaum hatte sich mein Kopf von der hohen Treppe in die Kneipe hineingeschoben, da hatte die dickliche Wirtin hinter dem Tresen schon den Telefonhörer in der Hand, wählte und sagte dann nur: „Hallo Heinrich,

Der SWF unterhielt, was historisch bedingt war, enge Beziehungen zu Frankreich. So wurde ich auf eine Informationsreise über die Arbeitsweise der Regionalstudios des Französischen Rundfunks geschickt. Das obere Bild zeigt den Volvo in der Carmargue, das untere vor einem Hotel in Südfrankreich. Ganz offensichtlich war ich stolz, dass ich nun in so einem schönen Hotel logieren konnte.

Kundschaft für dich, es eilt." Zu mir sagte sie nur zwei Worte: „Schon unterwegs."

Ich sah mich um und begriff, warum sie so gut über die Entwicklung des Dramas, das zu meinem Auftauchen geführt hatte, informiert war. Durch ein großes Fenster konnte man sehr weit weg ein rotes Auto mit einem weißen Dach und einem roten Punkt darauf sehen. Und man sah auch, dass das Wasser schon ziemlich nah an das Auto herangekommen war.

Die dunklen Augen der Wirtin, die so um die vierzig war, musterten mich. Es kam mir vor, als versuche sie in der Physiognomie dieser bei ihr wohl häufig auftauchenden Verrückten eine bestimmte Auffälligkeit festzustellen. Dann meinte sie: „Sie warten am besten unten, er wird gleich da sein."

Und tatsächlich, nach ein paar Minuten tauchte ein offener Borgward Bergewagen mit einem Kran aus der Anfangszeit der Bundeswehr auf und kam langsam über die weite ebene Sandfläche näher. Die Windschutzscheibe war heruntergeklappt. Am Steuer erkannte ich einen Mann im Pensionsalter in „NATO-Jacke". Er saß sehr gerade, fast in militärischer Haltung hinter dem Steuer. Er bedeutete mir einzusteigen und fragte nur: „Wo steckt er denn fest?"

Ich deutete auf den größeren und den kleineren roten Punkt.

Er griff nach einem Fernglas, das auf dem Boden des Geländewagens lag und schaute sich die Sache an. Er tat das wie ein Pionier im Einsatz, der ganz ruhig eine Einschätzung der Lage vornimmt. Dann legte er das Fernglas wieder auf den Boden und fuhr an. Gleichzeitig begann er eine lautstarke Schimpfiade im platten Dialekt der Gegend, die ich nur zum Teil verstand. Jedenfalls ging es um die Idioten, die einfach keine Markierungen lesen könnten und dann jammernd zu ihm kämen und gerettet werden wollten. Er schimpfte unaufhörlich über diese Idioten, während der Borgward mit seinen breiten Reifen langsam durch den Sand kroch. Dazwischen fluchte er über sein Auto, mit dem er nicht mehr schneller fahren könnte, weil einige Gänge kaputt seien und es keine Ersatzteile mehr gebe.

Ich sah mir kurz dieses verwitterte Gesicht an. Wahrscheinlich war das einer von denen, dem der Krieg ganz besonders viel Lebenszeit gestohlen hatte, weil er nach dem Arbeitsdienst und der Wehrpflicht gleich an die Front eingezogen worden war. Vielleicht hatte er sich dann noch in die Bundeswehr gerettet und nun eine Geschäftsidee zur Aufbesserung seiner Rente gehabt, die sich als sehr lukrativ erwies.

Ich nahm an, dass die ganze Schimpfiade Teil einer Inszenierung war. Die Rettungsaktion musste möglichst dramatisch erscheinen, damit er von mir möglichst viel Geld verlangen konnte.

Ich entspannte mich etwas und meinte: „Sie werden das schaffen!"

Aber diese Bemerkung passte nicht in sein Konzept. Er wisse nicht, ob er nahe genug an meinen Wagen heranfahren könne. Er habe zwar für solche Fälle noch ein paar extra Stahlseile, aber die würden vielleicht nicht reichen. Er habe es ja schon mit vielen Verrückten zu tun gehabt, aber so weit wie ich sei noch keiner gekommen, wurde ich belehrt. Dann stoppte der Wagen, der alte Pionier schob geräuschvoll die Differenzialsperren hinein und fuhr fluchend wieder an. Ich hatte kapiert, mir blieb nur übrig mitzuspielen! Ich hatte auch begriffen, er würde meinen Volvo sicher bergen, denn er konnte nur kassieren, wenn er den Wagen rettete!

Hoffentlich behielt Charlotte bei dem sich unendlich langsam nähernden Bergewagen die Nerven und lief nicht doch noch vor der Flut davon, die nun fast den Volvo erreicht hatte.

Etwa 50 Meter vor meinem Wagen stoppte der Alte seine Maschine und wendete sehr vorsichtig. Näher heran könne er nun nicht mehr fahren, der Sand hier sei zu locker. Es käme jetzt darauf an, ob seine aneinander gehängten Stahlseile lang genug wären, erklärte er mir.

Die schaumig züngelnden Vorboten der Flut hatten den eingesunkenen Volvo erreicht. Ich sprang aus dem Wagen und rannte zu Charlotte. Sie lief mir entgegen und flüsterte: „Warum hat das denn so unendlich lange gedauert. Ich wollte die ganze Zeit schon abhauen. Ich habe gedacht, ich werde noch verrückt."

„Er hat alles im Griff", sagte ich leise und blinzelte ihr zu.

Eine Sammlung von sorgfältig aufgerollten Stahlseilen wurde abgerollt und aneinander gehängt. Tatsächlich reichten sie genau bis unter den Rahmen des eingesunkenen Wagens. Unser Retter holte sich eine Schaufel und legte das vordere Chassis soweit frei, dass er das Stahlseil durchziehen und festhaken konnte.

Er ging zu seinem Borgward zurück und startete den Motor wieder. Die Winde zog an, langsam, von einer unwiderstehlichen Kraft gezogen, wurde der Volvo bis hinter den Borgward geschleift, und mit einem kurzen Stahlseil an den Bergewagen gehängt.

Die Flut hatte uns auch erreicht und schäumte um Charlottes nackte Beine. Ich hatte keine Zeit gefunden, die Schuhe auszuziehen und die Hosen aufzukrempeln und setzte mich mit nassen Füßen ans Steuer.

Der Borgward schleppte den Volvo plötzlich in flottem Tempo bis vor das Stelzenhaus. Die Inszenierung hatte wohl ihren Zweck erfüllt, und nun musste nicht noch mehr Zeit investiert werden.

Der Fahrer löste die Stahlseile und rollte sie ordentlich auf. Ich bedankte mich für die großartige Rettung und fragte, was ich ihm schuldig sei.

Der Alte sah mich einen Moment lang an, so wie Wahrsager einen ansehen. Dann nannte er die Summe: „vierhundert Mark". Das war genau der Betrag, der noch in meiner Brieftasche steckte. Ich war so verblüfft, dass ich es nicht fertigbrachte, ihn runterzuhandeln.

Der Alte bedankte sich, steckte das Geld ein und wünschte uns, nun durchaus ein Mann mit Stil, noch einen schönen Urlaub. Dann verschwand der offene Wagen sehr schnell über die weite, feste Sandfläche. Das Getriebe musste sich tatsächlich auf wundersame Weise selbst repariert haben.

Wir suchten uns ein Restaurant mit Tischen in der gerade durch eine Wolkenlücke strahlenden Sonne, damit meine Hosen und Schuhe etwas trocknen konnten.

Charlotte zog ihre Schuhe aus, streckte ihre nackten Beine aus und blinzelte in die warmen Strahlen der Sonne.

Etwas beschäftige mich noch: „Warum meinst du eigentlich, dass du ein Angsthase bist? Du bist mir gar nicht so ängstlich vorgekommen."

Charlotte sah mich erstaunt an: „Na hör mal, ich bin doch in den Krieg hineingeboren. Die Menschen, die mich geprägt haben, hatten alle Angst! Und dann war da noch die Geschichte, als mein Vater nach Hause kam: Nach dem Krieg tauchte auf einmal ein Mann mit kaputten Zähnen auf, der aussah wie ein Penner. Und das sollte mein Vater sein? Zu dem sollte ich auch noch nett sein! Meine Mutter und ich waren ganz prima zusammen ausgekommen. Ich fand, wir brauchten sonst niemanden. Und nun war meine Mutter auf einmal mit diesem Mann beschäftigt, von dem meine Mutter sagte, dass es ihr Mann sei, der jetzt wieder da sei, weil der Krieg zu Ende ist!

Es gab immer mal wieder Ärger und einmal hab ich dann gefragt, ob es denn nicht irgendwo noch einen Krieg gäbe, wo der wieder hin könnte. Meine Mutter, die mich noch nie beschimpft, geschweige denn geschlagen hatte, drehte sich wütend um und hat mir eine fürchterliche Ohrfeige gegeben. Das hat mich damals sehr erschüttert." Sie schaute mich an: „Und nun ist der Angsthase bei dir an einen Abenteurer geraten!"

„Aber an einen, der immer gerade noch davonkommt!" Es war mir wichtig, das hinzuzufügen.

„Das ist also deine Überzeugung. Du kannst ruhig etwas riskieren, weil du es schaffst, immer gerade noch davonzukommen. Und darum wirst du auch das Angebot, Redaktionsleiter zu werden, annehmen. Die Chancen, die darin stecken, verlocken dich mehr als das Risiko dich schreckt, das damit verbunden ist."

Charlotte hatte Recht. So ähnlich war es mir durch den Kopf gegangen, mich lockten wirklich die Chancen mehr, als ich das Risiko fürchtete. Ich war erleichtert, dass ich mich entschieden hatte. Aber es blieb dabei, ganz geheuer war mir die Sache dennoch nicht.

Beschleunigung hatte noch einmal mein Leben erfasst, schon immer hatte sie etwas Verlockendes und auch etwas Gefährliches gehabt. So hatte sich das schon angefühlt, als ich, am Armaturenbrett festgeklammert, mit meinem Vater über die kurvigen Allgäuer Bergsträßchen gerast war. Nun war nicht nur mein Auto schneller geworden, auch die Karriere beschleunigte sich. Mir war sehr bewusst, dass mit der Geschwindigkeit die Unfallgefahr zunimmt.

Im Auto hatte Charlotte, wie sie es immer tat, die Mittagsnachrichten eingeschaltet. Hier kamen sie vom NDR. Ich hatte große Mühe zu begreifen, dass der eine der beiden Reiserufe am Ende der Meldungen mich betraf. Ich solle meinen Vater anrufen, las der Sprecher vor.

Diese Reiserufe am Ende der Nachrichten gehörten damals zum Radioprogramm dazu. Man war an sie gewöhnt und sie rauschten vorbei, weil sie einen nicht betrafen. Als ich einmal mit meinem Vater unterwegs war, hatte er aufmerksam zugehört und gesagt: „Hinter jedem dieser Reiserufe steckt ein Drama. Ich würde was drum geben, wenn ich wüsste welches." Seitdem hatte ich mir diese Reiserufe aufmerksam angehört und mir immer überlegt, was wohl dahinter verborgen war.

„Kann es sein, dass dein Vater im Sterben liegt?", wollte Charlotte wissen.

„Er ist sehr zäh, aber er missachtet konsequent alle Ratschläge der Ärzte, wenn sie sich auf das Rauchen und den Alkohol beziehen. Egal, was passiert ist, ich werde hinfahren müssen."

„Ich komme mit", entschied Charlotte spontan.

„Wunderbar, ich hätte es nicht gewagt, dich darum zu bitten." Ich fühle mich unterstützt und erleichtert.

Wir kurvten auf der Suche nach einer Telefonzelle durch den Ort. Alma, die zweite Frau meines Vaters, war am Apparat. Sie war wie immer knapp und sachlich, so als könne sie auch die gesundheitlichen Probleme ihres Mannes auf Distanz halten.

Ich erfuhr, dass mein Vater vor ein paar Tagen einen Herzinfarkt gehabt hatte. Glücklicherweise in der Schalterhalle der Bank, so war er schon nach wenigen Minuten auf der Intensivstation des Krankenhauses. Es ginge ihm schon wieder besser und er sei auch wieder zu Hause, glaube aber, dass er jederzeit sterben könne und wünsche sich sehr, dass ich schnell vorbeikäme.

„Ich bin an der Nordsee und kann erst morgen bei euch sein. Ich würde gerne meine Freundin mitbringen, ist das o.k.?"

Alma fand, das sei eine gute Idee, das würde meinen Vater aufheitern und das wäre wichtig. Es gehe ja auch darum, dass der Besitz verkauft werden müsse und mein Vater mich noch einmal in seinem Reich empfangen möchte.

Charlotte hatte ihr Ohr in der engen Telefonzelle so nahe an die Hörmuschel gehalten, dass sie alles mitbekommen konnte.

Wir suchten uns eine Parkbank.

„Nun werde ich ihn also kennenlernen, den einst berühmten Schriftsteller mit der eisernen Arbeitsdisziplin", sagte Charlotte, während sie es sich bequem machte.

„Für mich war das ganz normal, andere Väter gingen jeden Morgen ins Büro oder in die Fabrik. Und meiner ging in sein Arbeitszimmer und musste ein paar Seiten schreiben, jeden Tag", erinnerte ich mich.

„Seit wir uns kennen, habe ich mal in die vielen Bücher deines Vaters reingeschaut. Alle sind in der Nazizeit erschienen und alle hatten hohe Auflagen. Also muss dein Vater doch wohl ein Nazi gewesen sein."

In Charlottes Frage klang ihre professionelle Neugier durch.

„Mein Vater ist ein Opportunist. Ideologien interessieren ihn nicht. Er schaute sich die Zeit an, in der er lebte, und schrieb die Bücher so, dass sie in dieser Zeit viel Erfolg hatten. Das hat in der Weimarer Republik funktioniert und in der Nazizeit, aber in der Zeit danach nicht mehr so richtig.

In den dreißiger Jahren hat er offensichtlich einige Zeit geglaubt, dass es mit den Nazis etwas werden könnte, dementsprechend waren auch seine Bücher. Nach 1941 war er sicher, dass der Krieg verloren war und hat sich über Nacht in einen Anti-Nazi verwandelt. Er war mit vielem wirklich nicht einverstanden, hatte sich bisher aber öffentlich nie so geäußert. Jetzt versuchte er, sich als Oppositionellen darzustellen, ohne seine Existenz zu gefährden. Seine Kritik an der Kriegsführung in Russland hat dann auch zu einem Schreibverbot und zu Hausarrest geführt, aber die Bücher aus seiner großen Zeit, den dreißiger Jahren, durften weiter erscheinen.

Opportunisten müssen ein sehr feines Gefühl dafür haben, wann eine Entwicklung, auf die sie gesetzt haben, nicht mehr trägt und wie weit sie gehen können. Er hatte aber auch etwas von einem Spieler. Dann im Herbst 1944 begriff er, dass eine Diktatur nicht mit sich spielen lässt. Mich hat er auch in die Sache mit reingezogen."

„Im Herbst 1944 warst du zehn", bemerkte Charlotte erstaunt.

„Ich war zehn und hätte mich im Sommer für die Pimpfe anmelden müssen, bin aber einfach nicht hingegangen, hatte also auch keine Pimpfenuniform. Im Herbst 1944 wurde mein Vater dann trotz des bestehenden Hausarrests zu einer Lesung in der Ordensburg Sonthofen, so einer Art Kaderschmiede für den Führungsnachwuchs der Nazis, eingeladen. Ein Fahrer der SS würde kommen und meinen Vater abholen. Und wie der schwarze Mercedes mit der SS-Standarte schon vorgefahren war, nimmt mich mein Vater am Arm und sagt sehr ernst: ‚Ich hätte gern, wenn du mitkämst.' Er sagte das so, dass es für mich vollkommen unmöglich gewesen wäre, nein zu sagen. Ich spürte die Angst meines Vaters, ich hatte auch furchtbare Angst, aber er behandelte mich plötzlich wie einen Erwachsenen."

„Und warum wollte dein Vater, dass du ihn begleitest?", wollte Charlotte wissen.

„Ich habe ihn später einmal gefragt. Weißt du, was er geantwortet hat? ‚Ich habe gefürchtet, die ganze Lesung in der Ordensburg ist eine Finte, die dazu dient, mich umzubringen oder verschwinden zu lassen, und wenn du dabei bist, fällt ihnen das nicht ganz so leicht.'"

Ich erzählte Charlotte, wie klein und unwichtig ich mir bei dieser Reise vorgekommen war auf der breiten mit weißem Leder bezogenen Rückbank des 320 Mercedes. Wie der Fahrer des SS-Dienstwagens mit seinen Fanfaren die ärmlichen Mistwagen der Bauern von der Straße scheuchte. Wie er weder auf der Hinfahrt noch auf der Rückfahrt ein einziges Wort mit uns geredet hätte. Später hat mir mein Vater dann erzählt, wie das ablief, wenn jemand beseitigt werden sollte. Man sei irgendwo hingefahren. Dann wurde dem zur Ermordung Vorgesehenen gesagt, jetzt wäre es an der Zeit mal auszutreten und wurde dan n von hinten erschossen. ‚Auf der Flucht erschossen' hätten sie das genannt.

„Aber es gab tatsächliche eine Lesung in der Napola Sonthofen?", forschte Charlotte.

„In der Aula lief alles ganz normal ab. Mit dem üblichen Brimborium, als stünde der Nationalsozialismus nicht kurz vor dem Untergang. Ich war der einzige Junge, der keine Uniform trug. Ich fühlte mich sehr unbehaglich. Mein Vater hat nie herausgefunden, ob er damals wirklich bedroht war oder sich alles nur eingebildet hat."

Aber wie sehr sein Leben von der Angst beherrscht wurde, das habe ich erst in den letzten Kriegstagen begriffen. Ich erzählte Charlotte, dass Angst haben in der Nazizeit als etwas ganz besonders Verwerfliches galt. Und wie man das empfindet, wenn sich der eigene Vater aus Angst ganz unmöglich benimmt. Man verliert die Achtung. Es hat sehr lange gedauert, bis ich die wieder gewinnen konnte, als ich mehr und mehr über die Nazidiktatur erfuhr und älter wurde.

Ich erzählte Charlotte, wie ich mich in den letzten chaotischen Wochen vor dem Ende der Nazizeit immer in der Nähe unseres Hauses aufgehalten hatte, um sofort mitzubekommen, wenn Autos zu uns herauf kamen. So konnte ich auch beobachten, wie der russische General Wlassow mit seiner Leibgarde vorfuhr. Er hatte es offenbar geschafft, seine SS-Bewacher abzuschütteln. Der General war ein paar Mal bei uns zu Gast gewesen. Ein paar hohe Wehrmachtsoffiziere haben die Idee verfolgt, Wlassow, der als militärisches Genie galt, Divisionen von freiwilligen russischen Kriegsgefangenen aufstellen zu lassen, um die Wehrmacht im Kampf gegen Stalins Bolschewismus zu unterstützen. Die oberste Naziführung hintertrieb aber diese Idee. Wie sollten die russischen Untermenschen, die man sogar für das Traktorfahren für zu blöd hielt, die deutschen Herrenmenschen wirkungsvoll unterstützen?

Die Auseinandersetzung zwischen der Gruppe von Wehrmachtsoffizieren und der Naziführung bot meinem Vater die Möglichkeit, sich nun als Oppositioneller zu profilieren.

Diese Leibgarde, mit der Wlassow damals bei uns vorfuhr, hatte aus verwegenen Typen bestanden. Es waren Russen in Wehrmachtsuniformen und sehr schwer bewaffnet. Nur der General trug eine braune Fantasieuniform mit sehr breiten Generalstreifen an dem äußeren Hosensaum. Wlassow wurde kurz eingelassen, kam aber sehr schnell wieder heraus. Mein Vater hatte erklären lassen, er könne ihn nicht empfangen, weil er krank sei. Ich hatte damals überhaupt nicht verstehen können, warum mein Vater so viel Angst hatte. Ich hatte mir später zusammengereimt, er hätte Wlassow doch nur sagen müssen, wenn er den Untergang der Nazis überleben wolle, müsse er mit seiner Leibgarde versuchen, zu den Amerikanern zu kommen. Die hätten sich bestimmt für ihn interessiert.

„Und wo liegt die Ursache für die Ängstlichkeit von deinem Vater?“, fragte Charlotte nach.

„Das habe ich erst sehr viel später herausgefunden. Wie die meisten jungen Soldaten wurde er im Gefangenlager von den Älteren missbraucht. Das war schon im Ersten Weltkrieg so.“

„Und was ist aus diesem General Wlassow geworden?“, wollte Charlotte wissen.

„Er ist nach Prag zu seinen Soldaten gefahren, die sich dort auf die Seite der tschechischen Widerstandskämpfer gegen die Nazibesatzung geschlagen hatten. Dann hat ihn die Rote Armee gefangen genommen, und später wurde er auf dem Roten Platz gehängt.“

„Und du denkst jetzt, dein Vater hätte ihn retten können, wenn er ihn überzeugt hätte, nicht nach Prag zu seinen Soldaten zu fahren?“

„Ja, als ich das Foto von seiner Hinrichtung in der Zeitung gesehen habe, hatte ich genau diesen Gedanken.“

„Für mich ist es erstaunlich, was du alles vom Leben deines Vaters in der Nazizeit mitbekommen hast. Stell dir vor, ich habe überhaupt keine Ahnung davon, was meiner im Krieg gemacht hat. Das war in der Familie kein Thema.“

„Die meisten Soldaten fühlten sich als Opfer, gerade auch wenn sie verbrecherische Dinge gemacht haben. Mein Vater fühlte sich vor allem als Berichterstatter, aber auch als Handelnder.“

Es wurde Zeit, ins Allgäu aufzubrechen. In der Gegend von Frankfurt bogen wir von der Autobahn in den Taunus ab und suchten nach einem schönen Gasthof.

„Das wäre doch was", fand Charlotte, als Hinweisschilder zu einem Burghotel mit vier Sternen auftauchten. Das alte Gemäuer lag an einem Waldrand. Ein paar moderne Stilelemente waren geschickt in das alte Bauwerk mit den meterdicken Mauern eingefügt worden.

„Das nehmen wir", entschied Charlotte.

Ich musste das Gefühl niederkämpfen, dieses Hotel sei zu teuer für uns. Aber Charlotte hatte Recht, die Zeiten des Lebens, als man immer darauf achten musste, dass es nicht zu teuer würde, waren vorbei. Ich hatte schon seit Jahren ein anständiges Gehalt und nun würde es noch höher werden.

Wir speisten im Rittersaal zu Abend und die Kellner bedienten in schwarzem Livree.

„Wenn es zu teuer wird, können wir ja zusammenlegen", flüsterte Charlotte mir zu, während wir uns setzten und der Kellner mit zwei Speisekarten auf uns zusteuerte.

Nach dem Abendessen wollten wir noch ein wenig die Gegend erkunden. Wir folgten dem Feldweg, der an der Burgmauer begann und sich am Waldrand entlangschlängelte. Auf der anderen Seite des Weges senkten sich die Wiesen bis zu einem Bachlauf ins Tal hinunter. An den Ufern des Baches wucherten Büsche. In der Dämmerung sah es so aus, als liege eine große dunkle Schlange da unten im Tal. Es war noch angenehm warm. Auf der Wiese war gemäht worden. Man hatte das Heu in lange Reihen gerecht, um dem Tau weniger Angriffsflächen zu bieten. Der Wind wehte den Duft des trocknenden Grases zu uns herauf.

Ich erzählte Charlotte, wie das Wenden des Heus in der brütenden Hitze des Tages und das Zusammenrechen zu den langen Schwaden in den Abendstunden meine Aufgabe in den Kriegssommern gewesen war. Wie wichtig ich mich dabei gefühlt hatte und wie verwachsen ich mit dem primitiven Traktor war, den ich beherrschte. Wahrscheinlich sei meine Faszination für das Beherrschen von Maschinen, die eine fremde Kraft antreibt, in dieser Zeit entstanden.

Wir machten uns auf den Rückweg zum Hotel und fanden nach einigem Suchen in dem unübersichtlichen Gemäuer unser Ritterzimmer. Es war mit Möbeln von zeitloser Funktionalität eingerichtet. Nur eine Ritterrüstung neben dem Kleiderschrank erinnerte uns daran, dass wir uns in diesem Etablissement wie Ritter und Burgfräulein fühlen könnten.

Unter der Dusche spülten wir den Sand der Nordsee ab, der sich an unseren Füssen festgesetzt hatte. Wir kuschelten uns zusammen und schliefen sofort ein.

Als ich am Morgen aufwachte, stand Charlotte schon vor dem großen Spiegel und probierte ihre mitgebrachte Garderobe aus. Als sie bemerkte, dass ich aufgewacht war, kam sie an mein Bett, umarmte und küsste mich, aber ich spürte: Eigentlich war sie mit etwas anderem beschäftigt.

Sie musste ihren kleinen Koffer ziemlich vollgestopft haben, denn überall im Zimmer waren Kleidungsstücke verteilt. Sie stand schon wieder vor dem Spiegel, als sie mich fragte: „Du hast wieder geträumt, aber wohl nicht mehr ganz so schlimm, wie letzte Nacht. Was war es denn heute?“

Ich versuchte für sie zusammenzufügen, an was ich mich noch erinnerte: Ich war von der Vorstellung besessen, selbst zu fliegen. Ich hatte aber keinen Pilotenschein und auch kein Flugzeug. Irgendwas stimmte überhaupt nicht an der Sache. Ich musste aber unbedingt fliegen und wusste auch, dass ich das konnte. Ich musste mich also heimlich auf einen Flugplatz schleichen und mir auf dem Rollfeld eine Maschine schnappen und starten, bevor mich jemand aufhalten konnte. Die Triebwerke hatten ungeahnte Kraft und so flog ich pfeilschnell dem Sonnenuntergang entgegen. Ich fühlte mich großartig. Beim Landen wiederholte sich alles Unangenehme, niemand durfte bemerken, wie ich die Maschine abstellte und mich davonschlich. Was mir eigentlich drohte, wusste ich nicht, aber mein Gefühl sagte mir, dass es sehr gefährlich war.

Charlotte hatte mir genau zugehört: „Und was fällt dir zu dem Traum ein?“

„Na ja, es bleibt wohl dabei, da tun sich großartige Möglichkeiten auf, sie haben aber was Unklares und Gefährliches.“ Mehr fiel mir im Moment nicht ein.

„Jetzt müssen wir aber erst mal entscheiden, was ich anziehe für den Besuch bei deinem Vater“, entschied sie und feuerte zwei Miniröcke zurück in ihren Koffer.

Mein Vater repräsentiert als Reitschulbesitzer vor seinem Mercedes 220 S.

„Wie wäre es dann damit?", schlug ich einen schwarz-weiß gestreiften halblangen Rock vor, den sie an die Ritterrüstung gehängt hatte.

Schließlich waren wir beide mit dem Resultat zufrieden. Charlotte trug den gestreiften Rock mit einer schwarzen Bluse, dazu einen breiten roten Ledergürtel, der im Farbton genau zu ihren hinten offenen Schuhen mit Keilabsätzen passte. Trotzdem guckte sie immer noch zweifelnd in den Spiegel.

„Es gibt überhaupt keinen Grund für dich nervös zu sein. Mein Vater ist ein alter Herr, seine große Zeit liegt fast dreißig Jahre zurück. Wenn er dich sieht, wird er so charmant und freundlich sein, wie er nur kann."

Am frühen Nachmittag hatten wir das letzte Dorf vor unserem Haus auf dem Bergrücken passiert. Hier war früher die asphaltierte Straße zu Ende gewesen und die Schotterstraße hatte begonnen. Ich hatte mir vorgestellt, wie ich diese letzten Kilometer mit einer Staubfahne von mehreren hundert Meter hinter mir nehmen würde. Aber diese Schotterstrecke meiner Kindheit und Jugend gab es nicht mehr. Die Straße war asphaltiert, begradigt und so breit ausgebaut, dass zwei Autos aneinander vorbeikamen. Auf der alten Schotterstraße hatte ich noch gelernt, einen Wagen wirklich zu beherrschen, weil man, wenn ein Auto entgegen kam, oft weit bis zu der nächsten Ausweichstelle rückwärts fahren musste. Nun konnte man auch die Steigungen, die die Vorkriegswagen noch mit dreißig emporgekrochen waren, mit hundert hinaufbrausen. Ich wusste, auch die Autos meines Vaters, die mir vertraut waren, gab es nicht mehr. Sowohl mein geliebter Mercedes 170 Diesel wie auch der Porsche waren verkauft und hatten einem Mercedes 220 S Platz gemacht.

Unser Wohnhaus lag in der Mittagssonne, als wären die Jahrzehnte spurlos daran vorüber gegangen. Nur wenn man genauer hinsah, wirkte die Holzverschalung der Mauern grau verblichen und etwas aus den Fugen geraten.

Wir stiegen aus. Mir kam es vor, als habe bei Charlotte nun die Neugier die Oberhand über ihre Nervosität gewonnen.

Resi, die Alma im Haushalt unterstützte, musste etwas gehört haben und öffnete die Küchentür. „Mei, der junge Herr is wieder amoi do, wie schee", begrüßte sie uns und streckte uns ihre von der Gicht deformierte Hand hin.

Der Herr Vater und seine Frau Gemahlin hätten sich noch etwas hingelegt. Der Vater wäre ja noch nicht so lange wieder da aus dem Krankenhaus. Ich könne der Dame ja schon mal das Haus zeigen. Kaffee und Kuchen wären vorbereitet.

Alma hatte die alte Resi wohl ein wenig auf vornehme Umgangsformen getrimmt, so kannte ich sie gar nicht.

Der Flur, von dem aus alle Räume des Erdgeschosses zugänglich waren, erschien mir wie immer etwas düster, groß und repräsentativ. Die rotbraunen etwa einen halben Quadratmeter großen Steinplatten des Bodens unterstrichen: Hier hatte einer viel Fläche umbauen lassen, um seine Gäste angemessen zu empfangen. Wir stiegen die breite Steintreppe zum früheren Kinderzimmer und dem Zugang zur Terrasse hinauf, neben der ein schwarzes schmiedeeisernes Geländer eingelassen war. Der Berliner Architekt, vom Bauhausstil geprägt, hatte dem erfolgreichen Schriftsteller ein repräsentatives Gebäude geschaffen.

„Was für ein schönes, modernes Haus! Deine Eltern haben wirklich Geschmack", fand Charlotte.

„Sie haben Geschmack und sie hatten genug Geld. Sie gehörten in der Nazizeit zum Establishment, den Bonzen. Nicht weil sie sich arisiertes Vermögen angeeignet oder jemand verpfiffen hätten. Nein, einfach weil mein Vater es schaffte, einen Bestseller nach dem anderen herauszubringen.“

„Aber warum hat er dieses schöne Haus in eine so einsame Gegend gestellt? Euer Haus liegt doch sehr weit weg von jedem urbanen Leben“, wollte Charlotte wissen.

„Bis zum Ausbruch des Krieges, mit dem meine Eltern nicht gerechnet hatten, spielte das keine Rolle. Wenn abends eine Lesung in München anstand, stieg mein Vater am frühen Nachmittag in seinen BMW und raste nach München. Abends inszenierte er sich vor großem Publikum und die Buchhändler verkauften seine neuesten Bücher aus Kisten. Anschließend wurde im Garten des Regina-Palast-Hotels zu Abend gegessen. Dazu spielte eine kleine Kapelle, die Musiker in weißem Smoking. Ich weiß das alles so genau, weil ich einmal dabei war. Der Nationalsozialismus, das war nicht nur Krieg und Chaos. Es gab auch viele Gewinner in der Diktatur, die mit Prunk und Protz ins Verderben gelockt wurden.“

In der oberen Etage hatte ich Charlotte zuerst in mein früheres Kinderzimmer geführt. Nun war es mit einfachen Hotelbetten möbliert und die waren abgedeckt. Hier hatten in der Hauptsaison Reitschulgäste geschlafen, wenn in dem erweiterten Hofgebäude kein Platz mehr war. Ich öffnete die Tür zur Terrasse. Die bewaldeten Berge der Voralpenlandschaft und das zierliche, weiße Schloss Neuschwanstein lagen in der Nachmittagssonne.

„Das alles war der riesige Abenteuerspielplatz meiner Kindheit und Jugend. In der Kriegs- und Nachkriegszeit waren Flüchtlinge und Ausgebombte mit ihren Kindern bei uns untergeschlüpft. Ich hatte immer Kameraden für Abenteuer, wenn ich nicht auf dem Traktor saß oder wir bei der Ernte helfen mussten.

„Hat denn niemand auf euch aufgepasst?“

„Es gab ein ungeschriebenes Gesetz: So lange nichts passierte, also sich niemand verletzte, oder etwas kaputtging, kümmerte sich niemand um uns. Die Erwachsenen hatten genug mit ihren Sachen zu tun.“

„Und ist euch nie etwas passiert?“

„Du weißt doch, ich bin einer, der davonkommt.“

„Also ist euch doch etwas passiert?“

„Zweimal war es knapp. Wir hatten uns am Ende des Krieges, als überall Waffen herumlagen, zwei Pistolen organisiert, die hatten wir sicher versteckt. Unser Bienenhaus hatte doppelte Holzwände, die waren mit einer Torfschicht isoliert. Dort hatten wir hinter einem losen Brett die eingewickelten Pistolen in den Torf gesteckt. Die konnte niemand finden. Ab und zu holten wir sie raus und machten in den dichten Wäldern, die du da unten siehst, unsere Schießübungen.

Ungefähr 1947 hatten wir mal wieder unsere Schießscheibe an einen Baum gehängt und losgeballert, als uns plötzlich der Hund des Försters anbellte. Der war uns vorher noch nie in unseren Wäldern begegnet.“

„War das nicht gefährlich? Auf Waffenbesitz standen doch nach dem Krieg hohe Strafen?“, fragte Charlotte.

„Klar, wir sind sofort wie verrückt losgerannt und er hinter uns her. Er rief immer wieder, wir sollen stehen bleiben. Aber der Wald war so dicht, dass er uns nicht erwischen konnte. Den Hund hat er nicht von der Leine gelassen, vielleicht weil er fürchtete, wir könnten ihn erschießen. So waren wir einfach viel jünger und schneller und schafften es schließlich, den Förster abzuhängen.“

„Aber ein Jagdhund kann doch trotzdem eure Spur verfolgen.“

„Wir hatten unseren Karl May gelesen und wussten, Spuren verwischt man, indem man in Bächen läuft. So hatten wir es geschafft, den Förster abzuschütteln und den Hund. Mein Vater war verreist. Wir hatten den Kamin angemacht, um unsere Kleider zu trocknen. Wir hockten vor dem Feuer und wurden die Angst nicht los, es könne plötzlich an der Tür klopfen und der Förster stünde vor uns.“

„Aber der Förster kam nicht.“

„Es kam niemand. Aber ich hatte niemals vorher und niemals nachher wieder eine solche Angst. Wir wussten, wenn sie uns erwischen, landen wir im Knast, und das war eine furchtbare Vorstellung.“

Inzwischen stand die Sonne schon über dem Breitenberg. Früher hätte mein Vater um diese Zeit schon längst wieder in seinem Arbeitszimmer gesessen und Kaffee getrunken. Jetzt rührte sich aber noch nichts, so konnte ich Charlotte auch noch die zweite Geschichte erzählen.

„In den frühen fünfziger Jahren war hier mal wieder eine Bande von Teenagern zusammen. Kinder von Freunden und Bekannten, die mein

Vater eingeladen hatte, bei uns die Ferien zu verbringen, und die ersten Reitschülerinnen. Es waren Jungen und Mädchen, alle so zwischen 12 und 14. Da fand einer der älteren Jungen, wir müssten jetzt mal was Richtiges aufstellen. Zum Beispiel eine Mutprobe für einen der ehemaligen Soldaten, die immer mit ihren Heldentaten angeben würden."

„Was sollte denn das werden?", meinte Charlotte.

„Wenn eine Bande von Teenagern zusammensteckt, wird es schnell verrückt", erinnerte ich mich. „Dann hatte ein Junge, ich glaube er war aus Duisburg, eine Idee, die alle toll fanden. Wenn einer der Kriegshelden die nächtliche Landstraße am alten Steinbruch herunter käme, müsste eines unserer Mädchen ganz furchtbar schreien, so dass es nach einer Vergewaltigung aussah. Sowas fanden wir damals natürlich mächtig aufregend. Nun würde sich ja zeigen, ob er wirklich mutig war. Dann würde er anhalten und zur Hilfe kommen. Oder war er tatsächlich ein Feigling, dann würde er weiterfahren. Wenn er wirklich anhielt und in den Steinbruch stürmen würde, hatte er die Probe bestanden, und wir würden nach hinten den Hang hinauf in der Dunkelheit verschwinden."

„Na und kam ein Kriegsheld, der euch in die Falle ging?" Charlotte sah mich zweifelnd an.

„Es kam nicht nur ein Kriegsheld auf seinem Traktor, es kam ein Ritterkreuzträger des Afrikacorps."

„Und der stürmte heldenhaft zur vermeintlichen Rettung des Vergewaltigungsopfers in den Steinbruch", vermutete Charlotte.

„Es war so dunkel, dass ich den Mann nicht erkennen konnte. Ich kannte aber den Traktor und wusste, wem der gehörte. Der Fahrer stoppte den Traktor und stürmte tatsächlich in die Dunkelheit des Steinbruchs."

„Also hatte er eure Mutprobe bestanden und ihr seid abgehauen?", wollte Charlotte wissen.

„Unsere Mutprobe hatte noch eine zweite Stufe. Einer der Jungen hatte eine Platzpatrone dabei. Er hielt die Platzpatrone mit seiner Kombizange fest und schlug mit dem Zünder auf die Steine, bis es krachte."

„Und das störte den kampferprobten Ritterkreuzträger überhaupt nicht und ihr musstet abhauen", vermutete Charlotte.

„Eben nicht. Er machte kehrt, rannte zurück zu seinem Traktor und gab Vollgas."

„Und nun hielt der Ritterkreuzträger beim nächsten Haus mit Telefon, um die Polizei zu alarmieren. Und die würden sich auch sofort in Bewegung setzen, weil sie ja schließlich ein Ritterkreuzträger alarmiert hatte." Charlotte grinste.

„Ich erklärte den anderen, wer uns da vermutlich in die Falle gegangen war und dass uns jetzt nur noch übrig bliebe, uns nach Hause zu schleichen, uns in die Betten zu legen und so zu tun, als ob wir schon lange geschlafen hatten. Einige sollen das so ernst genommen haben, dass sie sehr überzeugend geschnarcht hätten. Dann ist erst mal eine Ewigkeit lang gar nichts passiert. Aber nach einer Weile hörten wir dann doch die Polizeisirenen. Wir schlichen auf den Balkon, da wo wir jetzt stehen, und sahen zwei Polizeiautos mit Blaulicht die Straße heraufkommen. Kurze Zeit später hörten wir die Haustür knarzen und die fremden Stimmen der Polizisten im unteren Flur. Dann gingen sie offenbar mit meinem Vater in sein Arbeitszimmer und wir hörten erst mal nichts mehr. Wir zogen uns die Decken über die Köpfe, als ob uns das beschützen könnte."

„Und schließlich kamen die Polizisten herauf und zogen euch aus den Betten?", vermutete Charlotte.

„Nein, nach ziemlich langer Zeit knarzte die Haustür wieder und dann hörten wir die Polizeiautos wegfahren."

„Und ihr ward wieder ein mal davongekommen", stellte Charlotte fest.

„Nur gegenüber der Polizei. Wir hörten meinen Vater die Treppe heraufkommen. Er öffnete unsere Tür und schaltete das Licht ein. ‚Ihr braucht gar nicht so zu tun, als ob ihr schlafen würdet', legte er los. Dann machte er eine bedeutungsvolle Pause. ‚Ich weiß genau, was ihr euch da geleistet habt.' Er bemühte sich, streng und entschieden zu klingen, aber das Grinsen, das er aus seinem Gesicht zu verbannen suchte, hatte sich ein wenig in seine Stimme eingeschlichen. ‚Ihr habt es doch tatsächlich geschafft, mit euren Knallfröschen einen Ritterkreuzträger in die Flucht zu schlagen. Damit ist der Bogen dessen, was ich von euch an Scherzen toleriere, weit überspannt. Trotzdem habe ich es geschafft, die Polizisten wieder wegzuschicken. Ich habe ihnen gesagt, dass es sich bestimmt um einen dummen Scherz der Kinder handle, die auf meinem Hof Ferien machen würden, und der müsse bei dem Kriegsteilnehmer eine Panik ausgelöst haben. Ich hab euch da nochmal rausgehauen, aber ich muss mich darauf verlassen können, dass solche Scherze in Zukunft unterbleiben.‘

Dann, er hatte sich schon umgedreht, um in sein Arbeitszimmer zurückzugehen, musste er doch noch etwas loswerden. ‚Wisst ihr, was der Ritterkreuzträger bei der Polizei erzählt hat? Ich wollte ja eingreifen, aber dann wurde auf mich geschossen und ich musste mein Leben retten!‘ Und diesmal fiel es ihm noch schwerer ein Grinsen im Gesicht und in der Stimme zu unterdrücken.“

„Toll, wir hätten uns niemals solche Scherze getraut. Aber auch bei viel harmloseren Sachen wäre es nie ohne Strafen wie Taschengeldentzug und Ausgehverbot abgegangen,“ erzählte Charlotte.

„Nein, so war das bei uns nicht. Wir sind auch nicht in einem bürgerlichen Sinn ‚gut erzogen‘ worden. Mein Vater war kein wirklich angepasster Mensch, er wollte zwar, dass wir anständige Menschen werden, aber er liebte unsere Abenteuerlust viel zu sehr, um sie erzieherisch zu unterdrücken. Auf diesen Vater war ich stolz. Der hatte uns durchschaut, natürlich auch ermahnt, aber er hatte uns nicht blamiert und die ganze Situation sehr geschickt deeskaliert.“

Es klopfte ziemlich laut an der Schlafzimmertür. Resi trat ein und verkündete: „Die Herrschaften sind jetzt im Teezimmer und der Kaffee steht auf dem Tisch.“

Auf der breiten Steintreppe fasste ich Charlotte um die Taille und zog sie an mich. Zum ersten Mal im Leben hatte ich das Gefühl, eine Frau gefunden zu haben, die mich in schwierigen Situationen begleitete.

Die Strahlen der Nachmittagssonne fielen schon von der Seite durch die breite Glasfront des Teezimmers. Als ich die Tür öffnete, brauchten unsere Augen einen Moment, bis sie sich vom dämmrigen Licht des großen Flurs auf die gleißende Helle eingestellt hatten.

Alma saß mit dem Rücken zur Tür, während mein Vater uns eintreten sah. Nur einen Sekundenbruchteil hockte er blass und zusammengesunken in seinem tiefen Stuhl. Dann straffte er sich, stand auf, zeigte sein so charmantestes Lächeln und kam uns etwas unsicher auf den Beinen und mit ausgebreiteten Armen entgegen. „Ich freue mich sehr, dass mein Sohn eine so sympathische und schöne Frau ausgewählt hat.“

Wenn die Situationen angespannt waren, verfiel er gerne in einen bürgerlich feinen Stil und zeigte sich von seiner charmantesten Seite.

„Und ich freue mich sehr, den Schriftsteller kennenzulernen, von dem einige signierte Exemplare im Bücherregal meiner Eltern stehen." Charlotte genügte ein Satz, um meinen Vater für sie einzunehmen.

Wir setzten uns. Alma schenkte Kaffee ein und verteilte Kuchenstücke, während mein Vater fragte: „Signierte Exemplare? Dann müssen ihre Eltern ja bei einer meiner Lesereisen gewesen sein?", konstatierte mein Vater stolz.

„Ja natürlich, meine Eltern haben Ihre Bücher sehr geschätzt!"

So, wie er jetzt da saß, erinnerte er mich an seine großen Zeiten.

Nun wollte auch Alma zeigen, dass sie die klassische Konversation beherrschte und in der Lage war, dem Gespräch eine andere Richtung zu geben. Sie sah Charlotte an und fragte: „Wie ist das denn heute für eine Frau, als politische Journalistin zu arbeiten?"

Charlotte stellte ihre Kaffeetasse ab. „Für uns wenige Frauen ist es viel schwieriger als für die Männer. Die männlichen Kollegen hocken kumpelhaft beim Bier oder beim Wein mit den Leuten aus der Regierung, den Ministerien, den Abgeordneten und der Wirtschaft zusammen und schauen, was sie ihnen an interessanten Informationen herauslocken können. Aber wir paar Frauen, wir müssen immer Abstand halten. Sonst heißt es nachher, wir hätten unsere weiblichen Reize eingesetzt, um das rauszubekommen."

„Ich habe während des Krieges eine Zeitlang die politische Redaktion einer großen Tageszeitung geleitet. Das war eine andere Zeit. Es gab kaum Männer, und die paar, die noch da waren, hatten etwas anderes zu tun, als sich für die Attraktivität von uns Frauen zu interessieren. Damals waren wir genau so wichtig wie die Männer. Ich habe es mir mein ganzes späteres Leben lang vorgeworfen, dass ich mich so einfach habe nach Hause schicken lassen, als die Männer aus der Gefangenschaft zurück in die Redaktion kamen."

„Das ist nun aber eine wirklich längst vergangene Geschichte", versuchte mein Vater, das Gespräch wieder in seine Bahnen zu lenken.

Charlotte nahm das Gesprächsthema über die Situation von Männern und Frauen im Journalismus wieder auf: „Besonders deutlich wird die Benachteiligung von uns Frauen gegenüber den Männern, wenn es um die Karriere geht. Schon in der Leitung der Redaktionen gibt es ja nur Männer. So einen Karrieresprung, wie ihn jetzt ihr Sohn machen wird, nämlich eine große Redaktion zu leiten, so etwas ist für uns absolut und vollkommen unvorstellbar. Da können wir so gut sein wie wir wollen."

„Davon weiß ich ja noch gar nichts! Mein Sohn macht Karriere?", sagte mein Vater überrascht.

„Ich soll die Redaktion ‚Politik und Zeitgeschehen' in unserem Mainzer Landesstudio übernehmen und ausbauen. Der neue Intendant will dafür sorgen, dass auch das Land Rheinland-Pfalz ein Landesstudio und die Infrastruktur bekommt, die seiner Größe entspricht. Es sollen neue Studios für Hörfunk und Fernsehen gebaut werden, und ich soll schon mal die Leitung der aktuellen Hörfunkredaktion übernehmen."

„Wisst ihr, was mir an meinem Sohn imponiert? Er kann sich in einen Apparat einordnen. Und jetzt macht er auch noch Karriere. Ich konnte mich nie in einen Apparat einordnen." Ich kannte meinen Vater gut genug um zu wissen, dass er darauf stolz war.

Mit der Bemerkung „Ich habe noch einiges zu erledigen und lasse euch jetzt allein" stand Alma auf. Schon, als sie uns den Rücken zugekehrt hatte, griff mein Vater nach seinem silbernen Zigarettenetui, ließ es aufschnappen, steckte die Zigarette gierig in den Mund, zündete sie an und sog den Rauch tief in die Lungen.

Uns erklärte er: „Die sagen zwar, wenn ich mit dem Rauchen nicht aufhöre, werden die Bypässe, die sie mir gelegt haben, bald wieder verstopft sein, dann würde ich wieder mit einem neuen Herzinfarkt bei ihnen landen und der Rollstuhl wäre nicht mehr weit. Aber ich glaube, im Rollstuhl lande ich sowieso, und die neuen Bypässe werden sich schon nicht so schnell wieder verstopfen."

„Und wer sind denn ‚die'?", wollte ich wissen.

„Na, Alma und die Ärzte."

Ich schaute zu Charlotte. Wenn sich jemand eine Zigarette anzündete, war das für sie immer der Moment, in ihrer Handtasche nach der Packung zu greifen. Aber ihre Handtasche blieb neben ihr auf dem Boden stehen.

Jetzt, da Alma gegangen war, schien mir die Chance größer, von meinem Vater zu erfahren, wie es ihm wirklich ging.

„Und wie geht es dir mit deinen beiden Bypässen?", wollte ich wissen.

„Wisst ihr, das Alter kommt nicht langsam, das Alter kommt mit einem Mal. Plötzlich ist nichts mehr wie es vorher war. Altwerden heißt, immer stärker gegen die Schwerkraft der Erde anzukämpfen. Die eigenen Kräfte werden immer schwächer, und dann kommt es einem so vor, als würde die Schwerkraft der Erde immer stärker. Wenn man nach der Zeit an der Herz-Lungen-Maschine wieder aufwacht, ist nichts mehr, wie es einmal war. Man fühlt sich fremd im eigenen Körper. Meiner war ja für den größten Teil meines Lebens schon schwer angeschlagen. Ich habe nur eine Lunge und ein im Ersten Weltkrieg zerschossenes Bein."

Er schaute an sich herunter und dann zu uns.

„Na, und was glaubt ihr, habe ich geträumt, als ich in der Intensivstation zum ersten Mal wieder einigermaßen normal geschlafen habe? Von meiner großen Niederlage in der Schauspielausbildung 1920. Ich sah mich wieder als der Baron in Gorkis, ‚Nachtasyl', ich war wirklich gut in der Rolle. Und da kommt der Direktor in die Probe und mein rechter Arm fängt an zu zittern. Der Direktor fand das großartig, der Tremor passe wirklich sehr gut zu der Rolle und ich mache das perfekt, ich solle das jedoch nicht überstrapazieren und wieder damit aufhören. Aber ich konnte nicht wieder aufhören, ab diesem Moment zitterte mein rechter Arm, wenn ich mich aufregte."

„Und worin bestand nun die große Niederlage?", wollte Charlotte wissen, schnell und neugierig wie sie war.

„Sie haben mich rausgeschmissen! Mit einem Tremor kann man nicht Schauspieler werden." Wie ich dann zusammen mit einem Kriegskameraden zum Hofbesitzer geworden war und mit dem Bücherschreiben begonnen hatte, bin ich das Zittern schließlich wieder losgeworden."

„Alma hat mir am Telefon gesagt, ihr müsstet alles verkaufen. Es wäre wahrscheinlich das letzte Mal, dass ich dich hier besuchen kann, ist das wahr?", wagte ich mich an das Tema heran, das mich beschäftigte.

„Alma meint, dass sie mich hier in der Einsamkeit nicht auf Dauer versorgen und pflegen kann. Natürlich gibt es hier keine Krankenschwester, die ins Haus kommt, wie in München. Aber ich glaube auch, sie ist ganz froh, dass sie einen Grund hat, endlich wieder in die Großstadt zu ziehen. Das Landleben hat ihr nie gefallen."

„Wer kauft denn so ein schönes großes Haus in einer Landschaft, schön wie aus einem Tourismusprospekt, aber in der Einsamkeit?", interessierte sich Charlotte.

„Alma hat schon einen Käufer gefunden. Ein junges reiches Ehepaar will hier ein Bildungszentrum einrichten. Eigentlich sympathische Leute."

„Aber dafür ist das Haus doch viel zu klein", wandte ich ein.

„Sie wollen zum Wald hin nochmal einen Flügel gleicher Größe anbauen. Den würde man unten von der Straße aus gar nicht sehen. Von unten könnte man dann denken, ich wäre immer noch da, der König vom Allgäu, wie sie mich hier in meinen guten Zeiten genannt haben." Er bemühte sich Trauer und Wehmut in seiner Stimme zu unterdrücken.

„Und wie wirst du damit fertig, dass du nun dein Reich, in dem du den erfolgreichen Teil deines Lebens verbracht hast, aufgeben sollst?", sprach ich aus, was mich beschäftigte.

„Wisst ihr, was Sterben bedeutet? Nicht das Sterben auf dem Operationstisch an einem Herzstillstand oder im Krieg an einem tödlichen Schuss. Nein, ich meine das Sterben, das man kommen sieht. Dieses Sterben heißt loslassen. So gesehen ist die Aufgabe meines Reiches hier schon so eine Art Einstimmung auf die nächste, die letzte Stufe."

Es war sehr schwer für mich, meinen Vater so todtraurig zu erleben, ich wusste nicht, was ich sagen sollte. Was würde nur aus ihm in München werden, ohne all das, was er sich im Leben aufgebaut hatte?

Zum Glück war Charlotte bei uns. Sie setzte sich sehr gerade in ihren Sessel und sagte: „Auf mich machen Sie überhaupt nicht den Eindruck, als gäbe es in Ihrem zukünftigen Leben in München nichts Schönes und Interessantes mehr zu erleben."

Er rappelte sich in seinem Sessel hoch und seine bei vielen Vorlesungsreisen geschulte Stimme war wieder klar und stark wie früher. „Natürlich haben Sie Recht. In München können wir wieder ohne großen Aufwand ins Theater gehen, und etwas bleibt mir ja, was mich neben unserem Interesse für die Politik immer mit meinem Sohn verbunden hat. Die Freude an meinem Mercedes."

Mein Vater erzählte dann, wegen seiner Beinverletzung habe das Reiten und das Autofahren immer eine sehr große Bedeutung in seinem Leben gehabt, denn am Steuer oder auf dem Pferd spürte er nichts von seiner Einschränkung. Jetzt, wo das Reiten nicht mehr möglich sei, habe das Autofahren noch an Faszination gewonnen. Wenn er am Steuer sitze und seine hundert PS loslasse, wäre sie wie weggezaubert, die ihn immer mehr plagende Schwäche des Alters. Darum habe er sich auch, kaum sei er wieder zu Hause gewesen, als eine Art Lebensbeweis wieder ans Steuer setzen müssen.

„In der Stadt ist mir dann doch tatsächlich der Doktor in seinem Wagen entgegengekommen, der mich vor der Herzoperation mühsam am Leben erhalten hat. Vielleicht hat er sich nicht vorstellen können, dass ich das überlebe. Jedenfalls muss ihm, als er seinen todgeweihten Patienten auf sich zukommen sah, so der Schreck in die Knochen gefahren sein, dass er seinen Wagen verrissen hat und auf dem Bürgersteig gelandet ist."

Das war wieder der Vater, wie ich ihn kannte. Wahrscheinlich war ihm einfach sein Arzt in seinem Auto entgegen gekommen. Vielleicht hatte der auch tatsächlich einen Schreck bekommen, als er seinen Patienten hinter dem Steuer erkannte. Und daraus hatte mein Vater eine seiner schönen Geschichten gebaut.

Anhang

Nachtrag: Aufstieg und Fall

Die eigene Geschichte und die Rundfunkgeschichte im Südwesten im Spiegel von Zeitungsartikeln

In diesem Nachtrag geht es nicht mehr um das „Beschleunigte Leben", sondern um die Entwicklung der elektronischen Medien und die damit verbundenen politischen Auseinandersetzungen in der Zeitspanne von den 70er Jahren bis in die Gegenwart, beschrieben aus der Sicht eines Betroffenen. Dieses Kapitel ist für Leser geschrieben, die sich dafür interessieren und wissen wollen, wie es bei mir beruflich weitergegangen ist.

Vordergründig betrachtet, sah es in meinem Berufsweg noch knapp fünf weitere Jahre nach Karriere aus. Ich hatte nun im Landesstudio Mainz des SWF eine große aktuelle Redaktion zu leiten und bemühte mich, den Anforderungen der Zeit entsprechend um einen kooperativen Führungsstil. Diese Redaktion sollte gut informiert, motiviert und beweglich sein. Die zum Teil jungen Mitarbeiter, meist von den Universitäten, hatten ihre Fachgebiete und verfügten über die entsprechenden Kontakte.

Mit zwei Neuerungen stieß ich in dem konservativ geprägten Landstudio auf Unverständnis. Als Reporterinnen und Redakteurinnen kamen auch Frauen zum Zug und sexuelle Orientierungen spielten bei Besetzungen keine Rolle, es kam nur auf die Qualifikation an. Die entscheidende Personalabteilung in Baden-Baden akzeptierte alle meine Personalvorstellungen, so dass mich das Gegrummel im Studio wenig interessierte.

Wichtig war auch die Präsenz im Sendegebiet. Bei geeigneten Anlässen verließ die Redaktion mit dem Ü-Wagen das Studio und sendete live von Sportereignissen, auch vom Nürburgring, von Festspielen, aber auch von den Marktplätzen kleiner Städte. Lob für meine Arbeit gab

Gefährlich schneller Aufstieg in der Senderhierarchie.
Als Verantwortlicher für das Hörfunkprogramm des Landesstudios Mainz.

es mehr von den mittleren Instanzen und den anderen Landesstudios, an kritische Äußerungen kann ich mich nicht erinnern.

Nach zweieinhalb Jahren als Ressortleiter eröffnete mir der Intendant, dass er mich weiter befördern wolle, und zwar zum Abteilungsleiter Hörfunk. Das bedeute, nun sei ich für alle Hörfunksendungen des Landesstudios verantwortlich, also außer der aktuellen Politik auch für Literatur, Musik, Landfunk und die Hörfunkproduktionstechnik. Mein Verantwortungsbereich würde nun etwa 50 Personen umfassen und einen Etat von mehreren Millionen, der nicht überzogen werden dürfe.

In der Rückschau betrachtet, bin ich mir nicht sicher, ob diese zweite Beförderung durch den Intendanten nicht von Beginn an eine Falle war, die ich, überzeugt von meiner Leistung, nicht erkannte. Die Beförderung erfolgte nämlich nicht, wie die letzte zum Ressortleiter, mit einem neuen Arbeitsvertrag, sondern mit einer Funktionszulage. Dies wurde mir vom Intendanten im persönlichen Gespräch als vorübergehende Notlösung dargestellt. Eine meiner neuen Funktion entsprechende Planstelle müsse erst noch geschaffen werden. Gut zwei Jahre später wurde ich von dieser Aufgabe von meinem direkten Vorgesetzten wieder entbunden, ohne dass dies jemals begründet worden wäre.

Dies ist nicht nur ein Bericht über den Kampf für die innere Rundfunkfreiheit. Es ist auch eine Geschichte, in der es um den Missbrauch von Macht und Vertrauen geht und darum, wie dieser Missbrauch einem Berufsweg eine neue Richtung gibt und einen anderen beendet. Es ist schließlich eine Geschichte darüber, wie eine in der ersten Instanz des Verwaltungsgerichts und in der zweiten Instanz des Landesarbeitsgerichts offensichtlich manipulierte Justiz versucht hat, zum Schutz der Mitarbeiter bestehende Rechtsnormen auszuhebeln.

„Beschleunigtes Leben" ist, wie eingangs festgestellt, nicht mehr Thema dieses Nachtrags. Damit kein Zweifel darüber entstehen kann, wie sich die Affäre entwickelt hat, soll nun anhand jener Spuren erzählt werden, die die juristische Auseinandersetzung in den Printmedien hinterlassen hat.

Auf meine Amtsenthebung reagierte als Erstes der **SPIEGEL** vom 27. August 1973 mit einem Artikel, in dem dargestellt wurde, worum es tatsächlich ging.

Rundfunk – gewisser Druck

Beim Südwestfunk hat Intendant Hammerschmidt versucht, den Kündigungsschutz von leitenden Mitarbeitern zu unterlaufen. Ein Arbeitsgericht erklärte dies für „nicht zulässig".

Helmut Hammerschmidt, 53, Südwestfunk-Intendant und CDU-Mitglied, „schätzt die Diskussion – dann nämlich, wenn er dem Kreis seiner zehn ARD-Kollegen präsidiert." Wer aber im Südwestfunk „an einen anderen Gott glaubt als der Funkpapst", so behauptet ein Fernsehreporter, „dem hackt der Inquisitor die Rübe runter."

Dafür schien Hammerschmidt ein ideales Instrument gefunden zu haben: einen Rechtsvorbehalt, leitende Mitarbeiter ohne Begründung von ihren Chefstühlen und auf ein niedrigeres Gehaltsniveau herabsetzen zu können. Aufbesserungen für gehobene Chargen spendierte der Funkherr mit Vorliebe als „Funktionszulagen" auf Widerruf.

Das aber sei „nicht zulässig", so urteilte nun das Mainzer Arbeitsgericht in einem Grundsatz-Spruch, der – von höheren Instanzen bestätigt – erheblich zur inneren Rundfunkfreiheit unter und trotz Hammerschmidt beitragen könnte. Anlass: die Funktionskündigung des Hörfunk-Abteilungsleiters Norwin Dwinger, der für alle politischen Sendungen in Rheinland-Pfalz verantwortlich gewesen war.

Dem heute 39-jährigen Freidemokraten war sein Amt beim Mainzer SWF-Studio im April 1971 „kommissarisch verliehen worden, und zumindest anfangs hatte er „sehr fundierte Beiträge ohne politische Richtung" (so Studiodirektor und CDU-Mitglied Hans Schweitzer) gemacht. Doch nach einer Probezeit, vor der Bundestagswahl 1972, ließ Dwinger dann ein so CDU-kritisches Programm zu, „dass ich heute selbst über meinen Mut staune".

Mainzer SWF-Redakteure durften einen „Mißbrauch der absoluten CDU-Mehrheit" im Landtag konstatieren, sie kritisierten den CDU-Kultusminister und SWF-Verwaltungsrat Bernhard Vogel wegen „vorschneller" Ablehnung der FDP-Bildungspläne und hielten dem CDU-Sozialminister Heinrich Geissler vor, seine Geldforderungen an Bonn widersprächen sogar den Stabilitätsproklamationen der Bundes-CDU.

Ein SWF-Kommentator ging sogar so weit, vom „moralischen Abstieg des christlichen Politikers Strauß" zu sprechen und dem rheinland-pfälzischen Ministerpräsidenten Helmut Kohl seinen „heimlichen Pakt mit Strauß" anzukreiden. Laut Dwinger begannen Mainzer CDU-Abgeordnete (nach dem Verlust rheinland-pfälzischer Stimmen bei der Bundestagswahl) zu jammern: „Wenn wir die Landtagswahl verlieren, ist Dwinger schuld".

Dazu sollte es nicht kommen. Im Februar dieses Jahres entband Anstaltsleiter Hammerschmidt den Liberalen von seinem Amt – wogegen der, „eingeschüchtert" und in Erwartung eines gleichwertigen Postens, zunächst nicht protestierte. Erst als seine nächste Gehaltsüberweisung statt 4.262 nur noch 3.562 Mark betrug, zog er vors Gericht.

Inzwischen kramt Dwinger in Archiven, um eine „rundfunkhistorische Bibliographie" zusammenzustellen. Als sein Nachfolger in der Landeshauptstadt Mainz wurde Henning Röhl, 30, Politik-Vizechef des Baden-Badener Hörfunks, der „in der CDU mehr Freunde als anderswo" hat, vorgestellt.

So hat Hammerschmidt – wieder einmal – für die Rechten und gegen die Linksliberalen Partei ergriffen. Seit Strauß 1969 einer „roten Unterwanderung von Funk und Fernsehen" die Schuld an der ersten Bundes-Wahlniederlage der Christenparteien gab, glaubt auch der SWF-Intendant, der einst den CSU-Parteiverlag aufgebaut hat, dass „linke Ideologen" den freien Rundfunk zugrunde richten wollen.

Weil außerdem angeblich „die Redaktionen der Meinung von Redaktionsangehörigen mehr Geltung verschaffen, als ihr zukommt", hatte er auch versucht, in der ARD „Richtlinien für die politische Programmarbeit" durchzusetzen – freilich vergebens: Hammerschmidts dehnbare Lehrsätze hätten, wie etwa der parteilose WDR-Intendant Klaus von Bismarck durchschaute, als „Brechstange" gegen jede kritische Funk-Publizistik benutzt werden können. Sogar der engagierte CSU-Journalist Josef Othmar Zöller klagte, danach seien „nur mehr Artisten des politischen Wohlverhaltens für eine leitende Position zu gewinnen".

Um solche Könner zumindest beim Südwestfunk zu fördern, verfiel der Intendant auf eine originelle Auslegung des Gehalts-Tarifvertrags: Er deutete jede Leitungsfunktion eines Redakteurs als „Nebentätigkeit", die zusätzlich zu honorieren, aber auch „jederzeit widerruflich" sei oder (wenn zeitlich befristet) ständig neu vereinbart werden müsse. Das unverhoffte Ende ihrer Funktions-Verträge droht bisher rund 20 SWF-Chefs. Deswegen hat, wie ein Reporter witzelt, „nur noch der Fisch in der Kantine sein Rückgrat".

Einen „gewissen Druck durch die neuen Verträge" schließt nicht einmal SWF-Verwaltungsratspräsident Willibald Hilf, CDU-Staatssekretär in Mainz, aus; er meint allerdings, dass es „so was auch beim Bayerischen und Norddeutschen Rundfunk" gebe. Dort jedoch benötigen die Intendanten für Chef-Verträge das Plazet der Funk-Räte aus allen Parteien, so dass, immerhin, ein Proporz möglich ist.

Im Südwestfunk hingegen ernannte und degradierte nur Hammerschmidt – bisher. Das Arbeitsgericht hielt ihm nunmehr, auf Antrag Dwingers, entgegen, die Arbeit eines Abteilungsleiters könne keineswegs „in eine Haupt- und eine Nebentätigkeit aufgespalten werden", wie „vielleicht die Position eines Literatur-Redakteurs, der auch mal in der Musikredaktion mitarbeitet".

Auch im Falle von Redaktionsleitern, die „aus ihrer Verantwortung, herausschrumpfen" (Hammerschmidt) und deswegen im Programm-Interesse abgelöst werden müssen, will das Gericht nur eine „Änderungskündigung" zulassen. Dafür jedoch muss mehr als ein politisches Motiv, nämlich eine „dauernde wesentliche Leistungsminderung" (Tarifvertrag), nachgewiesen werden.

Siege vor Gericht indessen helfen Funk-Redakteuren oft nur wenig – Helmut Hammerschmidt weiß das aus Familien-Erfahrung. Sein vom ZDF fristlos gefeuerter Bruder Wolfgang (SPD) erstritt in fast zweijährigem Prozess die Rückkehr auf seinen Stuhl als Dramaturgie-Chef. Praktischerweise hatte aber Intendant Karl Holzamer inzwischen diese Abteilung aufgelöst.

Was der Intendant bei meiner Amtsenthebung nicht bedacht hatte, war, dass es Probleme nach sich ziehen könnte, wenn man einen, jedenfalls in den Augen der Mitarbeiter, beliebten und erfolgreichen Abteilungsleiter ohne Begründung seines Amtes enthebt. Das gilt besonders dann, wenn Personalratswahlen anstehen. Eine der Gewerkschaften bot mir an, doch für den Personalrat zu kandidieren, auch weil ich auf diese Weise besser vor weiteren Willkürakten des Intendanten geschützt sei.

Das Landesarbeitsgericht in Mainz hatte das Arbeitsgerichtsurteil der ersten Instanz, das zu meinen Gunsten ausgefallen war, aufgehoben. Dadurch hatte der Intendant in seinen Bemühungen durch einen Präzedenzfall die arbeitsvertraglichen Rechte der leitenden Mitarbeiter außer Kraft zu setzen, freie Bahn erhalten. Mein Anwalt war sich sicher, dass dieses Urteil der zweiten Instanz vor dem Bundesarbeitsgericht keinen Bestand haben werde. Er begründete das damit, dass in dem Urteil weder von der Gültigkeit meines Arbeitsvertrages als Ressortleiter noch von den rechtlichen Modalitäten für den Entzug einer Funktionszulage die Rede war.

Das Urteil des Landesarbeitsgerichtes legt die Vermutung nahe, dass es zu einer politischen Einflussnahme auf das Gericht gekommen ist. Dem habe das Gericht einerseits entsprochen, andererseits die Verantwortung dafür abgeschoben, in dem es die Revision beim Bundesarbeitsgericht zugelassen hat.

In der Oktoberausgabe von 1974 berichtet das Verbandsorgan **DER JOURNALIST** über den Fortgang der Auseinandersetzung.

Der Fall Dwinger

Hammerschmidts Hammer

Wer ist Dwinger? Vor einem Jahr ging eine Meldung durch die meisten Tageszeitungen. Ihr Inhalt: Mit einer einstweiligen Verfügung wollte der Südwestfunk Baden-Baden (SWF) das Hamburger Nachrichtenmagazin „Der Spiegel" zwingen, eine Gegendarstellung zu veröffentlichen, der einen Arbeitsrechtsstreit zwischen dem Sender und dem früheren „kommissarischen" Abteilungsleiter Hörfunk beim SWF des Landesstudios Rheinland-Pfalz, Norwin Dwinger, zum Inhalt hatte.

In der Gegendarstellung sollte laut SWF u.a. richtiggestellt werden, dass Dwinger nicht aus politischen Motiven von seiner Aufgabe entbunden wurde. Die Gegendarstellung erschien niemals im „Spiegel", da das Landgericht Hamburg in einem vom Hanseatischen Oberlandesgericht bestätigten Beschluss die Gegendarstellung des SWF ablehnte.

Gegenstand des Artikels im „Spiegel" war ein Urteil des Arbeitsgerichts Mainz, das in einer von Dwinger eingereichten Klage gegen den Südwestfunk entschieden hatte. Dem liegt folgender Sachverhalt zugrunde: Dwinger war Ressortleiter „Politik und Zeitgeschehen" beim SWF-Landesstudio in Mainz und wurde seit dem 1.4.71 „kommissarisch" mit der Wahrnehmung der Aufgabe eines Hörfunk-Abteilungsleiters, der für alle Hörfunksendungen des Landesstudios verantwortlich ist, beauftragt. Für diese Funktion wurde er mit einer Funktionszulage in Höhe von monatlich DM 700 entgolten. Der SWF hatte diese Tätigkeit Dwingers ab 15.2.73 ohne Angabe von Gründen für beendet erklärt. Das Arbeitsgericht befand damals, dass Dwingers „kommissarische" Tätigkeit als Abteilungsleiter Hörfunk von vornherein hätte befristet sein müssen. Dwinger sei, als er nach fast zwei Jahren von seiner Abteilungsleiteraufgabe entbunden wurde, bereits endgültig in diese Stellung eingerückt gewesen. Ohne seine Einwilligung hätte ihm der SWF lediglich durch eine Änderungskündigung seine Stelle wieder entziehen können, folglich sei die als Zulage deklarierte Summe von DM 700 brutto Gehaltsbestandteil.

Gegen dieses Urteil hatte der SWF beim Landesarbeitsgericht Rheinland-Pfalz Berufung eingelegt, der das Gericht am 21.5.74 stattgab. Das Gericht stellt in seiner Urteilsbegründung vom 12.9.74 fest, ob eine Tätigkeit von einem Arbeitnehmer „kommissarisch", also nur vorübergehend auszuüben sei, bestimme sich nicht danach, wie lange der Angestellte die Tätigkeit tatsächlich ausübe, sondern nach dem bei ihrer Übertragung zum Ausdruck gekommenen Willen des Arbeit gebers. Folglich habe Dwinger auf die Gehaltsdifferenz von DM 700, die auf seine vorübergehende Tätigkeit beschränkt sei, keinen Anspruch. Da es sich aber um eine Rechtssache von grundsätzlicher Bedeutung handle, ließ das Landesarbeitsgericht die Revision beim Bundesarbeitsgericht zu, die Dwinger eingelegt hat.

Zuzustimmen ist dem Landesarbeitsgericht jedenfalls bei der Feststellung, dass es sich hier um eine Rechtssache von grundsätzlicher Bedeutung handelt, denn wenn das Bundesarbeitsgericht dem Landesarbeitsgericht in seiner Auffassung folgen würde, dass eine vorübergehende Übertragung höherwertiger Aufgaben praktisch beliebig lang aufrechterhalten werden kann, ohne zu einem neuen Vertragsverhältnis zu führen, wäre wohl kaum noch ein Arbeitgeber so töricht, den normalen Weg einer Beförderung zu wählen, denn das bedeutet, dass er den Beförderten nur durch eine exakt zu begründende Änderungskündigung wieder auf ein niedrigeres Gehaltsniveau herunterstufen kann. Bei dem bei Dwinger angewandten und vom Landesarbeitsgericht bestätigten Verfahren einer vorübergehenden Beauftragung bedarf es dagegen keinerlei Begründung für die Entbindung von einer höherwertigen Aufgabe.

Am 4. September nahm der Fall Dwinger eine dramatische Wendung. SWF-Intendant Hammerschmidt beantragte beim Verwaltungsgericht Neustadt die Zustimmung zur außerordentlichen Kündigung von Herrn Dwinger. Dieser war nämlich am 15. August für ein ausgeschiedenes Mitglied in den Personalrat des Landesstudios nachgerückt, dem er bereits seit April als Ersatzmitglied angehört hatte. Da der Personalrat der Kündigung seines Mitglieds nicht zugestimmt hatte, will sich der Intendant diese Zustimmung, wie es das Kündigungsschutzgesetz vorsieht, durch das zuständige Verwaltungsgericht ersetzen lassen.

Was hat sich nun Dwinger zuschulden kommen lassen, dass der Intendant Gründe zu haben glaubt, seinen langjährigen Angestellten fristlos auf die Straße setzen zu können? Dwingers Verschulden, das im arbeitsrechtlichen Sinne überhaupt nicht als solches zu bewerten ist, bestand darin, auf der Erfüllung seines jeweils von den Arbeitsgerichten bestätigten Arbeitsvertrags zu bestehen und von der Funktion her nicht gleichwertige Aufgaben abzulehnen. Dies bewertet Intendant Hammerschmidt als Leistungsverweigerung und damit als Grund zu einer außerordentlichen Kündigung. Nach der „kommissarischen" Beauftragung hatte sich der Intendant nämlich einer weiteren, im Tarifvertrag vorgesehenen, Möglichkeit entsonnen, Arbeitnehmer ohne Änderungskündigung – diesmal allerdings bei Besitzstandswahrung – auf niederwertigere Positionen herunterzustufen: der Versetzung. Als Dwinger nach dem Urteil des Arbeitsgerichts Mainz Anspruch auf eine Aufgabe als Abteilungsleiter hatte, sollte er als gehobener Redakteur nach Baden-Baden versetzt werden, was Dwinger ablehnte, da die Position nicht gleichwertig sei. Als Dwinger die Berufungsverhandlung vor dem Landesarbeitsgericht verloren hatte und in Übereinstimmung mit diesem Urteil wieder seine alte Position als Ressortleiter „Politik und Zeitgeschehen" in Mainz beanspruchte, wurde ihm diese ebenfalls verweigert. Man versetzte ihn stattdessen auf die Ein-Mann-Zweigstelle in Koblenz, von wo er als Reporter aus der Region berichten sollte. Gleichzeitig forderte man seine Zustimmung zu einer entsprechenden Vertragsänderung und drohte für den Fall, dass er diese nicht annehmen sollte, mit einer fristgemäßen Kündigung.

Für Dwinger ist damit bewiesen, dass der SWF das Arbeitsverhältnis zu ihm einseitig wesentlich ändern will, was nach der neueren Rechtsprechung des Bundesarbeitsgerichts nur durch eine Änderungskündigung möglich ist. Diese hatte der SWF Dwinger zwar angekündigt, aber nicht ausgesprochen. Solange diese Änderungskündigung nicht ausgesprochen sei, so argumentiert Dwinger, brauche er sich nicht in der Funktion herunterstufen zu lassen, folglich sei seine Versetzung nach Koblenz unzulässig und seine Weigerung, dieser Versetzung nachzukommen, kein Kündigungsgrund. Abgesehen davon sei ungeklärt, ob ihm nicht das Bundesarbeitsgericht seinen Anspruch auf eine dem Abteilungsleiter Hörfunk entsprechende Position bestätigte.

Gerade dieser Entwicklung, so scheint es, will Intendant Hammerschmidt mit der fristlosen Entlassung zuvorkommen. Denn, wenn kein Arbeitsverhältnis mehr besteht, erübrigt es sich für das Bundesarbeitsgericht nachzuprüfen, ob Dwinger arbeitsvertraglich nun im Rang eines Abteilungsleiters oder Ressortleiters steht. Intendant Hammerschmidt könnte sich so einen für sein Haus folgenreichen Präzedenzfall vom Halse schaffen wollen.

Nachdem das Landesarbeitsgericht im Sinne des Intendanten entschieden hatte, fürchteten ich und einige Kollegen, mit denen ich mich beriet, dass nun auch das Verwaltungsgericht Neustadt ein Urteil fällen würde, das zwar dem Gesetz widersprechen, aber den Intentionen des Intendanten entsprechen würde. Nun wäre es auch für mich Zeit, politische Kontakte zu knüpfen, meinten die Kollegen und vermittelten ein Treffen mit der späteren Justizministerin Däubler-Gmelin, die mit dem renommierten Professor für Arbeitsrecht Däubler verheiratet ist. Ich traf die engagierte und hilfsbereite Juristin am Abend vor der Verhandlung des Verwaltungsgerichtes in Mainz. Der Gesetzgeber habe die Möglichkeit, eine nicht gegebene Zustimmung des Gremiums zur Kündigung eines Mitglieds der Personalvertretung durch das Verwaltungsgericht zu ersetzen, für den Fall der missbräuchlichen Anwendung dieser Schutzfunktion geschaffen. Wenn zum Beispiel ein Personalratsmitglied seinen Vorgesetzten tätlich angreift oder ein Eigentumsdelikt vorliegt und der Personalrat verweigert aus Solidarität mit seinem Mitglied die Zustimmung zu dessen Kündigung, dann könne der Betrieb diese verweigerte Zustimmung durch das Verwaltungsgericht ersetzen lassen. Ein solcher Missbrauch liege aber in meinen Fall nicht vor. Nach dem, was hier aber bereits passiert sei, müsse man aber mit allem rechnen. Aus diesem Grund vereinbarte Frau Däubler-Gmelin für mich ein Gespräch mit ihrem Mann am Abend nach der Verhandlung des Verwaltungsgerichts Neustadt.

Das Verwaltungsgericht entschied, wie wir es befürchtet hatten. Die **BADISCHE ZEITUNG** vom 5./6.10.1974 berichtete über das Urteil.

Kein Schutz für Personalräte?
Verwaltungsgericht gibt Zustimmung zur Entlassung

Von unserem Korrespondenten Karlheinz Baum

Neustadt. Personalräte können ohne Nachprüfung ihres Verschuldens vom Arbeitgeber fristlos entlassen werden. Zwar schreibt das Kündigungsschutzgesetz vor, dass sie nur mit Zustimmung des Personalrats entlassen werden können. Verweigert jedoch der Personalrat diese

Zustimmung, dann – so das Gesetz – kann ein Gericht die Entscheidung ersetzen.

Das Verwaltungsgericht Neustadt an der Weinstraße, das am Freitag in einem Beschluss entsprechend verfuhr, erklärte dazu, die Überprüfung des arbeitsrechtlichen Verschuldens sei nicht die Sache des prüfenden Gerichts. Es habe nur zu untersuchen, ob die Funktionsfähigkeit der Personalvertretung beeinträchtigt werde. Damit scheint der besondere Kündigungsschutz für Personalräte in Frage gestellt, da er kaum funktionsunfähig werden kann: Nach dem Personalvertretungsrecht rückt für jedes ausgeschiedene Mitglied ein Ersatzmann nach. Allerdings kann auch ein Personalrat wie jeder andere Arbeitnehmer die fristlose Kündigung vom Arbeitsgericht nachprüfen lassen.

In der Verhandlung in Neustadt ging es um den „Fall Dwinger". Der Südwestfunk hatte die fristlose Entlassung des Personalratsmitglieds Dwinger beantragt, die der Personalrat verweigert hatte. Intendant Hammerschmidt kann nun den ehemaligen Abteilungsleiter Hörfunk im Landesstudio Mainz entlassen, obwohl über dessen Vertragsverhältnis zur Rundfunkanstalt ein Verfahren beim Bundesarbeitsgericht in Kassel anhängig ist. Nach dem Spruch vom Freitag ist nun fraglich, ob dieser grundsätzliche Rechtsstreit überhaupt zu Ende geführt werden kann. In Kassel sollte darüber entschieden werden, ob Arbeitgeber, solange sie wollen, Arbeitnehmer in Aufstiegsstellen einsetzen können, ohne dass diese daraus Ansprüche ableiten können.

Als ich Professor Däubler in Wiesbaden traf, gab es noch keine schriftliche Ausfertigung des Urteils. Ich erzählte Professor Däubler, wie ich das Urteil verstanden hatte. Mit diesem Urteil habe das Verwaltungsgericht die Intentionen des Gesetzgebers ins Gegenteil verkehrt. Schwerpunkt des Gesetzes sei der Schutz des einzelnen Personalratsmitglieds vor Repressionen, dies sei die Basis für die Standfestigkeit der einzelnen Mitglieder und die Funktionsfähigkeit des Gremiums. Ich bräuchte mir aber wegen dieses Urteils keine Sorgen zu machen, wenn sofort dagegen Widerspruch eingelegt werde, entfalte es keinerlei Wirkung. Es sei allerdings notwendig, dies in die Hand eines erfahrenen Arbeitsrechtlers zu legen, der in der Lage sei, das Urteil mit Hilfe des Materials, das dem Gesetz zugrunde lag, so zu widerlegen, das es bereits das Landesverwaltungsgericht in Koblenz aufheben müsse, weil man eine Blamage durch das Bundesverwaltungsgericht in Berlin vermeiden wolle.

Professor Däubler nannte mir einen Frankfurter Spezialisten. Der legte sofort Widerspruch ein. Dann nahm er das Urteil, schnell, engagiert und mit viel Material aus dem Gesetzgebungsverfahren so auseinander, dass dem Landesverwaltungsgericht in Koblenz nichts anderes übrig blieb, als seiner Argumentation zu folgen.

Über den Ausgang des Verfahrens berichtete der **VORWÄRTS** in seiner Ausgabe vom 15.05.75.

Klage gegen den SWF

Schutz auch für den Personalrat

Personalräte genießen den gleichen Kündigungsschutz wie Betriebsräte. Sie können nicht aus dem öffentlichen Dienst entlassen werden, ohne dass vom Verwaltungsgericht ein Verschulden geklärt ist. Diese Entscheidung, die vom Oberverwaltungsgericht des Landes Rheinland-Pfalz in Koblenz gefällt wurde, ist von höchster Bedeutung.

Im Verfahren um die außerordentliche Kündigung des Rundfunkredakteurs Norwin Dwinger, der Mitglied des Personalrates im Mainzer Landesstudio des Südwestfunk (SWF) ist und gegen dessen Kündigung der Personalrat Einspruch erhoben hatte, erklärten die fünf Richter die Entlassung als nicht rechtmäßig und verweigerten ihre Zustimmung. In der ersten Instanz hatte sich der Verwaltungsrichter in Neustadt an der Weinstraße auf den Standpunkt gestellt, er habe im Gegensatz zu einem Arbeitsrichter nicht die vorgebrachten Kündigungsgründe zu prüfen, sondern lediglich festzustellen, ob durch die Kündigung möglicherweise die Funktionsfähigkeit des Personalrates insgesamt beeinträchtigt werde.

Dazu erklärte der Präsident des 5. Senats des Oberverwaltungsgerichts, Hans Speck, in der Koblenzer Verhandlung, so werde der § 108 des Personalvertretungsgesetzes zu eng ausgelegt. Es müsse vielmehr auch der besondere Schutz des einzelnen Personalratsmitglieds gewahrt werden. Nur so sei die „Standfestigkeit" der Mitglieder des Personalrates gewährleistet.

Dieses Urteil ist gleichzeitig die zweite Niederlage für SWF-Intendant Hammerschmidt in dieser Auseinandersetzung. Seit über zwei Jahren kämpft Norwin Dwinger vor Arbeits- und Verwaltungsgerichten um seinen hochdotierten Job im Mainzer Funkhaus, auf dem ihn Hammerschmidt nicht weiter arbeiten lassen will. (Matthias Fischer)

Auch wenn der größte Teil des Gehalts weiter regelmäßig überwiesen wird, und das war jedenfalls mit dem Urteil des Landesverwaltungsgerichtes Koblenz gesichert, ist die Entbindung von einer Aufgabe ein Fall ins Bodenlose. Man hat alles verloren, man kann zusehen, wie alles an einem einzigen Tag zusammenbricht.

Die Möglichkeit des totalen Scheiterns kommt in unserem von Rationalität geprägten Leben nicht vor, denn Scheitern bedeutet den Kontrollverlust über das Leben selbst und damit auch den Verlust des Gefühls für das Vergehen der Zeit. Diese Situation ist nur unter Psychopharmaka zu ertragen. Nun verschwinden Hunger und der tiefe Schlaf, das Leben geht wie unter Betäubung weiter.

Es dauerte lange, bis ich durch die Unterstützung der Kollegen, besonders durch die Wahl in den Personalrat, und durch die Einarbeitung in ein neues Gebiet, das Arbeitsrecht, wieder neue Kompetenzen erwerben konnte und aus der Defensive zur Offensive übergehen konnte. Wenn, wie das Landesarbeitsgericht im Gegensatz zum Arbeitsgericht Mainz entschieden hatte, kein gültiger Arbeitsvertrag als Abteilungsleiter zustande gekommen war, dann galt mein Arbeitsvertrag als Ressortleiter. Den hätte der Intendant nur durch eine Änderungskündigung außer Kraft setzen können. Wie aber soll man eine Änderungskündigung für eine Tätigkeit begründen, aus der heraus eine Beförderung erfolgt ist? Dieser Aufgabe hatte sich offenbar der Justitiar, der sonst immer bemüht war, die Intentionen des Intendanten umzusetzen, verweigert.

KIRCHE UND RUNDFUNK in seiner Ausgabe vom 15.10.75:

Vergleich zwischen SWF und Dwinger vor dem Bundesarbeitsgericht

(epd) Der Rechtsstreit zwischen dem Südwestfunk und seinem Redakteur Norwin Dwinger, der fast zwei Jahre lang die Abteilung Hörfunk des SWF-Landesstudios Rheinland-Pfalz kommissarisch geleitet hatte, von dieser Aufgabe dann aber ohne Begründung und bei Streichung von Funktionszulage und Aufwandsentschädigung entbunden worden war, hat vor dem Bundesarbeitsgericht in Kassel mit einem Vergleich geendet. Nach dem Spruch des Gerichts muss der Südwestfunk Dwinger die Zulage seit seiner Amtsentbindung mit Wirkung vom 15. 2. 1973 bis Ende 1974 weiterzahlen und ihn mit Beginn des Jahres 1975 in seiner alten Funktion „als Ressortleiter oder in gleichwertiger Tätigkeit" weiterbeschäftigen. Die Kosten des Verfahrens werden halbiert. Einer vom Südwestfunk ausgesprochenen Kündigung Dwingers hatte das Oberverwaltungsgericht Neustadt schon vor längerer Zeit die Zustimmung verweigert. Sie wäre ersatzweise für die vom SWF-Personalrat verweigerte Zustimmung zur Kündigung des Personalratsmitglieds Dwinger erforderlich gewesen. Inzwischen ist Dwinger nach Angaben des SWF-Justitiars Dr. Wagner von der Betriebsleitung über ein Weiterbeschäftigungs-Angebot in Baden-Baden informiert worden. Darüber werde zurzeit auch noch mit dem Personalrat verhandelt. (Vgl. dazu auch „Kirche und Rundfunk" Nr. 66/74.)

Im Gegensatz zu den beiden unteren Instanzen hatte das Bundesarbeitsgericht erfasst, worum es in dem Rechtsstreit tatsächlich ging: Um die Möglichkeit, leitende Mitarbeiter ohne Gründe im arbeitsrechtlichen Sinn wieder aus den ihnen übertragenen Funktionen zu entfernen. Denn, und hier lag das Problem, politische Gründe für Amtsenthebungen sind im Arbeitsrecht nicht anwendbar. Es ging dem Bundesarbeitsgericht in seinem Vergleichsvorschlag also darum, einen Weg aufzuzeigen, wie diese Entfernung leitender Mitarbeiter aus ihren Positionen im Rahmen der bestehenden Gesetze möglich sein könnte.

Folglich musste das Gericht in seinem Vergleichsvorschlag von dem Urteil der ersten Instanz abweichen, das die Übertragung der höherwertigen Aufgaben nach den gegebenen Umständen für endgültig erklärt hatte, aber auch von dem Urteil der zweiten Instanz, das den gewählten Weg der Degradierung des Intendanten bestätigt hatte. Nach diesem Urteil wäre den Rundfunkanstalten ein Weg aufgezeigt worden, wie man Leitungsaufgaben übertragen und nach Lust und Laune ohne Begründung wieder entziehen kann. Dass dies so nicht mit den arbeitsrechtlichen Normen vereinbar ist, macht der Vergleich in dem Passus deutlich, in dem festgestellt wird, dass die Funktionszulage noch fast zwei Jahre über die Amtsenthebung hinaus weiter zu zahlen ist.

Wäre damals auf die nach den Urteilen zu vermutende Einflussnahme auf die Gerichte verzichtet worden, so hätte das Verwaltungsgericht in Neustadt entschieden wie die nächste Instanz, das Landesverwaltungsgericht in Koblenz. Und das Landesarbeitsgericht in Mainz hätte einen Vergleichsvorschlag unterbreiten können, wie ihn dann das Bundesarbeitsgericht unterbreitet hat. So wäre die extrem lange Verfahrensdauer der juristischen Auseinandersetzung um mindestens ein Jahr verkürzt worden. Genau das dürfte aber nicht den Intentionen der Einflussnehmenden entsprochen haben, denen als strategisches Konzept nur die Zermürbung des sich zur Wehr setzenden Journalisten zugrunde gelegen haben dürfte.

Nun hat sich aus dem Vergleichsvorschlag des Bundesarbeitsgerichts eine gesetzeskonforme befristete Übertragung von höherwertigen Aufgaben entwickelt, bei der die, die diese Form von Arbeitsvertrag akzeptieren, von Anfang an wissen, worauf sie sich einlassen. Das sieht so aus: Die Leitungsfunktion wird befristet für einen bestimmten Zeitraum vergeben. Danach läuft der Vertrag aus, kann aber verlängert werden. Bei einer Beendigung besteht die Beschäftigungspflicht, die der vorher ausgeübten niederwertigen Tätigkeit entspricht. Auf diese Weise befristet ist zum Beispiel bei einigen Sendern die Position des Chefredakteurs. Der Wechsel in diesen Positionen geht häufig ohne Presseecho über die Bühne. Zeitungen und Mediendienste greifen das Thema aber auf, wenn, wie es beim ZDF geschehen ist, der Intendant eine Vertragsverlängerung seines Chefredakteurs Nikolaus Brender wünscht, diese aber von den CDU-Vertretern im Fernsehrat blockiert wird.

Diese Intervention erwies sich jedoch als kontraproduktiv, weil sie eine Klage beim Bundesverfassungsgericht zur Folge hatte. Das Gericht hatte zu klären, ob der mit 44 Prozent hohe Anteil von staatlichen und staatsnahen Mitgliedern in den Gremien mit der Verfassung vereinbar ist. Das höchste Gericht entschied: Die Zahl der Politiker in den Rundfunk-, Fernseh- und Verwaltungsräten der gebührenfinanzierten Sender muss reduziert werden. Damit ist es unwahrscheinlich geworden, dass sich Vorgänge, wie die hier geschilderten, wiederholen können.

Es hätte wieder eine ruhige Phase in meinem Leben beginnen können, aber so waren die Zeiten damals nicht. In meinem Büro bekam ich Besuch von Joachim Ernst Berendt, im Haus der Jazzpapst genannt. Ich kannte ihn von seinen öffentlichen Konzerten aus der Zeit, als ich auch für die Übertragungs- und Produktionstechnik verantwortlich war. Berendt, der sich auch als Autor von erfolgreichen Büchern zum Thema Musik einen Namen gemacht hatte, war ebenfalls in eine prozessuale Auseinandersetzung mit dem Intendanten verstrickt. Er besaß aus der Zeit des Gründungsintendanten eine unbefristete Nebentätigkeitsgenehmigung als Autor, die ihm der Intendant gestrichen hatte.

„Wir beide haben im Sender noch eine Aufgabe zu erledigen", erklärte er mir. Diese Aufgabe bestand darin, dafür zu sorgen, dass der Intendant bei den anstehenden Wahlen nicht mehr gewählt werde, oder besser noch gar nicht mehr antrete. Erreicht werden könne dies durch einen Artikel im Stern, in dem beschrieben werde, wie dieser Intendant den Sender führe. Wir hatten beide im Zuge unserer gerichtlichen Auseinandersetzungen Kontakte zum Stern-Redakteur Michael Radke aufgebaut, die wir nutzten. Der **STERN**-Artikel erschien am 12.02.76.

Affären

Der König von Baden-Baden

Die rüde Personalpolitik des Südwestfunk-Intendanten Helmut Hammerschmidt kam jetzt vor Gericht zur Sprache

Ein Monarch, umgeben von Hofdamen und Lakaien – solch ein Versailles gibt's immer noch. Der Ort heißt Baden-Baden. In der Kurstadt herrscht Helmut Hammerschmidt als Intendant über die 1909 Beschäftigten des Südwestfunks seit elf Jahren schon und absolut. Doch ob der inzwischen 55-Jährige noch länger der größte Arbeitgeber der Stadt bleiben darf, ist ungewiss.

Denn in den CDU-Zentralen in Mainz und Stuttgart, die über die Aufsichtsgremien den Kurs des Senders steuern, gilt das CDU-Mitglied Hammerschmidt seit einiger Zeit als Persona non grata. Über die Abwahl könnte bereits im Frühjahr entschieden werden, wenngleich sein Vertrag bis April 1977 läuft. Unter der Hand ist sogar schon ein Nachfolger ausgeguckt worden: Willibald Hilf, Leiter von Helmut Kohls Mainzer Staatskanzlei und Vorsitzender des SWF-Verwaltungsrats.

Als künftiger Intendant kam Hilf nicht zuletzt durch die Ungeschicklichkeit des derzeitigen Senderchefs ins Gespräch, dessen Personalpolitik jetzt sogar vor Gericht verhandelt wurde. Am 30. Januar stritten SWF-Mitarbeiterin Arnica-Verena Langenmaier und der Senderjustitiar Egon Wagner vor einem Karlsruher Arbeitsrichter um 875 Mark. Um diesen Betrag war das Gehalt der attraktiven Österreicherin seit dem 1. Januar gekürzt worden. Auf Weisung des Intendanten sollte sie nur noch „Leiterin der Pressestelle" sein und nicht länger „Hauptabteilungsleiterin für Öffentlichkeitsarbeit".

Die 32-Jährige fühlte sich um ihr „gutes Recht" gebracht. Immerhin hatte Hammerschmidt die rundfunkerfahrene Langenmaier einst entdeckt, sie ab 1971 in seinem Stab als „Programmreferentin" beschäftigt und vier Jahre später zur Hauptabteilungsleiterin (Gehalt: 6167 Mark) befördert.

So schnell wie der Aufstieg kam die Degradierung, nachdem die Tirolerin das einst traute Verhältnis auf eine „rein dienstliche Zusammenarbeit zurückführte", wie es in der Klageschrift heißt; vor allem deshalb, weil sie inzwischen einem anderen SWF-Mann zugetan war.

Von diesem Tag an konnte Frau Langenmaier dem Intendanten offenbar nichts mehr recht machen. Während sie zur Kur war, ließ Hammerschmidt die Akten und Aktivitäten seiner einstigen Favoritin sorgsam durchmustern und ein kleinliches Rügendossier (Beispiel: Druckfehler in Anstaltsschriften) anlegen. Gegenüber dem STERN mochte Hammerschmidt zum Fall Langenmaier nicht Stellung nehmen.

Vor Gericht jedenfalls reichten die Argumente des Südwestfunks nicht aus, um die Degradierung zu rechtfertigen. SWF-Justitiar Wagner mußte sich schließlich auf einen Vergleich einlassen, wonach die in Ungnade Gefallene ihren alten Aufgabenbereich behält.

Bisher haben Querelen dieser Art die Position des Senderherrn Hammerschmidt nicht erschüttern können. Im Gegenteil, stets war es mit der Karriere des drahtigen Rechtsanwaltssohnes aus Cottbus und Mitbegründers der CSU bergauf gegangen: 1958 stellvertretender Chefredakteur beim Bayerischen Rundfunk, 1961 Chefredakteur beim Süddeutschen Rundfunk, 1964 Studioleiter in Bonn und ab 1965 Intendant in Baden-Baden. Seither leistet er sich – so ein Rundfunkratsmitglied – „wie der französische Sonnenkönig einfach alles".

Das Personal jedoch darf sich nicht das Geringste leisten. Wer auf dem Gelände des Senders falsch parkt, muß mit der Rüge des Intendanten rechnen. Wer „laute Krawatten" trägt, wird gerüffelt: „Der Rundfunkreporter sollte nicht auffällig gekleidet sein!"

Trifft der Intendant auf Opposition im eigenen Haus, versucht es der „durch und durch konservative Mann" (SWF-Personalrätin Inge Kleinknecht) mit massiver Einschüchterung. Dabei bedient er sich vorzugsweise seines Justitiars. Einem Redakteur, der gegen den Sender erfolgreich prozessierte, drohte der Anstaltsanwalt: „Wir werden dafür sorgen, dass Sie auf keinen grünen Zweig kommen!" Dem Abteilungsleiter Norwin Dwinger etwa wollte er durch Gerichtsbeschluss gar den Kündigungsschutz als Personalrat entziehen.

Auch nach außen liebt Hammerschmidt wie kein zweiter Südstaaten-Intendant der ARD die Scharfmacherrolle. Die gesetzlich für das Gesamtprogramm vorgeschriebene Ausgewogenheit möchte er gleich in jede einzelne Sendung einbauen. Es wäre das Ende des kritischen Rundfunkjournalismus.

Das jüngste Beispiel für Hammerschmidts Herrscherstil: Trotz des proklamierten Stellenabbaus hatte er der Volontärin Kirstin Zscherpe, 22, einen gut dotierten Posten als Programmreferentin verschafft. Nach 33 Tagen mußte sie ihr Zimmer wieder räumen. Der Sender mag sich hierzu auch nicht äußern.

Nach einem Wort Hammerschmidts kann man leicht „aus der Verantwortung herausschrumpfen". (Michael Radtke)

Der Artikel des Sterns tat seine Wirkung.

Fünf Tage später befasste sich die **FRANKFURTER RUNDSCHAU** (Ausgabe vom 17.02.76) sehr ausführlich mit dem Thema. Schlagzeile: „Ein Intendant auf dem Rückzug ..." und am 16.03.76 titelt die **FAZ**: „Hammerschmidts Nachfolger steht bereit". Gemeint ist der seit 1968 zum Verwaltungsrat des SWF gehörende Mainzer Staatssekretär Hilf, der seit vier Jahren auch als dessen Vorsitzender amtiert.

Am 11.06.76 schildert Klaus Morgenstern in der **FRANKFURTER RUNDSCHAU** die Wahl Hilfs zum neuen Intendanten des SWF und damit die Abwahl Hammerschmidts:

„Die Intendantenwahl selbst verlief für Hammerschmidt äußerst peinlich. In der entscheidenden Sitzung von Rundfunk- und Verwaltungsrat schlug der Landtagsabgeordnete Rudolf Geil Staatssekretär Willibald Hilf als neuen Intendanten des SWF vor. Niemand von den 54 Stimmberechtigten war bereit, den Namen des anwesenden Kandidaten Hammerschmidt als Kandidaten zu nennen. Als dieser gefragt wurde, ob er kandidieren wolle, lehnte er ab. Hilf siegte mit 42 Ja- und sieben Nein-Stimmen. Damit war die Karriere des Intendanten Hammerschmidt im öffentlich-rechtlichen Rundfunk und Fernsehen im Alter von 55 Jahren zu Ende."

Die Begeisterung über den neuen Intendanten aus Kohls Staatskanzlei hielt sich jedenfalls bei den Programmmachern in engen Grenzen. Das hatte Folgen für mein weiteres Berufsleben. Nun standen in der Zentrale des SWF in Baden-Baden Personalratswahlen an und die

Kollegen aus den Gewerkschaften und dem Gremium baten mich, doch dafür zu kandidieren. Sie bräuchten mich gerade jetzt als erprobten Kämpfer für die innere Rundfunkfreiheit und als Kenner des Arbeitsrechts. Ich wurde in den Personalrat gewählt, dann zu dessen freigestelltem Vorsitzenden. Die Mitarbeiter dürften mit meiner Arbeit zufrieden gewesen sein, denn ich wurde immer wieder gewählt und wurde diese höchst anspruchsvolle Aufgabe bis zu meiner Pensionierung nicht mehr los.

Knapp 20 Jahre später bei der Rede zum 60. Geburtstag des Intendanten Willibald Hilf

Gut anderthalb Jahrzehnte nach meiner Wahl zum Personalratsvorsitzenden hatte ich eine besonders schwierige Aufgabe vor mir. Der Intendant Hilf feierte seinen sechzigsten Geburtstag und es sollte in einem angemessenen festlichen Rahmen geschehen. Eines der großen Fernsehstudios war entsprechend umgestaltet worden und mit festlich gedeckten Tischen für die Prominenz aus den beiden Ländern des Sendegebiets gefüllt.

Vor dieser illustren Versammlung sollte ich, so war ich aus der Intendanz gebeten worden, eine Würdigung des Intendanten Hilf aus der Sicht der Personalvertretung vortragen. Ich hatte also die Aufgabe, einen Intendanten, der im Haus unter seinem Ruf als konfliktscheuer Bürokrat litt, positiv darzustellen und das musste auch noch bei den meist illustren Zuhörern als ehrlich und überzeugend ankommen.

Also stand die innere Zerrissenheit der Anstalt, die der neue Intendant zu übernehmen und zu befrieden hatte, am Anfang der Würdigung. Dazu passte es, dass in seiner Amtszeit ein Strukturtarifvertrag erarbeitet und eingeführt worden war. Nun hing das berufliche Fortkommen im Sender nicht mehr alleine von der Gnade und dem Wohlwollen des Vorgesetzten ab, jetzt gab es nachprüfbare Kriterien für eine Beförderung oder deren Verweigerung. In der Amtszeit dieses Intendanten war auch ein aus einem Gehaltsverzicht der Mitarbeiter finanziertes Frühverrentungsmodell entwickelt worden. So sollten Stellen für junge Kollegen freigemacht werden. Dieses Modell hätte für Großbetriebe in der Bundesrepublik zum Vorbild werden können. Schließlich seien auch durch neue Bauten für die Fernsehproduktion und die Verwaltung die Arbeitsbedingungen der Mitarbeiter wesentlich verbessert worden und so die Zukunft des Standortes Baden-Baden gesichert.

Die Bühne, auf der neben mir die anderen Festredner auf ihren Auftritt warteten, war hell erleuchtet. Aus dieser Perspektive erschien das weitläufige Studio mit den gedeckten Tischen und den Namensschildern etwas dämmrig. Daran mag es gelegen haben, dass mir Hammerschmidt, als er allein den Saal betrat, wie ein Gespenst vorkam. Niemand hatte erwartet, dass er kommen würde, er hatte sich nach seinem Ausscheiden vollkommen aus der Öffentlichkeit zurückgezogen. Ich überlegte einen Moment, ob es möglich wäre, die Einführung, in der das von ihm im Sender verursachte Chaos thematisiert wurde, etwas abzuschwächen. Aber es war alles sehr sorgfältig formuliert und das Risiko, mich dabei zu verheddern, wäre zu groß gewesen.

Als ich mit meinem Vortrag zu Ende war, applaudierte der Saal freundlich. Ich ging die Stufen von der Bühne ins Studio hinunter und hätte gerne gewusst, was in Hammerschmidts Kopf vorgegangen war.

Wenn man die Berichte in den Zeitungen und Magazinen über die Folgen meiner Amtsenthebung und das Ende des zweiten SWF-Intendanten als roten Faden benutzt, dann ist die Auseinandersetzung so abgelaufen. Was aber war der politische Hintergrund der Affäre, die da im Nachbargebäude des SWF-Studios ausgebrütet worden sein dürfte?

Nachdem Barzel mit seinem Misstrauensvotum gegen Brandt gescheitert war, hatte Kohl auch den Vorsitz der CDU übernommen. Da lief sich also im Nachbargebäude, jedenfalls nach der Auffassung der Partei, der künftige Kanzler der Republik warm und erwartete von seinem Sender, dem SWF, Unterstützung.

Der Artikel in der **FRANKFURTER RUNDSCHAU**, der bereits mit der Schlagzeile: „Ein Intendant auf dem Rückzug“ zitiert wurde, vermittelt einen Eindruck über das politische Klima der damaligen Zeit. Der Autor Robert Nowoczyn führt, nachdem er kurz die vorangegangene Karriere Hammerschmidts aufgelistet hatte, aus:

> „Eine Studie, die sich mit seinem Namen verbindet, ging als ‚Hammerschmidt-Papier' unrühmlich in die Geschichte des Bundesdeutschen Fernsehens ein. Sie gilt als ein Versuch, die publizistische Arbeit in Funk

und Fernsehen mit engen Richtlinien zu vermauern. Dieses Papier enthält in komprimierter Form alle Angstbilder, die sich in einem Machtausübenden in den Jahren der Studentenbewegung ansammeln konnten. Hammerschmidt beherrscht die Furcht, die allgemeine Unruhe der Jahre 1969/1970 könnte die Rundfunkanstalten infizieren; von der Respektlosigkeit, dem Abbau nur verfügter Autorität muss er heillos erschreckt worden sein, denn mit seinem ‚Papier' flüchtet er sich in eine Darstellung von Einzelheiten, die als Korsett den Rundfunkjournalisten erstickt hätten."

Lag in diesem Zusammenhang, den der Autor des Artikels, Robert Nowoczyn, zwischen dem Hammerschmidt-Papier und seinem „heillosen Erschrecken" über die möglichen Folgen der allgemeinen Unruhe der Jahre 1969/1970 herstellt, möglicherweise der Grund für meine niemals begründete Amtsenthebung. Hatte ich meine Aufgaben als Ressortleiter und Abteilungsleiter möglicherweise so ausgeübt, dass der Eindruck entstehen konnte, unter meiner Leitung hätten sich subversive Kräfte des Programms bemächtigt?

Grundlage meiner Arbeit war das Buch „Der Rundfunkreporter" von Helmut Hammerschmidt, das mir in meiner Ausbildungszeit beim Bayerischen Rundfunk in die Hand gedrückt wurde. Darin hatte Hammerschmidt die ‚Unruhe in Permanenz' in den Redaktionen proklamiert. Unruhe in Permanenz bedeutete Diskussion über die jeweils anstehenden Themen.

Die Leitlinie dieser Diskussionen war der Grundsatz, dass der Berichterstatter zum Objekt seines Berichts auf Distanz zu bleiben hat. Diese Diskussionen dauerten teilweise lange und wurden heftig geführt. Am Schluss entschied ich, was produziert und gesendet werden sollte, und begründete meine Entscheidung ausführlich.

Die Mitarbeiter waren mit der Art, wie ich die Abteilung leitete, zufrieden, sie waren motiviert und die Abteilung hielt zusammen. Aber es gab einen Moment, da erfasste mich Angst über die kollektive Begeisterung meiner Mannschaft.

Die Auszählung der Stimmen über das Misstrauensvotum, durch das der Sturz von Kanzler Willi Brandt erzwungen werden sollte, lief in der Mittagszeit und wurde live vom Fernsehen übertragen. An jenem 27.04.72 saßen etwa vierzig der rund fünfzig Mitarbeiter meiner Abteilung, alle die es irgendwie einrichten konnten, in der Kantine im obersten Stockwerk des alten Hörfunkgebäudes und verfolgten die Auszählung.

Als sich herausstellte, dass das vom Fraktionsvorsitzenden Rainer Barzel inszenierte Misstrauensvotum gescheitert war, brach in der Kantine Jubel los. Meine Leute brüllten vor Begeisterung, trommelten auf die Tische, fielen sich um den Hals und tanzten zwischen den Tischen herum. Ein paar Mitarbeiter aus Kohls Staatskanzlei, die sich wie immer zum Mittagessen eingefunden hatten, wurden Zeugen dieses Ausbruchs von glücklicher Begeisterung. Sie dürften ihren Vorgesetzten berichtet haben, dass ganz offensichtlich unter meiner Verantwortung linke Kräfte den Hörfunk erobert hätten. Tatsächlich war nur ein kleiner Teil von ihnen unter meiner Leitung in der Abteilung eingestellt worden.

Was sich damals in der Kantine des alten Hörfunkgebäudes abgespielt hatte, entsprach aber der allgemeinen Begeisterung über das gescheiterte Misstrauensvotum des CDU-Vorsitzenden Barzel. Es gelang der SPD, diese Stimmung bis zu den im Spätherbst angesetzten Neuwahlen des Bundestages aufrecht zu erhalten. In dieser Zeitspanne zwischen dem gescheiterten Misstrauensvotum und den angesetzten Neuwahlen des Bundestages im Herbst erhielt ich aus dem engeren Umfeld Kohls ein Angebot, das ich als ernste Warnung hätte verstehen müssen. Es lautete, ich sollte doch in die CDU eintreten, sie bräuchten gute Leute und damit wäre meine weitere Karriere gesichert. Darauf wollte ich nicht eingehen.

Eine Konsequenz zog ich aber doch aus diesem Vorkommnis. Ich trat in die FDP ein. Die FDP war damals Koalitionspartner der SPD in Bonn. Es war die Partei von Hildegard Hamm-Brücher und Karl Hermann Flach, die die Entwicklung der Bundesrepublik als Demokratie und Rechtsstaat vorantrieben. Diese Koalition zog die längst überfällige Strafrechtsreform durch und reformierte das Betriebsverfassungsgesetz. Diese Aufbruchsstimmung schlug sich auch in dem Ergebnis der Bundestagswahl vom 19.11.72 nieder, das sensationell und in der Geschichte der Bundesrepublik einmalig war, und das auch bleiben sollte.

Die SPD schnitt mit 45,8 Prozent besser ab als die CDU, die nur 44,9 Prozent erreichte. Ich vermute, dass nach dieser Bundestagswahl die Überlegungen in der Intendanz des SWF und der rheinland-pfälzischen Staatskanzlei über die Amtsenthebung des für die Hörfunkprogramme Verantwortlichen nachgedacht worden ist, der, das war nun offensichtlich, nicht zu den verlässlichen Gefolgsleuten gezählt werden konnte. Denn nach dieser Bundestagswahl zeichnete sich ab, wie schwierig es für die CDU werden würde, die Macht in der Bundesrepublik zurückzuerobern und sie in Rheinland-Pfalz zu behalten, so wie das der Spiegel in seinem Artikel vom 27.08.73 beschrieben hatte.

Für die Abgeordneten und Funktionäre der CDU, die sich immer dafür prädestiniert hielten, die Regierung der Bundesrepublik zu stellen, muss dies ein unakzeptabler Zustand gewesen sein. Also dürften die Experten, insbesondere in der Staatskanzlei des an die Macht drängenden rheinland-pfälzischen Ministerpräsidenten Kohl, darüber nachgedacht haben, durch welche Maßnahmen hier Abhilfe geschaffen werden könnte.

Bei der Analyse der Wahlergebnisse muss den Experten in Kohls Staatskanzlei ein weiteres Ergebnis der Wahlen von 1972 aufgefallen sein, das in der Geschichte der Bundesrepublik ebenfalls einmalig war. Die Wahlbeteiligung betrug 91,1 Prozent. Diese Zahl legt die Vermutung nahe, zwischen der hohen Wahlbeteiligung und den Wahlerfolgen der SPD könnte ein Zusammenhang bestehen.

Geht man dieser Frage nach und untersucht die Wahlbeteiligung in anderen westlichen Demokratien, findet man schnell heraus, was Ländern, in denen die Wahlbeteiligung um bis zu 30 Prozent niedriger liegt, gemeinsam ist: Sie haben keine öffentlich-rechtlichen Rundfunk und Fernsehen, oder diese Programme sind zwar noch vorhanden, aber nur als marginalisierte Minderheitsprogramme.

Es ist jedenfalls ein auffälliges Faktum, dass die Installierung des privaten Fernsehens umgehend in Angriff genommen wurde. Bei der Umsetzung dieser Pläne waren schwierige juristische und technische Hürden zu überwinden.

Private Rundfunk- und Fernsehsender waren noch in allen Bundesländern verboten, also mussten erst in allen Ländern entsprechende Gesetze verabschiedet werden. Genauso gravierend waren die technischen Hürden. Terrestrische Übertragungsfrequenzen für die Übertragung von privaten Programmen standen nicht mehr zu Verfügung und die heute übliche Satellitentechnik existierte noch nicht. Daraus folgte, dass die Programme privater Veranstalter nur über Kabelnetze verbreitet werden konnten. Es mussten also Kabelpilotprojekte entwickelt und finanziert werden.

Die Installierung dieser rund 140 Millionen teuren Projekte wurde 1976 von den Ministerpräsidenten der Bundesländer beschlossen. Finanziert wurden sie durch eine Erhöhung der Rundfunkgebühr um 20 Pfennig.

Das allererste Kabelpilotprojekt wurde am ersten Januar 1984 in der größten rheinland-pfälzischen Stadt Ludwigshafen gestartet. Initiatoren und Pioniere dieses Unternehmens waren Helmut Kohl, sein Freund, der Filmhändler Leo Kirch, und Jürgen Doetz, der zuvor als Pressesprecher des rheinland-pfälzischen Kultusministers gearbeitet hatte.

Ehe dieses erste Kabelpilotprojekt 1984 gestartet werden konnte, hatte die CDU in Bundestagswahlen noch zwei Niederlagen hinzunehmen. Helmut Schmidt, der die Kanzlerschaft von Willi Brandt übernommen hatte, besiegte 1976 Helmut Kohl und 1980 Franz Josef Strauß. Noch für diese Bundestagswahl warb die FDP mit dem Slogan, wer FDP wähle, garantiere, dass Helmut Schmidt Kanzler bleibe. Dieses Wahlversprechen brach die FDP zwei Jahre später. Nun wechselte sie die Seiten und verhalf so dem von der CDU inszenierten Misstrauensvotum gegen Helmut Schmidt zur nötigen Mehrheit. Bei diesem Coup ging es nicht nur darum, den Wahlverlierer von 1976, Helmut Kohl, ohne Wählervotum zum Kanzler zu machen, es ging vor allem darum, den zweimaligen Wahlsieger Helmut Schmidt durch seinen Sturz aus der politischen Arena zu entfernen. So war die Wahl von 1983, durch die der Coup des Misstrauensvotums einen legalen Anstrich erhalten sollte, tatsächlich eine Farce.

Die FDP hatte in den ersten drei Jahrzehnten in der Politik der Bundesrepublik immer wieder eine entscheidende Rolle gespielt. Sie hatte den Amtsverzicht von Adenauer und Strauß durchgesetzt und stand für den ersten Machtwechsel von der CDU zur sozialliberalen Koalition, mit dem die junge deutsche Demokratie erst zu einem normalen demokratischen Staat wurde. Mit dem Verrat an ihren Wählern im Jahr 1983 hatte sie sich dann zum Mehrheitsbeschaffer der CDU degradiert, einer Rolle, aus der sie sich nicht mehr befreien konnte. So wurden bereits damals die Weichen für das Verschwinden der Partei aus dem Bundestag drei Jahrzehnte später gestellt.

Als 1989 die DDR zusammenbrach, und damit das Bauwerk, mit dem sie sich eingemauert hatte, geöffnet werden musste, kam dies für Bundeskanzler Kohl genau zum richtigen Zeitpunkt. Ohne diesen Fall der Mauer wäre seine Kanzlerschaft wahrscheinlich schon 1990 zu Ende gewesen. Nun konnte er ihn nutzen, um sich politisch zu stabilisieren. Das bedeutete, nun musste alles, was die Vereinigung betraf, sehr schnell über die Bühne gehen. Die Bestimmung in der Verfassung der alten Bundesrepublik, nach der diese im Falle einer Wiedervereinigung zu überarbeiten sei, wurde gestrichen. Eine gerechte Finanzierung der Vereinigungskosten, etwa nach dem in der frühen Bundesrepublik praktizierten Modell einer Lastenausgleichssteuer, konnte nicht umgesetzt werden, da aus Wahlkampfgründen von der Regierung verbreitet wurde, die Wiedervereinigung sei praktisch ohne Steuererhöhungen zu haben. Auch für eine Neugliederung der fünf neuen Länder blieb keine Zeit. Sie waren, das war allen Verantwortlichen bekannt, die sich noch an die Länderneugliederung im Westen nach dem Krieg erinnerten, für eine effektive Verwaltung viel zu klein.

Einige Demonstranten, die gehofft hatten, etwas von ihrem sozialen System in das vereinigte Deutschland hinüber retten zu können, hatten sich in Berlin versammelt und riefen: „Endlich ist die Mauer hohl. Jetzt muss nur noch weg der Kohl."

Aber dieser Wunsch hatte nichts mit der politischen Realität zu tun. Tatsächlich hatte der Kanzler der Bundesrepublik Deutschland bereits alles fest im Griff.

Im Bereich der elektronischen Medien sah das so aus: Mitarbeiter des Ostberliner Funkhauses in der Nalepastraße hatten sich in der Bürgerrechtsbewegung der DDR engagiert und waren in der Übergangszeit mit Leitungsaufgaben im Rundfunk und Fernsehen der DDR beauftragt worden. Zu ihnen gehörte der stellvertretende Intendant des Ostberliner Funkhauses Jörg Hildebrandt, Ehemann der Sozialministerin in Brandenburg, Regine Hildebrandt. Nach dem Anschluss der fünf neuen Länder herrschte aber im Funkhaus uneingeschränkt Kohls Rundfunkbeauftragter Rudolf Mühlfenzl. Der hatte von der Umschulung der Ost-Journalisten auf West-Niveau ganz andere Vorstellungen als der dafür zuständige stellvertretende Intendant Jörg Hildebrandt.

Mühlfenzl hatte für diese Aufgabe Ferdi Breidbach installiert. Breidbach war Leiter der Öffentlichkeitsarbeit bei Philipp Morris gewesen und durch die These bekannt geworden: „Es ist nicht erwiesen, dass Rauchen zu gesundheitlichen Schäden führt". Hildebrandt hatte bei Mühlfenzl dagegen protestiert, dass ohne Abstimmung mit ihm ein PR-Mann von zweifelhaftem Ruf eingesetzt werde. Dem folgte ein längerer Streit zwischen den beiden Kontrahenten über die Föderalisierung und Demokratisierung der Anstalt. Der endete 1991 mit der fristlosen Kündigung Hildebrandts. Sein Ziel, Hildebrandt endgültig aus dem Rundfunk der neuen Bundesländer zu entfernen, konnte Mühlfenzl jedoch nicht erreichen. Hildebrandt wurde Mitbegründer des ostdeutschen Rundfunks Brandenburg und trat als einer der ersten Kommentatoren der neuen Bundesländer in den Tagesthemen der ARD auf.[1]

In den folgenden Jahrzehnten wurde deutlich, wie sich eine kapitalistische Gesellschaft verändert, wenn die sozialistische Alternative zusammengebrochen ist. Nun wurde die Gesellschaft der vergrößerten Bundesrepublik der amerikanischen immer ähnlicher. Die Wahlbeteiligung pendelte sich bei Werten um die 70 Prozent ein. Dabei konnte die CDU ihre Wahlergebnisse um die 40 Prozent stabilisieren, während die SPD bei jeder der nachfolgenden Wahlen weit abgeschlagen von ihrem Rekordergebnis der Wahl von 1972 landete. Die groß gewordene Bundesrepublik hatte sich wie die USA zu einer sozial gespaltenen Zwei-Drittel-Gesellschaft entwickelt! Die Demokratie war zu einer Veranstaltung der besser verdienenden oberen zwei Drittel geworden. Zur Wahl gingen hauptsächlich noch die gut Versorgten aus diesem Bevölkerungsanteil. Wer zum unteren Drittel gehörte, also arbeitslos war oder zu den Minijobbern gehörte, die ihr minimales Einkommen durch Sozialleistungen aufstocken mussten, blieb den Wahlurnen meist fern.[2]

Dieses untere Drittel unserer Gesellschaft macht von den Programmen des öffentlich-rechtlichen Fernsehens nur noch wenig Gebrauch. Gesehen werden im Nachmittags- und Vorabendprogramm die Scripted-Reality-Sendungen der privaten Sender. Das sind frei erfundene Alltagsdokumentationen über Familien, Makler und Gerichtsverhand-

1 Gespräch mit Jörg Hildebrandt am 16.09.2011 in Berlin.
2 Studie der Bertelsmannstiftung und des Max-Planck-Instituts für Bildungsforschung, veröffentlicht am 12.12.2013

lungen, über schwangere Schulmädchen, adipöse Arbeitslose und promiskuitive Proleten. Für die Hamburger Medienwissenschaftlerin Joan Kristin Bleicher ist die Scripted Reality die Fortführung einer historisch bekannten sozialen Funktion: Die Sendungen befriedigen eine immer dagewesene Lust am Beobachten des Elends anderer. Früher schaute man öffentliche Enthauptungen an, heute eben Dokusoaps.[3] So lag es für einen der renommiertesten Entertainer der Bundesrepublik nahe, für das Privatfernsehen den Begriff ‚Prekeriatsfernsehen' zu kreieren.

Wenn man die Entwicklung der Wahlergebnisse der CDU seit ihrem absolut schlechtesten Ergebnis in der Geschichte der Bundesrepublik 1972 betrachtet, ist festzustellen:

Die Einführung des privaten Fernsehens hat das politische Klima in der Bundesrepublik entpolitisiert. Die Wahlbeteiligung ist gesunken und die CDU landete bei keiner Wahl mehr so weit entfernt von der Macht wie im Spätherbst 1972.

Dabei dürfte auch eine Rolle gespielt haben, dass das sich immer weiter ausbreitende private Fernsehen auch die Programme der öffentlich-rechtlichen Sender in den Sog der Messungen der Einschaltquoten zog. Ursprünglich sollte die Messung der Einschaltquoten durch die Gesellschaft für Konsumforschung GfK der Ermittlung der Preise für die Werbezeiten dienen, aus denen sich die privaten Veranstalter finanzieren. Nach dieser Systematik könnte eine Messung der Einschaltquoten allenfalls für das von Werbeblöcken unterbrochene Vorabendprogramm der öffentlich-rechtlichen Sender von Bedeutung sein. Tatsächlich unterwarfen sich die öffentlich-rechtlichen Sender, obwohl das Bundesverfassungsgericht hier eine andere Meinung vertrat, immer umfassender der Messung der Einschaltquoten. So konnten sich diese Messungen zu einer Art Währung im deutschen Fernsehmarkt entwickeln und damit – von einigen Sparten abgesehen – zum alleinigen Kriterium für die Programmentwicklung. Damit hatten die Programmdirektoren die Macht, ihre Sendungen zu beurteilen und Programme nach ihren Vorstellungen zu entwickeln, an die GfK abgegeben. So ging auch das Profil, das sich die einzelnen Sender über Jahrzehnte erarbeitet hatten, verloren.

3 „Echt nicht wahr." von Laura Hertreiter, Süddeutsche Zeitung vom 11.02.2014.

Interessanterweise wurde aber die Entwicklung hin zur Quote als dem alleinigen Kriterium für die Programmentwicklung in den folgenden Jahrzehnten von den verantwortlichen Fernsehprogrammdirektoren so verinnerlicht, dass es in der Gegenwart nicht mehr möglich ist, mit ihnen über die Sinnhaftigkeit ihrer Quotenabhängigkeit zu diskutieren.[4]

4 „Frauen vor StussLandschaft" von Katharina Riel, Süddeutsche Zeitung vom 18.01.14

Lindemanns Bibliothek, Band 250
herausgegeben von Thomas Lindemann

Redaktion: Constanze Lindemann

ISBN 978-3-88190-869-6

www.infoverlag.de